► 2018年7月，凌经球在广西河池市大化镇仁良村山葡萄标准化生产示范园实地考察

◄ 凌经球（中）给摩洛哥政党考察团授课后合影

▲ 凌经球（左三）给非洲英语国家政党考察团讲精准扶贫故事

▲ 凌经球（右一）参加全国贫困地区精准脱贫学术研讨会

| 国家社科基金重点项目 |

民族地区贫困治理与治理现代化丛书

精准脱贫研究

基于滇桂黔石漠化片区贫困农户可持续生计策略优化的视角

凌经球 等著

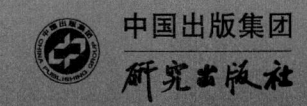

中国出版集团
研究出版社

图书在版编目 (CIP) 数据

精准脱贫研究：基于滇桂黔石漠化片区贫困农户可持续生计策略优化的视角 / 凌经球著 . -- 北京：研究出版社, 2021.6
ISBN 978-7-5199-0715-0

Ⅰ.①精… Ⅱ.①凌… Ⅲ.①沙漠化－贫困区－扶贫模式－研究－云南②沙漠化－贫困区－扶贫模式－研究－贵州③沙漠化－贫困区－扶贫模式－研究－广西 Ⅳ.
① F127.74

中国版本图书馆 CIP 数据核字 (2021) 第 135036 号

出 品 人：赵卜慧
丛书策划：寇颖丹
责任编辑：寇颖丹

精准脱贫研究
JINGZHUN TUOPIN YANJIU

基于滇桂黔石漠化片区贫困农户可持续生计策略优化的视角

凌经球　等著

研究出版社 出版发行
（100011　北京市朝阳区安华里 504 号 A 座）

北京建宏印刷有限公司　新华书店经销

2021 年 8 月第 1 版　2021 年 8 月北京第 1 次印刷
开本：710 毫米 ×1000 毫米　1/16　印张：34.25
字数：614 千字

ISBN 978-7-5199-0715-0　定价：69.00 元

邮购地址 100011　北京市朝阳区安华里 504 号 A 座
电话（010）64217619　64217612（发行中心）

版权所有·侵权必究

凡购买本社图书，如有印制质量问题，我社负责调换。

总　序

《民族地区贫困治理与治理现代化丛书》即将出版。这是我们这个志同道合的研究团队，在近年来从事民族地区治理现代化这一领域研究所取得的学术成果的一个阶段性总结，可喜可贺！

中国是一个统一的多民族国家，中国共产党始终坚持以马克思主义的民族理论为指导，不断探索走中国特色解决民族问题的正确道路。党的十八大以来，以习近平同志为核心的党中央，站在实现中华民族伟大复兴这一全局战略高度，以铸牢中华民族共同体意识为主线，以各民族共同团结奋斗、共同繁荣发展为主题，纵深推进民族地区治理现代化。尤其是在"十三五"期间，党中央把贫困治理置于民族地区治理现代化的框架下，深入实施精准扶贫、精准脱贫方略，举全党全社会之力，推动脱贫攻坚战取得全面性胜利，一举解决了数千年来困扰各少数民族的绝对贫困问题，实现了全面建成小康社会"一个民族都不能少、一个民族都不能掉队"的庄严承诺，充分体现了党的领导的政治优势和社会主义集中力量办大事的制度优势。

作为这套丛书的主撰者，我们研究团队的几个核心人物都是少数民族。尽管学科背景不一，年龄跨度很大，但大家可谓趣味相投。深厚的民族情怀是我们共同的"基因"，为促进民族地区实现现代化添砖加瓦是我们始终不渝的初心和使命！或许就是这一"缘分"，使我们自然而然地走在一起，朝着共同的目标携手奋进！

2014年，凌经球教授主持的项目获得国家社会科学基金重点项目立项，研究的主题是滇桂黔石漠化片区的精准脱贫，黄启学教授和农辉锋副教授作为凌经球教授课题组的主要成员参与该项目。同年，陆鹏副研究员的项目也获得国家社科基金项目立项，研究的主题是民族区域自治问题。2016年，农辉锋副教授的项目也获得国家社科基金项目立项，研究的主题是人口较少民族精准脱贫问题。2017

01

年到 2020 年，黄启学教授在参与上述课题研究的同时，接受广西百色市的委托，对作为左右江革命老区核心区——百色市的精准扶贫问题展开了全方位研究。上述的这些课题，虽然研究侧重点有所不同，但从宏观上看都属于民族地区治理现代化的问题。2018 年至 2020 年，我们还先后承担了原国务院扶贫办组织开展的"新时代中国县域脱贫攻坚研究丛书"的课题研究任务，主持或作为主要成员完成了对广西龙州县、田阳县（现改为田阳区）和东兰县脱贫攻坚经验的总结。几年来，围绕这一主题，我们或一同深入民族地区基层调查研究，或相聚一堂对相关问题相互切磋，或天南海北地去分享学术"盛宴"……偶尔也为某个问题、某个观点争得面红耳赤，互不相让。此间，有时跋山涉水，难免会有舟车劳顿之感，但更多的是看到民族地区发生天翻地覆变化后的惊喜之情和共享完成某项任务之后的愉悦之情。

可喜的是，上述课题恰好都在全面建成小康社会、全国人民共同迈进全面小康的关键时点上得以顺利结项。于是，我们萌发了把这些成果汇编成一套丛书，以此记录在这一伟大历史进程中，我们所走过的路和做出的一点儿微薄贡献。更可喜的是，在中国出版集团研究出版社的大力支持下，我们的愿望最终得以实现。

本套丛书共四册，分别是：《精准脱贫研究：基于滇桂黔石漠化片区贫困农户可持续生计策略优化的视角》（凌经球等）、《民族区域自治制度之治：中央与民族自治区的多维审视与互动实证》（陆鹏）、《一个都不能少：西南地区人口较少民族精准脱贫要略》（农辉锋）、《脱贫攻坚与乡村振兴有效衔接研究：左右江革命老区核心区百色市的探索实践》（黄启学等）。

是为序。

凌经球

（中共广西区委党校、广西行政学院二级教授，研究员）

2021 年 3 月 17 日

序 言

由凌经球教授团队完成的国家社会科学基金重点项目《精准脱贫研究——基于滇桂黔石漠化片区贫困农户可持续生计策略优化的视角》(以下简称《精准脱贫研究》)，以精准脱贫为主线，把滇桂黔石漠化片区农村精准脱贫问题放在决胜全面建成小康社会和全球减贫的宏大背景下来展开，聚焦如何实现贫困人口在现行标准下全部脱贫这一重点。并且，坚持以问题为导向，以习近平总书记关于扶贫工作的重要论述为指引，构建基于精准扶贫的可持续脱贫理论框架及其综合评价体系，对滇桂黔石漠化片区农户的贫困状况展开实证分析，探究实现其可持续脱贫的可行路径，尤其是该研究是基于实证分析提出的贫困农户可持续生计策略优化路径，对石漠化片区各地脱贫攻坚的实践创新展开分析，并对其脱贫成效作综合评价，可信度强。另外，该项研究还从2020年后相对贫困治理视角，剖析实现石漠化片区贫困农户可持续脱贫的制约因素，提出具有针对性和可操作性的政策建议。

综观《精准脱贫研究》全书，其突出的特色主要有：

一是理论建构具有创新性。《精准脱贫研究》从治理目标、对象瞄准、治理理念、治理途径四个方面揭示精准扶贫与可持续生计理论的内在契合机理。从治理目标来看，可持续生计强调生计的可持性，其主旨在于通过资源配置、生计策略的选择来保障贫困人口生计得以可持续性的改善。精准扶贫的治理目标就是要实现"真脱贫"，即习近平总书记反复强调的"可持续脱贫"，指的是贫困人口持续稳定地脱离贫困状态的一个过程。在此过程中，贫困人口在摆脱了绝对贫困之后，持续性地促进其实现由贫困到非贫困的转化，最终实现进入富裕阶层转变的"质的飞跃"，贫困治理的目标才能最终达成。从贫困治理对象瞄准看，精准扶贫与可持续生计都将治理的落脚点聚焦到一家一户之上。从治理理念来说，精准扶贫的核心要义是因人因户制宜，更加注重分类施策、靶向治疗，可持续生计强调生计策略的针对性和有效性。从贫困治理途径看，可持续生计依据贫困家庭（或个体）的自然资本、物质资本、人力资本、社会资本和金融资本的状况，采取不同的治理策略。精准扶贫语境下的"五个一批"则是"项目安排精准"的具体体现，是对可持续生计治理策略的深化、拓展和升华。本成果抓住精准扶贫与可持续生计具有内在的契合机理，通过对二者相关要素的优化整合，构建起基于精准扶贫的可持续脱贫理论分析框架。在这个理论框架中，贫困对象精准识别是逻辑起点，帮扶政策精准制定是中介环节，帮扶措施精准落实是关键环节，实现可持续脱贫是最终环节，构成一个前后承接、环环相扣的有机整体，进而实现对中国精准扶贫丰富实践的国际化"话语转换"，把中国特色贫困治理经验上升为具有普遍意义的治贫道路，为讲好中国"脱贫攻坚故事"提供了一个理论框架。

二是研究视角具有独特性。该成果以贫困农户可持续生计策略优化为出发点，以促进贫困农户精准脱贫为落脚点，以滇桂黔石漠化片区为分析案例，探讨集中连片特困地区如何把精准扶贫、精准脱贫方略落到实处，推动实现贫困农户"两不愁、三保障、一高于、一接近"的脱贫标准以及解决区域性贫困问题的脱贫攻坚目标等问题。在研究方法上，既从微观层面探讨如何通过生计策略优化，帮助贫困农户实现精准脱贫的有效途径，又从宏观层面分析政府如何通过政策干预，为贫困农户提供生计策略优化的支撑条件。通过多层次、全方位的视角探索贫困治理方略，为可持续脱贫理论的创新发展提供中国实践探索的成功范例。

三是论域探讨具有前瞻性。《精准脱贫研究》从对"真脱贫"概念内涵的拓展出发，论证了可持续脱贫是精准脱贫的题中之义，进而将论域探讨拓展到对贫困人口的相对贫困治理上来，提出2020年后集中连片特困地区应以促进贫困人口的可持续脱贫为导向，推进贫困治理从解决绝对贫困问题向解决相对贫困治理转型的时代命题。在此基础上，结合滇桂黔石漠化片区实际，提出促进相对贫困人口可持续脱贫的目标任务、工作重点、方法路径及政策保障体系，为巩固脱贫攻坚成果、促进脱贫攻坚与乡村振兴的有效衔接、推进相对贫困缓解提供可行方案。

综上，《精准脱贫研究》一书是凌经球教授带领的研究团队走出"象牙塔"，扎根于偏远山村贫困治理第一线，对精准脱贫进行潜心研究的成果，是近年来脱贫攻坚研究领域的力作之一。凌教授对贫困治理研究的执着精神，科学严谨的治学态度令人钦佩！

当下，脱贫攻坚已圆满收官，但相对贫困问题的解决任重而道远。期待有更多专家学者共同参与到这一领域的研究中来，为解决好新发展阶段相对贫困问题建言献策，这或许是当代学者的使命所在吧！

是为序。

张　琦

北京师范大学中国扶贫开发研究院院长、教授、博士生导师，

原国务院扶贫开发领导小组办公室专家咨询委员会委员

2021年3月17日

目录
CONTENTS

第一章
绪论:"决胜脱贫攻坚,共享全面小康"的庄严承诺

第一节　研究背景 / 002

　　一、课题研究的国内背景 / 002

　　二、课题研究的国际背景 / 012

　　三、研究对象概述 / 013

第二节　文献梳理与研究动态 / 013

　　一、国外贫困研究的简要回顾 / 014

　　二、国内贫困研究的简要梳理 / 025

　　三、国内外研究的简要评述 / 034

第三节　研究目的和主要内容 / 036

　　一、研究主要目的 / 036

　　二、研究主要内容 / 038

第四节　总体思路、研究方法和总体框架 / 039

　　一、研究总体思路 / 039

　　二、研究主要方法 / 040

　　三、研究总体框架 / 041

第二章

理论框架：精准扶贫与可持续生计的契合机理

第一节 精准扶贫的基本内涵 / 047

一、精准扶贫的目标要求 / 047

二、精准扶贫的主要内容 / 052

三、精准扶贫的核心要义 / 053

四、精准扶贫的基本途径 / 054

五、精准扶贫的实施保障 / 057

六、精准扶贫与精准脱贫的内在关联 / 059

第二节 精准扶贫与可持续生计的内在契合 / 059

一、治理目标的契合 / 059

二、对象瞄准的契合 / 063

三、治理理念的契合 / 064

四、治理途径的契合 / 065

第三节 基于精准扶贫的可持续脱贫分析框架 / 066

一、框架整合：从内在机理到方法路径 / 066

二、逻辑起点：扶贫对象的精准识别 / 068

三、中介环节：精准帮扶的政策制定 / 069

四、关键环节：精准帮扶的政策实施 / 069

五、最终环节：实现可持续脱贫目标 / 070

第三章

现实基础：片区县区域整体性贫困状况分析

第一节 滇桂黔石漠化片区概况 / 075

一、新阶段扶贫攻坚的主战场 / 075

　　　　二、石漠化的重灾区 / 075

第二节　片区县域经济发展的基本特征 / 076

　　　　一、经济社会发展总体滞后 / 076

　　　　二、人均 GDP 水平低且差距大 / 077

　　　　三、县域财力相当拮据 / 080

　　　　四、农民人均纯收入低 / 082

第三节　片区县社会发展水平相对滞后 / 084

　　　　一、社会发展的内涵及其意义 / 084

　　　　二、片区县教育发展相对薄弱 / 085

　　　　三、片区县医疗卫生供给能力不足 / 088

第四节　片区县深度贫困特征较为突出 / 089

　　　　一、国家级贫困县比重大 / 089

　　　　二、贫困人口数量多 / 091

　　　　三、贫困发生率高 / 093

第四章
资本存量：片区县贫困农户生计资本的综合分析

第一节　片区县农户生计资本的问卷调查设计及其实施 / 103

　　　　一、农户可持续生计资本问卷调查表的主要内容 / 103

　　　　二、问卷调查各项指标的内涵界定 / 104

　　　　三、石漠化片区农户生计资本问卷调查的实施 / 106

　　　　四、调查问卷对象的人口学特征分析 / 107

第二节　片区县农户可持续生计资本的描述性统计分析 / 108

　　　　一、农户的自然资本状况 / 108

　　　　二、农户的物质资本状况 / 115

三、农户的人力资本状况 / 119

　　四、农户的金融资本状况 / 126

　　五、农户的社会资本状况 / 129

　　六、片区县农户的生计环境状况 / 132

第三节　片区县农户可持续生计资本的综合评价分析 / 138

　　一、综合评价模型的构建 / 138

　　二、综合评价指数的计算 / 140

　　三、综合评价指数计算结果分析 / 141

第五章

县抓落实：片区县精准脱贫实践创新的案例分析

第一节　龙州县农村贫困的主要表征 / 153

　　一、贫困分布广 / 153

　　二、贫困程度深 / 155

　　三、致贫因素复杂 / 156

第二节　龙州县精准扶贫的实践创新 / 159

　　一、完善"县抓落实"管理体制，压实主体责任 / 159

　　二、加大资金整合力度，强化资金支持 / 163

　　三、深入实施精准方略，确保脱贫质量 / 163

　　四、突出产业支撑，促进可持续脱贫 / 169

　　五、强化党建引领，发挥战斗堡垒作用 / 171

第三节　龙州精准扶贫的主要成效 / 175

　　一、全面实现脱贫摘帽的目标 / 175

　　二、农民生活水平大幅提升 / 175

　　三、基础设施和公共服务设施极大改善 / 176

四、区域性整体贫困得到有效解决 / 177

第六章

易地搬迁：自然资本匮乏型贫困农户的可持续生计策略优化

第一节　自然资本对农户可持续生计影响的理论分析 / 183

　　一、从自然资源到自然资本演进的历史和逻辑分析 / 183

　　二、自然资本对农户可持续生计影响的机理分析 / 188

第二节　石漠化片区农户自然资本现状的调查与分析 / 191

　　一、调查样本自然资本状况的描述性统计分析 / 191

　　二、自然资本匮乏型农户生计策略的个案调查 / 197

第三节　"四方五共"推进易地扶贫搬迁：黔西南州的创新举措 / 205

　　一、黔西南州易地扶贫搬迁"四方五共"工作模式创新的背景 / 205

　　二、"四方五共"工作模式的内涵及实施效果 / 209

　　三、"四方五共"工作模式的多维学理审视 / 215

第七章

对标补短：物质资本匮乏型贫困农户的可持续生计策略优化

第一节　物质资本促进贫困农户生计可持续的作用机理 / 225

　　一、物质资本具有基础性地位 / 225

　　二、物质资本直接反映可持续脱贫的状态 / 228

第二节　物质资本匮乏型贫困农户的基本特征 / 232

　　一、收入水平偏低 / 232

　　二、住房投入水平较低 / 235

　　三、交通工具投入水平较高 / 238

V

第三节　片区县补齐贫困农户物质资本短板的案例分析 / 241

　　一、促进贫困农户稳定增收脱贫的西畴样本 / 241

　　二、麻栗坡县危房改造"清零"的案例 / 247

第八章
教育扶智：人力资本匮乏型贫困农户的可持续生计策略优化

第一节　人力资本在农户可持续脱贫中的作用机理 / 253

　　一、人力资本理论的基本内涵 / 253

　　二、人力资本对促进农户可持续脱贫的作用 / 254

第二节　片区农户人力资本的基本特征 / 257

　　一、省域层面的人力资本比较分析 / 257

　　二、县域层面的人力资本比较分析 / 259

　　三、人力资本匮乏：片区县贫困的主因之一 / 261

第三节　滇桂黔石漠化片区教育扶智实践创新 / 261

　　一、全面落实教育扶持政策 / 262

　　二、扎实发展职业技术教育 / 269

　　三、精准推动技能培训 / 273

第九章
帮扶到户：社会资本匮乏型贫困农户的可持续生计策略优化

第一节　社会资本促进贫困农户生计可持续的理论分析 / 279

　　一、社会资本理论发展脉络梳理 / 279

　　二、社会资本与反贫困相关文献综述 / 282

　　三、社会资本减缓贫困的功能分析 / 284

四、贫困治理中社会资本可建构性分析 / 287

第二节　片区县社会资本匮乏型贫困农户的基本特征 / 289

　　一、社会资本的测量及指标选择 / 289

　　二、调查样本的特征分析 / 290

第三节　片区县社会资本参与精准扶贫的实践创新 / 297

　　一、提升个人能力，增加社会资本存量 / 297

　　二、推进产业化经营，实现组织化增权 / 302

　　三、加强社会帮扶，延伸支持网络 / 305

第四节　片区县社会资本精准扶贫促进贫困农户

生计改善的案例分析 / 310

　　一、马甲书记——"结构洞"中的"联络员"与"经纪人" / 310

　　二、"双培育模式"——贫困地区社会资本内生性增长动力 / 313

　　三、爱心公益超市——物质资本范式向社会资本范式的转变 / 319

　　四、"电视夜校"——弱关系的信息桥力量 / 320

第十章

金融支持：金融资本匮乏型贫困农户的可持续生计策略优化

第一节　金融资本促进贫困农户生计可持续的作用机理 / 327

　　一、贫困农户的金融资本——小额信贷 / 327

　　二、金融资本对贫困农户生计策略的影响 / 330

第二节　片区县金融资本匮乏型贫困农户的基本特征 / 335

　　一、人均现金收入水平低 / 336

　　二、借贷行为较为普遍 / 337

　　三、民间借贷（高利贷）偶有发生 / 339

四、政府转移支付收入水平较低 / 341

第三节　片区县农村金融供给状况的个案调查 / 341

　　一、乡镇金融供给的基本情况 / 341

　　二、乡镇对加强农村金融工作的主要诉求 / 344

第四节　片区县推进金融精准扶贫的典型案例 / 345

　　一、广西田东县：打造农村金融改革升级版 / 345

　　二、省级金融精准扶贫示范县的创建——贵州省望谟县 / 351

　　三、多方共赢的金融精准扶贫"文山模式" / 354

第十一章

脱贫成效：片区县贫困农户精准脱贫质量的综合评价

第一节　问卷调查设计及其实施情况概述 / 361

　　一、问卷调查的目的及设计思路 / 361

　　二、问卷调查的主要内容 / 361

　　三、问卷调查的实施情况 / 362

第二节　问卷调查对象及家庭基本情况的分析 / 363

　　一、问卷对象的人口学特征分析 / 363

　　二、调查样本家庭基本情况的分析 / 366

第三节　调查样本农户脱贫质量的描述性统计分析 / 370

　　一、农户自然资本及利用情况 / 370

　　二、农户物质资本改善状况 / 373

　　三、农户人力资本提升状况 / 383

　　四、农户的金融资本增值状况 / 386

　　五、农户的社会资本扩张状况 / 400

六、农户对政府精准扶贫成效的评价 / 404

第四节　基于 Logistic 回归分析的片区县贫困农户脱贫成效检验 / 407

　　一、变量的选取 / 407

　　二、变量的处理 / 407

　　三、回归结果的分析 / 415

第十二章
问题诊断：片区县贫困农户可持续脱贫的制约因素分析

第一节　自然资本匮乏仍较突出 / 421

　　一、村民的自然资本认知 / 421

　　二、自然资本匮乏的个案 / 422

　　三、有待完成的艰巨任务 / 424

第二节　物质资本支撑尚待加强 / 424

　　一、改善交通基础设施：群众的期盼 / 424

　　二、完善交通基础设施：任重而道远 / 426

第三节　人力资本提升空间较大 / 429

　　一、"阻断贫困代际传递"尚需假以时日 / 430

　　二、城乡教育"剪刀差"现象依然突出 / 431

　　三、农村劳动者实用技术培训亟待加强 / 433

第四节　社会资本扩充尚待改善 / 435

　　一、问题呈现："五个不到位" / 435

　　二、直接影响：精准帮扶难落地 / 436

第五节　金融资本积累依然薄弱 / 438

　　一、调查样本家庭金融资本积累仍较薄弱 / 438

二、调查样本家庭人均可支配收入的实证分析 / 439

三、调查样本家庭金融资本积累薄弱的诱因 / 445

第十三章
治理转型：2020年后促进石漠化片区贫困人口可持续脱贫的创新举措

第一节 缓解相对贫困：
乡村振兴背景下石漠化片区贫困治理的转型方向 / 449

一、相对贫困的内涵及其主要特征 / 449

二、缓解相对贫困：乡村振兴战略的内在要求 / 454

三、2020年后石漠化片区相对贫困的基本趋势 / 456

第二节 可持续脱贫：石漠化片区相对贫困治理的战略目标 / 461

一、可持续脱贫：2020年后相对贫困治理的目标导向 / 461

二、实现第二次质的飞跃：相对贫困治理的战略目标 / 462

三、相对贫困治理战略的主要特征 / 462

第三节 石漠化片区相对贫困人口可持续脱贫的路径选择 / 464

一、完善总体设计：推进相对贫困治理与乡村振兴的有效衔接 / 464

二、推动产业振兴：筑牢可持续脱贫与乡村振兴的厚实根基 / 467

三、壮大集体经济：助力可持续脱贫与迈向共同富裕的压舱之石 / 471

四、推进生态振兴：消除脆弱性环境与打造美丽乡村的双赢之举 / 474

五、扩张生计资本：提升贫困人口自我发展能力的治本之策 / 476

六、引领乡风文明：激活可持续脱贫内生动力的关键之策 / 479

七、重塑基层组织：实现乡村治理体系和治理能力现代化的必由之路 / 484

八、完善支持体系：促进可持续脱贫与乡村振兴的重要保障 / 487

第十四章

余论：研究结论与未来展望

第一节　研究主要结论 / 497

　　一、作为我国 14 个集中连片特困地区之一的滇桂黔石漠化片区，区域整体性贫困特征十分突出 / 497

　　二、精准扶贫与可持续生计具有内在契合的机理，可以整合为可持续脱贫的理论分析框架 / 497

　　三、通过推进脱贫攻坚，石漠化片区摆脱绝对贫困的目标可期，实现可持续脱贫第一次质的飞跃 / 499

　　四、实施乡村振兴战略下，石漠化片区相对贫困治理应以促进贫困农户实现可持续脱贫第二次质的飞跃为目标 / 500

　　五、实现乡村振兴下相对贫困治理的目标需采取综合性的贫困治理策略 / 501

第二节　研究未来展望 / 502

参考文献 / 505

后　记 / 515

第一章

绪论:
"决胜脱贫攻坚,共享全面小康"的庄严承诺

第一节 研究背景

一、课题研究的国内背景

2012年11月，中国共产党第十八次全国代表大会郑重提出到2020年全面建成小康社会的奋斗目标。这标志着，在辽阔的中华大地上，具有5000多年文明史、饱经沧桑的古老中国，在中国共产党的英明领导下，在经历了28年艰苦卓绝的斗争并建立了中华人民共和国，经过近30年的社会主义革命和建设，尤其是30多年的改革开放之后，已经发生了翻天覆地的历史性巨变，开始阔步迈向中华民族伟大复兴的新征程——决胜全面建成小康社会，满怀豪情开启全面建设中国特色社会主义现代化强国的新时代。

到2020年全面建成小康社会，是中国共产党带领中国人民迈向社会主义现代化"两个一百年"奋斗目标的第一个，是中国共产党"向人民、向历史做出的庄严承诺，是中华民族伟大复兴征程上的又一座重要里程碑"[①]。全面建成小康社会与全面建设社会主义现代化强国，对于实现中华民族伟大复兴都具有重要的意义，前者是关键一步，后者是前者的深化与提升。全面建成小康社会中"小康"指的是发展水平，"全面"指的是发展的平衡性、协调性、可持续性。[②]这就要求在推进实现这一目标的过程中，要做到"三个全覆盖"：一是建设领域的全覆盖，二是成果享受的全覆盖，三是实现区域的全覆盖。"建设领域的全覆盖"，就是要做到经济建设、政治建设、文化建设、社会建设、生态文明建设"五位一体"统筹推进，"促进现代化建设各个环节、各个方面协调发展"[③]；"成果享受的全覆盖"，就是要牢固树立共享发展的理念，"践行以人民为中心的发展思想，把实现人民幸福作为发展的目标和归宿，做到发展为了人民、发展依靠人民、发展成果由人民共享"[④]，使全面小康成为惠及全体人民的小康；"实现区域的全覆盖"，就是不仅要

[①][②] 中共中央宣传部：《习近平总书记系列重要讲话读本》，学习出版社、人民出版社2016年版，第53页。
[③] 同上，第59页。
[④] 同上，第28页。

使全面小康社会覆盖到东中西部,还要促进城乡区域的协调发展、融合发展。正是在这个意义上,2012年12月29日、30日在河北省阜平县考察扶贫开发工作时,习近平总书记就明确地指出,"消除贫困、改善民生、逐步实现共同富裕,是社会主义的本质要求","全面建成小康社会,最艰巨最繁重的任务在农村、特别是在贫困地区。没有农村的小康,特别是没有贫困地区的小康,就没有全面建成小康社会。大家要深刻理解这句话的含义"[1]。2015年1月29日,习近平总书记在国家民委《民族工作简报》第6期上所作的批示中指出,"全面实现小康,少数民族一个都不能少,一个都不能掉队"。[2] 在党的十八届五中全会上,习近平总书记指出:"《建议》把农村人口脱贫作为全面建成小康社会的基本标志,强调实施精准扶贫、精准脱贫,以更大决心、更精确思路、更有力措施,采取超常规手段,实施精准脱贫工程,确保我国现行标准下农村贫困人口实现脱贫,贫困县全部摘帽,解决区域性整体贫困"[3],将这一任务作为"十三五"规划的一项底线性任务和标志性的指标。

"现行标准下农村贫困人口实现脱贫"的要求是"两不愁、三保障、一高于、一接近",即"到2020年,稳定实现农村贫困人口不愁吃、不愁穿,义务教育、基本医疗和住房安全有保障。实现贫困地区农民人均可支配收入增长幅度高于全国平均水平,基本公共服务主要领域指标接近全国平均水平"[4]。根据国家统计局公布的数据,截至2014年底,我国还有7000多万贫困人口。[5] 这些贫困人口绝大多数分布在边远山区、革命老区、边境地区和少数民族地区等集中连片特困地区,生产生活条件差,基本公共服务水平低,自然生态恶劣,减贫成本高,脱贫难度大。如期实现这一目标,不啻是"打一场硬仗"。为此,2015年11月29日颁布的《中共中央、国务院关于打赢脱贫攻坚战的决定》中指出:"扶贫开发事关全面建成小康社会,事关人民福祉,事关巩固党的执政基础,事关国家长治久安,事关我国国际形象。打赢脱贫攻坚战,是促进全体人民共享改革发展成果、实现共同富裕的重大举措,是体现中国特色社会主义制度优越性的重要标志,也是经济发展新常态下扩大国内需求、促进经济增长的重要途径。"[6] 同时明确要求:"各

---

[1] 中共中央党史和文献研究院:《习近平扶贫论述摘编》,中央文献出版社2018年版,第3-4页。
[2] 同上,第6页。
[3] 同上,第10页。
[4] 《中共中央、国务院关于打赢脱贫攻坚战的决定》,《人民日报》2015年12月8日,第1版。
[5] 中共中央宣传部:《习近平总书记系列重要讲话读本》,学习出版社、人民出版社2016年版,第220页。
[6] 《中共中央、国务院关于打赢脱贫攻坚战的决定》,《人民日报》2015年12月8日,第1版。

级党委和政府必须把扶贫开发工作作为重大政治任务来抓,切实增强责任感、使命感和紧迫感,切实解决好思想认识不到位、体制机制不健全、工作措施不落实等突出问题,不辱使命、勇于担当、只争朝夕、真抓实干,加快补齐全面建成小康社会中的这块突出短板,决不让一个地区、一个民族掉队,实现《中共中央关于制定国民经济和社会发展第十三个五年规划的建议》确定的脱贫攻坚目标。"① 在2017年10月召开的中国共产党第十九次全国代表大会上,习近平总书记发出"坚决打赢脱贫攻坚战"的号令,他指出:"让贫困人口和贫困地区同全国一道进入全面小康社会是我们党的庄严承诺。"②这充分体现了以习近平同志为核心的党中央打赢脱贫攻坚战的坚强决心和坚定信心。

为打赢这场脱贫攻坚战,党中央提出了实施"精准扶贫、精准脱贫"基本方略的要求。"精准扶贫、精准脱贫"二者紧密联系,前者为手段,后者是目的。2017年3月,习近平总书记在参加十二届人大四川代表团审议时指出:"脱贫攻坚贵在精准、重在精准、成败之举在精准。必须在精准施策上出实招、在精准推进上下功夫、在精准落地上见成效。"③这就要求在推进脱贫攻坚中,着力改变过去扶贫工作的传统模式,在宣传教育、力量动员、资源配置、帮扶举措等方面,做到"扶持谁、谁来扶、怎么扶、如何退,全过程都要精准,有的需要下一番'绣花'功夫"④。打赢脱贫攻坚战,必须绣好"精准扶贫"这朵花,使之结出"精准脱贫"之果。

党中央在这个时点上提出"精准扶贫、精准脱贫"这一基本方略,具有极其深刻的历史背景和重要的现实意义。为此,有必要对中国扶贫开发的历史进程作一个简要的回顾。

"精准扶贫、精准脱贫"是在改革开放以来我国扶贫开发取得了举世瞩目的伟大成就,全面建成小康社会,脱贫攻坚面临着诸多新特点、新形势和新任务的背景下提出来的。回顾改革开放40多年来中国扶贫开发的历程,可以加深我们对精准扶贫、精准脱贫方略的认识。

对改革开放以来中国扶贫开发阶段的划分,学术界已基本形成共识⑤,大致可

---

① 《中共中央、国务院关于打赢脱贫攻坚战的决定》,《人民日报》2015年12月8日,第1版。
② 习近平:《决胜全面建成小康社会,夺取新时代中国特色社会主义伟大胜利——在中国共产党第十九次全国代表大会上的报告》,人民出版社2017年版,第47页。
③ 中共中央宣传部:《习近平总书记系列重要讲话读本》,学习出版社、人民出版社2016年版,第220页。
④ 中共中央党史和文献研究院:《习近平扶贫论述摘编》,中央文献出版社2018年版,第76—77页。
⑤ 黄承伟:《中国扶贫开发道路研究:评述与展望》,《中国农业大学学报(社会科学版)》2016年第5期,第5页。

划分为以下几个阶段:

第一阶段:以体制改革推动减贫阶段(1978—1985年)。中华人民共和国成立至改革开放前,尽管我国社会主义建设取得了举世瞩目的伟大成就,但由于经济发展的基础薄弱,加之人民公社制度对农民劳动积极性的严重影响以及"文化大革命"极左路线的冲击等因素的综合作用,我国农村贫困问题依然相当突出,绝对贫困人口仍大量存在,按当时我国政府的扶贫标准,到1978年农村贫困人口规模仍高达2.5亿人,占全国人口总数的25.97%,占世界贫困人口总数的1/4,农村贫困发生率达到30.7%[1]。有学者以2010年的农村贫困标准(即农村居民人均可支配收入2300元)的当年价衡量,1978年我国农村贫困人口高达7.7亿人,农村居民贫困发生率为97.5%[2]。

面对如此严峻的农村贫困问题,党中央审时度势,果断推动了以家庭承包经营为基础、统分结合双层经营体制的农村改革,到1981年底全国农村已有90%以上的生产队建立了不同形式的农业生产责任制,1983年底全国农村基本上实行了家庭承包经营责任制。1984年,中央提出土地承包期一般在15年以上,同时配套实施了提高农产品价格(有18种农产品的价格平均上调24.8%)、发展农村商品经济等多项改革,极大地解放了农村的生产力。1978—1984年,我国农业产出平均每年保持了7.7%的增长速度,以不变价计算的农业总产值增加了42.23%,农民人均纯收入也由133.6元上升到1985年的397.6元,家庭联产承包制度这一伟大创举,不仅使中国农业迎来了"黄金增长时期",而且在短短几年时间内解决了1亿多人的温饱问题。农村贫困人口的绝对数量从2.5亿人下降到1.3亿人,贫困发生率从30.7%下降到15.1%,成为人类消除贫困历史上的一项奇迹[3]。

在充分发挥"制度减贫"作用的基础上,中央开始对解决贫困地区群众温饱问题做出部署。1982年中央财经领导小组决定对"三西地区"实施为期十年的农业建设专项计划,从1983年开始每年拨款2亿元,支持该地区重点开发建设,并于1992年将该计划再延长十年[4]。1984年9月,中共中央、国务院发出了《关于帮助贫困地区尽快改变面貌的通知》(以下简称《通知》),指出:中共十一届三中

---

[1] 黄承伟:《中国扶贫开发道路研究:评述与展望》,《中国农业大学学报(社会科学版)》2016年第5期,第7页。
[2] 《国家统计局:改革开放以来我国农村贫困人口减少7亿》,http://www.xinhuanet.com/politics/2015-10/16/c_1116848645.htm,2015-10-16。
[3] 宋洪远:《中国农村改革三十年历程和主要成就》,《农业经济导刊》2008年第5期。
[4] 韩嘉玲、孙若梅、普红雁、邱爱军:《社会发展视角下的中国农村扶贫政策改革30年》,《贵州社会科学》2009年第2期,第70页。

全会以来，全国农村形势越来越好；但农村经济还存在发展不平衡的状态，特别是还有几千万人口仍未摆脱贫困，群众的温饱问题尚未完全解决。为此，《通知》提出了六条措施和要求①：一是明确指导思想，改变贫困地区面貌的根本途径是依靠当地人民自己的力量，因地制宜，发展商品生产，增强本地区经济的内部活力，要纠正单纯救济的观点；二是进一步放宽政策，实行比一般地区更灵活、更开放的政策；三是减轻负担，给予优惠；四是搞活商品流通，加速商品周转；五是增加智力投资；六是加强领导，督促各项措施的落实。

第二阶段：以开发式扶贫推动减贫阶段（1986—1993年）。 在这一阶段，为贯彻落实《通知》的精神，国务院成立了专门的扶贫机构——国务院贫困地区经济开发领导小组（1993年改为国务院扶贫开发领导小组）及其办公室。以此为标志，我国扶贫开发进入了有计划、有组织、有针对性地开展大规模扶贫开发阶段。1986年6月10日，国务院办公厅转发的《国务院贫困地区经济开发领导小组第一次全体会议纪要》指出：目前，全国仍有一部分地区生产条件很差，社会生产力发展缓慢，经济文化落后，部分农民的温饱问题尚未完全解决。各级党政领导部门必须下大的决心，争取在"七五"期间解决大多数贫困地区人民的温饱问题。并在这个基础上，使贫困地区初步形成依靠自身力量发展商品经济的能力，逐步摆脱贫困，走向富裕。②此间，国家建立了以县为单位的目标瞄准机制，确立了331个贫困县和256个扶贫专项贷款县为国家重点扶持的对象。后来国家在第七个五年计划中列了专章，即第十九章"老、少、边、穷地区的经济发展"。其中对支持"老、少、边、穷地区"的经济发展提出了具体要求，明确提出：国家对老、少、边、穷地区继续在资金方面实行扶持政策；继续减轻老、少、边、穷地区的税收负担；进一步组织发达地区和城市对老、少、边、穷地区的对口支援工作。③

这一阶段扶贫开发的最大亮点是国家确定了开发式扶贫的方针，将此前主要通过救济方式短期解决贫困人口的生存或温饱问题的方式，转变到提高贫困人群和贫困地区的自我发展能力上，力求实现从救济式扶贫向开发式扶贫的转变。主要措施是通过加强贫困地区基础设施建设，改善基本生产条件，帮助农民发展种养业，促进区域经济发展。通过采取上述措施，国家重点扶持贫困县农民人均纯

---

① 国家民族事务委员会：《中共中央、国务院关于帮助贫困地区尽快改变面貌的通知》，http://www.seac.gov.cn/art/2011/1/19/art_59_108310.html，2011-01-19。
② 尹青山、时元第等：《中国改革开放政策大典》，中国建材工业出版社1993年版，第283页。
③ 全国人大财经委、国家发改委：《建国以来国民经济和社会发展五年计划重要文件汇编》，中国民主法制出版社2008年版，第354页。

收入从1986年的206元增加到1993年的483.7元；农村贫困人口由1.25亿人减少到8000万人，平均每年减少640万人，年均递减6.2%；贫困人口占农村总人口的比重从14.8%下降到8.7%。①

第三阶段：以综合性扶贫攻坚推动减贫阶段（1994—2000年）。经过大规模的开发式扶贫阶段，我国农村贫困人口大为减少。然而，以当时贫困标准来衡量，全国还有8000万贫困人口，他们绝大多数分布在地理区位十分特殊的区域——西南大石山区（缺土）、西北黄土高原区（严重缺水）、秦巴贫困山区（土地落差大、耕地少、交通状况恶劣、水土流失严重）以及青藏高寒区（积温严重不足）等几类地区。导致贫困的主要因素是自然条件恶劣、基础设施薄弱和社会发育落后等。②还应该指出的是，这时候的贫困问题主要是温饱问题，凸显出解决这个问题的紧迫性。

进入90年代，我国改革开放已经推进了十几年，经济社会发展有了长足的进步，与此同时区域发展和收入分配的差距也开始凸显出来。改革开放初期，邓小平就提出了"两个大局"的设想。在1992年南方谈话中，他进一步明确指出："可以设想，在本世纪末达到小康水平的时候，就要突出地提出和解决这个问题。"③这大大增强了解决8000万贫困人口温饱问题的紧迫性。基于此，1994年2月国务院召开了全国扶贫开发工作会议，做出了实施《国家八七扶贫攻坚计划》（以下简称《计划》）的重大决策部署。《计划》明确提出，集中人力、物力、财力，动员社会各界力量，力争用7年左右的时间，到2000年底基本解决农村贫困人口的温饱问题。这是新中国历史上第一个有明确目标、明确对象、明确措施和明确期限的扶贫开发行动纲领。④

《计划》的实施具有与以往不同的鲜明特点，扶贫开发工作由道义性扶贫向制度性扶贫转变，由救济性扶贫向开发性扶贫转变，由扶持贫困地区（主要是贫困县）向扶持贫困村、贫困户（主要是没有解决温饱的贫困人口）转变。⑤实施"攻坚计划"的具体举措主要有：第一，确立了以到村到户为重点的扶贫方式。强调以贫困村为基本单位，以贫困户为工作对象，以改善基本生产生活条件和发展种

---

① 中华人民共和国国务院新闻办公室：《中国的农村扶贫开发》，《人民日报》2001年10月16日。
② 中华人民共和国国务院新闻办公室：《中国的农村扶贫开发》，《人民日报》2001年10月16日。
③ 《邓小平文选》第3卷，人民出版社1993年版，第271页。
④ 中华人民共和国国务院新闻办公室：《中国的农村扶贫开发》，《人民日报》2001年10月16日。
⑤ 黄承伟：《中国扶贫开发道路研究：评述与展望》，《中国农业大学学报（社会科学版）》2016年第5期，第8页。

养业为重点。第二，重新确定国家重点扶持贫困县。根据当时贫困人口分布状况的变化，重新确定了 592 个国家重点扶持贫困县，覆盖了全国 72% 以上农村贫困人口。第三，加大了人力、物力、财力的投入。首先，大幅度地增加了中央扶贫资金投入，由 1994 年的 97.85 亿元增加到 2000 年的 248.15 亿元，累计投入中央扶贫资金 1127 亿元，相当于 1986 年至 1993 年扶贫投入总量的 3 倍[①]；其次，在集中连片的重点贫困地区安排大型开发项目，如中铝集团广西平果铝业就是这一时期代表性的工程之一；最后，建立党政机关定点帮扶、干部联系贫困户等制度和东西部扶贫协作机制，动员和组织社会各界广泛参与扶贫攻坚，组织沿海发达省、直辖市对口帮扶西部贫困省、区等，体现了先富帮后富、走共同富裕之路的社会主义的本质要求。第四，建立"四到省"的工作机制，即明确资金、任务、权利、责任四个到省，强化省级党委、政府扶贫攻坚的责任。第五，多管齐下开展帮扶。推行了入户项目支持、最低生活救助、科技扶贫、劳动力转移、生态移民等多元化扶贫措施。[②] 通过 7 年的攻坚，贫困地区的面貌发生了巨大的变化：基础设施得到了极大改善，592 个国家重点扶持的贫困县累计修建基本农田 6012 万亩，新增公路 32 万公里，架设输变电线路 36 万公里，解决了 5351 万人和 4836 万头牲畜的饮水问题，通电、通路、通邮、通电话的行政村分别达到 95.5%、89%、69% 和 67.7%。经济发展速度明显加快，国定贫困县农业增加值增长 54%，年均增长 7.5%；工业增加值增长 99.3%，年均增长 12.2%；地方财政收入增加近 1 倍，年均增长 12.9%；农民人均纯收入从 648 元增加到 1337 元，年均增长 12.8%，高于全国平均水平。[③] 扶贫攻坚实现了预期目标，农村绝对贫困人口由 8000 万人下降到 3209 万人，贫困发生率减少到 3.4%，基本解决了贫困人口的温饱问题，使我国农村贫困从普遍性、区域性、绝对性贫困向点状分布和相对贫困发生转变。[④]

第四阶段：以整村推进与"两轮驱动"推动减贫阶段（2001—2010 年）。这一阶段的扶贫开发面临着复杂多样的形势，概言之有：第一，进入 21 世纪，我国迈入了全面建设小康社会的新阶段，这对扶贫开发提出了更高的要求。第二，经过二十多年的改革，我国已经基本建立起社会主义市场经济体制，社会主义市场

---

① 温家宝：《在中央扶贫开发工作会议上的讲话》，《人民日报》2001 年 9 月 21 日。
② 黄承伟：《中国扶贫开发道路研究：评述与展望》，《中国农业大学学报（社会科学版）》2016 年第 5 期，第 8 页。
③ 温家宝：《在中央扶贫开发工作会议上的讲话》，《人民日报》2001 年 9 月 21 日。
④ 黄承伟：《中国扶贫开发道路研究：评述与展望》，《中国农业大学学报（社会科学版）》2016 年第 5 期，第 8 页。

经济条件下的扶贫开发将受到市场和资源越来越强的双重约束。第三，扶贫攻坚本身要解决的问题依然突出。未解决温饱问题的3000多万贫困人口是特殊群体，初步解决温饱的贫困人口，由于生产生活条件还没有从根本上得到改善，抵御自然灾害的能力很弱，极易返贫。基于此，党中央、国务院认为扶贫开发是建设中国特色社会主义伟大事业的一项历史任务，将贯穿于社会主义初级阶段的全过程。基本解决农村贫困人口温饱问题，只是扶贫开发、实现共同富裕的一个阶段性胜利。巩固扶贫成果，在这个基础上实现小康还需要一个长期的奋斗过程，必须树立长期作战的思想，坚定不移地把扶贫开发推向一个新的阶段。据此，党中央、国务院制定出台了《中国农村扶贫开发纲要（2001—2010年）》（以下简称《纲要》）[1]，对这一阶段的扶贫攻坚做出了全面部署。

这一阶段的扶贫开发具有如下特点：第一，任务更加明确。《纲要》提出了2001—2010年扶贫开发的主要任务，一是牢牢锁定目标。尽快解决3000多万贫困人口的温饱问题，这是新阶段扶贫开发的首要任务。二是以增加收入为重点。要求切实帮助初步解决温饱、但还不巩固的贫困人口增加经济收入，改善生产生活条件，实现稳定脱贫。第二，突出重点区域。《纲要》根据当时农村贫困人口的分布状况和特点，把国家扶持的重点放在中西部的少数民族地区、革命老区、边疆地区和一些特困地区。确定了592个国家扶贫开发重点县，并把贫困瞄准重心下移到村，全国范围内确定了15万个贫困村。第三，路径更加清晰。《纲要》强调新阶段扶贫开发要抓好规划制定这一基础性工作。要以县为基本单元、以乡村为基础制定规划，在此基础上形成省域的扶贫开发规划；扶贫开发规划要纳入省、自治区、直辖市国民经济和社会发展计划，西部地区的扶贫开发规划要与西部大开发的总体部署相衔接。第四，措施更加具体。《纲要》提出了全面实施整村推进、产业发展、劳动力转移为重点的扶贫开发措施。同时，自2007年起，实施"两轮驱动"，即全面建立农村最低生活保障制度，做到扶贫开发与最低生活保障制度衔接。第五，责任更加压实。《纲要》提出了实行"省负总责，县抓落实，工作到村，扶贫到户"的工作责任体制，强调省级政府对本地区的扶贫开发负有总的责任。同时进一步强化"资金到省、权力到省、任务到省、责任到省"，大大增强了省级政府的统筹协调能力。此外，还对县一级扶贫责任提出了具体要求，扶贫开发工作重点县要坚持以扶贫开发为中心，把扶贫开发摆在经济社会发展的突出位置上。第六，监督检查更加有力。《纲要》提出要加强对扶贫开发工作的督促

---

[1] 温家宝：《在中央扶贫开发工作会议上的讲话》，《人民日报》2001年9月21日。

检查。突出检查规划执行、措施落实、资金使用、工作进展等情况。强调要从实际效果和群众评价来衡量扶贫开发工作的成效。

《纲要》的实施取得显著成效。到2010年在年人均纯收入1196元的贫困标准线下，中国贫困人口已经减少到2688万，贫困发生率下降到2.8%。特别是"十一五"时期，贫困人口从6431万人减少到2688万人，5年减少3743万人，年均减少748.6万人；重点县农民人均纯收入从1723元增加到3273元，增长了1550元，年均增长10.28%，比全国平均水平高了0.95个百分点。

第五阶段：以精准扶贫推动精准脱贫阶段（2011—2020年）。如上所述，中国作为世界上人口基数最大、贫困人口较多的发展中国家，自中华人民共和国成立以来尤其是改革开放40多年来，党和政府始终把扶贫攻坚摆在重要的位置来推进，经过开展上述几个阶段的贫困治理，按现行标准计算，我国的贫困人口从1981年的97780万人减少到2012年的8734万人，其间共减少8.9亿多贫困人口，降幅达91%。[①] 2015年诺贝尔经济学奖得主安格斯·迪顿曾对中国为世界减贫事业所做出的突出贡献给予了高度的评价。在其著作《逃离不平等：健康、财富及不平等的起源》中，在对全球减贫速度进行分析后，他指出：1981—2008年，全球每日生活标准低于1美元的人口（即贫困人口。——作者注），已经从15亿人减少到8.05亿人。贫困人口占总人口比例的下降速度要比贫困人口绝对数的下降速度快许多，不到30年的时间，就从原先的42%下降到了14%。这一成就，可以说完完全全是由中国的经济发展奇迹所推动实现的[②]。由此可见，改革开放以来中国扶贫开发的成就是显著的、巨大的，并得到国际社会的一致公认。

党的十八大之后我国扶贫攻坚面临着一系列新矛盾、新问题。首先，通过前几个阶段的扶贫开发，在有力地促进贫困地区的经济增长并带动贫困人口脱贫的同时，也使贫困地区内部的收入分配差距不断扩大。在《纲要》实施期间，扶贫工作重点县不同收入组的收入差距不断扩大，最低收入组的收入与最高收入组的收入之比从2002年的21.59%下降到2010年的17.38%，而且收入水平越高的收入组农民的人均纯收入增长很快。与此同时，贫困地区的经济增长明显有利于高收入农户，从而导致收入差距扩大。2002—2009年，贫困户、重点县农户和全国农户的收入增长速度分别为2.75%、11.76%和11.04%，贫困户的收入

[①] 李培林、魏后凯：《中国扶贫开发报告（2016）》，社会科学文献出版社2016年版，第50页。
[②] 安格斯·迪顿：《逃离不平等：健康、财富及不平等的起源》，崔传刚译，中信出版社2014年版，第208页。

增长速度比重点贫困县农户的平均增长速度低9.01个百分点。贫困户收入占全国农村居民收入的比例持续下降，从2002年的1/3下降到2009年的1/5。[1]这在客观上迫切需要扶贫开发工作侧重点转到更多地关注低收入群体上来。其次，在决胜全面建成小康社会的进程中，"一个都不能少""一个都不能掉队"的共享发展诉求，体现了社会主义共同富裕的价值理性。党的十八大之后，我国进入了决胜全面建成小康社会、开启全面建设社会主义现代化强国的新时代。习近平总书记反复强调："消除贫困、改善民生、实现共同富裕，是社会主义的本质要求，是我们党的重要使命。"[2]实现共同富裕，既要鼓励和支持有能力有条件发展的人尽快脱贫致富奔小康，也要对那些没有能力和条件或者暂时没有能力和条件发展的人给予更多的关照。因此，对贫困人口进行精准帮扶，是在迈上全面建成小康社会进程中让他们"不掉队"的客观需要，也是实现共同富裕的题中之义。最后，在全面建成小康社会的攻坚时期，扶贫开发还面临着更加复杂的形势：（1）随着扶贫标准的提高，农村贫困人口数量仍然庞大，截至2012年末，贫困人口还有约9000万人，扶贫开发任务依然繁重；（2）部分刚刚越过温饱线的贫困人口因受到各种风险的冲击，返贫问题依然突出；（3）由于存在扶贫资源瞄准目标偏差和精英捕获等现象，"直接损害到项目真正的目标群体——处于弱势地位的贫困者的利益"。[3]这些问题的存在，呼唤着扶贫开发方式的转变。

基于上述背景，精准扶贫、精准脱贫方略应运而生。2013年11月3日，习近平总书记在湖南省湘西土家族苗族自治州花垣县排碧乡十八洞村调研时，首次提出了精准扶贫的要求。他指出："扶贫开发要实事求是，因地制宜。要精准扶贫，切忌喊口号……"[4]2013年12月，中共中央办公厅、国务院办公厅印发《关于创新机制扎实推进农村扶贫开发工作的意见》，提出建立精准扶贫工作机制，切实做到扶真贫、真扶贫，并将其作为六项扶贫创新机制之一。[5]2015年6月18日，习近平总书记在贵州召开部分省区市党委主要负责同志座谈会上的讲话中强调指出："各级党委和政府必须增强紧迫感和主动性，在扶贫攻坚上进一步理清思路、

---

[1] 张伟宾、汪三贵：《扶贫政策、收入分配与中国农村减贫》，《农业经济问题》2013年第2期。
[2] 习近平：《习近平谈治国理政》第二卷，外文出版社2016年，第83页。
[3] 左停、杨雨鑫、钟玲：《精准扶贫：技术靶向、理论解析和现实挑战》，《贵州社会科学》2015年第8期，第158页。
[4] 《习近平赴湘西调研扶贫攻坚》，http：//news.china.com.cn/2013-11/03/content_30484698.htm，2013-11-03。
[5] 国务院公报2014年第4号. 中共中央办公厅国务院办公厅印发《关于创新机制扎实推进农村扶贫开发工作的意见》，http：//www.gov.cn/gongbao/content/2014/content_2580976.htm。

强化责任，采取力度更大、针对性更强、作用更直接、效果更可持续的措施，特别要在精准扶贫、精准脱贫上下更大功夫。"① 2015年10月16日，习近平总书记在"2015减贫与发展高层论坛"上发表的主旨演讲中指出："现在，中国在扶贫攻坚工作中采取的重要举措，就是实施精准扶贫方略，找到'贫根'，对症下药，靶向治疗。"② 在2015年11月召开的中央扶贫工作会议上，习近平总书记系统地阐述了精准扶贫、精准脱贫的内涵，同时把扶贫攻坚改为"脱贫攻坚"。至此，精准扶贫、精准脱贫正式成为新阶段脱贫攻坚必须坚持的基本方略。

二、课题研究的国际背景

从国际来看，2015年9月25日，联合国发展峰会在纽约联合国总部开幕，大会审议通过了《变革我们的世界——2030年可持续发展议程》（以下简称《2030年议程》），并于2016年1月1日正式生效。联合国前秘书长潘基文在致辞中说："我们来到了人类历史上一个决定性的时刻，全世界的人们都在要求我们为充满希望和机遇的未来点亮一盏灯。"潘基文称："新的可持续发展目标是各国领导人对全世界人民的承诺，是为人类消除各种形式贫困的议程，是为在地球创建共同家园的议程，是为共享繁荣、和平与合作的议程，它承诺不落下任何一个人。"③ 作为千年发展目标的接替计划，《2030年议程》提出了可持续发展理念的17大项、169个子项的丰富而又具体的内容。2016年9月19日，国务院总理李克强在纽约联合国总部主持2030年可持续发展议程主题座谈会并发表重要讲话，他指出："中国是世界上人口最多的发展中国家，让13亿多人过上好日子，是推进现代化建设的根本目的。过去十五年，中国政府高度重视并率先实现联合国千年发展目标，在减贫、卫生、教育等领域取得了举世瞩目的成就。4亿多人摆脱贫困，五岁以下儿童死亡率降低2/3，孕产妇死亡率降低3/4，织就了世界上最大的养老、医疗社会保障网。面向未来，中国已经全面启动落实2030年可持续发展议程工作，已经批准并将发布《中国落实2030年可持续发展议程国别方案》，为中国落实可持续发展议程提供行动指南。作为一个负责任的发展中国家，愿积极参与相

---

① 《习近平召开部分省区市党委主要负责同志座谈会》，http://news.cntv.cn/2015/06/19/VIDE1434712857321948.shtml，2015-06-19。
② 习近平：《携手消除贫困 促进共同发展——在2015减贫与发展高层论坛的主旨演讲》，《人民日报》2015年10月18日。
③ 《联合国发展峰会开幕 通过2015年后可持续发展议程》，http://www.chinanews.com/gj/2015/09-26/7545628.shtml，2015-09-26。

关国际合作，不断加大对南南合作的投入，分享发展经验和发展机遇，同国际社会携手前行。"①从这个意义上看，中国实施的"十三五"脱贫攻坚规划，打赢脱贫攻坚战，不仅是自身实现全面建成小康社会奋斗目标的客观需要，也是落实联合国《2030年议程》的具体行动，将对实现全球减贫事业、推进可持续发展做出更大贡献。

三、研究对象概述

滇桂黔石漠化片区是全国14个集中连片特困地区之一。该片区集民族地区、革命老区和边境地区于一体，是国家新一轮脱贫攻坚战主战场中少数民族人口最多的片区，也是珠江流域重要的生态屏障。国务院批准实施的《滇桂黔石漠化片区区域发展与扶贫攻坚规划（2011—2020年）》涉及三省区91个县（市、区），区域总面积和总人口分别占三省区的28.28%、25.88%。按我国现行贫困标准，2011年片区贫困发生率31.5%，比全国高18.8个百分点，石漠化范围约占区域面积的25%，少数民族人口2129.3万人，占片区总人口的62.12%。该片区农村贫困问题既有普遍性——贫困面广，贫困程度深，是"最难啃的硬骨头"，又有自身特殊性——地处边远，石漠化严重，生存环境恶劣，区域经济社会发展相对滞后，农村基本公共服务均等化水平低，等等。在脱贫攻坚背景下，以贫困农户可持续生计策略优化为切入点，对该片区农村如何实施精准扶贫、精准脱贫方略进行研究，对于确保在现行标准下实现片区贫困人口如期脱贫，解决区域整体性贫困问题，兑现在全面建成小康社会进程中一个少数民族都不能掉队、一个贫困人口都不能少的庄严承诺，其意义之重大不言而喻。

第二节 文献梳理与研究动态

习近平总书记在2015减贫与发展高层论坛的主旨演讲中指出："贫困是人类共同面对的重大课题，治理贫困是人类的重大使命。消除贫困自古以来就是人类梦寐以求的理想。"②贫困研究的理论渊源最早可以追溯到亚当·斯密、大卫·李嘉图等古典经济学家，尤其是马克思主义的创始人——马克思和恩格斯等经典作

---

① 《李克强主持2030年可持续发展议程主题座谈会并发布〈中国落实2030年可持续发展议程国别方案〉》，http://news.xinhuanet.com/world/2016-09/20/c_1119595197.htm，2016-09-20。
② 习近平：《携手消除贫困 促进共同发展——在2015减贫与发展高层论坛的主旨演讲》，《人民日报》2015年10月18日，第1版。

家。马克思、恩格斯的制度贫困论从社会政治制度的视角,对人类社会贫困根源作了最为深刻的揭示,至今仍有其重要的现实意义。但这些理论都是被嵌入人口经济学、发展经济学以及政治经济学等学科中的。对贫困问题开展规范性、开创性学理研究的,当首推英国学者本杰明·西博姆·朗特里(Benjamin Seebohm Rowntree)。自他进行开创性研究之后,贫困问题广泛受到中外学者的关注,研究领域不断拓展,研究方法不断创新,研究成果汗牛充栋,研究流派各展风采。

一、国外贫困研究的简要回顾

(一)贫困内涵的界定:从一元论转向多元论

贫困内涵的界定既是贫困治理的前提基础,也是贫困研究的逻辑起点。著名经济学家、诺贝尔经济学奖得主萨缪尔森指出:"'贫困'一词对不同的人有不同的含义。显然,贫困是一种没有足够收入的状况。但是,要在穷人与富人之间划一条明确的界限却很困难。"[①]他甚至认为,"贫困"是一个难以捉摸的概念。综观国外对贫困概念定义的演进,大体经历了从一元的"收入贫困论"到多元的"能力贫困论"和"社会排斥论"的转变。

1. 关于收入贫困论

这一概念主要是基于最低生存需要的经济视角来定义的。本杰明·西博姆·朗特里(1901)在其著作《贫困:城镇生活研究》中,根据最低量生活必需品的数量及其价格提出了关于贫困的衡量标准,认为一个家庭处于或陷入贫困状态当中的标志是这个家庭的经济总收入低于家庭人口最基本的生存活动的需要。这种最低生活需要包括食品、住房、衣着和其他生活必需品。[②]朗特里用家庭收入与消费支出来度量贫困,其衡量标准有两条,一是个人或者家庭总收入水平,二是维持个人或一个家庭最低基本生理功能所需的消费水准。一旦前者低于后者就意味着陷入贫困状态,故被称为"一元"(即物质层面)的收入贫困(income poverty),也被称为绝对贫困。朗特里关于贫困概念的界定,影响深刻而又广泛,得到了许多经济学家和社会学家的赞同,直至20世纪70年代在学术界始终居于主流地位。此后不少学者对此作了拓展。例如,美国经济学家劳埃德·雷诺兹认为:"所谓贫困问题,是说在美国有许多家庭,没有足够的收入可以使之有起码的

[①] 保罗·萨缪尔森、威廉·诺德豪斯:《萨缪尔森谈效率、公平与混合经济》,萧琛译,商务印书馆2012年版,第155页。
[②] Benjamin Seebohm Rowntree. *Poverty: A Study of Town Life* [M]. London: Macmillan, 1901:103.

生活水平。"① 到了 20 世纪 70 年代末，英国学者汤森则认为："所有居民中那些缺乏获得各种食物、参加社会活动和最起码的生活和社交条件的资源的个人、家庭和群体就是所谓的贫困人口。"② 世界银行在《1981 年世界发展报告》采用了汤森这一概念，该报告指出："当某些人、某些家庭或某些群体没有足够的资源去获取他们那个社会公认的、一般都能享受到的饮食、生活条件、舒适和参加某些活动的机会，就是处于贫困状态。"③ 显而易见，汤森、世界银行虽然也还在使用物质层面的"收入"概念，但其内涵已拓展到了"资源"层面。

2. 关于能力贫困论

这一概念最初由著名经济学家阿马蒂亚·森提出，后经世界银行和联合国开发计划署倡导得到广泛推广和应用。作为一位关注最底层贫困人口的经济学家，阿马蒂亚·森在 1981 年出版的《贫困与饥荒——论权利与剥夺》中指出："贫困的度量可以分为两个步骤，即贫困的识别和把贫困人口的特征加总成一个总度量。当然，贫困的'识别'要先于'加总'。识别贫困的最普通做法是确定一个'基本'——或'最低'——生活必需品集合，把缺乏满足这些基本需要的能力作为贫困的检验标准。"④ 在阿马蒂亚·森看来，个人可行能力的被剥夺通常与收入低下有密切的关系，而且这种关系是"双向"的，即低收入既是饥饿和营养不良，也是文盲和健康不良的一个主因；反之，更好的教育与健康则有助于获取更高的收入。⑤ 因而他认为，"如果我们把注意力从排他性地集中考虑收入贫困，转到考虑更包容的可行能力的剥夺，我们就能按照一种不同的信息基础来更好地理解人类生活的贫困和自由"。⑥ 可见，阿马蒂亚·森关于贫困的定义突破了传统的"收入贫困论"的分析框架，他从"个人可行能力"的视角来分析贫困，认为贫困是基本可行能力的被剥夺，而不仅仅是收入低下。

3. 关于社会排斥论

1974 年，法国学者勒内·勒努瓦（Rene Lenoir）在其《被排斥群体：法国的十分之一人口》一文中首次提出"社会排斥"的概念。勒内·勒努瓦语境下的"被排斥者"主要是指那些"没有被传统的社会保障体系所覆盖的人，包括单亲父

---

① 劳埃德·雷诺兹：《微观经济学》，商务印书馆 1993 年版，第 32 页。
② Towmend. Poerty in the kingdon：a Survey of the House—hold Resource and Living Standard [M]. Lodon: Alfen Laneand Penguin book，1979.
③ 世界银行：《1981 年世界发展报告》，中国财政经济出版社 1981 年版，第 24 页。
④ 阿马蒂亚·森：《贫困与饥荒——论权利与剥夺》，王宇、王文玉译，商务印书馆 2009 年版，第 31 页。
⑤⑥ 阿马蒂亚·森：《以自由看待发展》，任赜、于真译，中国人民大学出版社 2002 年版，第 14 页。

母、残疾人、失业者、精神或身体有残障者、自杀者、老年病患、受虐儿童、药物滥用者等易受伤害人群"。①英国学者约翰·皮尔森（John Pierson）认为，"社会排斥"这一概念产生于法国而不是产生于英国或者美国，主要因素在于法国和英美具有完全不同的政治文化。法国长期以来十分强调公民权利和社会融合。②但在阿马蒂亚·森看来，"社会排斥"与贫困和剥夺研究中的一些概念是有联系的，这一术语出现之前，社会排斥思想早就已经存在。他从可行能力被剥夺的视角来考察社会排斥，在分析能力剥夺的关系特征的基础上提出社会排斥的建构性和工具性特征，并将社会排斥划分为积极排斥和消极排斥两种类型。他还认为，社会排斥会通过各种方式导致剥夺与贫困。③社会排斥概念的提出，使贫困概念的界定拓展到了政治、经济、文化和社会制度等更广泛的领域，表明学术界对贫困的认识上升到了新的高度。

（二）贫困标准及其测度：从"购物篮子"向"多维体系"转变

认识"何为贫困"只为贫困治理奠定了理论基础，还应该有对其进行衡量的具体指标体系。"事实上，什么人可以被认定为贫困人口是一个非常值得注意的问题。关于这一点，基础理念非常简单，但如何在实践中实施却大有学问，其中最为棘手的包括如何确定贫困线，以及如何与时俱进更新贫困线。"④与上述的贫困概念相对应，至今为止，国际上使用的贫困衡量标准主要有三类：收入标准指数、人类贫困指数、多维贫困指数。

1. 收入标准指数

这一指标体系最初由朗特里提出，他按照"获得维持体力的最低需要"的"购物篮子"所需货币来测算，提出了英国的贫困线。20世纪50年代前，英国一直使用朗特里的贫困测度标准。之后英国放弃了这一标准，代之以"家庭收入低于收入中位数60%"的标准。美国于20世纪60年代初将经济学家莫利·欧桑斯基（Mollie Orshansky）提出的"四口之家的年收入3165美元"确定为全美贫困线，此后除了根据物价水平做出调整外，一直沿用至今。⑤20世纪90年代中期，为估算全球贫困状况，世界银行从世界上最贫穷的国家中选出6个国家作为代表，将这些国家的贫困线加以平均，以购买力评价方法确定了最初的全球贫困线（即

---

① See tania Burchardt. Julian k Grand and David Piaehaud, Social Exclusion in Britian 1991—1995, *Social Policy&Administration*, Issn 0144—5596, v01, 33. No, 3. September, 1999: 227—244.

② John Pierson, *Tackling Social Exclusion*, New York: Roufledge, 2001: 4.

③ 阿马蒂亚·森：《论社会排斥》，王燕燕译，《经济社会体制比较》2005年第3期。

④⑤ 安格斯·迪顿：《逃离不平等：健康、财富及不平的那个的起源》，中信出版社2015年版，第148页。

1美元/人·天的生活费，以1985年美元计）；2008年这一标准提高到1.25美元/人·天（以2005年美元计），同时还根据其他发展中国家贫困标准的中位数，确定每天2美元的贫困线。前者对应的是联合国千年发展目标，后者是"稳定温饱"的高贫困线。安格斯·迪顿认为，尽管世界银行设定的全球贫困线存在诸多缺陷，但是相对来说还是可靠的。①

2. 人类贫困指数（Human Poverty Index, HPI）

这是联合国开发计划署提出的，这套体系由生存（寿命）维度、教育（读写能力）维度、体面生活（生活水平）维度三个综合指标构成，并根据不同的发展水平，采用了不同的指标来对发展中国家和发达国家进行衡量。②

用于衡量发展中国家的人类贫困指数HPI-1的标准包括：（1）对健康长寿生活的剥夺——在相对低龄时易死亡，用出生后不能活到40岁的概率来表示。（2）对知识的剥夺——被排除在阅读和交流的世界之外，用成人文盲率来表示。（3）对体面生活水平的剥夺——不能全面享受到经济发展所带来的各种利益：①用不能持续获得改善后水源的人口百分比表示；②用相对年龄体重不足的儿童的百分比表示。

用于衡量发达国家的贫困指数HPI-2是联合国发展计划署基于相似的原理，在《1998年人类发展报告》中提出的，包括以下四个方面：（1）对健康长寿生活的剥夺——在相对低龄时易死亡，用出生后不能活到60岁的概率来表示。（2）对知识的剥夺——被排除在阅读和交流的世界之外，用经济合作与发展组织（OECD）所定义的功能性识字障碍的成人（16~65岁）所占比例来表示。（3）对体面生活水平的剥夺——用生活在收入贫困线（中等可支配收入的50%）以下的人口所占百分比（贫困发生率）来表示。（4）社会排斥——用长期（12个月或更长）失业率来表示。

人类贫困指数HPI使用国家或地区平均数据来反映在健康、教育和体面经济生活三个方面的总体剥夺程度。该指标的缺陷主要表现在两个方面：一是它对剥夺的反映不是建立在微观（个人或家庭）剥夺的信息加总的基础之上，而是依据国家的总体平均数据；二是它反映剥夺的维度仅限于三至四个方面，没能反映更多的能力剥夺维度。

3. 多维贫困指数（MPI）

针对人类贫困指数HPI的局限性和缺陷，国际社会和一些研究机构开始探讨

---

① 安格斯·迪顿：《逃离不平等：健康、财富及不平的那个的起源》，中信出版社2015年版，第209页。
② UNDPHuman. *Development Report* [M]. Oxford: Oxford University Press, 1997.

改进人类贫困指数的测量方法。在阿马蒂亚·森倡导和推动下，2007年"牛津贫困与人类发展中心（OPHI）"提出了涵盖健康、教育和生活水平3个维度，包括营养、儿童死亡率、受教育年限、入学儿童、做饭用燃料、厕所、饮用水、电、屋内地面和耐用消费品等10项指标的一套体系。每个维度的权数是相等的，维度内的每个指标权数也是相等的，但由于每个维度内的指标个数不一样，不同维度指标间的权数并不一致。当一个家庭的不达标指标加权分数大于等于1/3时，这个家庭被认为是多维贫困。[①] 2010年11月，联合国开发计划署发表的《2010人类发展报告》，公布了由OPHI团队测算的104个国家多维贫困指数，2011年扩大到109个国家。多维贫困指数的应用使贫困测度由单一的收入或者消费维度拓展到了多维度，有助于人们更加全面准确地认识贫困，也为政府和其他贫困治理主体实施更有针对性的治贫措施提供了重要依据。

（三）贫困治理范式：治理主体与治理方式的双向转换

1989年，世界银行首次提出"治理危机"之后，"治理"这一概念风靡全球，成为当代社会科学重要的分析工具之一（罗伯特·罗茨，2000）。随着人类对贫困认识的深化和社会的发展，国外贫困治理范式也发生了变化，其主要表现是贫困治理主体和治理方式的转变。

1. 贫困治理主体从一元转向多元共治

自20世纪50年代开始，西方国家逐步建立起福利制度，试图通过建立福利国家模式来消除贫困及其相关社会问题（安东尼·哈尔、詹姆斯·梅志里，2006）。[②] 20世纪70年代以后，伴随经济改革和社会转型，特别是20世纪80年代之后西方公民社会的崛起，非营利组织（NPO）在社会治理中的作用日益凸显。在这一背景下，西方国家开始将市场和NPO引入贫困治理领域，其目的在于"寻求把多种不同的社会制度，包括市场、社区和国家，动员起来，以增进人民的福利"，实现三者之间的优势互补（安东尼·哈尔、詹姆斯·梅志里，2006）。世界银行提出，要通过政府、企业界和NPO等共同合作，扩大经济机会、促进赋权和加强安全保障等三个方面来形成持续性的减贫动力（世界银行，2001）。亚洲开发银行也强调，要通过政府、企业与NPO建立伙伴关系来改善治理结构，使之成为三大减贫战略之一（亚洲开发银行，2004）。

[①] 冯怡琳、邱建亮：《对中国多维贫困状况的初步测算——基于全球多维贫困指数方法》，http://www.stats.gov.cn/tjzs/tjsj/tjcb/dysj/201803/t20180312_1587450.html，2018-03-12。

[②] 安东尼·哈尔、詹姆斯·梅志里：《发展型社会政策》，罗敏、范酉庆等译，社会科学文献出版社2006年版。

2. 贫困治理方式从"输血型"向"开发型"与"赋权型"转变

20世纪60年代之后，在西奥多·舒尔茨的人力资本理论影响下，贫困治理范式开始从收入援助为主的"输血型"向以人力资源开发为主的"开发型"范式转变。吉登斯指出："在可能的情况下尽量在人力资本上投资，而最好不要直接提供经济资助。"[1] 到了20世纪80年代，在社会排斥理论影响下，贫困治理范式再次发生转变，学者们普遍认为，要从根本上消除贫困，必须促进贫困者的社会参与和社会融入，鼓励他们成立自己的组织、表达自己的声音。[2] 这一范式的主要特点是强调国家对贫困者的赋权和提倡社会参与，通过赋权实现社会参与，在参与中实现赋权，可称之为鼓励社会参与的"赋权型"范式。

（四）可持续生计分析框架的形成与深化发展

1. 可持续生计分析框架的演进

20世纪中后期，随着世界各国反贫困实践的深入发展，可持续生计观念应运而生。作为一种贫困问题分析工具，可持续生计分析框架（SLA）以贫困人口的可持续发展为核心，通过分析经济社会与物质环境之间复杂多变的关系，揭示贫困的多维成因及其规律，提出更具针对性和可操作性的贫困治理集成方案。可持续生计理论及框架的形成发展，体现为以下路径：

（1）可持续生计理念的形成

可持续生计观念最早产生于国外学者对20世纪五六十年代西方资本主义现代化范式以及小农生产者模式的反思。这些发展模式的一个基本特征就是忽视，甚至贬低乡村农民的利益以及贫困小农在自我生计改善中的潜在作用。[3] 纳列什·辛格和乔纳森·吉尔曼认为，可持续生计概念最早见于1992年世界环境和发展委员会的报告，[4] 但其核心理念应萌芽于20世纪70年代美国经济学家舒尔茨关于农民能力对实现农业现代化重要性的论述。20世纪70年代，美国经济学家舒尔茨关于农民能力对实现农业现代化重要性的论述就开始蕴含着可持续生计的理念，他指出："农民所得到的能力在实现农业现代化中是头等重要的；这些能力与资本品一样是被生产出来的生产资料……迅速的持续性增长主要依靠对农民进行的特殊

---

[1] 吉登斯：《第三条道路：社会民主社会主义的复兴》，郑戈等译，北京大学出版社2000年版，第122页。
[2] 迪帕·纳拉扬：《谁倾听我们的呼声》，付岩梅等译，中国人民大学出版社2001年版，第252-262页。
[3] 王三秀：《国外可持续生计观念的演进、理论逻辑及其启示》，《毛泽东邓小平理论研究》2010年第9期，第79页。
[4] 纳列什·辛格、乔纳森·吉尔曼：《让生计可持续》，祝东力译，《国际社会科学杂志（中文版）》2000年第4期，第123-124页。

投资，以使他们获得必要的新知识、新技术，从而实现农业的经济增长。"[①] 可持续生计分析方法作为贫困治理的一种理论体系，就其基本内涵而言，最早提出比较完整概念的是 Chanmbers 和 Conway，他们认为生计是建立在能力、资产（包括储备物、资源、要求权和享有权）和活动基础之上的一种谋生方式。[②] 这一概念得到国外学者的广泛认同，此后一些学者和相关国际组织以此作为逻辑起点不断拓展和完善。

（2）可持续生计理论的发展

20世纪80年代初，阿马蒂亚·森从权利角度出发，提出了"贫困的社会根源在于权利的被剥夺"的核心观点，[③] 进一步丰富了可持续生计的观念。20世纪90年代初，Chanmbers 和 Conway 对可持续生计思想进行了更为系统的研究，把能力作为重要因素引入可持续生计分析框架之中，至此可持续生计思想基本成型。[④] 20世纪末，可持续生计思想得到不断深化，Scoones 的《可持续型农村生计：一个分析的框架》[⑤] 和 Farrington 的《可持续性生计实践：农村区域的早期应用性概念》[⑥] 是其典型代表，将可持续生计理论进一步系统化，形成了较为完整的规范理论体系和分析范式。阿马蒂亚·森在《以自由看待发展》一书中全面系统地论述了可行能力的概念，进一步深化了可持续生计中的能力概念。[⑦] 纳列什·辛格和乔纳森·吉尔曼认为，"生计系统是由一套复杂多样的经济、社会和物质策略构建的，这些策略通过个体借以谋生的行为、财产和权利得以实行。人们进行选择，利用机会和资源，同时又不妨碍他人目前或将来的谋生机会；稳定的生计即由此可得。"[⑧] 从这个定义中可知：首先，生计是一整套系统，包括了个体的可行能力、经济社会资源以及据此所采取的行动，即人们借助自身的可行能力、运用可利用的资产来改善自身生存状况的经济社会行动；其次，人们在复杂多样的外部环境约

---

① 西奥多·W. 舒尔茨：《改造传统农业》，梁小民译，商务印书馆2006年版，第150-151页。
② Chanmbers, R.and Conway, G.*Sustainable rural livelihoods practical concepts for the 21st century*，IDS Discussion Paper296. Brighton, England: Institute of Developmerent Studies, 1992.
③ 阿马蒂亚·森：《贫困与饥荒——论权利与剥夺》，王宇、王文玉译，商务印书馆2001年版。
④ Chanmbers, R.and Conway, G.Sustainable rural livelihoods practical concepts for the 21st century，《 IDS Discussion Paper296. Brighton, England: Institute of Developmerent Studies, 1992.
⑤ Scoones, I.Sustainable rural livlihood: a framework for analysis, Working Paper 72.Bringston: Institute of Development Studies, 1998.
⑥ Farrington et al.Sustainable livlihoods in practice: early applications of concenpts in rural areas, Natural Resourcs perspectives, 42.June.London: Overseas Development Instiute, 1999.
⑦ 阿玛蒂亚·森：《以自由看待发展》，任赜、于真译，刘民权校，中国人民大学出版社2002年版，第62页。
⑧ 纳列什·辛格、乔纳森·吉尔曼：《让生计可持续》，祝东力译，《国际社会科学杂志（中文版）》2000年第4期，第124页。

束之下，可以通过选择不同的谋生手段（策略）来达到改善自身生存状况的目的，正是在这个意义上，Chanmbers 和 Conway 进一步指出"要理解这些系统，可从人们的应对和适应策略入手"；[①] 最后，人们在为改善自身生存状况而进行选择机会和利用资源过程中，应以不妨碍他人的谋生机会为前提，换言之应给他人以平等获得谋生机会的权利。概言之，可持续生计包括了"能力—资产—行（活）动"三要素构成的复杂的系统，"凸显了微观层次的生计系统与影响这些生计的宏观政策之间的联系"。[②] 进入 21 世纪，可持续生计思想有了新的发展，西方学者有的提出了要兼顾当代人和下一代人生计的主张，有的认为应该关注非物质福利在可持续生计中的作用，[③] 等等。

（3）可持续生计框架的完善

生计思想的概念化、理论化提供了分析贫困问题的新视角，但运用可持续生计思想来分析贫困问题还需建立相应的分析框架。1995 年联合国《哥本哈根社会发展问题宣言》所提出的八大社会发展目标，较为充分地体现了可持续生计的思想内核，尤其是其中的第三项确立了以"促进全面就业，将其作为经济和社会政策的一个基本优先事项，使男女通过自由选择生产性就业和工作谋取稳定和可持续的生计"的目标，[④] 这表明可持续生计思想已从学者的研究层面上升到相关国际组织的决策层面。根据对可持续生计思想的理解，国外学者和一些双边或多边的国际援助组织机构逐渐开发了各自的可持续生计分析框架，但因研究的出发点和目标不尽相同，其所建立的分析框架也各有所异，主要有：联合国开发计划署（UNDP）提出的可持续性生计分析框架，强调的是外部环境和干预对可持续生计的影响，认为可持续生计是发展的目标，而不是发展的起点和路径。非政府组织关怀国际（CARE）则认为农户的生计系统包括三个要素：拥有的能力（如教育、技能、健康、生理条件等）、有形和无形资产的可及性以及经济活动，并将分析的单位非常明确地定在农户层次上，旨在为农户提供一定的资产、改善其生产、消费和交换环境的长期的生计促进。在多种分析框架中，被广泛应用的是英国国际发展机构（DFID）2000 年开发的 SLA 模型，[⑤]

---

① 联合国：《哥本哈根社会发展问题宣言》，http：//www.docin.com/p-22494877.html，1995 年 3 月 12 日。
② 联合国：《哥本哈根社会发展问题宣言》，http：//www.docin.com/p-22494877.html，1995-03-12。
③ 王三秀：《国外可持续生计观念的演进、理论逻辑及其启示》，《毛泽东邓小平理论研究》2010 年第 9 期，第 80 页。
④ 联合国：《哥本哈根社会发展问题宣言》，http：//www.docin.com/p-22494877.html，1995-3-21。
⑤ 唐丽霞、李小云、左停：《社会排斥、脆弱性和可持续生计：贫困的三种分析框架及比较》，《贵州社会科学》2010 年第 12 期，第 7 页。

该模型把阿玛蒂亚·森、Chanmbers 和 Conway 等贫困研究的新理论加以规范化，将可持续生计的核心要素及要素间的结构与关系展示在一个二维平面图上（见图 1-1）。

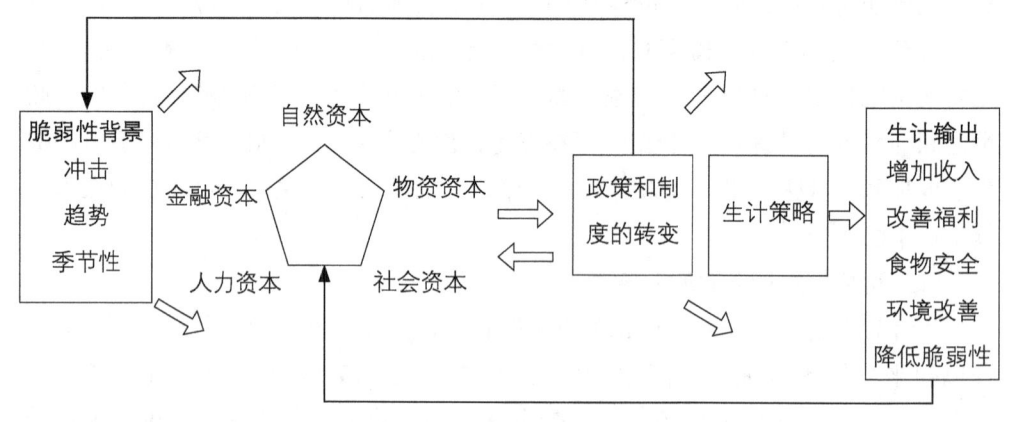

图 1-1　DFID 可持续生计分析方法

从图 1-1 来看，可持续生计分析框架由脆弱性背景、生计资本、政策和制度的转变、生计策略和生计输出 5 个部分组成：一是脆弱性背景，是指贫困农户生活的一个脆弱性环境，包括所面临的意外冲击、外部趋势和季节性变化等；二是生计资本，包括社会资本（社会网络和信任关系）、自然资本（自然资源储备）、金融资本（储蓄收入和贷款）、物质资本（交通住所、水、能源、通信工具）和人力资本（技能知识和劳动力）；三是政策和制度的转变，指影响贫困人口生活的脆弱性环境和利用资产的渠道以及生计活动的宏观和微观制度性安排；四是生计策略，在脆弱性环境和政策制度约束条件下，贫困农户根据所拥有的资产采取的不同类型的生计行为组合；五是生计输出，贫困农户实施的生计策略所产生的生计结果。这一分析框架把分析贫困和解决贫困的路径集成到一个分析框架之内，使人们可以一目了然理解生计的复杂性和影响贫困的主要因素。其突出特色表现为，着眼于以人为中心，注重贫困人口的响应和参与，注重增强贫困人口能力（财富）和脆弱性处理能力，尤其是强调生计的整体性、多层次性、可持续性和动态性以及多方合作等。

综观半个多世纪以来可持续生计理论的发展，它经历了从观念的初步萌芽到具体概念的提出，由概念的初步成型到实现分析范式的转换，再由学术界的研究到相关国际组织的采纳以及理论体系的进一步规范化、系统化等一系列过程。可见，可持续生计理论是伴随着时代的发展而与时俱进的，是具有生命力的。

2. 国外可持续生计研究的深化发展

21世纪之初，可持续生计分析方法已被国外学者广泛运用于能源消费、资源保护、土地改革、海洋渔业等领域的实证分析。[①]进入21世纪第二个十年，国外可持续生计分析方法的实证研究范围进一步拓展，方法更趋多样化，且呈现出多学科交叉等新趋势。具体而言，具有以下几个方面的特征：

（1）生计资本研究的深化

国外学者运用可持续生计分析方法（SLA）对农户生计进行了比较深入的研究，如生计多样性（Smithetal，2001）、农户生计与扶贫（Ellisetal，2003）、生计脆弱性（Hahnetal，2009）、生计安全（Singhetal，2010）等。Kemkes，Robin J（2015）以格鲁吉亚Upper Svaneti地区为例，探讨了自然资本——碳污染减排方案（CPR）对维持边远地区农村家庭可持续生计的重要作用。通过OLS回归估计表明，研究区域低收入家庭依靠CPR获得的收入占其总收入的60%，最远离市场中心的农村家庭对CPR收入依赖更高，因而也更有可能参与使用森林资源活动。对于大多数的家庭而言，很少有可以增加收入的"替代品"。要改善他们的生活福利，发展战略应该使他们从CPR市场中获得更多收益，或必须提供与失去CPR比例相当的负担得起的"替代品"——工资收入[②]。Hota Padmanabha和Behera Bhagirath（2016）以印度东部地区Odisha的煤炭开采为例，运用可持续经济理论和可持续生计分析方法，使用从坐落在Odisha山谷煤田的4个矿业村庄收集到的家庭数据，分析煤炭开采活动对矿区农村家庭产生的正面和负面影响。研究结果表明，矿山的扩张提供了直接以及间接雇用当地人的机会，有助于增加金融以及物质资本。另一方面，由于煤矿开采导致的副作用减少了生态系统服务的供给，从而使传统生计活动（如森林、农业和畜牧业）收益率较低。为有效内化煤炭开采带来的外部性和维护本地生活系统的可持续性，需要将部分再生资源租金投资于自然资本。[③]

（2）可持续生计分析概念的深化

部分学者认为，可持续生计分析方法虽然对分析农村贫困问题是一个有效的方法，但也有需要充实和完善之处。Daskon Chandima和Binns Tony（2010）利用

---

① 汤青：《可持续生计的研究现状及未来重点趋向》，《地球科学进展》2015年第7期，第823–833页。
② Kemkes, Robin J. The role of natural capital in sustaining livelihoods in remote mountainous regions: The case of Upper Svaneti, Republic of Georgia, Ecological Economics. 2015, Vol. 117: 22-31.
③ Hota Padmanabha; Behera Bhagirath. Opencast coal mining and sustainable local livelihoods in Odisha, India, *Mineral Economics: Raw Materials Report*.2016, Vol. 29 Issue 1: 1-13.

实地调查研究斯里兰卡中部靠近圣城康提两个村庄的案例，探讨了文化价值观在实现农村生计可持续性中的重要性。认为个人和社区都有自己的价值观、风俗习惯和知识系统，身份确认和文化多样性在维持生计中扮演着关键的角色。然而，这些特性在发展规划中经常被忽视。可持续生计方法虽然有用，但经常不充分解决传统文化价值观，认为文化对理解生活机会和规划未来发展轨迹是一个约束。进而提出"理解文化与发展之间相互作用，对于生计可持续性和社区发展有重要意义"的观点。[1] Daskon Chandima 和 McGregor Andrew 对生计资本做进一步拓展，提出了"文化资本"概念。通过斯里兰卡中部城市康提附近农村的实地调研，探讨文化资产如何支撑3个工匠类乡村的发展。作者认为，尽管文化如何有效地整合到开发过程需要进一步的研究，但系统的知识、信仰、习俗、规范以及广泛的文化活动，如艺术、工艺品和音乐等，在人们的日常生活中可以发挥重要的作用，推动人类社会的可持续发展。文化传统和后续材料输出是至关重要的"资源"，开发文化行业需要考虑将文化资产和传统纳入其工作概念和编程之中，概念的开发需要将自己视为文化经济或社会的过程。在可持续生计方法视角下，以编程方式来开发本地独特的文化传统和文化优势，促使人们看到了明显升值空间的商机。[2]

(3) 可持续生计分析方法与其他学科的融合发展

Amekawa Yuichiro（2011）探讨了农业生态学和可持续生计分析方法融合发展的问题，认为二者都是研究农村贫困人口在不同环境和各种不利条件下挣扎谋生的方法，是促进以人为本和农村发展的重要方法。然而，这两个重要方法对农村发展研究的相互融合都还仅仅是基于它们各自对相关元素的松散组合。实现二者的融合发展，不仅要共享频谱，而且还应基于农业生态学和可持续生计分析方法的不同长处，取得某种潜在的兼容并蓄的有益效果，通过农业生态学和可持续生计分析方法概念和方法论的合成，可以使之成为农村发展研究的综合方法。[3] Addinsall Cherise 等（2015）则在此基础上构建了利用农业生态学和可持续生计分

---

[1] Daskon Chandima;Binns Tony. Culture, tradition and sustainable rural livelihoods: exploring the culture-development interface in Kandy, Sri Lanka, *Community Development Journal*. 2010, Vol. 45 Issue 4: 494-517.

[2] Daskon Chandima; McGregor Andrew.Cultural Capital and Sustainable Livelihoods in Sri Lanka's Rural Villages: Towards Culturally Aware Development, *Journal of Development Studies*. 2012, Vol. 48 Issue 4: 549-563.

[3] Amekawa Yuichiro. Agroecology and Sustainable Livelihoods: Towards an Integrated Approach to Rural Development, *Journal of Sustainable Agriculture*. 2011, Vol. 35 Issue 2: 118-162.

析方法引导太平洋岛屿项目开发的一个概念性分析框架。[①] Saxena Alark 等（2016）尝试将可持续生计分析框架与规模弹性分析方法结合起来，构建森林社区弹性评估体系及其方法，使弹性分析方法具体化，[②] 等等。

二、国内贫困研究的简要梳理

中国学术界对农村贫困的广泛研究始于 20 世纪 80 年代中期，30 多年来，伴随着我国农村扶贫工作的深入推进，贫困研究的文献浩如烟海，研究广度不断拓展、深度日趋精进。

（一）党的十八大以前中国农村贫困研究概述

以党的十八大作为一个分界线，是因为党的十八大之后，中国特色社会主义进入了新时代，中国扶贫开发工作也进入了以精准扶贫、精准脱贫为主要目标的新阶段。综观中国贫困研究的历史演进，学界的研究内容几乎涉及贫困的定义、成因、类型、测量和贫困治理战略等诸多方面。

1. 关于贫困的定义

在 20 世纪 80 年代到 90 年代初，学术界主要是从经济意义上对贫困加以定义，强调的是绝对贫困（国家统计局农调总队，1989；童星、林闽钢，1994；赵冬缓、兰徐民，1994）。20 世纪 90 年代中期开始，学者们对贫困概念作了拓展，强调"贫困不仅包括经济意义上的狭义贫困，还应包括社会、文化、政治意义上的广义贫困"（康晓光，1995；林卡、范晓光，2006）。

2. 关于贫困成因

这方面的研究有不同的角度，有的从地理和资源环境因素分析（汪三贵，1994；康晓光，1995；张帆，2009）；有的从人力资本缺乏来解释（李小云等，2007；王小鲁，2007）；有的从制度因素来剖析（刘明宇，2007；赵曦，2008）；有的从文化角度来阐释（阎文学，1994；吴理财，2001）；有的从资源禀赋视角来探讨（郭凡生，1988）；有的从发展权利不足来探究（丘泽奇，1992）；等等。

[①] Addinsall Cherise; Glencross Kevin; Scherrer Pascal; Weiler Betty; Nichols Doland. Agroecology and Sustainable Rural Livelihoods: A Conceptual Framework to Guide Development Projects in the Pacific Islands, *Agroecology & Sustainable Food Systems*, 2015, Vol. 39 Issue 6: 691-723.

[②] Saxena Alark; Guneralp Burak; Bailis Robert; Yohe Gary; Oliver Chadwick. Evaluating the resilience of forest dependent communities in Central India by combining the sustainable livelihoods framework and the cross scale resilience analysis, *Current Science*, 2016, Vol.110 Issue7: 1195-1207.

3. 关于贫困类型

学界根据不同的分类标准，对贫困开展分类研究。有的根据贫困程度，将贫困划分为绝对贫困和相对贫困（童星、林闽钢，1994；康晓光，1995；郭庆方，2007）；有的从发展的角度，将贫困划分为生存性贫困、温饱型贫困和发展型贫困（佟新，2000）；有的从贫困动态性视角，将贫困划分为持久性贫困和暂时性贫困（王朝明、姚毅，2005；罗楚亮，2010）。

4. 关于贫困测量

贫困测量包括贫困线和贫困程度两个方面的测度，是监测贫困状态和制定反贫困政策和战略的重要依据。关于我国农村贫困线的研究，林闽钢（1991）提出了特困线、温饱线和发展线之后，王萍萍（2006）、苗齐和钟甫宁（2006）、杨立雄（2011）等，分别从中国贫困标准和国际贫困标准的比较、贫困线与扶贫政策取向、农村贫困线与农村最低生活保障关系等方面进一步作了探讨。关于我国贫困程度测度的研究，李实和古斯塔夫森（1996）对20世纪80年代末中国的贫困规模和程度进行了估算，分析了20世纪80年代末期中国农村贫困的主要特征；黄承伟（2001）提出了贫困程度动态监测模型与方法；陈光金（2008）考察了中国城乡贫困整体变动趋势及其动态演化特征；汪三贵和Albert Park（2010）探讨了中国农村贫困人口的估计与瞄准问题；汪三贵、匡远配对区域贫困收敛作了深度分析；王小林（2012）系统探讨了贫困测量理论，对中国贫困的动态变化、多维度贫困等进行了实证研究。

5. 关于贫困治理宏观战略

林毅夫（2002）提出了农村贫困问题的解决"必须以减少农村劳动力为主要战略目标"的观点；郑志龙（2007）认为"政府反贫困治理要由目前的物质资本范式和人力资本范式转向社会资本范式"；赵曦等（2008）提出"通过制度创新，彻底清除计划经济的思维障碍和单一低效的扶贫体制"的思路；基于"不平等程度增加使经济增长的减贫效应下降"的实际，汪三贵（2010）提出"应实施更加有针对性的扶贫政策"的对策；李小云（2010）提出了"战略调整方向之一，应以构建农村社会安全网为主要内容的保护式扶贫"的思路；等等。

6. 关于扶贫机制问题

一是对原有扶贫瞄准机制的弊端进行批判（汪三贵、吴国宝，1998；王小鲁等，2007）；二是对财政扶贫资金管理使用机制的问题进行了分析（朱乾宇，2004；李小云等，2005；汪三贵，2008），指出了中国扶贫资金由多个部门共同管理，分工不准确，资金的分配不够公平，分配资金的因素不够合理，使用效率不高,等等。

7. 关于扶贫模式

主要是对"造血式"扶贫模式(王小鲁,2007),参与式扶贫模式(叶敬忠,2000;李小云,2007),合作式扶贫模式(林万龙等,2008;陆汉文,2008)进行了研究、诠释、总结和推广。

(二)国内研究的新进展:关于精准扶贫的研究

党的十八大以来,中国扶贫工作进入了全面建成小康社会背景下"啃硬骨头、攻坚拔寨"的新阶段。学术界对贫困的研究主要聚焦在以下几个方面:

1. 关注新阶段贫困治理的新特征

李小云(2015)认为,进入新世纪,我国"因地区差异和个人条件、发展机会等的差别"导致了收入分配不平等加剧,"经济增长的直接减贫效应越来越小","大部分的贫困人口已经落入结构性贫困陷阱,这是新时期扶贫工作面临的新挑战"。[1] 左停(2015)认为,伴随着中国经济进入新常态,中国贫困村庄分化进一步加剧,贫困农户的生计形态呈现出新的特点,扶贫政策和对策应该进一步创新;[2] 刘解龙(2015)认为,经济新常态将从宏观、中观和微观三个层面对精准扶贫产生影响;[3] 周民良、时保国(2015)则认为,随着我国经济进入新常态,城镇吸纳劳动力的能力不断下降,扶贫工作将不得不面对"最后一群人"的问题。习近平总书记提出"精准扶贫"的重大理论与政策命题,标志着中国开始迈入"精准扶贫"新时代。[4]

2. 阐释精准扶贫的科学内涵

汪三贵、郭子豪(2015)认为,精准扶贫最基本的定义是扶贫政策和措施要针对真正的贫困家庭和人口,通过对贫困人口有针对性的帮扶,从根本上消除导致贫困的各种因素和障碍,达到可持续脱贫的目标。其内容包括:对贫困户的精准识别和精准帮扶,扶贫对象的动态管理和扶贫效果的精准考核;[5] 沈茂英(2015)把精准扶贫定义为一种新型扶贫机制,是针对不同贫困区域环境、不同贫困农户状况,运用科学有效合规程序对扶贫对象实施精确识别、精确帮扶、精确管理

---

[1] 李小云:《新时期农村贫困问题及其治理》,《国家治理》2015年第38期,第20—23页。
[2] 左停:《新常态下,扶贫工作面临新挑战》,《社会科学文摘》2015年第8期,第34—36页。
[3] 刘解龙:《经济新常态中的精准扶贫理论与机制创新》,《湖南社会科学》2015年第4期,第156—159页。
[4] 周民良、时保国:《精准扶贫新阶段治理贫困的思路》,《国家治理》2015年第36期,第9—15页。
[5] 汪三贵、郭子豪:《论中国的精准扶贫》,《贵州社会科学》2015年第5期,第147—150页。

的新型扶贫机制；①黄承伟、覃志敏（2015）从精准扶贫的核心（"真扶贫、扶真贫"）、实质（使扶贫资源更好地瞄准贫困目标人群）和内容构成（贫困人口识别和扶贫资源——资金、项目——瞄准）来阐述②。李鹍、叶兴建（2015）把精准扶贫概括为一个"过程"，即在科学有效的标准和程序下，因时、因地对贫困地区、贫困村和贫困户进行精确识别，按照本地的实际开展联动帮扶和分类管理，并根据动态的准入和退出机制做出精准考核的过程。③左停、杨雨鑫、钟玲（2015）则运用公共管理学、社会学、经济学等理论，通过中央—地方关系、社会控制以及"社会成本"三个视角对精准扶贫进行了理论解读，进一步揭示了精准扶贫的深层内涵。④同时，左停（2015）还从宏观（认识精准、重心精准）、中观（措施精准、管理精准）和微观（识别精准、帮扶精准）三个层面对精准扶贫的理论内核做出了解读。⑤王朝明、王彦西（2018）认为精准扶贫是指通过建档立卡精准识别贫困户，根据扶贫对象特点分类实施物质、文化、教育、基本保障等多维度的、有针对性的、精细化的可持续性扶贫帮困。精准扶贫关键在于如何理解精准化思维，精准化理念是精准扶贫思想的核心要义。⑥

3. 分析实施精准扶贫的主要障碍

汪三贵、郭子豪（2015）指出精准扶贫有三大障碍（即精准识别"不精准"、帮扶项目难以"精准"、资金和项目管理体制与精准扶贫要求不适应）；⑦左停，杨雨鑫，钟玲（2015）分析了贫困人口"规模控制导致规模排斥"、平均主义思想对扶贫资源实际分配的影响和农村劳动力转移与市场化背景下扶贫开发有效手段不足的三大困境；⑧唐丽霞、罗江月、李小云（2015）从贫困户精准识别的技术、乡

---

① 沈茂英：《四川藏区精准扶贫面临的多维约束与化解策略》，《农村经济》2015年第6期，第62-66页。
② 黄承伟、覃志敏：《论精准扶贫与国家扶贫治理体系建构》，《中国延安干部学院学报》2015年第1期，第131-136页。
③ 李鹍、叶兴建：《农村精准扶贫：理论基础与实践情势探析——兼论复合型扶贫治理体系的建构》，《福建行政学院学报》2015年第2期，第26-33页。
④ 左停、杨雨鑫、钟玲：《精准扶贫：技术靶向、理论解析和现实挑战》，《贵州社会科学》2015年第8期，第156-162页。
⑤ 左停：《精准扶贫战略的多层面解读》，《国家治理》2015年第36期，第16-21页。
⑥ 王朝明、王彦西：《中国精准扶贫、瞄准机制和政策思考》，《贵州财经大学学报》2018年第1期，第85-90页。
⑦ 汪三贵、郭子豪：《论中国的精准扶贫》，《贵州社会科学》2015年第5期，第147-150页。
⑧ 左停、杨雨鑫、钟玲：《精准扶贫：技术靶向、理论解析和现实挑战》，《贵州社会科学》2015年第8期，第156-162页。

村"空心化"、贫困户思想观念和扶贫政策的制度缺陷等方面进行分析;[①] 沈茂英（2015）以藏区为例，分析了民族地区实施精准扶贫面临的多维约束（生态、自然、经济、人口、制度和政策以及成本等）;[②] 邓维杰（2014）分析了实施精准识别过程中存在"规模排斥、区域排斥和识别排斥"问题，以及实施精准帮扶中存在的需求排斥、入门排斥、资金用途排斥、市场排斥、专业排斥、团队排斥、配套排斥、模式排斥和投入排斥等问题。[③]

4. 提出实施精准扶贫的对策思路

学术界分别从宏观和微观两个层面来提出对策。宏观方面，汪三贵、郭子豪（2015）提出了完善精准识别机制、考核机制、群众受益机制和金融扶贫到户机制的对策;[④] 李小云（2015）提出"缓解非收入性贫困、确保贫困人口的收益，整合资源投入改革，创新扶贫方式，制定科学、长远的农村扶贫规划"等对策措施;[⑤] 周民良、时保国（2015）从强化扶贫政策制定和实施的激励约束作用、为贫困地区和贫困人口提供多样化选择、充分发挥社会合力及发挥智库建言作用等提出对策建议;[⑥] 刘解龙（2015）着眼于经济新常态，提出创新市场机制、主体之间协商机制、扶贫资源整合机制和可持续发展支撑机制的对策措施;[⑦] 邓维杰（2014）提出开展国家级和省级的贫困普查，对贫困村实施分类管理，在村级实施"应保尽保"和"应扶尽扶"的政策建议[⑧]。微观方面，左停（2015）提出建立贫困村村级扶贫资金项目，加强村级社区公共服务功能，设立贫困村公益性服务岗位，提升贫困地区乡土经济竞争力，依托小城镇为低收入农民提供就业岗位，做实县一级扶贫开发领导小组平台等七个方面的具体措施[⑨]。袁新红（2017）对新疆农村金融扶贫发展现状、制约因素进行分析后，提出应从资金、产品、创新、政策、法规等给予支撑的措施。[①]

[①] 唐丽霞、罗江月、李小云：《精准扶贫机制实施的政策和实践困境》，《贵州社会科学》2015年第5期，第151-156页。
[②] 沈茂英：《四川藏区精准扶贫面临的多维约束与化解策略》，《农村经济》2015年第6期，第62-66页。
[③] 邓维杰：《精准扶贫的难点、对策与路径选择》，《农村经济》2014年第6期，第78-81页。
[④] 汪三贵、郭子豪：《论中国的精准扶贫》，《贵州社会科学》2015年第5期，第147-150页。
[⑤] 李小云：《新时期农村贫困问题及其治理》，《国家治理》2015年第38期，第20-23页。
[⑥] 周民良、时保国：《精准扶贫新阶段治理贫困的思路》，《国家治理》2015年第36期，第9-15页。
[⑦] 刘解龙：《经济新常态中的精准扶贫理论与机制创新》，《湖南社会科学》2015年第4期，第156-159页。
[⑧] 邓维杰：《精准扶贫的难点、对策与路径选择》，《农村经济》2014年第6期，第78-81页。
[⑨] 左停：《精准扶贫战略的多层面解读》，《国家治理》2015年第36期，第16-21页。
[①] 袁新红：《新疆金融扶贫成效、问题与对策》，《新疆农垦经济》2017年第5期，第90-92页。

5. 对实施精准扶贫的经验进行总结提炼

进入"十三五",尤其是近两年,学术界开始把关注点聚焦在实施精准扶贫方略的实践经验总结之上。在这方面,有的是对某个区域(省域、市域、县域或片区,甚至是国家层面)进行整体性的经验总结。例如,人民论坛专题调研组(2017)对福建省实施精准扶贫进行了全面总结[1];唐任伍、肖彦博(2019)总结了湖南省株洲市的经验,认为株洲市构建科学的顶层设计和政策体系,以因地制宜为原则,以分类分批为工具,以"互联网+"为载体,以"产业扶贫、社会扶贫、住房保障、健康扶贫"四大精准扶贫模式为框架,以内源扶贫为内生动力,推动精准扶贫深入实施,实现了贫困县整体"脱贫摘帽";[2] 滑志敏(2017)对宁夏盐池县精准扶贫经验及做法进行概述性归纳;[3] 高虹、王佳楠、吴比、石宝峰(2019)对集中连片特困地区精准扶贫的经验及脱贫启示进行分析研究;[4] 白利友、张飞(2018)对中国实施精准扶贫进行全景式的分析归纳后,指出精准扶贫方略,作为贫困治理的"中国样本",不只彰显了中国的政治和制度优势,更是凝结着贫困治理的"中国经验"。[5] 有的则是针对精准扶贫的某个侧面来提炼总结。例如,黄承伟、邹英、刘杰(2017)对产业精准扶贫的印江经验进行了深入分析,认为印江县探索的"绣花式"产业扶贫经验,既是为"绣花式"精准扶贫思想提供了经验支持,也是产业精准扶贫深化与拓展的实践呈现;[6] 郭俊华、边少颖(2018)通过对恒大集团在贵州大方县实施的易地移民搬迁扶贫、产业扶贫、教育扶贫、就业扶贫等综合全方位扶贫经验的总结,提炼出斩断穷根式的易地搬迁、搬迁点配套产业等精准扶贫模式;[7] 朱宝莉、刘晓鹰(2018)以贵州省黎平县为例,对精准扶贫视域下民族地区全域旅游发展的经验进行了总结;[8] 人民论坛专题调研组(2018)以中国华融资产管理股份有限公司(以下简称中国

---

[1] 人民论坛专题调研组:《精准扶贫与精准脱贫的福建经验》,《人民论坛》2017年第18期,第102-106页。
[2] 唐任伍、肖彦博:《精准扶贫的株洲经验》,《人民论坛》2019年第4期,第97-98页。
[3] 滑志敏:《宁夏盐池县精准扶贫经验及做法》,《宁夏社会科学》2017年第1期,第42-47页。
[4] 高虹、王佳楠、吴比、石宝峰:《集中连片特困地区精准扶贫的经验总结及脱贫启示》,《农村金融研究》2019年第5期,第17-22页。
[5] 白利友、张飞:《精准扶贫:贫困治理的"中国样本"与"中国经验"》,《西北民族大学学报(哲学社会科学版)》2018年第4期,第134-140页。
[6] 黄承伟、邹英、刘杰:《产业精准扶贫:实践困境和深化路径——兼论产业精准扶贫的印江经验》,《贵州社会科学》2017年第9期,第125-131页。
[7] 郭俊华、边少颖:《西部地区易地移民搬迁精准扶贫的企业扶贫模式探析——基于恒大集团大方县扶贫的经验》,《西北民族大学学报(哲学社会科学版)》2018年第6期,第43-52页。
[8] 朱宝莉、刘晓鹰:《精准扶贫视域下的民族地区全域旅游:经验和思考——以贵州黎平为例》,《社会科学家》2018年第2期,第104-109页。

华融）为例，对中国华融将金融扶贫贯穿始终，以教育扶贫、产业扶贫和民生扶贫为重点抓手，构建扶贫长效机制，实现由"输血"到"造血"转变的经验深入剖析。[1]

6. 探索中国贫困治理体系的创新与完善

党的十八大以来国内贫困治理研究的一个新特点是结合精准扶贫对我国农村贫困治理体系展开研究。黄承伟、覃志敏（2015）回顾了我国不同减贫形势下扶贫治理体系的变迁，分析了全面建成小康社会新阶段背景下我国扶贫治理结构体系的特征。[2] 张欣、池忠军（2015）分析了新时期我国反贫困的动态性和复杂性，论证了实施反贫困治理结构创新的必然性，提出新时期反贫困治理结构创新的重点，即主体结构创新、制度创新和管理运行创新。[3] 孙远太（2015）分析了政府贫困治理的现实意义和政府贫困治理能力要素，提出在新阶段贫困治理实践中，优化现行贫困治理结构，加强贫困治理制度建设以及关注贫困群体的发展能力是政府贫困治理能力提升的路径选择的观点。[4] 左停、金菁、李卓（2017）提出中国贫困治理完善的着力点，包括突出完善反贫困治理的方向，基层单位自治能力的提高、长效机制的建立、内生动力的强化、商业盈利与扶贫效果的平衡以及政策实施过程的完善等。[5]

（三）国内可持续生计研究的创新发展

可持续生计分析方法是国外贫困研究学者在总结各国反贫困实践基础上创立的贫困治理理论之一。随着我国反贫困战略的深入实施，贫困治理模式转变势在必行。在这一背景下，2000年前后，可持续生计理论就引起了国内学者的广泛关注，围绕脆弱性背景、生计资产、政策机构过程、生计策略、生计输出等开展大量的实证研究，其中对生计资产与生计策略的研究最为热门。[6] 进入21世纪第二个十年，国内学者对可持续生计理论的创新发展及其分析方法的实证研究呈现出进一步深化和拓展之势。

---

[1] 人民论坛专题调研组：《定点扶贫中的"输血"与"造血"——国企精准扶贫的华融经验》，《人民论坛》2018年第3期，第124-128页。
[2] 黄承伟、覃志敏：《论精准扶贫与国家扶贫治理体系建构》，《中国延安干部学院学报》2015年第1期，第131-136页。
[3] 张欣、池忠军：《反贫困治理结构创新：基于中国扶贫脱贫实践的思考》，《求索》2015年第1期，第18-22页。
[4] 孙远太：《政府的贫困治理能力及其提升路径》，《开发研究》2015年第3期，第31-34页。
[5] 左停、金菁、李卓：《中国打赢脱贫攻坚战中反贫困治理体系的创新维度》，《河海大学学报（哲学社会科学版）》2017年第5期，第6-12页。
[6] 汤青：《可持续生计的研究现状及未来重点趋向》，《地球科学进展》2015年第7期，第827页。

1. 创新构建具有中国特色的贫困治理分析框架

唐丽霞、李小云等（2010）则提出将贫困分析领域的可持续生计分析框架、脆弱性分析框架、社会排斥分析框架整合成"可持续生计—脆弱性—社会排斥"三维度的贫困分析框架有效地对贫困进行分析。[①] 张俊豪、何家军（2014）从可行能力理论的视角出发，在对可行能力进行解构的基础上，探索构建能力再造的理论分析框架。[②] 李雪萍、王蒙（2015）从分析可持续生计、脆弱性、社会排斥三种分析框架的不足入手，通过对贫困研究的结构主义范式与个体主义范式的融合，构建嵌入性视角下的多维贫困"行动—结构"分析框架，揭示了结构性致贫因素与个体性致贫因素的内在互构机理——通过生计资本转换获得生计资本福利是生计可持续的内在动力，交换行动嵌入区域交换系统受到交换属性制约，生计资本转换能力是生计风险应对能力的内核，生计资本转换的路径依赖维系了社会分层并导致社会排斥，国家制度的公平正义性对于维持社会排斥或促进社会融合具有关键意义。据此提出，"连片特困地区踏上良性循环发展轨道须以增强贫困农户生计资本转换所获得的生计资本福利为核心切入点，而突破生计资本转换路径依赖则离不开国家制度建构下的生计风险管理、生计资本状况改善以及区域交换系统的优化"[③] 的创新性观点。田雨、丁建军（2016）则通过对比分析了经济学、社会学、心理学、人类学、政治学和地理学等学科在贫困问题研究方面的互补潜力和路径，并评述贫困研究跨学科融合的主要框架（多维贫困分析框架、可持续生计分析框架等）及最新探索基础上，提出集成可行能力贫困理论、可持续生计分析框架、社会排斥分析框架、脆弱性分析框架和地理资本贫困论等现有研究成果，构建贫困研究"个人主义"和"结构主义"两大传统范式有机整合的"人—业—地"综合贫困分析框架。[④] 以上这些探索，对贫困治理理论的丰富和充实，为新阶段深化认识我国农村贫困问题提供了多视角的理论分析框架。

2. 探讨实现生计可持续的新途径

向德平、陈艾（2013）以四川省甘孜藏族自治州两个牧区村庄为个案，探讨

[①] 唐丽霞、李小云、左停：《社会排斥、脆弱性和可持续生计：贫困的三种分析框架及比较》，《贵州社会科学》2010年第12期。

[②] 张俊豪、何家军：《能力再造：可持续生计的能力范式及其理论建构》，《湖北社会科学》2014年第9期，第41-47页。

[③] 李雪萍、王蒙：《多维贫困"行动—结构"分析框架的建构——基于可持续生计、脆弱性、社会排斥三种分析框架的融合》，《江汉大学学报（社会科学版）》2015年第3期，第5-12页。

[④] 田雨、丁建军：《贫困研究的多学科差异、融合与集成创新——兼论综合贫困分析框架再建》，《财经问题研究》2016年第12期，第21-28页。

连片特困地区的村庄如何改善生计方式,提高可行能力,进而改变贫困状况的问题。认为"生计资源、可行能力与生计结果之间呈正相关关系,公共产品供给与资源禀赋、可行能力、减贫效应之间呈正相关关系"。建构以生计为起点和落脚点,以能力促进为核心的连片特困地区减贫路径,能够实现既见人又见其能,既见收入又见其来源。[1]代富强(2015)从可持续生计的概念界定与分析框架出发,根据"压力—状态—响应"模型构建农户生计可持续性评价的基本框架,从脆弱性背景压力,生计资产状态、结构与过程,生计策略响应,生计结果效应四个方面建立了一个多层次的评价指标体系,并提出单项指标和综合评价模型。[2]徐莉(2016)基于可持续生计分析框架对少数民族山区贫困女性生计状况进行调查,提出贫困主体参与式的反贫困策略,即"重视性别贫困靶向的资源整合让生计可持续推进民族教育改革,提高生计能力;建立性别统计制度,推进社会性别主流化"。[3]梁军、何丽萍(2017)从可持续生计的视角研究贫困大学生能力发展,并提出"转变单一生计策略、构建系统的社会支持体系、建立有效的反贫困长效机制"等促进贫困大学生能力发展之具体建议。[4]

3. 开展基于可持续生计的精准扶贫研究

我国学者在精准扶贫领域采用可持续生计分析法广泛开展研究。李博、左停(2016)以陕西南部王村为例,深入分析精准扶贫背景下扶贫移民搬迁政策执行状况,针对易地扶贫移民搬迁中存在"背皮"搬迁(搬迁对象识别不精准)、扶贫治理碎片化、扶贫移民搬迁后村民生计式微等问题,提出必须从国家政策制定、扶贫治理体系构建以及扶贫移民的可持续生计等方面来完善制度的建议。[5]何仁伟等(2017)以可持续生计框架为蓝本,构建基于可持续生计的精准扶贫分析框架,并从影响农户生计的内因和外因视角,讨论精准扶贫的多维贫困识别指数(MPII)的基本构成。以四川省凉山州为案例展开实证分析,结果显示,基于多维贫困识别指数(MPII)识别出来的贫困户精准度更高。在此基础上,根据致贫因素将贫

---

[1] 向德平、陈艾:《连结生计方式与可行能力:连片特困地区减贫路径研究——以四川省甘孜藏族自治州的两个牧区村庄为个案》,《江汉论坛》2013年第3期,第114-119页。
[2] 代富强:《农户生计可持续性评价理论解析及指标体系构建》,《湖北农业科学》2015年第2期,第497-500页。
[3] 徐莉:《反贫困的性别分析:基于少数民族山区贫困女性生计资源的调查》,《广西师范大学学报(哲学社会科学版)》2016年第6期。
[4] 梁军、何丽萍:《可持续生计视角下的贫困大学生能力发展——精准扶贫与贫困大学生"双创"能力发展系列研究之二》,《高教论坛》2017年第4期。
[5] 李博、左停:《遭遇搬迁:精准扶贫视角下扶贫移民搬迁政策执行逻辑的探讨——以陕南王村为例》,《中国农业大学学报(社会科学版)》2016年第2期,第25-31页。

困农户划分为人力资本贫困型、基础型资本贫困型、社会资本贫困型、多维资本贫困型、生计环境恶劣型等五种类型,进而提出针对不同贫困类型的相应帮扶措施。[①]宁泽逵(2017)利用来自陕西长武县巨家镇339个农户调查样本,建构农户生计资本的多指标综合评价体系,发现信息化对农户生计有着重要的影响。研究还发现,农村社区信息化对社会资本和人力资本有显著贡献,进而指出同步推进家庭与村级社区层次的信息化,特别是提高农户现代信息技术设备应用能力,可以作为新阶段集中连片特困区实施信息化精准扶贫的重要切入点。[②]

三、国内外研究的简要评述

国内外的相关研究成果丰富和发展了贫困治理理论,为本课题研究的展开奠定了坚实的理论基础,提供了可资借鉴的基本方法。

(一)国外相关研究成果述评

首先,关于贫困内涵的界定。"收入/消费贫困论"从满足人类的基本生存视角来界定贫困,有一定的合理性,它抓住了贫困现象的"内核",但其缺陷也是十分明显,因为这一概念只看到作为贫困现象的结果,并没有揭示出导致贫困的内在因素。"能力贫困论"恰恰弥补了"收入/消费贫困论"的缺陷,这一概念揭示了导致"收入/消费贫困"的原因是贫困人口自身"可行能力"的不足,其不足之处在于无法给出导致贫困人口"可行能力"不足的外在因素。"社会排斥论"从社会关系层面对此做出了合理解释。从贫困概念的演变发展过程中,可以看出,随着人类经济的发展、社会的进步以及人类文明水平的提高,特别是随着一个国家和民族对于社会福利、平等和作为基本人权重要部分的生存权、发展权认识的深化,贫困内涵的界定会相应发生变化。贫困具有多元性、动态性和层次性等显著的特征。其次,关于贫困测量的标准。与对贫困内涵的认识相对应,衡量贫困的标准也由单一的"收入/消费标准"发展到多维度标准。对贫困进行测度,其根本目的在于寻找出"谁是贫困者",这是开展贫困治理的重要依据,从这个意义上讲,提出科学的测度方法并有效地运用于实践,对于贫困治理主体而言至关重要。值得指出的是,任何一种科学的贫困测度方法,都会存在其自身的局限性,尤其是单一的收入标准其局限性更是明显,综合运用各种测度方法,已成为中外

---

① 何仁伟、李光勤、刘运伟等:《基于可持续生计的精准扶贫分析方法及应用研究——以四川凉山彝族自治州为例》,《地理科学进展》2017年第2期,第182-192页。
② 宁泽逵:《信息化对集中连片特困区农户可持续生计的影响》,《西北农林科技大学学报(社会科学版)》2017年第2期。

学术界的共识，在今后贫困治理实践中应一以贯之地坚持下去。最后，关于贫困治理范式。国外贫困治理主体由"一元到多元"，治理方式由"输血型"到"开发型"和"赋权型"的转变，应该说是一种历史的进步，是社会发展的必然结果。但由于国情的不同，必须在学习借鉴过程中注意结合中国实际加以创新，尤其是关于治理主体的多元参与问题，充分发挥企业、社会组织等多方面作用不可或缺，但这不意味着削弱政府的主导作用，在强调对贫困人口赋权的同时，更要注重发挥好政府主导的作用。

（二）国内相关研究述评

我国的贫困治理研究是伴随着20世纪80年代开始大规模开展扶贫工作而逐步发展起来的。党的十八大以前，学界的研究成果对于指导当时我国贫困治理的实践和推动学术发展，无疑起到积极推动作用，其中有关贫困概念的界定、贫困程度的测度方法以及反贫困战略的研究等，至今仍有指导和借鉴意义。党的十八大以来，学术界关于精准扶贫、精准脱贫的研究，对本课题研究更有着直接的指导意义。

关于精准扶贫概念的界定。学界对于精准扶贫的界定主要有以下几种：一是"措施针对性说"（汪三贵、郭子豪，2015）；二是"帮扶机制说"（沈茂英，2015）；三是"资源瞄准说"（黄承伟、覃志敏，2015）；四是"过程说"（李鹍、叶兴建，2015）。这些界定（或描述）对于人们更好地把握精准扶贫无疑有所帮助。但不可否认，这些界定尚处在一个表象描述的阶段，在学理上对其进行深层的分析尚有待进一步拓展。

关于实施精准扶贫主要障碍的分析。现有成果基本上涉及精准识别难、精准帮扶难、政策制度和体制不适应等方面。实事求是地讲，这些问题的归纳分析，也还缺乏更深层次的剖析。换言之，中国扶贫开发领域中的这些问题一直以来就存在着，在新的形势下，问题的表现有何新特点，其背后的深层原因是什么，仍需我们作更加深入的剖析。

关于精准扶贫的对策思路。汪三贵、郭子豪提出的三大对策，李小云的"五大措施"（尤其是其中缓解非收入性贫困和整合资源投入改革），左停关于微观方面的具体对策等，无疑具有一定的创新性和针对性。因文章篇幅所限以及作者写作的出发点不同，就某个领域而言其对策虽有可取之处，但从总体来看，系统性和整体性也同样有待进一步加强。

关于实践经验的总结。现有文献基本上是停留在对各地经验的简单描述层面之上，一些研究成果虽能够结合案例研究并对其做出理性分析，但相关文献数量不多，也还缺乏理论的厚度。

关于当前扶贫领域的可持续生计研究，现有成果一般以可持续生计框架为分析工具，评价分析扶贫政策的落实，具有一定的积极作用。当前，可持续生计研究存在的主要问题在于，学者们尽管开创性地运用可持续生计框架理论对扶贫问题进行研究，但不少研究个案机械地套用可持续生计分析框架，得出的分析结论往往都是些显而易见的现象，故所提供的措施也缺乏新意。

综上所述，当前关于精准扶贫、精准脱贫研究中，有两个问题尚待突破。首先，由于"精准扶贫"提出的时间不长，其作为因应我国贫困治理新阶段而提出来的重大理论和重大命题，需要我们以全新的视角来研究，尚需学界同人共同努力才能突破。其次，中国的脱贫攻坚是世界减贫事业的重要组成部分，我国脱贫攻坚所取得的成就举世瞩目，得到联合国、世界银行等世界组织以及各国政要的高度肯定，但要讲好"中国脱贫攻坚的故事"，亟须借助世界上公认的学术话语体系进行创造性转换，构建基于精准扶贫的可持续脱贫理论分析不失为一条可行路径。这方面虽有一些学者进行了创造性的研究，但其系统性、规范性、学术性尚待进一步加强。

第三节　研究目的和主要内容

一、研究主要目的

为适应全面建成小康社会的新要求，本课题围绕现行标准下实现全部贫困人口如期脱贫、解决区域性整体贫困的目标，以滇桂黔石漠化片区为研究对象来展开研究，研究的主要目的有以下三个方面。

（一）推进中国特色贫困治理的理论创新

自20世纪80年代以来，中国的减贫成就巨大、举世瞩目，创造了国际反贫困历史上的"中国奇迹"。习近平总书记在"2015减贫与发展高层论坛"上发表的主旨演讲中指出："经过中国政府、社会各界、贫困地区广大干部群众共同努力以及国际社会积极帮助，中国6亿多人口摆脱贫困。2015年，联合国千年发展目标在中国基本实现。中国是全球最早实现千年发展目标中减贫目标的发展中国家，为全球减贫事业作出了重大贡献。"[1]2015年诺贝尔经济学奖得主——美国著

---

[1] 习近平：《携手消除贫困　促进共同发展——在2015减贫与发展高层论坛的主旨演讲》，《人民日报》，2015年10月17日。

名经济学家安格斯·迪顿在其获奖作品《逃离不平等：健康、财富及不平等的起源》一书中论述到，数据显示，尽管全世界穷国人口1981—2008年增加了20亿人，但是每日收入不足1美元的人口却减少了7.5亿人。这意味着，全世界每日收入不足1美元的人口比例已经从42%降低到了14%。不过，"尽管很多地区贫困率都有所下降，世界贫困人口绝对数量在过去10年的下降主要归功于中国的快速发展，实际上，中国以外的地区，贫困人口的绝对数量是有所增长的"。[①] 党的十八大以来，针对中国扶贫攻坚面临的新形势、新任务、新问题，习近平总书记就扶贫开发问题发表了一系列重要讲话，系统地回答了新时代背景下"为什么要搞扶贫、怎样搞扶贫"等一系列重大问题，形成了习近平总书记关于扶贫工作的重要论述。系统地分析归纳习近平总书记关于扶贫工作的重要论述，既是推动精准扶贫、精准脱贫的现实需要，也是推动中国特色贫困治理理论创新的使命所在。但是，讲好"中国扶贫开发故事"，传播贫困治理的"中国声音"，需要借助可行的理论框架，对中国贫困治理的丰富实践进行国际化的"话语转换"，才能使中国特色贫困治理理论具有国际意义。由此看来，如何揭示精准扶贫、精准脱贫与国际贫困治理前沿理论——可持续生计理论的内在耦合，是本课题要探讨的重要理论问题，也是本研究得以展开的理论分析基础框架。

（二）推进中国特色贫困治理的实践创新

以农户可持续生计策略优化为出发点，以促进贫困农户精准脱贫为落脚点，以滇桂黔石漠化片区为分析案例，探讨集中连片特困地区贫困治理的新思路、新举措，把精准扶贫、精准脱贫方略落到实处，推动实现新阶段贫困农户"两不愁、三保障、一高于、一接近"以及解决区域性贫困问题的脱贫攻坚目标，这将进一步推动中国特色贫困治理的实践创新。

（三）推进贫困研究的方法创新

以往的贫困研究，有的立足于大区域（比如片区等），从宏观视角来探讨解决问题的途径，有的侧重于从贫困县或贫困乡的整体视角来探讨反贫困的方略，也有的侧重于贫困户的微观视角来研究农户脱贫的路径。本研究将可持续生计与精准扶贫整合为可持续脱贫分析框架，既从微观层面探讨如何通过生计策略优化，帮助贫困农户实现精准脱贫的有效途径，又从宏观层面分析政府如何通过政策干预，为贫困农户提供生计策略优化的支撑条件。通过上述研究方法的创新，为可持续生计理论的创新发展提供中国实践探索的成功范例。

---

① ［美］安格斯·迪顿：《逃离不平等：健康、财富及不平等的起源》，中信出版社2015年版，第20页。

二、研究主要内容

本课题研究的主要内容包括以下几个方面。

（一）精准脱贫理论研究

对精准扶贫、精准脱贫与可持续生计模型的契合机理展开分析，主要探讨精准扶贫与精准脱贫的基本内涵及二者的内在关系、基本要求、实现路径、实践特色，并揭示出精准扶贫、精准脱贫与可持续生计分析框架各个要素之间的内在关连，构建本课题的理论分析框架。

（二）片区农户贫困现状研究

借鉴可持续生计分析方法，结合滇桂黔石漠化片区实际，选取反映脆弱性环境、农户生计资本、生计模式选择以及生计现状等相关指标来设计问卷调查。通过对问卷资料的综合分析，把握滇桂黔石漠化片区贫困农户的贫困现状，形成课题研究的现实基础。

（三）精准脱贫实践创新研究

以精准扶贫的"六个精准""五个一批"为分析主线，选择一个片区县作为个案分析样本，分析其如何从实际出发，创造性地落实精准扶贫、精准脱贫基本方略的做法和经验，尤其是要重点分析如何在对贫困人口精准识别的基础上，实施因地制宜、分类施策、措施到户的创新性举措。

（四）农户生计策略优化研究

以可持续生计分析模型中的"五大资本"为分析对象，相应地将贫困农户划分为自然资本匮乏型、物质资本匮乏型、人力资本匮乏型、社会资本匮乏型和金融资本匮乏型等五种类型，通过利用实地观察、深度访谈等资料，以个案分析方法分析不同生计资本约束条件下，政府如何通过精准扶贫方略，帮助农户做出生计策略的优化及其带来的脱贫效应，这是本课题研究的重要内容。

（五）贫困农户脱贫成效研究

"脱贫成效精准"是精准扶贫的内在要求。通过采取上述精准扶贫的措施，滇桂黔石漠化片区贫困农户精准脱贫的成效如何？按照中国现行的脱贫标准，贫困农户是否达到预期目标要求？这是本课题研究必须回答的问题，也是课题研究的又一个重点。

（六）精准脱贫存在问题与对策研究

精准脱贫是决胜全面建成小康社会背景下中国规模最为庞大的、系统的、重大的一项民生工程，在实施过程中难免存在这样或那样的矛盾与问题。对这些问题尤其是其中一些关键性问题开展深入调查研究，寻求解决问题的突破口，进而提出解决问题的对策建议，是本课题研究的落脚点，也是课题研究的重中之重。

第四节　总体思路、研究方法和总体框架

一、研究总体思路

本课题属于综合性对策研究，着眼于构建基于精准扶贫的可持续脱贫理论分析框架，以此为分析工具探讨滇桂黔石漠化片区如何通过采取精准扶贫的措施，实现贫困农户精准脱贫的问题。因此，研究的总体思路按照提出问题、分析问题、解决问题的逻辑来展开，研究的技术路线如图1-2所示。

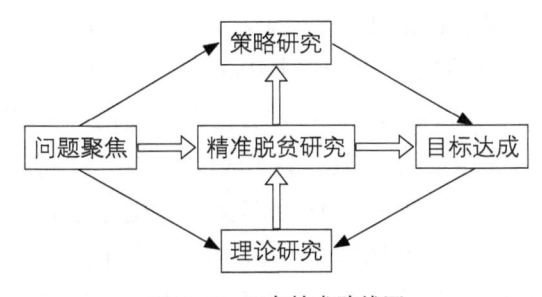

图1-2　研究技术路线图

首先，把解决好作为全国14个集中连片特困地区之一的滇桂黔石漠化片区农村精准脱贫问题，放在全面建成小康社会和全球减贫的背景下来展开，聚焦的是如何实现其"两不愁、三保障"的问题。

其次，坚持以问题为导向，以习近平总书记关于扶贫工作重要论述为引领，构建基于精准扶贫的可持续脱贫理论框架，并以此为分析工具，对滇桂黔石漠化片区农户的贫困状况展开实证分析，探究实现贫困农户可持续生计策略优化的可行路径。

再次，结合各地脱贫攻坚的实践，对基于实证分析总结归纳的贫困农户可持续生计策略在实践中的实施状况展开进一步分析研究，并对其取得的成效进行综合分析评价。

最后，对影响实现贫困农户可持续脱贫的问题展开分析，并提出解决问题的政策建议。

二、研究主要方法

本课题综合运用各种研究方法开展研究，主要有以下几种。

（一）文献调研法

系统搜集整理可持续生计理论和精准扶贫、精准脱贫的相关文献，同时尽可能搜集与研究主题相关的各类资料，尤其是国家扶贫开发政策、相关规划以及反映石漠化片区各县资源、环境、历史、文化和经济社会发展状况等内容的各种资料。在全面占有资料的基础上，通过综合归纳分析，构建本课题研究的理论分析框架，为课题研究提供理论依据。同时，通过对滇桂黔石漠化片区各县相关资料的分析，从宏观层面把握片区的主要特征，为课题的深入研究提供丰富的资料支撑。

（二）问卷调查法

问卷调查是本课题采用的主要研究方法。本课题在研究中开展了两次问卷调查。第一次问卷是在课题研究初始阶段（2014年7月至9月），问卷内容涵盖了问卷对象个人及家庭基本情况、生计资本状况、生计支持（政策、制度等）、生计策略和生计状况等内容，按照分层抽样的方法对石漠化片区贫困农户开展问卷调查。共发放问卷1200份，回收有效问卷1049份，有效问卷回收率达到87.42%。此次问卷的目的在于从总体上全面把握滇桂黔石漠化片区贫困农户贫困状况，为对其进行可持续生计资本分析提供分析资料。第二次问卷是在2017年8月，此次问卷的目的在于检验精准脱贫的成效。设计的问卷项目除了基本信息外，同样包含了"五大资本"，重点着眼于能否达到"两不愁、三保障、一高于、一接近"的标准要求，所涉及的问题比第一次问卷相对简化一些，问卷面覆盖了石漠化片区26个县，发放问卷520份，回收有效问卷512份，有效问卷回收率达到98.46%。

（三）深度访谈法

本课题研究之所以选择深度访谈法作为主要研究方法之一，是因为反贫困本身是极其复杂的系统工程，涉及面很广，影响的因素多，而实施精准扶贫、精准脱贫方略，更是我国扶贫攻坚到了决战阶段所采取的一项重大战略部署，不仅与其他国家的反贫困道路不同，也有别于我国以往所走过的扶贫开发之路。如何去准确把握这项战略实施过程中遇到的问题和矛盾？通过深度访谈来了解不同地方、不同类型和不同层次人士对精准扶贫的看法，可以使研究达到以局部推断整体的目的，以弥补问卷调查等方面的不足。在课题研究中，课题组一共访谈贫困人口300多户，村组干部200多人，驻村第一书记、工作队员200多人，乡镇干部100多人，省市县扶贫部门干部100多人次，贫困县领导50多人。

（四）个案观察法

个案研究是探讨一个个案（可以是一个人、一个团体或者一个事件等）在特定场景下的活动特质，以了解其独特性和复杂性。[①] 本研究选择这一研究方法，是由研究对象的复杂性决定的。滇桂黔石漠化片区虽然有其共性——地处西南喀斯特地貌地区，生态比较脆弱，但就某一农户而言，其致贫的因素是错综复杂的，按照可持续生计模型的基本要素选择若干不同类别地区的贫困农户进行实地观察，有助于深入了解石漠化片区贫困农户的生产生活情况。

（五）定量分析法

不同的研究方法有其各自独特的功能。本课题研究之所以采用定量研究方法，目的在于通过收集相关数据并对其进行量化处理，获得相对客观的、具有普遍意义的结论。研究中主要借助 SPSS 统计分析软件对问卷调查等资料进行统计分析。

三、研究总体框架

根据研究设计，本课题研究的最终成果为学术专著。全书的总体框架由 14 章构成，其结构和主要内容如下所述：

第一章 绪论："决胜脱贫攻坚，共享全面小康"的庄严承诺。简要介绍研究背景、研究文献梳理、研究主要目的、主要内容、研究基本思路和主要方法以及全书总体框架。

第二章 理论框架：精准扶贫与可持续生计的契合机理。本章主要分析精准扶贫提出的时代背景，阐述精准扶贫的基本内涵及其与精准脱贫的内在逻辑联系，以及其与可持续生计理论内在契合的机理，为本课题提供理论分析的基本框架。

第三章 现实基础：片区县区域整体性贫困状况分析。本章利用《中国县域统计年鉴》以及云南省、贵州省和广西壮族自治区相关年度的《统计年鉴》，把滇桂黔石漠化片区各县经济社会发展的基本状况置于全国以及三个省区发展水平之下作横向对比分析，力求从总体上把握作为区域性整体贫困的滇桂黔石漠化片区县域经济社会发展的基本特征，为以下对片区县贫困农户的生计状况展开深入分析做好铺垫。

第四章 资本存量：片区县贫困农户生计资本的综合分析。借鉴相关研究方法，通过建立滇桂黔石漠化片区县贫困农户生计资本指数评价体系，运用问卷调查数据对贫困农户的生计资本进行量化分析，把握片区县贫困农户生计资本的总

[①] 李长吉、金丹萍：《个案研究法研究述评》，《常州工学院学报（社科版）》，2011 年第 6 期。

体状况及主要特征。

第五章 县抓落实：片区县精准脱贫实践创新的案例分析。本章主要采取个案研究方法，在石漠化片区县中选择一个县作为分析个案，对其在推进精准扶贫、精准脱贫过程中的创新性政策措施进行总结归纳，重点分析样本县如何根据贫困户不同的致贫因素、致贫类型，采取因地制宜、靶向治疗的帮扶措施，确保帮扶政策落实到贫困户。所选择的分析样本是广西壮族自治区的龙州县，该县既是国家扶贫开发工作重点县，也是滇桂黔石漠化片区县。通过贯彻落实精准扶贫、精准脱贫方略，该县于2017年实现了"脱贫摘帽"，是广西第一个实现"脱贫摘帽"的国家扶贫开发工作重点县。因此，选取龙州县作为分析样本具有一定的典型性。

第六章 易地搬迁：自然资本匮乏型贫困农户的可持续生计策略优化。本章探讨针对自然资本匮乏型的贫困农户在政府精准扶贫措施下，可持续生计策略的优化及其成效。主要内容包括自然资本对农户可持续生计的影响，石漠化片区自然资本匮乏型贫困农户可持续生计策略优化的典型案例，政府易地扶贫移民搬迁政策的落实及其成效。

第七章 对标补短：物质资本匮乏型贫困农户的可持续生计策略优化。本章探讨针对物质资本匮乏型的贫困农户在政府精准扶贫措施下，可持续生计策略的优化及其成效。主要内容包括物质资本对农户可持续生计的影响，石漠化片区物质资本匮乏型贫困农户可持续生计策略优化的典型案例，政府基础设施改善等帮扶政策的落实及其成效。

第八章 教育扶智：人力资本匮乏型贫困农户的可持续生计策略优化。本章探讨针对人力资本匮乏型的贫困农户在政府精准扶贫措施下，可持续生计策略的优化及其成效。主要内容包括人力资本对农户可持续生计的影响，石漠化片区物质人力匮乏型贫困农户可持续生计策略优化的典型案例，政府教育扶贫政策的落实及其成效。

第九章 帮扶到户：社会资本匮乏型贫困农户的可持续生计策略优化。本章探讨针对社会资本匮乏型的贫困农户在政府精准扶贫措施下，可持续生计策略的优化及其成效。主要内容包括社会资本对农户可持续生计的影响，石漠化片区社会人力匮乏型贫困农户可持续生计策略优化的典型案例，政府帮扶到户政策的落实及其成效。

第十章 金融支持：金融资本匮乏型贫困农户的可持续生计策略优化。本章探讨针对金融资本匮乏型的贫困农户在政府精准扶贫措施下，可持续生计策略的优化及其成效。主要内容包括金融资本对农户可持续生计的影响，石漠化片区金融人力匮乏型贫困农户可持续生计策略优化的典型案例，政府金融扶贫政策的落实及其成效。

第十一章 脱贫成效：片区县贫困农户精准脱贫质量的综合评价。本章通过对第二次问卷调查的数据分析，对石漠化片区实施精准扶贫的成效开展综合性评价，重点对贫困农户精准脱贫质量进行分析，既要充分肯定取得的成效，也要分析其存在的主要问题。

第十二章 问题诊断：片区县贫困农户可持续脱贫的制约因素分析。本章主要利用 2017 年问卷调查，结合几年来对滇桂黔石漠化片区不同层次、不同类别人员的深度访谈，从五大生计资本的视角来分析制约片区县贫困农户可持续脱贫的问题及其主客观原因。

第十三章 治理转型：2020 年后促进石漠化片区贫困人口可持续脱贫的创新举措。本章从 2020 年后片区县农村贫困的趋势分析入手，围绕巩固脱贫攻坚成果、重点探讨完善 2020 年后石漠化片区相对贫困治理脱贫的政策体系和保障机制，以促进片区县贫困农户实现可持续脱贫目标。

第十四章 余论：研究结论与未来展望。本章重点是对本项目研究的结论作提纲挈领式的概述，其目的在于"画龙点睛"。同时，还将对本项目研究的不足之处做出客观的分析评价，并对未来的研究趋势做出展望。

第二章

理论框架：
精准扶贫与可持续生计的契合机理

确立一个理论分析框架是本研究的逻辑起点。本章首先通过文献梳理，分析精准扶贫的基本内涵及其与精准脱贫的内在逻辑联系；其次，揭示精准扶贫与可持续生计内在契合的机理；最后，尝试提出基于精准扶贫的可持续脱贫分析框架。

第一节　精准扶贫的基本内涵

精准扶贫的基本方略是在总结改革开放以来我国反贫困成功实践经验的基础上，针对新时代中国反贫困面临的新形势、新任务而提出来的，它不仅是推动脱贫攻坚战的基本方略，而且还是习近平总书记关于扶贫工作重要论述的核心内容，构成习近平新时代中国特色社会主义思想的重要组成部分。深刻领会精准扶贫的基本内涵，准确把握其精神实质，对于打赢打好脱贫攻坚战，具有重要的现实意义和深远的历史意义。

一、精准扶贫的目标要求

根据《中共中央、国务院关于打赢脱贫攻坚战的决定》，我国脱贫攻坚的目标是"到2020年，稳定实现农村贫困人口不愁吃、不愁穿，义务教育、基本医疗和住房安全有保障。实现贫困地区农民人均可支配收入增长幅度高于全国平均水平，基本公共服务主要领域指标接近全国平均水平。确保我国现行标准下农村贫困人口实现脱贫，贫困县全部摘帽，解决区域性整体贫困"[1]。这一目标要求可以分解为以下几个方面的内容：

一是做到"两不愁"，即贫困人口不愁吃、不愁穿。这是基于保障人基本生存需要的视角而提出来的目标要求。马克思主义的历史唯物主义告诉我们，人们为了能够"创造历史"，必须能够生活。但为了生活，必须首先解决好衣、食、住等问题，才能从事其他的社会活动。由此可见，吃饭和穿衣是人类生存的基础条件，把"两不愁"作为精准扶贫的第一目标要求，就是要解决贫困人口的最基本的生存需要问题。之所以提出解决好"两不愁"这一标准，并非当下的中国农村中还存在吃饭和穿衣问题尚得不到解决的贫困人口，而是基于底线思维而提出的。其目的在于向世界宣示，在社会主义的中国，决不允许存在最基本生存条件都得不到解决的绝对贫困人口。

二是做到"三保障"，即保障贫困人口的义务教育、基本医疗和住房安全问

---

[1] 《中共中央、国务院关于打赢脱贫攻坚战的决定》，《人民日报》2015年12月8日，第1版。

题。这是基于人的基本发展条件保障视角而提出来的。首先是义务教育的保障问题。保障贫困人口家庭子女义务教育的权利，无论是对个人，还是对整个国家而言都是十分必要的。对生活在社会上的每一个人，教育的重要性是不言而喻的。马克思在《资本的生产过程》中曾指出："要改变一般人的本性，使它获得一定劳动部门的技能和技巧，成为发达的和专门的劳动力，就要有一定的教育和训练。"[①]在现代社会里，一个人如果没有能够接受到一定程度的法定教育，那他就无法分享人类社会千百年来所积累的知识财富，从而也就很难获得独立生活的基本发展能力。而对于一个国家而言，普及基础教育是提高整个民族整体素质的关键举措。关于基础教育的重要性，联合国教科文组织认为，"基础教育是向每个人提供并为一切人所共有的最低限度的知识、观点、社会准则和经验"的教育，"它的目的是使每一个人能够发挥自己的潜力、创造性和批判精神，以实现自己的抱负和获得幸福，并成为一个有益的公民和生产者，对所属的社会发展贡献力量"[②]。从这段论述来看，基础教育有如下几个重要的功能作用：基础教育提供的是一定社会条件下"一切人"应具备的知识、经验和准则；基础教育具有普适性，是对每个人提供的教育；基础教育是个人目的性和社会目的性的统一。由此可见，基础教育对于一个国家的重要性。我国从社会主义初级阶段的基本国情出发，将公民应接受的义务教育，规定为自小学一年级至初中九年级，这是适龄儿童和青少年必须接受的法定教育年限，也是国家、社会、家庭必须履行的基本义务。所以，这里所说的保障"义务教育"，指的就是要通过创造条件来满足贫困家庭子女依法接受九年义务教育的需要，从而防止一些贫困家庭子女不会因"愚"而致贫。其次是基本医疗的保障问题。保障贫困人口的基本医疗，根本目的在于解决他们"病有所医"，从而使之拥有一个健康的身体，这是因为健康是生命的质量和状态。马克思认为，健康是人的第一权利，是人生存的第一前提，也是人类历史的第一前提[③]。安格斯·迪顿也认为，"人首先得活着，才能去想如何过上美好的生活。身体不健康，或者任何的生存障碍，都会严重制约人们享受美好生活的能力"[④]。在推进精准扶贫中，通过改善贫困地区医疗卫生机构条件、提升服务能力，为进一步缩小区域间卫生资源配置差距提供了基础条件支撑。通过完善基本医疗保障制度，为保

[①] 马克思、恩格斯：《马克思恩格斯全集》第23卷，中共中央马克思恩格斯列宁斯大林著作编译局编，人民出版社1972年版，第195页。
[②] 肖建彬：《中国教育问题分析——基于政策与实践的思考》，广东人民出版社2015年版，第168页。
[③] 张宏成：《怎样开发家庭健身活动》，苏州大学出版社1997年版，第3页。
[④] 安格斯·迪顿：《逃离不平等：健康、财富及不平等的起源》，崔传刚译，中信出版社2014年版，第4页。

障贫困人口的基本医疗提供了制度支撑，进而提高基本公共卫生服务均等化水平，使建档立卡贫困人口的大病和慢性病得到及时有效救治，就医费用个人负担大幅减轻，重大传染病和地方病得到有效控制，有效解决贫困人口因病致贫返贫的问题。最后是保障贫困人口的住房安全问题。从理论上来分析，住房是人的一种基本权利，也是一种基本的社会保障。居住权不仅是生存权和发展权的重要组成部分，更是衡量国民生活水平与生活质量的重要指标。不断满足人民群众的住房需求，实现其住有所居的目标，是促进社会公平正义的题中之义，也是确保全体人民共享改革发展成果的必然要求。因此，习近平总书记在主持十八届中央政治局第十次集体学习时的讲话中明确指出："住房问题既是民生问题也是发展问题，关系千家万户切身利益，关系人民安居乐业，关系经济社会发展全局，关系社会和谐稳定。"[①] 改革开放以来，我国在住房保障方面取得的成就是巨大的，尤其是城市，住房保障体系在制度建设方面已经有了重大进展并正在日趋完善，住房保障水平也得到一定程度的提高。与城市比较而言，农村住房保障体系建设则具有"碎片化"的特征。目前，我国农村实行的是"一户一宅"的宅基地供给制度，这为解决绝大多数农村居民的住房问题提供了有力支撑。但以"自筹资金、自主建设、自主管理、家庭自用"为基本原则的农村住房建设制度，导致不同农户在住房获取能力上存在较大差异。农村中的一些贫困人口，尤其是为数不少的孤寡残障、"因病致贫"、"因学致贫"等贫困人口，由于没有充足的经济收入来源，往往无力进行自主建房或必要的房屋修缮，导致其成为住房困难户。此外，虽然《农村五保供养工作条例》中有为"五保户"提供住房保障的制度安排，但其覆盖面非常有限，仅占农村人口的1%左右。[②] 因此，在推进精准扶贫中，把保障贫困人口的住房安全作为底线性的目标要求之一，其目的在于满足这些贫困人口的基本住房需求，避免其陷入"居无定所"的困境之中。

三是做到"一个高于"，即贫困家庭人均可支配收入增长幅度高于全国平均水平，并确保其人均可支配收入稳定高于国家规定的贫困线（现行标准是以2010年农村居民年人均可支配收入2300元为基数，并根据物价上涨幅度每年加以调整，到2020年为4000元）。这是基于贫困人口脱贫的稳定性、可持续性的视角而提出的要求，一定程度上说，它关系到脱贫攻坚质量的高低。至今为止，国内外关于贫困衡量的研究，基本上是采用两种方法，一种是世界银行采用的"收入/消

---

① 习近平：《习近平谈治国理政》，外文出版社2014年版，第192页。
② 邹小钢：《国土资源与房屋管理工作研究（上）》，经济日报出版社2015年版，第37页。

费"衡量法，即每人每天消费1.9美元（2011年的PPP）作为标准；另一种是联合国开发计划署采用的多维贫困指数法。笔者认为，贫困个体或家庭虽然致贫因素是复杂的、多样的（也就是学界所定义的多维贫困），但从贫困结果的表征来分析，经济收入来源渠道狭窄、收入水平低而导致的物质匮乏（也就是朗特里所定义的收入水平低于"基本生存需要"的贫困线）仍是其最基本的特征。进一步分析，从抽象来看，贫困的主要特征表现为物质的贫困，当物质匮乏程度低到维持不了其基本生存需求，就可称之为绝对贫困。但导致其收入水平低的因素——致贫因素则是多样（多维）的，有的是因为先天或后天的生理缺陷、遭受疾病困扰等而丧失获取收入的能力，有的是后天的能力养成不足而导致其获取收入能力低下，等等。学者王小林把二者结合起来并提出了以下分析框架（见图2-1）。

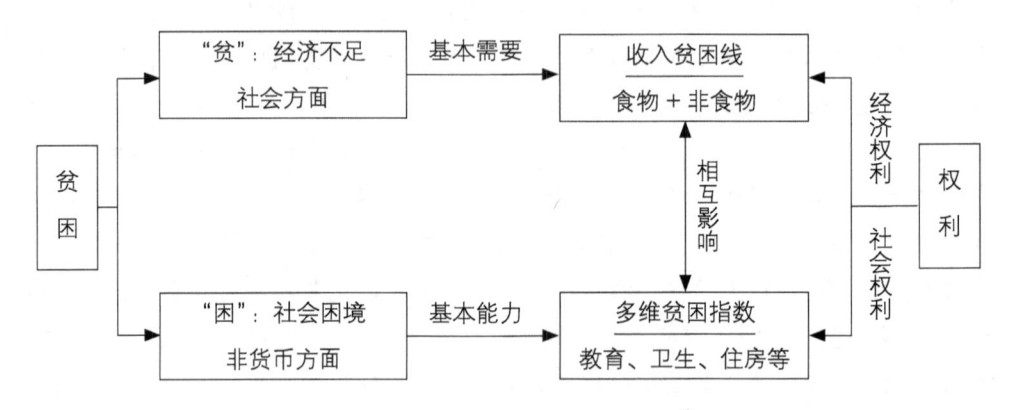

图2-1 中国特色的贫困概念诠释[①]

这一分析不无道理。但笔者认为，二者并非简单的并列关系，而是具有内在关联的因果关系。可以说，"贫"（经济不足）与"困"（社会困境）是相伴相生的，"贫"导致"困"，"困"反过来加剧了"贫"。而造成"贫"的原因则是"基本能力"的不足，从这个意义上讲"贫"与"困"，前者是"表"，后者是"里"，同时"表"与"里"又是相互影响的。从现实观察来看，正因为"贫"才导致贫困家庭人力资本投资少，支撑不起孩子接受必要的教育，其智力也没有得到应有的开发利用，甚至有时生病也得不到及时治疗，从而导致其"基本能力"不足，进而加剧"贫"与"困"的程度，陷入低水平的恶性循环之中。因此，解决贫困问题，

[①] 王小林：《改革开放40年：全球贫困治理视角下的中国实践》，《社会科学战线》2018年第5期，第21页。

尤其是当下解决绝对贫困问题，提高贫困人口的收入水平是核心问题。

解决贫困人口的收入问题，无非就是两条途径，一条是增加其转移性收入（包括政府的财政转移支付以及慈善性的转移支付），这对于丧失劳动能力的贫困群体是必不可少的，甚至是唯一的途径；另一条途径就是增加其劳动收入。前者有赖于不断增加社会财富的丰裕度和建立起相对完善的、精细化的转移支付制度，后者需要改善贫困人口参与劳动、创造财富的各方面支持条件，以及完善有效激励具备劳动能力的贫困人口参加生产劳动的制度安排。这一举措不仅可以增加其收入，还能为社会创造更多的物质财富，把"蛋糕"越做越大，为部分需要加大转移支付力度，才可以脱贫的贫困人口创造良好条件。不言而喻，这是贫困人口稳定地、可持续地实现脱贫的关键所在。因此，习近平总书记强调："产业扶贫是稳定脱贫的根本之策……如何巩固脱贫成效，实现脱贫效果的可持续性，是打好脱贫攻坚战必须正视和解决好的重要问题。"[1]

四是做到"一个接近"，即贫困地区基本公共服务主要领域指标接近全国平均水平。何谓基本公共服务？基本公共服务是指由政府提供的非排他性、非竞争性的物化服务的公共产品。党的十六届六中全会通过的《中共中央关于构建社会主义和谐社会若干重大问题的决定》把基本公共服务明确为教育、卫生、文化、就业再就业、社会保障、生态环境、公共基础设施、社会治安等[2]。《国家基本公共服务体系"十二五"规划》则明确指出："基本公共服务，是指建立在一定社会共识基础上，由政府主导提供的，与经济社会发展水平和阶段相适应的，旨在保障全体公民基本生存和基本发展的公共服务。享有基本公共服务是公民的权利，提供基本公共服务是政府的职责。"[3]那么，作为精准脱贫标准之一的"基本公共服务主要领域指标"指的是什么？国务院颁发的《"十三五"脱贫攻坚规划》中有两处对此提出要求，首先是在"建档立卡贫困村有序摘帽"的标准要求中明确提出："村内基础设施、基本公共服务设施和人居环境明显改善，基本农田和农田水利等设施水平明显提高"；其次是在"贫困县全部摘帽"的标准要求中又提出："县域内基础设施明显改善，基本公共服务能力和水平进一步提升，全面解决出行难、上学难、就医难等问题，社会保障实现全覆盖，县域经济发展壮大，生态环境有效改善，可持续发展能力不断增强。"从脱贫攻坚规划对建档立卡贫困村和贫困县

---

[1] 中共中央党史和文献研究院：《习近平扶贫论述摘编》，中央文献出版社2018年版，第83页。
[2] 《中共中央关于构建社会主义和谐社会若干重大问题的决定》，http://www.gov.cn/govweb/gongbao/content/2006/content_453176.htm。
[3] 赵强社：《城乡基本公共服务均等化制度创新研究》，中国农业出版社2015年版，第18页。

所提出的"摘帽"标准要求中可知,"基本公共服务主要领域指标"应包括以下内容:(1)交通、农田水利等公共基础设施;(2)贫困村人居环境改善;(3)教育、文化等公共服务设施;(4)公共卫生等基本医疗;(5)养老、最低生活保障等社会保障;(6)农村环境保护;等等。这些领域的公共服务均等化要接近全国平均水平,既是保障贫困人口平等享有基本公共服务的权利、促进社会公平正义的客观要求,也是提高贫困人口基本能力的内在要求。

二、精准扶贫的主要内容

作为打赢脱贫攻坚战的基本方略,精准扶贫是针对以往粗放型扶贫而提出的。简言之,精准扶贫就是通过建立和完善科学有效的政策与制度安排,将扶贫资源更准确地传递给目标人群的一种新型的扶贫方式。具体而言,就是要求在扶贫过程中做到"六个精准",即"扶持对象精准、项目安排精准、资金使用精准、措施到户精准、脱贫成效精准、因村派人(第一书记)精准"。①(图2-2)

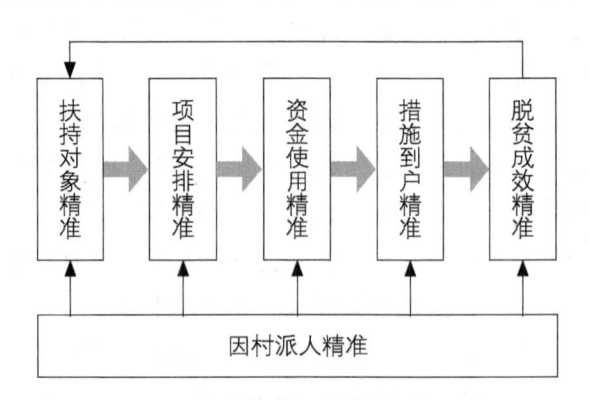

图2-2 "六个精准"之间关系的示意图

上述"六个精准"中,"扶持对象精准"是精准扶贫的逻辑起点,"脱贫成效精准"是其落脚点,它们之间的内在关系如图2-2所示。其政策含义是通过建立贫困人口识别的评价体系,运用简便易行的识别方法,把一家一户的贫困人口寻找出来,在此基础上分析其不同的致贫因素和致贫类型,这是因村因户因人开展项目扶持(即项目安排精准)的前提条件;在扶贫实践中,为了推进扶贫项目必须有资金投入作为保障,而资金投入投向哪里、投入的强度如何,这又必须以项

---

① 习近平:《在贵州召开部分省区市党委主要负责同志座谈会上的讲话》(2015年6月18日),《党建》2015年第12期,第7页。

目精准安排为前提。从这个意义上讲，项目安排精准又是资金使用精准的重要依据。而针对一家一户的帮扶措施只有做到精准到户到人，才能确保脱贫成效精准。上述"六个精准"从"扶持对象精准"开始，终于"脱贫成效精准"，在这过程中"因村派人精准"贯穿始终。这是因为无论是精准识别，还是项目安排、资金使用、帮扶措施到户到人，都必须有组织来开展。鉴于大多数贫困村基层力量相对薄弱的状况，需根据不同的贫困村选派第一书记、驻村工作队，通过这一制度安排，强化基层党组织建设，发挥其在推进精准扶贫中的战斗堡垒作用，这是确保各项精准扶贫措施得以贯彻落实的重要组织保障。因此，"因村派人精准"在"六个精准"中处于关键性的地位和作用。提出"六个精准"的根本目的是在推进脱贫攻坚中坚持实事求是、因地制宜的基本原则，从实际出发解决好"扶持谁、谁来扶、怎么扶、如何退"四个关键性问题，确保做到"扶真贫、真扶贫，脱真贫、真脱贫"，切实提高脱贫攻坚的质量和效益。

三、精准扶贫的核心要义

2013年11月，习近平总书记在湖南土家族苗族自治州花垣县十八洞村视察时就指出："扶贫工作，就是要实事求是、因地制宜、分类施策、精准扶贫。"[①] 由此可见，"实事求是、因地制宜、分类指导"是精准扶贫的核心要义。

"实事求是"是我们党的思想路线，改革开放40多年来所取得的一切成就，某种意义上说都应归功于我们党重新确立了这一思想路线。在扶贫领域坚持这一思想路线，就是要立足于新时代我国扶贫开发的新形势、新任务，坚持一切从实际出发，解决扶贫开发中出现的新矛盾、新问题。在新时代，中国扶贫开发面临的新形势、新任务是什么？习近平总书记反复强调："全面建成小康社会，最艰巨、最繁重的任务在贫困地区。"[②] 同时，他指出："改革开放以来，经过全国范围有计划有组织的大规模开发式扶贫，我国贫困人口大量减少，贫困地区面貌显著变化，但扶贫开发工作依然面临十分艰巨而繁重的任务，已进入啃硬骨头、攻坚拔寨的冲刺期。形势逼人，形势不等人。各级党委和政府必须增强紧迫感和主动性，在扶贫攻坚上进一步理清思路、强化责任，采取力度更大、针对性更强、作

[①] 董志成、于璧嘉：《这些年习总书记去过的贫困村》，http://finance.chinanews.com/gn/2016/07-22/7948933.shtml，2016-07-22。
[②] 习近平：《在首个"扶贫日"之际作出的重要批示》（2014年10月），《党建》2015年第12期，第6页。

用更直接、效果更可持续的措施,特别要在精准扶贫、精准脱贫上下更大功夫。"①到2020年实现全面建成小康社会目标,这是新时代中国共产党的时代使命,而实现这一目标最突出的短板就是我国还有几千万贫困人口。如果沿用传统的扶贫方式,这一"最艰巨、最繁重的任务"就很难完成得好,必须在推进扶贫开发中坚持"实事求是"的思想路线,坚持因地制宜、分类指导,促进扶贫方式由"大水漫灌"向"精准滴灌"的转变,在深入剖析致贫原因的基础上采取针对性更强、方式更灵活多样的扶贫模式,做到因村施策、因户施策、因人施策,才能解决好贫困人口的脱贫问题。

具体来讲,精准扶贫中坚持"因地制宜、分类指导"的方法论,就是要根据贫困户(个体)不同的贫困程度,不同的致贫因素和不同的贫困类型,从贫困户(贫困个体)的实际出发,以需求为导向,尊重贫困户(个体)的差异性,采取个性化的帮扶方式(手段),以期达到"扶真贫"(扶持的是真正的贫困者),"真扶贫"(帮扶的措施具有较强的针对性,扶到根上、帮到点上),最终让贫困人口在现行贫困标准(前述的"两不愁""三保障""一高于""一接近")下真正实现脱贫摘帽。

四、精准扶贫的基本途径

精准扶贫作为"扶贫方式的一种革命性变革"②,是基于中国现阶段扶贫开发实际而采取的基本方略,其目的在于实现脱贫成效精准,其关键在于坚持"因地制宜、分类施策"的核心理念,其基本手段是采取"五个一批"的精准帮扶途径。"五个一批"的精准扶贫途径是按照贫困人口致贫因素和致贫类型进行科学分类,然后从促进传统农业生产方式的转型升级、贫困人口生产生活条件的改善、贫困地区环境可持续发展能力的提升、贫困人口人力资本和社会资本的提高以及对丧失劳动能力的贫困人口给予直接转移支付等五个方面进行精准化扶贫的一种干预机制。这种干预机制在当下开展的农村扶贫实践中被具体概括为,通过发展生产和转移就业脱贫一批,通过易地搬迁安置脱贫一批,通过生态保护脱贫一批,通过教育扶贫脱困一批,通过"低保政策"兜底脱贫一批。可见,基于分类分批理念而提出的"五个一批"的扶贫途径,贯穿于从治贫的靶心瞄准到脱贫的精准效

---

① 习近平:《在贵州召开部分省区市党委主要负责同志座谈会上的讲话》(2015年6月18日),《党建》2015年第12期,第7页。
② 汪继章:《精准扶贫:扶贫方式的革命性变革》,《中国扶贫》2015年第11期,第28—30页。

果全过程，其中隐含着精准扶贫与精准脱贫的内在逻辑链条。

"发展生产脱贫一批"，这是针对有劳动能力、有发展生产资源条件但缺乏技术、资金、市场信息和产业组织等，导致因产业发展不起来，收入低下而致贫的大部分贫困人口而提出的产业扶贫模式。其主要措施是坚持以市场为导向，依托贫困地区的资源禀赋，培育和壮大具有区域独特优势和一定市场竞争力，一、二、三产融为一体的特色产业，同时通过外引内培来加大农村新型经营主体的培育力度，建立健全龙头企业、农村合作经济组织、经营大户等新型经营主体与农户利益联结机制，形成产业覆盖到户到人的精准扶持机制，把分散经营的农户带入现代市场，让贫困群众参与扶贫产业发展，通过"干中学"促使劳动技能得到提升，进而实现贫困户经营性、财产性收入稳定增加。

"转移就业脱贫一批"，是针对那些有劳动能力，但因当地产业发展相对滞后，就业岗位满足不了贫困人口增收需求导致其贫困而提出的帮扶举措。其主要措施有两个方面：一方面依托东西部扶贫协作和对口帮扶机制，有组织地推动转移就业扶贫，面向对口帮扶地区农村提供定向转移就业岗位，开展对口帮扶地农村劳动力转移就业能力的岗前培训，同时在农民工就业比较集中的沿海城市，稳步推进城市公共服务的均等化，加快农民工市民化步伐；另一方面通过加大县域工业化、城镇化力度，通过招商引资，推进外地资本与当地资源的结合，尤其是吸引外出务工农民工返乡创业，以及政府开发公益性就业岗位等，拓展贫困人口就地转移就业的渠道，实现贫困人口转移就业增收。

"易地搬迁安置脱贫一批"，是针对一些贫困人口由于地处生产生活环境极端恶劣，通俗地讲处在"一方水土养不起一方人"的地方，突出的表现是缺乏就地发展基本要素（比如土地资源、水资源等）导致贫困而提出的帮扶举措。其主要措施首先是从各地实际出发，根据需要与可能合理确定搬迁安置的对象和搬迁规模；其次是采取集中安置与分散安置相结合的方式，以集中安置在城镇周边和交通便利地方且以"无土安置"（即不再为搬迁安置人口提供生产用地）为主；再次是在保障搬迁安置贫困人口安全住房的基础上，配套推进水电路网等基本生活设施和教育、医疗、文化等基本公共服务设施；最后是通过引进"扶贫车间"等方式，培育发展安置区（点）优势产业，确保有劳动能力的贫困人口后续发展有门路、转移就业有渠道、收入水平不断提高，重视搬迁安置贫困人口的社区融入（尤其是培育新社区的文化），实现"搬得出、稳得住、能致富"。

"生态保护脱贫一批"，是针对一部分贫困人口因其生态环境脆弱导致贫困而提出的帮扶举措。其主要措施是，通过加大贫困地区生态环境保护与治理修复的力度，推进实施退耕还林还草、天然林保护、三江源生态保护与建设等一系列国家重大生态建设扶贫工程，提升贫困地区可持续发展能力。以完善生态补偿机制为切入点，逐步扩大对贫困地区和贫困人口的生态保护补偿，增设生态公益岗位，使贫困人口通过参与生态保护实现就业脱贫。

"教育扶贫脱困一批"是针对"因学致贫"而提出的帮扶举措。从人力资本理论上讲，教育是一种人力资本的投资，通过让贫困者接受一定程度的教育，可以提升其自身发展的能力，因而教育是阻断贫困代际传递的治本之策。这无论是在学界还是政界抑或社会各界，都已形成广泛共识。在实践中，往往会产生这样的现象，即贫困家庭也深谙教育的重要性，但为了支持其子女接受教育（特别是非义务教育阶段的教育），沉重的教育负担又往往让他们望而却步。以普通大学教育为例，供一个小孩上大学，所要支付的费用包括学费、住宿费、生活费等，即便是以最低的学费来计算，一年也需要5000元左右，加上住宿费、生活费等至少要花费1万元左右，一个人要完成四年大学的学习，最低需要花费4万元，如果一个家庭有两个小孩读大学，四年时间最低需要负担8万元以上。这对那些仅仅能够满足"两不愁、三保障"的脱贫人口而言，将有可能产生"因学致贫"现象。因此，实施教育扶贫是解决这一现实问题的出路。具体措施有：一是加大贫困地区教育资源配置均等化力度，促进教育公平，确保贫困地区学龄少年儿童完成义务教育阶段学习，这是教育扶贫的基础性工程。二是建立健全贫困家庭子女助学保障体系，形成覆盖各级各类教育的资助政策体系，实现学生资助政策应助尽助。突出完善国家奖助学金、国家助学贷款、新生入学资助、研究生"三助"（助教、助研、助管）岗位津贴、勤工助学、校内奖助学金、困难补助、学费减免等多元化高校学生资助体系，对建档立卡的贫困家庭子女优先予以资助。三是加大发展职业教育力度，通过完善"雨露计划"职业教育资助政策，引导贫困家庭子女就读职业技术院校，以一技之长增强其就业竞争力。

"低保政策"兜底脱贫一批主要是针对完全丧失劳动能力或部分丧失劳动能力而致贫，且无法依靠产业或就业帮扶脱贫的贫困人口提供兜底保障的帮扶措施。从当前中国农村实际来看，完全丧失劳动能力或部分丧失劳动力的贫困人口主要有以下几类：一是家庭中的主要劳动力患有慢性病或难以医治的绝症（如癌症等）；二是无子女赡养的孤寡老人；三是家庭中的劳动力因先天或后天导致身体残疾；四是家庭中子女身患重度疾病且需长期医治等。这些贫困家庭的一个共性就是不同程度地缺乏劳动力，难以通过产业扶贫或者就业扶贫来帮助他们解决生活保障问题。为此，需要进一步完善最低生活保障制度，做好最低生活保障与医疗救助、大病救助、特困人员救助等保障性救助制度的有效衔接，力求做到应保尽保、应助尽助，提高社会保障兜底功能的作用，解决好这些社会弱势群体的稳定脱贫问题。

五、精准扶贫的实施保障

精准扶贫是新形势下中国打赢脱贫攻坚战的基本方略，如何使之落到实处，必须建立健全相应的实施保障机制。这实质上是要解决好如何来"扶"的问题，它涉及扶贫主体是谁以及主体责任如何来落实两个方面。我国是中国共产党领导下的社会主义国家，中国共产党以消除贫困、改善民生、实现共同富裕作为自身追求的理想目标和重大历史使命。中国共产党把消除绝对贫困作为实现全面建成小康社会的标志性指标、底线性任务。由此看来，推进精准扶贫的主体理所当然就是中国共产党及其领导下的各级政府。因此，党中央、国务院提出了"中央统筹、省负总责、市县抓落实""五级书记一起抓"的各司其职、各负其责的主体责任体系以及为确保这一主体责任落到实处的考核监督体系。这一实施保障机制体现了中国共产党对脱贫攻坚全面领导的政治优势和社会主义集中力量办大事的制度优势，是具有中国特色的贫困治理制度安排。

"各司其职、各负其责"的责任体系涵盖了宏观、中观和微观三个层面的主体责任。从宏观层面看，"中央统筹"强化了中央在推进精准扶贫中的主体责任，主要包括了三个方面：首先是做好精准扶贫、精准脱贫大政方针的"顶层设计"。推进"十三五"脱贫攻坚以来，中央先后出台了《中共中央、国务院关于打赢脱贫攻坚战的决定》（2015年11月29日）、《国务院关于印发"十三五"脱贫攻坚规划的通知》（2016年11月23日）和《中共中央、国务院关于打赢脱贫攻坚战三年行动的指导意见》（2018年6月15日）等事关全局的重要文件。党中央、国务院出台的这些文件，从推进脱贫攻坚的重要意义、目标要求、总体思路、主要措施、政策保障等方面做出了整体谋划，实质上起到了"定方向、谋大局"的作用，为各地推进精准扶贫、精准脱贫，打赢脱贫攻坚战把好关、定好向。其次是统筹调配资源。我国的预算体制安排是，先由中央各部门根据各自职责（事权）提出年度预算安排，再由全国人大常委会对各个部门提出的预算方案进行审议通过，把资源（财权）配置到各个职能部门，各个部门按照全国人大常委会通过的预算安排来组织实施。为加大对脱贫攻坚的财力支持，中央所采取的措施是，要求各部门把中央的重大决策部署细化为各个部门具体行动来推进实施，同时要求国务院扶贫开发领导小组成员单位每年向中央报告本部门本单位脱贫攻坚工作情况，这既压实压细中央各部门的职责，又加大中央各部门对脱贫攻坚财力的投入保障。再次是中央部门（包括中央企事业单位）的定点帮扶。以滇桂黔石漠化片区为例，国家民族事务委员会定点帮扶广西德保县，国家开发银行定点帮扶隆林各族自治县等，不仅派出处级干部挂任县委领导（挂任副书记、县委常委）或县政府副县长，还派出年轻干部担任贫困村第一书记，通过这一措施指导地方推进精准扶贫，也为中央更好地掌握地方情况提供便利条件。从中观层面看，通过"省负总责""市县抓落实"的体制安排，强化脱贫攻坚主体责任在省、市、县的责任落实。"省负总责"要求脱贫攻坚任务较重的中西部22个省（市、自治区）根据中央的决策部署，制定出台"上接天线"（体现中央重大决策部署的精神）、"下接地气"（符合本省具体实际）的实施方案，把中央的要求转化为具体实施方案，同时还要根据中央的要求统筹配置人力、物力和财力的投入，确保投入水平与脱贫攻坚的目标要求相适应。在"市县抓落实"中，市一级主要是对所辖各县起到督促检查落实的作用；县一级是脱贫攻坚的第一线，应担负起具体实施的职责，必须从各自实际出发把中央、省做出的决策部署转化为本县可操作、可执行的具体工作方案（可以把它叫作"施工图"），把任务分解、细化到县内各个部门、各个乡村，使各项工作要求具体化，确保脱贫攻坚任务能够落实到基层。同时，县级党委、政府还必须根据脱贫攻坚的目标要求，加大资源整合力度，做到"多个源头蓄水、一个龙头放水"，将上级各个有关部门的资源整合起来，统一集中使用，以发挥其"1+1＞2"的最大化效益。从微观层面来看，村一级的党组织、村委会要担负起把县乡镇党委、政府提出的脱贫攻坚的工作要求落实到村、到户、到人的职责，在驻村第一书记、工作队员的指导下，通过加强基层党组织建设，切实提高基层党组织的组织力、战斗力，充分调动和发挥村内外的各种力量，形成基层推动脱贫攻坚的合力，组织广大群众投身脱贫攻坚，具体开展贫困人口的精准识别、建档立卡、基础设施建设、产业扶贫、转移就业扶贫、健康扶贫、低保扶贫等各项具体工作，确保精准扶贫各项政策不折不扣地落到实处，确保精准扶贫工作务实、推进过程扎实、脱贫成效真实。

为确保"各司其职、各负其责"的体制安排得以有效实施，中央还建立了省市县乡村"五级书记"一起抓精准扶贫的工作责任机制，具体而言就是各个层级的党委、政府分别与其上一级签订脱贫攻坚责任状，每一年上一级都要对下一级脱贫攻坚的工作成效进行严格的考核评估，形成一级对一级负责，层层传导压力的机制。同时，还建立了多渠道、全方位的监督机制，包括党内的纪检监察部门的专项监督，行政部门的财务审计监督，各级人大的法律监督，各级政协的协商监督，新闻媒体的舆论监督以及基层群众的广泛监督等，形成纵向到底、横向到边的监督网络。

六、精准扶贫与精准脱贫的内在关联

从上述的分析中可以看出，精准扶贫与精准脱贫具有紧密的内在联系，前者是后者的根本前提和保障，后者是前者的直接体现和要求。精准扶贫是方法手段，精准脱贫是目标任务，二者之间既是方法手段与目标任务的统一，也是推进过程与结果演化的内在必然，二者统一于脱贫攻坚的实践之中。还应看到，使二者统一起来的核心理念是靶向治疗、分类施策的精细化治理，精准识别是必要前提，建立在此基础上的项目安排精准、资金使用精准和到村到户到人的精准帮扶是必要条件，而因村精准派人以及构建基于地方性知识基础上的多元治理主体协同作用的发挥是其保障条件。

第二节　精准扶贫与可持续生计的内在契合

可持续生计是国际上被学术界和国际组织广泛接受的关于解决贫困问题的一种综合性方案。那么，精准扶贫与可持续生计有无内在联系？其逻辑关系如何？厘清这些问题，不仅是本项目研究的展开所必需的，同时还将有助于我们实现中国特色贫困治理理论向国际贫困治理话语体系的转变，从而为世界减贫事业贡献"中国智慧"、提供"中国方案"奠定坚实的理论基础。本研究认为，精准扶贫与可持续生计在治理目标、对象瞄准、治理理念、治理途径四个方面具有内在的契合。

一、治理目标的契合

推进精准扶贫是当下中国贫困治理的基本方略，实现精准脱贫是"十三五"脱贫攻坚的主要目标。对于如何才能打好脱贫攻坚战，习近平总书记反复强调，要做到"扶真贫、真扶贫、脱真贫、真脱贫"。何谓"真脱贫"？如果简单地从字面来理解，那就是贫困人口真正摆脱了"贫困状态"。如果贫困人口在政策和外部力量支持帮助下今天脱了贫，假设明天帮扶政策和外部帮扶力量一退出，立马又落入贫困状态，这不能叫作"真脱贫"。可见，所谓的"真脱贫"可以理解为可持续脱贫。2017年1月24日，习近平总书记在河北省张家口市张北县考察时强调指出，要因地制宜探索精准脱贫的有效路子，多给贫困群众培育可持续发展的产业，多给贫困群众培育可持续脱贫的机制，多给贫困群众培育可持续致富的动

力。①可以认为，习近平总书记这一重要论述，不仅是对当下脱贫攻坚提出的新要求，更是提出了一个意义深远重大的时代课题，即在推进精准脱贫中如何确保贫困人口可持续脱贫的重大问题。

随着脱贫攻坚战的深入推进，国内学者就如何提高其质量问题的探讨也在不断地展开。著名的贫困研究学者李小云（2018）指出："衡量脱贫攻坚成效，关键要看能否做到不返贫；而做到不返贫，就要实现脱贫攻坚成果可持续。实际上，精准扶贫精准脱贫的难点就在于如何做到稳定脱贫不返贫。这是以习近平同志为核心的党中央在推动精准扶贫精准脱贫过程中反复强调的问题，也是扶贫攻坚成果能否经得起历史检验的关键。"②李小云教授强调的"脱贫成果可持续"，同样可以理解为可持续脱贫的问题。储建国（2018）也认为，脱贫攻坚中"农户是否真的脱贫，村子是否真的出列，基层党组织，尤其是村支书心里最清楚。这个'真'不是临时的措施凑起来的'真'，而是可持续的'真'"③。这里强调的同样也是可持续脱贫。闫磊、朱雨婷（2018）也提出"可持续稳固脱贫是落实中央'脱真贫、真脱贫'要求的新指向"④的观点。江辰、秦首武、王邦虎（2018）以安徽省宣城市为例，分析精准扶贫和防止返贫中的困境，提出防止返贫必须构建可持续脱贫的机制的观点。⑤综合近年来学术界对脱贫攻坚的研究可以看出，让贫困人口实现可持续脱贫已形成广泛共识。

可持续生计语境下贫困治理的目标同样是实现贫困人口的可持续脱贫。首先，可持续生计本身就是一种目标，它通过理解和分析贫困人口的生计，改进与生计相关的发展援助效率，将研究视角由收入提高转变到生计可持续性提高。⑥其次，可持续生计是一种获得生计的途径，通过资源配置、生计策略的选择来保障生计的可持续性。最后，这一模式强调"消除贫困的大目标在于发展个体、家庭和社

---

① 《习近平春节前夕赴河北张家口看望慰问基层干部群众》，http://www.xinhuanet.com//politics/2017-01/24/c_1120377384.htm，2017-01-24。
② 李小云：《脱贫摘帽重在不返贫》，《人民日报》2018年8月26日，第5版。
③ 储建国：《基层党组织建设是可持续脱贫的重中之重》，《人民论坛》2018年第7期下，第42-43页。
④ 闫磊、朱雨婷：《可持续稳固脱贫的实现路径研究——基于森的可行能力理论》，《甘肃行政学院学报》2018年第4期，第119-125页。
⑤ 江辰、秦首武、王邦虎：《优化治理精准扶贫与防止返贫长效机制研究》，《成都行政学院学报》2018年第5期，第16-20页。
⑥ 马志雄、张银银等：《可持续生计方法及其对中国扶贫开发实践的启示》，《农村经济与科技》2012年第11期，第4-35页。

区改善生计系统的能力"[①]。DFID则认为，有效的生计策略必然产生多种类型的生计成果，包括更多的收入、福利的增多、脆弱性的降低、食物短缺的抑制、食品安全性的提升，以及自然资源的持续性利用等，而这也是可持续生计发展的最终目标。[②] 上述分析表明，精准扶贫与可持续生计的治理目标着眼于贫困人口的可持续脱贫。

根据笔者既有的相关研究，可持续脱贫是指贫困人口持续稳定地脱离贫困生活状态的一个过程（表2-1）。只有这种状态（过程）才能够在较长一个时期内持续不断地得以延续，并促进贫困人口由贫困状态进入非贫困状态，最终进入富裕状态的转变，贫困治理的目标才能得以实现。[③]

表2-1 贫困人口可持续脱贫的过程

类型 指标	绝对贫困		相对贫困		实现非贫困的质变
	未解决温饱	初步解决温饱	初步脱贫	稳定脱贫	
经济收入水平	很低	低	较高	高	达到全国平均水平
生活水平状态	温饱线下	越过温饱线但不稳定，易返贫	越过贫困线，生活开始宽裕	远离贫困线，生活逐步富裕	生活富裕，达到主流社会阶层生活水平
生计资本状况	极为匮乏	缓慢增长	逐步增长	持续稳步增长	生计资本充足
基本公共服务	很低	低	初步实现均等化	实现较高水平均等化	实现与全国完全同步均等化
环境脆弱性	很强	强	弱	很弱	完全消除
自我发展能力	极弱	弱	较强	强	很强

从表2-1来看，可持续脱贫是一个连续不断的过程（或状态），这一过程可划分为三个阶段五个层次。第一阶段属于绝对贫困状态，这包括未解决温饱和初步

---

① 纳列什·辛格、乔纳森·吉尔曼：《让生计可持续》，《国际社会科学杂志（中文版）》2000年第4期，第124页。
② DFID: *Sustainable Livelihoods Guidance Sheer*. London：DFID，2001.
③ 凌经球：《可持续脱贫：新时代中国农村贫困治理的一个分析框架》，《广西师范学院学报（哲学社会科学版）》2018年第2期，第104页。

解决了温饱两个层次；第二个阶段属于相对贫困状态，同样包括初步脱贫和稳定脱贫两个层次；第三个阶段是相对贫困人口实现由贫困到非贫困，最终进入富裕阶层转变的"质的飞跃"。

  从我国扶贫的实践来看，2000年前我国的扶贫开发处在第一阶段中的第一个层次，其重点任务就是要解决2.5亿贫困人口的温饱问题，比如，1993年制定实施的《国家八七扶贫攻坚计划》，其目标就是要用7年（1994—2000年）时间，解决8000万未解决温饱的贫困人口问题，并承诺不把贫困带入21世纪。通过全国上下的共同努力，这一任务基本完成。但这个时候贫困人口的脱贫，正如习近平总书记对1990年闽东"脱离贫困线"所做出的评价那样，"相距于真正意义上的'脱贫'，'脱离贫困线'只能说是起步"[1]。也就是说对绝大多数贫困人口而言，他们虽然初步解决了温饱问题，但还是处于极不稳定的状态。进入21世纪的第一个十年，我国扶贫开发处在第一阶段的第二个层次，其间我国出台并实施了《中国农村扶贫纲要（2001—2010年）》，其重点任务是解决贫困人口"初步解决温饱但仍不稳定"的问题。这个时期的扶贫开发，重点推进实施开发式扶贫与保障性扶贫相衔接的政策措施，从而使中国农村贫困治理取得了举世公认的显著减贫成就。按照2008年设定的农村贫困线，2010年我国农村贫困人口比2000年减少了6700万人，贫困人口下降幅度达到70%[2]。但这并不意味着我国绝对贫困问题已经解决，尤其是当时实行的贫困线与世界银行确定的每人每天消费支出1.25美元的绝对贫困线相比还是比较低的，这意味着我国消除绝对贫困的目标尚未实现。因此，进入"十二五"时期，为适应全面建成小康社会的新要求，2011年11月29日召开的中央扶贫开发工作会议决定，将我国的扶贫标准线由原来的农村居民人均纯收入1274元提高至2300元（2010年不变价），同时还提出了"两不愁""三保障""一高于""一接近"的综合性脱贫标准要求。当下推进的精准脱贫，是要让所有的贫困人口都必须达到这一标准要求，这对于中国的减贫事业而言具有十分重要的意义。正如习近平总书记所指出的："保证现行标准下的脱贫质量，就可以解决传统意义上的'绝对贫困'，这在国际上也是一个高标准，能够确保兑现让贫困人口和贫困地区同全国一道进入全面小康的庄严承诺。"[3] 由此可见，只有完成了当下推进的脱贫攻坚战的目标任务，我国的扶贫开发才算完成了贫困治理第

---

[1] 习近平:《摆脱贫困》，福建人民出版社1992年版，第216页。
[2] 李实:《中国扶贫的成就与挑战》，《中国日报（英文版）》2011年12月10日。
[3] 中共中央党史和文献研究院:《习近平扶贫论述摘编》，中央文献出版社2018年版，第24页。

一阶段的目标任务，也只有到了这个阶段，贫困人口才实现了可持续脱贫的第一个"质的飞跃"，即由绝对贫困人口转变为相对贫困人口。2020年后，我国的贫困治理进入相对贫困治理的新阶段。笔者把这一阶段同样划分为两个层次，第一个层次是初步脱贫阶段，其贫困治理的重点任务是巩固精准脱贫的成果，具体来说就是要让贫困人口的经济收入水平有较大程度的提高，生活水平能够稳定越过绝对贫困线并开始富裕起来，生计资本得以稳定增长，初步实现基本公共服务均等化，脆弱性环境得到较大改善，自我发展能力得到较大提升，进而实现持续的、稳定的、较高水平的脱贫，为迈向富裕阶段奠定坚实基础。从时间维度来看，这一时期可以设想与党的十九大提出的我国基本实现现代化相衔接，即从2020年到2035年。在此基础上，我国贫困治理进入相对贫困治理的第二个层次，即再经过2035年到2050年这15年的奋斗，让我国绝大部分的贫困人口实现由稳定脱贫向富裕生活阶段的跨越，此时贫困人口才能实现可持续脱贫的第二次"质的飞跃"，绝大部分贫困人口真正实现共同富裕的目标，贫困地区也和全国各地一样共同迈向全面现代化。

以上分析表明，可持续脱贫是一个包含了多维度、多要素的贫困治理概念，而且是一个连续不断、由低级向高级持续演进的动态过程。在这个过程中，只有其中的各个维度要素协同作用，并遵循由低级到高级的不断演化，这一动态过程才能得以持续推进并达成最终的目的。同时，各维度要素之间还具有内在的、紧密的逻辑关联。其中，经济收入水平决定贫困个体或家庭的生活水平状态，自我发展能力的提升决定着经济收入水平，而自我发展能力的提升又有赖于生计资本（自然资本、物质资本、人力资本、金融资本、社会资本）状况的改善，基本公共服务供给能力的不断增强和脆弱性环境（自然风险和社会风险的冲击）的渐进消除，对生计资本的改善起着重要的作用。因此可以说，以可持续脱贫为目标导向的贫困治理是一个多元复合型的战略框架（或模式）。在我国实现了"脱贫攻坚战"目标后的相对贫困治理进程中，必须使之贯穿始终，缓解相对贫困才有可能实现，才能使大部分贫困人口实现第二次"质的飞跃"——由贫困人口向非贫困人口的转变，实现真正意义上的脱贫致富。

二、对象瞄准的契合

从贫困治理的对象瞄准来看，精准扶贫和可持续生计都聚焦于贫困家庭（个人）层面之上。正如纳列什·辛格、乔纳森·吉尔曼所指出的："传统的反贫困斗争多是从全国范围来构想并实施的，以人均收入或消费标准以及部门政策作为出发点。……而综合的农村发展方案（即可持续生计。——作者注），则设法从整体上理解人们的迫切需求是什么，如何利用资源，如何解决迫在眉睫的难题。"[1]可持续生计关注的是贫困家庭（个体）如何在外部环境和自身拥有的资本条件约束下，在外部政策干预下，通过依靠自身采取生计优化的策略，实现生计的持续改善，可见其目标瞄准侧重在贫困家庭（或个体）之上。

精准扶贫的立足点（也就是目标瞄准）是在贫困家庭（或个体）之上的。习近平总书记反复强调，扶贫不能搞"大水漫灌"，而是要"精准滴灌"，也就是要根据各家各户不同的致贫因素、致贫类型来采取不同的帮扶措施。可以说精准扶贫的核心理念是落实在精准的目标瞄准之上的，没有目标瞄准的精准——扶贫对象精准，精准扶贫就是无源之水、无本之木。正因为如此，习近平总书记反复要求一定要抓好精准识别这项工作，扣好精准扶贫的"第一颗纽扣"，强调的就是目标瞄准的精准问题。

三、治理理念的契合

可持续生计的贫困治理理念强调的是针对贫困家庭（或个体）各自所遭遇的风险冲击和所拥有的生计资本状况，通过采取不同的生计扶持策略，达到提升生计能力、持续地改善生计的目的。可见，其贫困治理的理念核心在于生计的针对性和有效性。

精准扶贫的治理理念是什么？习近平总书记指出："现在，中国在扶贫攻坚工作中采取的重要举措，就是实施精准扶贫方略，找到'贫根'，对症下药，靶向治疗。"[2]在深入开展精准识别、找到"贫根"（致贫因素、致贫类型）的前提下，实施"对症下药、靶向治疗"的帮扶策略，这就是精准扶贫的贫困治理理念。"对症下药、靶向治疗"的贫困治理理念，强调的是精准施策，要求做到因地制宜、因人制宜、因致贫因素制宜、因致贫类型制宜，通俗一点来讲可以叫作"一把钥匙开一把锁"，而不是用"一把钥匙"来开所有的"锁"。由此看来，精准施策的贫困治理理念要义在于：一是强调治理的针对性，要针对不同对象的不同致贫因素，采取不同的治理方式、治理手段，提高贫困治理的精准性；二是强调治理的有效性，精准扶贫的根本目的在于实现精准脱贫，也就是让贫困人口通过外部有针对

---

[1] 纳列什·辛格、乔纳森·吉尔曼：《让生计可持续》，《国际社会科学杂志（中文版）》2000年第4期，第124页。
[2] 习近平：《携手消除贫困 促进共同发展——在2015年减贫与发展高层论坛的主旨演讲》，http://www.xinhuanet.com/politics/2015-10/16/c_1116851045.htm，2015-10-16。

性的帮扶，彻底摆脱绝对贫困，达到"真脱贫"，实现稳定的可持续的脱贫。

从上述分析中可以看出，可持续生计与精准扶贫在治理理念上是契合的，其契合点在于分类施策、追求贫困治理的针对性和有效性上，最终实现贫困人口的可持续脱贫。

四、治理途径的契合

分类施策的贫困治理理念必须依托相应的贫困治理途径才能得以落实。在贫困治理途径上，可持续生计要求依据贫困家庭（或个体）的自然资本、物质资本、人力资本、社会资本和金融资本的状况，采取不同的治理措施。英国国际发展部（DFID）的可持续生计分析框架中的五种资本框架示意图（图2-3）如下：

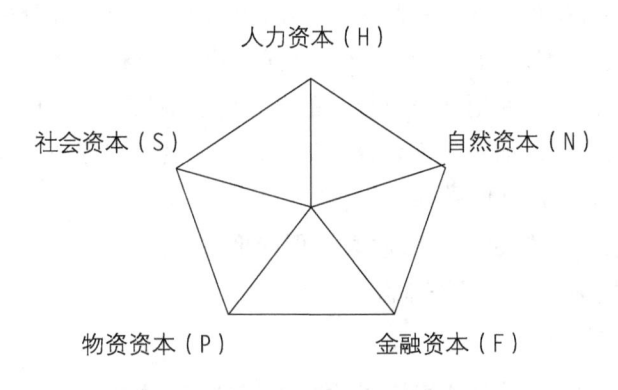

图2-3 生计资本框架示意图

值得注意的是，在不同的条件下，五种生计资本可以相互转化，五边形的中心代表不拥有（或零拥有）价值，而外部边界代表拥有最大化的价值。[①]五种资本的含义是：（1）自然资本（Natural assets）：即自然资源的存量，包括了无形的公共资本（大气、生物多样性）和有形可分的直接用于生产的资本（土地、树木等）以及生态等。（2）物质资本（Physical assets）：即用以维持生计的基本生产资料和基础设施，起到提高贫困人口生产力的作用。（3）金融资本（Financial assets）：在消费和生产过程中人们为了取得生计目标所需要的积累和流动。这里主要指资金，但往往其他的实物也能起到资金的积累和交换作用。（4）人力资本（Human assets）：代表知识、技能、能力和健康状况，它们能够使人们去追求不同的生计

---

① R.Baumgartner, R.Hogger (Eds.), *In Search of Sustainable Livelihood Systems* [R]. Sage Publications Ltd., New Delhi, Thousand Oaks, London, 2004.

手段并取得相应的生计目标。（5）社会资本（Social assets）：在可持续生计语境之下，社会资本意味着人们在追求生计目标的过程中所利用的社会资源。在五种生计资本当中，社会资本与外部变革中的组织机构和程序规则最为密切，可以简单地把它看成这些组织机构和程序规则外部环境的产物。[①]还应当指出的是，贫困家庭（或个体）要取得积极的生计成果，促进生计的可持续，单一拥有或者是仅依靠某一种资本是不够的，必须是多种资本的综合运用。作为外部的政策干预，就是在了解贫困家庭（或个体）拥有的生计资本前提下，做出优化其生计资本的策略，才能促进其生计的可持续性。

精准扶贫中"五个一批"是实现精准脱贫的五条具体帮扶措施，是"项目安排精准"的具体体现，同时也是对可持续生计治理途径的深化、拓展和升华。主要是从个人的微观视角考察个人及家庭贫困的原因，通过精准分析导致个人和家庭微观层面的贫困因素，分别从产业、教育和社会保障3个维度开展精准帮扶。如出台专项政策，统筹使用涉农资金，重点支持贫困村、贫困户因地制宜发展种养业和传统手工业等；加快实施教育扶贫工程，让贫困家庭子女都能接受公平有质量的教育，阻断贫困代际传递；完善农村最低生活保障制度，对无法依靠产业扶持和就业帮助脱贫的家庭实行政策性保障兜底。通过这些具体帮扶途径，把"因地制宜、分类施策"的帮扶理念落到实处。

第三节　基于精准扶贫的可持续脱贫分析框架

一、框架整合：从内在机理到方法路径

第二节分析了精准扶贫与可持续生计内在契合的机理，包括治理目标、对象瞄准、治理理念和治理途径等四个方面的契合，其契合点聚焦于促进贫困农户的可持续脱贫。可见，可持续生计与精准脱贫可以整合在一个分析框架中。

可持续生计分析框架将贫困家庭（或个体）的致贫因素置于脆弱性风险之下，结合其自身的生计资本状况来分析其深层的致贫因素，在此基础上针对其不同家庭（或个体）的贫困类型，通过采取不同的外部政策干预来优化其生计策略，以达到持续改善其生计结果、促进生计可持续的目的。在方法论层面来看，其与精准扶贫、

---

① 苏芳、蒲欣冬、徐中民、王立安：《生计资本与生计策略关系研究——以张掖市甘州区为例》，《中国人口·资源与环境》2009年第6期，第120页。

精准脱贫基本方略是一致的。本研究在借鉴相关研究成果[①]的基础上，对二者作如下整合，使二者实现由内在机理的契合到实现方法路径的有机衔接（图2-4）。

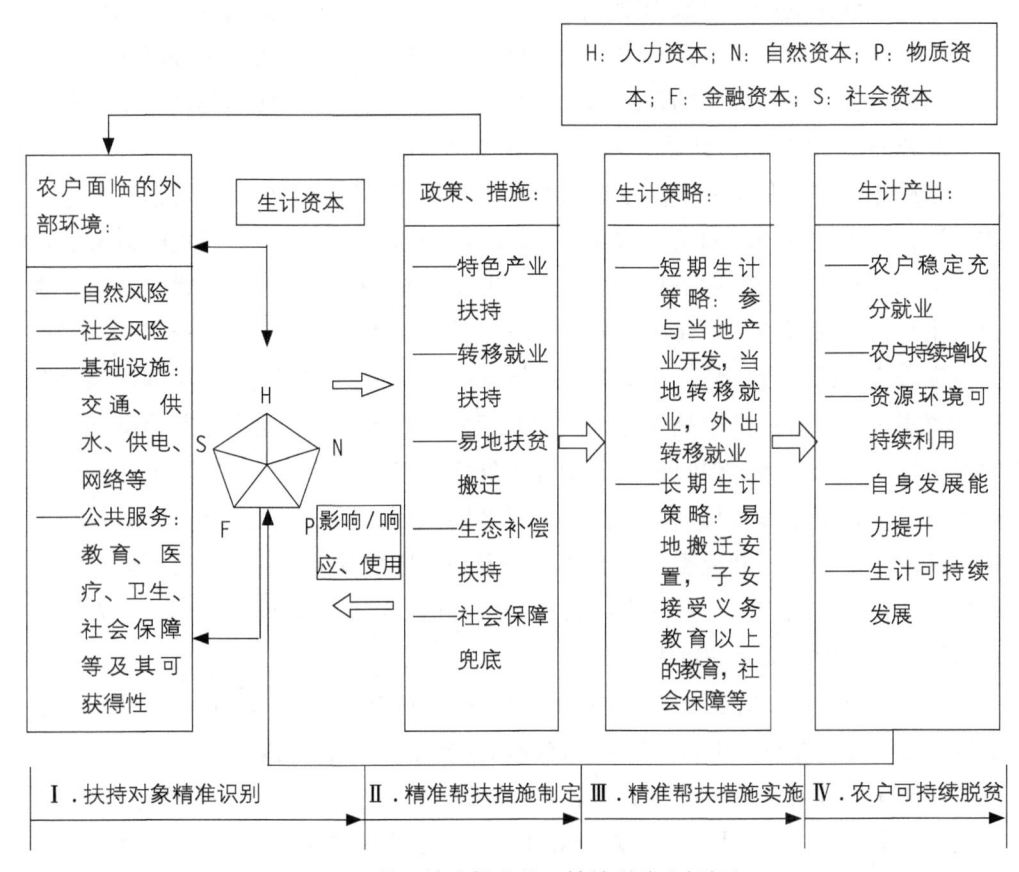

图2-4 基于精准扶贫的可持续脱贫分析框架

值得指出的是，基于精准扶贫的可持续脱贫分析框架中的四个环节之间是一个前后承接、环环相扣的有机整体。精准识别是精准帮扶措施制定的逻辑起点，精准帮扶政策的制定是其中介环节，帮扶政策的偏差，将影响到其帮扶结果，而精准帮扶措施的落实是其关键环节。再好的政策措施如果实行过程中落不到实处，也会影响到其效果。只有真正做到"因地制宜、分类施策"，才能帮助贫困主体建立可持续生计，实现贫困农户的可持续稳定脱贫。

---

① 何仁伟、李光勤、刘运伟等：《基于可持续生计的精准扶贫分析方法及应用研究——以四川凉山彝族自治州为例》，《地理科学进展》2017年第2期，第184页。

二、逻辑起点：扶贫对象的精准识别

在这一环节，最为重要的是制订出符合各地实际的精准识别方案，在此基础上开展到户到人的扶贫对象识别。其中，关键的一环是精准识别方案必须反映出贫困的多维性特征，既要反映出贫困家庭（或个体）所面临的外部环境（包括贫困家庭或个体所可能面临的自然风险、社会风险及其所享受到的基础设施和基本公共服务的基本状况），更要反映出生计资本拥有的状况。

在推进脱贫攻坚实践中，各地从实际出发创新出具有自身特色的精准识别方式方法，力求把这项基础工作做实做细。以广西为例，广西精准识别的方案涵盖了"十八类指标"，这些指标包括农户所拥有的各类生计资本：自然资本——耕地、山林；物质资本——住房、家电、农机具、交通工具等；人力资本——劳动力及家庭成员的健康状况、教育状况；金融资本——外出务工、种养等收入状况；社会资本——家庭成员中是否有村干部或国家公职人员，以及水电路等基础设施状况、基本医疗和养老保险的享受情况（外部环境）等方面。这实际上是一个涵盖了五大生计资本和外部环境在内的多维贫困识别体系。在此基础上，对每一项指标赋以一定的分值和权重，再据此对一家一户进行调查识别，最后用综合评价指数方法汇总，给出每一户一个综合得分的分值。可见，其设计的理念、方法与可持续生计分析方法是一致的。

在开展精准识别的过程中，不仅要精准找出精准帮扶的对象，同时还要对其致贫因素进行分类汇总。比如，广西在精准识别过程中，归纳出以下的贫困类型，为下一步制定精准帮扶措施提供了依据（见图2-5）。其中，居前六位的因素分别是：缺乏发展资金致贫占贫困人口总数的42.33%、因学致贫的占31.64%、因病致贫的占28.7%、缺乏技术致贫的占19.8%、缺劳动力致贫的占16.94%、缺土地的占9.13%。

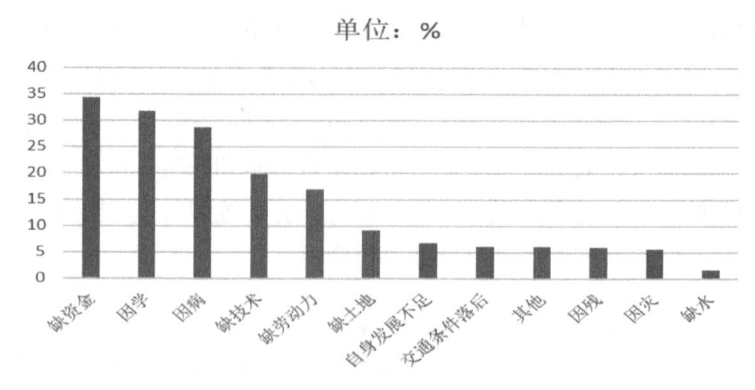

图 2-5 广西 2015 年精准识别中贫困人口致贫因素分析

三、中介环节：精准帮扶的政策制定

根据上述精准识别及其贫困分类情况，制定出台针对性更强的帮扶政策措施。这些帮扶政策措施当初把它概括为"五个一批"，但在2018年6月出台的《中共中央、国务院关于打赢脱贫攻坚战三年行动的指导意见》中，已把精准帮扶到村到户到人的具体措施细化为10个方面，包括产业扶贫、就业扶贫、易地扶贫搬迁、生态扶贫、教育扶贫、健康扶贫、农村危房改造、综合保障性扶贫、残疾人扶贫和扶贫扶志等方面，其目的在于进一步指明方向，引导地方政府、企业、事业单位、金融机构和社会组织等帮扶主体优化资源配置，采取更加精准的帮扶措施，帮助贫困家庭（或个体）摆脱贫困。

应当指出的是，中央基于贫困人口精准脱贫目标制定的这些精准扶贫政策，具有宏观性、方向性和指导性等特征，要将这些政策转化为具体实施的政策工具，仍需地方结合实际加以创造性转换。这就要求地方党委、政府按照中央"省负总责、市县抓落实"的工作机制，制定出"上接天线"（符合中央精神）、"下接地气"（紧密结合地方实际）的规范化、具体化、精细化、可操作性强的政策，这是政策制定环节的关键所在。这是对地方执政能力的一个考验：一方面所出台的政策不能够偏离中央的精神另搞一套，使相关政策"走形变样"；另一方面又必须在"吃透下情"的基础上，划出不能突破的政策底线，在"底线"与"上限"的空间约束之下，创造性地来制定贯彻落实的政策措施。可以说，政策制定水平的高低，实质上就是检验地方执政能力强弱的一块"试金石"。这一环节工作做得扎实、细致、有效，精准扶贫、精准脱贫才有坚实基础；反之，如果这一环节的工作不扎实、不细致，制定出来的政策"上下一般粗"，甚至是简单地照搬照套中央的政策，将会产生"差之毫厘，失之千里"的负效应。

四、关键环节：精准帮扶的政策实施

习近平总书记指出："为了支持脱贫攻坚，中央和各有关部门、地方出台了一系列政策举措，强度和密度空前，关键是要确保兑现、落地生根。"[1]2018年3月24日，中共广西壮族自治区党委书记鹿心社同志在深入德保县调研时，就如何深入贯彻落实中央精准扶贫、精准脱贫方略，打赢广西脱贫攻坚战，提出"核心是精准、

---

[1] 中共中央党史和文献研究院：《习近平扶贫论述摘编》，中央文献出版社2018年版，第115页。

关键在落实、确保可持续"的要求①。所谓"核心是精准",就是要求精准识别贫困人口,厘清不同贫困村、贫困家庭、贫困人口的致贫因素、致贫类型,精准制定出针对性更强的帮扶政策,提高帮扶政策的精准度;"关键在落实"强调的是帮扶政策的落地生根,因为再好的帮扶政策,如果不能落实到一家一户之上,就会变成"一纸空文",就会产生"政策空转"现象,从而难以达到预期目的。可见,在实施精准扶贫、精准脱贫方略中,帮扶政策实施是关键环节,而且是极其重要的环节。

帮扶政策的实施涉及"落实载体""落实主体""落实方式""落实效果"等一系列环节。在实施过程中,须在制订出"好政策"、具备落实条件(即落实政策必须具备的资金等要素)的前提下,抓好这些环节。所谓的"落实载体",就是要以项目为载体,抓好政策落实项目的谋划。比如说,推进产业扶贫,其前提就要谋划好产业项目,只有在摸清当地资源禀赋的基础上,做好市场对接,精准选择产业项目,才能抓好落实。抓好"落实主体"就是要解决好"谁来落实"的问题,精准扶贫、精准脱贫方略的实施是政府行为,但绝不是单靠政府唱"独角戏"。因此,要在政府主导下,发动包括党政机关、企事业单位和社会组织等全社会力量共同参与、合力推进,这是由我国是中国共产党领导下的社会主义国家这一性质决定的。在这一点上,与世界上其他国家尤其是资本主义国家更多依靠社会组织力量来推动的做法迥然有别。与此同时,贫困人口既是帮扶政策实施的最终受益者,也是政策实施过程中涉及的对象,如果他们只是被动地接受帮扶,则政策实施效果将会大打折扣,因此,必须把他们纳入政策实施的主体,充分调动其积极性和主动性。抓好"落实方式",就是要解决好如何去实施的问题,鉴于精准扶贫政策需要精准"滴灌"到村到户到人,因此,要求采取单位包村、个人包户等办法,把各项具体帮扶措施落实到贫困户,最大限度地减少农户生计的脆弱性,帮助农户建立能适应各种外部环境的生计策略。最后是突出"落实效果",就是要让帮扶政策真正发挥作用,使受帮扶的贫困群众得到实惠,正如习近平总书记所指出的"让脱贫成效真正获得群众认可,经得起历史和实践检验"②。

五、最终环节:实现可持续脱贫目标

在进行精准识别、解决好"扶持谁"的基础上,通过制定精准化的帮扶政策

---

① 魏恒:《鹿心社在百色调研:弘扬百色起义精神扎实推进脱贫攻坚》,http://www.gxnews.com.cn/staticpages/20180325/newgx5ab77ad1-17184387.shtml,2018-03-25。
② 中共中央党史和文献研究院:《习近平扶贫论述摘编》,中央文献出版社 2018 年版,第 117 页。

措施，借助强有力的帮扶主体的实施，短期内能够实现脱贫攻坚目标，即现行标准下实现贫困人口全部脱贫，摆脱绝对贫困；远期而言，培育形成覆盖面广、有利于贫困人口实现稳定就业和增收的可持续脱贫产业，可持续脱贫机制不断建立完善，可持续生计资本不断扩张，自我发展能力和可持续致富动力不断增强，让贫困人口最终走向共同富裕之路。

第三章

现实基础：
片区县区域整体性贫困状况分析

进入 21 世纪第二个 10 年，中国农村的贫困状况呈现出分散性"插花式"贫困与区域整体性贫困相交集的鲜明特征。滇桂黔石漠化片区是全国 14 个集中连片特困地区之一，区域整体性贫困的特征十分突出。同时，在滇桂黔石漠化片区内，各县的经济社会发展也是不平衡、不充分的。县域发展的不平衡、不充分必然对其所辖贫困家庭的贫困状况产生直接影响。一般而言，县域发展越落后，其贫困面越广，贫困程度也就越深。为此，本章利用《中国县域统计年鉴》以及云南省、贵州省和广西壮族自治区相关年度的《统计年鉴》，把滇桂黔石漠化片区各县经济社会发展的基本状况以至全国以及三个省区发展水平之下作横向对比分析，力求从总体上把握作为区域性整体贫困的滇桂黔石漠化片区县域经济社会发展的基本特征，为以下对片区县贫困农户的生计状况展开深入分析做好铺垫。

第一节 滇桂黔石漠化片区概况

一、新阶段扶贫攻坚的主战场

2011年,中共中央、国务院颁布了《中国农村扶贫开发纲要(2011—2020年)》,明确提出:"提高扶贫标准,加大投入力度,把连片特困地区作为主战场,把稳定解决扶贫对象温饱、尽快实现脱贫致富作为首要任务。"在此背景下,中央确定了全国14个集中连片特困地区,包括秦巴山区、滇桂黔石漠化片区等11个区域的连片特困地区和原来已明确实施特殊政策的西藏、四省(四川、云南、甘肃、青海)藏区、新疆南疆三地州,共有14个片区680个县。有关资料表明,2011年,全国11个连片特困地区农民人均纯收入为4191元,仅为全国农村平均水平的60.1%;片区内农村居民恩格尔系数为46.8%,比全国农村高6.4个百分点;片区贫困发生率为28.4%,比全国平均水平高15.7个百分点。[1]

二、石漠化的重灾区

(一)石漠化片区基本概要

根据2012年7月国务院印发的《滇桂黔石漠化片区区域发展与扶贫攻坚规划(2011—2020年)》,该片区涵盖了云南、广西、贵州三省接合部的91个县(市、区)。其中,云南有12个县(市),广西有35个县(市、区),贵州有44个县(市、区)。区域内有文山等5个民族自治州和镇宁等13个民族自治县,老区县(市、区)34个,边境县8个。

滇桂黔石漠化片区总面积为22.8万平方公里,地处云贵高原东南部及其与广西盆地过渡地带,南与越南接壤,属典型的高原山地构造地形,碳酸盐类岩石分布广,石漠化面积大,是世界上喀斯特地貌发育最典型的地区之一。气候类型主要为亚热带湿润季风气候,年均降水量880~1991毫米,森林覆盖率47.7%,是珠江、长江流域重要生态功能区。

---

[1] 何平:《连片特困地区成扶贫主战场涉及14片区680个县》,《光明日报》2013年1月14日。

（二）石漠化特征明显

滇桂黔石漠化片区地处我国西南岩溶地区，是全国石漠化问题最严重的地区，也是"一方水土养不起一方人"的贫困地区之一。石山地区面积大、石漠化程度深是该片区一个突出的特征。有关资料表明，片区岩溶地貌面积11.1万平方公里，占总面积的48.8%，其中石漠化面积4.9万平方公里，占总面积的21.49%，中度以上石漠化面积达3.3万平方公里，占总面积的14.47%，有80个县属于国家石漠化综合治理重点县。[①]

第二节　片区县域经济发展的基本特征

滇桂黔石漠化片区作为连片特困区域之一，经济发展普遍滞后，而且各县区发展很不平衡。

一、经济社会发展总体滞后

2012年片区经济社会发展的主要指标如表3-1所示[②]：

表3-1　2012年片区经济社会发展主要指标一览表

	年末总人口	地区生产总值	人均地区生产总值	财政预算收入	城乡居民储蓄存款余额	年末金融机构各项贷款余额	普通中学在校生数	小学在校生数
片区县总计	3437.2万人	4824.9亿元	14037元	2624.2亿元	2741.92亿元	2754.25亿元	413.28万人	622.29万人
占全国比重（%）	2.54	0.93	36.54	2.24	0.6	0.44	5.72	6.42

资料来源：根据《中国统计年鉴（2013）》《广西统计年鉴（2013）》《云南统计年鉴（2013）》以及《中国县域统计年鉴（2012）》计算而得。

片区县面积占全国的比重为2.37%，但从表3-1看，2012年片区县人口占全

---

① 凌经球：《推进滇桂黔石漠化片区扶贫开发的路径研究——基于新型城镇化的视角》，《广西民族研究》2015年第2期，第146页。
② 《滇桂黔石漠化片区区域发展与扶贫攻坚规划》是2012年7月由国务院扶贫开发领导小组办公室、国家发展和改革委员会颁布的。为此，本课题对片区县经济社会发展状况的分析，以2012年为分析的时间节点。

国的 2.54%，略高于其面积的占比，而从主要经济指标来看则是大大低于其人口占比水平，其中每年末贷款余额占比仅为 0.44%，年末存款余额也仅为 0.6%，地区生产总值占比为 0.93%，均不足 1%。

二、人均 GDP 水平低且差距大

地区生产总值是衡量区域经济发展水平的一个重要指标。2012 年片区县实现地区生产总值为 4824.90 亿元，人均地区生产总值为 14037 元，与全国平均水平相比差距较大。

从片区县整体来看，人均 GDP 仅相当于全国平均水平的 36.51%，相当于广西的 50.22%、贵州的 71.22%、云南的 63.24%。

人均GDP（单位：元）

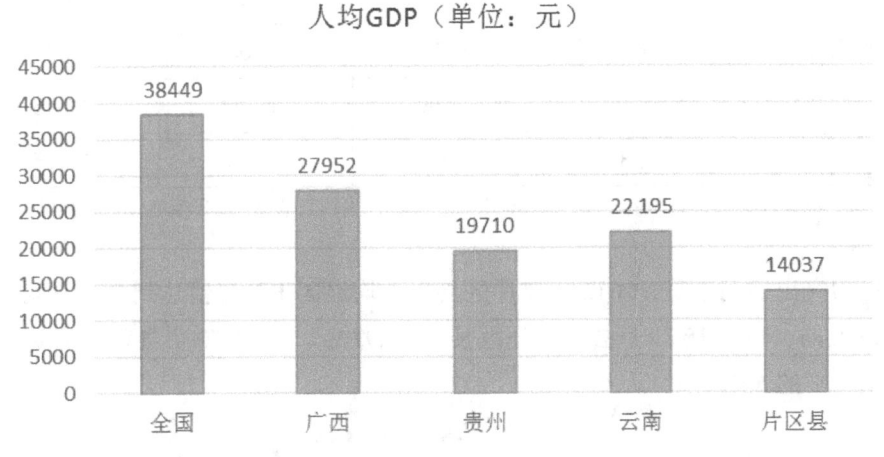

全国	广西	贵州	云南	片区县
38449	27952	19710	22195	14037

图 3-1　片区县人均 GDP 与全国及本省区人均水平的比较

以县为单位来分析，从人均 GDP 最低的 10 个县来看，倒数第 10 位的是贵州省的黄平县，仅相当于全国平均水平的四分之一（25.49%），而倒数第一位的广西都安瑶族自治县仅是全国平均水平的 15.65%，倒数第二位的云南省西畴县也仅及全国平均水平的 19.45%（表 3-2）。这些县可以说是在片区县中处于"贫中之贫""困中之困"的状态。

表 3-2　片区县人均 GDP 倒数前 10 名与全国及本省区的比较

	人均 GDP（元）	相当于片区平均水平（%）	相当于本省区平均水平（%）	相当于全国平均水平（%）
黄平县	9802	69.83	49.73	25.49
三都县	9795	69.78	49.70	25.48
大化县	9773	69.62	34.96	25.42
凤山县	9196	65.51	32.90	23.92
望谟县	8501	60.56	43.13	22.11
丘北县	8 443	60.15	38.04	21.96
东兰县	8273	58.94	29.60	21.52
广南县	7 968	56.76	35.90	20.72
西畴县	7 479	53.28	33.70	19.45
都安县	6018	42.87	21.53	15.65

资料来源：根据《中国统计年鉴（2013）》和广西、云南、贵州三省区 2013 年统计年鉴计算。

更为突出的问题是，2012 年在片区县中人均地区生产总值达到全国平均水平 50% 以上的，也仅有 21 个县（占片区县的 21.97%），其余 70 个县都没有达到全国平均水平的 50%。

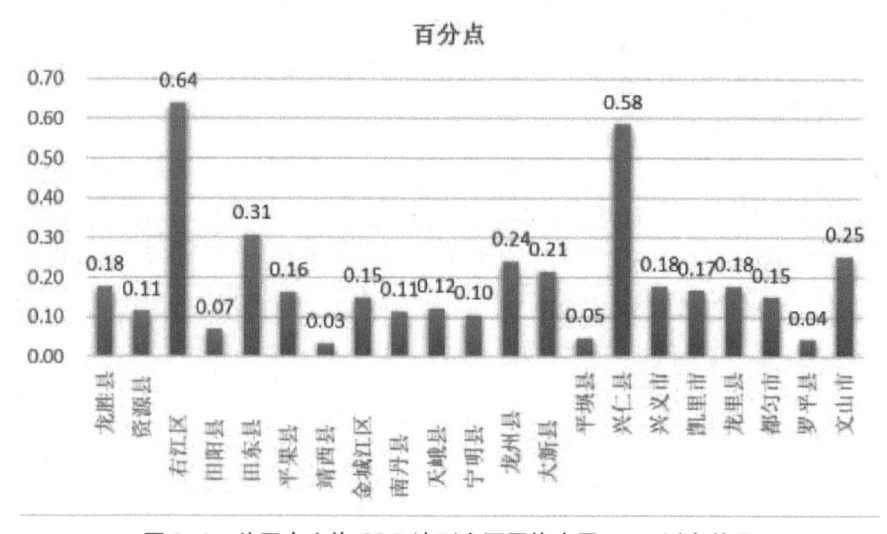

图 3-2　片区中人均 GDP 达到全国平均水平 50% 以上的县

从图 3-2 来看,广西有 13 个县人均 GDP 达到全国 50% 以上的水平,贵州有 6 个县,云南有 2 个县。其中,广西的田阳县、靖西县,贵州的平坝县、云南的罗平县勉强超过全国平均水平的 50%;超过 0.11~0.2 个百分点的有广西龙胜各族自治县、资源县、平果县、金城江区、南丹县、天峨县、宁明县和贵州省的兴义市、凯里市、龙里县、都匀市;超过 0.21~0.3 个百分点的有广西的龙州县、大新县和云南的文山市;超过 0.3 个百分点以上的有广西右江区(0.64 个百分点)、田东县(0.31 个百分点)和贵州的兴仁县(0.58 个百分点)。这意味着,在片区县中只有广西右江区和贵州兴仁县 2012 年的人均 GDP 超过全国平均水平。

同时还应看到,片区县内发展不平衡的特点也是很突出的,91 个片区县中,人均 GDP 能达到片区县平均水平的也仅有 44 个,也就是说一半以上的县没有达到其平均水平。

此外,在人均 GDP 倒数前 10 名中(图 3-3),广西有都安瑶族自治县、大化瑶族自治县、东兰县和凤山县,这 4 个县是广西石漠化最为严重的连片区域;云南省的西畴县、广南县和丘北县也都是连片的石漠化严重区域,而贵州的 3 个县则比较分散,黄平县属于黔东南苗族侗族自治州,望谟县属于黔西南布依族苗族自治州,三都水族自治县则属于黔南布依族苗族自治州。

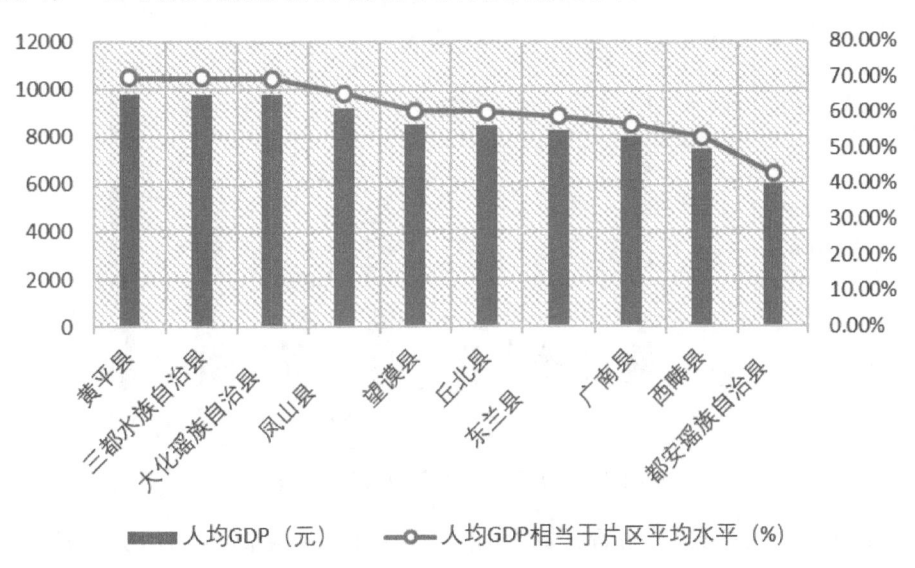

图 3-3　2012 年片区县内人均 GDP 倒数前 10 名的县与片区县平均水平比较

三、县域财力相当拮据

财政收入是衡量区域政府经济实力强弱的一个重要指标，是地方政府履行职能的物质基础。随着改革开放的不断深入，纵向比较而言，石漠化片区各县的财政收入也在不断增长。从各县（市、区）财政收入总量来看，2012年片区县中超过20亿元的有3个县市，即广西平果县（20.5亿元）、贵州兴义市（24.57亿元）、凯里市（24.48亿元）；10亿元到20亿元的有8个县（市、区），即广西的田东县（14.71亿元）、靖西县（11.86亿元）、大新县（10.00亿元）、贵州省的西秀区（12.74亿元）、水城县（16.28亿元）、钟山区（15.37亿元）、兴仁县（10.62亿元）、都匀市（13.04亿元）。财政收入10亿元以上的县（市区）占片区县总数的12.09%。但总体而言，财政收入水平较低，各县（市区）财力拮据现象突出，这可以从人均财政收入的比较中得到佐证。

2012年片区县财政收入合计为438.28亿元，人均财政收入为1275元。孤立地看这一数据，很难做出判断，把片区县人均财政收入与全国和滇桂黔三省区的平均水平进行比较（图3-4），结论就不言而喻了。

人均财政收入（元）

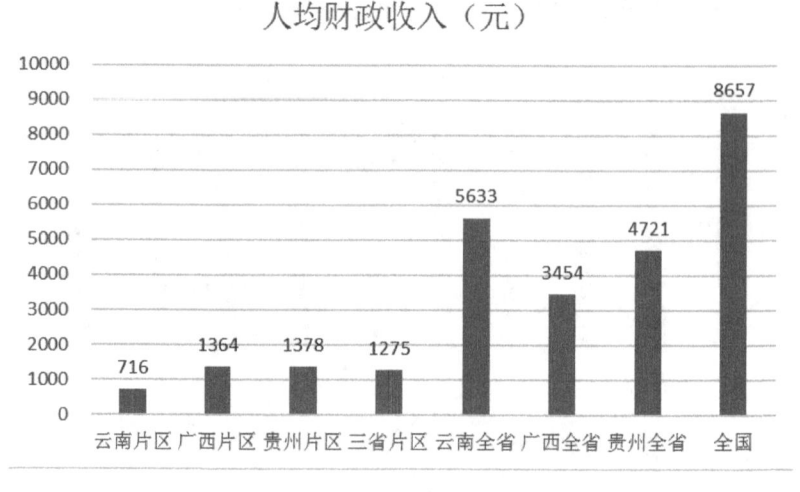

云南片区	广西片区	贵州片区	三省片区	云南全省	广西全省	贵州全省	全国
716	1364	1378	1275	5633	3454	4721	8657

图3-4 片区县人均财政收入的比较

首先，从片区县内部来看，贵州片区人均财政收入最高为1378元，是片区县平均水平的108.07%，广西片区为1364元，是片区县平均水平的106.98%，广西片区与贵州片区的差距仅为1.09个百分点。但是，云南片区则差距较大，仅为片区县平均水平的56.15%，与贵州、广西片区相比，其差距分别为51.92和50.83个百分点，也就是说云南片区的人均财政收入仅相当于贵州和广西的一半左右。

其次,将片区县平均水平与云南、广西、贵州三省区的平均水平进行比较,其差距则更加明显。滇桂黔三省区中,人均财政收入最高的是云南省为5633元,其次是贵州省为4721元,广西最低为3454元;片区县的平均水平只相当于云南的22.64%,贵州的27.01%,广西的36.91%。如把云南的片区县与三省区进行比较,其平均水平仅为云南的12.71%、贵州的15.17%、广西的20.73%。最后,把片区县平均水平与全国平均水平进行比较,云南的片区县仅为全国的8.27%,广西的片区县为全国平均水平的15.75%,贵州的片区县为15.88%,片区县整体为全国平均水平的14.69%,差距之大一目了然。

片区县财政收入整体水平与全国有巨大差距这是不争的事实,然而更为严重的问题是,91个片区县中,人均财政收入能达到片区县平均水平的也只有41个县,尚有54.94%的县没有达到平均水平,这说明片区内部发展的不平衡。

上述以片区县平均水平进行比较分析,已经显示出差距的巨大。在此将片区县人均财政收入倒数排名前10名的县来进一步分析。

从图3-5来看,在人均财政收入倒数前10名中,云南有广南县(倒数第1名)、西畴县(倒数第2名)、屏边苗族自治县(倒数第6名),广西有东兰县(倒数第3名)、都安瑶族自治县(倒数第4名)、凤山县(倒数第5名),贵州的三都水族自治县、望谟县、黎平县和关岭县分别是倒数第7位至倒数第10位。从图3-5可知,广南县人均财政收入仅301元,只相当于片区县整体水平的23.6%、云南的5.34%、贵州的6.37%、广西的8.71%、全国的3.47%,其财力的拮据可见一斑。

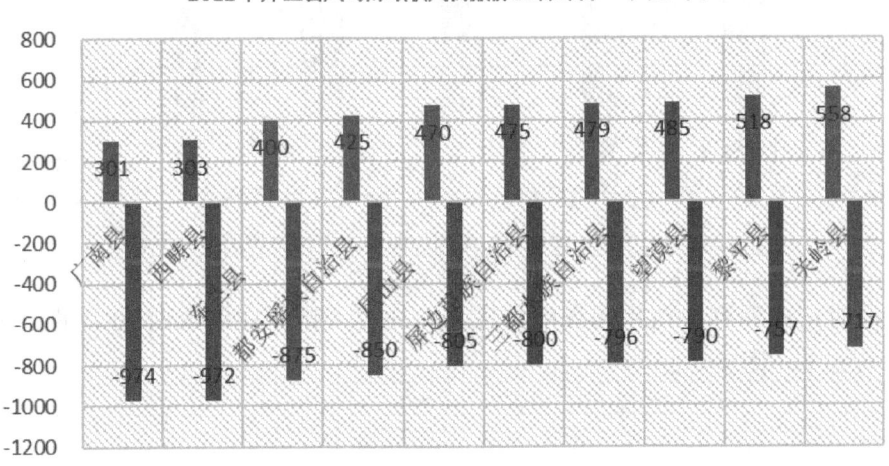

图3-5 2012年片区县人均财政收入倒数前10名的比较

四、农民人均纯收入低

农村居民人均纯收入是农村住户生产经营所获得的初次分配收入的人均量，是衡量农村居民生活水平的重要指标。从理论上讲，农村居民人均纯收入水平并不是决定农民生活质量高低的唯一标准。收入水平的高低也不是决定一个家庭贫困与否的唯一因素，但它是关键的因素。这一点学界是形成共识的。为此，分析片区各县（市、区）农民人均纯收入，有助于从宏观上加深对这个区域贫困状况的了解。

2012年片区县农村居民纯收入的中位数为4742元，与滇桂黔三省区同一指标比较，相当于云南的87.26%、广西的76.68%，与贵州省基本持平（99.45%）。由此来看，在各省区的比较中此项指标并不显得太低。但与全国平均水平来比较，仅相当于全国的59.71%，低了40多个百分点，差距依然是比较明显的（图3-6）。

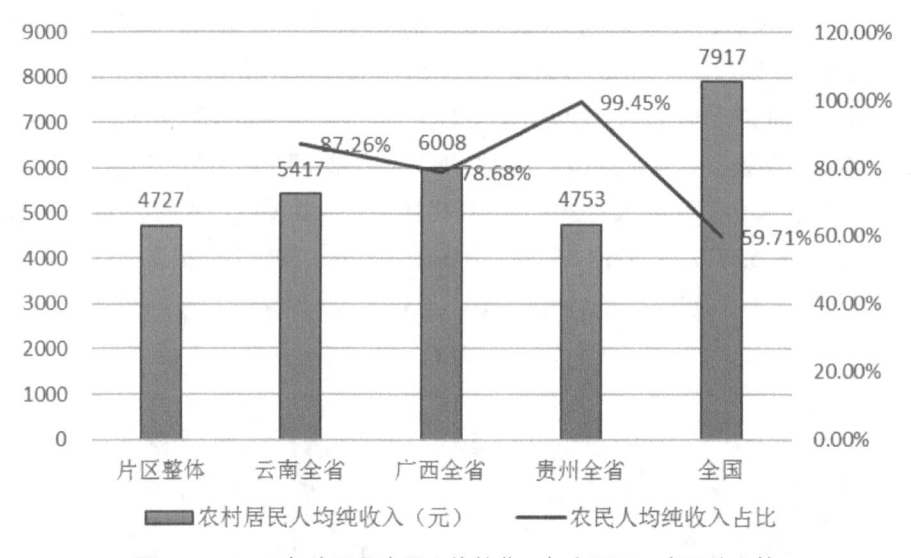

图3-6 2012年片区县农民人均纯收入与全国及三省区的比较

同时还应看到，在片区县中农民人均纯收入排位在倒数前10名的，均在4000元以下（图3-7）。

图 3-7 农村居民人均纯收入倒数前 10 名与全国的比较

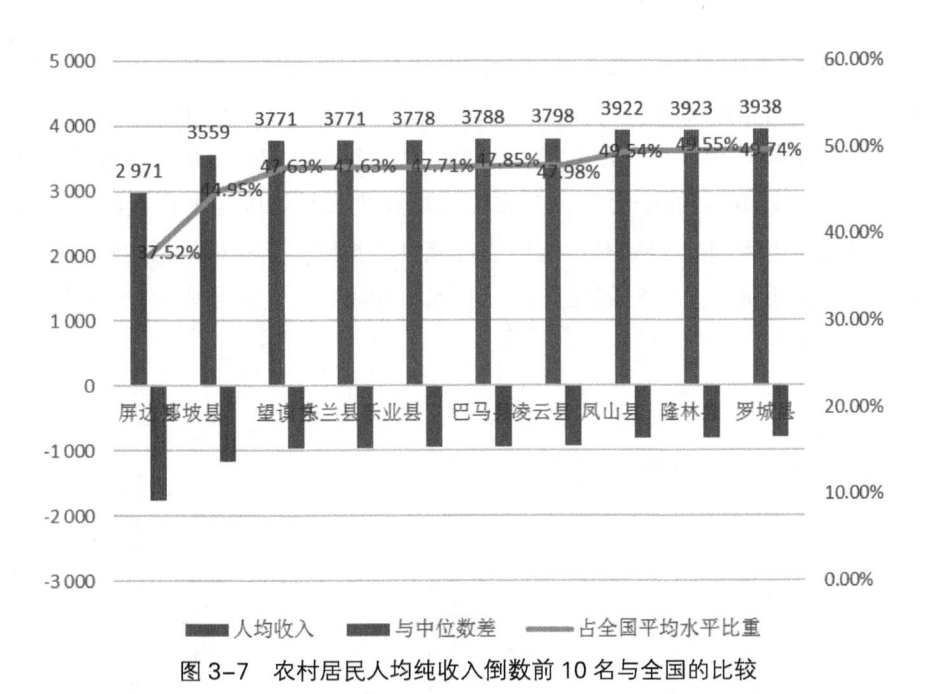

图 3-7 显示出以下几个鲜明特征。第一，低收入县域相对集中。在这 10 个县中，除了处于倒数第一名的云南省屏边苗族自治县和倒数第三名的贵州省望谟县外，其余 8 个县都是广西片区县，占到广西片区县总量的 22.86%。虽然广西农村居民人均纯收入在三省区中位居第一，但低收入县份比较多。第二，与全国比差距幅度大。这 10 个县的农村居民人均纯收入占全国比重均在 50% 以下，最低的是云南省屏边苗族自治县，仅为 37.52%。第三，多因素叠加特征突出。这 10 个县既是少数民族地区（有 4 个民族自治县，即便不是民族自治县，少数民族人口也占很大比重，如那坡县、凤山县等少数民族人口都在 95% 以上），又是革命老区（10 个县中有那坡、东兰、巴马、凤山、凌云、乐业、望谟、罗城等均属于左右江革命老区）和边远山区（10 个县都是远离区域中心城市的县域），基本反映出滇桂黔石漠化片区的基本特征。可见，这 10 个县经济发展相对落后是由其特殊的内在因素决定的。

此外，片区县内部的发展不平衡也体现在农村居民人均纯收入上。从图 3-8 来看，农民人均纯收入排名前 10 名中，广西有宁明县、右江区、田东县、大新县和融安县 5 个，刚好占到一半，这与该指标排名倒数前 10 名中广西有 8 个县恰恰形成了巨大反差，表明了在广西片区内各县市区发展不平衡的现象。从与全国比较来看，排名第 10 名的宁明县其占全国的比重为 78.42%，而排在第一名的贵州省钟山区，其占全国的比重达到 85.79%，与全国的差距不是太大，与倒数第一名的云南屏边苗族自治县比，绝对差距达到 48.27 个百分点。再从与片区县内部比较来看，排名第 10 名的宁明县，其农民人均纯收入是片区县中位数的 131.35%，排第 1 名的钟山区则为 143.7%，与屏边苗族自治县比，其绝对差距达到 106.18 个百分点。由此可见，从农村居民人均纯收入角度来看，片区县内部的发展不平衡也是比较明显的。

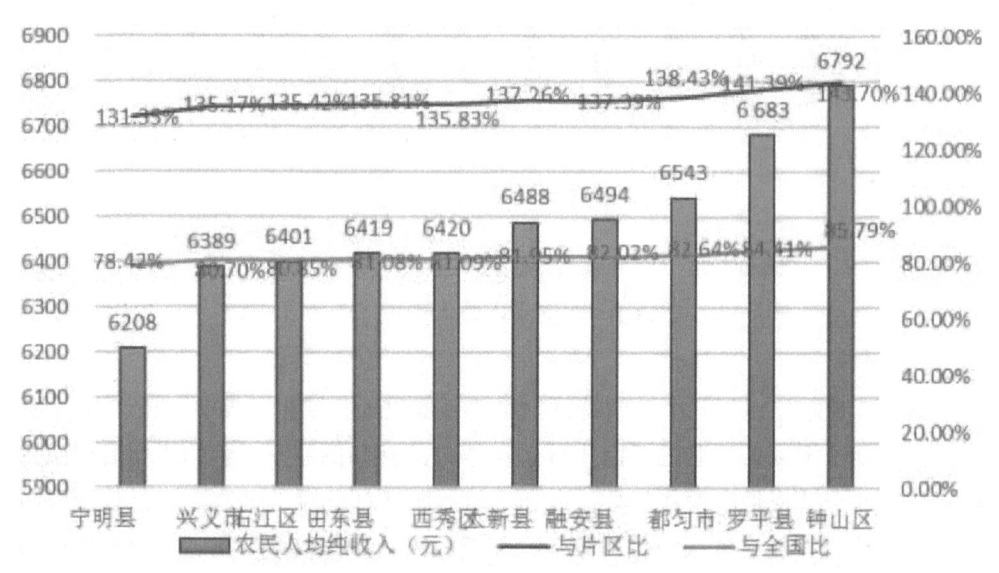

图 3-8　农民人均纯收入排前 10 名的县与片区及全国的比较

第三节　片区县社会发展水平相对滞后

一、社会发展的内涵及其意义

社会发展（Social Development）是一个极其复杂的概念。在今天看来，经济和社会发展作为发展的重要组成部分已经形成人们的共识。但在相当长的一个时期内，人们更多地把发展局限在社会的经济发展上，直到 20 世纪 70 年代联合国在制定第二个十年发展规划时，才意识到发展不只是生产力的提高，还应包括社会和经济结构的重大变革。1995 年，联合国在丹麦首都哥本哈根召开社会发展国际峰会（World Summit on the Social Development）时，强调了经济发展、社会发展和环境保护的内在联系和相互促进关系，认为它们是实现可持续发展的重要保证（United Nations，1995）。从社会政策的视角来看，社会发展的根本目的在于促进社会和经济的协调发展，确保发展的成果惠及社会各阶层。从我国的实践来看，随着改革开放的不断深入推进，在经济发展取得了历史性成就的同时，发展观也得到不断的深化与升华。进入新时代，共享发展的理念更是深入人心，社会发展成为中国特色社会主义伟大事业"五位一体"的重要组成部分。在党的十九大报告中，习近平总书记强调"坚持在发展中保障和改善民生"[1]，把加强社会发展与改善民生福祉紧密结合起来，并将其提到了前所未有的高度。根本目的在于把促进社会的公平正义真正落到实处，提高广大人民群众的获得感、幸福感和安全感。

从对现实的观察来看，区域整体性贫困不仅仅体现在经济发展水平低下，社会发展往往也是相对滞后。作为集中连片特困地区之一的滇桂黔石漠化片区，这一基本特征也是比较突出的。社会发展的内涵很广泛，包括就业、住房、教育、医疗卫生、文化以及社会保障等基本公共服务各个领域。根据资料的可获得性，同时还鉴于教育与医疗卫生对人力资本的积累起到了重要的作用，在此以教育和医疗卫生为例，对片区县社会发展状况作如下的简要分析。

二、片区县教育发展相对薄弱[2]

2012年，广西片区县及广西全自治区中小学教育发展的状况，如表3-3所示。

表3-3　广西片区县与广西普通教育发展状况对比

	人口（万人）	普通中学（所）	小学（所）	中学教师（人）	小学教师（人）	中学生数（人）	小学生数（人）
广西片区县	1258.15	548	4085	32212	52472	528840	932368
广西	5240	2310	13535	162035	217151	2762000	4264800

---

[1] 习近平：《决胜全面建成小康社会　夺取新时代中国特色社会主义伟大胜利》，人民出版社2017年版，第23页。
[2] 片区县有关教育发展的指标，因缺乏云南、贵州的数据，在此仅以广西片区为例来分析。——作者注

如表 3-3 所示，片区县中小学教育在改革开放的推动下，也得到不断发展壮大。从每万人拥有的学校数和教师数来看，片区县与广西平均发展水平相比并不低，甚至有的还高出全广西的平均水平，这主要与片区县人口居住分散、人口密度低有关。例如，广西片区县每万人拥有普通中学数量为 0.435 所，全广西平均也仅为 0.44 所，这几乎是持平的；万人拥有小学校数广西片区县为 3.25 所，比广西高出 0.7 所；但从每万人拥有普通中学教师和小学教师数量来看，片区县分别为 25.06 人和 41.71 人，前者比广西低了 5.32 人，后者比广西高了 0.27 人，也基本持平。但从每万人拥有普通中学和小学在校学生数来看，广西片区县与广西相比，与全国相比其差距就相当明显了。

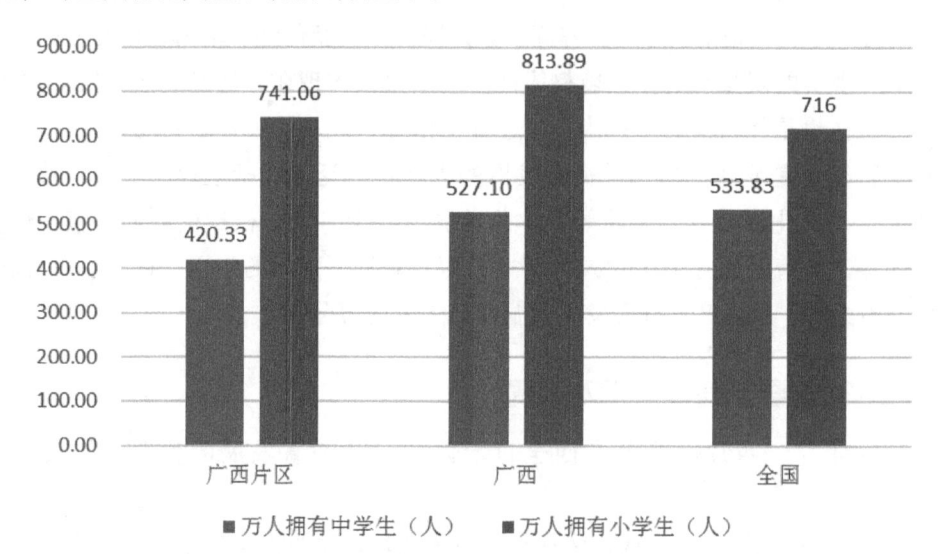

图 3-9 每万人拥有在校学生数的比较

图 3-9 表明，片区县每万人拥有在校小学生数比广西少了 72.83 人，但比全国高了 25.06 人，而每万人拥有普通中学在校学生数则比广西少了 106.77 人，比全国少了 113.5 人。从人口占比来分析，2012 年广西片区县人口占全国人口的比重为 0.929%，但其在校中学生占全国的比重则仅为 0.731%，低了 19.8 个百分点。

上述是对广西片区进行的整体性分析。常理告诉我们，平均数往往会掩盖一些事实真相。为此，有必要对广西片区县的状况作进一步分析。图 3-10 和 3-11 是广西片区县每万人拥有在校小学生和中学生倒数前 10 名县的情况。

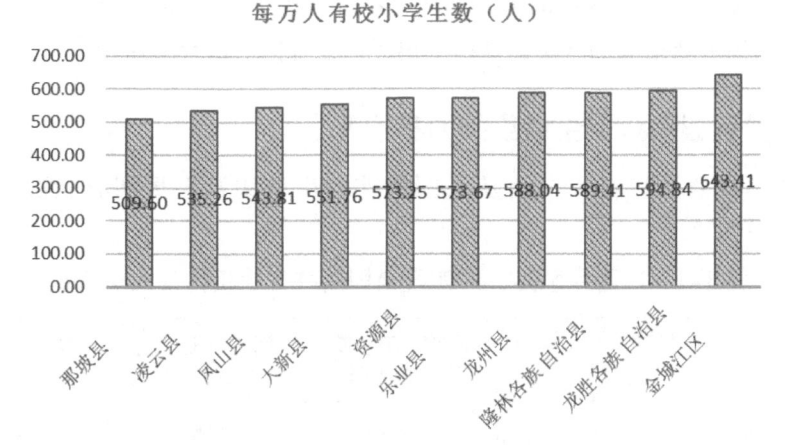

图 3-10　广西片区县每万人拥有在校小学生数倒数前 10 名的县的情况

虽然广西片区县每万人拥有在校小学生数要好于全国平均水平，但从图 3-10 可知，该项指标排倒数第一名的是那坡县仅为 509.6 人，只相当于广西片区的 68.76%、广西的 62.61%、全国的 71.17%。即便是排名倒数第 10 名的金城江区，该项指标也只相当于广西片区的 85.6%，广西的 79.05%、全国的 89.86%。这表明，在广西片区县中，一些县份的小学教育还是比较落后的。

再从图 3-11 看，每万人拥有在校中学生数倒数第一名的是宁明县，该项指标仅为 289.89 人，只相当于广西片区的 68.96%、广西的 54.99%、全国的 54.3%。进一步观察还发现，在每万人拥有在校小学生排名倒数前 10 名中，那坡、大新、资源、龙州和龙胜这 5 个县，其每万人拥有在校中学生数也排在倒数前 10 名之内，可见这些县域的中小学教育都处在较落后之列。

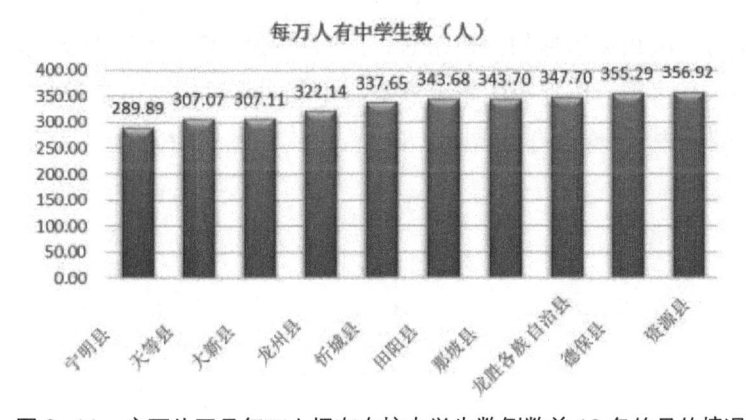

图 3-11　广西片区县每万人拥有在校中学生数倒数前 10 名的县的情况

由此可见，广西片区县的中小学教育状况不理想，尤其是中学教育更是落后于广西全自治区及全国的水平，这折射出了广西片区县教育的短板。

三、片区县医疗卫生供给能力不足[①]

2012年广西片区县、广西及全国医疗卫生机构及人员拥有状况如表3-4所示。

表3-4 广西片区县、广西及全国医疗卫生机构及人员情况

	医院、卫生院数（所）	医院、卫生院床位数（张）	医院、卫生院技术人员（人）	执业（助理）医师（人）
广西片区	571	31946	30962	9020
广西	3029	168691	220762	78043
全国	93779	5570000	6500000	2616000

从表3-4可知，2012年广西片区县共有医院、卫生院571所，每万人拥有量为0.45所，比广西每万人拥有量0.58所、全国每万人拥有量0.69所，分别低了13%和24%。

再从万人所拥有的医院（卫生院）床位数、卫生技术人员及执业（助理）医师的指标来看，如图3-12显示，广西片区县每万人拥有医院（含卫生院）床位数仅为25.39张，相当于广西的78.87%、全国的61.56%；而万人拥有卫生技术人员的数量则仅为24.61人，仅及广西平均水平的58.41%，全国平均水平的51.27%，其中每万人拥有执业（助理）医师资格的更是低至7.17人，为广西的48.15%、全国的37.11%。

从上述对各项相关指标的分析来看，广西片区县医疗卫生供给能力远低于广西和全国的平均水平。医疗卫生事业发展水平相对滞后，这也是导致片区县整体性贫困的主要原因之一。

[①] 相关医疗机构的数据也因缺乏贵州省、云南省数据，在此仅以广西片区为例加以分析。——作者注

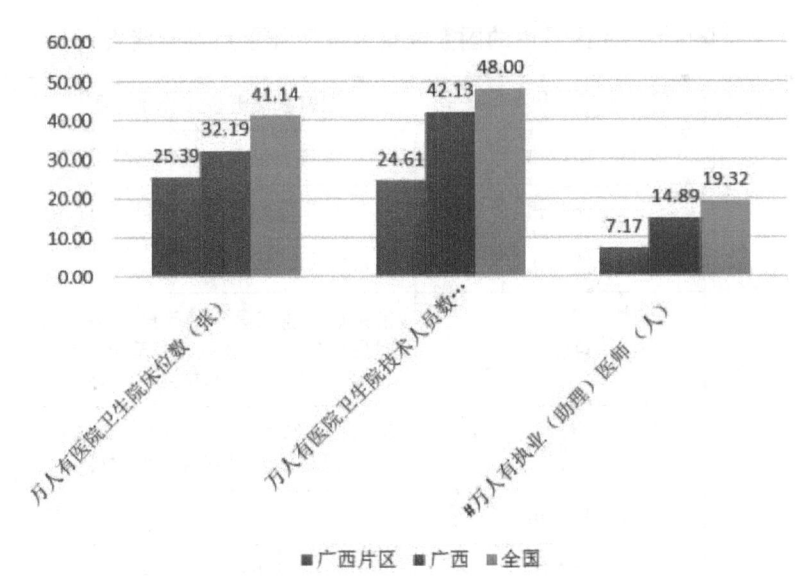

图 3-12 广西片区县医疗卫生供给能力与广西及全国的比较

第四节 片区县深度贫困特征较为突出

总体来看，贫困面广、贫困程度深是滇桂黔石漠化片区最主要的特征。具体表现在以下几个方面。

一、国家级贫困县比重大

在滇桂黔石漠化片区中，共有国家扶贫开发工作重点县59个（见表3-5），占石漠化片区县（市、区）总数的64.83%，占全国扶贫开发工作重点县总数的9.97%。其中，广西有25个，占广西全国扶贫开发工作重点县的89.29%；贵州有24个，占其全国扶贫开发重点县的48%；云南有10个，占其全国扶贫开发重点县的13.69%。

表3-5　片区县中的国家扶贫开发工作重点县一览表

	市（州）	国家扶贫开发工作重点县	数量
广西壮族自治区	南宁市	隆安县、马山县、上林县	3
	柳州市	融水县、三江县	2
	桂林市	龙胜县	1
	百色市	田东县、德保县、靖西县（2018年撤县设市）、那坡县、凌云县、乐业县、田林县、西林县、隆林县	9
	河池市	凤山县、东兰县、罗城县、环江县、巴马县、都安县、大化县	7
	来宾市	忻城县	1
	崇左市	龙州县、天等县	2
贵州省	安顺市	普定县、镇宁县、关岭县、紫云县	4
	六盘水市	六枝特区、水城县	2
	黔西南布依族苗族自治州	兴仁县、普安县、晴隆县、贞丰县、望谟县、册亨县、安龙县	7
	黔东南苗族侗族自治州	榕江县、从江县、雷山县、麻江县、丹寨县	5
	黔南布依族苗族自治州	荔波县、独山县、平塘县、罗甸县、长顺县、三都县	6
云南省	红河哈尼族彝族自治州	屏边县、泸西县	2
	文山壮族苗族自治州	文山市、砚山县、西畴县、麻栗坡县、马关县、丘北县、广南县、富宁县	8
合计	14		59

资料来源：课题组根据相关资料整理而得。

从表3-5看，整个市州均是国家扶贫开发工作重点县的有云南省的文山州。与文山州山水相连的黔西南州有7个县域单位是国家扶贫开发工作重点县，占其县域单位的87.5%；广西百色市也有9个国家扶贫开发工作重点县，占其县域单位的75%。上述三市州是云南、广西、贵州三省区的接合部，全国扶贫开发工作重点县总数为24个县（市、区），其石漠化最为严重，贫困程度也比较深。

二、贫困人口数量多

表3-6至表3-8反映出2012年滇桂黔石漠化片区贫困人口数量之大。

表3-6　2012年广西片区县贫困人口数量

序号	地区	贫困人口数量（万人）	序号	地区	贫困人口数量（万人）
1	隆安县	11.89	19	西林县	5.62
2	马山县	16.55	20	隆林各族自治县	15.77
3	上林县	13.92	21	金城江区	4.99
4	融安县	7.99	22	南丹县	5.64
5	融水苗族自治县	16.41	23	天峨县	3.96
6	三江侗族自治县	12.78	24	凤山县	8.53
7	龙胜各族自治县	5.89	25	东兰县	11.45
8	资源县	4.42	26	罗城仫佬族自治县	15.13
9	右江区	4.9	27	环江毛南族自治县	12.61
10	田阳县	9.35	28	巴马瑶族自治县	10.24
11	田东县	10.66	29	都安瑶族自治县	23.87
12	平果县	9.95	30	大化瑶族自治县	14.87
13	德保县	13.66	31	忻城县	12.72
14	靖西市	22.22	32	宁明县	10.89
15	那坡县	8.86	33	龙州县	8.39
16	凌云县	8.61	34	大新县	9.88
17	乐业县	6.93	35	天等县	14.57
18	田林县	9.68			
广西片区县贫困人口数量合计					383.8

数据来源：广西壮族自治区扶贫开发办公室提供。

表3-7 2012年贵州片区县贫困人口数量

序号	地区	贫困人口数量（万人）	序号	地区	贫困人口数量（万人）
1	钟山区	3.2	23	岑巩县	7.49
2	六枝特区	14.85	24	天柱县	13.79
3	水城县	27.43	25	锦屏县	8.7
4	西秀区	7.38	26	剑河县	9.61
5	平坝区	5.59	27	台江县	6.83
6	普定县	13.22	28	黎平县	16.43
7	镇宁布依族苗族自治县	11.29	29	榕江县	13.94
8	关岭布依族苗族自治县	12.3	30	从江县	13.03
9	紫云苗族布依族自治县	13.3	31	雷山县	5.39
10	兴义市	8.31	32	麻江县	9.43
11	兴仁县	1.64	33	丹寨县	6.44
12	普安县	8.27	34	都匀市	6.13
13	晴隆县	14.49	35	荔波县	6.32
14	贞丰县	12.47	36	贵定县	6.11
15	望谟县	11.75	37	瓮安县	7.22
16	册亨县	8.47	38	独山县	10.41
17	安龙县	9.95	39	平塘县	12.19
18	凯里市	6.15	40	罗甸县	13.61
19	黄平县	13.58	41	长顺县	9.96
20	施秉县	3.32	42	龙里县	4.02
21	三穗县	8.35	43	惠水县	8.79
22	镇远县	5.85	44	三都水族自治县	15.44
贵州片区县贫困人口数量合计					432.44

数据来源：中国经济网提供。

表3-8 2012年云南片区县贫困人口数量

序号	地区	贫困人口数量（万人）	序号	地区	贫困人口数量（万人）
1	师宗县	9.94	7	西畴县	3.38
2	罗平县	5.06	8	麻栗坡县	7.46
3	屏边苗族自治县	9.61	9	马关县	9.26
4	泸西县	5.56	10	丘北县	6.91
5	文山市	5.05	11	广南县	14.09
6	砚山县	6.02	12	富宁县	8.57
云南片区县贫困人口数量合计					90.91

数据来源：中国经济网提供。

从表3-6到表3-8中可知，2012年广西片区县贫困人口数量为383.8万人，贵州片区县贫困人口数量为432.44万人，云南片区县贫困人口数量为90.91万人，三个片区贫困人口合计为907.15万人（如图3-12所示），占当年全国贫困人口总量的11.01%，比其总人口占全国的比重高了8.47个百分点，贫困人口数量之多可见一斑。

2012年三省区贫困人口（单位：万人）

图3-13 2012年滇桂黔石漠化片区分省区贫困人口数量

三、贫困发生率高

国家统计局的相关统计数据表明，2012年全国贫困人口数量为9899万人，贫困发生率为10.2%。

2012年石漠化片区县贫困发生率小于20%的有13个县域单位，占片区县数量的14.28%；贫困发生率在20%~30%的有20个县域单位，占21.97%；贫困发生率在30%~40%的有30个县域单位，占32.96%；贫困发生率在40%以上的27个县域单位，占29.67%。

从图3-14显示，石漠化片区县中只有云南省的罗平县贫困发生率低于全国平均水平为9.32%，其余的都高于全国平均水平。

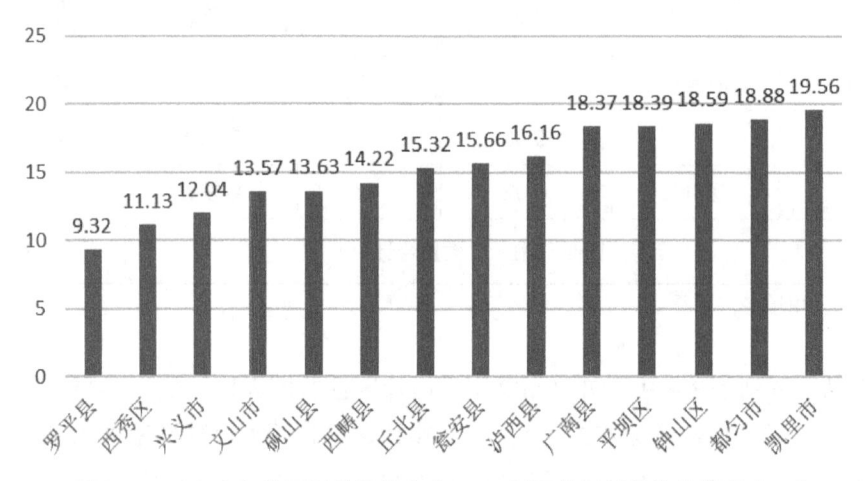

图3-14　2012年片区县贫困发生率20%以下的县域单位的情况（%）

贫困发生率在20%~30%之间的县域单位中，云南片区有4个县，广西片区有9个县，贵州片区有7个县（图3-15）。

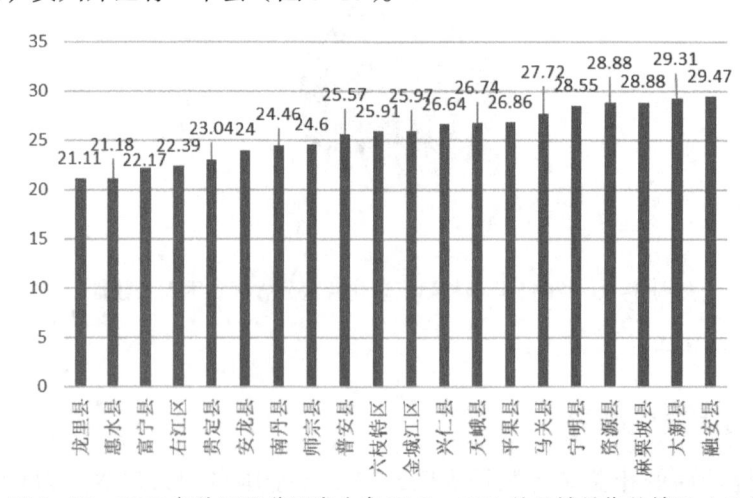

图3-15　2012年片区县贫困发生率30%~40%的县域单位的情况（%）

第三章 现实基础：片区县区域整体性贫困状况分析

而贫困发生率在 30%~40% 之间的县域单位主要集中在广西和贵州片区，其中广西片区有 10 个县占 33.3%，贵州有 20 个占 66.67%。在这一层级中最低的是贵州片区的普定县为 30.83%，最高的是贵州的平塘县为 39.53%（图 3-16）。

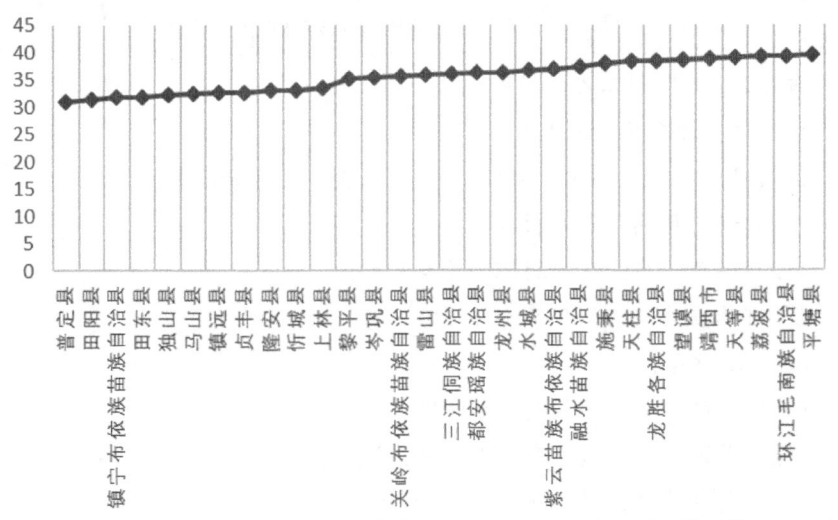

图 3-16　2012 年片区县贫困发生率在 30%~40% 之间的县域单位的情况（%）

贫困发生率在 40% 以上的县域单位中，广西有 12 个县，贵州有 14 个县，云南省有 1 个县，即屏边苗族自治县，其贫困发生率高达 74.34%，是全国平均水平的 7.28 倍，是片区县中贫困程度最深的一个县（图 3-17）。

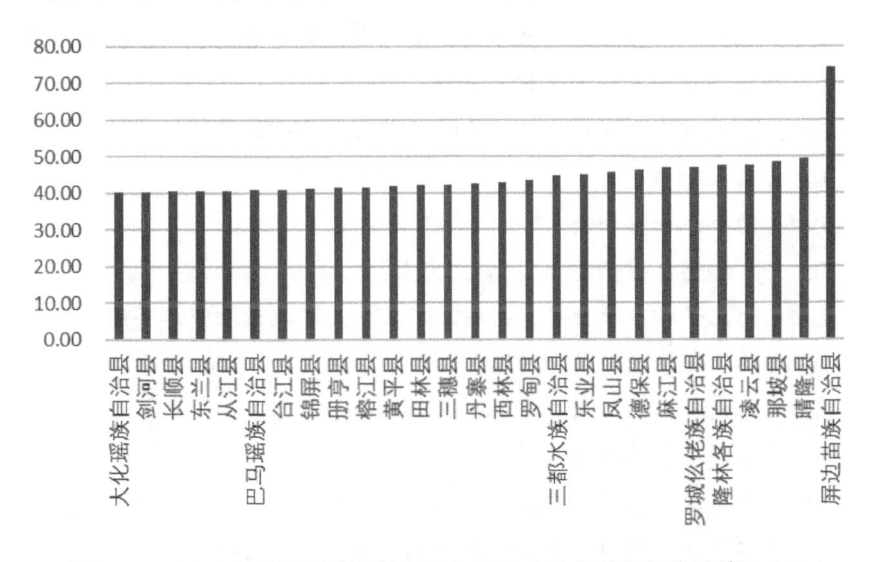

图 3-17　2012 年片区县贫困发生率在 40% 以上的县域单位的情况（%）

095

上述分析表明，石漠化片区的贫困程度深、贫困面广，脱贫攻坚的任务极其艰巨繁重。

专栏 3-1　对马关县坡脚镇村民的访谈

被访者：GD 村 XZ 屯村民 LAJ；

访谈者：课题主持人 L；

访谈时间：2014 年 8 月 18 日下午；地点：被访者家中

L：你好！请问你是本村人吗？

LAJ：不是，我是从外村嫁到这里来的。

L：那你在这里生活了多少年了？

LAJ：16 年了。

L：听你的口音，应该是汉族吧？

LAJ：是的。我们这个寨子大多数是汉族，也有苗族、壮族的。

L：那你的先生是什么民族？

LAJ：他是壮族。

L：你们是自由恋爱结婚的吧？

LAJ：是的。我们是在读初中时认识的，但不是那时就恋爱的。初中毕业之后两年，他参军去了，我们才开始谈的。

L：这里的汉族和少数民族通婚的多不多？

LAJ：汉族和壮族通婚还算多的，和其他民族通婚的也有，但是不多。

L：在寨子里大家的关系好不好？

LAJ：大家都生活在一个寨子里嘛，关系是蛮好的。

L：你有几个孩子？

LAJ：两个，一男一女。

L：好幸福啊！孩子都大了吗？

LAJ：大儿子初中毕业了，去打工了。女儿还在读初中二年级。

L：那你家先生是做什么的？

LAJ：他也外出打工了。

L：他们在一个地方打工吗？

LAJ：不是的。儿子去广东了，我家那位在昆明。

L：是这样啊。那你家两个人去打工，收入一定还可以吧？

LAJ：收入嘛，不是太多的。我家先生出去时间长一点，大约有十年了吧。他一年下来，也就攒得万把块吧。儿子刚出去不久，也没有什么技术，收入不多，够他自己用了。

L：我看你算是村子里有文化的人，你担任村干部吗？

LAJ：我是村里的会计，不算定工干部。

L：有津贴吗？

LAJ：有的，但很少。每个月就是600块吧。

L：这间房子什么时候盖的？

LAJ：我们分两次来盖的。盖第一层是2008年，第二层是前年（2012年）才盖的。

L：一共花了多少钱？

LAJ：第一层五万多元，第二层也就三万多元。

L：看样子你家的生活还是不错的！盖了房子，你又当村干部。这个小卖部是什么时候开的？

LAJ：这个小卖部才开不久，也就是2013年吧！

L：你投资多少钱？

LAJ：不多的。你看我就是卖一些日用品而已，开始的时候也就投了一千多块钱，现在加上存货也不超过两千块。我们这里离镇上有七八公里，村民买点油盐酱醋什么的都不方便。

L：每个月可以赚多少钱？

LAJ：就一两百块这样吧。一天就卖个几十块、一百块这样，不赚什么钱的，主要是为了方便村民吧。

L：外面这辆小面包车也是你的吧？买了多少年了？当时是多少钱买的？

LAJ：是的。我买了三年了。是广西柳州产的柳微车，四万多块钱吧。

L：为什么要买这辆车？

LAJ：刚才说了，我们这里距离镇上有七八公里，群众赶集不方便。再说，小孩要到GD村部那里上学，也有四公里多。这辆车主要是送小孩上学用的。再加上我平时也拉点货什么的。

L：这也有一些收入吧？

LAJ：乡里乡亲的。不收很高的费用，收高了大家宁愿走路。除去油钱，每个月也就挣三五百块钱吧！

L：镇上到你们寨子的路是什么时候修的？

LAJ：砂石路是2002年左右修的吧！但水泥路是去年（2013年）才铺的，是一事一议扶贫项目。

L：你家还有田地吗？有多少亩？

LAJ：只有旱地，没有水田。大概也就两亩多吧！我们村人均耕地都不多，也就一亩多吧！

L：那你还种地吗？都种什么？

LAJ：我也种地，就种点玉米吧！都是石窝地，产量不高，一年收得三四百斤玉米。

L：这个寨子有多少户？多少人口？

LAJ：四十多户，二百多人吧。

L：和周边的寨子比，新寨的生产条件怎么样？

LAJ：很一般。耕地少，劳动力也不多。

L：有什么经济作物吗？

LAJ：没有。这里都是大山。

L：和其他寨子比，生活水平怎么样？

LAJ：还是比较差的，困难户较多。

L：没有盖新房的大概有多少户？

LAJ：24户，一半以上。

L：享受危房改造政策的家庭多不多？

LAJ：不多的。再说，危房改造也就补助一万多块钱（好像1.5万元或者是1.7万元吧），一般群众还是没有这个能力来建的。

L：寨子里有人读过大学吗？

LAJ：没有。

L：那有人当公务员或者是教师之类的吗？

LAJ：没有。

L：劳动力的文化程度怎么样？

LAJ：绝大部分是小学文化吧，有的没有读过书，或者读过一两年。初中文化的有10人左右，高中文化的只有两个人。

L：在读的学生呢？

LAJ：高中生没有，初中生3人，小学生10多个吧！

L：除了你家外，还有人买汽车或者农用车吗？

LAJ：没有。

L：外出务工的人多吗？

LAJ：一半以上吧。

L：他们当中有没有在工厂里管理人员的，或者自己创业的？

LAJ：据我了解，基本没有，都是干苦力的比较多。因为大多数没有什么文化。

L：群众对脱贫致富的愿望怎么样？

LAJ：大家都想过上好生活，这种愿望应该还是比较强烈的。

L：组织干部有没有组织群众讨论怎样搞好生产？

LAJ：有。但是总觉得没有条件。

L：现在不是有扶贫政策支持的项目吗？

LAJ：村部那个寨子有支持项目（养牛），我们这里没有。

L：寨子里的道路好像也没有硬化。

LAJ：是的。我们申请过几次了，但是还没有安排到。

L：平时有没有干部到寨子里来的？

LAJ：有。比如动员我们修通往镇上的公路等。

L：县里的领导来过寨子吗？

LAJ：扶贫办的工作人员来过，其他领导没有来过。

L：你自己认为怎样才能改变整个寨子的面貌？

LAJ：我想，就目前这种状况很难啊！

L：现在正在搞扶贫攻坚，大家一起想办法，再争取政府的政策支持，应该可以改变的吧？

LAJ：我也希望这样吧！

L：今天耽误了你的时间，谢谢你！

LAJ：没有关系，你们从大老远的地方来，更加辛苦啊。

对村民LAJ访谈的小结与思考：

第一，GD村XZ屯自然条件较差。GD村XZ屯是一个较偏僻的小山村，地处大石山区。人均耕地不足1亩，LAJ家人均耕地只有0.5亩，自然资源匮乏。

第二，GD村XZ屯交通不便。LAJ所在的XZ屯距离坡脚镇七八公里，群众出行不太方便，小孩上学也要走四五公里的路。

第三，村民文化水平不高。该村近 50 户人家，200 人左右，具有初中文化程度的 10 人，高中文化的就两人。大部分是小学文化，有的甚至是文盲，所以该村也没有人当干部或教师等公职人员。

第四，政府对该村实施了扶贫项目只有一项，修通了通往镇上的硬化路，大大改善了群众出行条件。

第五，该村的经济发展条件不是太好，劳动力一半以上外出务工，但由于文化素质较低，基本上干的是苦活，也挣不到多少钱，所以一半以上的家庭居住条件还是没有改善。

第六，该村是一个多民族共居的小村庄，但邻里关系和谐，各民族通婚现象比较普遍。群众也有改变村庄面貌的意愿，但由于缺乏与外部资源的对接，他们的愿望尚难实现。

第七，XZ 屯几乎就是石漠化片区农村的一个缩影——地处偏远、交通不便、资源缺乏、人口文化素质总体不高，经济来源主要还是依靠外出务工。改变这个村庄的面貌需要多管齐下，多措并举，但培育一批像 LAJ 这样的能人，是当务之急。

LAJ 初中文化，算是村中的文化人，加上她的丈夫当过兵，见识较广。所以，他们一家凭借自身力量改变生活状况的意识较强。她家分阶段建起了房子，改善了居住条件。在通屯道路硬化之后，她敏锐地抓住了商机，买了一辆微型车，一方面为小孩上学和群众赶集提供服务，另一方面拉些生产资料、生活用品，还办起了小卖部。言谈中也可以看出她积极向上、充满活力，对村里发展也有一些想法，只是还没有人加以引导。因此，培养像 LAJ 这样的能人是这个村（包括许许多多像 XZ 这样的自然村屯）的希望所在。

第四章

资本存量：
片区县贫困农户生计资本的综合分析

本章在第三章全面分析滇桂黔石漠化片区经济社会发展及其贫困状况的基础上，运用本研究所建构的基于可持续生计的精准脱贫分析框架，建立滇桂黔石漠化片区县农户可持续生计资本量化评价指标体系，利用课题组2014年7月至10月对片区县农户进行的问卷调查数据，对其可持续生计资本存量进行分析，目的在于把握在实施精准扶贫之初，石漠化片区农户可持续生计资本的组合状况。本章首先概述片区县农户可持续生计问卷调查的方案及其实施情况，并对问卷对象的人口学特征作简要分析；其次利用调查问卷数据对片区县农户可持续生计资本进行描述性统计分析；最后对片区县农户可持续生计资本评价指数展开综合分析。

第一节　片区县农户生计资本的问卷调查设计及其实施

基于上述思路，为了解和掌握滇桂黔石漠化片区农户生计资本的基本状况，本研究设计了如下的《滇桂黔石漠化片区农户可持续生计资本问卷调查表》。

一、农户可持续生计资本问卷调查表的主要内容

表 4-1　农户可持续生计资本问卷调查主要指标

一级	二级指标	三级指标	指标属性
生计资本	自然资本	人均耕地面积	定比
		人均旱涝保收面积	定比
		从家到田地的距离	定比
	物质资本	旧房是否已改造	定类
		拥有交通工具种类	定类
		是否有卫生厕所	定类
	人力资本	人均劳动力负担情况	定比
		人均受教育年限	定距
		家人是否参加过技能培训	定类
	金融资本	人均现金收入	定比
		是否有过贷款	定类
	社会资本	家庭成员中是否有中共党员	定类
		家庭成员中是否有村干或组干	定类
		近亲中是否有公职人员	定类
		是否参加经济合作组织	定类

续表

一级	二级指标	三级指标	指标属性
生活环境	基础设施	村中道路是否硬化	定类
		家里是否用上自来水	定类
		家里是否用上电	定类
	公共服务	村到小学的距离	定距
		村里是否有符合标准的卫生室	定类

该调查表除了包括问卷对象的人口学基本特征外，把可持续生计资本和农户的生活环境列为一级指标，将自然资本、物质资本、人力资本、金融资本和社会资本等五种资本形式，以及生计环境中的基础设施和公共服务列为二级指标。在综合考虑数据的可获得性等因素之后，每项二级指标下设立若干个三级指标，三级指标中既包括定性指标也包括定量指标。三级指标的选取遵循科学性、简便性、可获得性的原则来确定。

二、问卷调查各项指标的内涵界定

（一）自然资本

自然资本是指农户拥有的自然资源存量，包括耕地、林地等，它是农户进行物质生产的必要条件。其中耕地资源是农户最重要的自然资本，并且农户对于耕地资源的依赖性普遍很强。本研究将自然资源分别以人均耕地面积、人均旱涝保收面积和从家到田地的距离三个指标来衡量。第一个指标可以反映农户人均拥有的耕地资源；第二个指标可以反映农户即便遇上旱涝灾害还能够保证高产稳产的农田的面积，它是自然资本的核心；第三个指标可以反映农户生产条件的便利程度。

（二）物质资本

物质资本是指农户维持生计所需的基本生产资料和基础设施，包括生产工具和基础设施，其反映的是农户生计可持续发展的水平。本研究将物质资本设定为三个指标：第一个指标是旧房是否已改造。已有的研究一般用住房面积，以及质量等指标来衡量，本研究用"旧房是否已改造"来替代，主要是基于对石漠化片区农村村民行为习惯的考量。一般而言，在石漠化片区农村，村民们一旦有条件——比如，解决了温饱问题，收入比较稳定，手头有一些积蓄等，他们往往首先考虑住房的改善。因此，该指标一定程度上可以间接反映这一地区农户的发展水平。第二个指标是家庭拥有交通工具种类情况，这一指标既是农户生产生活水平的反映，也间接反映其所在村屯交通基础设施改善的程度。因为只有通了路，农户才会去购买各种交通工具。同时，农村中的交通工具还兼具运送种子、化肥等生产功能。第三个指标是农户家中是否有卫生厕所，这一指标从一个侧面反映农户住房的质量，同时也可以衡量村民的现代文明程度。

（三）人力资本

人力资本代表着知识、技能、能力和健康状况，它能够推动人们去追求不同的生计策略，以达到生计可持续的目标。人力资本的质量与数量的高低直接影响农户的贫困程度。本研究将人力资本细化为人均劳动力负担情况、人均受教育年限和家人是否参加过技能培训情况这三个指标。第一个指标是为了反映家庭整体劳动力的存量，负担系数越高，说明劳动力所需抚养的人口越多。第二个指标反映家庭人口受教育文化程度，是衡量人力资本投资的重要指标。人均受教育程度越高，表明其投入越大。第三个指标主要是为了反映农户的劳动技能的获得性。

（四）金融资本

金融资本主要是指农户在生产和生活过程中可以支配或者能够筹措的资金，其中主要包括以下来源：农户自身的现金收入，通过正规渠道和非正规渠道获得的贷款。本研究将从农户人均现金收入和是否有过贷款情况这两个指标来衡量金融资本。其中，第一个指标——农户人均现金收入，最能够反映农户的现金流入状况，第二个指标可以反映农户从外部获得资金的支持情况。

（五）社会资本

社会资本主要是农户在追求生计目标的过程中所利用的社会资源，主要包括个人构建的社会网络和加入的组织网络。本研究通过设置以下四个指标对农户的社会资本进行衡量：第一个指标是农户家人中是否有人是中共党员；第二个指标是农户家庭中是否有人担任村干或组干（包括曾经担任）；第三个指标是农户近亲中是否有人是国家公职人员；第四个指标是农户是否参加过经济、合作组织。在当代中国农村，中共党员和村干、组干，是农村中的"精英"。因此，设置第一个和第二个指标主要是为了反映农户家庭与党组织和村组织的关系，据此对石漠化片区农户家庭社会地位进行分析；第三个指标主要是为了反映农户家庭与国家机关联系的紧密程度；第四个指标是为了反映农户与村经济组织的关系，该指标是社会资本中最为重要的一项。改革开放以来，我国农村实行的是家庭联产承包责任制的经营体制。这是经营体制设计的初衷，是农村集体统一经营与农户分散经营相结合，以调动农户生产经营的积极性。但在实践中，"统一经营"逐渐被弱化，在社会主义市场经济越来越发达的背景下，单家独户分散经营的模式很难适应市场经济发展的要求，亟须依托村庄中企业、专业合作社、家庭农场、经营大户等新型经营主体，才能更好地走向市场。因而，村庄中有无新型经济主体，并且农户是否参与到这些经济组织中去，对其获取生产经营的信息、资金、技术、市场渠道等，有着十分重要的作用。

（六）基础设施

基础设施主要是指能为社会生产和居民生活提供公共服务的物质工程设施，包括生活性的基础设施，如农村饮水安全、农村道路和农村电力等基础设施。本研究中主要从以下三个指标来衡量基础设施：第一个指标是农户村中道路是否硬化；第二个指标是农户家中是否用得上自来水；第三个指标是指农户家里是否用得上电。第一个指标主要反映农户所在环境的改善程度，而后两个指标是反映农户的生活条件改善程度。

（七）公共服务

公共服务是指通过公共资源投入为满足群众社会发展活动的直接需要所提供的服务，例如公共教育、医疗卫生服务等。本研究主要通过两个指标来设定公共服务：第一个指标是村到小学的距离，主要是为了反映公共服务的便利度；第二个指标是村里是否有符合标准的卫生室，该指标可以反映出农户看病的便利度。

三、石漠化片区农户生计资本问卷调查的实施

本次问卷调查的时间为2014年7月至10月。之所以在这个时间点来展开问卷调查，主要基于如下几点：一是精准扶贫是习近平总书记2013年提出的，如何开展精准识别，是一个有待进一步探讨的问题。二是及时总结各地经验所需。2014年各地已开展了第一轮精准识别。各地精准识别的内容尽管各有所异，但基本涵盖了本研究所构建的农户可持续生计资本量化指标体系。三是本项目于2014年6月立项，研究的范围较广，需抓紧时间开展调研。基于上述考虑，作为研究的起点，以这个时点开展调研正当其时。

本次问卷调查采用了分层抽样的办法来进行。从省级层面，涵盖了云南、广西、贵州3个省区的片区县；从市级层面，云南省涵盖了文山州、红河州和曲靖市三个市州，广西选取了百色、崇左、南宁三个市，贵州则选取了黔西南州和黔南州。从县级层面，云南为8个县，即文山州的丘北县、广南县、西畴县、马关县、砚山县、富宁县6个县，红河州的屏边县和曲靖市的罗平县；广西为7个县，分别是南宁市的隆安县，崇左市的天等县，百色市的靖西县（2016年靖西已经撤县改

市，但为了尊重历史在此依然使用其旧名）、德保县、乐业县、凌云县、隆林县等5个县；贵州为5个县，分别是黔西南州的晴隆县、册亨县、贞丰县3个县，黔南州的平塘县、荔波县2个县。乡村层面，此问卷调查涉及上述20个县的39个镇48个村。共发放问卷1200份，获得有效问卷1049份，有效问卷回收率为87.4%。

四、调查问卷对象的人口学特征分析

本问卷调查对象的性别、年龄户主类型、婚姻状况等如表4-2所示。

表4-2　问卷调查对象的基本特征分析

人口特征	省份	云南片区 人数	云南片区 比例	广西片区 人数	广西片区 比例	贵州片区 人数	贵州片区 比例
性别	男	296	79.4%	261	75.9%	287	86.4%
性别	女	77	20.6%	83	24.1%	45	13.6%
年龄	16～18	9	2.4%	0	0	9	2.7%
年龄	18～40	136	36.5%	96	27.9%	165	49.7%
年龄	41～65	188	50.4%	231	67.2%	148	44.6%
年龄	66以上	40	10.7%	17	4.9%	10	3.0%
婚姻	未婚	42	11.3%	24	7.0%	27	8.1%
婚姻	已婚	306	82.0%	300	87.2%	286	86.1%
婚姻	离异	10	2.7%	7	2.0%	9	2.7%
婚姻	丧偶	15	4.0%	13	3.8%	10	3.1%
文化程度	未上过小学	55	14.7%	23	6.7%	16	4.8%
文化程度	小学	175	46.9%	97	28.2%	118	35.5%
文化程度	初中	98	26.3%	168	48.8%	159	47.9%
文化程度	高中	39	10.5%	52	15.1%	31	9.3%
文化程度	大专及以上	6	1.6%	4	1.2%	8	2.5%

资料来源：本课题的调查问卷（2014）。

在云南片区接受调查的农户中，从性别方面看，男性296人（占79.4%），女性77人（占20.6%）。从年龄方面看，16~18岁的9人（占2.4%），18~40岁的136人（占36.9%），41~65岁的188人（占50.4%），66岁以上的40人（占10.7%）。从婚姻状况方面看，未婚的42人（占11.3%），已婚的306人（占82.0%），离异的10人（占2.7%），丧偶的15人（占4.0%）。从文化程度上看，未上过小学的有55人（占14.7%），小学的175人（占46.9%），初中的98人（占26.3%），高中的39人（占10.5%），大专及以上的6人（占1.6%）。

在广西片区接受调查的农户中，从性别方面看，男性261人（占75.9%），女性83人（占24.1%）。从年龄方面看，18~40岁的96人（占27.9%），41~65岁的231人（占67.2%），66岁以上的17人（占4.9%）。从婚姻状况方面看，未婚的24人（占7.0%），已婚的300人（占87.2%），离异的7人（占2.0%），丧偶的13人（占3.8%）。从文化程度上看，未上过小学的有23人（占6.7%），小学的97人（占28.2%），初中的168人（占48.8%），高中的52人（占15.1%），大专及以上的4人（占1.2%）。

在贵州片区接受调查的农户中，从性别方面看，男性287人（占86.4%），女性45人（占13.6%）。从年龄方面看，16~18岁的9人（占2.7%），18~40岁的165人（占49.7%），41~65岁的148人（占44.6%），66岁以上的10人（占3.0%）。从婚姻状况方面看，未婚的27人（占8.1%），已婚的286人（占86.1%），离异的9人（占2.7%），丧偶的10人（占3.1%）。从文化程度上看，未上过小学的有16人（占4.8%），小学的118人（占35.5%），初中的159人（占47.9%），高中的31人（占9.3%），大专及以上的8人（占2.5%）。

第二节 片区县农户可持续生计资本的描述性统计分析

本节利用2014年开展的问卷调查数据，从可持续生计资本的五个方面和农户生计环境，对其进行描述性统计分析。

一、农户的自然资本状况

本研究用农户人均耕地面积、人均旱涝保收田地面积和从家到田地的距离三项指标来分析农户的自然资本状况。

（一）农户人均耕地面积

人均耕地面积是衡量农户自然资本的一项重要指标。农户是农业生产中最基本的生产单位，而耕地资源作为农户拥有的最重要的且长期稳定的自然资本，是农业生产的基础条件，具有持续产生收入的功能，在为农户提供生产资料和生活保障方面发挥着重要的作用。而耕地面积的数量也决定着农户对生产的人力投入和物质投入。

表4-3　片区农户人均耕地面积分布

云南片区	人均耕地面积（亩）	0.02~2.67	2.68~40
	户数	271	102
	比例（%）	72.7	27.3
广西片区	人均耕地面积（亩）	0.02~0.93	0.94~8.14
	户数	225	119
	比例（%）	65.4	34.6
贵州片区	人均耕地面积（亩）	0.01~1.60	1.61~60
	户数	267	65
	比例（%）	80.4	19.6

资料来源：本课题的调查问卷（2014）。

从表4-3的数据可知，在被调查的云南片区农户中，人均耕地面积最少的为0.02亩，而人均耕地面积最多的为40亩，人均耕地面积均值为2.71亩。其中人均耕地面积在2.67亩以下的农户占72.7%，2.68~40亩的占27.3%。在被调查的广西片区农户中，人均耕地面积最少的为0.02亩，而人均拥有耕地面积最多的为8.14亩，人均耕地面积均值为0.92亩。其中，人均耕地面积在0.93亩及以下的农户占65.4%，人均耕地面积在0.94~8.14亩的农户占34.6%。在被调查的贵州片区农户中，人均耕地面积最少的为0.01亩，而人均耕地面积最多的为60亩，人均耕地面积均值为1.58亩。其中，拥有1.6亩以下的农户占80.4%，1.61~60亩的占19.6%。

从各个片区的人均耕地面积均值来看，广西的人均耕地面积最小，均值不足1亩，其次为贵州的人均耕地面积，云南的人均值最高，约为广西农户人均值的3倍，贵州的1.72倍。从各片区内部与均值的比较来看，三个片区农户拥有的人均耕地面积绝大部分是在各省区的均值之下，仅有少部分农户的人均耕地面积大于均值。其中，贵州农户的人均耕地面积低于均值的占比最高，在80%以上，其次为云南，占比在70%以上，而广西的较为均衡一些，占比在65%左右。

为更深入了解滇桂黔石漠化贫困地区农户的人均耕地面积分布情况，在此以片区县为单位对样本数据作进一步分析。

表4-4　片区县人均耕地面积分布情况

	0~1亩		1~2亩		2~3亩		3~4亩		4亩以上	
	频率	百分比	频率	百分比	频率	百分比	频率	百分比	频率	百分比
丘北县	9	18.4	11	22.4	8	16.3	4	8.2	17	34.7
广南县	26	52	13	26	4	8	1	2	6	12
西畴县	34	72.3	10	21.3	2	4.3	-	-	1	2.1
马关县	26	72.2	9	25	-	-	1	2.8	-	-
砚山县	3	6.3	7	14.6	7	14.6	3	6.3	28	58.3
富宁县	37	71.2	9	17.3	2	3.8	1	1.9	1	1.9
屏边县	7	14.3	13	26.5	9	18.4	8	16.3	12	24.5
罗平县	21	50	13	31	3	7.1	4	9.5	1	2.4
隆安县	42	77.8	9	16.6	2	3.7	-	-	1	1.9
天等县	43	81.1	8	15.1	1	1.9	1	1.9	-	-
靖西县	29	61.7	15	31.9	1	2.1	1	2.1	1	2.1
德保县	33	84.6	3	7.7	3	7.7	-	-	-	-
乐业县	24	68	15	30	1	2	-	-	-	-
隆林县	32	64	12	24	5	10	-	-	1	2
凌云县	40	78.4	8	15.7	2	3.9	1	2	-	-
晴隆县	25	50.0	9	18.0	4	8.0	6	12.0	6	12
平塘县	20	45.5	7	15.9	8	18.1	3	6.8	6	13.6
荔波县	67	94.4	1	1.4	-	-	-	-	3	4.2
册亨县	88	73.9	24	20.2	6	5.1	-	-	1	0.8
贞丰县	40	83.3	7	14.6	-	-	-	-	1	2.1

资料来源：本课题的调查问卷（2014）。

从表4-4可知，农户人均耕地面积在0~1亩的，占调查样本户数60%以上的有 13 个县，占样本县数量的 65%。按从高到低排列，前五位依次是荔波县（94.4%）、德保县（84.6%）、贞丰县（83.3%）、天等县（81.1%）、凌云县（78.4%）；若按从低到高排列，位列前三名的则依次为最低的砚山县（6.3%），其次是屏边县（14.3%），再次是丘北县（18.4%）。另外，从人均耕地面积在 4 亩以上所占的比例来看，最高的是砚山县（58.3%），其次是丘北县（34.7%），再次是屏边县（24.5%），平塘县（13.6%）和晴隆县（12%），而册亨县仅为 0.8%，可谓微乎其微，这一比例为零（即没有人均耕地 4 亩以上的家庭）的有马关县、天等县、德保县、乐业县、凌云县 5 个县。由此可以得出结论，从调查样本来看，滇桂黔石漠化片区县的人均耕地资源是相当匮乏的。

为分析各片区内部的差异，有必要从三省区片区县内部进行分析。

云南片区县的状况：

图 4-1 云南片区县不同档次人均耕地占比情况

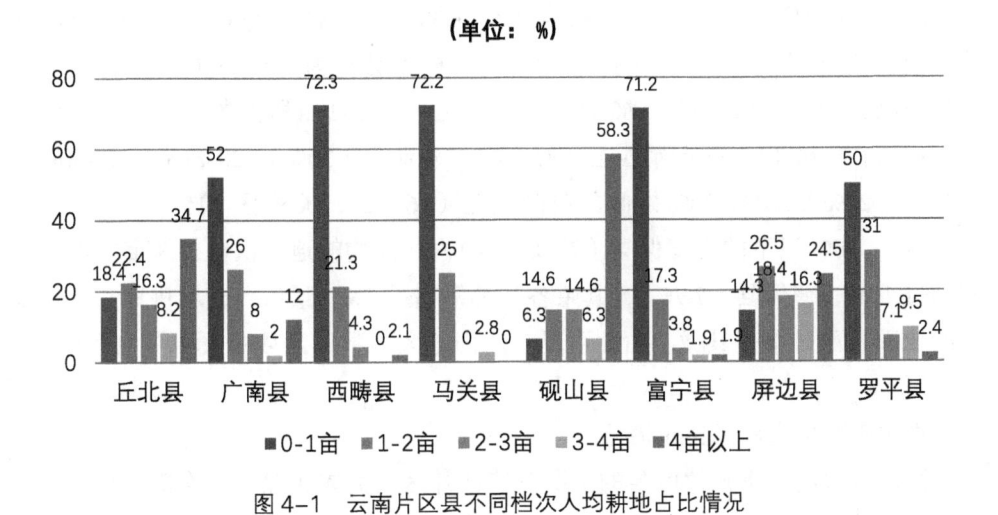

图 4-1 表明，云南片区县中，不同档次人均耕地所占比重最为均衡的是丘北县，4 亩以上所占比重为 8%，3~4 亩的为 16.3%，1~2 亩的为 22.4%，0~1 亩的为 18.4%。屏边县和丘北县相类似，各档次所占比例的分布都比较均衡。而西畴县、马关县和富宁县则差距较大，这 3 个县人均不足一亩土地的比重占到 70% 以上。从整体来看，8 个样本县中，人均耕地不足 1 亩占到 50% 以上的有 5 个，分别是西畴县、马关县、富宁县、广南县和罗平县。

广西片区县的状况：

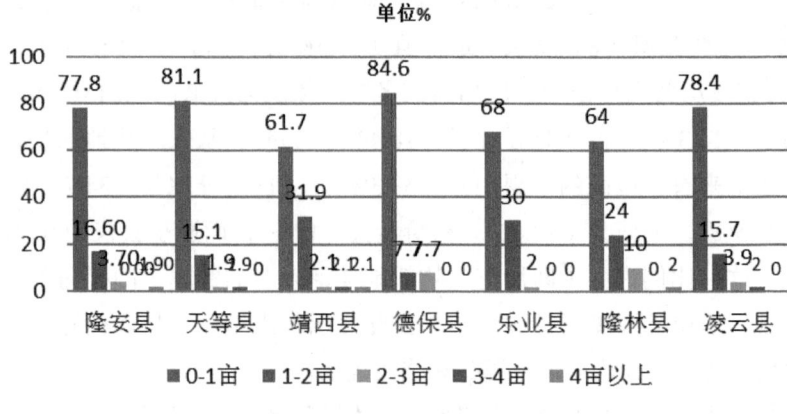

图 4-2 广西片区县不同档次人均耕地占比情况

图 4-2 反映出广西片区县不同档次人均耕地占比的分布情况，其一个突出的特点就是人均耕地 1 亩以下的比重大，7 个样本县均为 60% 以上，且有两个县达到 80%，两个县为 70%~80% 之间。其次是人均 1~2 亩所占的比重分布差异较大，占比在 30% 以上的有靖西县（31.9%）、乐业县（30%），20%~30% 之间的有隆林县（24%），10%~20% 之间的有隆安县（16.6%）、天等县（15.1%）、凌云县（15.7%），10% 以下的有德保县（7.7%）。再次，人均耕地面积在 2~3 亩所占比重不超过 10%，德保县（7.7%），其余各县都不超过 5%。最后，人均耕地在 3 亩以上的比重几乎是微乎其微。由此可见，广西绝大多数片区县的人均耕地面积为 1 亩以下。

再次来看贵州片区县的状况：

图 4-3 表明，贵州片区县的情况与广西片区县大体相似，人均耕地在 1 亩以下的比重中，较低的是平塘县为 45.5%、晴隆县 50%，其他 3 个县均在 70%。人均耕地在 1~2 亩之间的比重最高的是册亨县为 20.2%，而最低的是荔波县仅为 1.4%。此外，在人均耕地 4 亩以上的比重中，最高的是平塘县占到 13.6%，其次是晴隆县为 12%，其余几个县为 5% 以下，最低的是册亨为 0.8%。可见，贵州片区县人均耕地面积绝大多数为 2 亩以下，尤其是以人均 1 亩以下占大多数，尤其是荔波县占比为最高（94.4%）。

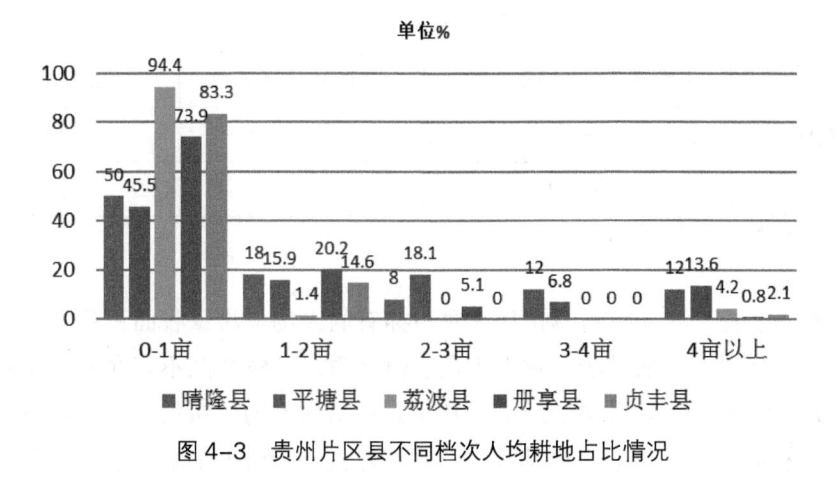

图 4-3 贵州片区县不同档次人均耕地占比情况

（二）农户人均旱涝保收面积

旱涝保收的田地是指农户遇上旱涝灾害依然能够保证有产出的耕地，代表着耕地的质量，它在一定程度上能保障粮食安全，促进农民增收。由此来看，在不考虑区位条件等因素的情况下，人均拥有的旱涝保收面积是衡量农户自然资本水平的一项重要指标，其拥有量越大，所带来的收益就会越高。

从表 4-5 来看，在被调查农户中，云南、广西和贵州的人均旱涝保收面积最少的皆为 0.01 亩。云南农户拥有人均旱涝保收面积最多的有 2 亩，均值为 0.7827 亩；广西农户拥有人均旱涝保收面积最多的有 1.8 亩，均值为 0.3484 亩；贵州拥有人均旱涝保收面积最多的有 12 亩，均值为 0.4494 亩。其中，云南人均旱涝保收面积在 0.8 亩以下的占 75.6%，0.81~20 亩的占 24.2%；广西人均旱涝保收面积在 0.35 亩以下的占 63.7%，0.36~2.8 亩的占 36.3%；贵州人均旱涝保收面积在 0.45 亩以下的占 78%，0.46~1.2 亩的占 22%。

表 4-5 片区农户人均旱涝保收面积分布情况

	人均旱涝保收面积（亩）	0.01~0.8	0.81~2.0
云南	户数	282	91
	比例（%）	75.6	24.4
	人均旱涝保收面积（亩）	0.01~0.35	0.36~2.8
广西	户数	219	125
	比例（%）	63.7	36.3

续表

	人均旱涝保收面积（亩）	0.01~0.45	0.46~12
贵州	户数	259	73
	比例（%）	78	22

资料来源：本课题的调查问卷（2014）。

从整体上看，滇桂黔石漠化片区农户拥有的人均旱涝保收面积只占了人均耕地面积的三分之一。从旱涝保收面积最小值来看，三省片区不存在明显差异；从均值来看，广西农户的人均值最低，其次为贵州的人均旱涝保收面积均值，而云南农户拥有的人均旱涝保收面积均值是最多的，云南的均值约是广西的2.2倍，是贵州的1.7倍。从不同档次占比分布情况来看，各省片区农户在旱涝保收面积的占比与人均耕地面积的占比情况颇为相似。绝大部分农户所拥有的人均旱涝保收面积普遍均低于各省片区的均值，而在比例分布上，云南和贵州农户的人均旱涝保收面积低于均值的比例是最高的，且均在75%左右，而广西农户在均值之下和均值之上的比例相对而言则比较均衡。

（三）农户从家到田地的距离

这一指标反映农户生产的便利度。对处于石漠化片区的农户而言，如果农地距离居住地远，从家里到田地往返所需的时间就越多（图4-4），如果再进一步考虑种子、化肥等生产资料，以及农产品采收时的运输成本，那么从居住地到生产地的距离越远，其生产成本就越高，反之则越低。

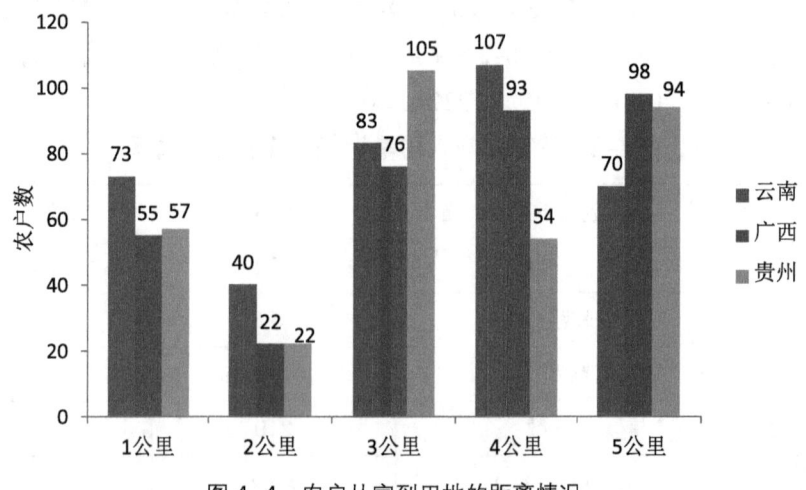

图4-4 农户从家到田地的距离情况

表4-6 滇桂黔农户从家到田地的距离情况

省份	1公里 户数	1公里 比例/%	2公里 户数	2公里 比例/%	3公里 户数	3公里 比例/%	4公里 户数	4公里 比例/%	5公里 户数	5公里 比例/%
云南	73	19.6	40	10.7	83	22.3	107	28.7	70	18.8
广西	55	16	22	6.4	76	22.1	93	27	98	28.5
贵州	57	17.2	22	6.6	105	31.6	54	16.3	94	28.3

资料来源：本课题的调查问卷（2014）。

从表4-6可以发现，在被调查的滇桂黔石漠化片区的农户从家到田地的距离最近的为1公里，而最远的为5公里。云南从家到田地的距离均值为3.16公里，广西为3.45公里，贵州为3.32公里，从均值来看差异不大。其中，云南农户从家到田地距离为1公里的占19.6%，距离为2公里的占10.7%，距离为3公里的占22.3%，距离为4公里的占28.7%，距离为5公里的占18.8%；广西农户从家到田地的距离为1公里的占16%，2公里的占6.4%，3公里的占22.1%，4公里的占27%，5公里的占28.5%；贵州农户从家到田地的距离为1公里的占17.2%，2公里的占6.6%，3公里的占31.6%，4公里的占16.3%，5公里的占28.3%。

从均值来看，滇桂黔石漠化片区农户之间的差异并不显著，平均距离皆为3公里左右。从表4-6中的农户分布频率看，农户从家到田地的距离主要分布在3~5公里之间的，累计比重超过60%，而距离在一两公里的农户比重并不高。这就说明，在滇桂黔石漠化片区的农户从家到最远田地的距离普遍是在3公里以上，距离小于3公里的农户比例不大。

二、农户的物质资本状况

（一）农户的旧房改造状况

贫困地区的危旧房改造是脱贫攻坚中的重大民生工程，是实现农村住房安全有保障的核心。对贫困地区的旧房、危房改造是实现脱贫攻坚"两不愁、三保障"的脱贫目标的重要指标，是如期实现脱贫攻坚必须完成的重要任务。

表 4-7 农户危旧房改造情况

项目	云南		广西		贵州	
	户数	比例 /%	户数	比例 /%	户数	比例 /%
是	268	71.8	269	78.2	272	81.9
否	105	28.2	75	21.8	60	18.1

资料来源：本课题的调查问卷（2014）。

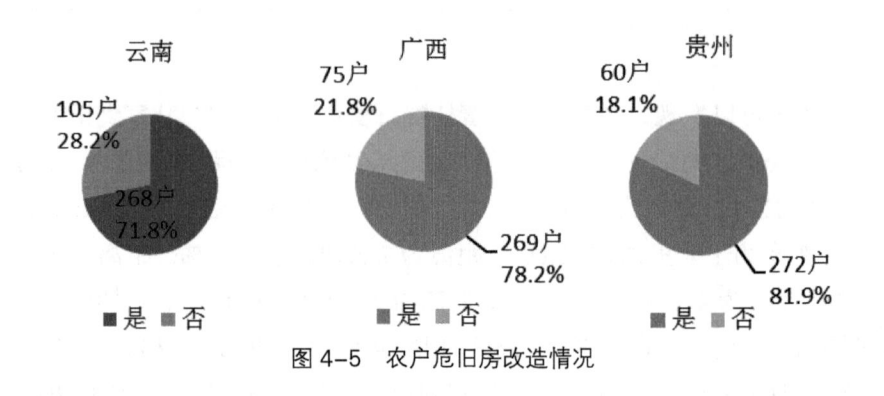

图 4-5 农户危旧房改造情况

调查结果显示，贵州农户的旧房改造的覆盖率最高，达到 81.9%，其次为广西，达到 78.2%，云南农户的旧房改造比例相较略低，仅有 71.8%。整体来看，石漠化片区农户危旧房改造的比例都较高，但也还有 20%～30% 的农户旧房亟待改造。

贵州省旧房改造的比例最高，与其实施农村旧房改造起步比较早、力度大有关。相关文献表明，贵州省农村危房改造始于 2008 年，其工作目标是：近期着力解决住房问题，确保人民群众生命财产安全；长远着力帮助农户增收，提升农户自我改善环境能力，把农村危房改造当成"保发展、保民生、保稳定"的重大举措，作为加快农村经济社会发展的重要契机。从开始的"万户试点"到 2010 年 7 月底，贵州省共完成农村危房改造 6017 万户。进入"十二五"贵州省委、省政府提出，2011 年至 2013 年每年改造农村危房 40 万户，2014 年再改造 10 多万户，用四年时间全部完成全省农村危房改造。[①]

---

① 雷厚礼：《贵州农村危房改造的现状与政策建议》，《贵阳市委党校》2011 年第 8 期，第 12-16 页。

（二）农户拥有的交通工具种类

表4-8　滇桂黔农户拥有交通工具种类情况

省份	1种 户数	1种 比例/%	2种 户数	2种 比例/%	3种 户数	3种 比例/%	4种 户数	4种 比例/%
云南	88	23.6	14	3.8	244	65.4	27	7.2
广西	70	20.3	20	5.8	238	69.2	16	4.7
贵州	57	17.2	18	5.4	229	69	28	8.4

资料来源：本课题的调查问卷（2014）。

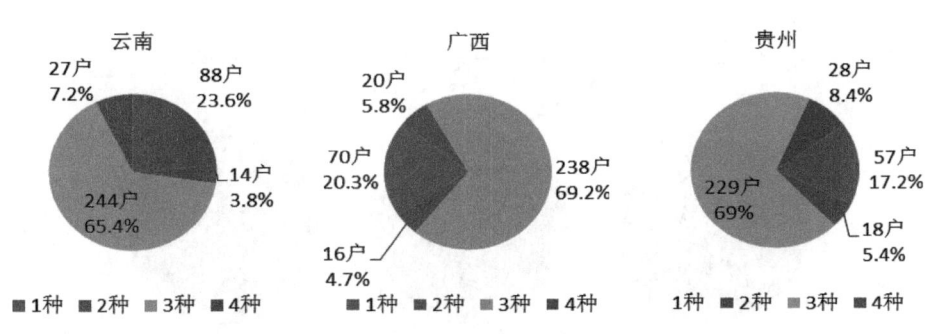

图4-6　滇桂黔农户拥有的交通工具种类情况

调查结果显示，被调查农户中，拥有交通工具种类最少的是1种，而拥有种类最多的是4种。其中，云南农户只有1种交通工具种类的占23.6%，2种的占3.8%，3种的占65.4%，4种的占7.2%；广西农户只有1种交通工具种类的占20.3%，2种的占5.8%，3种的占69.2%，4种的占4.7%；而贵州农户只有1种交通工具种类的占17.2%，2种的占5.4%，3种的占69%，4种的占8.4%。

从滇桂黔石漠化片区农户实际拥有交通工具种类的分布来看，调查样本县大部分农户都拥有1种或2种交通工具的占比较低，而拥有3种交通工具的占比较高，达到65%。拥有4种交通工具的占比为10%~14%。

通过对比图4-4和图4-6还发现，石漠化片区农户拥有交通工具种类较多与农户从家到田地的距离之间有着较为密切的联系。如上分析，石漠化片区农户从家到最远田地的距离普遍在3公里以上，这说明居住地与田地的距离越远，农户为了运输生产资料，完成农业生产，就可能更需要以各种交通工具来代步。可见，农户交通工具的选择和拥有数量与其到田地的距离有着较大关联性。

（三）农户家中是否有卫生厕所

厕所是衡量文明的重要标志，改善厕所卫生状况直接关系到人们的健康和环境状况，进而影响到人力资本的积累。

表4-9　滇桂黔石墨化片区农户家中是否有卫生厕所情况

项目	云南 户数	云南 比例/%	广西 户数	广西 比例/%	贵州 户数	贵州 比例/%
是	352	94.4	321	93.3	298	89.8
否	21	5.6	23	6.7	34	10.2

资料来源：本课题的调查问卷（2014）。

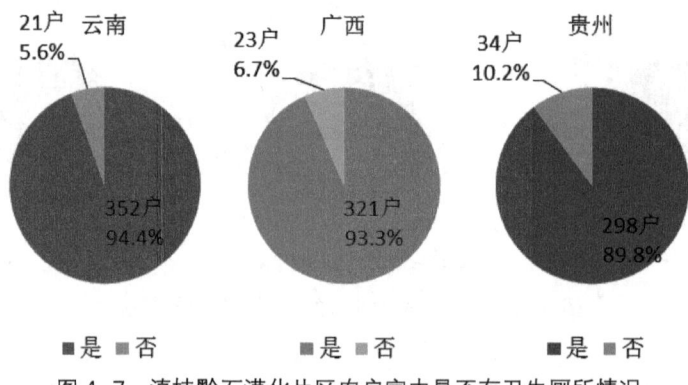

图4-7　滇桂黔石漠化片区农户家中是否有卫生厕所情况

调查结果显示，滇桂黔石漠化片区农户家中有卫生厕所的比例在90%左右。具体而言，云南片区为94.4%，广西片区为93.3%，贵州片区为89.8%。从整体来看，滇桂黔石漠化片区卫生厕所的普及率都普遍很高，相互间的差异不显著。

滇桂黔三省区以独特的地理位置和气候水文条件，为蚊蝇鼠蟑螂等病媒生物的快速繁衍创造了天然的温床，广西、云南和贵州长期以来是全国肠道感染疾病、寄生虫疾病的高发及多发地区。卫生部门认为，一个无害化的卫生厕所可以改善一个家庭所有成员的身体健康。中国政府在联合国千年发展目标中承诺，到2020年，农村的卫生厕所普及率达到85%。目前，滇桂黔石漠化贫困地区的卫生厕所普及率均已达到了85%以上。卫生厕所普及率的提升，有效控制了寄生虫卵和细菌的滋生繁衍，从源头上控制了疾病的传播，在很大程度上保证了群众的身体健康。因此，在贫困地区，"厕所革命"被列为脱贫攻坚的一项重要工作之一。

三、农户的人力资本状况

在本书中，农户人力资本的状况用人均劳动力负担、人均受教育年限和参加劳动技能培训来衡量。

（一）农户人均劳动力负担情况

人均劳动力负担系数是指每一个劳动力需要负担抚养的人口的比例。这一系数越大，表明劳动力所需抚养的人口就越多，反之则越少。分省区调查样本县农户人均劳动力负担情况，如表4–10所示。

表4–10　调查样本农户人均劳动力负担情况

	人均劳动力负担情况	0.5人以下	0.5~1人	1人以上
云南	户数	107	259	7
	比例（%）	28.7	69.4	1.9
广西	人均劳动力负担情况	0.5人以下	0.5~1人	1人以上
	户数	71	264	9
	比例（%）	20.6	76.7	2.7
贵州	人均劳动力负担情况	0.5人以下	0.5~1人	1人以上
	户数	113	217	2
	比例（%）	34.0	65.4	0.6

数据来源：课题组问卷调查（2014）。

调查数据显示，从农户人均劳动力负担系数最小值来看，云南为0.13人，广西为0.2人，贵州为0.17人；从农户人均劳动力负担系数最高值来看，云南为4人，广西为6人，贵州为4人。从均值来看，云南片区为0.7243人，广西片区为0.7832人，贵州片区为0.7154人。其中，云南片区的人均劳动力负担系数在0.5人以下的占28.7%，0.5~1人的占69.4%，1~4人的占1.9%；广西片区的人均劳动力负担系数在0.5人以下的占20.6%，0.5~1人的占76.7%，1~4人的占2.7%；贵州片区的人均劳动力负担系数在0.5人以下的占34%，0.5~1人的占65.4%，1~6人的占0.6%。

从三省区人均劳动力负担系数均值来看，差异并不明显，均值都是在0.7人左右。从其分布来看，人均劳动力负担系数主要集中0.5~1人的区间，而且这个比例在65%以上；人均负担系数在1人以上的比例很低，只有2%左右。从表

4-10可知,广西片区的人均劳动力负担最重,意味着需要抚养的家庭人口更多。

为深入了解各片区县劳动力状况,需对片区县人均劳动力负担的情况作进一步分析,其结果如表4-11所示。

表4-11 片区县人均劳动力负担情况

	0.5人以下		0.5~1人		1~2人		2人以上	
	频率	比例	频率	比例	频率	比例	频率	比例
丘北县	19	38.8	22	44.9	8	16.3		
广南县	11	22	32	64	6	12	1	2
西畴县	9	19.1	29	61.7	9	19.1		
马关县	5	13.9	18	50	1	2.8		
砚山县	3	6.3	30	62.5	15	31.3		
富宁县	5	9.6	26	50	21	40.4		
屏边县	2	4.1	30	61.2	17	34.7		
罗平县	0	0	28	66.6	12	28.6	2	4.8
隆安县	4	7.4	34	63	15	27.8	1	1.9
天等县	1	1.9	27	50.9	23	43.4	2	3.8
靖西县	4	8.5	30	63.8	13	27.6		
德保县	4	10.3	23	59	12	30.8		
乐业县	7	14	20	40	23	46		
隆林县	6	12	28	56	16	32		
凌云县	7	13.7	29	56.8	15	29.5		
晴隆县	5	10	19	38	26	52		
平塘县	4	9.1	30	68.2	10	22.7		
荔波县	14	19.7	45	63.4	11	15.5	1	1.4
册亨县	14	11.8	77	64.7	27	22.7	1	0.8
贞丰县	8	16.7	24	50	16	33.3		

资料来源:本课题的调查问卷(2014)。

片区县人均负担系数为0.5人（不含0.5，下同）以下的，如下图4-8所示，从中可以看出，所占比例在10%以上的有12个县，其中最高的丘北县为38.8%，说明该县近40%的家庭劳动力负担较轻。

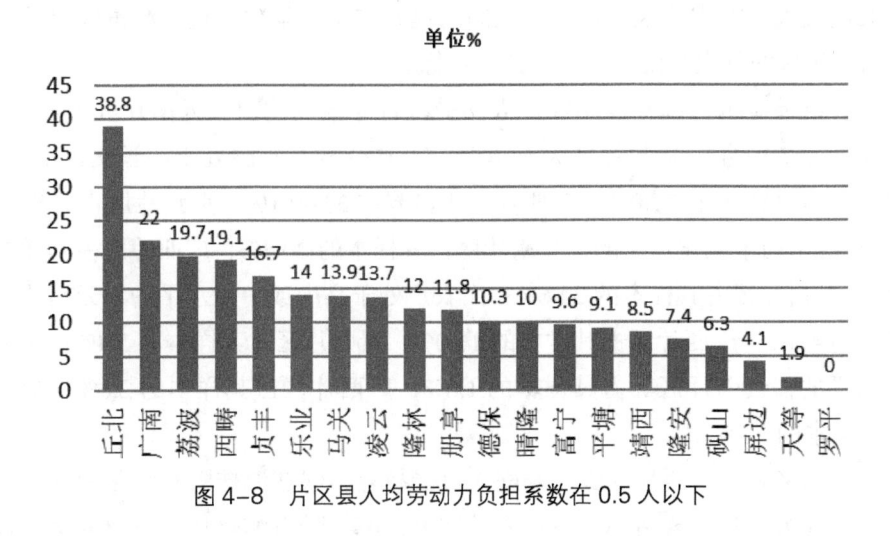

单位%

丘北 38.8
广南 22
荔波 19.7
西畴 19.1
贞丰 16.7
乐业 14
马关 13.9
凌云 13.7
隆林 12
册亨 11.8
德保 10.3
晴隆 10
富宁 9.6
平塘 9.1
靖西 8.5
隆安 7.4
砚山 6.3
屏边 4.1
天等 1.9
罗平 0

图4-8 片区县人均劳动力负担系数在0.5人以下

从表4-11可知，劳动力负担系数为0.5~1人（1人＜）中，占比10%以下的有天等县7.5%、凌云县7.8%、靖西县8.5%、富宁县9.6%；10%~20%之间的有12个县，20%以上的有4个县，其中最高的贞丰县为27.1%。

（二）农户人均受教育年限

贫困地区的教育水平与贫困地区经济发展息息相关，受教育程度越高，农民素质提高程度就越高，同时作用于生产力，生产效率随之提高，对地区经济社会发展的贡献率就越大。

表4-12 农户家庭人口受教育程度情况

省份	0—6年 户数	比例/%	7—9年 户数	比例/%	10—12年 户数	比例/%	13年及以上 户数	比例/%
云南	276	77.0	76	20.4	15	4.0	6	1.6
广西	169	49.1	127	36.9	38	11.0	7	2.0
贵州	192	57.8	115	34.6	18	5.4	7	2.2

资料来源：本课题的调查问卷（2014）。

受教育年限是人力资本的核心要素。学者普遍认为，教育对农户的贫困产生较大影响，农户教育水平越高，对学习新知识和采纳新技术的意愿和能力也就相对更高，从而就能拥有更高的生产效率，此外还更容易获得更好的非农就业机会。对于农业收入或非农业收入都有着正向的提升作用。本次调查在测量农户的文化水平时，采用的是农户受教育年限这一指标。

调查结果显示，调查样本农户人均受教育年限的均值，云南片区为5.76年，广西片区为7.19年，贵州片区为6.60年；人均受教育年限处于小学文化水平的，云南片区占其样本的77.0%，广西片区占其样本的49.1%，贵州片区占其样本的57.8%；处于初中文化水平的，云南片区占其样本的20.4%，广西片区占其样本的36.9%，贵州片区占其样本的34.6%；而农户处于高中或中专水平的，云南片区占其样本的4.0%，广西片区占其样本的11.0%，贵州片区占其样本的5.4%；大专及以上水平的，云南片区其占其样本的1.6%，广西片区占其样本的2.0%，贵州片区占其样本的2.2%。

分省区来看，广西片区农户家庭人口受教育年限在滇桂黔石漠化片区中均值最高，其次为贵州，云南相对较低。总体上，滇桂黔石漠化片区农户的文化程度以初中学历以下占比最高，其中又以小学文化水平为主。

为更进一步了解滇桂黔石漠化片区各县农户受教育情况的差异，需要对问卷数据作进一步的分析，结果如表4-13所示。

表4-13 片区各县农户家庭成员受教育程度情况

县域	0—6年 频率	0—6年 百分比	7—9年 频率	7—9年 百分比	10—12年 频率	10—12年 百分比	13年及以上 频率	13年及以上 百分比
丘北县	44	89.8	5	10.2	—	—	—	—
广南县	43	86.0	4	8.0	2	4.0	1	2.0
西畴县	29	61.7	16	34.0	2	4.3	—	—
马关县	30	83.3	5	13.9	1	2.8	—	—
砚山县	36	75.0	9	18.8	2	4.1	1	2.1
富宁县	42	80.8	7	13.4	3	5.8	—	—
屏边县	39	79.6	9	18.4	1	2.0	—	—
罗平县	13	31.0	21	50.0	5	11.9	3	7.1

续表

县域	0—6 年 频率	0—6 年 百分比	7—9 年 频率	7—9 年 百分比	10—12 年 频率	10—12 年 百分比	13 年及以上 频率	13 年及以上 百分比
隆安县	15	27.8	33	61.1	3	5.5	3	5.6
天等县	12	22.6	25	47.2	14	26.4	2	3.8
靖西县	22	46.8	17	36.2	8	17.0	—	—
德保县	24	61.5	14	35.9	1	2.6	—	—
乐业县	21	42.0	17	34.0	10	20.0	2	4.0
隆林县	35	70.0	14	28.0	1	2.0	—	—
凌云县	40	78.4	10	19.6	1	2.0	—	—
晴隆县	24	48.0	22	44.0	4	8.0	—	—
平塘县	32	72.7	8	18.2	4	9.1	—	—
荔波县	46	64.8	17	23.9	6	8.5	2	2.8
册亨县	65	54.6	51	42.9	2	1.7	1	0.8
贞丰县	25	52.1	17	35.4	2	4.2	4	8.3

资料来源：本课题的调查问卷（2014）。

从表4-13中，可以得出以下几点结论：

第一，有12个片区县（即丘北县、广南县、西畴县、马关县、砚山县、富宁县、屏边县、德保县、隆林县、凌云县、平塘县、荔波县）小学以下文化程度占到60%以上，这表明调查样本县农户家庭人口受教育水平仍比较低。其中，又有4个县这一比例占到80%以上，分别是丘北县89.8%、广南县86%、马关县83.3%、富宁县80.8%。相应地，这几个县其他文化程度的占比则很低（如下图4-9所示）。

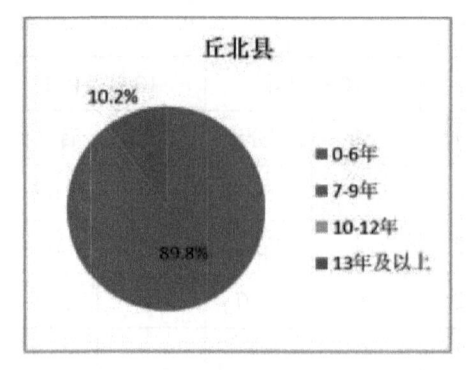

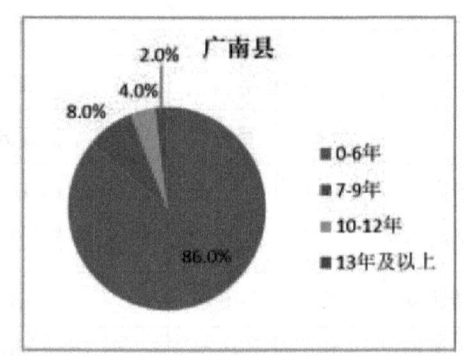

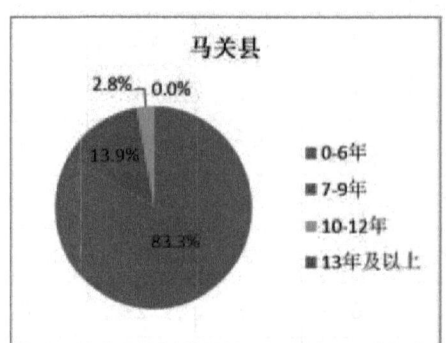

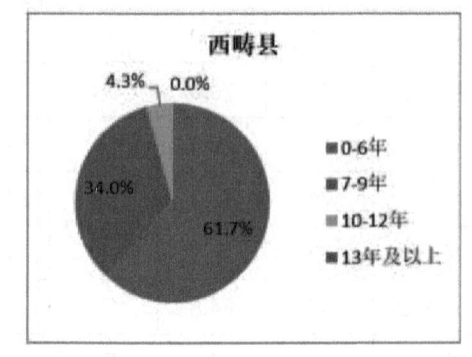

图 4-9　部分片区县不同受教育程度占比情况对比

第二，有三个片区县其初中文化水平的占比最高，分别是云南的罗平县（50%），广西的隆安县（61.1%）、天等县（47.2%）。因此，这三个片区县初中以上文化程度占比大大超过小学以下文化程度的占比，其中天等县高中文化程度占比为 26.4%，大专以上文化程度占比为 3.8%，二者合计达到 30.2%，这表明其人力资本状况优于其他片区县。

第三，靖西县、乐业县小学文化程度占比相对自身而言虽然较高，分别为 46.8% 和 42%，但总体来看仍是以初中以上文化程度为主，特别是乐业县的高中文化程度占比为 20%，大专以上文化程度占比为 4%，其高中以上文化程度占比仅次于天等县。

（三）农户的家人是否参加过技能培训

技能培训对农户人力资本的提升具有直接的推动作用，尤其在石漠化片区这种恶劣的生态环境下，技术培训的开展是提高农户的发展生产能力和增加收入的重要途径之一。

表4-14 滇桂黔石漠化片区农户的家人是否参加过技能培训情况

项目	云南 户数	云南 比例/%	广西 户数	广西 比例/%	贵州 户数	贵州 比例/%
是	146	39.1	149	43.3	185	55.7
否	227	60.1	195	56.7	147	44.3

资料来源：本课题的调查问卷（2014）。

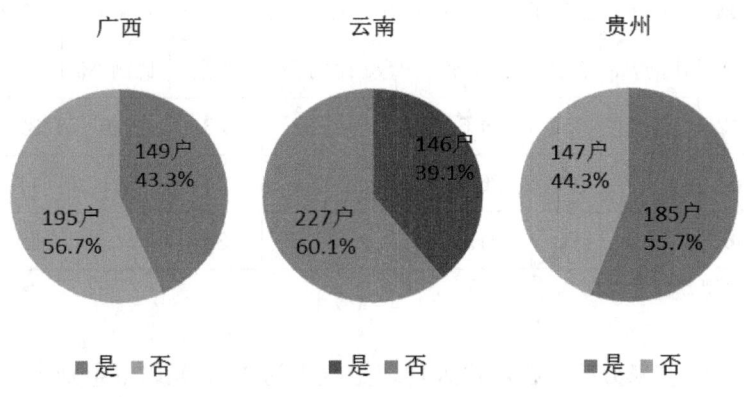

图 4-10 滇桂黔石漠化片区农户的家人是否参加过技能培训

对调查数据的分析显示，片区县农户表示有家人参加过技能培训的，云南为39.1%，广西为43.3%，贵州为55.7%。可见，三省片区农户在参加技能培训上差异比较显著。

技能培训是实现贫困群众脱贫致富的有效路径。在贫困地区开展技能培训活动，一方面可以提高贫困地区农民的农业种植、养殖技术水平，很大程度上改变农民传统的低产低效的生产方式，使滇桂黔石漠化贫困地区农户劳动技能得到提高，脱贫能力得以增强；另一方面通过技能培训，使得赋闲在家的劳动力获得一些专业技能，有助于他们创业就业，也有助于他们大胆解放思想、转变观念。上述关于农户参加技能培训的数据分析表明，贵州开展贫困地区农户技能培训的工作得到加强，农户参加培训的意识较强，并取得了一定的成效。相对来看，云南和广西这方面的工作则较为薄弱，亟待加强。

四、农户的金融资本状况

本研究用现金收入、农户借贷情况来评判农户的金融资本拥有状况。

(一)农户的年人均现金收入

对农户人均现金收入系列数据的分析显示,云南和贵州的农户年人均现金收入最低的是 166 元,广西为 250 元,人均现金收入最高的云南为 10 万元,广西为 2 万元,贵州为 12.5 万元。

表 4-15 农户年人均现金收入情况

省份	2500 元以下		2501 元~5000 元		5001 元~7500 元		7501 元~10000 元		10001 元以上	
	户数	比例/%	户数	比例/%	户数	比例/%	户数	比例/%	户数	比例/%
云南	142	40.1	112	31.6	45	12.7	23	6.5	32	9.1
广西	161	47.9	90	26.8	44	13.1	24	7.1	17	5.1
贵州	98	33.0	63	21.2	52	17.5	34	11.4	50	16.8

资料来源:本课题的调查问卷(2014)。

结合表 4-15 来分析,在农户人均现金收入为 2500 元以下组别中,占比最高的是广西片区县为 47.9%,比贵州高了 14.9 个百分点,比云南高了 7.8 个百分点;在 2501~5000 元组别中,云南片区县的占比最高为 31.6%,分别比广西、贵州高了 4.8 和 10.4 个百分点;5001~7500 元组别中,贵州片区县占比最高为 17.5%,比广西和云南高了 4.4、4.8 个百分点;在 7501~10000 元和 10001 元以上组别中,依然是贵州片区占比最高,分别为 11.4% 和 16.8%,大大高于广西和云南的占比。

从均值来看,从高到低依次为贵州片区为 7064 元、云南片区为 5339 元、广西片区为 3899 元,贵州片区分别比云南和广西高了 1725 元、3165 元,云南为贵州的 76.42%,广西仅为贵州的 55.19%。由此可见,三省片区之间农户的人均现金收入差距较为明显。

为更深入了解滇桂黔石漠化贫困地区农户的现金收入情况,本研究以县为单位对调查样问卷数据作进一步的分析。其结果如表 4-16 所示。

表 4-16　片区各县农户人均现金收入情况表

县域	2500元以下 频率	比例/%	2501元—5000元 频率	比例/%	5001元—7500元 频率	比例/%	7501元—10000元 频率	比例/%	10001元及其他 频率	比例/%
丘北县	16	34	16	34.1	7	14.9	4	8.5	4	8.5
广南县	21	44.7	12	25.5	7	14.9	3	6.4	4	8.5
西畴县	15	34.9	19	44.2	7	16.3	2	4.6	—	—
马关县	20	57.1	12	34.3	3	8.6	—	—	—	—
砚山县	15	31.3	12	25	5	10.4	7	14.6	9	18.7
富宁县	28	60.9	7	15.2	3	6.5	4	8.7	4	8.7
屏边县	22	46.8	14	29.8	8	17	1	2.1	2	4.3
罗平县	5	12.2	20	48.8	5	12.2	2	4.8	9	22
隆安县	27	51.9	18	34.6	5	9.7	1	1.9	1	1.9
天等县	19	36.5	10	19.3	10	19.2	7	13.5	6	11.5
靖西县	14	37.8	12	26.6	7	15.6	5	11.1	4	8.9
德保县	25	64.1	8	20.5	3	10.2	1	2.6	1	2.6
乐业县	24	50	12	25	5	10.4	4	8.4	3	6.2
隆林县	21	42.9	17	34.7	7	14.2	3	6.2	1	2
凌云县	28	54.9	13	25.5	6	11.8	3	5.8	1	2
晴隆县	2	4.3	8	17	10	21.3	6	12.7	21	44.7
平塘县	15	37.5	14	35	3	7.5	3	7.5	5	12.5
荔波县	40	69	9	15.5	3	5.2	1	1.7	5	8.6
册亨县	30	27	22	19.8	26	23.5	19	17.1	14	12.6
贞丰县	11	26.8	10	24.4	10	24.4	5	12.2	5	12.2

资料来源：本课题的调查问卷（2014）。

从人均现金收入为2500元以下的组别中看，占比最高的5个县分别是荔波县69%、德保县64.1%、富宁县60.9%、马关县57.1%、凌云县54.9%；如把5000元以下的两个组别的占比相加，除了晴隆县、册亨县、贞丰县、天等县和砚山县外，其余的15个片区县占比均为60%以上。其中，占比最高的则是，马关县91.4%、隆安县 86.5%、德保县 84.6%、荔波县 84.5%、凌云县 80.4%。可见，75% 片区县农户人均现金收入为 5000 元以下。同时，从表 4-16 还看出，在 7501 元以上的组别中马关县一户也没有，在 10001 元以上的组别中西畴县也是一户都没有。值得注意的是，贵州片区的农户年人均现金收入为最高，但荔波县在 2500 元以下组别中的占比却是最高的，可见在一个省内各县不平衡的现象也较为突出。在 10001 元以上的高收入组中，贵州省的晴隆县占比最高为 44.7%，其次是云南省的罗平县为 22%，再次是云南省的砚山县为 18.7%，而广西只有天等县该组别的占比在 10% 以上（11.5%）。

（二）农户的借贷情况

表4-17 农户是否有过借贷情况

项目	云南		广西		贵州	
	户数	比例/%	户数	比例/%	户数	比例/%
是	254	68.1	244	70.9	242	72.9
否	119	31.9	100	29.1	90	27.1

资料来源：本课题的调查问卷（2014）。

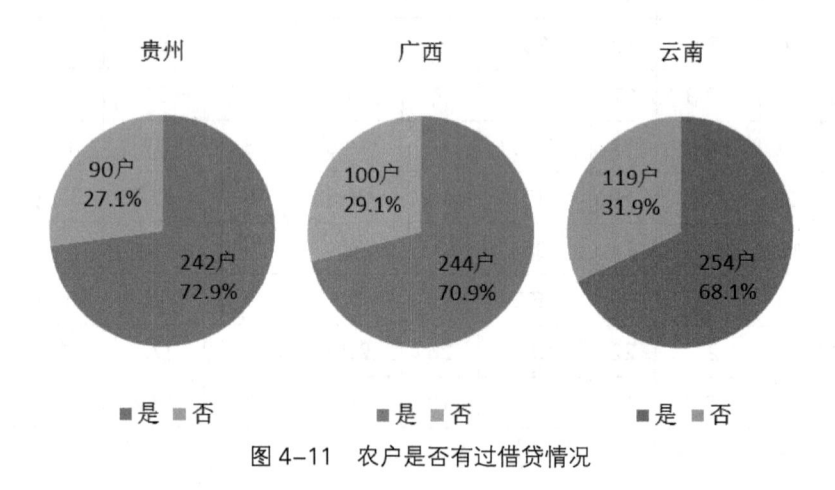

图 4-11 农户是否有过借贷情况

通过借贷方式筹措资金是农户金融资本积累的一条主要途径，当农户遇上资金紧缺时，贷款是农户解决资金短缺问题的有效方式。从表 4-17 和图 4-11 可知，农户有过借贷行为的云南为 68.1%、广西为 70.9%、贵州为 72.9%。可见，调查样本农户有借贷行为的比例大约为 70%，可以说在滇桂黔石漠化片区，农户的借贷行为具有广泛性，同时也说明农户对资金需求较为普遍。

五、农户的社会资本状况

本研究用农户家庭中是否有党员（指中共党员）、是否有人担任村干或组干、近亲中是否有国家公职人员和是否参加合作社等组织来分析农户的社会资本状况。

（一）农户家庭中是否有党员

从家庭角度来看，农户家中如果有党员，客观上他们对政策的了解、信息的获取等方面，比其他农户自然就会有"先天的优势"。为此，我们选择农户的家人中是否有党员这一指标来调查。

表4-18 农户家庭中是否有党员情况

项目	云南 户数	云南 比例/%	广西 户数	广西 比例/%	贵州 户数	贵州 比例/%
是	91	24.4	129	37.5	72	21.7
否	282	75.6	215	62.5	260	78.3

资料来源：本课题的调查问卷（2014）。

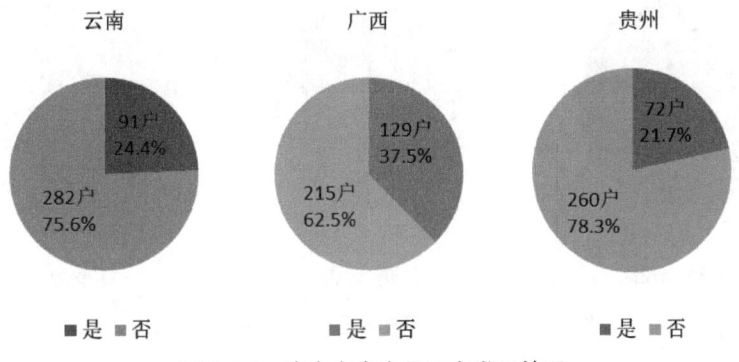

图4-12 农户家庭中是否有党员情况

调查数据分析结果显示，云南片区农户表示家人中有党员的比例为24.4%，广西片区为37.5%，贵州片区为21.7%。从整体上看，三省片区农户家庭中有党员的比例并不高，而且各自占比的差异较为显著。广西片区农户家庭有党员的比例超过三分之一，而云南和贵州则没有达到四分之一，广西比贵州和云南分别高出15.8、13.1个百分点。

（二）农户家庭成员担任村干或组干情况

村干和组干是农村中的精英，往往是农村中有一定文化、有知识的能人，有的甚至还是致富的带头人。他们对政府各类政策的了解、市场信息和渠道的获取，以及其他社会资源的掌握等，都有一般群众不可比的优势。村干或组干的产生一般是通过群众推荐、民主选举的方式产生，被选出来的村"两委"或组干一般都拥有较为广泛的群众基础，其交际和沟通的能力一般要明显强于普通农户。由此看来，农户家庭成员中有人担任村干或组干，其社会资本优于其他农户。

表 4-19　农户家庭中人中是否有村干或组干情况

项目	云南 户数	云南 比例 /%	广西 户数	广西 比例 /%	贵州 户数	贵州 比例 /%
是	102	27.3	139	40.4	62	18.7
否	271	72.7	205	59.6	270	81.3

资料来源：本课题的调查问卷（2014）。

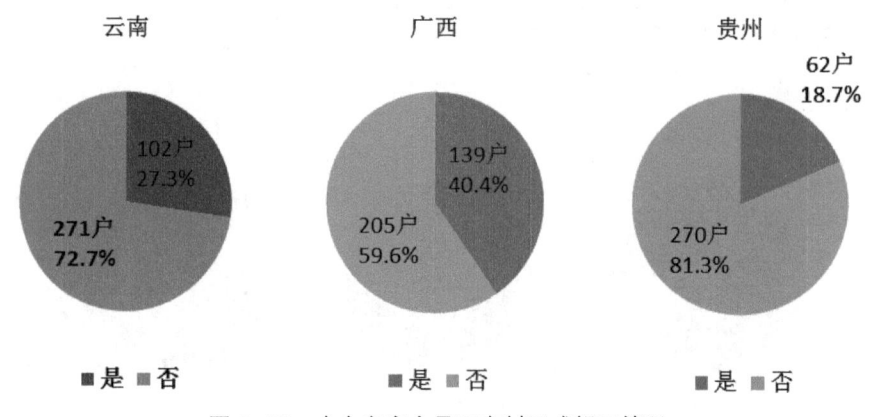

图 4-13　农户家庭中是否有村干或组干情况

数据分析结果表明，农户表示自己家人中有人担任村干或组干的，云南片区为 27.3%，广西片区为 40.4%，贵州片区只有 18.7%。

在实地调查的过程中发现，一般担任过村干或组干的农户对于信贷政策、扶贫政策，以及相关的政策补贴等比较了解，并且对这些扶贫方式或是一些信贷方式比较认可，易于通过这些政策扶持获得资金，利用资金帮助农户摆脱贫困。他们能否公平、公正、公开地利用好这些政策，是基层组织能否帮助贫困群众脱贫的关键环节之一。

（三）农户近亲中是否有国家公职人员

在我国现行体制之下，国家公职人员一般是指公务员和事业单位或国有企业的职工等。由于这些人是"体制内"的人，其拥有的社会资源一般比其他人而言要丰富得多。农户的近亲中有国家公职人员，将有利于其获取社会资源。

表4-20　近亲中是否有国家公职人员情况

项目	云南		广西		贵州	
	户数	比例/%	户数	比例/%	户数	比例/%
是	127	34	111	32.3	110	33.1
否	246	66	233	67.7	222	66.9

资料来源：本课题的调查问卷（2014）。

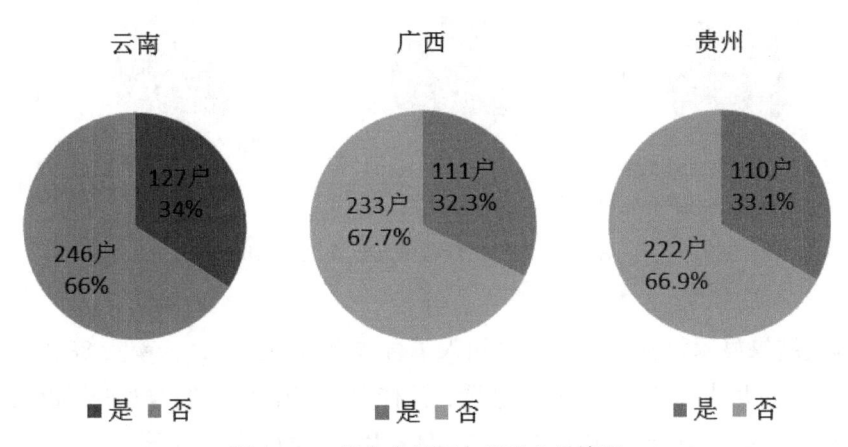

图4-14　近亲中是否有公职人员情况

调查结果显示，调查样本农户表示自家近亲中有公职人员的，云南片区为34.0%，广西片区为32.3%，贵州片区为33.1%。从整体上看，各省片区的比例均在三分之一左右，差异不显著。

（四）农户是否参加合作组织情况

当下，我国农村中的合作组织一般包括各类农民专业合作社、党群理事会等各类自治组织。从社会资本的角度来说，农户参加合作组织是构建其社会资本的一种途径。相较于单个农户而言，合作组织可以促进加入合作组织的农户之间的信任联系，同时，农户还可以在农业生产中通过合作组织相互之间提供帮助。合作组织相对于单个农户来说，拥有更为广泛的信息来源渠道。因此，农民作为农村中的一个个体，参与到这类组织中去，就可以依托这些组织，获取有利于自身发展的各类社会资源，包括政府出台的各类支农惠农政策，以及市场信息等。

表4-21　农户是否参加合作组织情况

项目	云南 户数	云南 比例/%	广西 户数	广西 比例/%	贵州 户数	贵州 比例/%
是	329	88.2	312	90.7	301	90.7
否	44	11.8	32	9.3	31	9.3

资料来源：本课题的调查问卷（2014）。

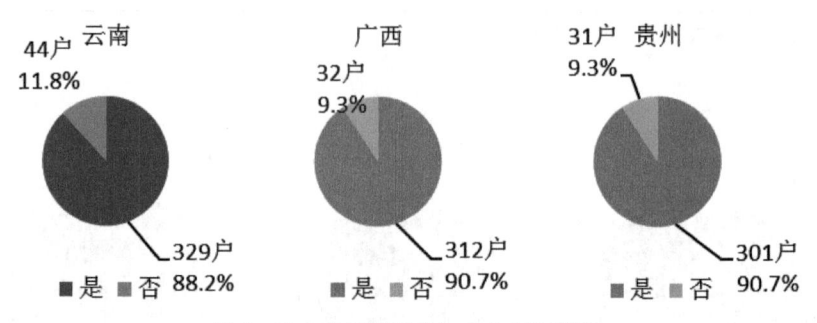

图4-15　农户是否参加合作组织情况

调查结果显示，调查样本农户加入了合作组织的比例，云南为88.2%、广西为90.7%、贵州为90.7%。从整体来看，滇桂黔石漠化片区的农户在参加合作组织上的积极性很高，参与率在90%左右，且各片区之间差异不显著。

六、片区县农户的生计环境状况

农户的生计环境是指支撑农户生活所必需的物质条件与社会条件的总合。由于自然环境又属于自然资源的一部分，已在上文加以分析，在此主要是指社会环境，即与农户生活直接相关的基础设施和基本公共服务，它既影响到农户的生活，也与农户的生产密切相关，从而可以把它纳入农户生计的范畴来分析。

（一）基础设施建设状况

中共中央、国务院印发的《关于打赢脱贫攻坚战三年行动的指导意见》，对于贫困地区基本民生保障条件的基础设施建设给予了特别关注，具体内容包括"乡镇和建制村通硬化路，贫困村全部实现通动力电，全面解决贫困人口住房和饮水安全问题，贫困村达到人居环境干净整洁的基本要求"等。因此，本书将路、电、水等"基础设施"作为农户省级环境来分析。

1. 村中道路是否硬化

村中道路的硬化有助于提高农户生活的便利度，是农村人居环境是否得到改善的标志，是衡量农村基础设施改善程度的重要指标之一。选取这一指标，目的在于了解石漠化贫困片区的农户生活环境改善的程度。

表4-22　村中道路是否硬化情况

项目	云南 户数	云南 比例/%	广西 户数	广西 比例/%	贵州 户数	贵州 比例/%
是	269	72.1	147	42.7	201	60.5
否	104	27.9	197	57.3	131	39.5

资料来源：本课题的调查问卷（2014）。

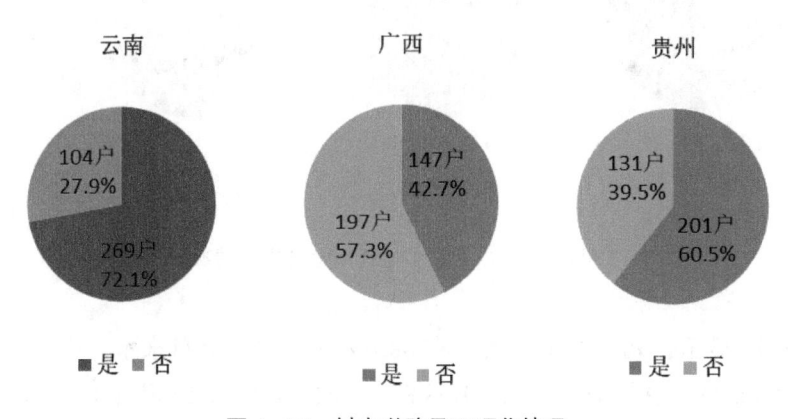

图 4-16　村中道路是否硬化情况

问卷调查数据的分析结果表明，云南片区的村中道路硬化率最高（72.1%），其次是贵州也达到了60.5%，而广西仅为42.7%。可见，云南在与农户生活环境密切相关的村内道路改善方面成效最为显著，贵州次之，相对而言，广西与云南、贵州的差距较大，与云南相比相差近30个百分点，与贵州比也相差17.8个百分点。

2. 农户家中是否用上自来水

是否用上自来水是衡量农户饮水是否安全的重要指标，也是农户生活条件改善程度的反映，进而也是衡量农村地区发展水平的重要标志之一。

表 4-23　家中是否用上自来水情况

项目	云南 户数	云南 比例/%	广西 户数	广西 比例/%	贵州 户数	贵州 比例/%
是	187	50.1	187	54.4	226	68.1
否	186	49.9	157	45.6	106	31.9

资料来源：本课题的调查问卷（2014）。

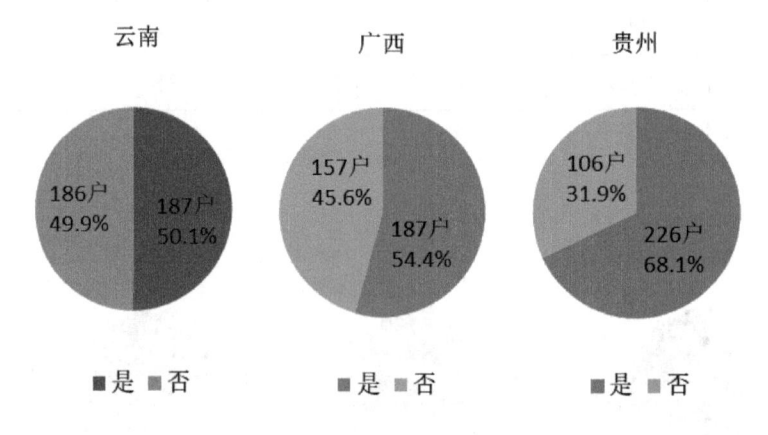

图 4-17　农户家中是否用上自来水情况

表 4-23 显示，调查样本中贵州有 68.1% 的农户用上自来水，广西为 54.4%，云南则为 50.1%。总体来看，三个片区都有 50% 以上的农户用上自来水，但也有 30% 到近 50% 的农户仍未解决安全用水问题，这是脱贫攻坚中难啃的"硬骨头"。在滇桂黔石漠化地区，虽然年降雨量不少，但因石漠化的缘故，缺乏地表水是片区面临的共性问题，因而解决好生产特别是生活用水是一大难题。

3. 农户家中是否用上电

完善的电力基础设施是改善贫困地区农户生产生活条件、提高贫困地区公共服务水平的关键指标之一。

表4-24　农户家中是否用上电情况

项目	云南 户数	云南 比例/%	广西 户数	广西 比例/%	贵州 户数	贵州 比例/%
是	281	75.3	239	69.5	319	96.1
否	92	24.7	105	30.5	13	3.9

资料来源：本课题的调查问卷（2014）。

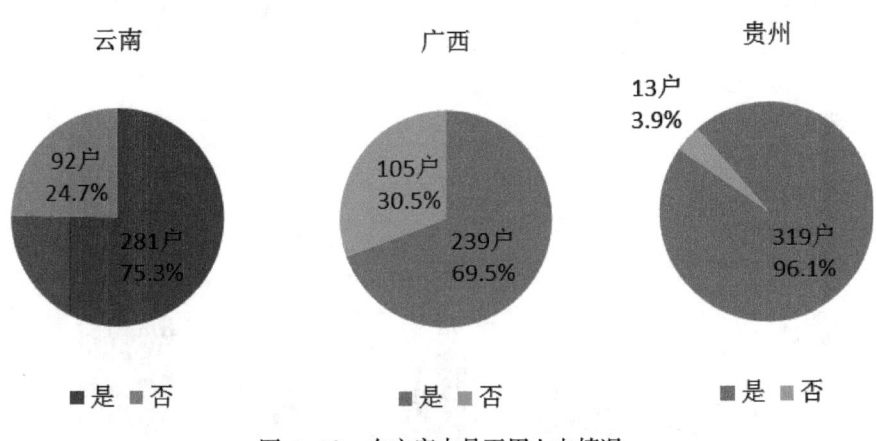

图4-18　农户家中是否用上电情况

表4-24和图4-18表明，农户用上电的比例贵州省最高，达到96.1%，几乎是全覆盖，云南为75.3%，也占到四分之三，而广西为69.5%。可见，云南尚有约25%、广西尚有约30%的农户没有解决用电问题。这是脱贫攻坚中云南和广西两个省区要解决的问题之一。

（二）农村公共服务状况

农村基本公共服务内容广泛，但是教育和医疗最为重要，因为它们与人力资本密切相关。因此，本研究采用以下两项指标来分析。

1. 农户所在村（屯）到小学的距离

作为基本公共服务主要内容之一的教育，其内涵也很广泛，核心问题是确保农村的义务教育事业健康发展。小学教育又是基础中的基础。为农村孩子上学提供便利的条件，是学龄儿童接受义务教育的重要保障。

表4-25 所在村（屯）到小学的距离情况

省份	1公里 户数	1公里 比例/%	2公里 户数	2公里 比例/%	3公里 户数	3公里 比例/%	4公里 户数	4公里 比例/%	5公里 户数	5公里 比例/%
云南	15	4.0	17	4.6	76	20.4	80	21.4	185	49.6
广西	15	4.4	28	8.1	47	13.7	45	13.1	209	60.7
贵州	31	9.3	9	2.7	40	12.1	64	19.3	188	56.6

资料来源：本课题的调查问卷（2014）。

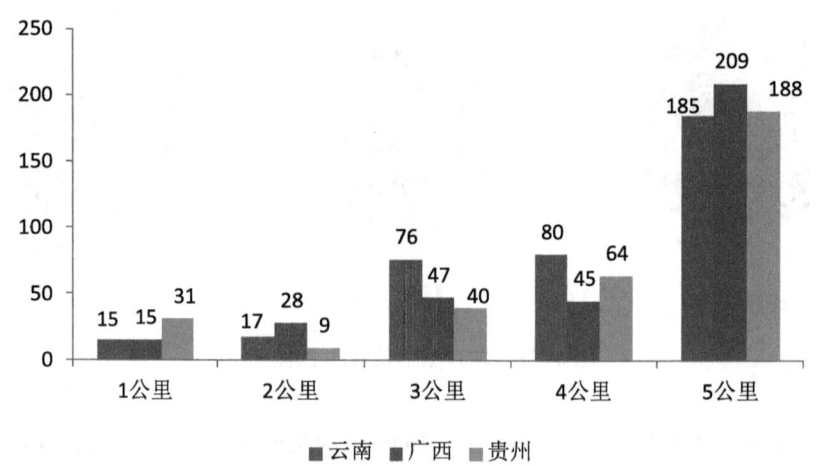

图4-19 所在村（屯）到小学的距离情况

对调查样本数据的分析可知，从村（屯）到小学的距离云南片区的均值为4.08公里，广西的为4.18公里，贵州的为4.11公里。可见，从均值来看，三省区的差异几乎可以忽略不计。

从调查样本数据分析中可知，云南片区从村到小学距离为1公里的占4.0%，2公里的占4.6%，3公里的占20.4%，4公里的占21.4%，5公里的占49.6%；广西片区从村到小学的距离为1公里的占4.4%，2公里的占8.1%，3公里的占13.7%，4公里的占13.1%，5公里的占60.7%；贵州片区从村到小学的距离为1公里的占9.3%，2公里的占2.7%，3公里的占12.1%，4公里的占19.3%，5公里的占56.6%。

从以上分析可以得出几点结论：第一，学生上学的距离在1公里以内的比例，三省区都不超过 10%；2 公里到 4 公里的比例，最高为 21.4%（云南片区 4 公里占比），最低的为 4.6%（云南片区的 2 公里占比）。第二，学生上学的距离在 5 公里以上的占比最高，三省区比例在 50%~60%。

造成上述现象的原因，主要是近年来农村大量拆并小学校（特别是教学点）所致。而之所以拆并学校，一方面，由于农村适龄儿童越来越少，如不拆并就需要配置更多的教师，原本农村教师的缺编就比较严重，每个教学点不可能足额配置教师；另一方面，如勉强保留一些教学点，势必要减少教师，实行多年级合班授课（即所谓的复式教学），这样的教学点设置将极大影响到教学质量的提高。上述两个方面因素的综合作用，使得自然村教学点（甚至是一些村级完小）的拆并就不可避免了。

2. 村里是否有符合标准的卫生室

设立村级卫生室是为农村居民提供基本医疗服务的一项重要措施。村级卫生室及其完备的设施，对边远山区村民来说是极其重要的公共服务，它方便群众看病，使群众不至于因一点小病都要跑到乡镇甚至到县城去看。

表 4-26　村里是否有符合标准的卫生室

项目	云南 户数	云南 比例 /%	广西 户数	广西 比例 /%	贵州 户数	贵州 比例 /%
是	68	18.2	75	21.8	99	29.8
否	305	81.8	269	78.2	233	70.2

资料来源：本课题的调查问卷（2014）。

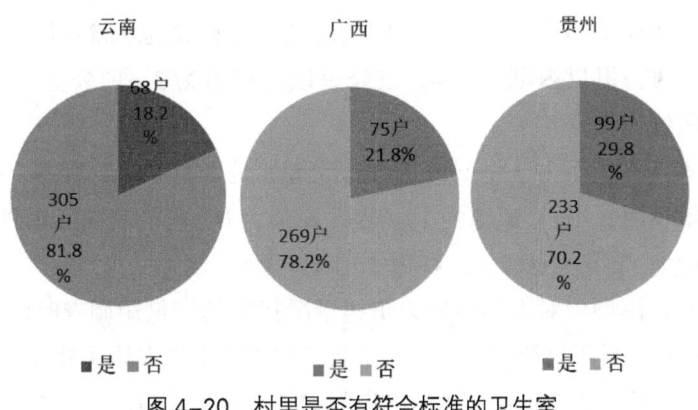

图 4-20　村里是否有符合标准的卫生室

对调查样本数据的统计分析显示，村里有符合标准的卫生室的，云南片区为18.2%，广西片区为21.8%，贵州片区为29.8%。由此可知，滇桂黔石漠化片区村级卫生设施建设落后。总体来看，村里有符合标准卫生室的比例在20%~30%之间，村级医疗公共服务严重匮乏。

第三节 片区县农户可持续生计资本的综合评价分析

从上一节对石漠化片区农户可持续生计资本状况的描述性统计分析中，我们可以对石漠化片区农户可持续生计资本状况有一个总体上的了解和把握。但如果单靠上述分析，仍然难以对石漠化片区农户可持续生计资本作出类型划分，这将影响到对农户进行"分类施策"的生计策略优化。为此，本节运用综合指数分析方法，对农户可持续生计资本进行综合评价，目的在于找出不同类型的资本匮乏型农户，以利于"对症下药"，实施农户生计策略的优化。

一、综合评价模型的构建

本研究构建的农户可持续生计综合评价模型的一级指标，由生计资本和生活环境两个指标构成，二级指标则由自然资本、物质资本等7个方面构成，三级指标由人均耕地面积、旱涝保收面积、旧房是否已经改造等20个指标构成，具体见表4-1。

（一）三级指标变量的赋值

各个三级指标变量的赋值情况如下：

自然资本：在模型中，对人均耕地面积和旱涝保收面积的变量用调查时的实际面积表示，单位为亩。对从家到田间的距离变量设置为5级变量，即一公里以内赋值为5，两公里以内赋值为4，三公里以内赋值为3，四公里以内赋值为2，五公里以内赋值为1。

物质资本：在模型中，将旧房是否已改造和是否有卫生厕所两个指标设置为虚拟变量。赋值时，"是"赋值为1，"否"赋值为0。将拥有交通工具种类设置4级变量，一种为1，两种为2，三种为3，四种为4。

人力资本：模型中对人均劳动力负担情况指标的变量用调查时的实际人数表示。由于受教育质量不好衡量，所以在本次研究调查中以人均受教育年限来衡量受教育的状况。因此，该变量用调查时的实际受教育年限来表示。家人是否参加过技能培训该指标设置为虚拟变量，赋值时，"是"赋值为1，"否"赋值为0。

金融资本：模型中，对农户年人均现金收入指标的变量用调查时的实际收入表示，单位为元。将是否有过贷款设置为虚拟变量，在赋值时，"是"赋值为1，"否"赋值为0。

社会资本：将社会资本中的家人中是否有党员、家人中是否有村干或组干、近亲中是否有人是公职人员和是否参加合作组织等四个指标设置为虚拟变量，在赋值时，"是"赋值为1，"否"赋值为0。

基础设施：把村中道路是否硬化、家里是否用上自来水和家里是否用上电等三个指标的变量均设置为虚拟变量，在赋值时，"是"赋值为1，"否"赋值为0。

公共服务：将村到小学的距离指标的变量设置为5级变量，村到小学距离2公里以内为5，3公里以内为4，5公里以内为3，6~9公里为2，10公里以内为1。将村里是否有符合标准的卫生室指标设置为虚拟变量，在赋值时，"是"赋值为1，"否"赋值为0。

（二）各项评价指标的赋权方法及其结果

本研究采取德菲尔法的方法，对各项评价指标进行赋权（即给出各项评价指标在综合评价体系中的权重）。在专家的遴选上，采取理论研究者与实务部门工作者相结合的办法。理论研究者选取了20位长期从事扶贫开发研究的专家，其中省（区）内专家和省（区）外专家各10位；实务部门工作者选取10位熟悉扶贫工作的省（区）有关部门和在市县一线工作的扶贫干部。根据各位专家对各项评价指标给出的赋权情况进行汇总，构建出农户可持续生计资本量化指标体系。

表4-27 农户可持续生计资本量化指标的赋权结果

一级	二级指标	三级指标	指标赋值
生计资本权重：0.61	自然资本（权重：0.26）	人均耕地面积	0.39
		人均旱涝保收面积	0.44
		从家到田地的距离	0.17
	物质资本（权重：0.14）	旧房是否已改造	0.42
		拥有交通工具种类	0.39
		是否有卫生厕所	0.19
	人力资本（权重：0.26）	人均劳动力负担情况	0.33
		人均受教育年限	0.37
		家人是否参加过技能培训	0.30

续表

一级	二级指标	三级指标	指标赋值
生活环境权重：0.39	金融资本（权重：0.19）	人均现金收入	0.61
		是否有过贷款	0.39
	社会资本（权重：0.16）	家人中是否有党员	0.19
		家庭里是否有村干或组干	0.26
		近亲中是否有公职人员	0.24
		是否参加经济合作组织	0.30
	基础设施（权重：0.54）	村中道路是否硬化	0.42
		家里是否用上自来水	0.28
		家里是否用上电	0.30
	公共服务（权重：0.46）	村到小学的距离	0.40
		村里是否有符合标准的卫生室	0.60

二、综合评价指数的计算

（一）数据的无纲量化处理

由于所采集的各项评价指标原始数据具有不同的纲量和变化区间，需要对每一指标的量化值进行标准化处理。本研究采用极值化方法来消除指标间不同的纲量。对原始数据进行无纲量化处理之后，才可以按其权重计算出二级指标和一级指标。

三级指标的极值化公式如下：

$$Z_{ij} = \frac{\overline{X}_{ij}}{max\,\overline{X}} \quad (式4-1)$$

式中，Z_{ij}为第i个样本中第j个指标的标准化数值；$\overline{X}_{ij}$为第i个样本中第j个指标值的均值（原始数据），$max\,\overline{X}_{ij}$为第i个样本中第j个指标均值的最大值。

（二）综合评价指数的运算过程

根据以上的计算方法分别计算出各二级指标的综合评价指数。其公式如下：

$$B_{ij} = \sum_{i=1}^{n} W_j Z_{ij} \quad (式 4\text{-}2)$$

其中：Bij 为第 i 个省（区）或县域的第 j 个二级指标综合评价指数，Z_{ij} 为第 i 个样本中第 j 个指标的三级指标的无量纲量化值，W_j 为第 j 个三级指标的权重，j=1,2,…,n。n 为每一类二级指标中包含的三级指标个数。

再计算出各个县域的二级指标综合评价指数。公式如下：

$$P_{ij} = \sum_{j=1}^{k} V_j B_{ij} \quad (式 4\text{-}3)$$

其中：P_{ij} 为第 i 个县域的第 j 个一级指标综合评价指数；B_{ij} 为第 i 个县域的第 j 个二级指标综合评价指数；V_j 为第 j 个二级指标的权重，j=1,2,…,k。k 为每一类一级指标中包含的二级指标个数。

最后在计算出一级指标综合评价指数的基础上，再计算出各个县域的综合评价指数。公式如下：

$$A_i = \sum_{j=1}^{r} Y_j P_{ij} \quad (式 4\text{-}4)$$

其中：A_i 为各个县域的生计资本综合评价指数，Y_j 为第 j 个一级指标的权重，P_{ij} 为第 i 个县域的第 j 个一级指标综合评价指数，j=1,2,…,r。r 为一级指标的个数，即生计资本和生活环境 2 个。

通过以上计算出来的综合评价指数值介于 0 和 1 之间，越接近 1 表明其生计资本综合水平越高，越接近 0 则表明其水平越低。

三、综合评价指数计算结果分析

通过运用 4-1 至 4-4 公式，对本研究 2014 年问卷调查所采集的数据进行计算，得出石漠化片区农户可持续生计资本的综合评价指数。并通过对其进行类型化识别，进一步把握石漠化片区县农户可持续生计资本的状况。

（一）石漠化片区各县农户可持续生计资本综合指数的分析

石漠化片区各县可持续生计资本综合评价指数如表 4-28 所示。

表4-28 农户可持续生计资本综合评价指数

县级	综合指数值	排名	县级	综合指数值	排名
丘北县	0.5435	16	靖西县	0.5985	10
广南县	0.6153	8	德保县	0.5736	15
西畴县	0.6673	4	乐业县	0.6666	5
马关县	0.4351	20	隆林县	0.5329	17
砚山县	0.6665	6	凌云县	0.4915	19
富宁县	0.5768	14	晴隆县	0.7535	1
屏边县	0.6371	7	平塘县	0.5876	13
罗平县	0.7484	2	荔波县	0.5271	18
隆安县	0.5963	12	册亨县	0.7281	3
天等县	0.6022	9	贞丰县	0.5984	11

表4-28是石漠化片区县农户可持续生计资本的综合评价指数，经计算其均值为0.6057。

综合表4-28和图4-21，综合评价指数高于均值的有8个县，其中综合评价指数在0.7以上的有3个县，分别是晴隆县0.7535、罗平县0.7484、册亨县0.7281；低于均值的有12个县之多，倒数前五位的分别是马关县0.4351、凌云县0.4915、荔波县0.5271、隆林县0.5329、丘北县0.5435；最高与最低的差距达到0.3184。可见，在片区县内部发展的不平衡也是十分明显的。这充分表明，在推进精准扶贫中，坚持因地制宜、分类施策是十分必要的。

第四章 资本存量：片区县贫困农户生计资本的综合分析

图4-21 片区县农户可持续生计综合评价指数的比较

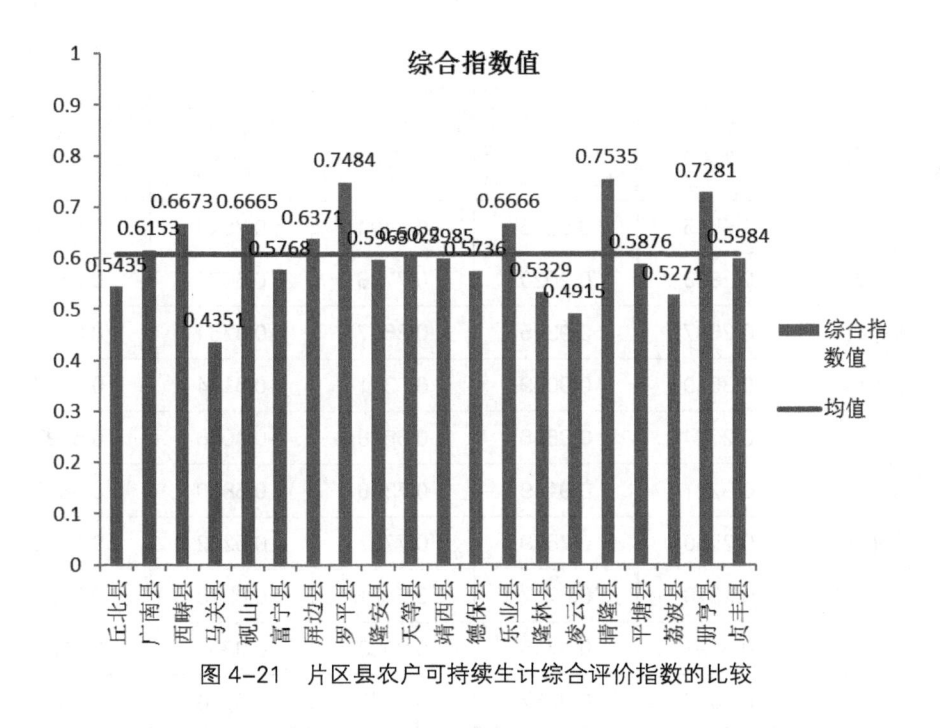

（二）石漠化片区各县可持续生计资本的类型分析

在此，通过对片区各县可持续生计资本的内部结构进行分析，并以此为依据对其进行类型化区分，进而区分出不同类别的可持续生计资本匮乏型农户，为对其进行生计策略的优化支持提供依据。

表4-29 片区县农户可持续生计资本内部结构的分析

县域＼资本类型	自然资本	物质资本	人力资本	金融资本	社会资本
丘北县	0.4216	0.8302	0.5281	0.5435	0.5166
广南县	0.3320	0.9280	0.6575	0.5601	0.6917
西畴县	0.3480	0.9457	0.6404	0.5521	0.7499
马关县	0.2652	0.5792	0.4707	0.3910	0.5529
砚山县	0.9171	0.8949	0.6981	0.5823	0.5440
富宁县	0.3166	0.7065	0.5388	0.5185	0.5698
屏边县	0.6880	0.6836	0.6086	0.4759	0.5658

续表

资本类型 县域	自然资本	物质资本	人力资本	金融资本	社会资本
罗平县	0.5595	0.9825	0.8404	0.7619	0.8449
隆安县	0.2823	0.9020	0.7738	0.5072	0.6572
天等县	0.2587	0.9395	0.8607	0.4764	0.8569
靖西县	0.3549	0.9009	0.6311	0.5164	0.8097
德保县	0.2574	0.8646	0.6568	0.4068	0.5993
乐业县	0.3221	0.9149	0.7306	0.5850	0.8827
隆林县	0.2550	0.7549	0.7707	0.5262	0.6802
凌云县	0.2570	0.6747	0.5421	0.4218	0.5701
晴隆县	0.6191	0.8745	0.8083	0.9307	0.7188
平塘县	0.5933	0.9367	0.5569	0.6084	0.5683
荔波县	0.1753	0.8444	0.6387	0.6175	0.4903
册亨县	0.2498	0.9052	0.7653	0.6061	0.5402
贞丰县	0.2834	0.7768	0.7640	0.5102	0.7251
均值	0.3878	0.8420	0.6741	0.5549	0.6567

表4-29显示出片区县农户可持续生计资本的主要二级指标。因生计环境最终还是通过自然资本等五大资本来对农户的生计策略产生影响，故在此利用均值法，对构成农户可持续生计资本的内部重要构成要素（即"五大资本"）的分析，对农户的资本类型进行类型识别。其分析方法是，首先计算出调查样本每一项生计资本指数的均值；其次将片区县各项生计资本指数的得分与该项指数的均值进行比较，并将该项指数得分处于倒数第五位以下的片区县农户，识别为该项生计资本匮乏型农户，即自然资本匮乏型、物质资本匮乏型、人力资本匮乏型、金融资本匮乏型和社会资本匮乏型等类型。

1. **自然资本匮乏型农户**

图4-22是片区县农户自然资本指数值与调查样本自然资本指数值均值的对比结果。由图4-22可知，在20个调查样本县中，仅有6个县的自然资本指数值

高于均值（0.3878），其中最高的前五位分别是砚山县 0.9171、屏边县 0.688、晴隆县 0.6191、平塘县 0.5933、罗平县 0.5595。其自然资本指数值远高于其他县。自然资本指数值处在倒数前五位的有，荔波县 0.1753、隆林县 0.2550、凌云县 0.2570、德保县 0.2574、天等县 0.2587。值得一提的是，该项指数最高的砚山县，分别比倒数前五位的荔波县高了 0.7418、隆林县 0.6621、凌云县 0.6601、德保县 0.6597、天等县 0.6584，其差距在 0.6584 ~ 0.7418 区间。这表明，在石漠化片区各县中，自然资本拥有量的差异是十分大的。

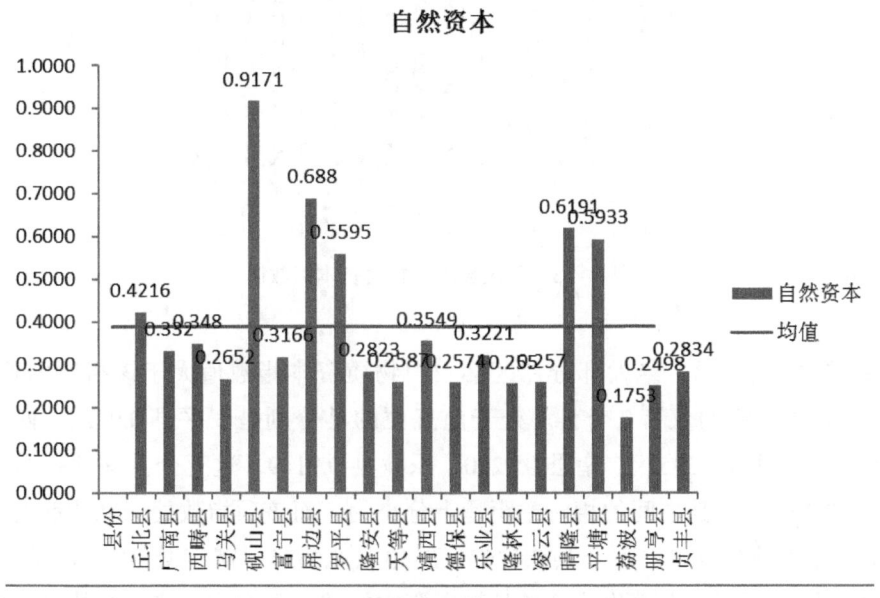

图 4-22 片区县农户自然资本指数值

2. 物质资本匮乏型农户

图 4-23 是各片区县农户物质资本指数值与均值（0.8420）的对比结果。

物质资本

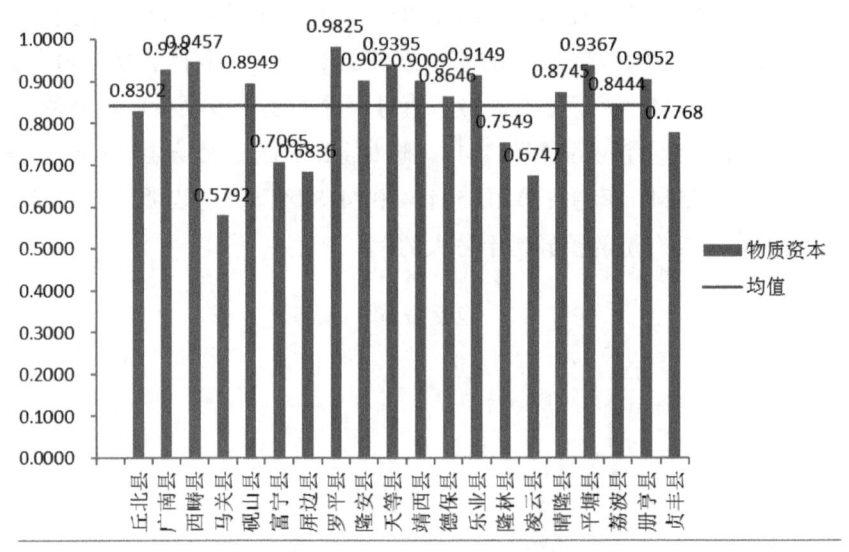

图 4-23 片区县农户物质资本指数值

由图 4-23 显示，绝大部分片区县农户物质资本指数值大于该指数的均值，低于该指数均值的仅有 7 个县。处于前五位的县分别是罗平县 0.9825、西畴县 0.9457、天等县 0.9395、广南县 0.9280、乐业县 0.9149，这五个县该项指数的得分均在 0.9 以上，其之间的相对差距是十分小的。而该项指数处于倒数前五位的分别是马关县 0.5792、凌云县 0.6747、屏边县 0.6836、富宁县 0.7065、隆林县 0.7549。相对而言，石漠化片区各县物质资本的差异不太大，该项指数最高的罗平县 0.9825 与位居倒数前五位的差距分别是马关县 0.4033、凌云县 0.3078、屏边县 0.2989、富宁县 0.2760、隆林县 0.2276，其差距在 0.2276~0.4033 区间。这反映出石漠化片区县农户物质资本的拥有量相对而言是比较均衡的。

3. 人力资本匮乏型农户

图 4-24 是片区县农户人力资本指数值与其均值（0.6741）的对比结果。位居该项指数前五位的分别是天等县 0.8607、罗平县 0.8404、晴隆县 0.8083、隆安县 0.7738 和隆林县 0.7707。该项指数得分低于均值的有 11 个县，其中位居倒数前五位的是马关县 0.4707、丘北县 0.5281、富宁县 0.5388、凌云县 0.5421、平塘县 0.5569，这五个县与最高的天等县的差距分别为马关县 0.3900、丘北县 0.3326、富宁县 0.3219、凌云县 0.3186、平塘县 0.3038，其差距在 0.3038~0.3900 区间。

人力资本

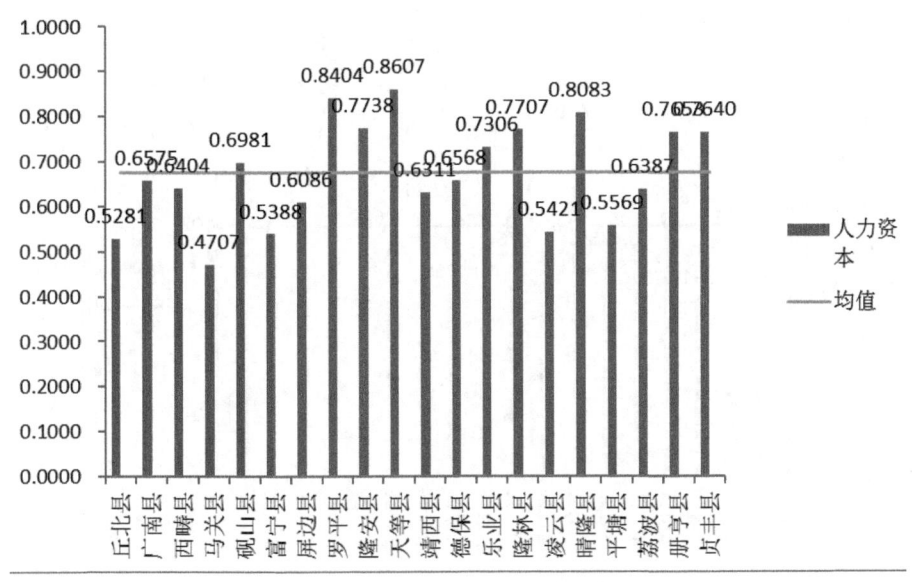

图 4-24 区县农户人力资本指数值

4. 金融资本匮乏型农户

图 4-25 显示出片区县农户金融资本指数值与均值（0.5569）的比较结果。从图 4-25 看出，片区县金融资本拥有量超过均值的县仅有 7 个，位居前五位的是晴隆县 0.9307、罗平县 0.7619、荔波县 0.6175、平塘县 0.6084、册亨县 0.6061，其中除了罗平县外，其余全部是贵州片区县。由此可见，贵州片区县农户的金融资本拥有量要优于其他两个片区。而该项指数低于均值的有 13 个县，其中位居倒数前五位的是马关县 0.3910、德保县 0.4068、凌云县 0.4218、屏边县 0.4759、天等县 0.4764。这 5 个县与该项指数最高的晴隆县的差距分别为马关县 0.5397、德保县 0.5239、凌云县 0.5089、屏边县 0.4548、天等县 0.4543，其差距在 0.4543~0.5397 区间。可见，石漠化片区各县之间，金融资本的差异也是比较大的。

金融资本

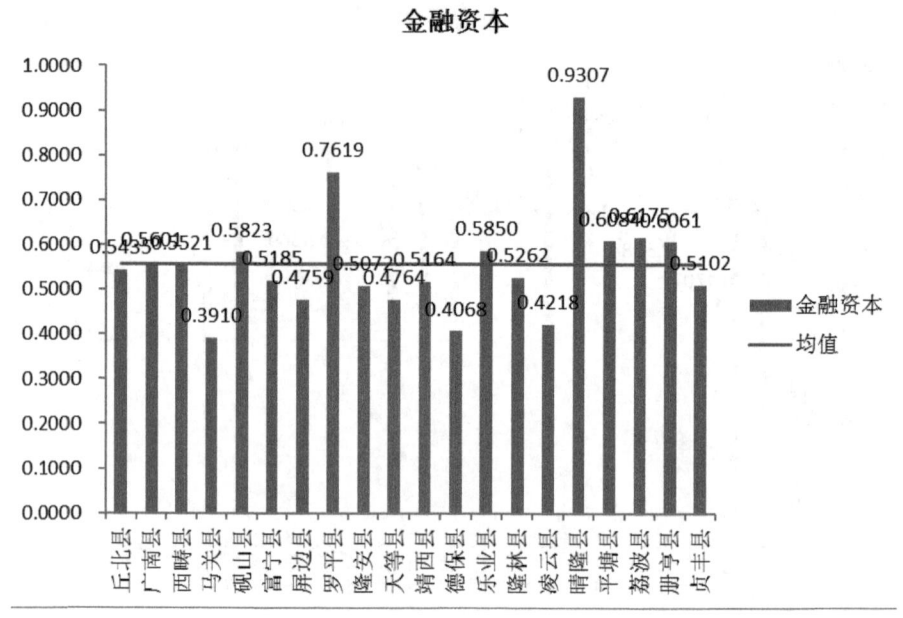

图 4-25　片区县农户金融资本指数值

5. 社会资本匮乏型农户

图 4-26 是片区县农户社会资本指数值与其均值的对比结果。从该图中可知，有 9 个县的均值高于均值，其中从高到低排列，位居前五位的分别是乐业县 0.8827、天等县 0.8569、罗平县 0.8449、靖西县 0.8097、西畴县 0.7499。而该项指数低于均值的有 11 个县，其中处于倒数前五位的县分别是荔波县 0.4903、丘北县 0.5166、马关县 0.5229、册亨县 0.5402、砚山县 0.5440，这 5 个县与最高的乐业县的差距分别为荔波县 0.3924、丘北县 0.3661、马关县 0.3598、册亨县 0.3425、砚山县 0.3387，其差距在 0.3387~0.3924 区间。

第四章 资本存量：片区县贫困农户生计资本的综合分析

社会资本

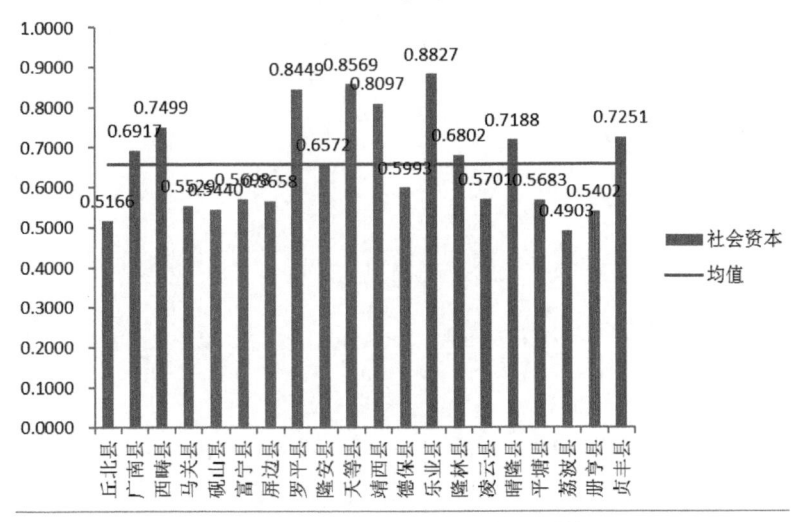

图 4-26 片区县农户社会资本指数值

将上述分析作一归纳汇总，其结果如表 4-30 所示。从表 4-30 中不难看出，马关县的物质资本、人力资本、金融资本的指数得分位居倒数第一位，还有社会资本指数得分位居倒数第三位，所以其可持续生计资本综合指数排在倒数第一位；凌云县同样有四类生计资本属于匮乏型的，分别是自然资本位居倒数第三位、物质资本位居倒数第二位，人力资本位居倒数第四位，金融资本位居倒数第三位，因此其可持续生计资本综合指数排在倒数第二位。荔波县、隆林县、丘北县、德保县、富宁县、天等县等也有两种生计资本属于匮乏型的，但由于荔波所匮乏的两种资本（自然资本、社会资本）均排在倒数第一位，因此其可持续生计资本综合指数排在倒数第三位。

表 4-30 片区县农户生计资本匮乏状况比较

资本类型	片区县
自然资本匮乏型	荔波县、隆林县、凌云县、德保县、天等县
物质资本匮乏型	马关县、凌云县、屏边县、富宁县、隆林县
人力资本匮乏型	马关县、丘北县、富宁县、凌云县、平塘县
金融资本匮乏型	马关县、德保县、凌云县、屏边县、天等县
社会资本匮乏型	荔波县、丘北县、马关县、册亨县、砚山县

第五章

县抓落实：
片区县精准脱贫实践创新的案例分析

党的十八大以来，我国扶贫开发进入精准扶贫、精准脱贫的新阶段。2015年11月，在中央扶贫开发工作会上，党中央提出了"打赢脱贫攻坚战"的新要求。其主要目标就是到2020年实现现行标准下全部贫困人口脱贫，贫困县全部摘帽，解决区域整体性贫困问题。为确保脱贫攻坚战的顺利推进，党中央强化了对扶贫开发的领导。2015年6月，习近平总书记在主持部分省区市扶贫攻坚与"十三五"时期经济社会发展座谈会上的讲话中指出："要强化扶贫开发工作领导责任制，把中央统筹、省负总责、市（地）县抓落实的管理体制，片为重点、工作到村、扶贫到户的工作机制，党政一把手负总责的扶贫开发责任制，真正落到实处。"[1]和全国各地一样，滇桂黔石漠化片区县各级党委、政府，以习近平总书记关于扶贫工作的重要论述为引领，认真贯彻党中央关于脱贫攻坚的重大决策部署，结合本地实际创新推进精准扶贫、精准脱贫，奋力夺取脱贫攻坚战的伟大胜利。

在这一伟大历史进程中，作为国家扶贫开发工作重点县和滇桂黔石漠化片区县、集"老、少、边、山、穷"于一体的广西龙州县，在县委、县政府的坚强领导下，全县广大干部弘扬龙州起义的光荣传统和革命精神，以强烈的历史使命和责任担当，带领广大贫困群众扎扎实实推进精准扶贫、精准脱贫实践，于2017年顺利实现了脱贫摘帽，成为广西首个脱贫摘帽的国家扶贫开发工作重点县。本章以广西龙州县为例，对片区县脱贫攻坚的实践创新作如下分析。

---

[1] 中共中央党史和文献研究院：《习近平扶贫论述摘编》，中央文献出版社2018年版，第35页。

第一节 龙州县农村贫困的主要表征

早在1986年，龙州就被列为国家级贫困县（2001年起改称"国家扶贫开发工作重点县"），2012年又被纳入全国集中连片特困地区之一的滇桂黔石漠化片区县。通过改革开放以来，特别是党的十八大以来的扶贫开发，龙州县的贫困人口大幅下降，但"老、少、边、山、穷"的基本县情尚未得到根本改变。"十三五"时期脱贫攻坚的任务依然艰巨而又繁重。

一、贫困分布广

龙州县扶贫开发工作虽取得了较好的成绩，但到2015年末，全县还有贫困村47个，占全县行政村总数的38.21%；有贫困户14018户，占全县总户数的20.21%。其分布状况表5-1所示。

表5-1 龙州县贫困村分布及基本状况

序号	所属乡镇	行政村名	总户数（户）	总人口（人）	贫困户数（户）	贫困人口（人）	贫困发生率
1	龙州镇	镇秀村	388	1716	127	528	30.77%
2		贯明村	210	910	67	287	31.54%
3	八角乡	陇均村	379	1757	124	434	24.70%
4		龙边村	359	1469	65	225	15.32%
5		菊埂村	544	2565	193	764	29.79%
6		屏案村	324	1432	74	278	19.41%
7	上降乡	上降村	592	2541	158	573	22.55%
8		梓丛村	338	1350	99	324	24.00%
9		江村村	290	1292	114	451	34.91%
10		鸭水村	366	1536	101	350	22.79%

续表

序号	所属乡镇	行政村名	总户数（户）	总人口（人）	贫困户户数（户）	贫困人口（人）	贫困发生率
11	彬桥乡	安民村	218	850	61	212	24.94%
12	彬桥乡	安镇村	337	1331	116	415	31.18%
13	彬桥乡	绕秀村	295	1155	176	683	59.13%
14	彬桥乡	青山村	411	1644	119	427	25.97%
15	下冻镇	洞埠村	956	3707	337	1248	33.67%
16	下冻镇	驮江村	669	2723	242	851	31.25%
17	下冻镇	峡岗村	556	2141	201	724	33.82%
18	下冻镇	扶伦村	610	2446	215	812	33.20%
19	水口镇	康宁村	1168	6968	47	172	2.47%
20	水口镇	思奇村	268	1192	130	441	37.00%
21	水口镇	北胜村	587	2270	251	853	37.58%
22	水口镇	罗回村	889	3587	304	1093	30.47%
23	水口镇	独山村	606	2257	217	732	32.43%
24	上龙乡	新联村	449	1844	111	385	20.88%
25	上龙乡	武权村	455	1885	169	607	32.20%
26	武德乡	三联村	316	1109	49	179	16.14%
27	武德乡	保卫村	491	2238	249	900	40.21%
28	武德乡	农干村	673	2786	225	780	28.00%
29	武德乡	群合村	409	1857	167	638	34.36%
30	武德乡	近梅村	214	874	86	322	36.84%
31	武德乡	武德村	736	3212	186	674	20.98%
32	金龙镇	双蒙村	718	2984	317	1173	39.31%
33	金龙镇	武联村	601	2526	232	877	34.72%
34	金龙镇	高山村	396	1576	115	467	29.63%
35	金龙镇	光满村	542	2313	229	895	38.69%

续表

序号	所属乡镇	行政村名	总户数（户）	总人口（人）	贫困户数（户）	贫困人口（人）	贫困发生率
36		板梯村	228	853	99	375	43.96%
37		民建村	948	3904	389	1482	37.96%
38		侵笔村	419	1783	134	491	27.54%
39		敢赛村	406	1924	60	202	10.50%
40	逐卜乡	崇德村	369	1815	76	271	14.93%
41		三叉村	350	1608	47	157	9.76%
42	响水镇	高峰村	287	815	26	75	9.20%
43		红阳村	418	1543	72	213	13.80%
44		中山村	426	1815	137	497	27.38%
45	上金乡	新旺村	575	2397	228	875	36.50%
46		两岸村	572	2302	263	958	41.62%
47		卷逢村	327	1366	99	372	27.23%
合计	12	47	22685	96168	7303	26742	27.81%

从图 5-1 和表 5-1 来看，龙州县的贫困人口分布在全县 12 个乡镇，与越南接壤的金龙镇、武德乡、水口镇、下冻镇和彬桥乡 5 个边境乡（镇）共有贫困村 27 个，占全县贫困村总数的 57.44%，是贫困人口最集中的区域，贫困人口分布的区域整体性较为突出。

二、贫困程度深

2015 年经精准识别，龙州县尚有贫困户 14018 户贫困人口 50828 人，占全县人口的 18.9%，贫困发生率达 23.92%，远远高于全国、广西及崇左市的平均水平。

贫困发生率（%）

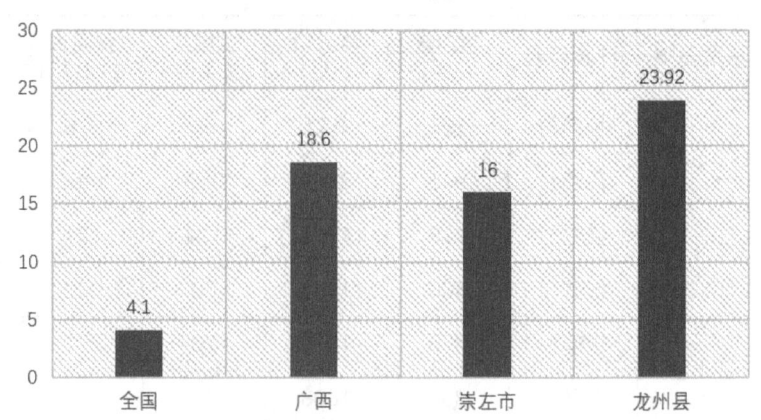

图 5-1　2015 年龙州县贫困发生率与全国、广西及崇左市的比较

从图 5-1 可知，2015 年龙州县的贫困发生率分别比全国、广西及崇左市的平均水平高了 19.82、5.32、7.92 个百分点，在广西 35 个石漠化片区县中排第 25 名。

还应该看到，从龙州县内部来分析，各个乡镇的贫困状况也不完全一样，有的乡镇贫困程度更深。地处边境一线的金龙镇，其贫困程度就是如此。金龙镇地处龙州县北部，距县城 55 公里，与越南接壤的边境线长达 35 公里。全镇下辖 15 个行政村 128 个自然屯、154 个村民小组，总人口为 6771 户 29514 人。2015 年经过精准识别，全镇有武联村、高山村、双蒙村、板梯村、光满村、敢赛村、民建村、侵笔村等 8 个贫困村，占行政村总数的 53.33%，有贫困户 2144 户，占全镇总户数的 31.66%，有贫困人口 8019 人，贫困发生率高达 27.85%。其中，贴边（与越南直接接壤）的板梯村贫困发生率高达 44%。彬桥乡的绕秀村也是一个贴边村，其贫困发生率更是高达 59%。此外，全县 47 个贫困村中，就有 25 个村贫困发生率在 30% 以上。

三、致贫因素复杂

正如俗话所说的，"贫有百样，困有千种"，龙州县农村贫困的致贫因素也是极其复杂多样的。归纳起来，主要有以下几个方面：

一是地处边境一线，投资环境先天不足。龙州县与越南接壤的边境线长达 180 公里。改革开放之初的 20 世纪 80 年代，按当时的贫困标准，龙州全县 24 万人中贫困人口就有 18 万人。可见，长期以来县域投资环境不佳，缺少能撬动县域发展的大投资项目，是龙州贫困的历史原因。

二是财政收入水平低，保民生投入的外部依赖性强。龙州县是集革命老区、民族地区、边疆地区、贫困地区、石漠化片区于一体的国家扶贫开发工作重点县，由于经济总量总体较小，加之产业结构不合理，财政收入少，基本上就是"吃饭财政"，能用于脱贫攻坚的资金十分有限，要脱贫致富还得靠国家财力的大力支持，民生投入的外部依赖性是导致龙州县贫困的主要原因之一。从图 5-2 来看，2015 年龙州县人均地区生产总值虽然高于广西平均水平，为全国平均水平的 83.75%，但从人均财政收入来看，龙州仅是广西平均水平的 58.18%、全国平均水平的 22.21%，这是由龙州县产业结构的不合理导致的。2015 年龙州县的三次产业结构为 24.6 ∶ 39.5 ∶ 35.9，农业占比过大，工业和服务业不发达，财政收入来源渠道狭窄。由此来看，龙州县的财政收入水平不高，也就不难理解了。

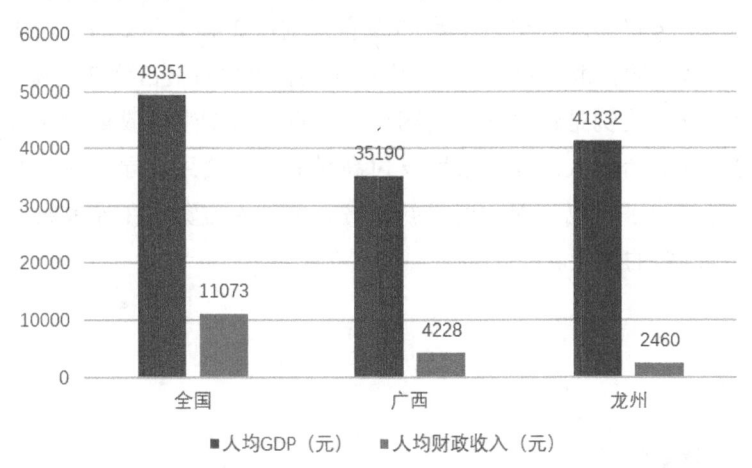

图 5-2　2015 年龙州县人均 GDP、财政收入与全国及广西的比较

三是部分村屯自然环境恶劣，"一方水土养不起一方人"。龙州县地处石漠化山区，地处石山地区的村屯不仅耕地面积少，而且常常干旱缺水，无法满足农业发展的需求；农业底子薄，农产品结构比较单一，基本上以种植玉米、黄豆等传统农作物为主，群众发展生产困难，农业发展后劲不足，严重制约了贫困村屯的生产发展。对生活在"不宜人居住"地方的人口，不得不采取易地移民搬迁的扶贫举措，按照"十三五"脱贫攻坚规划，需实施易地扶贫搬迁的就达 3498 户 11881 人（包括 2014—2015 年度易地扶贫搬迁安置 606 户 2140 人），其中：建档立卡贫困户 3184 户 10781 人，同步搬迁的其他农户 314 户 1100 人。

四是农村基础设施薄弱，制约乡村的发展。据统计，2015 年龙州县农村中，尚有1008个自然村屯（其中20户以上自然屯938个）未通硬化路，大多数村屯基本上是"晴天通、雨天阻"的泥巴路。同时，在5万多贫困人口中，饮水困难的有4715户17475人；生活用电困难的有4861户17993人。脆弱的基础设施，严重影响到脱贫攻坚。

五是生计资本不足，贫困的内生性较强。如果说，上述四个方面是导致贫困人口致贫的外部原因，那么生计资本不足则是导致其致贫的内部因素。据2015年龙州县精准识别时的调查统计，龙州县贫困人口致贫因素可以概括为"四缺两因"，这实际上反映出贫困人口生计资本的不足。从图5-3可知，有66.7%的农户认为，金融资本不足是致贫的主要原因，位居致贫因素的第一位。从发展经济学理论来看，"一个家庭为什么穷？就是因为他穷"，收入水平不高、储蓄率低下是其主要特征，是各种综合因素共同作用的结果；人力资本不足位居第二，其中认为缺技术的占到43.5%，劳动力不足和因病分别占28.4%和26.7%；认为自然资本不足（缺土地）的，也占到33.1%。应该看到，因病致贫占到26.7%，也就是四分之一以上，这一比例是较高的。贫困户中一旦有长期生病或重大疾病患者，不仅不能通过劳动获得收入，而且会因支付高昂的医疗费用，导致一些贫困户债台高筑，有的虽然脱了贫也会因此而重新返贫，可见人力资本在导致农村居民致贫因素中，占据重要的位置。

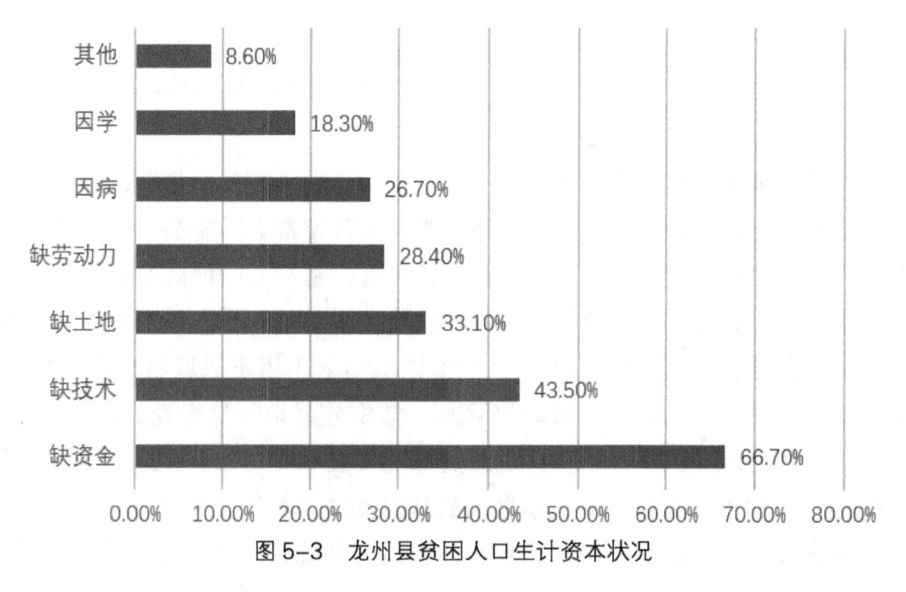

致贫因素	比例
其他	8.60%
因学	18.30%
因病	26.70%
缺劳动力	28.40%
缺土地	33.10%
缺技术	43.50%
缺资金	66.70%

图5-3 龙州县贫困人口生计资本状况

第二节 龙州县精准扶贫的实践创新

面对艰巨的脱贫攻坚任务，龙州县委、县政府以习近平总书记关于扶贫工作的重要论述为指导，紧紧抓住"十三五"脱贫攻坚这一重大机遇，以脱贫攻坚统领经济社会发展全局，聚焦"两不愁、三保障、一高于、一接近"和"五有四通"目标，坚持问题导向，以"三找"（找穷户、找穷根、找富方）和"三真"（真扶贫、扶真贫、真富民）为抓手，从大局着眼、从小事入手，实施精准扶贫"十大工程"，扎实推进精准扶贫的实践创新，取得了在广西国家扶贫开发工作重点县中第一个"脱贫摘帽"的显著成效。

一、完善"县抓落实"管理体制，压实主体责任

在推进脱贫攻坚中，习近平总书记反复强调"脱贫攻坚，加强领导是根本"[①]。在2015年下发的《中共中央 国务院关于打赢脱贫攻坚战的决定》中，中央强调完善"中央统筹、省负总责、市县抓落实"的扶贫管理体制，强化一把手负责制，"五级书记"一起抓的工作责任制。龙州县委、县政府结合实际，贯彻落实党中央和广西壮族自治区党委的有关决策部署，出台了相应文件，建立和完善推进脱贫攻坚"县抓落实"的管理体制，把脱贫攻坚的责任落实到各部门各单位，以及每一个人的身上。例如，把县扶贫开发领导小组改为"脱贫摘帽领导小组"，调整和充实了人员，实行县委书记、县长"双组长"负责制，设立综合协调组、资金政策组、基础设施组、产业开发组、移民搬迁组、公共服务组、边贸服务组、金融服务组织、组织保障组等9个专责小组。

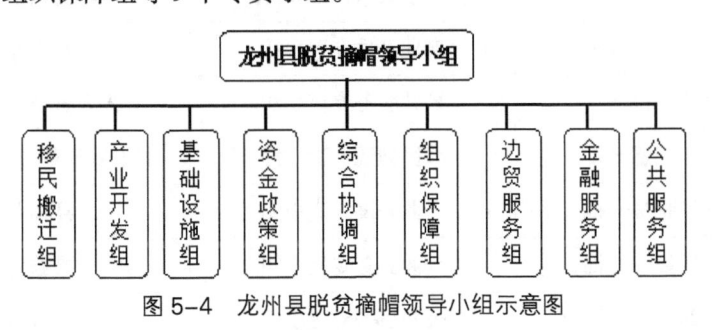

图 5-4 龙州县脱贫摘帽领导小组示意图

为了明确分工、责任到人，龙州县还制定了"脱贫摘帽专责小组"的工作职

[①] 中共中央党史和文献研究院：《习近平扶贫论述摘编》，中央文献出版社2018年版，第50页。

责。与此同时，龙州县还根据脱贫攻坚目标和工作任务，把各项工作目标和任务，细化到9个扶贫专责小组共同承担。具体的责任分工，如表5-2、表5-3、表5-4所示。

通过以上的制度和体制创新，龙州县把中央关于"县抓落实"的管理体制和党政一把手负总责的责任体制，以及工作到村、帮扶到户的帮扶机制真正落到了实处，形成了"人人肩上有担子，样样工作有人抓"的脱贫攻坚推进格局。

表5-2 龙州县精准识别责任内容及落实主体

责任类型	落实责任主体	主要责任单位
加强精准识别队伍建设	综合协调专责小组、组织保障专责小组	县委组织部、县扶贫办
精准识别贫困户贫困村和精准识别脱贫村脱贫户	综合协调专责小组	县扶贫办、县发展改革局
科学管理精准识别成果	综合协调专责小组	县扶贫办
充分运用精准识别成果	综合协调专责小组	县扶贫办、县财政局、县农业局、县发展改革局、县人力资源社会保障局、县口岸办（商务局）、县金融办、县教育局、县住房城乡建设局、县卫生和计划生育局、县水利局、县文化体育新闻出版广电局、县委组织部

表5-3 龙州县精准脱贫责任内容及落实主体

责任类型	落实责任主体	主要责任单位
发展生产解决一批	产业开发专责小组	县农业局
转移就业扶持一批	公共服务专责小组	县人力资源社会保障局
移民搬迁安置一批	移民搬迁专责小组	县发展改革局、县扶贫办
生态补偿脱贫一批	产业开发专责小组	县林业局
教育扶智帮助一批	公共服务专责小组	县教育局
医疗救助解困一批	公共服务专责小组	县卫生和计划生育局
低保政策兜底一批	公共服务专责小组	县民政局
边贸政策扶助一批	边贸服务专责小组	县口岸办（商务局）

表5-4 "十大行动"任务责任落实主体

任务责任类型	落实责任主体	主要责任单位
特色产业富民行动	产业开发专责小组	县农业局
扶贫移民搬迁行动	移民搬迁专责小组	县发展改革局、县扶贫办
农村电商扶贫行动	产业扶贫专责小组	县口岸办（商务局）
教育劳务创业行动	公共服务专责小组	县教育局
基础设施建设行动	基础设施专责小组	县交通运输局、县扶贫办
科技文化医疗扶贫行动	公共服务专责小组	县文化体育新闻出版广电局
金融扶贫行动	金融服务专责小组	县金融办
社会扶贫行动	组织保障专责小组	县扶贫办、县委统战部
生态补偿和产权收益脱贫行动	产业开发专责小组、综合协调专责小组	县林业局、县农业局、县国土资源局和县扶贫办
政策兜底和关爱服务行动	公共服务专责小组	县民政局、县残联

专栏5-1 龙州县脱贫摘帽专责小组职责

1. 综合协调专责小组：负责县扶贫开发领导小组办公室日常工作。负责文电处理、上传下达，拟订计划和方案，做好总结和汇报；筹备领导小组有关会议，做好宣传报道工作，督促领导小组安排部署工作的落实；做好扶贫开发工作中各专责小组、各成员单位的综合协调、联络沟通等工作；完成领导小组交办的其他任务。

2. 资金政策专责小组：负责提出支持实施精准扶贫资金筹措方案，会同有关部门争取国家资金，筹措落实县本级应承担的资金；负责拟订整合各部门支持精准扶贫相关财政资金方案并报领导小组审定；研究、利用国家有关支持扶贫开发财税政策，拟订撬动金融资本、吸收社会资金投入精准扶贫的财税政策措施并按程序报批；完成领导小组交办的其他任务。

3. 基础设施专责小组：确保到2020年，47个贫困村和贫困人口聚居较多的行政村通硬化路；贫困村和贫困人口聚居较多的行政村村道到20户以上自然屯（村民小组）通道路，有条件的屯（村民小组）逐步通硬化路；修建扶贫产业开发必须配套的屯级道路；贫困村和贫困人口聚居较多的行政村，有水喝并逐步达到安全饮用水；建设贫困地区扶贫产业开发必须配套的"五小水利"工程；确保贫困村和贫困人口有电用，有稳固且人均居住面积达13平方米以上的住房；有文化体育设施，通广播电视、通宽带网络；完成领导小组交办的其他任务。

4. 产业开发专责小组：负责发展贫困村特色种养业和林业经济；搞好扶贫农业科技服务、农机服务、农产品销售服务；发展贫困地区工业，抓好扶贫产业园区建设；发展贫困地区特色旅游等现代服务业；完成领导小组交办的其他任务。

5. 移民搬迁专责小组：负责研究制定移民搬迁安置政策措施；编制龙州县移民搬迁安置总体规划，落实上级下达年度搬迁任务，制订项目计划、实施方案、考核办法；完善工作机制，统筹协调推进生态移民工作，会同有关单位争取资金、规划项目，合理安排搬迁群众的生产生活；对生态移民工作方案的落实、项目推进和工程质量进行全面监督和考核，研究解决移民搬迁安置工作中遇到的重大问题和突出问题；完成领导小组交办的其他任务。

6. 公共服务专责小组：负责实施教育扶贫工程；推进就业创业扶贫和智力扶贫工作；落实贫困人口低保政策；健全贫困人口养老保障体系；建立贫困人口医疗救助体系；做好残疾人扶贫工作；完成领导小组交办的其他任务。

7. 边贸服务专责小组：组织动员水口镇、武德乡、下冻镇、金龙镇、彬桥乡等5个边境乡镇持有边民证的边民参与边民互市贸易，解决边民参与互市贸易中缺少资金的问题；组建边贸互助合作社。

8. 金融服务专责小组：完善金融扶贫服务机制，以农村信用体系建设为基础，做好农户小额贷款和扶贫对象的贴息贷款工作。大力发展农业保险，照例构建市场化支持保护体系，逐步为农业提供自然灾害风险保障；完成领导小组交办的其他任务。

9. 组织保障专责小组：负责健全扶贫工作机构，配强和充实扶贫工作力量；抓好贫困地区基层党组织建设，发挥基层党组织和基层党员干部在扶贫开发中的战斗堡垒和先锋模范作用；抓好贫困村扶贫驻村工作队（第一书记）选派、管理、考核等工作；抓好贫困县党政领导班子和领导干部经济社会发展实绩考核；组织各界力量支持和参与扶贫开发；完成领导小组交办的其他任务。

（资料来源：广西壮族自治区扶贫开发办公室网站）

二、加大资金整合力度，强化资金支持

习近平总书记指出："脱贫攻坚，资金投入是保障。"① 同时还强调："扶贫开发的投入力度，要与脱贫攻坚战的要求相匹配。"② 这充分表明，加大资金投入力度，对于打赢脱贫攻坚战的重要性。如上所述，龙州县自身财力不济，自身可用于脱贫攻坚的投入资金可谓杯水车薪，解决问题的出路在于最大限度地整合县域内各类财政涉农资金，集中力量办大事。根据中央和自治区关于加强县级政府整合使用财政涉农资金的精神，龙州县出台了《龙州县统筹整合使用财政涉农资金支持脱贫攻坚工作实施方案》，通过规划为引领促进资金统筹，实现"规划—项目—资金"的无缝对接，以重大项目为平台，发挥重大项目或龙头性资金的引导作用来推动各类资金整合，以民生建设为重点，加大对教育、医疗卫生、社会保障资金的整合。通过以上措施，进一步加大了各类扶贫资金的投入。2016—2018 年的脱贫摘帽攻坚期，龙州县共计投入资金 10.63 亿元，是"十二五"期间扶贫投入的 4.46 倍。

三、深入实施精准方略，确保脱贫质量

在推进脱贫摘帽过程中，龙州县坚持实施精准扶贫、精准脱贫基本方略，在"扶持谁""谁来扶""怎么扶"和"如何退"上出实招，确保做到"真扶贫、扶真

（单位：万元）

年份	金额
2016	37207.02
2017	42312.61
2018	26798.39
合计	106318.02

图 5-5　龙州县 2016—2018 年财政扶贫资金投入情况

---

① 中共中央党史和文献研究院：《习近平扶贫论述摘编》，中央文献出版社 2018 年版，第 94 页。
② 同上，第 89 页。

贫、真脱贫",使脱贫攻坚取得实实在在的效果。

(一)推动"三找"落地,扣好"第一颗扣子"

根据中央和自治区关于精准识别的要求,龙州县制定了具有自身特点的"三找"(找穷户、找穷根、找富路)精准识别工作方案,按照"一个绝不,两个关键,三个坚持,四个坚决,五个必须"的工作要求(见专栏5-2),扎实进行精准识别。

为确保找出真正的"穷户",龙州县还制定并严格实施了"贫困户精准识别的'一票否决'政策"(见专栏5-3)。

按照上述要求,龙州县在2015年7月开展的精准识别全面核实基础上,2015年10月至2016年2月,又根据自治区统一部署,开展了精准识别"回头看",累计投入2万多人次,完成精准识别任务。不仅精准找出了1.4万多户5万多名贫困人口,还深入分析了各村屯、各农户的致贫因素、致贫类型,为精准帮扶奠定了基础。

对识别出来的贫困村、自然村(屯)、贫困户,逐村(屯)逐户进行建档立卡登记、录入数据库,构建数据集中、服务下延、互联互通、信息共享的扶贫大数据管理平台。同时,县扶贫办和各乡(镇)建立扶贫信息管理中心,组织强有力的队伍开展精准识别、脱贫认定评估、脱贫动态信息采集和信息共享等相关工作,定期或不定期进行核查和信息更新,实行"有进有出"的动态管理,促进贫困对象精准管理工作不断规范。

专栏5-2　龙州县精准识别的工作要求

"一个绝不":绝不允许弄虚作假。

"两个关键":关键在入户走访评估,关键在屯级代表评议。

"三个坚持":坚持入户走访原则,坚持实事求是原则,坚持民主评议原则。

"四个坚决":坚决按照既定时间要求完成所有程序;坚决做到逐户评估,逐户评议;坚决做到按照程序逐步完成,不能省略跳跃、糊弄走过场;坚决做到客观、公正、公平、公开。

"五个必须",必须精准、精细、精确;必须走完所有对象,走完每一个程序;必须做到区别对待;必须负责到底;必须经得起考验。

第五章 县抓落实：片区县精准脱贫实践创新的案例分析

专栏 5-3　龙州县贫困户精准识别的"一票否决"政策

龙州县严格按照广西壮族自治区《精准识别贫困户贫困村实施方案》规定的程序执行。有下列情形之一者，原则上在精准识别贫困户评议中采取一票否决：

（一）有两层以上（含两层）砖混结构且精装修住房或两层纯木结构住房且人均居住面积在 50 平方米以上（含 50 平方米）的农户。

（二）在闹市区，或集镇，或城市买有住房（含自建房）、商铺、地皮等房地产的农户（移民搬迁的除外）。

（三）家庭成员（包括同户父母、子女）有经营公司或其他经济实体（如饭店、宾馆、超市、农家乐、工厂、药店、诊所等）的农户。

（四）现有价值在 3 万元以上（含 3 万元），且能正常使用的农用拖拉机、大型收割机、面包车、轿车、越野车、卡车、重型货车、船舶等之一的农户。

（五）家庭成员有 1 人以上（含 1 人）在国家机关、事业单位工作且有正式编制（含离退休干部职工）的农户，或 1 人以上（含 1 人）在国有企业和大型民营企业工作相对稳定的农户。

（六）全家外出务工 3 年以上，且家中长期无人回来居住的农户。

（七）家庭成员具有健康劳动能力和一定生产资料，又无正当理由不愿从事劳动的，且明显有吸毒、赌博、好吃懒做等不良习性导致生活困难的农户。

（八）为了成为贫困户，把户口迁入农村，但实际不在落户地生产生活的空挂户，或明显为争当贫困而进行拆户、分户的农户。

对虽有上述情形，但因特殊原因，生活仍确处于贫困状态的农户，经评议确认、乡（镇）政府及工作队核实无误并经县扶贫开发领导小组研究同意后，可不采取一票否决。此类情况应在登记确认时注明原因。

专栏 5-4　扶贫副书记＋第一主任出征脱贫攻坚战

龙州县在脱贫摘帽各项指标任务推进过程中凸显出乡镇工作繁重、驻村力量不足、脱贫攻坚项目进度缓慢等问题。为解决问题，创新从县直单位选派贫困村扶贫副书记＋第一主任模式，扶贫副书记、第一主任协助驻村第一书记、村支书村主任推进产业扶贫，发展壮大村集体经济，推动政策落地见效，促进贫困户贫困村脱贫摘帽。

坚持精准定人，确保任者素质过硬。严把选派人员政治关、品行关、廉洁关、能力关，采取个人报名和单位推荐相结合的方法，经县委组织部审核，以政治素质好、政策水平高、农村工作经验丰富、具备涉农专业技术特长为要求，优中从优提出拟选派的人选，提交县委常委会研究决定后，统一行文下派到贫困村任职。选派的47名第一主任中24名为县直单位主要领导，在千头万绪的部门职能工作中，坚持把脱贫攻坚作为最大的民生工程，每周到贫困村开展工作2天以上，而13名扶贫副书记则为全脱产驻村。

坚持精准定责，确保任者担当作为。扶贫副书记、第一主任与驻村第一书记、村支书、村主任共同搭台、互相配合、协同推进脱贫攻坚，帮扶不包揽、配合不替代、到位不越位。扶贫副书记重点推进易地扶贫搬迁、村集体经济发展、贫困户增收等重难点工作。第一主任重点推进落实产业扶持政策，协调服务产业项目、培育发展产业带头人，促进贫困户增收；引导贫困村成立村民合作社，参与村集体经济项目建设、经营、管理，并争取各方支持援助，引进企业，引入资金、技术、信息等，帮助原有村集体经济项目（合作社）可持续健康发展。

坚持精准管理，确保任者履职尽责。挂职扶贫副书记按照乡镇班子进行管理考核。第一主任由县委组织部、乡镇党委、派出单位共同管理，县委组织部负责对第一主任工作开展情况进行定期不定期的监督检查；乡镇党委全面负责第一主任的日常管理，包括工作指导、教育培训、考勤考核等日常情况；派出单位负责对第一主任跟踪管理。此外，对第一主任实行召回撤换制度，确保脱贫攻坚攻城拔寨的关键阶段，选派的第一主任都发挥主动性、积极性和创造性，与各方力量形成合力，攻坚贫中之贫、困中之困、难中之难的工作，如期实现全县脱贫摘帽。

（资料来源：《龙州县精准脱贫攻坚简报》2017年第6期）

（二）建强帮扶队伍，凝聚攻坚合力

习近平总书记强调："脱贫攻坚，各方参与是合力。"[①] 龙州县除了采取贫困村第一书记、驻村工作队、党政机关定点帮扶、干部与贫困户"一对一"结对帮扶、一村一企等常规性措施外，还创新推行"驻村第一副书记＋第一副主任"的帮扶模式，进一步强化了基层一线的帮扶力量，形成全社会广泛参与脱贫攻坚格局。

（三）下足绣花功夫，推动"精准滴灌"

解决好"扶持谁""谁来扶"，这还只是搞好精准扶贫的基础，要实现精准脱贫，还需要根据不同的贫困对象，分类施策、靶向治疗、精准滴灌，才能真正实现"真扶贫、扶真贫"，最终实现"脱真贫、真脱贫"。在这方面，龙州县主要在实施"八个一批"、推动"十大工程"上下足绣花功夫。

深入实施"八个一批"精准脱贫。积极组织发展食用菌、甘蔗"双高"、坚果、生态旅游等特色产业，通过扶持生产发展脱贫一批。依托边境贸易优势，深入推进富民兴边行动，完善边民补贴机制，鼓励支持边境贫困群众开展边境贸易，通过边贸政策扶贫脱贫一批。加大就业帮扶，通过就地转移就业或外出务工实现转移就业扶持脱贫一批。对居住在生存环境恶劣、不具备发展条件地方的贫困群众实施易地扶贫搬迁脱贫一批。通过贫困村生态综合补偿，引导群众发展特色林产业，实现生态补偿脱贫一批。实施"9+3"免费教育等教育扶贫政策，实现教育扶智帮助一批。完善城乡居民医疗保险和大病保险，加大民政救助力度，建立多层次医疗保障，实施医疗救助解困一批。参照农村居民人均可支配收入平均水平，制定贫困村扶贫线和低保线"两线合一"实施办法，实施社会保障兜底一批。

大力推进精准扶贫"十大工程"。大力推进特色产业富民工程，通过加快农业现代化建设，推动特色养殖、生态旅游，以及边境贸易的发展，积极引导龙头企业等新型农业经营主体带动贫困群众增收致富。大力实施电商扶贫工程。加大"互联网＋扶贫"力度，以贫困村为主体，通过直接到户、参与产业链、接受辐射效应等方式，帮助贫困户通过电商推销农产品。大力推进易地扶贫搬迁工程。结合工业化、新型城镇化，城镇保障性安居工程和新型农村社区建设，扎实有序推进移民搬迁。大力推进教育扶智创业工程。推进义务教育均衡发展，改善办学条件，免除贫困家庭高中生学杂费，对建档立卡贫困户子女从入学到毕业就业进行全程资助和扶持。健全城乡均等公共就业服务体系，引导贫困劳动力向非农产业和城镇转移，促进农村劳动力有序输出。大力推进生态补偿和产权收益工程。对

[①] 中共中央党史和文献研究院：《习近平扶贫论述摘编》，中央文献出版社2018年版，第107页。

重点生态工程地区给予项目和资金倾斜,提高贫困人口参与度和受益水平。构建资产收益扶贫机制。大力推进基础设施建设工程。瞄准47个贫困村,实施农村饮水巩固提升工程,全面解决贫困人口饮水安全问题。实施"五小水利"、大中型灌区续建配套与节水改造、小型农田水利建设、小流域水土保持综合治理工程。实施农村电网改造升级工程,解决贫困村(屯)、贫困户生产生活用电问题。加强贫困村(屯)信息网络基础设施建设。大力推进科技文化医疗扶贫工程。推进科技扶贫,率先在贫困村推广增收效果好的新技术、新品种和科技创新成果。推进文化扶贫,促进乡风文明,激发贫困群众脱贫致富的信心决心。推进医疗扶贫,对因病致贫、因病返贫的贫困人口,通过帮助解决医疗费用,进而帮助其发展生产和外出务工实现脱贫。大力推进金融扶贫工程。开展贫困村和有信贷需求的贫困户评级授信工作,加大财政资金贴息力度,为贫困户提供免抵押、免担保的小额信贷。扩大农业保险范围,加大农业保险保费补贴力度,优先在贫困村推广政策性农业保险。大力推进社会扶贫工程,引导各类社会帮扶力量和资源向贫困村和贫困人口聚焦,促进贫困人口精准脱贫。大力推进政策兜底和关爱服务工程。对无法依靠产业扶持和就业帮助脱贫的贫困家庭实行政策性保障兜底。建立乡(镇)村党员、干部、教师联系帮扶"三留守"人员"一对一"联系对接制度。探索建立关爱"三留守"人员服务机制,引导和鼓励社会力量参与特殊群体关爱服务工作。

(四)严把精准退出,确保脱贫成效

精准扶贫是手段,精准脱贫才是目的。龙州县通过扎实推进"三找",解决了扶贫资源精准投向贫困户,通过建强队伍来解决"谁来扶",通过实施"八个一批""十大行动"解决"怎么扶"的问题,那么上述精准施策能否达到"精准脱贫"?这就必须按照一定标准(两不愁三保障)和一定的程序(严格的考核评估),才能验证脱贫成效。实践中,龙州县主要采取了以下措施:一是严格把握标准要求。按照"两不愁三保障"的标准,对贫困户脱贫成效开展拉网式的全面排查,逐村逐户逐项对照检查,重点是查缺补漏,形成"任务清单"。二是建立政府与贫困户脱贫"双认定"机制。首先是核实"错退率",确保已退出户达到脱贫标准,清零错退率;其次是核实漏评率和返贫率,特别是精准识别中的临界户,发现漏评或返贫的,一户不落重新纳入帮扶对象,确保"不落一人"。三是严格退出程序,采取"二上二下一微调"的程序,确保有序退出。四是加强思想教育。对达到标准要求而不愿意退出的,通过开展"我脱贫我光荣"等宣传,形成营造脱贫攻坚的良好氛围。

四、突出产业支撑，促进可持续脱贫

习近平总书记指出："产业扶贫是稳定脱贫的治本之策。"[①] 产业扶贫对于巩固脱贫成果、实现脱贫效果的可持续性所发挥的作用是多方面的。首先，它是贫困群众稳定增收来源渠道的有效途径，脱贫是否具有可持续性首先取决于是否具有稳定的增收渠道。其次，它是提高贫困群众自我发展能力的有效手段，贫困群众参与产业扶贫，可以通过"干中学"来增强市场竞争意识，把握产业发展的一般规律（如怎样把资源优势转化为现实特色优势，如何将本地资源与外部资源进行优化整合等），此外还在参与过程中学到技术，等等。再次，产业扶贫还是有效提高贫困群众组织化程度的最佳途径。现代市场经济条件下，以健全利益联结机制为纽带，采取"公司+合作社+农户"，或者"合作社+农户""经营大户+农户"等模式来推动，是产业扶贫成功的前提条件。由此看来，脱贫攻坚是否具有可持续性，关键要看产业扶贫的发展状况。

在推进脱贫攻坚战过程中，龙州县加大对扶贫产业的培育力度，通过发展壮大特色扶贫产业，打造可持续脱贫新引擎。依托自身的资源和区位优势，着力发展"种养贸游工"五大扶贫产业。"种"的方面，巩固原料蔗种植基地，截至 2018 年末，全县种植原料蔗 50 万亩，其中 1.05 万户贫困户种植 8.4 万亩；大力发展澳洲坚果，全县种植面积达 6.5 万亩，3000 多户贫困户种植 1.5 万亩，占贫困户 22.75%；培育发展食用菌种植，全县食用菌种植面积 60 万平方米，产量 0.48 万吨，总产值 4320 万元。"养"的方面，除了继续发展养牛、养羊等传统养殖业外，还积极发展特色养殖业，如蜜蜂、竹鼠、鸽子等。"贸"的方面，以"边民参股、集体经营、贸工结合、规范管理"模式，创新推进边贸扶贫。全县共组建边贸互助组 231 个，引导带动边民 2.4 万多人（其中贫困农户 8152 人）通过参与边境贸易实现就业增收。"游"的方面，重点发展生态旅游，组建了 30 多家旅游公司（合作社），建成 200 多个乡村旅游点，带动贫困户人口就业近 7000 人，人均年增收 2000 多元。"工"的方面，重点抓坚果加工、食用菌加工等，带动贫困户就地转移就业；2018 年，全县新增转移就业 5017 人，其中贫困人口 2882 人。更重要的是，龙州县主要通过引进龙头企业、发展专业合作社和培育经营大户等形式来带动扶贫产业的发展。如 2015 年 11 月引进的北部湾现代农业发展公司，是一家混合所有制的大型企业，投资 1.6 亿元的食用菌生产车间已经投产，直接吸纳就业已达到 300 多人，投资 1.6 亿元的银耳饮料深加工车间也已投产，全部

[①] 中共中央党史和文献研究院：《习近平扶贫论述摘编》，中央文献出版社 2018 年版，第 83 页。

建成投产后产值将达到 30 亿元，将成为集银耳原料生产、饮料深加工和销售于一体、一二三产融合的龙头企业，并将成为世界食用菌行业规模最大的企业。

专栏 5-5　广西龙州北部湾现代农业有限公司带动贫困户实现脱贫个案访谈

我叫钟小美（化名），1990 年出生，初中毕业，娘家是广西北流市的，我老公是龙州县龙州镇××村××屯人。我们是在广东打工的时候认识并于 2011 年结婚的，2012 年我大女儿出生，2015 年儿子出生。我家的家庭成员除了我们 4 口之外，还有我的家公。

当初，我是为了爱情，嫁到龙州这边来的。现实曾让我感觉到生活的残酷。我家公瘫痪在床已有十年了。他在一次交通事故中身受重伤，导致生活不能自理。我们家原来住的是土坯房，因为家里穷，导致房子年久失修，这样就成为贫困户了。我生小孩的时候北流的娘家人想过来看我，我只得借故不让他们来，怕他们看到我嫁得不好而伤心。本来我们夫妻俩也想继续到外地打工，但我家公没有人照顾，也就没办法离家外出打工了。，我们就想，这样的日子什么时候才能熬到头啊！

是脱贫攻坚改变了我们一家人的命运。

龙州北部湾现代农业有限公司就是县政府在脱贫攻坚中通过招商引资引进的。公司打出来的招工广告，还明确优先招收贫困家庭的劳动力就业，于是我就应聘进来了。公司给了我在家门口就业的机会。

我是 2016 年 5 月份来这里工作的。开始的时候，我做基建工作，工资每个月 2400 元。通过这两年多的努力，我现已升为公司中层领导，主要负责管理仓库和龙州区内产品销售。现在公司还包吃包住，我每个月扣除"五险一金"后还可以领到 3200 元工资。家庭的日常开支、小孩读书的费用主要由我来负担。

这两年因为有了这份收入，加上政府对贫困户危房改造给补贴的政策，我们在银行贷了几万块钱把房子建起来了。如果没有这份工作，我们哪敢贷款来建房子啊！

我非常非常感谢北部湾现代农业有限公司，它让我们夫妻俩看到了生活的希望。虽然现在家里还有很多困难，但只要有了收入，问题总是可以解决的。

按公司规定，我每天只需要工作8个小时，但我一般都会自觉加班，主动带那些刚进来的员工，特别是越南籍员工，因为她们在很多地方还不大适应。现在我是公司的中层领导，总是觉得自己的文化水平不够高，怕自己的能力跟不上公司今后的发展，所以我主动去读了函授大专。由于自己表现积极，公司党组织已把我列为入党积极分子，我也希望自己早日加入党组织，成为一名光荣的中共党员。

我相信今后的日子一定会一天比一天好起来的。现在，我老公一边在家照顾老人，一边种几亩甘蔗，还养了几头牛。有了稳定的收入，我们还把两个孩子送到公司附近一家不错的幼儿园就读。女儿读大班、儿子读中班。平时我们都很忙，所以我小孩上的是"周托"班，平时不接回来，周五才接回家。

今天这样的日子，过去我连做梦都想不到！

五、强化党建引领，发挥战斗堡垒作用

习近平总书记指出："农村基层党组织是党在农村全部工作和战斗力的基础，是贯彻落实党扶贫开发工作部署的战斗堡垒。抓好党建促脱贫攻坚，是贫困地区脱贫致富的重要经验。"[1] 龙州县充分发挥党建引领作用，坚持把加强基层党建与脱贫攻坚有机结合，压实责任落实，强化基层保障，突出支部引领，配强攻坚队伍，发挥好基层党组织在脱贫攻坚中的战斗堡垒作用。

首先，突出抓好选优配强村党支部书记。结合换届选举，龙州县注重从农村致富带头人、回乡大中专毕业生、外出务工返乡人员中选拔村党组织负责人，在新当选的村党支部书记中，具有高中（中专）及以上学历的占79.4%。其次，在选派贫困村党组织第一书记的基础上，再从县乡党政机关中选派47名干部担任贫困村村委会第一主任，建立了"县派班子"与"原村班子"共同搭台、互相配合、协同推进工作的制度机制。同时，还争取广西师范学院（现南宁师范大学）选派47名优秀在校生到贫困村挂任团组织第一书记。再次，加强对村"两委"干部的学习培训。在完善组织体系、配齐配强班子成员的基础上，结合"两学一做"等活动，以"固定党日+"等形式，全方位加强对村党支部书记、村"两委"干部的学习教育。通过学习培训、宣传教育，进一步提高了村干部尤其是党支部书记

---

[1] 中共中央党史和文献研究院：《习近平扶贫论述摘编》，中央文献出版社2018年版，第32页。

的思想觉悟和推进脱贫攻坚的本领。最后，在基层开展"一月一评优"的创优争先评比活动，在全县农村党组织中评选表彰"脱贫攻坚红旗村""基层党建红旗村""产业发展红旗村""美丽村庄红旗村"等四面红旗村，以及扶贫工作先进集体、扶贫工作标兵，大力营造扶贫攻坚比、学、赶、超的浓厚氛围。通过上述措施，形成了驻村第一书记、第一主任和村"两委"干部密切配合、合力推进脱贫攻坚的良好局面，使基层党组织的凝聚力、战斗力得到有效的提升。

专栏5-6　破解班子软散难题　脱贫攻坚成效彰显

徐洋，广西壮族自治区公安厅交通警察总队机关党委副书记，2015年10月派驻龙州县上龙乡新联村党组织第一书记。驻村以来，他发挥自己做党务工作的优势，认真抓好党建工作，重点在"破解难题，补齐短板"上下功夫，因地制宜发展产业，赢得了群众的信任和爱戴。

党建扶贫，从破解班子软弱涣散难题入手

徐洋进驻新联村之前，新联村因班子不团结、内耗严重、工作不能正常开展，被列为软弱涣散村。从事多年机关党建工作的徐洋深知，如果没有一个好班子的支持带领，要完成整村的扶贫开发工作，难度不可想象。"冰冻三尺，非一日之寒"，经过深思熟虑，他下决心逐步破解班子软弱涣散的问题。首先，立即找村干进行谈心、交流，深入了解芥蒂存在的原因，并通过组织生活会，讲方针政策、谈工作方法，逐个化解矛盾，村"两委"班子凝聚力、向心力明显增强。其次，召集全村51名党员召开党员大会，上党课，讲新联村的当前状况，谈未来的发展。在会上开展批评与自我批评，认真听取全体党员对村"两委"工作，以及全村经济社会发展的意见和建议。让党员参与议事，不仅获得了党员对党总支工作的信任，而且有效激发了党员的使命感和责任感，为推进脱贫攻坚工作进一步夯实了基础。紧接着，组织村"两委"班子成员分头进村入户，逐户走访，听取群众意见，将群众反映的问题进行整改，党员干部在群众中威信不高的现状得到了显著改善。此外，徐洋帮助党支部以"两学一做"学习教育活动为契机，整顿班子内部存在的问题，把班子建设成为引领脱贫攻坚的"领头羊"。在此基础上，徐洋还注重引导村党支部健全完善村"两委"各项规章制度，建立月度学习制度，常态化学习贯彻上级脱贫攻坚决策部署，研究探讨新联村脱贫攻坚工作。通过他的努力，班子拧成了一股绳，队伍建设有了明显改观，老百姓也信服，工作开展起来方便多了。

产业扶贫，因地制宜破解贫困户收入低难题

班子整顿好了，如何发展产业增加收入，这又是一个难题。为此，徐洋多次走访调研，问计取经，形成新联村扶贫开发产业可行性报告，与乡党委、政府班子、村"两委"班子多次讨论推敲，最终明确了发展种鸽养殖作为新联村脱贫致富的龙头产业。徐洋谈起当初发展养鸽产业的想法时说："刚开始想发展蔬菜种植，但经过市场调查后，发现销路问题难解决，一旦出现滞销情况，蔬菜放置时间不长，容易亏损。养鸽就不一样，效益大，市场前景也好，而新联村辖内为国家级自然保护区，具有良好的生态资源、气候资源等优势，非常适合养鸽。最关键的是找到了愿意合作的公司。一心为民干实事的徐洋，马上动员新联村"两委"班子和党员致富能手牵头成立了龙州县联昇专业合作社，争取自治区公安厅交警总队划拨资金53.17万元，发动社会爱心企业豪爵摩托车销售公司捐赠20万元，争取龙州县"以奖代补"资金34万元。于2016年6月动工，10月建成了新联村种养一体化种鸽养殖示范基地，采取"合作社＋公司＋基地＋农户＋市场"五位一体的经营模式，由新联村联昇专业合作社与南宁威科达科技有限公司签署6年的购销协议，种鸽养殖、产蛋、孵化的技术指导由公司提供指导，并且由公司包销，解决了技术和销路问题。项目有了，如何动员贫困户加入合作社又成为徐洋和村"两委"班子面临的棘手问题。面对陌生项目，村民不信任，不愿意加入合作社，徐洋先给村委班子讲清、讲透产业发展的效益问题，随后分片分组挨家挨户去动员，给贫困户分析收益，逐渐消除群众的疑惑，一一解除他们的思想包袱。他的真诚赢得了村民的信任。"从开始只有20户贫困户加入合作社，到现在的105户，足足占了全村贫困户的94.6%，很不容易，这是前后动员8次的结果。2017年基地开始有了收益，余下的6户也主动找我，申请加入合作社。"徐洋感慨地说。该项目占地2300平方米，建设有3个养殖大棚，养殖有种鸽4000对，每天孵化乳鸽量平均200只，于2017年4月下旬开始出栏售卖乳鸽至2017年9月，已收入6万余元，按合同约定于2017年10月初进行第一次社员分红，计划2018年陆续留种继续扩大养殖。贫困户加入合作社只需要500块钱的饲料费，相当于入股费，待养殖基地完全正常产出后，预计每年每户可分红2000元~3000元，有效解决了贫困户增收无路、致富无门的问题。

"造血"扶贫，着眼长远破解贫困村集体经济"空壳"难题

如何探索村集体经济发展新路径、增强贫困村"造血"能力，是打赢脱贫攻坚战的重要现实问题。在新联村，徐洋也遇到了没有村集体经济收入"这道坎"。他心里也很清楚，没有村集体经济，不仅影响村级组织建设，更在一定程度上制约着新联村各项事业的长远发展。

为解决集体经济"空壳"问题，徐洋在种鸽养殖示范基地建设初期和合作社后期运营管理上，设置了合理的分配方式，明确了产业的产权归属。明确在年终盈余资金总额中，提取15%作为公积金，提取10%作为风险基金和发展基金，提取5%作为奖励基金，70%作为股金分红。合理的收益分配，既确保社员获得最大利益，又保证了社员参与产业运作的积极性。徐洋在与农户签订的入社合同书中，专门订立条款，明确种鸽养殖示范基地建设用地属陇孟屯集体所有，养殖基地基础设施、设备属国有资产，由新联村委统一管理，合作社与社员合同期满后，将产业转型为村集体经济。

此外，徐洋协同乡包村工作组于2017年6月组织村民成立了龙州县上龙乡新联村村民合作社，将5月底种植的9亩百香果收益作为村集体经济的来源保障，在种鸽养殖基地提取15%作为集体经济收益的基础上，多渠道解决了新联村集体经济"空壳"问题。在徐洋的积极努力下，新联村"两委"班子"软弱涣散"的问题得以有效解决，在2018年初自治区检查组的检查验收中，获得好评和赞许。在产业发展工作中，徐洋不断学习进取，多方沟通，脱贫摘帽路上的一个又一个难题迎刃而解。截至2017年7月，对照"八有一超""十一有一低于"等脱贫标准，新联村"八有""十一有"已全部达标，正在通过产业发展分红及其他方式解决少数人均收入不达标问题，整个村庄洒满了希望之光。

（资料来源：根据龙州县委组织部的材料整理）

第三节 龙州精准扶贫的主要成效

通过全县广大干部群众的合力攻坚，龙州一举夺取了脱贫攻坚战的全面胜利，成为广西第一个脱贫摘帽的国家扶贫开发工作重点县。

一、全面实现脱贫摘帽的目标

截至 2018 年 6 月，全县所有脱贫户实现吃穿不愁；农户住房保障率达 99.36%，贫困农户住房保障率达 100%；义务教育巩固率达 95.30%，没有因经济困难而辍学的学生；农村居民医疗保险（含大病保险）参保率达 100%，贫困户因病致（返）贫问题基本解决。全县贫困人口由 2011 年的 113306 人减至 2017 年末的 3715 人，减少 109591 人，贫困发生率由 2013 年的 31.79% 降至 1.91%，群众认可度达 96.34%，漏评率、错退率为零。

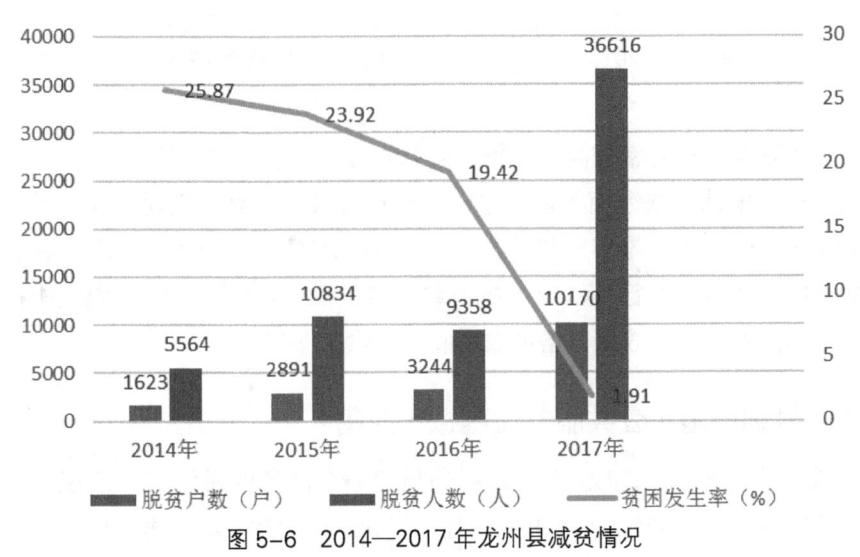

图 5-6 2014—2017 年龙州县减贫情况

二、农民生活水平大幅提升

农村居民人均可支配收入持续提高，从 2013 年的 6148 元，提高到 2017 年的 9799 元，增长率达到 59.38%。[①] 扣除物价上涨因素，年均增长率达到 16.32%。

---

① 根据 2014—2018 年《广西统计年鉴》相关数据整理得出。——作者注

村民对家庭经济生活满意度较高。根据课题组在龙州县的抽样调查[①]显示,有70.65%的农户觉得自家的收入在村里处于"中等"或"一般"水平,有70.65%的农户对家庭收入持"一般"或"满意"态度,其中有8.70的农户对家庭收入"非常满意",有26.09%的农户对家庭收入"比较满意"。

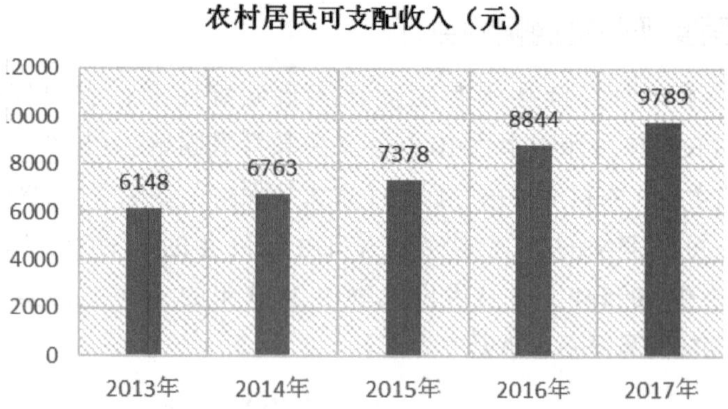

农村居民可支配收入(元)

年份	2013年	2014年	2015年	2016年	2017年
收入	6148	6763	7378	8844	9789

图5-7　2013—2017年龙州县农民人均可支配收入变化图

农户家庭财产拥有率较高,根据问卷调查显示,手机等通信工具已基本普及;彩色电视机、电冰箱或冰柜等家用电器类财产普及率较高;交通运输工具中,摩托车/电动自行车(三轮车)等小型交通工具已"飞入寻常百姓家";农业机械中,拥有拖拉机的农户已达33%,拥有耕作机的农户也已达18%,农业机械的推广应用为提高农业生产效率,增加农民收入提供了保障。

三、基础设施和公共服务设施极大改善

交通基础设施方面,127个行政村通村道路全部实现硬化,20户以上的自然屯也全部实现了道路硬化,"四好农村路"管养总里程达642公里。生产生活用电方面,实现农村电网改造全覆盖,解决了100%农户的安全用电。安全饮用水方面,建成并投入使用的农村饮水安全工程103个,农村安全饮用水100%全覆盖。环境设施方面,建成18个乡镇、行政村垃圾处理中心,处理农村垃圾、污水覆盖率达到90%。村级公共服务方面,127个村委会新建或改扩建全面完成,实现村村有卫生室、文化科技活动中心。100%的村(屯)有太阳能路灯,60%以上自然屯有灯光球场。社会保障方面,农村居民医疗保险(含大病保险)参保率达到

[①] 资料来源:《决胜2020:中国县域脱贫摘帽案例研究——龙州卷》课题组对10个村100户的抽样调查。以下问卷资料也同出于此。——作者注

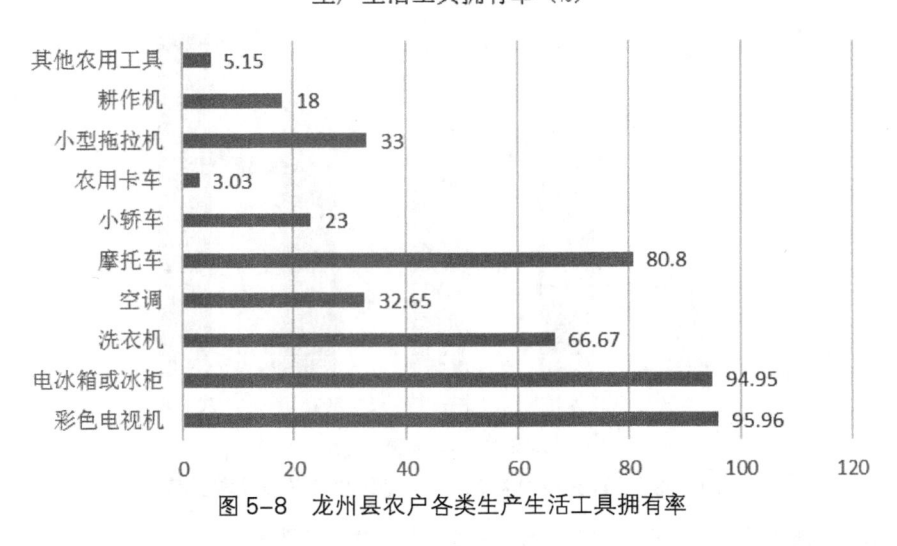

生产生活工具拥有率（%）

工具	拥有率
其他农用工具	5.15
耕作机	18
小型拖拉机	33
农用卡车	3.03
小轿车	23
摩托车	80.8
空调	32.65
洗衣机	66.67
电冰箱或冰柜	94.95
彩色电视机	95.96

图 5-8 龙州县农户各类生产生活工具拥有率

100%，贫困户医疗费用报销率达到 90% 以上，一般农户报销率达到 80% 以上。农村基本养老实现全覆盖，最低生活保障水平与贫困线实现有效衔接。

四、区域性整体贫困得到有效解决

（一）县域经济持续稳定增长

龙州县坚持以脱贫攻坚统领经济社会发展全局，紧紧抓住脱贫攻坚带来的最大发展机遇，把发展作为"甩掉贫困帽子的总办法"来抓，推动经济实现持续平稳发展，实现高质量脱贫与经济高质量发展的双赢。

1. 地区生产总值大幅跃升

地区生产总值由 2013 年的 70.56 亿元跃升至 2017 年的 122.2 亿元，年均增长 8.76%，增速高于广西全区平均水平 0.96 个百分点。2016 年至 2018 年连续三年获得广西科学发展进步奖。

2. 人均地区生产总值大幅提高

人均地区生产总值由 2013 年的 31700 元跃升至 2017 年的 53702 元，高于广西平均水平 11747 元，同比增长 9.18%，在广西各县（市/区）中的排名从 2013 年的第 53 位跃升至 2017 年的第 25 位，提升了 28 位；在各县（除去各城区和地级市）的排名中由 2013 年的第 34 位提升至 2017 年的第 2 位；在广西 28 个国家扶贫开发工作重点县中位居第一。

精准脱贫研究——基于滇桂黔石漠化片区贫困农户可持续生计策略优化的视角

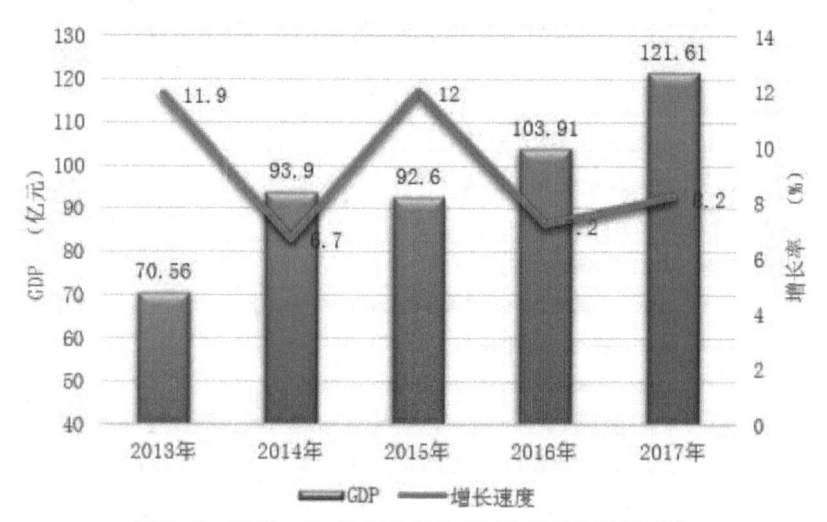

图 5-9　2013—2017 年龙州县地区生产总值及增长率

数据来源：根据 2014—2018 年《广西统计年鉴》相关数据整理得出。

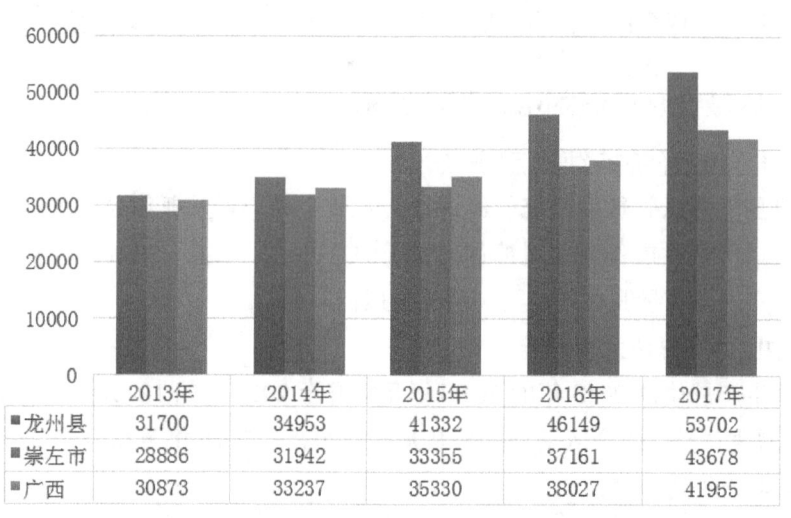

	2013年	2014年	2015年	2016年	2017年
龙州县	31700	34953	41332	46149	53702
崇左市	28886	31942	33355	37161	43678
广西	30873	33237	35330	38027	41955

图 5-10　2013—2017 年广西、崇左市及龙州县人均 GDP 变化图（单位：元）

数据来源：根据 2014—2018 年《广西统计年鉴》相关数据整理得出。

（二）县域产业发展后劲不断增强

龙州坚持以供给侧结构性改革为抓手，紧紧抓住东西部扶贫协作等重大机遇，加强重大基础设施建设，着力改善投资环境，加大招商引资力度，加快水口扶贫产业园、龙北工业园区、新旺循环经济区等园区建设，引进北部湾现代农业有限公司等一批大型企业，经济发展新旧动能转换步伐加快。如，糖料蔗"双高"基地建设达 20 多万亩，占总种植面积的 40% 以上；蔗糖循环产业链不断延伸，制糖业综合竞争力不断增强；年产值 30 亿元的食用菌（银耳）生产加工业正在培育形成；生态铝产业开发有序推进；红色旅游、边关旅游、生态旅游和历史文化旅游多点支撑的旅游业快速形成，支撑贫困群众稳定脱贫增收的产业基础更加稳固，全县产业转型升级、提质增效呈现新局面。

第六章

易地搬迁：
自然资本匮乏型贫困农户的可持续生计策略优化

在滇桂黔石漠化片区，相当一部分村（屯）处在自然环境十分恶劣、自然资本匮乏的地区，其主要特征是"一方水土养不活一方人"，基本失去了人类生存的条件。按照党中央的统一决策部署，对处在这样环境下的贫困农户，脱贫攻坚中主要采取"易地扶贫搬迁"的帮扶措施，有效地解决自然资本匮乏型农户的"两不愁、三保障"问题，以实现精准脱贫的目的。

本章首先就自然资本对贫困农户可持续生计的影响进行理论分析；其次利用问卷调查数据和个案调查，对滇桂黔石漠化片区农户自然资本状况进行分析；再次通过案例研究，总结归纳片区各地实施易地扶贫搬迁的创新举措及其成效。

第一节 自然资本对农户可持续生计影响的理论分析

一、从自然资源到自然资本演进的历史和逻辑分析

人类为了生存和发展,需要创造满足自身需求的财富。人类创造物质财富,需要具备一定的必要条件。马克思在其巨著《资本论》里曾引用过被誉为英国古典经济学创始人——威廉·配第的一句名言:"劳动是财富之父,土地是财富之母。"[①]尽管一直以来学术界对这句名言的理解各有所异,但把劳动和土地理解为创造物质财富不可或缺的生产要素,这一点是毫无疑义的。在马克思看来,土地是作为物质生产的主要载体,与劳动结合在一起成为财富创造的主要源泉。

当然,需要指出的是,在这里马克思对"土地"的定义,指的是其广义的概念。正如美国经济学家、土地经济学的创始人伊利(Ely,1922)所指出的:"经济学家所使用的'土地'这个词,指的是自然的各种力量,或自然资源……"[②]显然,土地有广义和狭义的概念之分,经济学中的"土地"泛指各种自然资源,不仅包括为人类提供物质生产所利用的各种资源,如耕地、林地、水面、水资源、矿物、木材等,还包括森林、草原、沼泽等生态系统及生物多样性。

第一次工业革命之后,人类进入了资本主义时代。相对于封建社会,资本主义社会有其历史的进步。在《共产党宣言》中,马克思、恩格斯就曾经对此予以肯定:"资产阶级在它的不到一百年的阶级统治所创造的生产力,比过去一切世代创造的全部生产力还要多,还要大。"[③]进入工业社会,尤其是在工业社会早期,与资本家贪婪地掠夺财富的本性相关联,通过投资建设厂房、购买设备和原材料等来组织生产,进行财富的创造和积累,是资本主义对财富的传统定义。在这一定义的语境下,人们对物质财富创造的认识,强调的是生产资本(生产能力的强弱)

[①] 马克思:《资本论第1卷》,中共中央马克思恩格斯列宁斯大林著作编译局译,人民出版社1975年版,第57页。
[②] 伊利·莫尔豪斯:《土地经济学原理》,滕维藻译,商务印书馆1982年版,第19页。
[③] 马克思、恩格斯:《马克思恩格斯选集》,中共中央马克思恩格斯列宁斯大林著作编译局译,人民出版社1995年版,第277页。

和金融资本（资金和财产的多寡）的作用，而对财富创造具有更为重要作用的劳动力和自然资源，往往被忽略甚至被舍弃。就怎样促进发展生产，创造更多物质财富，人们考虑的是如何依靠提高劳动生产率的问题，至于自然资源的利用是否合理、高效，生态环境是否受到影响和破坏则极少给予关注。由此可见，在资本主义生产方式之下，作为社会生产主体的人（尤其是广大劳动人民）的作用和作为物质创造载体的自然资源让位于"贪婪的资本"。

马克思和恩格斯最早发现了资本主义这一生产方式的弊端。一方面，马克思在《资本论》中分析了资本存在的另一种形态，即提供剩余价值的人力资本的作用。他通过对使用价值和价值的深刻分析，揭示出资本主义生产关系用物质资本掩盖了人力资本这一秘密，进而提出了只有彻底推翻资本主义这一"人剥削人"的制度，才能实现人的全面自由和解放的革命性主张。另一方面，马克思和恩格斯最早提出了"人与自然和谐"的自然生态思想。在考察了人类文明的历史进程和发展方式之后，马克思和恩格斯深刻揭示了资本主义使人与自然尖锐对立状态的形成原因：资本主义生产方式一方面创造了以往社会无法比拟的社会生产力，大大推进了人类文明的历史进程，另一方面又使人与自然的关系发生了根本性颠倒，导致了人类与自然矛盾的激化，使人类文明与自然生态之间的矛盾发展到了"两极对立"的程度。在其论著中，马克思和恩格斯强调自然、环境对人具有客观性和先在性，人及其意识都是自然和环境的产物等科学论断。马克思认为那些"现实的、有形体的、站在稳固的地球上呼吸着一切自然力的人"，"本来就是自然界"[1]。恩格斯在《反杜林论》中也指出："人本身是自然界的产物，是在自己所处的环境中并且和这个环境一起发展起来的。"[2] 在《自然辩证法》中，恩格斯告诫人们："我们每走一步都要记住：我们统治自然界，绝不像征服者统治异族人那样，绝不像站在自然界之外的人似的，——相反地，我们连同我们的肉、血和头脑都是属于自然界和存在于自然之中的。"[3] 在马克思、恩格斯所处的时代，尽管资本主义的种种弊端尚未充分暴露，但他们关于未来人类与自然环境的矛盾的预测，已被后来的历史发展所证实。

---

[1] 马克思、恩格斯：《马克思恩格斯全集》第42卷，中共中央马克思恩格斯列宁斯大林著作编译局译，人民出版社1979年版，第167页。
[2] 马克思、恩格斯：《马克思恩格斯选集》第3卷，中共中央马克思恩格斯列宁斯大林著作编译局译，人民出版社1995年版，第374-375页。
[3] 马克思、恩格斯：《马克思恩格斯选集》第4卷，中共中央马克思恩格斯列宁斯大林著作编译局译，人民出版社1995年版，第383-384页。

在马克思和恩格斯之后，资本主义生产方式本身固有的深层矛盾，以及人类与自然环境之间的矛盾呈现出愈演愈烈之势，引起了人们的反思。有学者认为，现代经济学建立在两位诺贝尔经济学奖获得者罗伯特·索洛（Robert solow）和约瑟夫·斯蒂格利茨（Joseph Stiglitz）的"生产函数"的基础上。索洛、斯蒂格利茨构建的生产函数解释了投入和产出之间的关系，假设人造资本可以替代自然资本。因此，只要人造资本可以再生，增长就没有限制。然而，正如诺贝尔经济学奖获得者、经济学家詹姆斯·托宾（James Tobin）和另一位经济学家威廉·诺德豪斯（William Nordhaus）在1972年指出的，这其中暗含的假设前提是"可再生（人造）资本几乎是土地和其他可耗尽资源的完美替代品"[1]。在这样的理论误导之下，伴随着经济全球化的加速发展，全球的自然资源被掠夺式开发与低效利用，自然资源综合效率大幅下降，引发了一系列的生态环境问题。如何转变自然资源利用方式、实现资源可持续利用，成为人类共同关注的主题。

在上述背景下，"自然资本"概念应运而生。据相关文献考证，早在1948年，美国学者Vogt在讨论美国的国家债务时，第一次使用了"自然资本"的概念。他指出，"我们耗竭自然资源资本，就会降低偿还债务的能力。"[2]可以说，Vogt开始注意到了自然生态资产的重要性，但他还没有论及何谓自然资本。20世纪80年代，伴随着可持续发展理念越来越被人们所接受，"自然资本"这一概念呼之欲出。世界环境与发展委员会（1987）在布伦特兰报告中强调把环境视为资本，虽没有提出"自然资本"的概念，但使用了"生态资本"一词。学界公认，"自然资本"的正式提出，始于Pearce和Turen1990年出版的著作《自然资源与环境经济学》。他们将经济学中经典的生产函数的核心概念——资本理解为"人造资本"，同时还提出了与之相对应的"自然资本"概念，体现出人们对自然资源稀缺性认识的深化及人类可持续发展的重视。[3]尽管在这部著作中，作者仍未对"自然资本"概念作出明确的界定，但却"开启了学术界对于自然资本的研究"[4]。此后，对自然资本的研究逐步深化和拓展并形成了高潮。Daly（1991）将自然资本定义为"自然自身或通过人类劳动而增加其价值的自然物和环境，是自然产生出自然资

---

[1] 罗伯茨：《自由放任资本主义的失败：写给全世界的新经济学》，秦伟译，生活·读书·新知三联书店2014年版，第37页。
[2] Vogt, W. *Road to Survival*. New York William Sloan, 1948.
[3] Pearce D, Turner R. *Economics of Natural Resources and the Environment*. Baltimore: Johns Hopkins University Press, 1990.
[4] 张孝德、梁洁：《论作为生态经济学价值内核的自然资本》，《南京社会科学》2014年第10期，第1页。

源流的存量"。1994年世界银行出版《扩展衡量财富的手段——环境可持续发展的指标》的研究报告，正式将自然资本纳入国家财富核算体系。该报告将资本划分为4个部分：人造资本、人力资本、自然资本和社会资本，提出一个国家的财富应该包括自然资本，并将土地、森林、湿地等作为自然资本的组成部分，首次对世界各个国家的自然资本的经济价值进行了评估。Daly（1996）将自然资本进一步界定为"能够在现在或未来提供有用的产品流或服务流的自然资源及环境资产的存量"，与其1991年所提出的定义相比，这一概念应该说得到了进一步完善。2000年，保尔·霍根等出版题为《自然资本论：关于下一次工业革命》的论著，提出自然资本的4项基本策略：资源基本生产率、仿生学、服务和流通经济、向自然资本投资，受到了世界上知名专家和学者的广泛关注。至此，"自然资本"概念实现了从理念的提出到基本内涵较为清晰界定，进而得到学界和实务部门普遍认同的"飞跃"，引起学术界更加广泛、更加深入的研究。在各国学者和相关机构已经取得的研究成果基础上，2011年联合国在《迈向绿色经济——实现可持续发展和消除贫困的各种途径——面向政策制定者的综合报告》中，对自然资本的价值给予充分的肯定，认为自然资本是人类福祉的贡献者，是贫困家庭生计的提供者，是全新体面工作的来源。此后，世界银行每年都发布一份全球财富分布的报告。2018年1月发布的报告采用将自然资本（如森林和矿产）、人力资本（个人终身收益）、生产资本（建筑物、基础设施等）和国外净资产相加的方法，对141个国家在1995—2014年期间的财富变化情况进行跟踪和评估。报告指出，人力资本在国民财富中的作用突出，自然资本在国民财富中的作用下降，全球财富不平等问题仍然严重[1]，凸显出节约自然资源、减少自然资本的消耗、走绿色发展道路的极端重要性。

就国内而言，随着改革开放和社会主义现代化建设的不断深入，尤其是进入20世纪90年代中期，我国出台《中国21世纪可持续发展议程——中国21世纪人口、环境与发展白皮书》之后，"可持续发展"理念已逐步深入人心，结合我国如何走科学发展道路的实际，学术界对自然资本的研究日趋深化。党的十八大以后，生态文明建设被纳入中国特色社会主义事业"五位一体"总体布局当中，与生态文明建设密切相关的自然资本研究掀起新的高潮。

纵观党的十八大以来国内学术界的研究成果，主要围绕以下的问题来展开：

---

[1] 郭文松、张敏文、吴凡、胡洋子、彭翔：《世界银行发布〈国民财富的变化：2018〉报告》，《中国财政（半月刊）》2018年第13期，第66-67页。

一是深化对自然资本内涵的认识。张孝德、梁洁（2014），诸大建（2015），严也舟、谭志敏、宋鹏姬（2017），刘高慧、肖文能（2018），等等，围绕自然资本及其在推动中国经济社会可持续发展中的重要性展开深入探讨。尽管在概念的表述上依然是各有所异，但已经形成比较一致的共识，其一，自然资本不仅包括自然资源，也包括生态环境质量要素，具备一般资本的特性——增值性。其二，自然资本都具有价值，无论哪一种观点都认为自然资本的价值是客观存在的，并且是人类生存、生产和生活所必需的。其三，自然资本能够带来生态效益，主要体现在人与自然的和谐关系上。[1] 二是倡导发展模式或技术范式的转变。卢辰宇、上官铁梁、侯博（2014）提出构建以资源为基础，以人类为主导，以科学技术和自然演化为依托，体现新时期人与自然和谐发展、健康发展的 ENC（E—生态环境、N—自然资本、C—循环经济）大循环的发展模式。[2] 诸大建（2015）则站在推动绿色发展和生态文明建设的高度，提出区域经济发展的新模式（C 模式）——自然资本新经济发展模式。他强调未来的区域经济发展，要通过自然资本投资，为区域经济增长和可持续发展注入新的动力，以实现健康 GDP 与自然资本的双增长。[3] 郝栋（2017）则从人类文明发展模式的视角探讨基于自然资本的技术范式生态化演进问题，指出"生态文明发展模式下，基于自然资本技术范式重构符合技术范式创新与人的自我主体性纠错的要求，推动了技术范式生态化的演进"的观点。[4] 三是探讨自然资本核算及资产负债表编制的理论和方法。高和然（2016）借鉴国际自然资本核算的理论与实践，分析归纳我国自然资本核算存在的突出问题。[5] 刘高慧等（2018）从核算部门、核算范围、核算主体、核算方法等方面，对中国自然资本核算及自然资源资产负债表编制工作提出具体对策。[6] 刘洋、王爱国（2019）认为，在新时代，自然资本核算研究的发展方向应与国家宏观核算体系、资源环境会计及自然资本投资研究相结合。[7] 谷树忠等从功能视角来分析，认为自然资源资产负债表是反映一个国家或地区在一定时期内的自然资源资产的增

---

[1] 张孝德、梁洁：《论作为生态经济学价值内核的自然资本》，《南京社会科学》2014 年第 10 期，第 2 页。
[2] 卢辰宇、上官铁梁、侯博：《自然资本的新探索—ENC 大循环》，《中国人口·资源与环境》2014 年第 1 期，第 439-444 页。
[3] 诸大建：《重构城市可持续发展理论模型——自然资本新经济与中国发展 C 模式》，《探索与争鸣》2015 年第 6 期，第 18-21 页。
[4] 郝栋：《基于自然资本的技术范式生态化演进研究》，《自然辩证法》2017 年第 11 期，第 75-79 页。
[5] 高和然：《国际自然资本核算的理论和实践启示》，《中国生态文明》2016 年第 6 期，第 62-65 页。
[6] 刘高慧、胡理乐、高晓奇、杜乐山、李俊生、肖能文：《自然资本的内涵及其核算研究》，《生态经济》2018 年第 4 期，第 153-157 页。
[7] 刘洋、王爱国：《自然资本核算研究的理论与方法综述》，《会计之友》2019 年第 3 期，第 26-31 页。

加或减少及其平衡关系的分析表格。胡文龙等，认为自然资源资产负债表是采用国家资产负债表的编制方法与技术，综合反映一定时间内编制主体的自然资源资产存量的变化。[1]四是对省域或区域自然资本开展实证研究。王建事、程钰、丁立、王鑫静（2019）、张燕、赵先贵（2017），秦超、李君轶、陈宏飞、包珺玮（2016）等，基于生态足迹的核算方法对山东、甘肃和陕西三省的自然资本动态演变、供需平衡问题进行了研究。五是探讨自然资源资产管理体制改革的问题。马永欢（2014）等提出通过界定不同属性和用途的自然资源所有权、使用权和管理权，以自然资源的分类分级管理为基础，根据不同门类自然资源之间的系统性、关联性和综合性，加强自然资源集中统一管理，健全国家自然资源资产管理体制的改革思路，同时还提出自然资源资产的使用应采取市场化的管理机制的建议。[2]谷树忠等（2015）认为，应坚持主体结构合理、产权边界清晰、产权权能健全、产权流转顺畅、利益格局合理的自然资源资产产权制度改革总体方向[3]，等等。

综上所述，随着人们对人与自然关系和人类经济社会发展方式认识的不断深化，自然资本的重要性越来越凸显出来。自然资本主要是指人类赖以生存和发展的自然栖息地及生态资源，自然资源具有稀缺性，自然资本因而必然有稀缺性，这种稀缺性体现在人类生产生活中对自然资源及生态环境的消耗。因此，必须牢固树立自然价值和自然资本的观念，倡导保护自然就是保护和发展生产力，就是增值自然价值和自然资本的过程，就应得到合理回报和经济补偿的新理念，走绿色发展之路，人类的永续发展才能得以实现。

二、自然资本对农户可持续生计影响的机理分析

可持续生计框架下的自然资本是维持农户生存、生产和生活的自然物质基础。概而言之，农户自然资本指的是在农村这个空间和一定的时间内，农村的自然资源，以及农村的自然环境，在可预见的未来能够产生的自然资源流和服务流的存量。[4]自然资本如何影响到农户生计的可持续？借鉴严立冬等关于自然资源价值化

---

[1] 胡文龙、史丹：《中国自然资源资产负债表框架体系研究——以SEEA2012、SNA2008和国家资产负债表为基础的一种思路》，《中国人口·资源与环境》2015年第8期，第1-9页。
[2] 马永欢、陈丽萍、沈镭、黄宝荣、谷树忠、莫建雷：《自然资源资产管理的国际进展及主要建议》，《国土资源情报》2014年第12期，第2-8页、22页。
[3] 谷树忠、李维明：《自然资源资产产权制度的五个基本问题》，http://www.drc.gov.cn/xsyzcfx/20151027/4-4-2889104.htm，2015-10-27。
[4] 曹宝、王秀波、罗宏：《自然资本：概念、内涵及其分类探讨》，《辽宁经济》2009年第8期，第52-53页。

的分析框架①，本书尝试作如下的分析。

（一）存在价值的作用

自然资本作为一种"自然力"的价值形态，是自然资源客观存在的价值，是自然资源价值中"物"的原始属性的客观反映。自然资源具有存在价值，体现在其"有用性"上。这种有用性一方面是农户用以发展生产、创造财富，能够产生经济效用，另一方面是它可以调节生态系统，维持生态平衡，为农户生存提供生态服务。自然资源的丰裕度与它的有用性成正比例关系，即自然资源丰裕度越大，其有用性就越高，相应的存在价值就越大；自然资源丰裕度越小，其有用性就越低，相应的存在价值也就越小。自然资本的存在价值，对农户生计的影响是最直接的、第一位的。自然资源丰厚、生态环境良好的地方，农户生计的可持续就有良好的基础，反之农户生计的可持续就难以为继。在石漠化片区，农户人均耕地面积少，生态环境脆弱，自然资本严重匮乏，是"一方水土养不起一方人"的地方，农民之所以贫穷，甚至不得不易地搬迁，主要原因就是自然资本的存在价值"养不起一方人"所致。

（二）劳动价值的作用

作为自然资源价值化重要组成部分的劳动价值，是指人类劳动作用于自然资源，使其发生形态改变的那部分价值，它与存在价值相对应，体现的是资源价值中人的属性。其重要特征会随着人们对自然资源开发劳动强度的增强而增大。农户作用于自然资源的劳动可以分为直接作用与间接作用两种：所谓直接作用是农户将活劳动或物化劳动直接作用于自然资源，对自然资源进行开发利用，生产出物质产品的价值创造活动；而间接作用是农户为了更好地开发利用自然资源，投入相应的活劳动来优化资源的经济地理位置、提高资源的管理水平、改善资源开发条件。间接作用虽然没有直接参与到自然资源的开发与生产中，但它对延伸资源价值链、提高资源的品位、降低资源资本化利用成本等方面均发挥着重要作用。二者共同构成了自然资源资本化的劳动价值。对于生活在石漠化严重、自然资本匮乏的农户而言，因为自然资源丰裕度低，资源地理区位不佳，与其他地区相比即便是投入更多的劳动到资源开发中去，生产所获依然十分有限，劳动价值难以得到充分体现，因而处于贫困状态而不能自拔。唯有易地扶贫搬迁，寻求新的存在价值，才有望使劳动价值得以充分展现。

---

① 严立冬、李平衡、邓远建、屈志光：《自然资源资本化价值诠释——基于自然资源经济学文献的思考》，《干旱区资源与环境》2018年第10期，第1—9页。

（三）稀缺价值的作用

在传统的经济学范式下，自然资源被假定为"无限供给"，因而不存在"稀缺性"。但正如上文所述，随着人们对人与自然关系和经济社会发展方式认识的深化，自然资源具有稀缺性已形成共识。自然资本的稀缺价值是自然资源稀缺性在价值形态上的反映。但自然资源的这种稀缺价值需要通过市场供求的调节才得以反映出来，当自然资源供给小于尤其是严重低于人们对资源的需求时，资源的稀缺性就会凸显，自然资本的稀缺价值就会充分体现出来。当然，自然资本的稀缺价值要在自然资源资本化过程中反映出来，还必须以存在价值与劳动价值为前提条件。一方面，稀缺价值以使用价值（包含劳动价值）为前提，无使用价值的自然资源，其稀缺性就不会存在。另一方面，其稀缺性又是使用价值具有价值属性的条件，例如空气、阳光等自然资源虽然具有使用价值，由于不存在稀缺性而不具有价值（但因污染严重，如产生雾霾等除外）。对于石漠化片区农户来说，其拥有的自然资源量少，导致其自然资本匮乏，由于自然资本稀缺价值的存在，为确保生计的可持续性，就必须付出更高的成本代价，也就是说维持同样水准的生活所需的成本会更大，这是一些农户陷入贫困的原因之一。

（四）生态补偿价值的作用

自然资源资本化的生态补偿价值是指人们在资源开发活动过程中，对造成生态环境污染和生态破坏进行修复、弥补与替换[1]而形成的生态服务价值。在自然资源产品生产过程中，对资源耗损本身加以补偿，体现的是人们维持生态系统平衡，修复生态环境的服务属性，根本目的在于增强自然资源的生态服务功能，实现资源开发与生态保护的良性互动，进而实现经济发展与生态保护的双重目标。石漠化片区地处我国第三大流域——珠江流域源头，极其脆弱的区域生态环境，不仅对农户的生计可持续造成威胁，还影响着珠江流域的生态安全。通过实施易地扶贫搬迁，使原住地的自然资本生态补偿价值逐步得以实现，石漠化得到有效治理，生态环境得到恢复，自然资本逐渐丰厚起来，才能实现农户生计可持续与保障流域生态安全的双赢目标。

---

[1] 冷淑莲：《自然资源价值补偿问题研究》，《价格月刊》2007年第5期，第5-12页。

第二节　石漠化片区农户自然资本现状的调查与分析

在我国，"一方水土养不起一方人"的地区主要集中在青藏高原地区、西北黄土高原地区、西南石漠化地区、东部酸壤地区和部分高寒地区，以及自然灾害严重地区。经调查识别，上述区域分布在全国22个省（自治区、直辖市）约1400个县（市、区），涉及需搬迁的近1000万贫困群众。[①]

本节主要对课题组于2014年7月至2017年9月开展的问卷调查和多次的个案调查进行分析，以期对石漠化片区农户自然资本状况有更深入的了解。

一、调查样本自然资本状况的描述性统计分析

为了解石漠化片区农户自然资本的状况，本研究设计如下的调查表用于问卷调查。

表6-1　自然资本调查表

编码		面积（亩）	具体种植作物
A16-1	耕地面积（不含林、草地）		
A16-1A	其中：旱涝保收面积		
A16-1B	其中：粮食作物播种面积		
A16-1C	其中：经济作物播种面积		
A16-1D	其中：温室大棚面积		
A16-2	林地面积（含林、草地）		
A16-2A	其中：经济林面积		
A16-2B	其中：生态林面积		
A16-2C	其中：草地面积		
A16-2D	其中：退耕还林还草面积		
A16-3	荒山荒坡面积		
A16-4	鱼塘		

---

① 国家发展和改革委员会：《中国的易地扶贫搬迁政策白皮书》，http://www.ndrc.gov.cn/fzggzz/dqjj/zhdt/201804/t20180404_881724.html，2018-04-04。

（一）调查样本农户耕地拥有情况

对问卷调查数据的统计分析表明，调查样本户均耕地面积为5.16亩，人均耕地面积为1.13亩，略高于石漠化片区县人均耕地0.99亩的水平，这从一个侧面反映出调查样本的真实性。但从图6-1来看，有11.53%的农户没有耕地，户均耕地在0.1—1亩的占6.67%，1.1—2亩的占13.92%，2.1—3亩的占16.87%，3.1—4亩的占11.82%，4.1—5亩的占8.20%，5.1—6亩的占7.72%，6.1—8亩的占8.01%，8.1亩以上的占15.25%。由此可见，人均耕地少，人地矛盾突出，是石漠化片区县农户的主要特征。

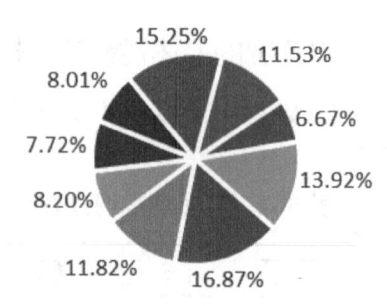

图6-1 调查样本户均耕地面积

（二）调查样本旱涝保收耕地面积

在石漠化地区，农户的耕地大多分散在千山万弄之中，"锅一块、瓢一块"的耕地随处可见，因此旱涝保收的耕地十分稀缺。据对问卷数据的统计分析，调查样本户均旱涝保收耕地面积为2.1亩，人均仅为0.46亩。但从图6-2可知，调查样本中有49.76%的家庭没有旱涝保收耕地，刚好占到了一半。而旱涝保收耕地面积在0.1—1亩的占11.44%，1.1—2亩的占13.16%，2.1—3亩的占7.24%，3.1—4亩的占5.53%，4.1—5亩的占3.72%，5.1—9亩的占4.67%，9亩以上的占4.48%。可见，调查样本农户耕地的质量比较差，产出水平不会太高。

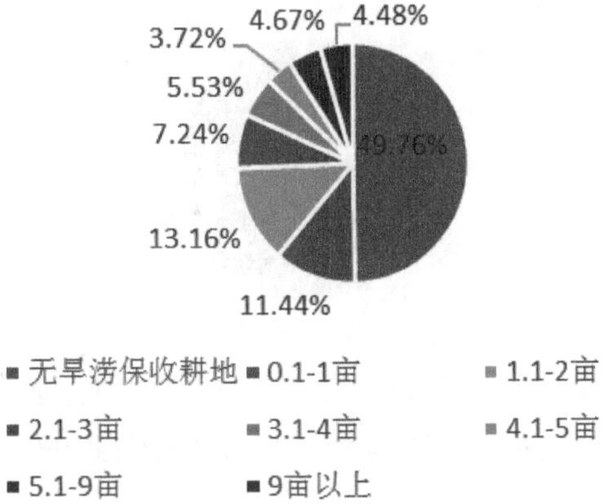

第六章 易地搬迁：自然资本匮乏型贫困农户的可持续生计策略优化

图 6-2 调查样本户均旱涝保收耕地面积

（三）调查样本农户耕地利用情况

调查样本农户对耕地的利用主要是粮食和经济作物的种植。从图 6-3 来看，有 40% 的农户没有种植粮食，而粮食种植面积在 0.1—2 亩的占到 25.92%，2.1—5 亩的占到 13.44%，5 亩以上的占到 20.56%。由此可知，农户粮食生产仍以小规模的分散经营为主。

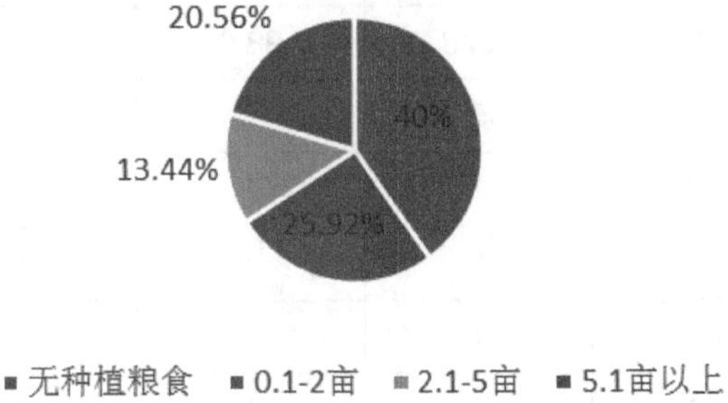

图 6-3 调查样本农户粮食种植情况

图 6-4 显示，调查样本农户利用耕地来种植经济作物的只占 39%。进一步分析可知，在 39% 的种有经济作物的家庭中，有近 20%（19.73%）面积在 0.1 亩到 2 亩之间，基本上就是零星种一点蔬菜等，仍属于自给自足的自然经济。经济作物种植面积在 5 亩以上的所占比例仅为 8.69%，在 20 亩以上的占比不到 0.8%。

193

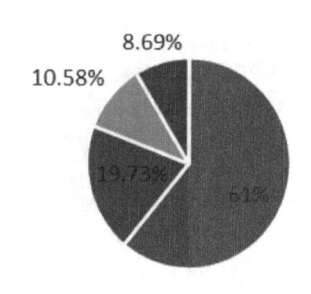

图 6-4 调查样本农户经济作物种植情况

（四）调查样本农户设施农业情况

针对石漠化片区脆弱的生态环境，利用设施农业发展生产是一条可行的路径。但统计数据分析显示，调查样本农户中仅有 2% 有设施农业，最大面积为 20 亩，最小面积为 0.5 亩，总面积只为 98.4 亩，可以说这方面的工作刚刚起步，基础很薄弱。

表 6-2 调查样本农户设施农业面积

		频率	百分比	有效百分比	累积百分比
有效	0	1028	98.0	98.0	98.0
	0.5	5	5	5	98.5
	0.7	1	1	1	98.6
	1	1	1	1	98.7
	1.2	1	1	1	98.8
	10	1	1	1	98.9
	14	1	1	1	99.0
	2	5	5	5	99.4
	2.5	2	2	2	99.6
	20	2	2	2	99.8
	6	1	1	1	99.9
	8	1	1	1	100.0
	合计	1049	100.0	100.0	

资料来源：课题组 2014 问卷调查。

（五）调查样本农户拥有的林地面积及利用情况

图 6-5 显示，调查样本农户中有 40% 没有林地，有林地 50 亩以下的占 51.48%，51—100 亩的仅占 3.19%，100 亩以上的占 5.33%，户均林地面积仅为 8.6 亩。

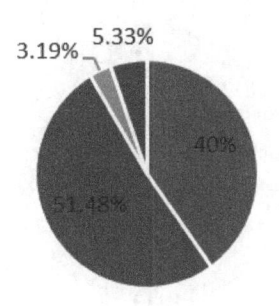

■无林地　■0.1-50亩　■51-100亩　■100亩以上

图 6-5　调查样本农户林地拥有情况

图 6-6 反映出调查样本农户拥有经济林的情况，69% 的农户没有经济林，50 亩以下的占 29.93%，但其中 10 亩以下的占 8.96%，10 亩到 50 亩的占 20.97%，而 50 亩以上的仅为 1.07%。数据统计还表明，调查样本农户经济林总面积为 3711.8 亩，户均为 3.53 亩。总体来看，调查样本农户经济林的规模也不大，而且也分布不均。

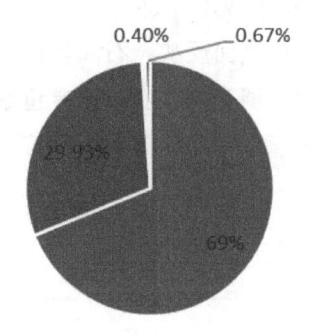

■无经济林　■0.1-50亩　■51-100亩　■100亩以上

图 6-6　调查样本农户拥有经济林情况

（六）调查样本农户拥有的生态公益林及退耕还林还草情况

据对问卷调查数据的统计分析，调查样本农户拥有生态公益林总面积为

3063.6亩，户均不足3亩（为2.92亩）。从图6-7看出，73%的农户没有生态公益林，拥有生态公益林10亩以下的占9.34%，10亩到50亩的占16.58%，而50亩到100亩的为0.19%，100亩以上的仅为0.28%。

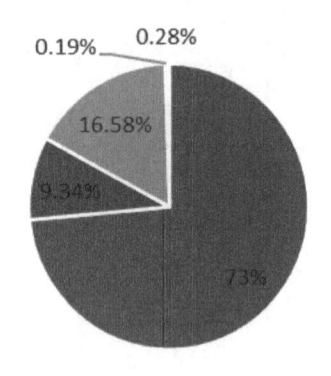

图6-7 调查样本农户拥有生态公益林情况

另外，统计数据还表明，调查样本农户获得退耕还林还草补助的总面积为1168亩，户均仅为1.13亩。78.9%的农户没有享受到这项政策的补贴。在获得补助的农户中，有19.92%的农户为10亩以下，只有1.18%的农户为10亩以上。

（七）调查样本农户拥有鱼塘的情况

从表6-3来看，调查样本中仅有1.2%的农户拥有鱼塘，且面积最大的为8亩，最小的为0.2亩。这从一个侧面反映，石漠化片区是一个干旱缺水的地区。

表6-3 调查样本农户拥有鱼塘面积

		频率	百分比	有效百分比	累积百分比
有效	0	1036	98.8	98.8	98.8
	0.2	1	1	1	98.9
	0.5	2	2	2	99.0
	1	4	4	4	99.4
	1.1	1	1	1	99.5
	2	1	1	1	99.6

续表

	频率	百分比	有效百分比	累积百分比
3	1	1	1	99.7
4	1	1	1	99.8
5	1	1	1	99.9
8	1	1	1	100.0
合计	1049	100.0	100.0	

资料来源：课题组 2014 问卷调查。

从上述对问卷调查数据的统计分析中可以得出结论，石漠化片区农户自然资本比较匮乏，生态脆弱性较强。其主要表现有：一是人均耕地少，有的甚至没有或者几乎没有耕地；二是耕地的质量较差，产出水平较低；三是虽地处山区，但可利用的林地不多，生态公益林也比较少；四是普遍干旱缺水，不少地方需要修建水窖（水柜）才可以勉强解决人畜饮水问题。

二、自然资本匮乏型农户生计策略的个案调查

生活在缺水又缺土的那些"一方水土养不起一方人"的贫困人口，应该怎样帮助解决他们生计的可持续问题？带着这个问题，课题立项之初，课题组就深入实际开展调查研究。2014 年 7 月课题组曾对两个村进行个案调研。所调研的这两个村，都是典型的大石山区，但一个是已经实施了整体移民搬迁，另一个还没有搬迁，其结果大不一样。

（一）案例一：对田东县祥周镇新型移民社区党支部书记 H 某某的访谈

专栏 6-1 对田东县祥周镇新型移民社区党支部书记 H 某某的访谈

被访者：田东县祥周镇局丰新型移民社区党支部书记 H 某某；访谈者：L
时间：2014 年 7 月 24 日下午；地点：H 支书家中

L：请问你家有几口人？
H：我家一共有 4 口人。我和老婆、儿子和我的一个弟弟。
L：你哪年出生？什么文化程度？

H：我是1967年出生的，是初中毕业。

L：你什么时候担任村支部书记的？

H：我20世纪90年代初（大概1994年左右吧）就担任村支部书记了。

L：你是什么时候搬迁到这里的？

H：2011年就搬来了。

L：这个新型移民社区共有多少户？多少人？

H：一共180户，有600多人。

L：都是来自一个地方吗？

H：主要是我们祥周镇北部石山区的驮仙等几个村的，有少数是作登瑶族乡的，也有的是从田阳县石山地区搬来的。

L：为什么选择搬迁到这里？

H：以我所在的驮仙村为例，第一，人均耕地很少。人均不足0.5亩，而且全部都是石缝地，所谓的一亩地其实没有一块是平坦的，几十块分散在石窝窝里。有一则笑话说，有人去山上种地时，记得是有十五六块地，数来数去怎么少了一块？原来是草帽盖住了一块（地）。这真的不是开玩笑，我们的自然环境就是这样恶劣呀。这些地只能种些玉米、黄豆、红薯之类的作物。一年到头辛辛苦苦，收入就两三百块钱一亩……大家都很穷。第二，交通不便。我所在的自然屯距离这里也就十公里左右，但是骑摩托车也要在半个小时到一个小时，走的都是石山路，弯多坡陡，路面不平，一不小心就会掉下山崖去，十分危险。第三，原来居住地有时还会遭受到地质灾害的危害。我们在石山弄里居住，山上的石头不时往下滚，很不安全。第四，吃水也成问题。因为住在山上，没有地表河流，只能靠修蓄水池来解决喝水问题。不卫生就不说了，一遇上天旱少雨的年头，喝水就成了我们最大的困难。第五，小孩读书、看病、赶集等很不方便。

L：我的理解，你们原来居住的地方，就是人们常说的"一方水土养不起一方人"的地方。

H：是的。20世纪60年代，我们那里就有人搬到联福村（祥周镇的一个村）。只是那个地方也容纳不了那么多人，所以没有搬完。

L：你们搬迁时政府提供了怎样的条件？

H：这个社区和20世纪60年代搬到联福村的不一样，那时候还没有那么多人口，土地也都是由当时的公社统一支配的，所以可以划拨耕地给搬迁到那边去的村民来耕种,叫作"有土安置"。现在我们局丰新型移民社区是没有耕地给的,所以叫作"无土安置"。政府统一征地、统一规划、统一建设、统一配套基础设施,据说是整合了发改、住建、国土资源等部门的资金来建设的。

L:你们搬迁时要付多少钱?

H:政府为我们征好地,打好建房子的地基,起了一层楼(预留可以盖三层楼的地基),配套建设基础设施和公共服务设施(如社区服务中心)等,我们每户要出5万元。

L:难怪我们见到有的还是一层楼,有的两层或者三层楼,不一样啊!

H:是的。不过大部分都建了三层楼。

L:5万块钱不少啊!作为山里搬来的贫困户,哪里来的这么多钱?比如说你自己吧!

H:其实我们在山里生活,也不是在家劳动的。20世纪90年代之后,各家各户的青壮年劳动力都到外面打工去了。我之前也在外面打工。后来当了支部书记,无法外出打工,我们就在当地干些零活。所以,对大多数人来说,几万块钱是拿得出来的。当然,有的家庭也是东借西借才凑够的,不容易啊!

L:从山里搬到这里生活,你觉得有哪些好处?

H:生活当然方便多了!起码来说,第一,交通条件改善了。我们这里靠近南(宁)—百(色)高速公路的祥周互通,又在田东(县)至德保(县)的二级公路边上。距离县城平马镇只有12公里,距离祥周镇才5公里,到田阳县的百育镇也才7公里,到田阳县城17公里,去哪里都很方便。第二,由于交通很方便,小孩读书、看病、赶集也很方便。第三,最重要的是,居住在县城周边,可以就近到县城打零工。另外一点,就是这里地处右江河谷,田阳县、田东县都是全国有名的"芒果之乡"、南菜北运基地。芒果是夏秋天需要劳动力,而秋冬季节种小西红柿(圣女果)、西葫芦等也需要劳动力,所以就业是没有问题的。这样一来,那些上了一定年纪,比如五六十岁的就不需要到外面打工了。第四,我们的居住环境也好起来了,水电路信息网络等都通了,社区里还有综合服务中心,村民们过的是和城里人没有太大差别的生活。这是一个最大的变化。第五,收入当然也相对提高了。在这里打零工,按照现在的工价,每天少的有五六十元，多的有八九十元，一个月干下来，最少的也能收入1500元左右，不用租房子等额外的开支，还能照顾家人。这比外出打工要好多了！

L：可以说说你家的经济收入情况吗？

H：好的。我担任社区支部书记，属于不定工的村干部，每月600元，一年7200元；每个月打零工大约15天吧（因为我要处理一些村里的事务），每天平均100元，一个月1500元，年收入18000多元，加起来25000元左右。我老婆之前在电子元器件厂干活（耳塞加工），现在不做了，她也是打零工的，和我一样每天100元，但她可以做20天左右，差不多年收入2万元左右。儿子高中毕业，去深圳打工两年多了，每个月工资据说3000多元，但除了租房子等开支，剩余的就不多了，一年就有15000元左右吧。我弟弟也去广东打工多年了，每年估计应该有2万元左右的收入吧！虽然没有分家，但是他的收入还是他的，今后还得给他娶媳妇、盖房子啊！就算我家三口人，一年下来四五万块钱是有的，除了生活等开支，也就剩下两三万块钱吧！和以前比，现在生活是好很多了！我们是从心底里感谢党、感谢政府，给了我们这样的好政策啊！

L：社区是怎样管理的？

H：我们社区是由不同的几个村搬迁来的。所以，原来的村干还是担任村干，也还管理原来所在村中的一些事务。同时，这里成立了社区联合党支部，大家轮流来管理。另外，村民的户口还是属于原来的村，可以叫作双重管理吧！这是一个没有解决的问题。

L：社区管理主要有哪些？

H：主要就是为大家做一些服务的事情，比如，公共卫生、公益事业的管理等。当然也组织大家学习党的政策，镇上有什么事情也通过我们来传达。再就是组织大家搞些活动，沟通感情。

L：社区的邻里之间关系怎么样？

H：大家来到这里共同生活，人数不多但也有600多人。"一样米养百样人"，磕磕碰碰的一些小事情、小矛盾总是难免的。但俗话说"远亲不如近邻"，加上我们这些人本来也都是一个地方的人，都从那片山里出来，风土人情、生活习惯也都差不多，加上我们社区管委会注意做好矛盾化解等工作，所以这几年来基本没有什么大的问题。

L：社区里有学校吗？孩子们到哪里上学？

H：因为这里离布兵中心小学很近，走路不到十分钟，所以没有办独立的学校，大多数都到那里去读，包括幼儿园。但是，一些家庭经济条件好的，也把孩子送到县城去读小学或者幼儿园，毕竟那里的教学质量高一些嘛！

L：驮仙村的农户基本都搬出来了吗？

H：是的。绝大部分搬出来了，没有搬到这里的人当中，有的搬到另外一个和局丰新型移民社区一样的社区——福民新型移民社区，有的已经在县城自己买了房子，当然还有个别的困难户还没有搬迁。其实也没有多少户在里面住了，大概就十几户吧！我建议政府采取特殊政策让他们搬迁出来。（后来了解到，在实施精准扶贫中，驮仙村已实现了全部易地搬迁安置。）

L：按你这么说，驮仙村就基本解决贫困问题了吧？

H：是的。如果我们不走整体搬迁的路子，永远就没有办法过上好日子。所以刚才我说感谢共产党，这是真心话！

L：那原来的土地、房子是怎么处理的呀？

H：原来的耕地就不是真正的耕地，丢荒了几年也就无法种粮了，但地还是我们承包的，大家都种些树，以恢复生态为主吧！房子原来就不那么好，大多数是木房子，几年不住也就烂掉了。

L：听了你这么介绍，真为你们能过上这样的好日子感到高兴。你认为，目前社区里还有什么需要政府帮助的吗？

H：最主要的就是协调好有关部门，比如民政、公安等部门，把我们的户口迁移到这里，把社区纳入正规的管理系列，理顺关系。这是我们的最大愿望！也希望您能帮我们反映一下！

L：好的。我一定把这个问题向县政府反映！谢谢你今天接受我的采访！让我们课题组成员对易地扶贫搬迁有了一个比较完整的认识！

（二）案例二：TD县SL镇LB村的个案调研

2014年7月25日，课题组到TD县SL镇LB村调研。之所以想到要去LB村调研，原因有二：第一，早在1998年课题组负责人还在原百色地区行署办公室工作时，有幸参与了"八七扶贫攻坚战"的工作。当时在一次会议上，时任该县县委书记L某某在给地委、行署领导汇报工作时提到，SL镇有个贫困村叫LB村，地处大石山区，由于还没有通公路，他要去走访贫困户，走了整整一天的山路才到该村。第二,大概是在 2014 年初,广西电视台第一书记栏目曾报道过 LB 村开展扶贫的情况。应该说,LB 村在石漠化片区中具有典型性。所以,调研组决定前往调研。陪同我们调研的有县扶贫办党组书记、镇政府一位副镇长和 LB 村第一书记等。

1. LB 村的基本村情

SL 镇地处 TD 县的东部,与 PG 县接壤。LB 村位于 SL 镇北部的大石山区,距镇政府所在地 23 公里。全村辖 11 个自然屯共 299 户 1504 人,劳动力 685 人(调研时点的数据)。

表 6-4 LB 村户数、人口、劳动力及耕地情况表

自然屯名	户数(户)	人口(人)	劳动力(人)	耕地面积(亩)
CANGSHA	16	82	39	43
GAOHAO	41	237	125	77
LONGLU	24	161	57	65
LONGBANG	44	195	94	120
LONGLI	42	185	46	122
LONGYI	24	133	58	45
LONGLIN	19	99	46	51
LONGKUO	21	93	45	46
LONGXIANG	29	154	84	29
LIANGLONG	18	63	37	31
LONGCHONG	21	102	54	62
总计	299	1504	685	691

资料来源:根据 2014 年 7 月该村第一书记提供的资料整理。

全村 11 个自然屯居住在海拔 860 米左右的严重缺水、缺土的高山乱石中,生存条件和生活环境十分恶劣。所谓的耕地,也都是分布在山上乱石夹缝中的"巴掌地"。

2. LB 村经济社会发展状况

——人口素质。LB 村 685 个劳动人口中,文盲半文盲 19 人,占 2.7%;小学文化程度 637 人,占 92.9%;初中文化程度 19 人,占 2.7%;高中文化程度 10 人,

占1.45%。据此计算，该村劳动人口中，小学以下文化程度占到95.6%，初中以上学历的比例不足5%，劳动力文化水平比较低。

——劳动力输出情况。全村有157名青壮年长年外出（主要是在本市内特别是近邻的县城）打工谋生。由于外出务工农民的素质、技能水平不高，收入普遍较低。留守儿童60人、留守老人4人。

——经济发展状况。全村只能种植玉米，配种黄豆为主要口粮。2013年玉米单产300斤/亩。部分群众养有猪、马、鸡等畜禽。2013年年底，全村大牲畜存栏数255头，家禽存栏数3581羽。全村无村集体经济项目。2012年人均纯收入为1275元，2013年人均纯收入为1561元，低于国家人均纯收入2300元，属国定贫困村。

——基础设施现状。全村各个自然屯已全部用上照明用电。但交通道路状况很差，11个自然屯中有LB屯等7个自然屯通砂石路（LB屯至GH屯的砂石路在施工当中），但所修的路不上等级，路况不好，平时只有越野车等牵引力大的车才能通行，每逢下雨任何车都无法通行，处在"晴通雨阻"的状态。其余4个自然屯尚未通路，群众只能翻越石山走羊肠小道，出行非常困难。建有191座家庭水柜，但饮水安全问题依然突出。

——村级公共服务状况。已建有1个村卫生室和1栋村部办公楼，内设有读书室，藏书1000多本。设有1所小学——LB小学，属寄宿制学校，学校现有一至三年级三个班143名学生，全部为瑶族，公办教师5人、工勤人员3人。2013年完成建设LB小学综合楼4层1栋和教师周转公租房5层1栋，143名学生和8名教职员工全部住进公租房，1、2单元为学生居住，3、4单元为学校教职员工居住。

3. 贫困状况及其原因

全村有贫困户294户1430人，占全村人口的95.07%。LB村的贫困成因可以简单概括如下。

一是缺土地。"九分石头一分土"，环境恶劣，产业结构单一，单产低下，经济效益不高。

二是缺水。没有水资源，农作物种植只能是靠"老天"帮忙。

三是缺技术。全村小学生大都读到四五年级便离开学校回家务农甚至早早结婚，读到初中的学生很少（LB村初中在读不到8人）。如上所述，该村劳动人口中，小学以下文化程度占到95.6%，初中以上学历的比例不足5%。因此，外出务工人员技能差，不容易接受新技术、新工种，即便有活干收入也不高，由此造成长期贫困。

四是缺劳力。家庭人口偏多，但劳力少，人均劳动力负担重。

五是缺资金。收入来源有限，因自身原因无法从银行贷款，发展空间受到限制。全村基本上没有人能从银行贷到款。

六是交通条件落后（前面已有叙述）。

七是自身发展动力不足，大多数群众进取心不强，有的怕苦怕累，没有发展的胆量和眼光，没有创业、就业的勇气。

八是身份被歧视[①]。这是该村的一个特殊因素。由于早婚早育等因素，据不完全统计，全村有近600人没有上户口，办不了身份证，无法享受到政府制定的低保等扶贫政策；外出务工也无法找到稳定的工作，只能在镇政府所在地附近做一些零工，收入不高。再说，没有身份证，办不了结婚证，生出来的小孩仍然入不了户口，形成恶性循环。

（三）两个典型案例调研的几点启示

第一，驮仙村和LB村在石漠化片区农村中具有普遍意义。两个村共同的特点就是自然资本极度匮乏，不仅缺水，而且缺土，生存环境可以说是相当恶劣，是典型的"一方水土养不起一方人"的贫困村。

第二，驮仙村在政府的引导和支持下，走"整村搬迁"的路子，这是自然资本匮乏型农户生计策略优化的选择，是这些贫困农户真正摆脱贫困，实现生计可持续的必由之路。田东县的这一探索，对于精准扶贫中如何落实"易地搬迁解决一批"的帮扶举措，具有借鉴意义。

第三，对自然资本匮乏型农户实施"无土安置"的易地扶贫搬迁，需要有一定的条件支撑，其中最为关键的是搬迁后的产业发展、就业支持。驮仙村之所以能够顺利实施，就是因为在搬入地附近有相对发达的产业（包括一产、二产和三产），农户搬迁后有广泛的就业空间，"稳得住"的问题得到较好解决。

第四，像LB村这样的贫困村应该整体搬迁，但长期困于大山里的群众，思想相对保守。对他们实施易地搬迁安置，故土情结的羁绊是很难逾越的"一道坎"，其困难程度不小。做好群众的思想工作，一定意义上比资金筹措等问题还要难。

据了解，在推进脱贫攻坚中，TD县已对LB村实施了整体搬迁。2018年，LB村的全体村民已告别生活了一辈又一辈的故土，搬到了距离原居住地20多公里的

[①] 据了解，该问题在推进精准扶贫中已在次年得到了解决。——作者注

镇政府所在地，开始他们新的生活。尽管前进的道路不会一帆风顺，但这无疑是"一方水土养不起一方人"的地方斩断"穷根"的理性选择。

第三节 "四方五共"推进易地扶贫搬迁：黔西南州的创新举措

上述的理论分析和实践案例分析表明，易地扶贫搬迁对于自然资本匮乏型农户而言，是改变其传统生计方式、促进其生计可持续的最优策略。然而，易地扶贫搬迁是一项极其复杂的系统性工程，农户（尤其是贫困农户）自身要通过实施这一策略来改变其生存环境，困难之大是难以想象的，只有在政府及其他社会力量帮扶下才能得以实现。

在推进脱贫攻坚战中，石漠化片区各地党委、政府以高度的政治自觉，贯彻落实中央"易地扶贫搬迁脱贫一批"的重大决策部署，紧紧围绕"搬得出、稳得住、能致富"这一目标，坚持从实际出发，实施精准方略，在"搬迁谁——搬迁对象的确定""往哪搬——搬迁地的选择""如何搬——工作措施的落实""如何稳——后续产业就业的扶持""如何融——新型移民社区环境的再造"等方面，推出一系列各具特色的创新性举措，扎扎实实做好"易地扶贫搬迁"这篇大文章。在这方面，贵州省黔西南州的探索与实践堪称典范。本节以黔西南州为个案，对其创新举措展开分析。

一、黔西南州易地扶贫搬迁"四方五共"工作模式创新的背景

（一）贵州省"十三五"易地扶贫搬迁工作的总体要求

在脱贫攻坚战号角刚刚吹响的2015年12月，贵州省委、省政府切实扛起脱贫攻坚"省负总责"的使命担当，把加快实施易地扶贫搬迁作为坚决打赢脱贫攻坚战的"当头炮"和关键一仗，制定出台了"上接天线、下接地气"的易地扶贫搬迁工作总体思路，明确工作目标任务以及方法路径。总体思路是坚持"政府主导、群众自愿，量力而行、保障基本，统筹规划、合理布局，自力更生、精准脱贫"的要求，对居住在"一方水土养不起一方人"地方的建档立卡贫困人口和确需同步搬迁农户实施易地搬迁，落实后续扶持政策措施，强化搬迁成效监督考核，确保贫困群众搬得出、稳得住、能就业、有保障，实现脱贫致富。同时提出了明确的工作目标任务。其工作任务是，实施易地扶贫搬迁162.5万人，其中建档立卡贫困人口130万人，同步搬迁的非建档立卡人口32.5万人；工作目标是，到

2020年搬迁群众生产生活条件明显改善,享有便利可及的基本公共服务,收入水平明显提升,迁出区生态环境明显改善,与全国人民同步进入全面小康社会。

为完成上述目标任务,贵州以"六个坚持"贯穿始终,走出了一条易地扶贫搬迁的创新之路[①]:一是坚持省级统贷统还。成立省扶贫开发投资有限责任公司,统贷统还全省易地扶贫搬迁所需资金,省级政府全额提供"子弹"(资金),市、县两级政府集中精力抓搬迁攻坚,并明确搬迁贫困群众自筹人均不超过2000元。二是坚持以自然村寨整体搬迁为主。瞄准"一方水土养不起一方人"区域,界定迁出地的区域条件和搬迁家庭个体条件,设置10个识别登记的程序步骤,以50户以下、贫困发生率50%以上的自然村寨整体搬迁为重点。三是坚持城镇化集中安置。结合贵州人多地少、自然条件恶劣的特殊省情,坚持以经济要素集聚功能强、创业就业机会多、人口承载容量大的市(州)政府所在城市和县城为主进行城镇化集中安置。四是坚持以县为单位集中建设。所有项目建设全部由县级政府成立相关公司作为工程实施主体,采取统规统建的办法,保障工程进度和质量。五是坚持让贫困户不因搬迁而负债。实施差别化补助和奖励政策,建档立卡贫困人口人均住房补助2万元,同步搬迁人口人均住房补助1.2万元。签订旧房拆除协议并按期拆除的,人均奖励1.5万元。"鳏寡孤独残"等特困户先由民政供养服务机构进行安置,不能安置的,由政府提供相应的安置房免费居住。制定建房面积标准红线,城镇安置的人均住房面积不超过20平方米,严格控制建设成本,县城安置房每平方米控制在1500元以内。六是坚持以产定搬、以岗定搬。围绕脱贫抓搬迁,做到"挪穷窝"与"换穷业"并举,安居与乐业并重,精准落实"一户一人以上就业"目标,确保搬迁群众能增收、可致富。

(二)黔西南州基本州情与易地扶贫搬迁的艰巨任务

黔西南州地处滇黔桂三省(区)接合部,贵州省西南隅、云贵高原东南端。全州辖1市、7县、1区,即兴义市、兴仁县、安龙县、贞丰县、普安县、晴隆县、册亨县、望谟县和义龙新区。2016年末,全州常住总人口283.82万人,其中少数民族人口占39.7%,城镇人口114.83万人,年末城镇化率40.46%。[②]全州总面积16804平方公里。其中,陆地面积16508平方公里,占98.24%。山地占53.8%,丘陵占14.9%,盆地占4.4%,河谷坝子占26.9%。宜耕、宜牧面积仅占12.8%,其中宜耕面积仅占1%。黔西南州是典型的大石山区,是石漠化较严重的

---

① 根据2017年6月课题组赴贵州省水库和生态移民局调研的资料整理。
② 在此之所以引用该州2016年的数据,是因为2016年是脱贫攻坚战的开局之年。

区域之一。有关学者的研究表明，该州非石漠化区域占全州面积的18%，无石漠化的占5%，轻度、中度和重度石漠化分别为12.7%、9.6%和5.3%，有45.4%的面积处于潜在石漠化状态。[1] 由此可见，黔西南州农户自然资源极度匮乏，农民赖以生存的耕地资源尤为贫乏。

黔西南是贵州贫困程度最深的市州之一，所辖8县（市）除兴义市外均为贫困县，其中3个是国家级深度贫困县；贵州省确定的20个极贫乡镇中，黔西南占4个，还有165个深度贫困村。2015年，全州贫困人口仍有58.29万人，占全州总人口的20.77%，占全州农村人口的28.91%[2]，占当年全国贫困人口7010万人（按2015年国务院扶贫办统计公布的数据，全国贫困发生率为5.38%）的0.71%，全州农村贫困发生率比全国高了23.53个百分点。

黔西南州大部分贫困人口都生活在地理区位偏远、生存条件恶劣、基础设施薄弱、公共服务水平低的地方，相当一部分属于"一方水土养不起一方人"的区域，全州需实施易地扶贫搬迁的人口达到338504人（其中建档立卡贫困人口218560人），占贵州省易地扶贫需搬迁总人数的20.89%，任务之艰巨可见一斑。

和全国其他地方一样，黔西南州在实施易地扶贫搬迁的过程中，同样面临着"难搬出、难稳住、难发展、难融入"等严峻挑战，如何做到"搬得出、稳得住、能致富"，是摆在黔西南州300多万各族群众和广大党员干部面前的一大历史性难题。

实施易地扶贫搬迁，在黔西南州还有其特殊性。以该州的望谟县为例，经贵州省易地扶贫搬迁指挥部核定，该县"十三五"期间需实施易地扶贫搬迁安置的共11533户52081人。由此看出，黔西南州易地扶贫搬迁有三个主要特征：一是需要实施易地扶贫搬迁安置的贫困人口数量多、占比高。从望谟县来看，易地扶贫搬迁安置的人口占全县人口比例达到15.97%。其中，仅麻山片区就达到8821人，占全县需搬迁安置总人数的16.93%。可见，其涉及面很广。二是需要整体搬迁的村寨多，在对该县的调研中了解到，该县计划实施整体搬迁的自然村寨达到233个，涉及5792户26984人，其中贫困人口3345户15533人。三是工作内容多、难度大。需搬迁安置的人口大多数长期生活在边远山区、深山区，传统农业是其主要生计模式。易地搬迁安置之后，改变的不仅仅是其居住空间的"位移"，

---

[1] 刘云慧、龙俐、谷晓平、于飞：《贵州省黔西南地区石漠化空间分布特征分析》，《贵州气象》2008年第1期，第3页。
[2] 李华玲、赵斌、张林、刘琼：《基于黔西南州连片特困地区农民贫困情况的调查报告》，《兴义民族师范学院学报》2018年第1期，第55页。

还将带来其生产环境、生活环境和文化环境的巨大变化。可见，易地扶贫搬迁，不仅仅是建一个房子、把人从 A 地搬迁到 B 地这么简单的事，而是一项以人为中心的新生活社区再造的系统工程。

麻山片区原来是望谟县的一个乡——即麻山乡，现为麻山镇的一部分，是贵州省大石山区、深山区的典型代表。在 20 世纪 90 年代，为集中力量加大扶贫攻坚力度，贵州省委、省政府批准把麻山片区的十几个村从麻山镇分离出来，设立了麻山乡。原麻山乡辖区面积 103 平方公里，八成以上地区属喀斯特地貌，人均耕地不足 0.2 亩。大山大坡深沟沟，山高坡陡路难走。在麻山，当地群众流传着这样一句顺口溜："土如珍珠，水贵如油，漫山遍野大石头。"麻山的贫困牵动着贵州省几代领导人和州县领导的心。1996 年至 2015 年，省州两级财政投入到麻山的扶贫资金大约为 3.5 亿元，极大改善了当地的生产生活条件。地处大山深处的麻山各族群众，在世世代代同恶劣的环境相抗衡中，顽强地在石头缝里求生存，在大山深处谋发展，孕育了"艰苦奋斗、艰苦创业、坚韧不拔、坚持不懈"的麻山精神。

"即使麻山的路修得再好，基础设施修得再完善，因为受到自然条件的制约，麻山地区的发展依然赶不上外界。就像跑步一样，别人因为有好的条件，在起跑线上领先了一大截，而麻山的自然条件赶不上别人，在起跑线上就已经输了。"这是曾经在麻山担任过乡（镇）党委书记的胡亦对麻山片区贫困根源的深刻认知，可谓切中了要害。

2016 年 3 月，经过连续十多天深入全州各县（市区）特别是到麻山开展调研之后，黔西南州委原书记张政得出结论，"在麻山，国家差不多人均投入 3.5 万元，至今也没摆脱贫困！"资金大量投入到道路交通、水利设施建设等方面，做了很多有利于发展、有利于改善百姓生存环境的事，虽在一定程度上缓解了贫困现象，但仍不能彻底脱贫，核心原因是这里地理环境、历史造成的"困局"限制了人的发展。因此，张政认为，要想彻底脱贫，就要先解除困局；解除困局就要搬出大山，搬到生存环境好的地方去生活，到城镇乃至城市生活，才能彻底剪断代际贫困。

麻山固然仅是一个个案，但在黔西南州，和麻山一样自然资本极度匮乏的自然村寨不在少数。脱贫攻坚中，打赢黔西南易地扶贫搬迁这场"硬仗"，不仅时间紧迫、任务艰巨繁重，而且没有可借鉴的现成经验，唯一的出路就是必须探索一条新路子。

二、"四方五共"工作模式的内涵及实施效果

(一)实践倒逼中形成的"四方五共"工作模式

马克思主义的认识论告诉我们,认识来源于实践,又反过来为实践服务。黔西南州"四方五共"工作模式的形成,同样遵循这一客观规律。可以说脱贫攻坚的实践要求,倒逼形成了黔西南州这一具有实践特色的工作方法。

"易地扶贫搬迁脱贫一批"是中央基于现阶段我国贫困现状作出的重大决策。其根本目的在于通过这一帮扶举措,使那些在生活"一方水土养不起一方人"的贫困人口,彻底摆脱生存环境恶劣、自然资本匮乏、发展空间受限等多方面的约束,从而使那些贫困人口"一步走向新生活"。可见,在实施"易地扶贫搬迁"这一政策干预过程中,搬迁只是手段,脱贫才是目的,最终的目标是致富。

基于"地无三尺平"这一特殊州情,在贵州省委、省政府的统一部署下,黔西南州的易地扶贫搬迁,基本上采取城市安置为主的"无土安置"方式,也就是说,这些搬迁人口从乡下到城市周边安置后,不再安排从事农业生产的土地资源。从生产方式来说,他们将实现由从事农业向从事工业和服务业的转变。搬迁人口如何实现从传统农民向现代市民的"华丽转身"?这是易地扶贫搬迁中首先必须考虑的一个重大问题。

然而,易地扶贫搬迁是一种"被动式移民",它与改革开放以来一部分农民进城务工或经商的成功创业者,在其适应了城市生活环境,有了较为稳定的收入,生计可持续的基础上,进而在城市里购置房产、安居乐业的"主动式移民"有诸多不同。具体而言,其最大的区别在于,与后者相比,前者自身不具备融入城市生活的诸多条件,包括居住条件、就业增收条件和环境适应、社会融入等方面的能力。从农村到城市,其生存条件、发展条件无疑会产生极大的改变,但出于对城市环境的"陌生感",生活在大山深处的村民们对此往往会望而却步。由此看来,解决这些突出矛盾和问题,消除易地扶贫搬迁人口对城市的"陌生感"乃至"恐惧感",是黔西南州高质量地如期完成易地扶贫搬迁目标任务的关键所在。

正如张政所言,易地扶贫搬迁工作不仅是要关注物质生产和生活,要特别注重的是产业,但比产业更重要的是文化。因此,我们回归原始来"找根"。

正是基于这一认识,黔西南州把易地扶贫搬迁具体细化为"搬心、搬神、搬产、搬家"四个程序(也可以叫作四个步骤)。笔者认为,在这四个程序(步骤)中,"搬心"是前提,只有老百姓自觉自愿搬迁,这一政策干预才有坚实的思想基础,这也就是习近平同志强调易地扶贫搬迁"要尊重群众意愿"的重要性所

在；"搬神"是核心，把原有的地方民族文化"搬出来"，让老百姓有安身立命之"根"；而"搬产"是关键，是指产业的支撑，有产业才会有就业，有就业才会有稳定的收入来源；最后"搬家"是结果，前三个问题解决好了，"搬家"才会水到渠成。

然而，知易行难。如果没有观念的更新，在易地扶贫搬迁中沿用过去的工作方法，简单地把任务一级一级往下压，群众不理解、不配合、不参与，就会造成"干部干、群众看"的现象，势必事倍功半、难以奏效。因此，黔西南州围绕实现易地扶贫搬迁"搬得出、稳得住、快融入、能致富"的目标，提出了"七个搬出"的新理念——搬出渴望、搬出文化、搬出产业、搬出倍增、搬出尊严、搬出动力、搬出秩序。搬出渴望，就是要使搬迁工作不断满足人民群众对美好生活的期盼；搬出文化，就是要让群众在新环境中找到安身立命之"魂"；搬出产业，就是让老百姓有业可就，有稳定的收入；搬出倍增，就要让城乡发展获得"双赢"，城市化与农业现代化同步发展；搬出尊严，就是要让搬迁群众更加公平公正地获得均等化的公共服务，使之有更多获得感；搬出动力，就是要让老百姓有自我发展的内在驱动力，变"要我搬"为"我要搬"，增强其发展的积极性、主动性；搬出秩序，就是要营造一个和谐有序的新社区，让老百姓加快融入城市新生活。可见，这是以问题为导向的务实之举，是贯穿着全新理念的创新举措，是确保易地扶贫搬迁有序推进的方向指引。

在推进易地扶贫搬迁中，黔西南州委、州政府认识到，虽然有了明确的方向和目标，也树立起了符合实际的新理念，但要把它落到实处，还需要有创新的方法，否则再好的思路也无法落地，目标就难以实现。

实践中，一些乡镇通过深入基层，与群众面对面共商发展大计，使一些多年未能破解的难题得以迎刃而解。这表明，脱贫攻坚的关键在基层、重点在村民。要把几十万群众从"一方水土养不起一方人"的深山区、石山区搬迁到城镇，必然有许多难题亟待破解、有许多"堡垒"有待攻克。唯一的出路在于"用群众的好办法来解决群众的问题"，只有唤醒老百姓的责任意识，树立起贫困群众在脱贫攻坚、同步小康中的主体地位，才能把中央和省委打赢脱贫攻坚战的决策部署落到实处。由此，"四方五共"工作模式应运而生。

经过一段时间的实践探索，2016年7月15日，中共黔西南州委、黔西南州人民政府发布《脱贫攻坚战区第二号令》，正式提出"七个搬出"和"四方联动"的决策，并于8月15日，正式下发了《中共黔西南州委 黔西南州人民政府关于加快实施四方联盟推动易地扶贫搬迁工作的指导意见》。①

"四方五共"工作模式，实质上就是一种协同创新的系统工作方法论。"四方"指的是政府方、群众方、利益相关方（企业）和社会，泛指参与到易地扶贫搬迁工作中的各类主体；"五共"指的是工作推进中各方的共商、共识、共建、共担、共享，是参与各方协同发力、有效推动工作的具体路径和科学方法。

（二）"四方五共"推动易地扶贫搬迁的内在机制

作为一种系统的工作方法，"四方五共"有其系统内各主体协同发力的内在机制。概而言之，搭建"四方联盟"是其载体，"四方"共商是核心、凝聚"四方"共识是基础、"四方"参与共建是抓手、"四方"责任共担是保障，最后实现"四方"共享是目的，相互之间的关系如图6-8所示。

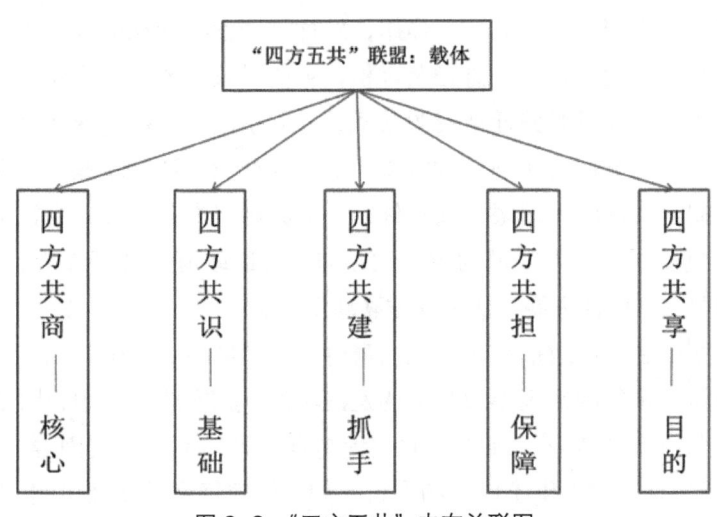

图6-8 "四方五共"内在关联图

"四方五共"是一个包含了"四方"（四个方面主体的联盟）和"五共"（相互间有内在联系的五个要素）在内的系统，要使这一系统运转顺畅，有效发挥其功能作用，必须建立健全相应的机制。实践中，黔西南州探索形成了沟通协商、责任共担、利益共享三个方面的机制。

沟通协调机制。就是以四方联盟为载体，在党委的统一领导之下，黏合各方力量，汇集在联盟平台之上，围绕为什么要搞易地扶贫搬迁、怎么来搞、如何来搞、要实现怎样的目标等，各方开展广泛的共商——沟通和交流。共商的过程，实质上

---

① 秦廷华：《"四方五共"：党的群众路线的实践创新》，《黔西南日报》2017年1月5日，第8版。

就是了解民意、集中民智的过程，就是体现尊重群众主体地位的过程。其中，让作为受益主体地位的群众方充分表达其诉求、反映出群众的意愿是其关键所在。通过建立对话机制，开展深入沟通协商，最大限度地凝聚各方的共识，不仅让群众的主体意识得到体现，而且在充分了解群众需求基础上制定的发展规划更加符合实际，更能体现群众意愿，制定的精准帮扶措施更加具有针对性和可操作性，从而为后续的搬迁工作奠定坚实的群众基础。

责任共担机制。就是明确在实施易地扶贫搬迁中政府、群众、企业和社会各方的职责：政府要发挥出主导作用，注意强化引导，搭建好各方发挥作用的平台，在各方形成共识的基础上搞好规划，为参与各方提供良好服务，推动各项工作落到实处；群众作为受益主体，要依靠基层党组织来宣传群众、教育群众、动员群众，强化其主体意识，发挥其主体作用，发挥群众参与的积极性、主动性，实质性参与到规划、建设、管理、监督全过程；企业以政府搭建的联盟为平台，履行自身的社会责任，通过对搬迁地资源禀赋、发展基础，以及群众文化记忆和技能特长的挖掘，使之与市场实现有效对接，催生新产业，形成新业态，提供更多就业岗位，为搬迁群众收入倍增创造条件；社会方则要充分发挥自身社会资源丰富的优势，通过多层次、多渠道的专业性参与，协助政府处理好参与各方的关系，促进四方联盟有实质性进展，实现各方联动发展。

利益共享机制。易地扶贫搬迁是国家对贫困地区脱贫攻坚、同步小康提供的特殊倾斜政策，是贫困地区千载难逢的发展机遇。在实施过程中，黔西南州把搬迁的过程，与推动城市化、现代化的过程结合起来，不仅让贫困群众"挪穷窝、拔穷根"，还为企业家提供了巨大的商机。如何构建好利益联结机制，兼顾政府、群众、企业、社会各方的利益诉求，实现各方利益的平衡和统一，是有效推进这一民生工程的关键所在。实践中，黔西南州围绕"搬得出、稳得住、百姓富、生态美"这一共同目标（也是全州最大的利益），运用"四方五共"工作模式，形成各方共建共享的强大攻坚合力，最终形成老百姓得实惠、企业家有商机、政府工作有成效，其他各方干事创业有平台的多方共赢局面。

（三）"四方五共"推动易地扶贫搬迁的成效及案例

黔西南州运用"四方五共"工作模式来推进易地扶贫搬迁，取得了显著成效。2016年计划搬迁69104人已全部搬迁入住，2018年通过实施旧房拆除攻坚计划，累计拆除旧房9181套，拆除率100%；2017年计划搬迁11.31万人，已实际入住11.03万人，占任务数97%，已全面完成实际入住任务；2018年搬迁15.63万人（其中贫困人口86687人），共建设24个安置点，安置点项目审批、规划、选址、用地、环评、地灾、质监、风险评估、施工图审查、招投标等手续均已全部办理，并于2019年6月前完成搬迁入住。

> **专栏6-2 案例一：只要勤快，搬到城市日子会更好**[①]
> ——望谟县昂武镇渡邑村水桐组"共商会"纪实
>
> 2016年初夏，《黔西南日报》记者随州政法委帮扶干部到望谟县昂武镇渡邑村水桐组观摩干部与群众易地扶贫搬迁的"共商会"。从县城到渡邑村水桐组，尽管车子可以开到村里，但路不好走，他们一行足足花了7个多小时。
>
> 这是一个才23户人家的小村子，村上的人家是1986年从另一个乡镇——打易镇长田村搬迁来的。最初搬来的只有8户。水桐组七成以上的土地属国有林场。他们在这里安顿下来之后，免费为林场种树，但可以在山坡上开荒种玉米、花生，日子虽然很苦，但温饱没有问题，于是同村的另外15户人家也跟着搬了过来。
>
> "每一次去那里，我都会被他们感动，他们都是非常勤劳的人。但每次，我又非常心急，他们这么勤劳，为什么日子还是这样苦？"同行的昂武镇党委书记伍定英眼里闪着泪花说道。
>
> 夜幕降临，"共商会"在WFW家30多平方米的院坝里举行。一开始，包村干部、昂武镇副镇长WY说："今天我们几个来到这里，就想听听乡亲们对易地扶贫搬迁的意见，希望大家都说说心里话！"在帮扶干部的引导下，群众掏心掏肺地说出了心里话……
>
> "我们种的粮食自家吃饱肚子没有问题，但要卖成钱，太费力了。没有钱，我们讨媳妇都成问题，我家兄弟五个，只有老二和老五讨着媳妇了。"已经26岁的WFW一脸落寞地说道，"老二和老五，都是到浙江打工讨的媳妇。我也想到外面打工，挣钱讨媳妇，但到了城市，没有房子住，心是飘着的，有点空。假如能在城里有自己的房子，靠打工来养家糊口，我不怕。"
>
> WJH说："虽然路修通了，电拉到了，水也到户了，但一到冬天枯水季节喝水还是成问题。我们陆续搬来的23家，现在只剩15家了，有8家

[①] 彭高琴：《只要勤快，搬到城市日子会更好》，《黔西南日报》2016年5月16日。

人拖家带口到外面打工，基本就没有回来过。这些年我一直在想，尽管国家对我们的扶持力度每年都在加大，我们也已经非常努力了，但这里的生存条件实在是太恼火（条件太差）了。"

"这次终于看到希望了，有了政府的帮助，我们可以搬到兴义去，但我们也有些顾虑……"WDL 说。

"大家有什么顾虑，都大胆地说出来吧！"镇党委书记鼓励说。

"搬到兴义肯定好，我们希望能将我们 15 户人家安置在一个小区，这样我们在生活上能有个照应。"

"我们搬迁费是按户籍人口算，还是按实有人口算，如按户籍人口，还没有上户口的孩子，咋办？"

"搬到那边，虽然可以打工，但是我们没有技术咋办？"……

针对这些问题，乡镇党委书记、包村工作队长和州政法委帮扶干部与群众逐一讨论，进行政策解答。在得出了肯定的回答后，WFW 信心满满地说道："搬到兴义困难肯定会有，但我们都有一双手，只要勤快，日子会过得好的！"这就是群众的心声！

专栏 6-3　案例二：贞丰县留住乡愁的做法与启示[1]

黔西南州贞丰县是 592 个国家级扶贫开发工作重点县之一，全县有贫困人口 6.3 万余人，其中需要易地扶贫搬迁人口 2.6 万余人。

2016 年，按照黔西南州委、州政府的要求，贞丰县把"四方五共"的工作模式运用到推进易地扶贫搬迁中，各乡镇、各村（组）共召开易地搬迁共商会 4882 次，收集群众肯定性意见 1008 条，建议 5535 条，挖掘布依族苗族服饰、布依刺绣、蜡染工艺等民间工艺人才 8325 人，挖掘布依八音、布依勒尤等民间艺人 3566 人，挖掘银饰制作等民间工匠 2324 人。

在广泛征求搬迁户意愿基础上，县政府邀请专业设计公司，策划打造具有布依族苗族文化特色的安置区。在者相镇建立"布依风情小镇"文化创意产业园区，在永丰街道必克村打造"布依漫城"乡村旅游文化产业园区。先后引进 20 余家有实力的企业，对搬迁户提供的铜鼓十二调、布依

---

[1] 彭高琴：《只要勤快，搬到城市日子会更好》，《黔西南日报》2016 年 5 月 16 日。

八音等设置专门展厅进行展示和销售，带动835户3757人增收致富。"之前很担心，搬进城里，会不习惯。没想到，老寨子里的东西，在这里也都能看到。"搬迁户说，"以前我们做传统的布依族绣品，都是自己做来自己用的。搬到这里后，这些玩意还成了致富的新门路。"

中国艺术研究院院长、中国非遗保护中心主任连辑表示："连泥带水地搬出文化是对科学整体地实施易地扶贫搬迁的生动实践，从物质和精神层面破解了物理性人口转移的难题。""有文化才有生命，这样的规划进一步丰富了民族文化的内涵，不仅使搬迁户在新家园里乡音无处不在，乡味无处不在，而且让乡音更醉人，乡味更沁人心脾。"中国作家协会委员、黑龙江省作家协会副主席王阿成说。

专栏6-4 案例三：兴仁县借助"外脑"走易地扶贫搬迁新路子[①]

在推进易地扶贫搬迁过程中，兴仁县活用"四方五共"工作模式，探索借助"外脑"走易地扶贫搬迁的新路子。

为扎实推进易地扶贫搬迁工作，兴仁县在构建"四方联盟"中，充分发挥社会力量的作用，邀请清华大学、北京大学、南京大学等高等院校教授组建"移民研究中心"。依托这个中心从移民历史、移民文化、移民现象、移民问题、移民发展等方面就易地扶贫搬迁进行深入研究，在此基础上对易地搬迁安置区规划进行完善提升，突出民族、文化和乡村特色。开展搬迁地的物质文化、非物质文化遗产登记及民族民间文化收集工作。截至2016年11月，全县发现物质文化遗产达36处，非物质文化遗产达70余处。同时，在安置区服务中心内设立乡愁馆，展示农村生产生活用具，让搬迁群众记得住乡愁。

三、"四方五共"工作模式的多维学理审视

从以上分析中得知，黔西南州创新的"四方五共"工作模式有力地推动了其脱贫攻坚中最难打的"硬仗"——易地扶贫搬迁，为该州取得脱贫攻坚战的全面

[①] 彭高琴：《只要勤快，搬到城市日子会更好》，《黔西南日报》2016年5月16日。

胜利赢得了主动。这一模式成功的奥秘何在？在此，拟从党的群众路线理论、公共治理理论和精准扶贫理论三个方面对其进行简要分析。

（一）党的群众路线视角下的"四方五共"工作模式

群众路线是党的生命线和根本工作路线，是我们党的优良传统和作风。习近平总书记强调："群众路线是我们党的生命线和根本工作路线，是我们党永葆青春活力和战斗力的重要传家宝。不论过去、现在和将来，我们都要坚持一切为了群众，一切依靠群众，从群众中来、到群众中去，把党的正确主张变为群众的自觉行动，把群众路线贯彻到治国理政全部活动之中。"① 这是习近平同志对新时代坚持党的群众路线提出的新要求。

"一切为了群众"是我们党全部工作的出发点和落脚点。"一切依靠群众"，是我们党的政治路线和工作路线的集中体现，是推进工作的根本动力、力量源泉。"从群众中来、到群众中去"，要求我们必须尊重群众的首创精神。"把党的正确主张变成群众的自觉行动"，是"从群众中来、到群众中去"的循环反复的实践过程。在新时代，贯彻党的群众路线，就要坚定不移地依靠群众，深入做好组织群众、宣传群众、教育群众工作，虚心向群众学习，热心为群众服务，诚心受群众监督。坚持问政于民、问需于民、问计于民，做决策、定政策，充分考虑群众利益和承受能力，统筹协调各方面利益关系，切实办好顺民意、解民忧、惠民生的实事，让人民共享改革发展成果。

以"四方五共"工作模式推进易地扶贫搬迁，是黔西南州在脱贫攻坚实践探索中形成的系统的群众工作方法，是对党的群众路线的实践创新。具体而言，主要体现在以下几个方面：

第一，充分体现了"一切为了群众"的根本要求。在脱贫攻坚中贯彻落实党的群众路线，绝不是一句空洞的口号，它具有十分具体的、实实在在的内容。比如，易地扶贫搬迁究竟是为了完成上级布置的任务，还是为了解决贫困群众的实际困难和问题？如果只是为了完成上级下达的任务，那么只要把任务层层分解并布置下去，把人搬迁出来也就算完成任务了。而如果这样做，其结果是可想而知的，贫困群众的困难和问题将不会得到有效解决。这本质上就是易地扶贫搬迁这项工作"为谁而做"的问题，是各级领导干部是否树立正确的政绩观的体现。可贵的是，在推进易地扶贫搬迁工作中，黔西南州从基本州情出发，着眼于"搬得出、稳得住、快融入、能致富"的目标，提出了"七个搬出"理念，按照"搬

---

① 习近平：《习近平谈治国理政》，外文出版社2014年版，第27页。

心""搬神""搬产""搬家"的程序，把工作做得扎实。在"四方五共"工作模式中，无论是把群众方纳入"四方"主体之一的制度设计，还是把"共享"作为"五共"的落脚点和归宿，都充分体现坚持党的"一切为了群众"这一根本要求，确保生活在石山区、深山区等自然资本匮乏地区的群众生产生活上的困难和问题得到解决，使之同步迈入全面小康社会。

第二，充分体现"一切依靠群众"的根本观点。这实质上就是推进工作"依靠谁"的问题。"四方五共"中，把"共商"放在核心地位，就是坚持问政于民、问计于民，就是坚持群众主体地位的具体体现。

第三，充分体现了"尊重群众的首创精神"的根本方法。首先，从"四方五共"工作模式的形成来看，就是尊重群众首创精神的最好佐证。它是在总结黔西南州基层群众在脱贫攻坚中解难题、破困境的成功经验基础上逐步形成的，是集体智慧的结晶。其次，它是广泛征求民意、集中民智的结果。案例二中，贞丰县仅在2016年就召开易地搬迁共商会4882次，收集群众肯定性意见1008条、建议5535条。在此基础上，提炼形成的发展思路，在者相镇建立"布依风情小镇"文化创意产业园区，在永丰街道必克村打造"布依漫城"乡村旅游文化产业园区等，不仅留住了"乡愁"，让百姓感受到"乡味"，顺应了民意，赢得了民心，也得到了社会各界的广泛认可，取得了良好效果。

（二）公共治理理论视角下的"四方五共"工作模式

反贫困属于公共治理的范畴。从贫困治理的视角来审视，黔西南州推出的"四方五共"工作模式，是运用公共治理理论来解决贫困问题的一项创新性举措。

从世界范围来看，公共治理理论兴起于20世纪90年代。其核心要义是强调政府与非政府组织、企业、社会个人等多元主体之间的平等对话、民主协商、互动合作以增进和实现公共利益。[1]公共治理理论的核心内容概而言之主要有：一是治理主体多元化。公共事务的治理主体以政府为主导但不局限于政府，还包括非政府组织、私人组织、行业协会、学术团体和社会个人等。二是治理客体周延化。公共事务不仅涉及政治性公共事务，还延伸到经济性和社会性的公共事务领域，凡具有公共性的事务都属于其治理客体。三是治理手段多样化。除运用行政、法律等"硬（规制性）"手段外，更多的还要运用各类机构、团体之间的协调、沟通和交流等"软（非规制性）"手段来治理。四是治理目标公益化。在政府的主导

---

[1] 曹胜亮：《社会转型期我国经济法价值目标实现理路研究——以马克思主义利益理论为视角》，武汉大学出版社2015年版，第215页。

下，通过发挥多元主体的协同作用，运用多样化手段推进各个领域的公共事务治理，实现公共利益最大化的目标。

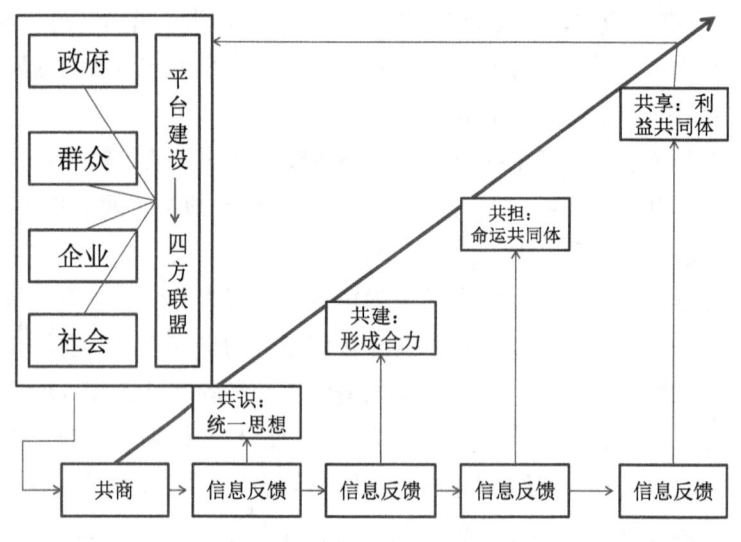

图 6-9 黔西南州"四方五共"参与贫困治理示意图

图 6-9 是借鉴中共黔西南州委"四方五共"调研组（2017）的调研结果[①]进行优化形成的。如该图所示，在推进易地扶贫搬迁这一贫困治理过程中，作为治理的主体有四个方面，即政府、群众、企业和社会，在政府的主导下构建四方联盟平台。黔西南州的实践探索最值得称道的是，从一开始就很明确地把群众、企业和社会团体纳入"四方联盟"的平台之中。其中，突出把企业和社会团体纳入联盟当中，发挥企业有资本、有市场、有平台的优势，依靠企业家来营造市场生态，用市场理念、经营方式把当地独特文化及特色山地资源等打造出特色产业；同时，注重发挥科研院所等社会团体的智力优势，"借脑"来完善提升易地扶贫搬迁中的各项规划，借力挖掘整理本地文化资源等，这些都是富有特色的创新之举。黔西南州"四方五共"的工作模式具有很强的创新性。从治理客体而言，在脱贫攻坚的大背景下，易地扶贫搬迁无疑是一项政治性很强的公共事务，各级党委、政府理应从讲政治的高度去落实。但它也是一项具有经济性和社会性的公共事务，比如搬迁人口搬迁后如何使其生计可持续、如何适应新生活环境等，这些都涉及产

[①] 中共黔西南州委"四方五共"调研组：《运用"四方五共"推动精准扶贫——黔西南州易地扶贫搬迁"四方五共"的探索与思考》，《黔西南党校论坛》2017 年第 2 期，第 6 页。

业的培育和就业、医疗、卫生、教育、社会治理、文化传承等方面的内容，显然这些属于经济性、社会性的公共事务范畴。从治理手段来看，易地扶贫搬迁是一项政策性很强、涉及面很广的公共事务，而且还是一项极其复杂的系统工程。因此，在遵守国家相应的法律法规前提下，制定出台一揽子的规范性政策，强化一些"规制性"的"硬"措施是必不可少的。但由于搬迁的对象是人，而且参与搬迁工作的主体涉及政府各个部门（如规划、建设、环保、财政、审计、监察等政府各主要部门），以及企业、社会团体等，因此，"四方五共"工作模式把"共商"置于核心地位，依托"四方联盟"这一平台（载体），强化政府与群众及各参与主体之间的沟通、协商就显得十分必要。通过广泛充分的协商沟通，最大限度地统一各方思想，才有可能形成"共建"合力，进而形成彼此之间休戚与共的命运共同体。也只有如此，才能实现公共利益最大化的治理目标——让生活在"一方水土养不起一方人"的贫困群众，真正做到"搬得出、稳定住、快融入、能致富"。

（三）精准扶贫理论视角下的"四方五共"工作模式

自2013年习近平同志提出精准扶贫以来，经过这几年的实践，业已形成了一套比较完善的"精准扶贫、精准脱贫"理论体系。其核心要义是"实事求是、因地制宜、分类指导、靶向治疗"，其主要内容包括"六个精准""五个一批"，解决好"扶持谁、谁来扶、如何扶、如何退"四个关键性问题。易地扶贫搬迁是精准扶贫"如何扶"中"五个一批"的重要内容之一，涉及"搬迁谁""谁来搬""如何搬""怎么稳""如何富"等几个具有内在必然联系的关键性问题。在运用"四方五共"推进易地扶贫搬迁中，黔西南州突出抓好以下几个方面：

1. 精准识别搬迁对象

在实际工作中黔西南州以推行"两会三书六表"[①]为抓手，认真贯彻贵州省委、省政府界定的迁出地的区域条件和搬迁家庭个体条件，严格执行搬迁对象确定的10个步骤（即：搬迁对象的普查筛选、群众申请、入户核实、村民小组评议、村委复议公示、乡镇政府复核再公示、县初审、市（州）审批、省抽查确认、实行动态管理等），让确定搬迁对象的全部过程公开透明，以公开求公正，以精准求公平。最终达到符合搬迁条件的乐意搬、不符合搬迁条件的也对政府工作大力支持之效，群众对政府推动易地扶贫搬迁工作的满意度很高。这可以从笔者的一次简

---

① "两会"即村民小组会、村民代表会；"三书"即贫困户申请书、脱贫意愿书、贫困户评估报告书；"六表"即精准识别征求意见表、村民小组建议表、村民代表大会建议表、建档立卡登记表、贫困户评估表、省精准扶贫登记表。

短的随机访谈中找到答案。

> **专栏 6-5　望谟县易地扶贫搬迁安置点——蟠桃新区的随机采访**
>
> 时间：2019 年 7 月 2 日　采访者：课题主持人　对象：一位普通群众
>
> 问：老乡，你搬到这里多长时间了？
> 答：我没有搬。
> 问：那你来这里是走亲戚还是访友？
> 答：我是来我女婿家帮带孩子的。
> 问：那你为什么不搬？
> 答：我不符合搬迁条件呀！
> 问：为什么你不符合条件？
> 答：搬迁条件县里规定得很清楚嘛，主要是缺水缺土的地方才可以搬迁的。
> 问：你是怎样了解这些条件的？
> 答：政府在做工作中，都开过很多次会议嘛！再说就是"五人小组"成员多次登门做工作的呀！
> 问：你对政府的这些规定有啥意见吗？
> 答：有啥意见？符合的就该搬，不符合的就不能搬。要不个个都来闹，政府咋搞工作嘛！
> ……

从以上简短的访谈中可以看出，黔西南州的"四方五共"工作模式是扎实有效的，如果没有"共商"这个环节，不去做过细的、深入的群众工作，群众对易地扶贫搬迁就很难达成共识，符合条件搬迁的不乐意搬，不符合条件反而来闹，群众工作基础不牢靠，工作就很难开展下去！

2. 精准实施新居规划建设和管理

一是建立规划建设"三合一"联合审查制度[①]，制定《黔西南州易地扶贫搬迁

[①] "三合一"即将州城乡综合规划审查委员会成员、州易地扶贫搬迁新市民居住区建设规划审核领导小组成员和州绿色小镇创建工作领导小组成员组织起来，对全州报审的易地扶贫搬迁新市民居住区项目进行联合审查。

新市民居住区暨绿色小镇规划设计技术导则》，规范移民新区建设，实施严格的审查制度，使新区建设规划更加科学合理。二是建立新居住区专项维修基金制度。三是建立新市民住房公积金制度，让搬迁人口后续的住房问题有更可靠的保障。

3. 精准对接产业和就业

一是精准打造特色产业。依托种养业、加工业、旅游业、流通业、劳务经济和农村电子商务，帮助搬迁户实现增收致富。全州各地易地扶贫搬迁新社区规划实施了铁皮石斛、荷花莲藕、布依土布等产业，打造地方土特产小作坊街。二是创新推出了"农调扶贫险"[①]，截至 2018 年末，共完成特色产业自然灾害保险 28.69 万亩、价格指数保险 29.18 万亩，企业和建档立卡贫困户达到"应保尽保"，其他农户达到"愿保尽保"，全面构筑产业抵御自然灾害、价格波动的保险屏障。三是建立林地占补平衡制度。组建贵州森泰林业开发投资有限公司，对全州易地扶贫搬迁林业资源进行有效盘活。四是构建文化旅游产业发展机制。在新居住区实施"九个一"工程[②]，大力传承民族文化和优秀传统文化，推动文化旅游产业发展。

4. 精准对接搬迁后的民生保障

一是试行"农低保"转"城低保"制度。在晴隆县三宝乡、册亨县百口乡、望谟县麻山乡的整乡易地扶贫搬迁居住区开展试点，共涉及 20108 人，其中建档立卡贫困人口 9516 人。纳入城镇低保后，每个低保对象年收入由原来的 3889 元增加到 7020 元。二是构建新市民就业保障工作机制。在规划建设的 36 个新市民居住区中，同步建立就业创业服务中心，以户为单位建立新市民就业创业服务卡，实施全员培训，保证每户至少 1 人以上熟练掌握 1 门实用技能。加大自主创业扶持，自主创业人员连续正常经营 1 年以上并带动就业的，按规定给予一次性 3500 元创业补贴、300 元/月场租补贴等。三是构建教育扶贫工作机制。全州新（改扩）建公办幼儿园 10 个，可容纳学生 900 人；配套寄宿制学校建设 22 个，满足新市民子女 4400 人寄宿需求。搬迁人口中的学生在原居住地享受的各项政策不变，做到政策资金"钱随人走"、教师编制"编随事走"，确保搬迁群众适龄子女不因搬迁而失学。四是构建健康扶贫工作机制。在 36 个新市民居住区均标准化规

---

① "农调扶贫险"的实施办法是，建立起以政府、企业（农户）、保险公司共同参与的风险分担机制。以平均每亩 2000 元收入为目标，按照"政府引导、市场运作、自主自愿、协同推进"的原则，以"州级财政 30%、县（市、新区）财政 60%、企业或农户自缴 10%"的参保比例，筹措参保资金 4000 万余元，对全州的农业产业进行风险担保。

② "九个一工程"是指设置一个文化服务中心、建设一个室外文体活动场所、建设一个民族文化纪念馆、配备一套广电系统、组建一支以上文体活动队伍、扶贫开发一批文化创意产品、建设一个公共旅游厕所、建设一个文化旅游商品购物点、培养一批非遗传承人。

划建设社区卫生服务中心，配置"家庭医生一体化服务包"，设置"一站式"办公场所，让新市民在一个窗口完成所有医疗费用报销等各项手续等。

5. 精准对接搬迁后的社会管理

一是建立新市民居住证制度。实行户籍和居住证并行，按照自愿原则，对搬迁后暂不愿意将户口迁移至安置地的搬迁群众，按照有关规定及时登记建档办理居住证，使搬迁人口享有城镇公共就业、教育、就医等权益和公共服务。二是实施新市民安居险[①]，截至2018年底共为14.15万人购买了安居险，匹配保费283万元。三是构建新居住区社会治理工作机制。在规划建设的新居住区设立警务室。构建"135"安防系统[②]，确保搬迁人口生命财产安全，促进安居乐业。四是创建新居住区党建新模式。在搬迁人口2万人左右的居住区，设置党工委、管委会，党工委书记由所在乡镇（街道）党（工）委书记兼任。其他居住区设立党总支、党支部和居委会。同步设立基层工会、共青团、妇联等群团组织、志愿者组织和社会组织。截至2018年，已成立新市民居住区党工委、管委会1个，社区基层党组织48个，社区自治组织29个。

[①] 安居险即政府按每人每年20元标准向商业保险机构为新市民购买安居险，保费由州、县两级财政各承担50%。

[②] "135"安防系统，即搭建一个风险感知平台，布建居住区出入口及周界、公共区域、小区单元楼三道防线，实现人口管理、风险预警、服务民生、安全布控、信息采集五大功能。

第七章

对标补短：
物质资本匮乏型贫困农户的可持续生计策略优化

物质资本，是指以物质形态长期存在于贫困农户资本体系中的，用于生产物品与劳务的设备和建筑物存量。物质资本作为生产的基本要素，其数量、质量、结构都是影响经济增长的因素。[1]农村家庭的物质资本主要是指生产所需的土地、机器等资源。[2]基于数据的可获得性的考量，在本课题研究中对物质资本的分析主要聚焦于住房、交通工具、卫生厕所三种类型。

对于贫困农户而言，物质资本是其直接消费的对象，其最为主要的功能在于提高和改善贫困农户的生活质量、促进和提高生产力。例如，安全稳固的住房可以维持贫困农户开展持续稳定的生产，交通方式的便捷和多元可以提高贫困农户生产效率、扩大其就业方式的选择，优良的卫生设施则能够减少疾病的发生、提高贫困农户健康水平以为其生计可持续性提供劳动力保障。而且，物质资本作为相对稳定存在的资本形式同样也具有价值属性，作为贫困农户的一种生产要素积累形式，在必要的时候也能够直接或间接转化为金融资本。

物质资本不是影响贫困农户生计策略可持续性的关键因素，物质资本并不能够对贫困农户生计策略的可持续发展产生直接影响，但其在资本体系中所具有的基础性地位是其他资本要素在贫困农户生计策略的可持续发展中能够持续发挥积极作用的前提。首先，自然资本需要与物质资本相配合，方能够形成闭合且完整的生产周期，满足贫困农户的作息需要；其次，物质资本是确保人力资本能够稳定持续存在的基础性因素，促进人力资本生产的完成；再次，物质资本也是贫困农户金融资本主要的转化和积累方式。可见，通过与各类资本形式相配合，物质资本能够对贫困农户生计策略的可持续性产生积极作用，同时对提高贫困农户的家庭收入具有显著促进作用。

---

[1] 郭志仪、曹建云：《人力资本和物质资本对我国东、西部经济增长及其波动影响的比较分析》，《中国人口·资源与环境》2008年第1期，第133-138页。
[2] 秦博、潘昆峰：《人力资本对贫穷的阻断效应——基于深度贫困家庭大数据的实证研究》，《教育科学研究》2018年第8期，第38-44页。

第一节 物质资本促进贫困农户生计可持续的作用机理

在我国当下实施精准扶贫、精准脱贫方略的过程中，住房条件被列为判断贫困户能否退出的标准之一。这主要是从生存环境的视角，考量贫困户是否具备进行资本及人的生产的基础性保障。符合生存和发展需要的居住环境是人类繁衍和文明存在的必要条件。可见，物质资本是贫困农户进行生产的必要物质基础，决定着贫困农户的生存状态，进而影响其生存适应性。因此，以生存环境具体表现形式而存在的物质资本，是贫困农户生计可持续的重要保障来源，发挥着基础性的作用。

一、物质资本具有基础性地位

在贫困农户生计可持续性中，物质资本处于基础性地位。虽然物质资本在很大程度上并不能够为贫困农户的生计可持续发展提供直接动力，但通过满足贫困农户的生存需求，物质资本为能够影响生计可持续性的其他各项资本提供了一个稳定的存在和输出环境，保障了各项资本能够持续有效地作用于贫困农户的生计活动之中，以间接方式实现了对贫困农户生计可持续性的支持。

（一）物质资本促进其他资本实现积累

生计资本分析框架下，人力资本是贫困农户实现可持续脱贫、维持生计可持续的关键因素，并在各因素中占据了决定性地位。而人力资本的积累主要表现为量的积累与质的积累两种形式。量的积累即持续增加劳动力的数量并投入于物质资本之上，而质的积累则是通过提高教育质量、开展技能培训等手段，提高劳动力的劳动素质，进而提高劳动力的生产效率，从而在不增加劳动力数量投入的基础上获得劳动价值的增长。由此可见，人的生产，以及人的劳动技能、劳动素质的提升是人力资本积累的重要方式，也是实现贫困农户可持续脱贫的主要途径。但人力资本的积累离不开特定的基础和载体，劳动力数量及质量的提升需要一系列的物质条件来支撑，物质资本正是人力资本积累所必需的基础性条件。

首先，现代农业生计方式均以人类定居模式为依托，固定的居住地域在保证了农事活动能够有效开展的同时，也是实现人的生产的核心物质条件。农户的大部分社会活动都是围绕着物质资料的生产和人的生产展开的：以耕地为主的自然资本承载了大量的物质资料生产活动，而以居住为主的物质资本则是进行人的生产这一社会活动主要的场所。一方面，诸如婚姻关系的缔结、后代的繁衍等以人的生产为内容的活动均需要以住房为依托方能进行，从而实现新一代生命的生产；另一方面，住房为人们将通过劳动获得的生活资料转化为体力、智力提供了必要的转化场所，从而实现了人的生产。而且，住房条件能否满足人的生产的需要，也决定着人的生产能否顺利进行，住房所能够容纳进行正常生产生活的家庭成员的实际数量决定着家庭劳动力数量的增长极限，而生活条件及设施是否齐备关系着家庭成员的生存质量及劳动力的劳动效率。

其次，劳动力素质的提升需要投入大量的资源来建设诸如教育场所、卫生医疗场所等基础设施，此类用于改善和提升劳动力质量的资本也属于物质资本的范畴。教育、医疗卫生、保健等事业是提高劳动力素质、增强劳动力技能、维持劳动力数量及保持劳动力稳定输出的重要保障，而此类事业的发展需要以特定的物质资本为附着，这些物质资本的存在，满足了人力资本积累的物质需求。而且，作为社会道德、行为规范、政治制度形式存在的社会资本也需要以教育机构和设施及大众教育体系的建立为基础，此类机构设施的设立同样需要物质资本作为其先决条件。

再次，在通过农业生产活动获得一定的物质资料积累之后，将物质资料投入至住房的建盖和交通工具的购买之中，是农户中普遍存在的一种物质资料的转化和积累方式。在物质资料的转换中，农户倾向于选择稳定且有助于农业生产持续开展的资本类型，而住房和交通工具等便属于此类。因此，对于贫困农户而言，将物质资料转化为物质资本是金融资本的主要转化方向。而且在现行的经济环境中，物质资本具有资产价值保值的功能，在必要的时候可以通过变卖、抵押等方式转化为金融资本。

由此可见，人力资本以及金融资本的积累均依赖于物质资本。对于贫困农户而言，人力资本数量与质量的积累满足了其生计可持续的要求，而金融资本的积累和与物质资本之间的相互转化，以物质的形式实现了贫困农户的物质资料积累，并在可持续脱贫遭遇阻碍时转化为金融资本，为生计的可持续提供资金支持。

（二）物质资本为其他资本的效益发挥提供稳定环境条件

农业生计是贫困农户维持自身生存与发展的重要经济来源，农业生计的可持续则需要稳定地将以劳动力为主的人力资本与以耕地为主的自然资本相结合，通过将人力资本持续作用于自然资本之上，最终实现剩余价值的稳定获得及持续增加。而物质资本是满足人力资本与自然资本持续稳定结合的前提条件。

人力资本即劳动力的投入，是自然资本能够产生剩余价值的决定性因素，在边际效益递减阈值之内，有效劳动力的持续投入是贫困农户农业生计可持续的主要模式，而物质资本则为劳动力的有效、持续、递增投入创造了环境条件。

农业生产主要以家庭为单位，家庭与住房的对应关系使得以住房为代表的物质资本成为家庭成员社会生活的重要空间，以住房为中心开展的家庭活动的活跃度与家庭成员中劳动力的质量及数量呈正相关关系。一方面，住房是家庭成员获得能量补充和休息娱乐的主要场所，并在最大程度上避免了家庭成员在从事这两项活动时遭受到来自于自然界的威胁，从而保证了家庭中劳动力能够在农业生产活动中发挥最大效能。另一方面，增加劳动力的投入（人力资本的积累）是家庭获得农业收益增长的主要途径之一，而住房是人类进行人的生产的主要场所，人类社会中一系列与人的生产相关的社会活动都需要围绕住房来进行，所以住房也是保证人的生产能够持续进行的物质基础，从而保证了家庭能够在自然资本之上增加劳动力投入以获得追加收入的增长。因此，住房的宜居与否、住房的居住功能能否满足农业家庭的日常生活需要，关系着人力资本与自然资本相结合的效率及结合的广度，影响着人力资本与自然资本结合后效益的有效发挥。

对于贫困农户，在现有的农业生产模式下，因"缺劳力"（即劳动力数量上的不足及质量上的缺乏）导致的与自然资本结合效率低下是其致贫的主要原因之一，通过提高劳动力质量及数量的投入以获取农业产出及收益的增长则是使其实现持续稳定脱贫，并避免因人力资本与自然资本结合效率低下而导致返贫的主要手段。

而以住房为主要内容的物质资本保障是提高贫困农户劳动力数量及质量的关键因素，因此可以发现，以住房为主的物质资本为贫困农户生计的可持续及可持续脱贫提供了劳动力的保障，并为人力资本与自然资本的有效结合奠定了基础。即便是对于以城镇化为目标、参与了城镇集中安置的贫困农户而言，安置性住房的存在也作为非农业生产技术因素之外的另一关键性因素，为其能够参与城镇非农业生产、主动融入城镇生活提供了物质保障，促进了人力资本与商业资本的融合，客观上保证了贫困农户收入来源的持续稳定。

（三）实现可持续脱贫需要物质资本与其他资本相配合

对于以农业为主要生计来源的贫困农户，实现其可持续脱贫的最为本质的因素便是从农业生产对象中持续获得能够维持自身生存及发展需要的物质资源。而物质资源的持续稳定获取，除了需要将一定数量的劳动力投入到自然资本之上，通过人力资本与自然资本的互动形成高于成本投入的物质产出外，提高劳动力的生产效率，在劳动力投入数量不变的情况下获得更大的物质产出，持续增加贫困农户所获取的物质产出，也是实现贫困农户持续稳定脱贫的具体途径。

提高人力资本与自然资本协作配合的效率，首先就需要实现物质资本与自然资本的配合。农业作为一项周期性的生产活动，农事活动的有效开展需要家庭劳动成员定期、定时往返于土地与住房之间。家庭住房的明确固定直接导致农事生产周期闭环的形成，并形成了农户的物质资本与其自然资本之间的稳定连接，进而维持了人力资本与自然资本结合后生产效率的稳定发挥和提高。值得注意的是，住房与土地之间的距离与农业生产效率及农业效益呈负相关关系，即住房与土地的距离越近越能发挥劳动者的劳动效率，并相应减少劳动成本，增加农户收入。可见，表现为住房与土地之间距离的空间因素也影响着人力资本与自然资本结合后的效率发挥。

而交通工具的数量与质量，也直接关系着人力资本在农业生产活动中效率能否有效发挥。作为住房与土地之间的重要连接方式，以及提升农业生产效率的途径之一，交通工具有助于减少人们往返住房与土地之间的时间，并扩大人们的地域活动范围，直接增加了劳动力投入至土地之上的单位时间，以及扩大了劳动力可投入的土地数量。这也意味着借助于交通工具这一物质资本的辅助，改变了人力资本与自然资本之间相互协作的固定数量配比。在保证物质产出不变的前提下，借助于交通工具可以在自然资本不变的前提下减少人力资本的投入量，也可以增加自然资本的投入量而不需额外增加人力资本。而且交通工具也满足了增加人力资本投入或扩大自然资本存量即实现物质产出增长的可行性，从而使生产效率和物质产品的产出实现持续增长。

此外，提高物质资本的质量，有助于与高质量的其他资本相结合，进而提高生产效率。自然资源需要通过人力资本并借助一定的物质资本才能够得以开发利用。而自然资源的开发利用效率则是由高素质的人力资本与高质量的物质资本相结合才能够实现，最终将资源优势转化为物质产出的优势和经济优势。可见，要实现贫困农户物质的持续稳定产出，就需要高素质的劳动力在特定的环境下，通过高质量的物质资本进行生产性活动，最终实现贫困农户收入的增长和个人、家庭的发展。

二、物质资本直接反映可持续脱贫的状态

"两不愁三保障"标准是决定贫困农户能否实现如期脱贫的必要条件。在贫困农户的家庭经济和社会保障两个方面达到此五项标准并实现脱贫后，如何保证既

有的脱贫成果可以得到有效维持、脱贫农户在当前和今后一段时间内的生产生活状况能够持续超过脱贫标准，就需要通过脱贫农户生计的可持续性这一视角加以评判。其中，脱贫农户的技能掌握和提升程度、货币资本的储蓄水平、健康状况等均可对脱贫农户的脱贫状态产生关键性影响，而物质资本则可以从如下几方面反映出脱贫农户是否具有可持续脱贫的状态。

（一）物质资本反映贫困农户技能掌握总体水平

在由传统农业向现代农业转型的过程中，生产技术、专业技能逐渐取代劳动力成为促进农业增产、农业经济增长的决定性因素。开展技能培训、提高贫困农户生产技术水平也成为脱贫攻坚中促进贫困农户实现稳定持续脱贫的重要举措。

如上所述，物质资本为劳动技能提升提供了物质基础，而物质资本的积累则能够促进贫困农户生产技能的提升。因此，在实现以劳动技能提升促进贫困农户可持续脱贫的举措中，除了加大对贫困农户的技能、业务培训力度之外，增加与技能培训相关物质资本的投入也能够从整体上提升贫困农户的技能掌握水平。而且，贫困农户的物质资本积累状况也能够反映其对技能提升及教育的投资水平。受到初始物质资本积累水平的影响，物质资本积累程度较低的贫困农户在技能、教育方面的资本投入水平相对较低，而物质资本积累程度较高的贫困农户则更倾向于将家庭收入中的较大比重投入至教育水平和技能掌握程度的提升之中。随着物质资本积累带动贫困农户技能的不断提升，客观上也增强了劳动技能对物质资本的依赖程度，并成为我国农业经济转型中的一个突出现象。[①]

此外，随着贫困农户劳动技能的增强，也直接扩大了其能够从事的劳动的种类，促使贫困农户不再局限于现有土地开展生产活动而开始参与农业以外的劳动活动。贫困农户的生产活动范围得到扩大，导致贫困农户中技能型劳动力流动性的增强，最终实现劳动力转型，进一步增强了其物质资本的积累水平。而对于技能掌握程度较低的非技能型劳动力，则并未出现因物质资本而导致的劳动力流动性增强的情形，进而限制了其物质资本积累的水平，最终间接扩大了技能型贫困农户与非技能型贫困农户之间的收入差距。

由此可见，无论是通过政府行为进行的物质资本投入，还是贫困农户自身主动从事的物质资本积累行为，都能够对贫困农户劳动技能的提升产生促进作用。而且，物质资本积累的总体水平也能够反映出贫困农户技能掌握的总体程度，即

---

① 马红旗、黄桂田、王韧：《物质资本的积累对我国城乡收入差距的影响——基于资本—技能互补视角》，《管理世界》2017 年第 4 期，第 32-46 页。

更高的物质资本积累能够带来贫困农户更高的技能掌握平均水平,而相对较低的物质资本积累则与贫困农户较低的技能掌握平均水平相联系。

(二)物质资本反映贫困农户生产生活水平总体情况

生产性支出和生活性支出是农村家庭开支最为主要的两个方面。生产性支出即农户将资本投入至与劳动生产直接相关的各项环节,通过增加农业生产单位或提高农业生产效率,以在下一轮农业生产周期中获得农业收益的提升。而生活性支出则是农户为了进一步改善生活条件,提高生活便利性而产生的必要开支。

对于农村家庭,在通过生产劳动取得一定程度的货币积累之后,他们更倾向于将所积累的货资本通过生产性开支和生活性开支转化为物质资本。其中,在生产性开支方面,他们多选择通过购置交通工具、增加交通工具的数量和种类,或增加生产性用房等方式进行消费;而在生活性支出方面,最为普遍和重要的一项开支则是对现有住房的翻新或重建。究其原因,一方面,农业生产周期固定,投入产出比值较为稳定且收益率较低,为维持稳定生产生活来源及持续增加农业收益,就必须将既有收益中的较大比重投入至围绕农业生产及生活相关的消费项目之中;另一方面,对于农村家庭而言,建盖住房和购买交通工具是较为稳定的一种投资方式,在满足了生产生活需求的同时,也能够作为金融资本积累的方式之一,在必要时住房及交通工具均能够转化为货币而成为金融资本。在消费倾向和家庭开支上,贫困农户大体延续了这一传统。因此,对于贫困农户目前的生产生活情况,以及其是否具备可持续脱贫的能力,便可以从其现有的物质资本情况加以评估。

更多数量及种类的交通工具意味着贫困农户在之前的农事生产周期中,在获得了能够维持自身生存需求的必要资本外,还有足够的物质资本及货币盈余,能够支持其购买交通工具。而交通工具数量及种类的扩大也进一步提升了贫困农户的生产效率,增加了其在下一个农事生产周期中的预期收益。交通工具的拥有量就成为贫困农户生计可持续性高低的衡量标准。

在现行的扶贫政策下,贫困农户在住房方面的消费同样明显。对住房有较大需求的贫困农户大多享受到了诸如危房改造、原址拆除重建、易地搬迁等住房扶贫项目的扶持和补助。但住房扶贫项目仅以满足贫困农户基本住房需求为目标,贫困农户若需要进一步提高居住水平和住房的宜居性,就需要在政策补贴的基础之上以自身的资本作为额外投入。从本课题所开展的调研情况来看,较大部分的贫困农户均在政策基础上增加了住房的资本投入。可见,在住房扶贫政策基础上的住房资本投入也需要以贫困农户获得一定程度的货币积累为前提,这便也意味着贫困农户能够通过既有农业生产维持自身的生存和发展需要。而住房居住功能和居住条件的完善,也进一步激励着贫困农户开展农业生产的积极性,为脱贫的可持续性提供更充裕的物质基础。

(三)物质资本反映贫困农户的健康状况

健康及医疗水平直接关系着贫困农户生产生活水平及可持续生计状况。良好的身体素质及健康状态意味着贫困农户所拥有的人力资本处于较为良好的状态,在排除了人力资本的数量因素之外,健康及医疗水平直接决定着贫困农户家庭人力资本的质量。缺乏医疗保障或健康状态不佳则意味着贫困农户在农业生产中不能充分投入人力资本以换取农业产出效益的最大化,而且医疗开支是贫困农户家庭中占据比重较大的一项额外开支。一旦此项开支产生,将会成为贫困农户日常生活中较重的一项负担,进而占据贫困农户家庭收入中的较大比重,在限制贫困农户农事生产中劳动力投入水平的同时,也往往会导致其正常农事生产收入因医疗健康开支而无法满足其日常生产生活需要。因此,因病致贫、返贫是贫困农户中较为突出的一种贫困形式。

加大物质资本在医疗卫生方面的投入,则能够显著改善贫困农户的医疗条件和健康水平。更为完善的公共医疗设施,意味着贫困农户能够享受到更为及时有效的医疗服务和医疗保障。因此,加大医疗卫生方面的公共物质资本的投入,能够显著地改善贫困农户现有的医疗卫生状况,提高其健康水平,进而增进其劳动力的可投入水平,维持贫困农户脱贫状态的可持续。

从贫困农户家庭和个体的角度来审视,家庭及个人的卫生、健康状态的维持,直接关系着其劳动力的状态及其生计状态的可持续性。以物质资本形式存在的家庭厕所,便是维持贫困农户劳动力可持续脱贫状态的健康和卫生因素。拥有家庭卫生厕所在较大程度上避免了家庭中传染性疾病发生、流行的可能性,也进一步削减了流行性疾病在村落中、村落之间流行的可能。建设家庭卫生厕所既是农村人居环境整治提升的重要内容,究其根本,则是提高包括贫困农户在内的农村人口整体健康水平的关键物质资本投资。

由此可见,表现为公共医疗设施及表现为私人家庭厕所的物质资本直接关系着贫困农户的整体健康水平。随着此类物质资本投入的持续加大,贫困农户的健康福利必然能够得到增进,使物质资本表现出其直接的福利性。从另一个角度审视,医疗卫生方面物质资本投入也与贫困农户的整体健康状况呈正相关关系,更多的医疗卫生物质资本投入意味着贫困农户具有更高的健康水平和劳动力素质,能够满足高效持续的农业生产劳动的人力资本投入,直接反映了维持贫困农户的生计及脱贫状态的可持续性。

第二节 物质资本匮乏型贫困农户的基本特征

物质资本积累状况是贫困农户现有生产生活状况的直接反映。贫困农户是否具备能够满足于脱贫需要的、充足且有效的人力资本，是否获得了超出贫困标准的金融资本积累，都能够通过其所拥有的物质资本的积累程度加以评判。而且物质资本中的住房是贫困户脱贫退出标准中的一个硬性指标，加之物质资本的积累程度可以作为贫困农户是否满足脱贫条件的一个间接衡量要素，以上条件的具备都让贫困农户的贫困情况及脱贫现状可以透过其物质资本的积累加以反映。

而作为贫困农户生计可持续的基本因素，物质资本为贫困农户生产生活的有序开展奠定了物质基础，影响着贫困农户的其他各项资本能否形成有效配合并发挥出最大效益。物质资本的积累程度决定着贫困农户是否具备开展农业生产活动的充足物质条件，也直接关系着其他各项资本在具体农事生产活动中能否获得足够的积累，并且各项资本效益的最大限度发挥需要与物质资本形成密切而有效的配合，从而提高农业生产效率。因此，贫困农户能否具备可持续的生计方式，能否从农业生产活动中持续稳定地获得生产生活来源，需要物质资本的积累作为先决条件。

从另一个角度来看，物质资本的匮乏也直接导致了在贫困农户贫困现象的发生。物质资本匮乏直接影响着贫困农户维持生存的必要需求。因此，物质资本匮乏的贫困农户不仅其现有的物质资本难以满足他们正常的生活需要，也往往缺乏必要的收入来源和足够的金融资本积累，进而限制了他们对自身物质资本的再积累。

一、收入水平偏低

贫困农户资本体系中各项资本的匮乏，都能够直接或间接导致贫困现象的发生，但各项资本的匮乏最终都通过金融资本匮乏的形式得到表现。因此可以认为，缺乏支持家庭成员生产和消费需求的足够资金积累和流动是导致贫困农户贫困现象发生的最为根本的原因。而且基于金融资本与物质资本相互转化的关系，在正常情况下，因缺乏向物质资本转化的足够的金融资本，贫困农户金融资本的匮乏必然导致其物质资本的匮乏。从本课题的研究中也可以发现，在物质资本匮乏的贫困农户中普遍存在收入水平偏低、金融资本不足的情况。

从本课题研究中还可以发现，种植业、养殖业和劳务收入构成了贫困农户主要的收入来源，其中种、养殖业又占据了较大比重。但种、养殖业对自然资本的依赖程度较高，自然资本的匮乏对贫困农户种、养殖业的收入产生较为明显的消极影响。而贫困农户日常生产生活中对资金的大量需求难以通过现有的经济收入和家庭的金融储蓄得到满足，迫使其必须通过借贷等方式获得额外现金，具体的表现便是调查样本县贫困农户中都存在着较高比例的借贷行为。

（一）自然资本匮乏

贫困农户所拥有的自然资本的类型直接决定其所能够进行的生产和生活形式，而自然资本的质量及对自然资本的持有量，则直接决定着贫困农户所能够从中获得的收益。更多的自然资本拥有量，意味着贫困农户可以投入更多的劳动力及生产物资在自然资本之上，自然资本数量的增加也相应地增加了自然资本所能够产出的资源总量。对于贫困农户而言，较低的收入水平与其所拥有的以土地为主的自然资本数量的不足存在着密切的联系，这在本课题研究中具有较为明显的表现。

根据本课题的研究数据可以发现，在所调查的20个样本县中人均耕地面积不足2亩的县达到16个，占样本数量的80%。而其中又有10个县人均耕地面积不足1亩，包括了云南省的西畴县、马关县，广西壮族自治区的乐业县、隆林县、凌云县、隆安县、天等县、德保县，以及贵州省的册亨县、贞丰县，且以上10个县人均旱涝保收面积的均值也普遍不足1亩。与之相对应的则是人均耕地面积低于1亩的绝大多数县的贫困农户中存在着大量年人均现金收入不足5000元的人口，并在所调查人口中占据了极大比重。如西畴县人均现金收入在5000元/人/年以下的调查对象占全县对象的79.1%、马关县为91.4%、隆安县为86.5%、德保县为84.6%、乐业县为75%、凌云县为80.4%。由此可以推断，耕地面积较低的占有量是导致贫困农户家庭收入偏低的最为直接的原因。

另一方面，拥有较多的人均耕地面积也意味着贫困农户能够在农业生产中获得更高的现金收入。通过本课题的调研数据可以发现，贫困农户人均耕地面积超过2亩的涉及6个县，其中砚山县、屏边县、罗平县和晴隆县的人均旱涝保收面积也相对较多，均在1亩以上。与之相对应，则是砚山县、罗平县及晴隆县的贫困农户中家庭人均现金收入在5000元以上的农户占比更高，如砚山县达到43.7%、罗平县为39%、晴隆县为78.7%。此三县贫困农户家庭人均现金收入也均超过了5000元，晴隆县甚至达到了13594.50元/人/年。总之，作为贫困农户最为主要的生计和生活来源，相对充足的自然资本能够显著提高贫困农户的现金收入水平。

充足的自然资本能够促进金融资本的积累，是普遍存在于贫困农户生计活动中的特征，但这一影响过程也需要其他资本因素的相互配合才能达到农业收益的最大化。例如云南省的丘北县、屏边县同样拥有本课题所涉及研究对象中较为突出的人均耕地面积，但两县贫困农户人均现金收入依然处于一个较低值，其中丘北县人均现金收入低于5000元的贫困农户占总贫困农户数的68.1%，屏边县为76.6%。而罗平县贫困农户拥有人均耕地面积尚不足2亩，但其贫困农户人均旱涝保收面积的均值超过1亩，该县贫困农户人均现金收入在本课题涉及对象中处于较高值，仅次于晴隆县，其中人均现金收入在5000元以上的贫困农户占到该县所调查总贫困农户总数的39%。其他资本因素如何在自然资本因素促进金融资本积累的过程中产生不同形式的影响，还需要结合各县实际情况进行分析。

（二）储蓄水平偏低

缺乏满足自身生存和发展的各项资本是产生贫困农户贫困现象的根本原因，而要满足贫困农户的生存与发展，在直接获取物质资源的同时，更为现实的路径则是通过各项资本向现金收入的转换和积累，在需要时以现金购买所需的物资和资源。但正因为无法拥有充足的各项资本导致贫困农户现金收入普遍偏低，再加之日常生产生活对现金的大量消耗，使得储蓄水平偏低成为贫困农户中普遍存在的现象。

在无法获得足够的现金收入之外，贫困农户储蓄水平偏低也与其消费和资本积累习惯存在必然的联系。在获得一定程度的现金积累后，贫困农户多倾向于将现金积累或金融资本转化为物质资本以提高生产的便利性和生活的舒适性。购买交通工具和建盖、翻新住房是最为主要的两个转化方式，其中又以建盖、翻新住房对金融资本的转化效率最大。

对于贫困农户，即便存在着新建和翻新住房的相关政策优惠，但想要获得一个较为宜居舒适的房屋，在政策补助资金之外他们还需要额外投入现金，这极大地消耗了他们的储蓄存款。作为常见于贫困农户中的一种金融资本的固定转化模式，即便在金融资本无法满足建盖、翻新住房需求的情况下，攀比、跟风心理的存在也促使着包括贫困农户在内的农户通过借贷的方式来筹集建房资金，这也进一步延缓了贫困农户储蓄存款的增加。

通过产业的扶持和发展以实现农业的转型升级，进而提高贫困农户农业相关产业的收入水平是实现贫困农户生计可持续的重要途径，也是各级党委、政府为实现贫困农户稳定可持续脱贫而主攻的方向。虽然从政策上对于贫困农户的产业转型升级都有一定程度的资本扶持和奖励，但更多的投入仍需要贫困农户从自身储蓄存款中进行开支。相较于传统农业，农业的特色化、产业化、集约化转型能够带来更多的物质、金融收益，但前期也需要更多的资金投入至诸如场地设施建设、种苗购买等方面，也就意味着前期需要更多的资本投入，这进一步缩减了贫困农户的储蓄水平。而且自精准扶贫开展以来，为一定程度满足贫困农户生产、发展方面的资本需求，国家也在信贷方面为贫困农户提供了政策优惠，其中以扶贫小额信贷最为典型。扶贫小额信贷规定每户贫困户最高可获得5万元贷款并三年免息，且准入门槛较低：只需贫困农户有足够的劳动力从事农业产业并具有还款能力即可。针对贫困农户较为宽松的贷款政策，导致贫困农户中大量贷款现象的出现，在本课题的20个样本中，仅有天等县获得贷款的贫困农户总数在该县调查的贫困农户中占比略低于50%，其余各县中有11个县的贫困农户借贷行为的比例超过70%，占调查样本县数量的一半。较高比例的借贷行为从一个侧面也反映出，大部分的贫困农户仅靠现有的储蓄存款难以获得自身生存和发展的货币或金融资本需求，只能通过借贷行为加以满足。

由此可见，贫困农户各项资本匮乏导致的现金收入不足，大量储蓄存款向物质资本的转化，以及产业转型升级对金融资本需求的增加，都是造成贫困农户储蓄水平偏低的主要原因。而贫困农户中大量借贷行为的存在也进一步印证了他们对现金的较高需求，间接证明了贫困农户中储蓄存款偏低问题的存在。

二、住房投入水平较低

物质资本的匮乏是贫困农户中较为常见的一种贫困现象，主要原因在于贫困农户因自然、人力等资本的匮乏，无法通过生产劳动获得足够维持其物质消费的收入，使得金融资本缺乏足够的积累而无法完成向物质资本的转化。由此导致贫困农户在住房方面无法进行较高水平的资本投入，进而难以获得安全稳固的住房，其所居住的房屋也较难以满足家庭成员正常的生产、生活需求。在推进精准扶贫中，作为贫困对象的识别标准之一，导致物质资本匮乏的农户因缺乏有保障的住房而被划入"贫困户"的范畴。

（一）现有住房难以满足正常生产生活需求

住房是家庭成员进行人的生产生活的重要场所，也为维持农业家庭开展正常的生产活动提供了基础性条件。上文已经提到，自然资本、金融资本与物质资本之间存在着互动关系，自然资本、金融资本的积累程度能够直接影响贫困农户物质资本的积累并呈正相关关系，而物质资本的积累同样反映贫困农户自然资本、金融资本的状况。而贫困农户之所以能够被划入"贫困户"的范畴，其家庭及个人至少在生计资本的某一方面或多个方面存在短板而无法维持家庭成员的基本生存需求，而最终通过物质资本匮乏的形式得以表现。其中以住房的功能性缺失表现最为显著。

作为家庭成员基本的居住单位，住房最为基础的功能性体现为能够为全体家庭成员提供栖居和庇护的空间、场所。因此，住房需要有一定的空间以满足家庭成员在其中开展生活性的活动，并随着家庭成员的增多，这一空间也需要不断扩展。而且住房需要具备安全稳固的结构和环境，从而为居住者提供一个安全舒适的居住环境，以避免居住者遭受来自外界和房屋本身的危险和伤害。

要达到人们对于住房在空间方面和安全方面的要求，最为根本的途径便是需要居住者投入大量的资本通过建盖、扩大居住面积以获得足够的家庭成员所需的生活空间，而为了维持房屋的安全稳固，也需要居住者定期或不定期地对房屋进行修缮、翻新甚至重新建盖。此类举措均要求家庭需要在积累了一定程度的金融资本之后方能进行，并通过以金融资本为主的投入，将金融资本转化为房屋的形式，最终实现房屋这一物质资本的积累以满足家庭成员生存和发展的需求。

但对于贫困农户而言，因存在着多方面的因素，导致其家庭现有的住房需求难以通过自身的条件及生产实践来得到满足。在本课题进行调研的过程中，以及从本课题的现有研究成果中可以发现，住房不具备完整充足的功能性是目前贫困农户中普遍存在的现象。

其中最为主要的一个因素是因自然资本的匮乏导致贫困农户的农事生产活动无法获得足够的物质产出用于房屋方面的投入和资本的转化。以云南省马关县为例，在提供有效数据的 20 个调查样本中，马关县的贫困农户的人均耕地面积仅为 0.89 亩，处于较低水平。自然资源的匮乏直接导致该县贫困农户的人均现金收入居于所有研究对象的末位，仅为 2643.7 元 / 人 / 年。造成的直接结果便是在多元的生存、发展开支中，贫困农户无法将更多的资金投入至住房的修缮和改造之中，使得马关县贫困农户旧房的改造率仅为 38.9%，同样居于研究对象中的倒数位置。在调研过程中，课题组成员也直观地感受到，马关县贫困农户中翻新建盖新房屋的家庭并不多见，居住旧房农户的比例相对更高，所居住的房屋也存在着较为明显的安全隐患。

在自然资本较为充足的区域，人力资本的缺乏也影响着贫困农户的农业生产收入及向物质资本转化的效率。以云南省屏边县为例，该县贫困农户人均耕地面积在所有研究对象中居于中上游，为 3.66 亩，但该县贫困农户人均受教育年限较短，仅为 5.6 年，处于中下游。由此导致自然资本与人力资本的结合无法发挥出应有的效益，直接导致其贫困农户人均现金收入仅为3856.8元/人/年，同样处于下游，最终结果便是该县贫困农户旧房改造比例同样居于末尾，为38.8%，甚至低于马关县。

从本课题的调研数据中可以发现，因自然资本及人力资本的匮乏导致贫困农户的收入难以支持对住房的投入，造成贫困农户旧有的住房无法得到有效的修缮、新建，最终表现为住房水平难以满足其正常的生产生活需求。

（二）健康保障相关物质资本的投入尚有不足

作为直接关系贫困农户家庭劳动力数量和质量的因素，家庭成员及主要劳动力的健康也是农业生产中较为关注和重视的一个问题。为保证劳动力能够持续高效地投入到自然资本之上，就必须在现有的资本和技术条件下，尽可能长时间地保障劳动力处于健康状态。

另一方面，随着医疗技术的发展，以及我国医疗保障制度体系的不断完善，因健康问题导致的劳动力减少及劳动力输出减缓的现象已大为改观。但不可否认，健康问题依然是农村家庭中影响劳动力与自然资本结合效率的一个关键因素。而且因健康问题产生的开支依旧在家庭的偶然性开支中占据较大比重。尤其是对于贫困农户而言，其自身已经面临着人力资本与自然资本结合效率低下的问题，家庭成员因健康问题导致的劳动力丧失则将进一步加剧人力资本与自然资本结合效率低下的情况，在家庭收入减少的同时，医疗费用的产生又进一步加大了家庭的开支，从而限制了贫困农户将家庭开支分配制生产性和发展性需求的比例，增大了家庭经济负担和可持续脱贫的阻力。而且因病致贫、返贫也是贫困现象产生的一大诱因，直接影响着脱贫的成效。

对于如何尽可能地避免贫困农户健康问题的出现，减少其家庭成员医疗开支和家庭负担的产生以维持其脱贫状态及生计策略的可持续性，除了持续提升相关社会保障水平和医疗技术外，改善贫困农户的居住环境、尽可能地消除贫困农户生产生活中影响健康的消极因素也是一个重要的手段。其中，加大能够对贫困农户家庭成员健康产生积极影响的相关物质资本的投入，以此提升其人居环境卫生水平是最为有效的做法。

调研中课题组发现，围绕完善住房功能的物质资本投入能够显著提高贫困农户的健康水平，而是否具有卫生厕所则是完善住房健康功能的主要因素之一。因此，本课题将卫生厕所作为评定贫困农户是否具备维持自身生计可持续性的一个物质资本因素，从家庭成员健康状况和医疗负担视角来审视贫困农户能否维持可持续脱贫的状态。

从课题的调查研究中发现，各县贫困农户是否拥有卫生厕所的比例与其人均劳动力负担情况之间存在着密切联系。以云南省丘北县为例，该县贫困农户中拥有卫生厕所比重极高，达到96%，与之相对应的则是该县人均劳动力负担情况居于最低值，为54%，且人均劳动力负担与人均产出呈负相关关系。也就意味着丘北县贫困农户相较于其他县级研究对象具有更高的农业产出。由此可见，以卫生厕所为主的物质资本投入能够显著增加贫困农户的劳动力投入并获得更为可观的效益回报。

根据课题调研的数据结果显示，20个调查样本县中仅有德保县实现了贫困农户卫生厕所的100%建盖，其余研究对象贫困农户家庭尚未实现卫生厕所的全覆盖。这项指标虽然不属于贫困户脱贫退出的硬性指标，但是卫生厕所作为物质资本的组成部分，是脱贫退出的一项重要参照指标，它关系着贫困农户对卫生厕所建设投入的水平，也关系着其自身生计策略的可持续性和维持其脱贫成效的可持续性。

三、交通工具投入水平较高

购置交通工具是贫困农户将其所获得的金融资本积累转化为物质资本积累的又一方式。对于贫困农户，交通工具的购置依旧是围绕着生产和生活的便利性而展开。借助于交通工具缩短进行农事生产所需耗费的交通时间，提高农业生产物资及农业产出的运载效率，最终目的是实现农业生产效率的提高。而交通工具的数量、种类上的丰富扩大了贫困农户的地域活动范围，为其外出就近务工提供便利，也间接扩大了贫困农户获得非农业就业机会的概率。可见，交通工具对于贫困农户的农业增收及务工机会的扩大具有积极作用。此外，作为一种金融资本积累的转化方式，虽然交通工具在购置后便开始产生稳定持续的贬值，但在必要的时候交通工具依然能够转化为一定数量的金融资本，为贫困农户的临时性金融资本需求提供一定程度的支持。

从本课题的前期调查结果中发现，贫困农户中交通工具方面的物质资本投入处于一个相对较高的水平，并与其人均现金收入存在直接联系。主要特征表现为，一方面，较高的自然资本和金融资本积累水平为贫困农户购置更多种类的交通工具提供资本基础；另一方面，自然资本的匮乏也迫使贫困农户需通过扩大交通工具种类以提高生产效率、扩大金融资本来源。

（一）自然、金融资本存量促进交通工具投入比例提高

作为金融资本的转化途径之一，大多数情况下，贫困农户拥有交通工具种类

的多寡往往由其所掌握的自然资本及获得的现金收入总量所决定。金融资本积累程度是贫困农户购买力的具体体现，足够的自然资本产出及向金融资本积累的转化在满足贫困农户日常生产生活开支需求之外，也保证了其具备购买交通工具以实现物质资本积累的消费能力。因此，自然资本较为充裕且由此获得更多现金收入的贫困农户，在交通工具的拥有上也表现出种类和数量上的较高比例；与之相对应，自然资本及金融资本匮乏的贫困农户则缺乏购买更多交通工具的能力，具体表现便是此类贫困农户所拥有的交通工具的种类相对较少。

根据本课题的调研统计数据可以发现，贫困农户家庭自然、金融资本的拥有量与所拥有的交通工具种类呈正相关关系。从调查样本各县拥有的交通工具总类来看，云南省的砚山县、罗平县，贵州省的平塘县、荔波县等四县均有超过80%的贫困农户拥有3种及3种以上的交通工具，其中砚山县拥有3种及3种以上交通工具贫困农户占总调查户数的80.4%、罗平县为85.7%、平塘县为90.9%、荔波县为81.7%。再反观四县贫困农户人均现金收入情况，均已达到或超过了20个样本县贫困农户人均现金收入的均值，其中砚山县贫困农户人均现金收入为6713.17元/人/年、罗平县为9692.16元/人/年、平塘县为5110.79元/人/年、荔波县为5519.97元/人/年。由此可见，较高的金融资本水平支持着贫困农户在以交通工具为内容的物质资本积累中保持着较高的购买力和消费水平。

另一方面，贫困农户较低的现金收入水平及金融资本积累程度也直接限制着其物质资本的积累程度，从各县贫困农户拥有的交通工具的种类占比中可以发现，现金收入较低的贫困农户所拥有的交通工具的种类也较少。云南省的马关县、广西壮族自治区的凌云县及德保县的贫困农户中，拥有2种及2种以下交通工具的贫困农户占比相对其余占比较大，其中马关县占本县总调查对象的58.3%、凌云县为41.2%、德保县为35.9%。再审视此三县的贫困农户人均现金收入均显著低于20个调查样本贫困农户人均现金收入均值，马关县贫困农户人均现金收入为2643.75元/人/年、凌云县为3318.9元/人/年，德保县为2702.08元/人/年。较低的物质和现金收入直接削弱了贫困农户对交通工具的购买力度，从而减缓了贫困农户将金融资本转化为物质资本的过程，最终表现为金融资本匮乏的贫困农户交通工具购买力的匮乏。

金融资本与物质资本相互转化、互为表现是资本体系中的固有规律，当贫困农户面临金融资本匮乏问题时必然导致其面临物质资本的匮乏，而当贫困农户获得较为充足的金融资本则能够促进其物质资本的积累，这在贫困农户交通工具拥有数量上也有较为明显的体现。

虽然物质资本匮乏是界定贫困农户是否应划入"贫困"范畴的重要参考因素，但仅从交通工具拥有的种类方面并不能准确地界定贫困农户的物质资本匮乏情况及贫困情况，其中也存在着贫困农户拥有较高的现金收入，但拥有交通工具种类依然较少的情况。如云南省的富宁县以及贵州省的贞丰县，两县贫困农户人均现金收入分别为6322.65元/人/年和5771.75元/人/年，但两县拥有2种及2种以下交通工具的贫困农户依然占到了其总调查对象的48.1%和43.8%。

（二）获取生存资源的需要促使贫困农户加大交通工具的投入

贫困农户购买交通工具的主要目的在于增加劳动力在单位时间上的投入和扩大劳动力能够输出的农业单位面积，借助于交通工具提高贫困农户劳动力的输出时间和增加单位劳动力所能够投入的自然资本基数，以提高农业生产效率获得更大的农业物质产出和货币收入。在农业劳动之外，交通工具也为贫困人口获得非农业务工机会和收入提供了交通上的便利。因此，交通工具拥有的数量和质量也是增加贫困农户收入、助力其实现生计可持续和脱贫成效持续稳定的重要手段。

而对于自然、金融资本匮乏的贫困农户，在现有的资本约束条件下，想要获得维持家庭成员生存和发展的充足生存资源，便只能在有限的自然资本基础上持续加大劳动力数量和劳动时间的投入以提高劳动效率，其中，增加家庭中交通工具的种类和数量便是提高劳动效率最为直接有效的方式。因此，在物质资本较为匮乏的贫困农户中拥有较多种类交通工具的现象也并不少见。

在本课题研究涉及的20个调查样本县中，云南省的西畴县、屏边县，以及广西壮族自治区的隆林县、隆安县的贫困农户中，拥有3种及3种以上交通工具的贫困农户在各县所调研贫困农户总数中占比均超过了70%。其中隆林县拥有3种及3种以上交通工具的贫困农户占比为90%，德保县为76%，西畴县为80.9%，屏边县为73.5%。但以上四县贫困农户的人均现金收入远低于课题研究涉及调查样本县人均现金收入的均值，其中隆林县贫困农户人均现金收入为3761.67元/人/年，德保县为3061.32元/人/年，西畴县为3647.9元/人/年，屏边县为3856.8元/人/年。

由此可见，贫困农户的现金收入和金融资本积累的状况对贫困农户以交通工具为内容的物质资本积累产生规律性的影响，而交通工具的拥有种类也反映出贫困农户多样的金融资本积累状况。在因金融资本积累导致贫困农户拥有的交通工具种类增加的同时，交通工具也能反作用于金融资本，贫困农户也会通过增加交通工具的种类和数量以促进家庭现金收入的增加。

值得注意的是，在以上所提到的贫困农户金融资本与交通工具种类成反比的四个县中，其中三个县存在着自然资本匮乏的现象，这也是促使贫困农户增加交通工具种类的深层次原因。根据对调查数据的统计分析发现，隆林县、德保县，以及西畴县贫困农户人均耕地面积远低于调查样本县贫困农户人均耕地面积的均值，其中隆林县贫困农户人均耕地面积为 1.015 亩、德保县为 0.967 亩、西畴县为 0.964 亩。由此可以推断，在不改变生计方式的前提下，面对自然资本匮乏的客观现实，生存和发展的需要也促使贫困农户寻求在自然资本之上加大劳动力投入的方式，增加交通工具的种类和数量便是贫困农户能够在自身现有的资本存量约束条件下增加资源获取量可行路径。

因此，贫困农户自然、金融资本匮乏的状况并不能通过以交通工具为内容的物质资本的积累情况得到实际的反映。贫困农户拥有的交通工具的种类和数量是贫困农户主体综合了自身的自然、金融、人力资本积累状况和家庭生产生活需要所决定和产生的。

第三节　片区县补齐贫困农户物质资本短板的案例分析

"因地制宜、分类施策，靶向治疗、对症下药"是精准扶贫的核心要义。围绕补齐贫困农户物质资本匮乏这一短板的目标，对照现行贫困户退出标准要求，石漠化片区县从各自实际出发，聚焦贫困农户稳定增收、安全住房保障、厕所革命和改善交通基础设施等四大重点，扎实推进精准脱贫。

一、促进贫困农户稳定增收脱贫的西畴样本

上述理论和实证分析表明，物质资本既是衡量农户贫困与否的指标之一，也是农户将其与其他资本有效结合，创造稳定收入来源的基础条件，从而是支撑贫困农户可持续脱贫的重要因素。因此，推进精准扶贫，实现贫困农户稳定脱贫，必须把推进产业扶贫、促进就业增收摆在十分重要的位置上来抓紧抓好。

习近平同志明确指出："农村贫困人口如期全部脱贫，有一点必须指出并加以强调，就是要保持农业稳定和农民收入持续增长。农村人口脱贫与农民收入持续增长直接相关。"[1] 并强调指出："产业扶贫是实现稳定脱贫的根本之策。"[2] 进而

---

[1] 中共中央党史和文献研究院：《习近平扶贫论述摘编》，中央文献出版社 2018 年版，第 70 页。
[2] 中共中央党史和文献研究院：《习近平扶贫论述摘编》，中央文献出版社 2018 年版，第 83 页。

还指出:"要立足当地资源,宜农则农、宜林则林、宜牧则牧、宜商则商、宜游则游,通过扶持发展特色产业,实现就地脱贫。"① 这些论述不仅指出了产业扶贫的重要性,而且还指明了推进产业扶贫方向和路径。

在推进精准扶贫、精准脱贫实践中,石漠化片区各县立足本县实际,紧紧抓住产业扶贫、就业扶贫这一事关脱贫攻坚全局的"牛鼻子",不断增强贫困农户的持续增收,增强贫困农户脱贫的可持续性。在这方面,西畴县的实践探索具有典型意义。

西畴县隶属云南省文山壮族苗族自治州,地处云贵高原的南部边缘,全县99.9%的面积属于山区,裸露、半裸露的喀斯特地貌占75.4%,人均耕地仅有0.78亩,是云南省石漠化程度最严重的地区之一。20世纪80年代末,全县处在温饱线以下人口占到总人口的80%以上,食不果腹、房不遮雨是普遍现象。1985年全县农民人均有粮仅135公斤。"山大石头多,出门就爬坡。只见石头不见土,玉米长在石窝窝。春种一大片,秋收一小箩。"千百年来流传于世间的这首民谣不仅道出了西畴贫穷落后的特殊县情,也是昔日西畴人在令人生畏的环境中艰难谋生的真实写照。

(一)"六子登科"石漠化综合治理初步改变了西畴的面貌

面对如此恶劣的环境,1990年12月3日,王廷位、刘登荣等党员干部带领蚌谷乡木者村300多名群众,喊出了"搬家不如搬石头,苦熬不如苦干,等不是办法,干才有希望"的口号,男女老少齐上阵苦战105天,用铁锤、铁钎等原始工具,在石旮旯里刨出了600多亩保肥、保水、保土的"三保"台地,秋收时玉米增产了4倍,一举甩掉了"口袋村"帽子。这一壮举,拉开了西畴人与石漠化作斗争、向贫困宣战的帷幕,在20多年实践探索中,西畴人走出了的石漠化综合治理之路。西畴人与恶劣大自然作斗争的生动实践,不仅初步改变了西畴的面貌,还提炼形成了"等不是办法,干才有希望"这一极其宝贵的"西畴精神"。

(二)"西畴精神"助推西畴脱贫攻坚

党的十八大以后,在"西畴精神"的推动下,西畴县采取一系列措施加大对石漠化的综合治理力度,进一步完善西畴县石漠化综合治理规划、加大项目和资金的整合力度、加快产业结构调整、加强生态建设和环境保护、加快水利建设步伐、加大土地整治力度、强化治理机制体制创新等,扶贫开发取得了显著成效。

---

① 中共中央党史和文献研究院:《习近平扶贫论述摘编》,中央文献出版社2018年版,第65-66页。

"西畴精神"的发祥地蚌谷乡的发展就是西畴变化的缩影。

> **专栏7-1 2014年8月课题组对蚌谷乡党委副书记的专访**
>
> 被访者：蚌谷乡党委副书记SKJ 访谈者：课题主持人L
> 访谈时间：2014年8月14日下午
> 访谈地点：西畴县蚌谷乡程家坡村新寨小组
>
> L：书记你好！请你介绍一下蚌谷乡的基本乡情吧。
>
> SKJ：好的！蚌谷乡是西畴精神的发祥地，位于县城西北部。乡政府所在地距离县城也就13公里。全乡面积133.16平方公里，喀斯特地貌占90%以上，"山高、坡陡、石硬"是我们乡的一大特点。自然环境恶劣、人均耕地资源少、地处边境地区、经济建设起步晚、社会发展相对滞后，这是西畴县的主要特征。这些特征在我们这里体现得更加充分。
>
> 我们全乡辖7个村委会196个村民小组，有5029户21038人，实有耕地面积45000多亩，看起来人均2亩多，但这些所谓的耕地，多是散落在千山万弄之中，碗一块、瓢一块的坡地、台地。2013年地区生产总值8000万元左右，农民人均纯收入4900多元，是一个典型的岩溶山区农业贫困乡。
>
> L：你刚才讲，蚌谷乡是西畴精神的发祥地。那这些年来，你们乡是怎样弘扬西畴精神的？
>
> SKJ：西畴精神是我们的宝贵财富！我们乡党委、政府很注重用这一精神来教育群众，推动扶贫攻坚工作。比如讲，现在做什么项目，都需要群众投工投劳，如果群众"等靠要"依赖思想严重，很多项目就很难开展啊！近年来，我们全面实施"山、水、林、田、路、电"综合治理，全乡电网改造率达到100%，沼气覆盖率达到89%，村小组通公路率99%，硬化率也达到80%以上，人均高产稳产农田达到0.85亩，户均拥有小水窖1.8口，森林覆盖率46.8%。这些项目的实施，上级的资金、技术支持是重要前提和条件，更重要的是群众要真正"动"起来啊。
>
> L：很有道理！这符合习近平总书记反复强调的"扶贫先扶志"的要求。基础设施的改善为扶贫攻坚打下坚实基础，但产业发展才是可持续脱贫的出路。几年来，你们乡主要发展了哪些产业？

SKJ：我们根据本乡的资源禀赋，主要推动以下几个特色产业发展。一是烤烟种植。现在已发展到6000亩，面积排在全县第三位。我们的烟叶质量较好，价格也比较高，每亩收入在6000元左右。这就有3600万元收入了。二是核桃种植。目前也有3000亩左右，每亩只能种10株，我们的目标是人均达到2.5株，也就是还要扩大2000亩左右。核桃树五年左右才挂果，10年进入盛产期。一般来说，亩产至少可以达到500斤，按照目前的价格，每斤市场价格是12元。就算是价格低到5元一斤，每亩也可以收入2500元。这个产业产值可以达到1250万元。三是原料蔗种植。目前面积达到3800亩，平均亩产约4吨，效益不是很好。四是香椿种植。香椿是我们这里的特色树种，长大后是一种很好的木材，而且它的嫩叶可以食用，是一种绿色有机菜。每亩可种10株，种下去五到六年才有收成，每株收入200元左右。目前已经种有800亩左右，我们的发展目标是2000亩，目前正在申请把它纳入扶贫产业项目。发展这些产业要靠结构调整，如果只种植传统的玉米、黄豆之类的作物，很难增加农民收入。

L：这些都是需要比较长的时间来培育的，那当下群众收入来源主要靠什么？

SKJ：群众收入来源"大头"还是来自外出务工，我们乡常年在外务工大约有4500人，按照目前一般的工资收入大约2000元计算，总收入应该达到1亿元左右，纯收入最起码也在5000万元以上。

L：农民兄弟们外出务工毕竟不是长久之计，能够真正融入城市的只是少数。对大多数人来说，总有回乡的一天，目前我们有哪些措施，吸引他们回乡创业或就业？

SKJ：这是需要我们破解的难题，也是我们乡正在推进的重点工程。经过几年来的扶贫攻坚，我们乡"山、水、田、林、路、电"等基础设施已经比较完善了，群众脱贫致富的意愿也很强烈。站在新的起点，我们以建设"美丽乡村"为目标，实施州政府"三农发展"大规划。我们的思路是：打造一张人文名片（弘扬西畴精神），创新两项发展机制（农村经济发展融资机制和农业经营组织机制），夯实三张基础网络（水电路网、信息传输网、"三农服务"网），发展四大主导产业（3万亩优质薄壳核桃、1万亩烤烟、1万亩香椿、商品牛养殖），建设喀斯特生态宜居村庄。也可以把它叫作"1234"发展思路。我们的出发点就是要按照习近平总书记关于"发展是甩掉贫困帽子的总办法"的要求，通过发展产业，把外出务工的人员吸引回乡创业就业，把蚌谷乡建设得更好。

L：总体思路很清晰，目标也很明确。可以具体介绍一下创新农业组织经营机制吗？

SKJ：好的。农业经营组织机制创新，主要是走"公司＋合作社＋基地＋农户"的经营模式。这在不少地方已经是比较成熟的模式了，我们这里刚刚起步。以我们引进的海风生态牧业养殖（养牛）公司为例，该公司注册资本800万元，公司法人代表原是昆明一所艺术院校的教师，之所以在西畴投资，是因为他是西畴人，有报效家乡的情怀。该公司计划投资2500万元，养殖规模达到年出栏3000头以上，分两期投资，一期投资800万元，存栏肉牛1000头，已经在2013年11月完工，现在存栏肉牛已经达到300多头。除了公司自己饲养之外，最主要的是辐射带动村民来养肉牛。组织架构是这样的：在公司带动下成立蚌谷乡海风生态牧业养殖专业合作社，下设7个分社，村民作为社员加入合作分社。在实践中，我们主要抓住三个环节：一是抓市场的对接。公司依靠自主创新、品牌打造来建立信息（市场）渠道，肉牛销路主要在江浙、两广等沿海地区，群众的市场在公司，这就把分散经营的农户与国内外市场对接起来。二是合作共赢的长效利益连接机制。公司与合作社（社员）通过协议建立稳固的合作基础，公司为农户统一购买优质牛犊，社员认购领养，这样公司就可以将养殖基地分散到各村，降低养殖成本；合作社（社员）按照养殖规范要求自行养殖，养到可以出栏时再根据约定价格卖给公司，社员可以依托公司的市场渠道，降低市场风险，通过这样的合作实现多方共赢。三是提高科学化养殖水平。依托乡农牧科技队伍和公司科技力量，扩大优质牧草种植面积，推广牛冻精改良、饲料青贮、牛舍标准化改造、饲料配方改进、严格防疫措施等，实现肉牛养殖规模化、集约化、精细化、无害化。

具体运作程序是：社员提出申请——经所属分社入户调查，审核符合条件后向公司报送——合作社复核，条件符合的通知社员与公司签订合同，认购牛犊——社员按照合作社养殖技术规范养殖，公司加强技术指导，社员按期向公司交售（肉牛）——公司按合同进行肉牛收购。其中，合作社起到链接公司与农户的作用，并按销售额从中分享公司给予的分成。

L：一般来说，养牛的周期有多长？

SKJ：大概要一年左右。

L：公司和社员的毛利润有多少？

SKJ：公司引进的泰国波罗门牛是一种优质牛种，养得好的毛利在1万元左右，公司与农户对半分吧。

L：这一模式要运作成功，关键环节在哪里？

SKJ：除了上面讲的三个环节之外，最重要的恐怕是合作双方的诚信。比如，当市场价格下跌时，公司如没有诚信不收购，社员将遭受损失；而市场价格上涨，社员如没有诚信，不卖给公司，公司将受到损失。所以，合作社的居间作用就显得非常重要，要对双方的履约进行监督。当然，我们在探索风险共担利益联动机制，这就是说，签订合同时双方约定一个基准价格，当价格低于约定价格时，双方各承担多少，反过来当价格上涨时，超出约定价格部分，公司给社员让利多少。这是比较公平合理的。

L：这么说，的确是一个经营组织机制的创新。公司的带动能力大约有多大？

SKJ：估计可以带动1000户左右，规模大约5000头牛。也就是说，全乡有五分之一左右的农户从事生态肉牛养殖。

L：在公司的示范带动下，目前有没有外出务工人员返乡创业？

SKJ：有的。经初步调查摸底，目前已有差不多180户左右，其中愿意贷款来发展肉牛养殖的就有70多户，需要的贷款额度480万元。

L：其他产业的发展模式怎样呢？

SKJ：也都在探索专业合作社的模式。我们文山州出台了让经济能人（包括干部）领办、帮办、创办专业合作社的政策。在这个政策带动下，我们已经成立了核桃、香椿、中草药等9个专业合作社。

（三）精准扶贫下促进贫困农户稳定增收的创新举措

在推进脱贫攻坚实践中，西畴县委、县政府认识到，贫困户要脱贫，产业是支撑。脱贫致富，全靠产业支柱；扶贫帮困，根本要靠发展产业、实现就业。为此，他们结合实际大胆探索促进贫困农户持续稳定增收的新模式。

探索"农民四变"改革模式，拓宽贫困农户增收新渠道。聚焦"两不愁三保障"，科学制订产业发展规划和就业计划，采取易地扶贫搬迁、发展后续产业、鼓励外出务工、引导经商创业、公益性岗位安置、资产收益分配、社会保障兜底等多种形式，探索形成农民变市民、变股民、变工人、变商人"四变改革"模式，既缓解了石漠化山区生存环境压力，又促进了贫困群众增收致富。截至2018年底，累计有628户贫困户2478人搬迁城镇居住，实现由农民变市民；有9964户贫困人口参与股份合作，实现由农民变股民；有11164人通过培训外出务工，实现由农民变工人；有1000余贫困群众通过发展二、三产业促进增收，实现由农民变商人。

推动多种合作模式，解决部分贫困户缺技术、缺劳动力、自身发展能力不足等问题。探索形成"社信合作、社企合作、社员合作、消费合作、劳务合作"五种合作发展模式，成为破解贫困农户持续增收难的一把"金钥匙"。截至2018年底，全县共有2082户档卡户参与"社信合作"，资金总额1196万元，实现群众增收260万元；全县共有2053户档卡户参与"社企合作"，资金总额1406.9万元，实现户均增收5000元；全县共有842户档卡户参加"社员合作"，资金总额675万元，年户均增收500元；全县共有226户档卡户参与"消费合作"，年户均增收2803元；全县共有737户档卡户参与"劳务代养合作"，年户均增收2100元。

探索"扶贫车间"脱贫模式，夯实群众增收致富奔小康根基。针对全县拥有农村富余劳动力14万人的实际，着力在建立输出输入地劳务对接平台，组织开展劳动技能培训，落实外出务工人员交通补贴、稳岗补贴等优惠政策，不断提高劳务输出组织化程度的同时，通过支部牵线搭桥、干部结对帮扶、党员示范带动等方式，采取招商引资、一次性奖补、优先给予创业贷款扶持、整合农村闲置资源等措施，探索"党支部＋扶贫车间"脱贫模式。截至2018年底，全县共成立就业协会72个，开展就业培训17544人，组织6万人外出务工（其中档卡户12944人）；全县共建成扶贫车间13个，115名农村富余劳动力就近务工，人均月增收2000元以上。

通过上述举措，西畴县取得了脱贫攻坚的显著成效。截至2018年底，累计脱贫退出贫困人口9141户34857人，脱贫出列贫困村60个，贫困县脱贫摘帽，贫困发生率从2015年的16.2%下降到1%，经国务院扶贫办组织的第三方核验，达到了"三率一度"目标要求，一举成为文山州率先"脱贫摘帽"的两个县之一（另一个县是砚山县）。

二、麻栗坡县危房改造"清零"的案例

（一）麻栗坡实施危房改造的背景

麻栗坡县位于文山州东南部，99.9%属山区，山高坡陡、石头多是麻栗坡县的基本县情，属国家级贫困县之一。全县面积2357平方千米，辖4镇7乡9个社区93个村委会1962个村（居）民小组，总人口28.6万人。截至2015年底，全县有45408农村建档立卡贫困人口，主要分布在5个扶贫开发工作重点乡镇和45个建档立卡贫困村，贫困发生率为21.53%。

全面实现现行贫困标准下农村贫困人口脱贫摘帽，推进农村危房改造、保障贫困人口住房安全，是一项硬性指标和最重要的民生工程。然而，从现实来看，"土坯房、石头房，六根柱子撑房梁，祖祖辈辈蹲火塘"是麻栗坡县农村住房状况的真实写照。截至2017年底，经住建部门核实认定，麻栗坡全县尚有C、D级农村危房19512户，占全县总户数6.88万户的28.36%，其任务之艰巨可见一斑。

进入2018年，为啃下这块"硬骨头"，麻栗坡县采取"县监管、乡统筹、村实施""县盯乡、乡盯村、村盯户"的方式，坚持层层紧盯不放松，举全县之力全面推进农村危房改造工作。截至2019年5月底，全县已完成C、D级危房改造99.99%的清零任务，实现住房安全保障全覆盖，为全县脱贫摘帽打下坚实基础。

(二) 麻栗坡县推进农村危房改造的创新举措

1. 落实责任，合力推进

麻栗坡县委、县政府高度重视，将农村危房改造和抗震安居工程建设项目列入全县重点建设项目之一来抓，做出"4类重点对象"和"非4类重点对象"同步推进的决定。为完成如此艰巨的危房改造任务，麻栗坡县委、县政府坚持以健全责任机制、形成合力为抓手务实推进。在党政"一把手"的带领下，县处级领导深入基层、下沉一线，带头落实县委、县政府的决策部署，带头解决实际问题，带头推动具体工作，实现所包村农村危房改造全覆盖；乡镇领导带头冲锋陷阵，主要领导亲自安排部署，亲自督促落实，抓好农村危房改造的各项工作；乡镇干部实行分工负责、分片包干、分头落实；村"两委"和驻村工作队包村包户，点对点、人对户，具体抓好工作落实；各挂包单位切实履行帮扶责任，统筹人、财、物为挂包村、挂钩户解决农村危房改造的实际困难和问题；各施工队将懂技术、会改造的人员作为农村危房改造的主力军，严格按照改造标准落实改造任务。农户有钱出钱、有力出力、有材料出材料。住建部门选派27位技术人员组成专家组，负责11个乡镇的脱贫攻坚农村危房认定和实施危房改造的质量安全指导和监管工作，为推进实施农村危房改造工作奠定了坚实基础，全县掀起了一场全覆盖的农村危房改造高潮。

2. 坚持标准，务实推进

所谓坚持标准，就是坚持以"解决农户住房安全稳固的目标，按照既不降低标准影响质量，也不随意拔高标准吊高胃口"的要求来务实推进。为此，2018年4月初制定出台了《麻栗坡县脱贫攻坚农村危房改造实施方案》和《麻栗坡县农村危房改造资金补助方案》，两方案对全县农村危房改造的内容、标准、质量和补助进行了明确，实现全县农村危房改造"一套模子改到底""一种标准补到位"，即对C级危房只采取加固改造方式，对D级危房优先采用加固改造方式，无法加固改造的再采取拆除重建方式，从源头降低改造成本，全县加固改造率高达71%以上。

3. 因户施策，精准改造

麻栗坡县农村危房改造户数近两万户，可谓涉及面广，加之各家各户情况不一，工作推进的难度可想而知。比如，有的家庭主要劳动力常年外出务工不在家，甚至有的全户外出务工连人都找不到；有的受风俗民俗影响建房要看日子、择吉日；有的则因家中有人生病、怀孕、老人过世等按风俗一般不能动房子；有的农户一时间不愿加固改造，要等筹到钱后新建大房子，等等。针对这些困难和问题，麻栗坡采取因户施策，有针对性地制定方案和措施，有效破解一个又一个难题。其中，最为关键的就是因户制宜，对症下药，深入细致地做好群众的思想工作。比如，针对看日子、瞧方位的农户，他们找来通晓德高望重的乡土人士来帮其做工作，对农户动之以情晓之以理，促成其改造。

4. 统筹兼顾，改善环境

麻栗坡县在实施农村危房改造的过程中将"农危改"工作与人居环境紧密结合，打造秀美幸福麻栗坡。一是统筹完善厨房、门窗、电线等功能设施，全力消除"一空三黑"（空楼板、黑楼板、黑墙面、黑板壁）现象。二是结合"厕所革命"，全面开展卫生厕所建设。三是统筹推进村内道路、入户路、串户路和庭院建设。四是以"寨子清洁·我家干净"为主题，深入开展农村人居环境整治行动，制定出台了《麻栗坡县改善农村人居环境专项行动实施方案》，全面改变"脏、乱、差"现象。将村庄保洁制度纳入村规民约，同时制定考评制度，形成长效机制，促进人居环境的全面改善。

通过一年多的努力，麻栗坡县共筹集8.6亿元改造农村危房4类重点对象17653户，非4类重点对象1955户，动员国家工职人员及有能力改造的非4类重点对象自行改造农危房1000余户，硬化村内道路、入户路、串户路、庭院共计150余万平方米，新建农村卫生厕所2.4万余个，改造农村卫生厕所4800余个，新建有机肥处理池19000余个。既解决了农户的安全住房问题，又大大提升了人居环境。

第八章

教育扶智：
人力资本匮乏型贫困农户的可持续生计策略优化

12月，习近平同志在河北省阜平县考察调研扶贫攻坚时就指出：治贫先治愚。要把下一代的教育工作做好，特别是要注重山区贫困地区下一代的成长。下一代要过上好生活，首先要有文化，这样将来他们的发展就完全不同。义务教育一定要搞好，让孩子们受到好的教育，不要让孩子们输在起跑线上。古人有"家贫子读书"的传统。把贫困地区孩子培养出来，这才是根本的扶贫之策。①

在给"国培计划（二〇一四）"北师大贵州研修班参训教师的回信中，习近平同志说道："扶贫必扶智。让贫困地区的孩子们接受良好教育，是扶贫开发的重要任务，也是阻断贫困代际传递的重要途径。党和国家已经采取了一系列措施，推动贫困地区教育事业加快发展、教师队伍素质能力不断提高，让贫困地区每一个孩子都能接受良好教育，实现德智体美全面发展，成为社会有用之才"。②

2015年6月，习近平同志在中央全面深化改革领导小组第十一次会议中再次强调："发展乡村教育，让每个乡村孩子都能接受公平、有质量的教育，是功在当代、利在千秋的大事。"习近平同志关于治贫先治愚、扶贫必扶智的重要论述实际上为人力资本匮乏型贫困农户的可持续生计策略优化指明了方向。

---

① 习近平：《在河北省阜平县考察扶贫开发工作时的讲话》，中央文献出版社2015年版，第24页。
② 习近平：《给"国培计划（二〇一四）"北师大贵州研修班参训教师的回信》，《人民日报》2015年9月10日。

第一节 人力资本在农户可持续脱贫中的作用机理

一、人力资本理论的基本内涵

17世下半叶，以亚当·斯密为代表的古典经济学以劳动价值论为基础，认为人与土地、资本一样，具有创造社会财富的生产要素的经济价值。亚当·斯密把人的能力纳入固定资本的范畴，认为教育是一种资本，可以促进生产发展。大卫·李嘉图发展了斯密的劳动价值论，把人的劳动分为直接劳动和间接劳动，明确了机器与自然物不能创造价值，只有人的劳动才是价值的唯一源泉。约翰·穆勒强调技能和知识的重要性，将提高劳动生产率、后天取得的能力同工具、机器一样视为国民财富的一部分。麦克·库洛赫创新性地认为，经济直觉上人与资本实际没有区别，人本身就是一种特殊的资本，是人力资本。物化劳动创造价值，活劳动也创造价值，人和机器的劳动都是过去积累的产物。德国经济学家李斯特则进一步认为不只是创造物资财富的劳动才是生产劳动，精神资本也是智力、教育、科学、艺术培养的积累与成果，具有生产增殖性。西奥多·W.舒尔茨认为"人力资本是由人们通过自身的投资所获得有用的能力所组成的"，主要表现为知识、技能、健康、迁移四大要件。相应地，正式教育、技能培训、医疗保障、人力迁移是人力资本投资的主要途径。舒尔茨还认为，相较物质资本、劳动者数量，人力资本对经济增长的贡献更大，并且人力资本的受益者是一个扩散的序列，除个人外，作为邻居和纳税人的其他家庭都将得到某些收益。[①]

我国学者主要是从介绍西方人力资本理论、尝试建构人力资本理论、审视人力资本理论在经济发展中的作用和运用人力资本理论进行实证分析等方面开展了研究。党的十九大报告指出：注重扶贫同扶志、扶智相结合。"扶志"，就是要把贫困农民自己主动脱贫的志气"扶"起来，增强他们脱贫增收的内生力。"扶智"，就是政府从职业教育、农技推广、信息流通渠道等方面，培育有科技素质、有职业技能、有经营意识和能力的新型农民。这实际上指出了人力资本在可持续脱贫

[①] 西奥多·W.舒尔茨：《人力资本投资——教育和研究的作用》，商务印书馆1990年版。

中起到重要作用。

二、人力资本对促进农户可持续脱贫的作用

（一）知识对促进农户可持续脱贫的作用

对于知识，至今也没有一个统一而明确的界定。但知识的价值判断标准在于实用性，以能否让人类创造新物质，得到力量和权力等为考量。培根说过"知识就是力量"。本文所指的知识在农户可持续脱贫中的作用机理，主要包括在教育、培训等方面支出一定的金钱、时间、精力后个体所获得的知识。

知识在农户可持续脱贫中的作用机理：一是从根本性来说，知识扶贫是缩小不平等和减少贫困的一大关键，缺乏文化知识是农民难以脱贫的根本因素。"授之以鱼不如授之以渔"，因此通过助学贷款、技能培训、文化中心的全面实践，让贫困户的知识层面得到有效提升，这比简单的经济扶持更为重要；二是从长远来看，知识扶贫更有助于个人和社会的长久可持续发展。通过知识扶贫，开发和制作专门的实用系列培训课程，授予贫困农户实用的生活技能，穷人可以获得赚钱的本领、学会如何与他人沟通等技能，以及获得金融、医疗卫生等方面的知识，从而依靠自身的力量摆脱贫困；三是通过相关知识的引入、推广或教育培训等来改善贫困群体的心智模式，即人力资本状况，这是改变贫困农户精神贫困最有效的措施。

从知识在农户可持续脱贫中的作用机理来看，在脱贫攻坚中，我们要大力实施幼儿园帮扶、义务教育薄弱学校帮扶、高中阶段教育帮扶、县级中职学校帮扶、高等教育帮扶、特殊教育帮扶、学生学业帮扶和教师队伍帮扶，全面覆盖教育各阶段、各环节。并对贫困户子女实行从幼儿园到高中阶段共15年的免费教育；对贫困学生实行四个100%，即100%贫困学生获得精准资助，100%贫困学生得到结对帮扶，100%贫困初中毕业生升入高中阶段学校就读，100%中职学校、高等学校贫困毕业生顺利就业创业，确保"上学一人、就业一人、脱贫一户"，从而打开孩子们通过学习成长、青壮年通过多渠道就业改变命运的扎实通道，坚决阻止贫困现象代际传递。

（二）技能对促进农户可持续脱贫的作用

技能扶贫是指结合教育和培训，提高农民科技水平，从而逐步改善落后的农业生产方式和技术、拓宽农民的生计策略和谋生手段，达到提高贫困人口收入的目的。因而鼓励技工院校招收贫困家庭子女，确保贫困家庭劳动力至少掌握一门致富技能，推行终身职业技能培训制度，为贫困家庭中有意愿的劳动力以及未升

学初、高中毕业生免费进行职业培训是实现"输血"向"造血"转变的根本之策。

技能在可持续脱贫中的作用机理：一是技能扶贫的关键在于能激发内生动力，部分贫困群众的内生动力活力不足。因此，只有在外部资金、项目、人员等帮助扶持下，逐步提高自身的自我发展和自主脱贫能力，才能保障贫困群众在扶贫工作队撤走之后，依然能靠自己的劳动过上非贫困的生活，实现可持续脱贫。二是技能扶贫有助于提升脱贫质量，我们不仅要实现数量上的脱贫，更要达到质量上的脱贫。实施技能脱贫专项行动旨在提升贫困户的劳动能力，使其充分适应就业市场，这是保证脱贫质量、降低返贫率的重要措施。三是建立起科技机构、科技人员与贫困农户的联系通道，让贫困农户在遇到科技困惑时得到及时解决，在不断互动中增强贫困户的生计策略，从而解决贫困群体的谋生手段单一性问题，如改变土地利用方式或生产方式、选择良种种植、购入高科技生产设备或寻求生计途径多样化等。

从技能在可持续脱贫中的作用机理来看，该模式适合中青年人力资本比较丰富但生计途径较缺乏的贫困家庭或地区。当前应该推行"资源整合，资金捆绑"模式，破解资金投入分散、培训资金不足的问题。同时，加强贫困劳动力技能培训与转移就业的工作衔接，切实提高培训时效。各地人力资源和社会保障部门应以促进就业和增收脱贫为导向，在设定培训内容、组织培训时，遵循就业市场的需求和规律，把提高贫困劳动力就业能力与促进就近就地就业、向外输出转移相结合作为主攻方向，从而提升培训促进就业的效果。此外，还要加强贫困地区职业培训保障体系建设，改善贫困地区培训资源不足等问题。

（三）健康对促进农户可持续脱贫的作用

"辛辛苦苦奔小康，得场大病全泡汤"，这是农村贫困农户面临大病时的真实写照。因病致贫、因病返贫成为脱贫攻坚的"硬骨头"。国务院扶贫办建档立卡数据显示，截至2015年底，我国因病致贫返贫户占建档立卡贫困户的比例达44.1%，涉及近2000万人，其中，患有大病和慢性病人数734万人，2013—2015年，因病致贫，因病返贫比例不降反升。[①] 截至2017年底，我国农村贫困人口仍有3046万人，其中，因病、因残致贫比例仍然较高，完成脱贫目标的任务十分艰巨[②]，因此，让贫困地区贫困人口"看得上病、看得起病、看得好病、少生病"，保

---

① 方鹏骞、苏敏：《论我国健康扶贫的关键问题与体系构建》，《中国卫生政策研究》2017年第6期，第60—63页。

② 付晓光：《健康扶贫兜底医疗保障的主要模式及思考》，《中国农村卫生事业管理》2017年第10期，第1153—1155页。

障贫困人口享有基本医疗卫生服务，是农村人口实现脱贫的重要保障。

健康在农户可持续脱贫中的作用机理：一是健康的体魄是从事一切工作的基本条件，只有身体健康，农户才能进行农业生产或转移就业。农户健康的体格使其在劳动过程中有力气、耐力，从而使单个劳动力实际供给的劳动量增加，也才能有收入保障。二是健康的心态是解决"等、靠、要"思想和消除精神贫困的根源，也是激发贫困农户内生动力的根本，是贫困农户内源性脱贫的保障。三是疾病是脱贫致富的"拦路虎"。身体健康使生病时间减少，有效工作年龄延长；反之，生病时不但不能进行生产活动，而且由于医治费用昂贵，导致"小病拖，大病扛"等现象的发生。

从健康在农户可持续脱贫中的作用机理来看，人力资本投资的功能在于提供健康服务，其中，医疗保健投资是健康人力资本投资的一个重要内容。当前要扩大慢性病签约服务，将"脱贫不脱策"的贫困人口纳入签约管理范围，并突出解决"重签约，轻履约"的问题，确保患有慢性病的贫困人口，特别是患有高血压、糖尿病等慢性病的贫困人口得到签约服务。在开展签约服务的同时，加大有关健康扶贫政策措施的宣传力度，提高贫困人口健康扶贫政策知晓率和满意度。继续完善补充医疗保险政策和财政补助政策，进一步提高贫困人口医疗费用兜底保障水平。总之，健康扶贫既是攻坚战，也是持久战。我们要以非常之力度，真抓实干，全面推进健康扶贫，确保各项保障政策平稳有序衔接落地，为贫困患者释放最大政策红利，让贫困群众看得上病、看得起病、看得好病，确保脱贫路上不落一个人。

（四）迁移对促进农户可持续脱贫的作用

贫困农户的迁移主要是指通过必要的投入促进农村劳动力的合理流动与配置，最终实现人力资本保值、增值的投资方式。在现代人力资本理论中，迁移既是人力资本的要件之一，也是人力资本投资的重要方式。具体而言，农村劳动力迁出主要是指具有一定迁移能力，即人力资本水平较高的农村劳动力向外流动或往回迁移；往回迁移主要是指部分从农村走出来、在城市发展的优质人力资本回流农村。

迁移在农户可持续脱贫中的作用机理：一是在从农村向城市的迁移过程中，为顺利地适应城市的工作、生活环境，农户在条件允许的前提下，通过自学、向他者学、接受培训以及"干中学"和"学中干"等方式提升自身人力资本水平。二是回流农村的优质人力资本，即人们常说的"归雁"，由于经过城市生活和工作的历练，因此又能反过来提升其自身的人力资本水平。三是农户在迁移过程中不断与外部社会产生互动，这一方面能够增强其社会适应能力，另一方面也能够拓宽其社会资本。四是在脱贫攻坚中通过移民搬迁安置一批，就是针对部分因居住地自然条件恶劣等因素、不具备扶贫脱贫的基本自然资源的贫困群体，有计划性地移民搬迁，安置到自然条件相对较好的居住地，这是阻断资源破坏与贫困的恶性循环的根本之策。

从迁移在农户可持续脱贫中的作用机理来看，农户迁移对人力资本的形成和充分发挥其效率有着十分重要的意义，从个人的角度来说，迁移给个人带来直接收益；从社会角度来看，社会也能从劳动者空间配置的改善而得到整体提升。迁移在一定程度上替代教育资源的配置，使贫困人口从中获得收益。今后相当长的时期内，农民迁移到城市就业仍然是农民增收的主要来源，也是消解我国农村劳动力大量过剩、有效解决"三农"问题、大力促进城市化的必然选择。

第二节　片区农户人力资本的基本特征

人力资本是经济发展与农户脱贫的内源性因素。根据上一节的分析，人力资本对促进农户可持续脱贫的作用应包括四个方面（知识、技能、健康和迁移），鉴于健康和迁移在本成果的其他部分里另有专门论述，在此仅从对其产生主要影响的人均劳动力负担、人均受教育年限和参加技能培训三个方面展开分析。总体来看，滇桂黔石漠化片区人力资本积累严重不足已成为影响片区经济发展和脱贫攻坚的主要因素。

一、省域层面的人力资本比较分析

表 8-1　省域层面农户人力资本各项指标均值的比较

省份	人均劳动力负担系数/人	人均受教育年限/年	家人参加过技能培训/人
云南	0.7243	5.7604	0.3914
广西	0.7832	7.1854	0.4331
贵州	0.7154	6.6045	0.5572

资料来源：问卷调查（2014）。

从表 8-1 来看，在"人均劳动力负担系数"这一个指标上，三省片区农户之间的差异并不明显，云南片区农户的人均劳动力负担为 0.7243，广西为 0.7832，贵州为 0.7154。

但从省域间农户人均受教育年限来看，其差距却是比较明显的，云南省农户的人均受教育年限为 5.7604 年，广西为 7.1854 年，贵州为 6.6045 年。其中，广西的人均受教育年限最高，最低的是云南省，仅为 5.7604 年。

技能培训对农户人力资本提升的作用明显。对调查样本数据的分析结果表明，云南、广西和贵州在"家人参加技能培训"这一指标上差异显著，且从整体来看，农户在技能培训上的参与率较低，云南片区均值为 0.3914，广西为 0.4331，贵州为 0.5572。由此来看，贵州片区农户参加过技能培训的程度高于广西和云南。

表 8-2 人力资本综合指数和排序

省份	人力资本	排序
云南	0.8126	3
广西	0.9332	2
贵州	0.9415	1

资料来源：问卷调查（2014）。

表 8-2 是根据第四章可持续生计资本综合评价方法，利用 2014 年对调查样本的相关数据进行计算得出的三省区片区农户人力资本综合指数。结果表明，贵州的人力资本最高，广西与贵州的差距为 0.0083，按百分比计算，仅为 0.083 个百分点，这一差距并不太大，而云南片区的差距就比较明显，与贵州片区比，其差距为 0.1289，按百分比计算，为 12.89 个百分点。结合表 8-1 来分析，由于各省片区人均劳动力负担系数之间的差距不大，与负担系数最大的广西片区相比，贵州低了 0.0678，云南低了 0.0589，云南片区在这一指标上有优势，表明人均劳动力负担系数不成为导致人力资本综合指数差异的主要因素，但对"人均受教育年限"指标的分析发现，广西片区比贵州片区高了 0.5809，比云南片区高了 1.425，在这一指标上，广西片区和贵州片区有优势，且广西片区的优势更突出，表明这一指标对人力资本综合指数影响作用较大。最后从"家人参加过技能培训"这一指标来分析，贵州片区的优势最明显，分别比广西片区和云南片区高了 0.1241、0.1658。由此可以推断，家人参加过技能培训的程度成为影响各省片区农户人力资本高低的一个重要因素。

二、县域层面的人力资本比较分析

本研究力求从农户的生计资本来分析问题，因此，仅从省域层面来分析难免过于抽象，有必要从县域层面展开分析。从县域层面来看，影响农户人力资本综合指数的各项指标差距是比较大的，正是这些差距导致片区县农户人力资本综合指数的差距。具体情况如表 8-3 所示。

表 8-3　片区县人力资本各项指标均值的比较

县级	人均劳动力负担系数/人	人均受教育年限/年	家人参加过技能培训/人
丘北县	0.5589	3.9406	0.4694
广南县	0.6661	5.2321	0.5800
西畴县	0.6566	6.2746	0.4468
马关县	0.7477	5.0065	0.0556
砚山县	0.7527	5.4712	0.5833
富宁县	0.7794	5.0865	0.1923
屏边县	0.7728	5.6003	0.3265
罗平县	0.8853	9.9349	0.4048
隆安县	0.8065	8.0763	0.4815
天等县	0.9407	9.4491	0.4528
靖西县	0.7458	7.2139	0.2553
德保县	0.7267	6.4412	0.4103
乐业县	0.7695	7.9187	0.4200
隆林县	0.7336	5.7280	0.7600
凌云县	0.7345	5.1423	0.2353
晴隆县	0.7952	6.8524	0.6939
平塘县	0.7023	5.9287	0.2273
荔波县	0.6804	6.2618	0.4225
册亨县	0.7199	6.7333	0.6639
贞丰县	0.6810	7.0335	0.6667

资料来源：课题组的问卷调查（2014）。

首先来看农户"人均劳动力负担系数"这一指标，表8-3第二列表明，农户人均劳动力负担系数按从高到低排列，位居前五名的分别是天等县（0.9407）、罗平县（0.8853）、隆安县（0.8065）、晴隆县（0.7952）、富宁县（0.7794）。与该指标排列倒数第一名的丘北县（0.5589）相比，天等县高0.3818、罗平县高0.3264、隆安县高0.2476、晴隆县高0.2363、富宁县高0.2205，这表明与丘北县比，这5个县劳动力负担要分别重38.18%、32.64%、24.76%、23.63%和22.05%。应当指出的是，农户人均劳动力负担系数是一个逆向指标，调查样本农户人均劳动力负担系数的平均值为0.7428，与平均值相比，该系数负向偏离越大，对人力资本综合指数的正向影响越大，反之亦然。据表8-3反映，调查样本中，高于均值的除了上述5个县外，还有屏边县、乐业县、马关县、砚山县、靖西县，而低于均值的按从低到高排列，有丘北县、西畴县、广南县、荔波县、贞丰县、平塘县、册亨县、德保县、隆林县、凌云县。

其次来看农户"人均受教育年限"这一指标，这是一个正向指标，对人力资本综合指数产生正向影响，表明其分值越高，人力资本综合指数就越高。数据分析表明，调查样本农户人均受教育年限为6.4663年，仅略高于小学文化程度。高于均值的只有8个县，排前五位的分别是罗平县（9.9349）、天等县（9.4491）、隆安县（8.0763）、乐业县（7.9187）、靖西县（7.2139），表明这几个县人均受教育年限达到初中文化程度以上的仅有罗平县和天等县。在人均受教育年限低于均值的12个县中，又有9个县没有达到6年/人，分别是排名倒数第一名的丘北县（3.9406）、倒数第二名的马关县（5.0065）、倒数第三名的富宁县（5.0865）、倒数第四名的凌云县（5.1423）、倒数第五名的广南县（5.2321），以及砚山县（5.4712）、屏边县（5.6003）、隆林县（5.728）和平塘县（5.9287）。在这9个县中，云南片区就有6个，这也是云南片区人力资本综合指数偏低的原因之一。还应值得注意的是，将排名最高的前5个县与排名倒数第一名的丘北县相比，罗平县高5.9943、天等县高5.5085、隆安县高4.1357、乐业县高3.9781、靖西县高3.2733，可见在石漠化片区县，人均受教育程度的差异相当明显。

再次来看"家人参加过技能培训"这一指标，这也是一项正向指标，即与均值相比，这一指标值越高，表明其对农户人力资本综合指数的正向影响越大。数据分析表明，调查样本农户参加过技能培训这一指标的均值为0.4374，高于均值和低于均值的样本县均为10个。在低于均值的片区县中，排名倒数第一名的是马关县，其指标得分仅为0.056，只相当于均值的12.72%，相当于该项指标得分排名第一名的隆林县的7.3%。排名倒数第二名的富宁县该指数得分也仅为0.1923，相当于均值的44.12%，相当于隆林县的25.3%。在低于均值的10个县中，云南片区除了上述马关县、富宁县外，还有屏边县（0.3265）、罗平县（0.4048），西畴县虽然高于均值，但分值仅为0.4468，只是略高于均值而已，这也是导致云南片区人力资本综合指数大幅低于贵州片区、广西片区的原因之一。

三、人力资本匮乏：片区县贫困的主因之一

人力资本是具有经济价值的一种资本，对经济增长会产生重要作用。然而滇桂黔石漠化片区人力资本投资不足，人力资本存量低、高素质人才普遍缺乏，人力资本投资环境也相对较差。这是造成该片区贫困的重要原因之一。

（一）知识的匮乏导致片区农户谋生手段单一

知识与技能是脱贫的内生动力源，是否具有劳动技能以及技能水平的高低已成为影响滇桂黔石漠化片区农户收入的关键性因素。在滇桂黔石漠化片区的贫困人口中，劳动技能严重缺失，直接导致其难以在就业中获得更多的收入，也限制了其就业的层次，十分不利于农民的增收。

（二）教育水平不高，人均受教育年限较低阻碍了片区内农户劳务输出

由于受教育程度偏低，再加上没有专业上的一技之长，许多农民在外务工也只能从事一些强度高、耗时久、收入低的工作。因此大部分贫困户并不愿意甚至害怕外出务工，他们更愿意守在自己的"一亩三分地"，从而使贫困的地区性特征不断固化。

（三）片区内人力资本存量严重不足，人才持续流失

调查结果与统计资料显示，近年来，国家大力普及与推进九年义务教育，在该政策的有力推动和指导下，片区内教育投资总体上在增加，农户的学历水平也有了一定程度的上升。随着农民平均受教育年限的上升，具备初中及以上文化程度人数的比例扩大，农民的收入也在相应提高，但从总体上来说，滇桂黔石漠化片区人力资本存量依然很低，依然以初中及以下文化程度人群为主，高中（含职高）及以上文化程度人群所占比例较低。

第三节 滇桂黔石漠化片区教育扶智实践创新

教育扶贫在减少返贫，实现"造血式"扶贫方面效果显著。实施教育扶贫，加快贫困地区教育发展和人力资源开发，有助于提高贫困地区群众的基础文化知识，更有助于提高贫困地区劳动者脱贫致富的动力。开展脱贫攻坚以来，滇桂黔

石漠化片区积极推进教育扶智工作，通过建立健全教育扶贫制度体系、实施重大工程、探索定点扶贫路径等措施积极推进教育脱贫，走出了一条具有集中连片特困地区特色的教育扶贫之路，取得了积极成效。本节以个案为例，对石漠化片区推进教育扶智的实践，进行如下分析归纳。

一、全面落实教育扶持政策

教育资源薄弱作为石漠化片区贫困群众致贫的重要原因之一，构建从学前教育到高等教育全覆盖的资助体系，扫清贫困学子上学障碍，是党和政府的政策惠及千家万户的重要工作。片区县全面落实中央、省（区）、市（州）资助政策，强化义务教育免学杂费或资金补助、学生营养改善计划、农村初中学生乘车补助等扶持政策，做到"应补尽补"，兜住每个孩子"有学上、上好学"的底线，彻底消除因贫失学、因贫辍学现象。

（一）三穗县五措并举，落实教育精准资助

黔东南苗族侗族自治州三穗县教育扶贫紧紧围绕"学生资助'一个不漏'、资助资金'一分不少'"的目标，切实将学生资助工作落到实处。

1. 完善责任体系

围绕教育扶贫的功能定位，成立了以多部门为成员的教育扶贫工作领导小组，制定实施教育脱贫攻坚行动计划，明确了时间表、路线图，全面统筹谋划和整体推进教育扶贫工作。出台《三穗县"减贫摘帽"问责办法》，从县级到教师，层层签订责任状，逐级传导压力，层层压实责任。

2. 深入宣传提升知晓率

通过制定《教育精准扶贫政策宣传工作方案》，重点以"八个一"为抓手，全面深入宣传教育精准扶贫政策。通过"小手牵大手"等方式，将学生在校享受资助情况逐项向家长说明，同时将"政策明白卡"张贴到每一位学生家中。同时，进村入户开展宣传，通过召开小组会、院坝会等形式向广大群众面对面宣讲学生资助政策。

3. 积极落实教育资助政策

借助国家和省教育惠民政策，制定出台《三穗县教育减贫摘帽行动方案》，全面落实国家助学、扶贫资助以及免除学费、生活补贴和生源地助学贷款等，保障学生能读得起书、上得了学。

4. 实施教育兜底政策

在积极落实上级各项教育资助政策的基础上，出台《三穗县"减贫摘帽"教

育扶贫实施方案》，拨付 1598.35 万元，按学前 500 元/生、小学 300 元/生、初中 500 元/生、高中 3000 元/生、中职 3500 元/生、大学（含高职）3700 元/生资助标准对全县 7 个学段共 13861 名建档立卡贫困学生进行教育兜底资助，解决了贫困家庭在教育方面的后顾之忧。

5. 扩大社会资助覆盖面

面向家庭经济特别困难学生，多方争取社会力量进行救助，形成立体化捐助体系。2018 年 8 月，争取到杭州市企业的捐款及物品，共获得捐款 325 万元（其中，物品折合人民币 10 万元，西子集团捐款 300 万元），成立"西子·三穗贫困学生圆梦教育基金"，惠及全县 9 个乡镇 7 个学段 295 户贫困家庭 295 名贫困学生。通过努力，彻底消除了学生因贫辍学和因学返贫现象。

（二）天柱县着力"五个全覆盖"，精准推进教育资助

天柱县按照"精准扶贫、精准资助"的工作要求，通过全面摸排，全面落实学生资助政策，及时、准确、规范地将资助金发放到受助学生手上，把党和政府的温暖第一时间送到受助学生心坎上。

1. 农村学前教育儿童营养改善计划全覆盖

上级下达全县中央财政奖补资金 115.25 万元全部到位，并全部完成发放，资助全县建档立卡等贫困幼儿 2305 人。对全县 102 所农村学前教育儿童实施营养改善计划全覆盖，拨付资金 220.71 万元，惠及农村学前幼儿 7357 人。

2. 城乡义务教育阶段贫困生书本、生活补助全覆盖

天柱县落实国家"两免一补"政策，减免 40878 名义务教育阶段学生教科书费 210.22 万元。发放家庭经济困难寄宿学生生活补助费 482.78 万元，受助学生 8334 人。对义务教育阶段学生实施营养改善计划全覆盖，拨付 1643.8 万元，解决了全县义务教育学校 40878 名学生的营养午餐。

3. 普通高中农村建档立卡贫困学生资助全覆盖

为全县普通高中农村建档立卡贫困学生入学开设"绿色通道"，保障农村建档立卡贫困学生无障碍入学就读，对建档立卡、低保家庭和残疾学生实行国家免学杂费政策，减免学费、住宿费和教科书费 1705 人，减免资金 193.848 万元。发放国家助学金 279.3 万元，资助学生 2793 人。发放教育精准扶贫学生资助资金 168.295 万元，资助学生 1665 人。

4. 中职学生免学费全覆盖

天柱县开设"绿色通道"，减免学费 1213 人，减免资金 121.3 万元，对建档立卡贫困学生减免教科书和住宿费 358 人，减免资金 10.71 万元；发放国家助学金

948人，2018年的资助资金37.86万元，已通过学生资助卡发放成功；中职教育精准扶贫资助学生399人，资助资金39.7万元已发放。

5. 普通高校建档立卡贫困学生资助全覆盖

天柱县发放省外普通高校教育精准扶贫资助学生647人，资助资金305.213万元。下一步，天柱县将继续加大宣传、排查、落实资助政策力度，进一步抓实全县教育扶贫工作，力争达到教育资助"应助尽助、不漏一户、不落一人"，不让一个学生因贫失学。

专栏8-1　云南省文山壮族苗族自治州建档立卡户学生资助政策

在脱贫攻坚中，云南省文山壮族苗族自治州进一步完善全州从学前教育到高等教育的家庭经济困难学生资助体系，实现资助工作的规范化、科学化、精细化。在国家、省现有学生资助项目的基础上，设立"文山州建档立卡贫困户学生资助项目"，对全州建档立卡贫困户学生实施所有学段、所有区域、所有民族、公办与民办四个全覆盖的资助，确保不让一个农村贫困家庭学生因贫失学，不让一个农村贫困家庭因学致贫和因学返贫。

一、资助范围及对象

文山州8县（市）户籍，在学前、小学、初中、普通高中、中职学校、普通高校（含本专科及五年制大专后两年）就读的具有正式学籍的建档立卡贫困户学生（含公办、民办）。

二、资助时限

从2015年开始到2020年，全州8县（市）脱贫攻坚工作各项目标任务全面完成，所有贫困对象经考核退出为止。2020年脱贫攻坚任务完成后，各项资助政策视具体情况进行修订。

三、资助原则

（一）严格程序，确保公正

各级教育、扶贫、财政等部门及各级各类学校严格执行学生资助政策，坚持"公平、公正、公开"原则，认真组织开展建档立卡贫困户学生资助各项工作。

（二）精准认定，精准资助

由扶贫部门牵头，教育部门配合，建立建档立卡贫困户学生动态调整管理机制，以"云南省精准扶贫大数据管理平台"数据为依据，定期比对统计各级各类建档立卡在校学生信息。各级、各部门按资助的项目、标准和要求严格落实有关资助政策，做到"应助尽助，一个都不能少，一项都不能漏"。对已经脱贫的建档立卡贫困户学生，在攻坚期内资助政策保持不变，可继续享受学生资助相关政策，避免出现边脱贫边返贫现象。

（三）统一渠道，规范发放

建档立卡贫困户学生资助在原则上以学生户籍所在县（市）为申领核算单位，组织资助项目审核、资金核拨与发放等工作。

四、资助项目及标准

聚焦建档立卡贫困户学生，按照"对象精准，力度精准，分配精准，发放精准"的要求落实各项资助政策。分学段资助项目及标准为：

（一）学前教育资助

对就读普惠性幼儿园（含小学学前班）的建档立卡贫困户幼儿，除享受国家、省300元／生／年的学前教育省政府助学金外，州级再给予120元／生／年的幼儿生活补助。

（二）义务教育资助

免除学杂费，免费提供教科书，国家、省按小学600元／生／年、初中800元／生／年、特殊教育6000元／生／年标准对学校补助公用经费，按小学90元／生／年、初中180元／生／年标准免费提供教科书；按800元／生／年标准给予营养改善计划补助；对义务教育寄宿制学校中建档立卡贫困户寄宿学生按小学1000元／生／年、初中1250元／生／年标准补助生活费。州级再给予小学80元／生／年、初中100元／生／年的学习生活用具补助。

（三）普通高中教育资助

对普通高中的建档立卡贫困户学生，国家、省按标准免除学费；给予2500元／生／年一等国家助学金；给予2500元／生／年的生活费补助，省、州县（市）按7：3比例分担，州县（市）承担部分（750元）中，州属普通高中由州级财政承担，县（市）属普通高中由县（市）财政承担（该项资助自2017年秋季学期起实施）。

（四）中等职业教育资助

一是国家、省对中等职业学校全日制在校一、二年级建档立卡贫困户学生仍按2000元/生/年标准给予国家助学金资助。

二是国家、省对中等职业学校全日制在校建档立卡贫困户学生按2000元/生/年标准免除学费。

三是按照《国务院扶贫办、教育部、人力资源和社会保障部关于加强雨露计划支持农村贫困家庭新成长劳动力接受职业教育的意见》(国开办发〔2015〕19号),对中等职业学校全日制在校建档立卡贫困户学生给予3000元/生/年生活费补助。

(五)高等教育资助

一是普通高校本专科(含预科)、硕士研究生、博士研究生三类高等教育阶段建档立卡户学生,分别按3500元/生/年、6000元/生/年、13000元/生/年标准给予国家助学金,州再按本科1500元/生/年、专科1000元/生/年标准给予补助。

二是建档立卡贫困户学生考取省指定的一本院校(158所),省按5000元/生/年标准给予学费奖励,州再给予2000元/生/年的学费奖励。

三是建档立卡贫困户学生就读普通本专科(含预科)或研究生的,无须提交家庭经济困难证明材料即可申请生源地信用助学贷款,最高贷款额度本专科8000元/生/年、研究生12000元/生/年,学生在校就读期间的贷款利息全部由政府贴息。

对于因自然灾害或突发事件等导致生活困难的建档立卡贫困户学生,在享受资助后仍难以上学的情况下,经评审后,在省的相关资金和政策范围内给予临时资助。

(三)田东县强化"五个精准",有效促进教育公平

田东县以"办好人民满意教育"为宗旨,秉承"扶贫先扶智,治贫先治愚"的理念,着力抓好教育扶贫五个精准,竭力阻止贫困代际传递,有效促进了教育公平。

1. 精准建设,贫困孩子入学机会更加均等。

针对教育资源"城镇挤,农村弱"这一结构性矛盾,2016—2018年,田东县委、县政府每年投入1.5亿元—2亿元,持续推进六大类教育基础设施建设:一

是投入0.2亿元解决入公办园难的问题；二是投入0.3亿元解决寄宿制学校床位问题；三是投入0.3亿元扩大高中学位问题；四是投入0.3亿元提高职校升学就业能力；五是投入300万元保障特教健康发展；六是投入0.3亿元推进信息化建设。同时，2018年以推进义务教育均衡发展工作为契机，投入8亿多元加快推进义务教育学校项目建设，通过村小分流、镇小承接、初中整合、城郊扩容、城区扩容、改造提升等方式进行义务教育均衡发展暨新一轮学校布局调整工作，增加优质学位13191个（其中，小学6480个，初中3150个，高中900个），城区学校得以扩容，乡村学校得以提质，下活了教育扶贫一盘棋，教育资源进一步均衡。在乡村，倾斜实施"五大工程"（鸡蛋工程、营养改善计划、温暖工程、热水工程、关爱留守儿童工程），乡村孩子乐于就近入学，乡村学校平均班额由10多人增加至30多人。在城镇，进城务工随迁子女入学得到保障，有效促进了劳动力转移就业，城区学校平均班额由70人下降至55人。截至年，该县学前三年毛入园率87%，九年义务教育阶段巩固率94.65%，高中阶段毛入学率88.61%。

2. 精准借力，学生资助应助尽助

以"办好人民满意教育，不让一个孩子因贫辍学"为目标，全力推进教育精准扶贫，做到贫困学生享受应补尽补，实现贫困学生享受资助政策全覆盖。一是全面落实学前教育免保教费、义务教育困难寄宿生生活补助等各项资助政策，2016年累计投入学生资助资金2796.401万元，受益学生45 808人；2017年累计投入学生资助资金5540.6972万元，受益学生55099人次；2018累计投入学生资助资金3434.9185万元，受益学生52 867人。二是全面推进农村义务教育学生营养改善计划，按每学期开学初核定的学生实际人数，每生每天4元按月下拨到各学校，三年累计投入7589万元。三是积极做好贫困大学新生入学补助发放各项工作。2016年共发放贫困大学新生补助资金62.76万元，受益学生987人，其中，建档立卡贫困学生297人；2017年共发放贫困大学新生补助资金64.5万元，受益学生978人，其中建档立卡贫困学生399人；2018年共发放贫困大学新生补助资金38.9万元，受益学生458人，其中，建档立卡贫困学生166人。四是注重激发社会力量参与教育扶贫。目前，田东县职校共有爱心团体、企业创办的"协力文更班""海南成美巾帼励志班""广西芬芳巾帼励志班"等11类社会助学班，助学班累计投入资金264万元，受益贫困学生达505人。同时，积极开展社会帮扶工作，通过百色教育基金会引进万和绿叶集团捐助100万元用于义圩中心小学项目建设，碧桂园集团捐助50万元资助309名贫困生，深圳坪山区人民政府捐助30万元用于思林镇新希望小学项目建设。

3. 精准关爱，解除留守儿童父母的后顾之忧

建立家庭、学校、社会三位一体的留守儿童关爱机制，投入资金451万元建设布兵关爱留守儿童示范学校，全县建成8所乡村少年宫。2014年起累计投入资金121万元为留守儿童购买意外保险，受益四万多人次。2015年起累计投入资金360多万元在152所中小学校建设"亲情屋"，为留守儿童营造健康和谐的学习、成长环境，有效解除外出务工人员的后顾之忧。关爱留守儿童工作得到了上级的重视和肯定，中央人民广播电台《中国之声》对该县关爱留守儿童工作作了深度报道。

4. 精准施策，推进职业教育与义务教育无缝衔接

推进普职渗透和中高职贯通办学。开设职业教育预备班，推进初中教育与中职招生有机结合，既提高了高中阶段的毛入学率，同时又丰富了职校的生源。抓好"两后生"培训，精准摸排出贫困户"两后生"，抓好节点宣传，根据培训意愿，采用选点受训的方式进行培训，2016年完成广西技师学校送培生96名，2017年完成送培生82名，2018年完成送培生52人。深圳第二高级技工学校2017年完成送培生33名，2018年完成送培生30名。切实将"两后生"从"靠苦力，吃青春饭"变成"靠技能，吃技术饭"，实现能力身份的根本转变。

5. 精准联动，务实推进"深百协作培训项目"

充分利用东西部协作契机，2016年争取到深圳帮扶田东县新居民转移就业万人培训计划项目1000万元，其中300万元用于培训费用，700万元用于项目设备采购。各实训设备在承担教育教学及转移就业培训中发挥着积极作用。以全力推进"深百协作新居民转移就业万人培训计划"对口扶贫项目为平台，2017年完成各类培训113期，共6507人，超额完成年内任务目标。

（四）龙州县以"四个突出"为抓手，确保"控辍保学"落地

控辍保学作为教育工作的重中之重，片区内各县均建立健全"双线四包"控辍工作目标责任制，强化控辍保学工作领导责任，层层签订控辍目标责任状，把工作落实到具体部门和个人，工作取得实效。龙州县的做法具有一定典型意义。

1. 突出依法控辍

严格按照《中华人民共和国义务教育法》和《中华人民共和国未成年人保护法》的规定，依法控辍，夯实两个法定责任。县委、县政府主动承担法定责任。制定出台《龙州县脱贫摘帽义务教育控辍保学工作细化方案》，成立领导小组，实行一把手负责制，做到主要领导亲自抓，分管领导具体抓，确保教育扶贫工作有组织、有领导。

2. 突出责任控辍

将驻村工作队逐村逐户逐人排查与教育部门逐校逐级逐班排查相结合，通过"八位一体"控辍保学责任制、"周查周报"制度彻底核准辍学学生底数，分析分类学生失学辍学的原因，做到精准控辍、精准劝返，确保"一个都不能少"。

3. 突出分类控辍

针对不同原因的失学辍学学生采取针对性的帮助办法。进一步关心关爱帮助返校学生，因人施策帮助厌学学生掌握技术，并通过对这类学生的就业意愿开展调查摸底，有针对性地组织类学生到龙州县职业教育中心、广西商贸高级技工学校、广东鹤山市职业技术学校等参加实用性短期技能培训。对特殊障碍儿童少年帮助联系特殊学校就读，并提供送教上门或远程教育服务。

4. 突出提质控辍

坚持问题导向，抓住学生辍学问题的根源，确保学生"进得来、留得住、学得好"。通过深化教育教学改革，实施教育提升工程、惠民工程，丰富校园文化生活。

二、扎实发展职业技术教育

加强职业技能培训，让贫困群众掌握一技之长，是培养"造血"功能、根治贫困的良策。近年来，滇桂黔石漠化片区各级党委、政府十分重视职业教育发展，围绕打造西部职业教育高地，加大投入、整合资源、优化结构、扩大规模，职业教育实现了跨越式发展，脱贫效应逐步显现，走出了一条职业教育扶贫的新路子，一批贫困家庭的孩子通过接受职业教育，掌握了一技之长，走出了大山，改变了命运，实现了脱贫致富的梦想。

（一）黔西南州——探索深化产教融合之路

片区内各地均紧盯市场，面向贫困地区开设一些市场急需的特色专业，集中力量打造一批有特色、有实力的院校，并把职业教育与产业发展、企业生产、技术研发紧密结合起来，注重帮扶对象的实践能力培养，使教育教学全过程与生产实践深度融合。在这方面，黔西南州的探索最具特色。

该州坚持"职教一人，就业一个，脱贫一家"的理念，创新办学思路，开创校企合作新局面，全州各职业院校创建并逐渐形成"一校一品、一校一特"格局，为社会输送了大量实用型人才。

1. 专业设置对接地方经济

根据市场需求和学校发展规划，设立专业，围绕产业动态调整机制，开设山地旅游、工业机器人技术、移动互联技术等新专业20个。2015年首届国际山地旅游大会在黔西南州召开后，随后积极开展大山地旅游人才培训培养，助力山地旅游快速发展。

2. 学校办学对接企业需求

积极推进校企联合办学，促进职业学校人才培养与企业需求"零距离对接"，实现职业教育与市场需求紧密连接。安龙县园区办、安龙县中等职业学校、贵州金百能集团三方合作，共同建立"园区—职校—企业"实训基地，为全州乃至全省培养更多合格人才。2017年，贞丰县中等职业学校投入500万元建成了黔西南州目前唯一一家"大数据呼叫中心"公共培训基地，形成了以大数据服务外包产业为核心的信息产业集群和训练基地。

3. 职教对接全国资源

进一步推进中西部教学资源互补交流，搭建合作共赢平台，协调完成望谟县、册亨县中等职业学校与武汉技师学院签订合作协议，采用"1+2"模式进行为期两年的专业技能学习。北京市教育学会职业技术教育研究会与黔西南州教育局、黔西南州教育局签署战略合作协议，打开全州职业教育开放办学通道。

4. 瞄准产业调整专业

以"坚持培养社会急需人才"为办学宗旨，大力推行"引厂入校""前厂后校"等模式，保证学生技能的学习和实践不脱节，毕业即可走向工作岗位。

5. 对接技能分类定制教学

开创"分类定制，校企融通"人才培养模式，制定与职业标准衔接、与高职院校对接的人才培养方案，让学生就业有门路、升学有保障。逐步探索和改革人才培养模式与课程体系，构建以工作过程为导向的"模块+项目"式课程体系，形成政府、企业、家长、教师和学生参与的"五位一体"评价机制，毕业学生"技能强、上手快"，受到社会、企业的广泛好评。

（二）广西"扶贫巾帼励志班"——让梦想插上翅膀

早在2009年，海南省经济技术学校就围绕服务扶贫开发，创办了"扶贫巾帼励志中专班"。其办学目标是计划用10年时间"培养1万名好女孩，造就1万名好母亲，带出1万个好家庭"。海南省经济技术学校的这一创新刊载于全国中职和中小学学习实践活动指导小组办公室《简报》第72期。

2011年，在国务院扶贫办的大力支持下，广西壮族自治区扶贫办决定创办全国第二个扶贫巾帼励志班项目——广西扶贫巾帼励志班（以下简称"扶贫巾帼励志班"），由百色市扶贫办组织实施，右江民族商业学校具体承办。

广西"扶贫巾帼励志班"的招生对象为贫困家庭应届、历届初中毕业女生,最初,招生范围把重点放在左右江革命老区核心区——百色市、河池市,现已覆盖全广西以及云南省曲靖市、文山州,贵州省黔西南州等。首届招生为350人7个班,截至2019年,已招生49个班2937人。

"扶贫巾帼励志班"对在校学生实行"三免三补一赠"的优惠政策。即免学费、免住宿费、免教材费,补生活费,补校服费,补到校交通费,赠送床上用品。每个学生每年共补助4000元左右,连续补助两年。为办好"扶贫巾帼励志班",右江民族商业学校充分利用国家教育扶贫政策,采取"几个一点"的办法多渠道筹集资助经费。即国家"雨露计划"的扶贫资金,每年每人2000元,国家助学金每人1500元,同时还争取社会爱心人士及企业捐助等。

在办学过程中,作为具体承办单位的右江民族商业学校认真落实习近平总书记关于"扶贫先扶志,扶志必育才"的重要指示精神,秉承"培养一个好女孩、培育一位合格母亲、造福一个幸福家庭"的办学理念,精心制定《扶贫巾帼励志班培养方案》,扎扎实实组织实施。学校坚持扶志与扶智并举,从生活、学习、思想等方面关心、关爱学生。在扶志方面,通过组织学生参观百色起义纪念馆、红七军旧址、瞻仰百色起义纪念碑等,扎实做好"励志"工作。在扶智方面,坚持面向市场设置专业,开设了学前教育、财会、计算机应用和酒店服务等适合学生特点的专业。围绕增强学生就业能力,除严格要求学生完成本专业学习外,还要求学生学习家政等国家承认的从业资格类专业知识,倾力打造西南地区扶贫培训品牌。

截至2019年7月,已有2146名各族优秀女孩学成毕业,实现了走出大山、改变命运的愿景。

专栏8-2　走出大山,放飞梦想的LYL

　　LYL,女,壮族,于1995年12月出生,百色市TL县JZ镇BDK村人。

　　LYL来自边远山区的贫困山村,家中上有父母、爷爷,下有两个妹妹。在她来到"巾帼励志班"之前,爷爷因长年过度劳累,早已卧病在床多年,常年需人来照料。

　　和大多数边远山村一样,BDK村自然条件恶劣,加上交通不便,村民们只能依靠种些玉米、黄豆、番薯,养几只鸡、一两头猪,日复一日、年复一年艰难地过日子。在风调雨顺的年份,一家的经济收入尚有三五千、五六千元不等，一遇到干旱、洪涝等异常年份，则几乎颗粒无收。村民们的困难可想而知。

在这样的环境之下，LYL 依然对生活充满着希望。作为家中的长女，在家，她主动承担家务，为父母分忧；在学校，她发奋努力，刻苦学习，成绩优异。

然而，"屋漏偏逢连夜雨"，命运似乎对 LYL 很不公。就在她初中毕业那一年，爷爷病情加重，为了医好爷爷的病，家里早已债台高筑。父母无奈地表示，再也无力支持她继续升学了。

眼看就要因贫而失学，梦想因贫而破碎。邻里、老师、同学无不为这个品学兼优的学子将要中断学业而惋惜。

"'沉舟侧畔千帆过，病树前头万木春。'在我命运跌向谷底之时，我并没有被摔得粉身碎骨。因为在关键时刻，'扶贫巾帼励志班'向我伸出了希望之手，扶我走向光明大道……" LYL 如是说。

就这样，2011 年，LYL 成为广西"扶贫巾帼励志班"首批学生。怀揣着对未来的美好憧憬，她走进了右江民族商业学校，走进了知识的殿堂。

一进学校，LYL 就像久旱遇甘霖一般，紧紧抓住这一可以改变命运的机遇，如饥似渴地学习。她常常挑灯夜战，废寝忘食地学习。好奇地向老师求教，虚心地与同学们交流。LYL 的辛勤付出换来了优异的成绩，赢得了学校领导、老师和同学们的信任。班干改选时，她高票成为班级学习委员。她组织同学探讨学习方法，分享学习经验；在班上开展辩论、演讲、朗诵等活动……

为提高普通话水平，她坚持每天听广播、看电视，还以坚韧的毅力每天对着镜子练口型。功夫不负有心人，她成了一位优秀的校园播音员。

有付出就会有收获。在校期间，LYL 多次荣获校级"三好学生""优秀班干部"等称号。2013 年，她还被评为广西壮族自治区中等职业技术学校"三好学生"，获得 2000 元奖学金。

"机遇总是留给有准备的人的！"2013 年 9 月，北京应用技术大学与右江民族商业学校首次合作办学，"阳光工程，爱心助学"项目首次在广西实施。LYL 被推荐到北京应用技术大学免费深造，圆了她的大学梦。

在大学期间，生活中，LYL 既有着壮家女的矜持婉约，又不失新时代少女的开朗活泼。学习上保持着一股韧性，遨游在知识的海洋。她出色的表现赢得了老师、同学的认可和尊重，被选为副班长、团支书。2015 年从北京应用技术大学毕业，她顺利地应聘到一家"国字头"保险公司，成为一名优秀的销售经理，收入稳定，月薪不菲。

因为有了习近平同志的关怀，有了国家的教育扶贫政策，在西南这片广袤的土地上，许多像LYL这样家庭经济困难的女孩，沐浴着党的阳光，乘上了时代"快车"，走进了广西右江民族商业学校，走进了广西扶贫"巾帼励志班"，圆了自己的学子梦、就业梦、创业梦。

三、精准推动技能培训

近年来，石漠化片区各地依托各级各类技术培训机构（基地），对有劳动能力的贫困户开展供需有效对接的技能培训，不但注重提高他们外出务工的本领或种养的技能，还注重做好贫困人口思想上的教育转化，全面提升贫困人口各方面的素质能力。

（一）广西壮族自治区妇联以家政培训"大篷车"为载体，让贫困妇女搭上"幸福快车"

近年来，围绕广西壮族自治区党委精准扶贫的战略部署，自治区妇联在全区开展家政培训"大篷车"进村（社区）活动，"广西金绣球巾帼家政服务联盟"主动作为，精心制定活动方案，积极承接以广西54个贫困县5000个贫困村为重点区域，以建档立卡贫困户妇女为主要对象的家政培训"大篷车"进村（社区）活动。各地会员单位积极响应，因地制宜，结合圩日、节庆日、"春风行动"、专场招聘会等活动，现场开展志愿服务、政策宣传、家政培训、就业推荐等多元化的家政宣传活动，以流动便捷的方式把免费的家政培训和家政服务送到农村妇女家门口、送到群众身边，有重点地对贫困村妇女进行培训，努力实现家政服务"上岗一人，脱贫一家"。

1. 搭建联盟强动力

在自治区妇联的主导下，由区内51家巾帼家政服务机构自愿联合组成"广西金绣球巾帼家政服务联盟"非营利社会团体。联盟通过开展丰富多彩的活动，提高家政从业人员的素质，努力维护家政服务行业的合法权益，为促进全区家政服务业健康繁荣发展作出了积极贡献。其中，联盟积极参与的家政培训"大篷车"活动得到了全国妇联的肯定，走出了巾帼家政扶贫的好路子。

2. 精准对接谋实效

每到一地,"大篷车"便与驻村第一书记密切对接,摸清底数,一同进家入户,面对面与贫困妇女交流。又因地制宜策划组织了一系列接地气、聚人气的家政服务活动。如开展病患老人护理服务、家务整理和家庭餐制作体验,提供免费理发、家庭教育、心理咨询服务,现场解决群众的生活小难题等,吸引群众广泛参与;有的地方则举办家居收纳、壮锦刺绣、手工编织等比赛,激发妇女的劳动热情,增进乡亲邻里和谐,寓宣于乐。

3. 因材施教做培训

年龄、文化水平不同,想法就不同,需求也不同。在动员和摸底调研的过程中,"大篷车"根据妇女的实际情况和报名意愿,"因材施教",制订培训计划。年龄稍轻、文化稍高的可以参加育婴师、早教项目的培训,年龄稍大、文化稍低的可以学习保洁、养老护理,有烹饪特长的可以进行烹调师、配餐员培训。一期15天的课程严格按照家政职业培训的教学大纲推进,同时按农民劳作的特点,分为白班和夜班。

4. 对接市场保就业

贫困妇女不仅可以在村屯、社区接受培训,还享有之后的考证、推荐就业一条龙服务。"大篷车"引荐女能人、女企业家、巾帼科技示范基地负责人到培训班招聘人才,学员也可以选择在金绣球家政联盟的企业就业。

(二)黔东南州"三个突出"推进农村青壮年劳动力技能培训

黔东南州以"三个突出"为抓手,大力开展农村青壮年劳动力规范化技能培训,全面提升农村劳动力就业能力,促进就业脱贫。2018年以来,全州组织开展农村青壮年劳动力规范化技能培训70727人,完成省下达年度培训71000人任务的99.61%,培训后实现就业40181人,促进增收脱贫9580人。

1. 突出实用技能,培养急需人才

围绕省内外用工市场和州内产业发展需求,整合资源力量,大力开展实用技能培训,让参训学员真正掌握一技之能。围绕州内产业园区、现代高效农业示范园、重点企业用工需求,积极开展企业用工岗前技能培训、产业工人培训等订单式培训,为企业培养急需人才。围绕州内农业产业调整、农房改造、新农村建设、城镇化战略实施,通过"新时代讲习所""农民夜校""田间课堂"等形式,大力开展农村劳动力创业培训、新型职业农民培育、民族山地特色旅游培训、农村电商培训、民族手工艺品、种植养殖等农村实用人才培训,2018年以来,全州完成培训28300人。

2. 突出"量身定做",增强"造血"功能

以 4 个深度贫困县、4 个极贫乡镇、1038 个深度贫困村为重点,将农村建档立卡贫困户、农村留守儿童贫困家庭、零就业家庭、长期失业人员、残疾人、生态移民和易地扶贫搬迁人员等列为优先培训对象,量身定制"一人一策"培训方案,采取职校专业培训、校企合作培训、向外输出培训等方式开展技能培训,增强贫困劳动力就业脱贫"造血"功能。2018 年以来,全州培训建档立卡贫困劳动力 58191 人,易地扶贫搬迁和库区生态移民人员 10508 人,"零就业"家庭、长期失业人员、残疾人、低保人员等困难就业人员 11358 人。

3. 突出就业服务,促进就业增收

通过宣传引导、岗位推荐、就业推介等措施,积极促进经过技能培训的农村劳动力实现就业创业。在技能培训过程中,积极开展就业扶志宣讲教育,宣传就业扶贫政策,引导参训学员增强就业内生动力和转变就业观念。充分发挥全州就业部门和驻外劳务联络工作站作用,组织人员深入州内园区和省外企业收集就业岗位信息,并通过课堂推荐、信息发送、微信推送、媒体发布、招聘现场推介等方式广泛宣传就业岗位信息,有力促进参训学员实现就业。

(三)雷山县办好"五大课堂",增强贫困群众内生动力

2017 年以来,雷山县积极开设技能、军训、感恩、励志、诚信等"五大课堂",千方百计提升贫困劳动力就业创业能力,引导他们摒弃"等靠要"思想,着力增强贫困群众的内生动力。

1."技能课堂"强本领,促"劳动型"向"技能型"转变

针对县内发展产业用工需求和贫困劳动力的特点,以建筑业、服务业、旅游业等就业容量大的行业用工需求为重点开展培训。同时,大力推广"龙头企业+党支部+合作社+农户"等模式,开展种养殖技术、农机具操作和维修等农业实用技术培训。积极与技工院校、职业院校合作,开设技能扶贫专班,挑选一批就业前景好、就业稳定、工资待遇高的专业进行单独招生,并且学生全部享受国家助学金、免学费、精准扶贫教育资助、生均财政拨款等政策,使其熟练掌握一门终生受用的实用技能。

2."军训课堂"励意志,助"自由型"向"纪律型"转变

为全面提升待就业贫困人口的整体素质,增强纪律意识、规范意识、团队意识,对经过培训并得到企业录用的人员,由雷山县委与用工企业合作开展新就业人员岗前军训培训。在培训课堂设置上,根据企业用工需求,将军训、基本法律法规、企业规章制度、进城务工须知等纳入培训内容,提升参训人员的思想认识

和基本素质。培训全进程实行军事化管理,并根据培训课程的长短合理安排军训时段,严肃培训纪律。培训结束后,结合教官评价及出勤、遵守纪律、规定动作完成等情况对参训人员进行打分。分数在 80 分以上者,由企业与其签订就业合同;分数不达标者,重新参加下一轮军训,直至分数达标。

3. "感恩课堂"讲礼仪,使"索取型"向"奉献型"转变

通过体验、参与、训练、分享、研讨、互动式的教学方法,培养农民正确的人生观、价值观和良好的思维习惯。各村以"新时代农民讲习所"为阵地,由联系村领导、第一书记和驻村干部宣讲各项扶贫政策知识等,引导广大党员和贫困户正确认识脱贫攻坚的目的和意义,把感恩思想教育贯穿其中,为贫困群众上好"感恩"课,引导贫困群众牢固树立"知党情,感党恩,跟党走"的思想,形成感恩奋进的良好精神风貌,不断提高广大党员和贫困群众的知晓率和满意度,提振广大党员和贫困群众决战决胜脱贫攻坚的信心和决心。

4. "励志课堂"长志气,促"等靠型"向"自立型"转变

针对农村普遍存在"等靠要""懒""穷大方"等不良风气,开展"小康路上我能行"党建引领脱贫攻坚励志教育,把扶贫与扶志有机结合起来,培育贫困户自力更生的意识和观念,激发其内生动力,引导贫困户依靠顽强意志和勤劳双手实现脱贫致富。

5. "诚信课堂"正观念,让"自主型"向"社会型"转变

在对贫困劳动力进行系统培训的过程中,增设"诚信教育课堂",将诚信教育与日常行为规范教育相结合,从生活、工作、学习等方面引导、教育其树立正确的诚信价值观念,达到"辐射一个家庭,带动整个社会"的良好效果。通过县、乡、村三级联动,依托"农民夜校""新时代讲习所"等平台,设置固定课堂和流动课堂,由讲师团成员、帮扶干部、龙头企业负责人等开展诚信知识讲座,与农民群众特别是贫困户签订"诚信公约",推动贫困人口全面素质的提升,培养其诚信意识、规则意识、社会意识,做到扶贫、扶智、扶志相结合,提高发展能力,激发"造血"活力。

第九章

帮扶到户：
社会资本匮乏型贫困农户的可持续生计策略优化

消除贫困是现代政府的重要职责和使命。诺贝尔经济学奖获得者阿玛蒂亚·森认为，"贫困最终不是收入问题，而是一个无法获得在某些最低限度需要的能力问题"[①]。相关文献的理论和实证分析表明，社会资本匮乏是贫困农户难以持续脱贫的重要因素，这主要是社会资本作为贫困农户获取资源和机会的重要渠道，直接影响扶贫工作的效率和效果。因此，在政府主导的反贫困治理中，要实现农户的可持续脱贫，必须切实加强农户自身的社会资本建设，促进贫困农户可持续生计策略的优化。

---

① ［印度］阿玛蒂亚·森：《贫困与饥荒》，王宇、王文玉译，商务印书馆2001年版，第16页。

第一节　社会资本促进贫困农户生计可持续的理论分析

20世纪80年代初,作为重要生计资本之一的"社会资本"一词在国际学术文献中开始频繁出现。社会资本理论的产生为破解传统扶贫机制困境提供了思路与启示,社会资本范式成为消除贫困的重要分析视角。因此,本节首先回顾社会资本和反贫困的研究动态,其次分析社会资本对减缓贫困的功能作用,最后尝试对贫困治理中社会资本可建构性进行分析。

一、社会资本理论发展脉络梳理

社会资本(Social Capital)作为社会科学的重要概念和分析框架,一直受到社会学、经济学、政治学等学术领域研究者的关注和应用。从20世纪初期利达·汉尼范(Lyda J. Hanifan, 1916)首次使用"社会资本"这一概念分析社区参与和社会纽带的重要性之后[1],社会资本发展的每个阶段都有着代表人物并形成了相关理论。因此,通过对社会资本理论进行梳理和回顾,可以清晰地了解社会资本逐渐成为一种社会科学范式的发展路径。

(一)国外社会资本研究及主要观点

1. 社会资本理论的三种经典论述

"社会资本"一词早在20世纪初就已出现,但首次把社会资本引入社会学领域的是法国社会学家皮埃尔·布迪厄。1980年,布迪厄在《社会科学研究》杂志上发表的《社会资本随笔》论文中,首次对"社会资本"进行了系统的诠释。他认为社会资本是"与群体成员相联系的实际的或潜在的资源集合体,它们可以为群体的每一个成员提供集体共有资本支持",是一种比较稳定、制度化和可持续的社会关系网络,这种网络可以提供一定的资源。1998年,科尔曼在《社会理论的基础》中从结构功能视角分析社会资本,指出"社会资本是根据其功能定义的。它不是某种单独的实体,而是具有各种形式的不同实体。其共同特征有两个:它

---

[1] Hanifan, J., The Rural School Community Center. *Annals of the American Academy of Political and Social Science*.1916 .Vol.67.

们由构成社会结构的各个要素所组成；它们为结构内部的个人行动提供便利"[1]。科尔曼对社会资本作了更广泛的理解，使该理论从微观层面向宏观层面过渡，为社会资本理论现代意义的扩展奠定了重要基础。20世纪90年代，美国哈佛大学教授罗伯特·普特南以其全美国畅销的一书本《独自打保龄——美国社区之没落与复兴》，成功地把社会资本应用到更大规模的民主治理研究中。普特南认为，社会资本是"社会组织的特征，例如信任、规范和网络，它们能够通过促进合作行动而提高社会效率"[2]。其中，信任是社会资本的最关键因素，互惠规范和公民参与都可以产生信任关系。[3] 上述三位代表人物对社会资本概念的阐述形成了社会资本理论发展的主线，刻画出社会资本概念从微观层次到中观层次的再到宏观层次逻辑发展过程，也体现了社会资本成为理论分析框架的研究途径过程。

2. 社会资本理论的探索发展

随着社会资本理论的深入发展，学者们的研究方向出现以个体为中心的社会资本观和以社会为中心的社会资本观两个分析层次。第一，以个体为中心的社会资本观。该分支主要从微观的、个人层次上分析社会资本来源、作用及表现结果。代表人物有林南（Lin Nan）、亚历山德罗·波茨（A Leiandro Porte）、罗纳德·博特（Ronald Burt）。其中，对社会资本较为全面解释的是著名美籍华裔社会学家林南（2001），他对已有的社会资本定义和理论进行了综合性的考证，提出"社会资本是投资在社会关系中并希望在市场上得到回报的一种资源，是一种镶嵌在社会结构之中并且可以通过有目的的行动来获得或流动的资源"[4]。他认为这种资源不能被个人所直接占有，只能通过个人直接或间接的社会关系而获得。决定着个体所获得的社会资源的数量和质量有三个因素：一是个体社会网络的异质性，二是网络成员的社会地位，三是个体与网络成员的关系强度（Lin，1986、1990、1992）。第二，以社会为中心的社会资本观。这一重要分支主要从宏观的、群体的、国家和社会的层面分析社会资本与经济繁荣之间的关系。代表人物有弗朗西斯·福山（Francis Fukuyama）、托马斯·福特·布朗（Thomas. F Brown）。继普特南把公民参与纳入社会资本分析中之后，日裔美国学者弗朗西斯·福山从社会规范的角度阐述社会资本，他认为社会资本可以定义为："一种有助于两个或多个个体之间相互合作的非正式规范。如果该群体的成员开始期望其他成员的举止行为将会是正当

---

[1] ［美］詹姆斯·S.科尔曼：《社会理论的基础》，邓方译，社会科学文献出版社1990年版，第54页。
[2] ［美］罗伯特·普特南：《使民主运转起来》，王列、赖海榕译，江西人民出版社2001年版，第194页。
[3] 燕继荣：《投资社会资本》，北京大学出版社2006年版，第79页。
[4] 林南：《社会资本——关于社会结构与行动理论》，张磊译，上海人民出版社2005年版，第2页。

可靠的，那么他们就会相互信任。信任恰如润滑剂，它能使任何一个群体或组织的运转变得更加有效。"[1] 社会资本是由社会中的普遍信任产生的一种力量，特别是在1999年出版的《信任：社会美德与创造经济繁荣》一书中，福山把社会资本的内涵集中在群体的价值和社会规范上来，直接将信任的普及程度视为一种社会资本，并认为社会的经济繁荣在相当程度上取决于该社会信任程度的高低。

3. 社会资本的实证分析

在诸多学者对社会资本理论进行深入研究的同时，社会资本的实证研究也得到学者们的广泛关注，其实证研究领域涵盖了对区域经济发展、竞争力、公司结构以及对发展中国家的影响等方面。如D. Narayan 等人（1997）通过对坦桑尼亚农村家庭特征的调查，发现那里社会资本的获取与农村家庭支出具有正相关关系。[2] C. Grootaert（1999）对印度尼西亚农户社会资本研究，特别是以家庭成员在当地社团表现而体现的社会资本是如何影响家庭福利和贫困的，他发现，对于低收入农户来说，社会资本的回报要高于人力资本的回报，而对于较高收入的农户来说则相反。[3] P. Winters 等人（2002）运用计量经济方法，研究墨西哥合作农场的农户资产状况如何影响他们参与到获取收入的机会中，以及如何影响回报，他们发现，家庭社会资本在这些方面扮演着重要角色，但是角色的性质随着机会类型、社会资本类型而变化。[4]

（二）国内社会资本理论发展

社会资本理论在20世纪90年代中期被引入中国后，国内学者纷纷围绕社会网络、社会关系、就业、企业绩效等方面展开研究，出现了一批运用社会资本理论分析中国现实问题的研究成果。

社会学家张其仔博士（1997）被公认是国内首位研究社会资本的学者，他将社会资本定义为社会网络，并试图解释社会资本对经济发展、文化变革、技术创新的影响。他认为未来社会就是一个网络社会，面对面交流的方式将被现代网络交流所取代。[5] 李惠斌和杨雪冬（2000）则指出社会资本是一种以规范、信任和网

---

[1] ［美］弗朗西斯·福山：《社会资本、公民社会与发展》，《马克思主义与现实》2003年第2期。
[2] Narayan, D. Bonding and Bridges: social capital and Poverty, *Working Paper*, World Bank, 1999.
[3] Grootaert, C. Social capital, household welfare, And poverty in Indonesia, *Working Paper*, World Bank, 1999.
[4] Winters, P. and Davis, B. Assets, activities and income generation in rural Mexico: factoring in social and public capital. *Agricultural Economic*, 2002, 27 (2).
[5] 张其仔：《社会资本论——社会资本与经济增长》，社会科学文献出版社1997年版。

络化为核心的社会机构、社会成员互动作用的具有生产性的社会网络。[1]将"关系"作为社会资本是中国社会结构特有的现象,边燕杰和丘海雄(2000)通过对广州企业的实证调查,指出社会资本是通过社会联系并获取资源的能力,社会资本对企业的经营能力具有直接的正面影响。卜长莉(2001)认为,社会资本是以一定社会关系为基础的,具有相同文化背景和价值观的社会成员关系有利于提升群体的利益目标。除此之外,杨永福(2002)认为,社会资本是一种结构性资源,它能促进行动者完成社会行为和目标。周建国(2002)则指出社会资本是一种对人们行动产生积极或消极影响的社会资源,它以信任、规范等形式存在于社会关系中,人们可以通过自致因素改变其流动方向。尽管国内外学者对关于社会资本理论研究取向有着不同理解,对社会资本也没有一个比较权威性的定义,但在理论的深入研究中也渐渐达成某些共识:一是社会资本被视为一种社会网络;二是将其定义为一种社会关系;三是把社会资本看成一种资源,并与物质资本、人力资本同等看待;四是定义为信任、规范、网络等。

二、社会资本与反贫困相关文献综述

大量文献研究表明,社会资本对反贫困有着不可忽视的作用,而最早将社会资本应用到反贫困领域的是世界银行。通过对国内外社会资本与反贫困研究的文献梳理,其研究领域主要体现在以下几个层面。

(一)社会资本与反贫困相关研究

1. 社会资本的反贫困功能

将社会资本与更为微观的贫困与反贫困直接联系起来的是世界银行。第二次世界大战后,世界银行在实施帮助发展中国家的诸多项目中,屡屡难以收到预期效果。"社会资本"这一理论的出现给世界银行找到了新的理论工具。此后在亚洲、拉美以及非洲等部分发展中国家(地区)实施的一系列项目中,世界银行发现社会资本确实是这些国家(地区)发展中"缺失的链条"。他们认为,以各种社会经济准则和网络为核心要素的社会资本是人们用以摆脱贫困的主要资本形式,是"穷人的社会资本"[2]。只有将这一链条补上,发展中国家(地区)的发展才可能取得事半功倍的效果。自此之后,社会资本的反贫困功能备受学术界的关注。作为世界银行发展问题专家,美国社会学家武考克(Woolcock,1997)认为,

---

[1] 李惠斌、杨雪冬:《社会资本与社会发展》,社会科学文献出版社2000年版。
[2] 世界银行:《2000/2001年世界发展报告:与贫困作斗争》,中国财政经济出版社2001年版。

当各方都以一种信任合作与承诺的精神来把其特有的技能和财力结合起来时，就能得到更多的报酬，也能提高生产率。如果一个地区或国家拥有较多社会资本即较紧密的社会网络和公民联系，也就在面临贫困和经济脆弱时处于更有利的地位。大量研究发现，社会资本在减少贫困（Grootaert，2004），改善收入分布，缩小收入差距（赵剑治等，2010），增加贫困群体收入（叶静怡等，2010），抵御风险冲击、平滑消费（Carter等，2003），提高就业机会（谢勇，2009）等方面起到积极作用，是"穷人的资本"（Grootaert，1999）。

2. 社会资本的负功能

社会资本并非永远给穷人带来正面影响，由于它的排他特性有可能使穷人进一步陷入贫困陷阱。傅利叶（Fournier，2003）研究指出：一些社会关系、集体行动以及地方性制度可能会加剧最贫困人口被排斥的状态。Adato & Carter（2006）通过对南非1993至2001年的数据分析，结果表明，社会资本更加有利于非穷人（non-poor）的收入向上增长；而对于穷人而言，社会资本会使其保持低水平的稳定状态。[1] 陆铭等（2010）研究进一步得出社会资本在帮助农户分担风险和平抑消费方面的作用随市场化深入而减弱；周晔馨（2012）从资本欠缺、资本回报率的角度证伪"社会资本是穷人的资本"这个假说。

（二）社会资本对贫困的作用机制

1. 资本类型视角

一些学者将社会资本分类后解释其作用。如以科利尔（Collier，1998、葛鲁塔特（Grootaert1999）为代表的将社会资本划分为民间社会资本（Civil Social Capital）和政府社会资本（Government Social Capital），以信任和社会纽带为特征的民间社会资本在减轻贫困程度中发挥了重要作用，而政府社会资本则在消除绝对贫困方面起着作用。R.J.Das（2004）认为，穷人拥有的纽结型、桥梁型、联结型等几种形式的社会资本功能的发挥都能使穷人受益。周晔馨（2013）则认为，社会资本具有不同的维度，对农户不同来源的收入有不同作用。

2. 网络特征视角

学者们认为通过"关系网络"可以减缓贫困。张爽等（2007）认为，社区层面的社会关系网络对减少绝对贫困有作用，而且其作用没有随着市场化进程的加快而明显减弱。叶静怡和周晔馨（2010）基于中国数据的研究发现，尽管农民工

---

[1] Adato, M., Lund, F. and Mhlongo, P., Methodological Innovations in Research on the Dynamics of Poverty: A Longitudinal Study in KwaZulu-Natal, South Africa.

在城市中新获得的异质性网络社会资本与收入呈正相关关系，但在消除内生性后，他们基于乡村的原始社会资本对城市打工收入没有显著影响。徐伟等（2011）利用来自中国农村的一个面板数据研究发现，家庭的社会网络不仅能够直接降低贫困脆弱性，而且能够通过抵消家庭成员所承受的负向冲击影响而间接降低贫困脆弱性。

从以上研究中可以看出，以政府主导反贫困治理中社会资本作用的研究成果较少，不利于社会资本的中国化发展。因此，反贫困进程的社会资本作用研究应展开对我国政府主导反贫困治理中社会资本作用的经验研究，并在此基础上尝试构建相关理论分析框架。

三、社会资本减缓贫困的功能分析

无论从个人微观层面，还是国家政府层面，社会资本的引入将有效改善贫困农户的家庭福利，提升扶贫开发绩效，促进区域经济社会可持续发展，社会资本应成为政府反贫困治理的重要策略。

（一）社会资本对贫困农户可持续脱贫的作用

从物质资本、人力资本到社会资本，减贫的内涵进一步得到拓展和丰富。社会资本不仅有利于增加贫困农户收入、能够为贫困农户提供各种发展机会，而且能够增强贫困农户应对贫困的能力（世界银行，1990），对减缓贫困起到积极作用。

1. 社会资本有利于贫困贫困农户收入

依附结构化关系网络的信任和互惠规范，降低贫困农户由于信息不对称所产生的成本，减少"机会主义"和"搭便车"行为，促进共同目标基础上的合作参与，增加双方信息的透明度，一定程度上对经济产生有利作用，进而有助于提高农户收入。社会资本可以通过人力资本、物力资本、金融资本等方式间接提高农户收入，实现资本的积累和融合，扩大市场交易范围实现贫困家庭的收入增加（Narayan，1997）。同时，资源禀赋较低的农户在社会关系网络中形成的社会资本起到非正式保险功能，使得贫困农户风险防御能力增强，选择高风险、高收入活动的概率增加，间接促进家庭整体收入水平的提高。

2. 社会资本有利于增加对贫困农户机会

拥有机会的多少及公平性问题直接影响贫困农户的收入增加和能力提升。当前，农户致贫原因不仅仅是收入水平低，更重要的是获得收入机会和能力的丧失。丰富和优质的社会资本通过提供机会可以促进贫困农户发展，主要包括教育培训、就业创业、金融信贷等方面的机会。第一，教育是改变一个人社会地位的重要途径，社会资本对贫困农户受教育机会有着重要影响。当前贫困地区"因学致贫、因贫缺教"问题比较严重，如果农户社会关系网络规模足够大，直接可以通过人脉关系获得物质、金融等支持，有效缓解教育的临时性贫困。尤其是子女学业完成并参加工作后，形成自己的社会关系网络并回报他人，促进社会资本的投资收益良性循环。同时，社会资本还有助于贫困农户获得技能培训机会，对于劳动能力素质较低的劳动者，技能的学习和补充可以提高就业机会和收入水平，是脱贫致富的重要手段。第二，丰富的社会资本能够拓展贫困农户的交往半径，提高资本的异质性，是农民寻求就业创业机会的最主要途径。弱关系在群体之间建立纽带联系，而强关系则在群体内部维系关系。相比弱关系为求职者提供就业信息而言，强关系、强网络的状态更能降低寻找工作的时间，增加就业创业的可能性和稳定性。第三，金融信贷是贫困农户生产发展的重要资源，由于结构性社会资本匮乏，缺少担保人，贫困农户通常更难获得信贷。正式的社会支持网络来自政府、社会正式组织的各种制度支持，贫困农户因网络位置低下而难以享受国家正式制度支持，尤其是除金融信贷的资源外，他们自身也缺少非正式的社会支持网络。如果贫困农户获得有效的社会资本，即可通过支持网络获得贷款来解决资金制约生产问题。

3. 社会资本能够增强贫困农户应对贫困的能力

阿玛蒂亚·森（Sen，1985）首次把能力贫困纳入贫困内涵中，提出"可行能力贫困"。森认为，能力是比收入和财富更重要的概念，包括基本生存能力、获取知识能力、参与决策能力、合理利用资源的能力等诸多方面，并综合体现在自我发展能力方面。诚如亚历山德罗·波茨（1995）更强调社会资本是"处在网络或更广泛的社会结构中的个人获取短缺资源的能力……获取（社会资本）的能力，是个人固有的，是个人与他人关系中包含着的一种资产"[1]，增加、提升社会资本将有助于增强农民的发展能力。但在扶贫实践中，尤其是在贫困脆弱性地区，贫困农户抵御风险能力较弱，社会保障能力不足，一场灾、一场难、市场行情不好就极易使农户陷入贫困，甚至返贫。无论是何种类型的社会资本，其互惠规范、信任、关系网络等社会关系构成的支持机制，有利于帮助人们实现行动目标，并在互助合作中防范和化解个体风险。因此，社会资本延伸支持网络范围，增强了

---

[1] ［英］亚历山德罗·波茨：《社会资本：在现代社会学中的缘起与应用》，李惠斌、杨雪冬译，《社会资本与社会发展》，社会科学文献出版社 2000 年版。

农民的生存能力和抵御能力,从而帮助贫困人口脱贫。农民拥有一定量的社会资本,有利于拓展贫困农户与外界交往,各种知识、信息、技术的交流无形中提高了农户的决策能力和获取知识的能力,直接或间接增强农民的自我发展能力。

(二)社会资本对政府贫困治理的作用

在政府贫困治理上,社会资本开创了扶贫开发事业的新路径,为扶贫资源的聚集、扶贫效率的提升和可持续脱贫体制机制的创新提供了理论资源和实践经验源泉。

1. 社会资本有助于聚集扶贫资源

林南从个体与结构关系的视角出发,把社会资本定义为"行动者在行动中获取和使用的嵌入在社会网络中的资源"[1]。按照社会资本关系强度命题理论,社会关系网络覆盖面越广,镶嵌的社会资本的质与量的存量就越大,汲取并支配社会资源的能力就越强,就越有助于其脱离贫困状态。长期以来,我们的扶贫工作主要是党政机关、事业单位和国有企业在履行政治责任,采取自上而下的单向度扶贫,存在着"政府热、社会弱、市场冷"的局面。而坚决打赢脱贫攻坚这场硬仗,单纯依靠政府的财政资金并不能完全满足扶贫开发的需要,必须研究如何制定扶持政策,撬动社会资本参与扶贫开发,进而形成社会资本积极参与扶贫开发的有利局面。因此,无论是贫困农户,还是党委、政府,社会资本的培育壮大都将有利于最大化地集聚各类扶贫资源,从而为脱贫攻坚战凝聚更大的力量。

2. 社会资本有助于提升扶贫效率

普特南在《使民主运转起来》一书中指出:"社会资本是指社会组织的特征,诸如信任、规范和网络,它们能够通过促进合作行为来提高社会的效率。"[2] 长期以来,相比关注贫困农户是否真正受益,各级政府的扶贫工作更多的是完成上级安排的任务。2013 年提出精准扶贫以来,政府对贫困农户实施"靶向治疗"的扶贫方式,参与式扶贫得到发展,民众认可度和满意度得到提升。这种信任关系是贫困农户对党委、政府的认可,以及对扶贫政策的接受。在政府政策的干预下,贫困农户社会资本存量增加,提升贫困农户参与网络并提高信任度,降低"道德风险",解决"搭便车"的行为。这种网络有利于协调交流,扩大声誉,也有利于解决集体行动的困境。[3] 此外,社会资本为贫困农户提供非正式支持网络,有效弥补

---

[1] 林南:《社会资本:关于社会结构与社会行动的理论》,上海人民出版社 2006 年版。
[2] 罗伯特·普特南:《使民主运转起来——现代意大利的公民传统》,王列等译,江西人民出版社 2001 年版,第 195 页。
[3] 李惠斌、杨冬雪:《社会资本与社会发展》,社会科学文献出版社 2000 年版。

政府和市场的缺陷，帮助个体获得更有利的资源配置，进一步扩大交易范围、降低交易成本，从而提高贫困农户个体福利收入水平。

3. 社会资本有助于提高脱贫效果的可持续性

习近平总书记指出，"如何巩固脱贫成效，实现脱贫效果的可持续性，是打好脱贫攻坚战必须正视和解决好的重要问题"[①]。社会资本是贫困农户获取资源和机会的重要途径，贫困农户社会资本拥有越多，贫困的改善程度就越高，相应地与之相关的物质资本和人力资本都会有所提高。社会资本不仅可以使贫困农户收入提高、获得就业机会，还能增加贫困农户获取知识的能力和参与决策的机会，从而提高自我发展能力。一般来说，社会资本存量高的贫困地区邻里关系、互惠帮助、社会信任会更高，贫困户可以从中获得精神和情感的关怀，更重要的是，当贫困农户遇到天灾人祸时，在互惠的社会关系网络中可以通过正式和非正式的网络支持来防范和抵御外部风险，这为培育具有公共精神的现代农民提供了良好的环境，是扶贫可持续发展的基石。

四、贫困治理中社会资本建构性分析

社会资本与反贫困关系如此紧密，以至被认为形成了一种新的反贫困范式——减贫的社会资本范式，以社会资本为导向的贫困治理策略也开始出现。世界银行发表的《2000/2001年世界发展报告——与贫困作斗争》中，明确提出要把支持穷人积累社会资本作为反贫困的重要行动之一。随着精准扶贫的深入推进，政府应加强乡村社会资本建设能力，优化政府贫困治理的策略，促进扶贫方略由物质资本范式和人力资本范式向社会资本范式转变，建立健全以社会资本为导向的贫困治理机制。

（一）提高贫困农户社会地位

一个人的社会地位与其在社会权力结构中所处的位置密切相关，而其拥有的社会资本又与其所处的社会地位密切相关。为此，政府在贫困治理中应着力加强促进贫困人口的社会流动，提升贫困农户的阶层地位。应该看到，一个人的社会地位是由先赋因素和自致因素共同决定的，后者则强调通过自身的努力获取与占据一定的社会地位。相比于先赋地位这个后天无法改变的因素，个人自赋地位的提升尤为重要。因此，提升贫困农户的社会地位，就是要缩小先赋因素的负面影响，同时增加自赋因素的正面功能。在提高贫困农户社会地位方面，政府最重要

---

① 中共中央党史和文献研究院：《习近平扶贫论述摘编》，中央文献出版社2018年版，第25页。

的工作就是要突出加强教育扶贫，保证贫困农户家庭受教育的权利，阻断贫困的代际传递。通过教育培训获得知识水平和提升劳动技能，改变贫困人口在就业中的劣势地位，这也是提高贫困人口社会地位的重要途径。在现实社会中，由于就业信息不对称、就业渠道不畅通等，将会导致贫困人口的就业得不到有效保障而造成"增收难"，从而加剧社会财富初次分配的不平等。为此，需要政府建立和完善就业信息服务平台，消除劳动力就业市场壁垒，使贫困农户通过正规就业提高自身的社会地位。

（二）延伸贫困农户支持网络范围

德国社会学家齐美尔认为，贫困群体要改善贫困状态，就不应局限于原群体网络范围，而是要不断向外拓展和获取社会支持网络，将群体最初的空间、经济和思想的界限向外延伸。[①]因此，要使贫困农户跳出旧有的网络范围，政府就应当建立多方参与、互动协作的社会支持网络。政府在贫困治理中，一方面，通过改善贫困地区基础设施建设来拓展贫困人口的物理网络空间，延伸贫困农户结构型社会资本的地域范围，达到减轻和消除贫困的目标；另一方面，建立"内部高度整合，外部高度链接"社会支持网络，强化政策扶持和制度供给，搭建贫困农户与内外部信息共享、互动合作平台，增强网络异质性，打破贫困农户资源社会锁定。

（三）增强贫困农户跨越型社会资本

在社会交往中，有关系和没关系、强关系和弱关系决定着贫困农户的社会资本数量和质量。根据关系紧密程度，社会资本可划分为紧密型社会资本（Bonding Social Capital）、跨越型社会资本（Bridging Social Capital）。传统"差序格局"在中国社会一直占据着主导地位，这就决定了中国文化是一种"强关系紧密型社会资本"（亲缘和地缘）。相比紧密型社会资本在群体情感、信仰、价值方面起到的维持作用，弱关系跨越型社会资本提供给贫困人口摆脱贫困并形成自身发展能力的可能性越大。政府在贫困治理中要提高扶贫效率，应增加贫困农户跨越型社会资本，积极动员社会各界力量为贫困者提供社会支持。其中既包括来自政府、行政部门提供的制度性支持，也包括各种类型的社会组织提供的资源便利。

（四）提升贫困农户社会资本存量

社会资本需要通过投资经营社会关系而得到资源回报。一般而言，贫困农户处在社会结构中的最底层，其社会资本存量较少，直接影响改善自身状态的能力，

---

① [德]格奥尔格·齐美尔：《货币哲学》，于沛沛译，中国社会科学出版社2007年版，第8页。

避免陷入无法摆脱贫困的恶性循环中。因此,贫困农户的社会资本增加和提升更多地要依赖外部力量,如政府部门、社会组织、社会爱心人士的帮助。在政府主导的贫困治理中,除了提升传统社会资本存量,还要不断积累现代社会资本存量。在传统社会资本建设中,政府倡导继承弘扬传统优良文化,完善乡村规范和道德建设,维持乡村自身内在的良性运作;在现代社会资本建设中,政府应通过推进农业产业化经营、培养乡村各类自组织发展、实施参与式扶贫政策等措施,为贫困农户增加社会资本提供更多途径。

第二节 片区县社会资本匮乏型贫困农户的基本特征

社会资本的构成要素是贫困农户摆脱贫困的重要形式。随着当前社会进入转型期,贫困地区传统的社会资本遭到瓦解,新的社会资本体系尚在建构中,贫困地区社会资本的断裂在一定程度上影响了贫困农户的可持续生计,制约了扶贫开发的可持续发展。通过对石漠化片区贫困农户社会资本的调研及相关数据资料的分析,进一步论证片区贫困农户存在社会资本匮乏的状况,并表现为一些群体特征。

一、社会资本的测量及指标选择

贫困农户是一个特殊的社会群体,对其社会资本的特征描述与其要素的确定和划分密切相关。在当代社会资本理论的三大标志性人物对社会资本的定义中,社会网络、互惠行为以及促进互惠行为的规范和信任是社会资本的基本要素。哈皮特和格沙尔(1998)则将社会资本划分为三个维度:结构维度(Structure Dimension)、关系维度(Relational Dimension)和认知维度(Cognitive Dimension)。[1]社会资本根据其关系特征往往被区分为紧密型社会资本(Bonding Social Capital)、跨越型社会资本(bridging social capital)和连接型社会资本(Iinking Social Capital)。格鲁特尔特和贝斯特纳尔(2004)则提出社会资本对发展的影响都是通过结构型社会资本(Structural Social Capital)和认知型社会资本(Eognitivc Social Capital)这两类完全不同类型的社会资本的相互作用来实现的。不同的学者提出了不同的指标量度,为了更好地认知片区社会资本匮乏型贫困农户的基本特征,

---

[1] Janine Nahapiet, Sumantra Ghoshal, Social capital, Intellectual capital, and the organizational advantage , *Academy of Management Review*, 1998, 23: 242—266.

本研究的社会资本度量指标主要有五个维度,包括个人特质、网络结构、关系强度、社会信任及互惠参与等指标,并据此展开调查,获取相关数据资料。

二、调查样本的特征分析

社会资本在很大程度上是一种支持性关系,可以减少人们采取社会行动所耗费的成本。一个人拥有的社会资本越多,越容易得到帮助和支持,从而获得更多的收益和回报。社会资本的分布具有不平衡性特征,石漠化片区的贫困农户,由于环境、制度、文化、能力等方面的缺陷,在社会结构中占有较少的社会资源而陷入贫困,由于现有社会资本的存量不能帮助他们走出贫困,如果没有外在力量干预,那么绝大部分无法摆脱贫困。因此,社会资本匮乏型贫困农户往往体现着个人特质,形成了群体性结构特征。

(一)社会资本匮乏型贫困农户个人特质

1. 社会资本认知模糊不清

针对贫困地区致贫原因分析,首先都会论及思想观念落后、文化素质低下等,因此扶贫工作要"治贫先治愚",既要"富口袋",更要"富脑袋"。从现实情况来看,尽管贫困农户认识到所谓的人脉关系等社会资本是解决贫困问题的重要手段之一,但是对更广泛的社会资本如参与村级事务、加入各类组织、扶贫政策等具体内容认知不足。在对贫困农户是否了解精准扶贫政策的相关结果分析表明,贫困农户对政策的实施主体、受益对象、操作流程等政策内容知晓度较低,有30.8%的被访对象"不太了解"精准扶贫政策的具体内容,"很不了解"的甚至占到13.7%,而选择"很了解"和"比较了解"的贫困户为8.7%和21.6%,仅占样本总量的30%(见图9-1)。

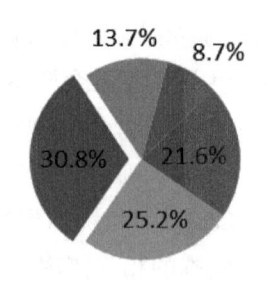

图9-1 贫困农户是否了解精准扶贫相关政策的具体内容

资料来源:课题组的问卷调查(2014)。

这些对社会资本认知的局限性来源于长期以来观念的形成，是对祖辈传承下来所认为正确经验事实的尊重与信任，属于认知型社会资本的范畴。因此，这种不需要理由的对传统的坚守，使得贫困农户对社会资本的认识理解比较浅显、不全面、不深刻，其认知型社会资本具有很强的封闭性。

2. 社会资本获取途径较少

格兰诺维特（Granovetter）曾指出，只有打破群体内部封闭的空间，积极与外界交流沟通，或是通过外出就业、读书上学等社会流动方式加入新的社会群体，个人才有机会实现创新与发展。调查中发现，石漠化片区贫困农户获取社会资本的数量和质量明显不足，社会资本的利用缺乏广泛性。在扶贫实践中，虽然政府通过外部与内部两种方式引入技术扶贫、文化扶贫等异质性的社会资本，也取得了一定效果，但远远没能达到预期的减贫目标。主要体现在两个方面：一方面，村民对异质性社会资本获取利用度低，尤其是在就业信息获取利用上，更多的是以熟人介绍的方式实现，而通过招聘广告或中介机构寻找就业机会微乎其微，从而造成就业面狭窄的问题。另一方面，相当一部分村民由于对政府的扶贫政策了解不清、认识不到位，尤其是对涉及贫困农户利益的具体扶持项目关注度低，造成贫困农户利用社会资本的渠道狭窄。其原因可以从以下两点进行探究：第一，从交往的范围来看，贫困农户主要集中与自己有稳定联系的亲朋好友交流，而且多数亲朋好友生活在本村屯，没有与更广范围的人员建立网络关系。第二，从人际交往层次来看，贫困农户交往对象的学历基本普遍不高，且主要以体力劳动为主，很少有机会接触到更高层次的人员，阶层交往日趋固化。

3. 社会资本维护能力较弱

社会资本是嵌入在社会结构之中使社会行动得以实现的资源。如同其他资本，社会资本作为可再生资源，需要通过投资维护以增加将来的回报，其隐含的重要前提假设是互惠精神（Rceiporcity），因为将来该个体需要他人帮助的时候可以有回报。否则这种社会资本的积累是有限的，甚至是逐渐减少。互惠是社会资本不断增加的基础，由于片区贫困农户基本上属于血缘型社会结构，传统差序格局下的社会资本最基本的维护手段就是亲缘关系，其次是家族关系、朋友关系、邻里关系，维护成本很低，基本上不用"过多打理"即可形成。但是，随着现代社会的发展，大量农村劳动力外出流动，形成"空心村"，农村关系网络弱化，农村信任度急剧下降，传统互惠规范形成的社会资本遭遇到挑战。在此背景下，贫困农户较低的社会地位、较少的社会资源，尤其是贫困农户缺乏的物质资本、人力资本，使其无力满足他人的要求，合作能力较弱，直接制约社会资本的维持和提升。

（二）社会资本匮乏型贫困农户网络结构特征

1. 网络空间规模狭小，封闭性结构特征显著

传统农村社会是一个"熟人社会"，人与人之间按照差序格局稳定的关系开展。具体而言，石漠化片区贫困人口的社会资本是以血缘和地缘关系为核心的，具有较强的封闭性。由于封闭网络空间的贫困农户集聚，形成了具有典型特征的贫困文化和价值体系，群体内部同质性较高，缺少与外部的沟通交流，无法创新和拓展社会资源。调研中发现，片区贫困农户文化水平普遍不高，半文盲占比较高，思想观念落后；同时不少贫困地区交流沟通都使用地方方言，加重了贫困农户与外部交流的障碍。这种固化、极强的封闭性社会资本进一步将他们受限于土生土长的乡村，再加上贫困本身的制约，贫困农户的网络规模严格限制在狭窄的地域范围，导致贫困地区交往处于一种低水平的社会锁定。一方面，由于贫困农户的同质性高，从内部难以打破锁定状态；另一方面，由于贫困农户文化水平低和地区方言壁垒，难以接受外界传递的信息，极大地降低了从外部冲破锁定状态的可能性。随着农村大量剩余劳动力外出务工，存在一种可能是最有效率地打破锁定的途径：通过返乡创业致富带头人传播异质性认知或许是更新认知型社会资本的有效途径。

2. 网络社会地位较低，中心性向度偏离较大

一般而言，个人所处网络的位置高低、中心性向度与社会资本有着紧密联系。第一，地位强度原理表明，个人或群体在社会结构中所处的地位越高，就越有可能容易地获取和使用社会结构中的资源。处于社会结构底层位置的个人或群体则社会资源占有量较少，可动员的社会资本不足。调研中发现，石漠化片区的大多数贫困农户为老弱病残等弱势群体，社会地位普遍较低，与他们交往的基本上都是村里的熟人，基本没有太多社会资源。因此，社会资本匮乏型贫困农户的一个重要特征就是在社会结构中所处的地位普遍不高。就贫困地区而言，尤其是自然条件恶劣的石漠化片区，由于地理环境、人口分布、交通通信等方面的原因，贫困农户的社会关系网络主要来自家族，范围普遍狭小，承继性社会关系日益弱化。与此同时，贫困农户自致性关系网络发展缓慢，借助后天的努力不断提高社会地位的效果明显不足。第二，社会网络的生态学分析表明，越接近中心位置，控制力和影响力越大，越有利于行动者社会资本的积累和利用。本研究测量了贫困农户家庭成员在各类社会组织中所占据的位置，结果表明，贫困农户家庭成员中占据社会组织网络中心位置的人太少，绝大多数人（98%）则远离网络中心。总体表现出网络位置高度边缘化的特征。由于贫困农户自身资源缺陷性在网

络联系中与他人难以实现互惠合作,缺乏维护社会关系的能力和载体,因而其社会网络就逐渐收缩至狭窄的范围内并远离中心位置,网络社会联结缺少中心性向度。研究中测量贫困农户社会资本积累,结果表明,家人中是否有村干或组干对农户的影响最为直接,各省片区之间的差异显著,云南片区在该指标的拥有程度为27.35%,广西片区的拥有程度为40.41%,贵州片区的拥有程度则为18.67%。结合社会权利的各项指标数据来看,广西片区在政治身份是共产党员和家人成员有担任村干或组干的占比是较高的,这些人往往是农村中的精英,能为农户的生产提供信息,这就直接关乎农户的生计策略的选择(见表9-1)。

表9-1 家人中是否有人是村干或组干情况

项目	云南 户数	云南 比例/%	广西 户数	广西 比例/%	贵州 户数	贵州 比例/%
是	102	27.3	139	40.4	62	18.7
否	271	72.7	205	59.6	270	81.3

资料来源:课题组的问卷调查(2014)。

3. 结构洞空隙较大,网络跨越联结不足

1992年,美国社会学家罗纳德·伯特(Burt)在《结构洞:竞争的社会结构》一书中提出了"结构洞"理论(Structural Holes),认为不同的网络结构能够给利益主体带来不同的利益和回报。而由于网络结构中缺乏直接有效的联系者,导致其与其他个体没有产生直接联系,从网络整体上看,好像结构出现了"间隔距",故被称为"结构洞"。本课题的调查结果发现,由于石漠化片区所处的地理区位、经济发展上的劣势,使其缺少内外部力量联结"结构洞",尤其是缺少外来的社会联结行动者,这是导致片区社会联结不足的关键原因。从当前片区生产发展来看,一些地方拥有自身特色产业,如百色芒果、马山黑山羊等,但是由于缺少起到连接"结构洞"作用的"经纪人",造成贫困农户获取就业、信息、项目、资金等社会资源信息不对称,不少好的产品藏在深山不为人知,贫困农户网络延伸的空间很小。在改革开放以来推进扶贫开发过程中,虽然各级政府在不同的阶段都从体制内(包括政府部门和政府直接管理的企事业单位)派出干部下到基层,充当联络"结构洞"的角色,但是访谈结果表明,由于石漠化片区各级政府自身原本就缺乏必要的信息、技术、资金的资源,这就决定了其对所管辖的区域社会资本建设投入存在先天不足,故其所派出的联络员或"架桥人"所能发挥的作用是十分有限的，这是导致片区农村贫困农户"结构洞"空隙大、网络跨越联系不足的原因所在。20世纪90年代，中国政府开展东西部扶贫协作，要求东部先进地区帮扶西部落后地区，这种贫困治理策略为贫困地区和贫困农户建立垂直型和跨越型的社会关系网发挥了一定作用，但是由于片区实际发展较为特殊，政策的效果不是很明显，很大一部分贫困农户并没有建立起这类联结。

（三）社会资本匮乏型贫困农户关系强度特征

根据世界银行的分类方法，社会资本的关系强度可分为紧密型（Bonding）、跨越型（Bridging）和垂直型（Linking）三种类型。社会资本包含的关系特征在贫困治理中起到重要作用，其经验基础源于调研中的经验事实：对于贫困农户而言，异质性的关系型社会比同质性的关系型社会可以带来更多帮助，个人在社会结构中与其他行动者的关系强度决定其在社会关系网络中所能够获取和使用的资源。调研发现，片区贫困农户的社会关系主要以同质性的紧密型关系为重要基础。

1. 紧密型社会资本主导贫困农户社会关系

紧密型社会资本是指家庭成员和其他具有紧密关系的人之间的纽带。调研中对贫困农户的异质性关系特征进行结构访谈，当问及"其他村屯生活的亲朋好友"和"县城里生活的亲朋好友"，结果表明，绝大部分贫困农户的亲朋好友基本集中在本村屯，其中，贫困农户社会关系延伸到其他村屯的为29%，而延伸到县城里的仅为16%，典型的传统农村差序格局依然存在。通过对紧密型关系结构的联结强度进行评价表明，调查对象与其他村屯生活的亲朋好友之间的平均连接强度较高，与县城里生活的亲朋好友平均连接强度较低，表明与异质性紧密型关系较弱。为进一步了解主导贫困农户的社会关系特征，对贫困农户社会行为实施对象进行排序，发现贫困农户首选的借贷关系是亲戚，其次是特定的好友。获取信息的渠道首选是贫困户认定的关系好的亲戚朋友，而通过媒体（电视、"两微一端"）和村干部分别排在第二和第三的位置。由此可以得出，贫困农户社会资本最重要的结构基础是同质性的紧密型社会关系。

2. 跨越型社会资本严重缺乏

跨越型社会资本是指贫困户与不同类型的人之间较强一些的联结纽带，主要是各类组织的成员纽带。正如林南所谓的社会资本是嵌入社会结构之中，是可以动用的资源总和。而建立在伦理本位和差序格局基础上的传统农村关系多为横向联系，缺少跨越不同群体、组织及领域的社会资本。近年来，为发展壮大村级集体经济，地方政府采取多种措施引导政府部门或其他机构支持贫困地区，并且将资源、项目、资金等要素向贫困地区倾斜，以丰富贫困地区的社会资本。但访谈中却发现，部分贫困农户参与相关目标性社会组织的积极性不高，如各类自治组织、经营性合作社、家庭农场等。此外，在组织内部担任职务的贫困农户少之又少，而非贫困农户不仅参与度高，且不少人在组织里担任要职，这说明片区县贫困农户尚难通过建立与村内各类组织的紧密联系来建构起跨越型社会资本，以帮助自身摆脱困境。

3. 垂直型社会关系利用开发不足

垂直型社会关系是指贫困农户与那些对他们具有重要影响的人员之间的纽带。包括扶贫政策制定者和参与扶贫执行者（村干部、扶贫干部、技术人员）。本次调查贫困农户了解扶贫政策的主要渠道，结果有28.9%的被访者选择通过电视来了解政策情况，例如，《新闻联播》《焦点访谈》等栏目，18.6%是通邻里之间的交流，仅有17.7%和16.3%的被访者通过村民大会和村干部走访的方式获取信息（图9-2）。这表明大部分贫困农户与重要关系人没有建立稳定的双向联系，从对社区内部社会资本的利用情况来看，贫困农户家庭成员与对其发展可能产生重要影响的各类公共服务人员之间的联系也较少，更多依靠单向度的电视或广播来获取信息。

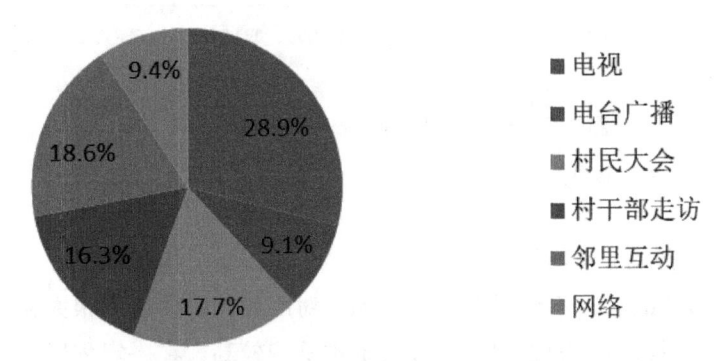

图9-2 贫困农户了解精准扶贫政策的主要渠道

（四）社会资本匮乏型贫困农户互惠参与特征

普遍的互助互惠是一种具有高度生产性的社会资本，可以有效疏解政府在贫困治理中某些方面能力不足的困境，帮助贫困者脱离贫困、提升致富能力。本研究将农户互惠参与划分为扶贫领域参与和村级事务参与两个指标。

1. 扶贫领域参与广度深度不够

贫困农户是精准扶贫各项政策的直接受益者，也是本地脱贫致富的主力军。因此只有发动群众参与，才能提高政策效率。具体实践过程中，贫困村民在精准扶贫中的参与范围包括五个领域：基础设施、产业项目、金融信贷、公共服务、移民搬迁。不同扶贫领域群众参与的积极性差异明显。调查中却发现，贫困村民在移民搬迁和金融信贷上的参与度较低，仅为18.6%和21.4%，而村民在公共服务上的参与度较高，达到了69.1%，这在一定程度上表明了涵盖医疗卫生、教育培训、就业服务、低保兜底等公共服务政策与贫困农户关系密切，得到群众的认可和支持（见图9-3）。

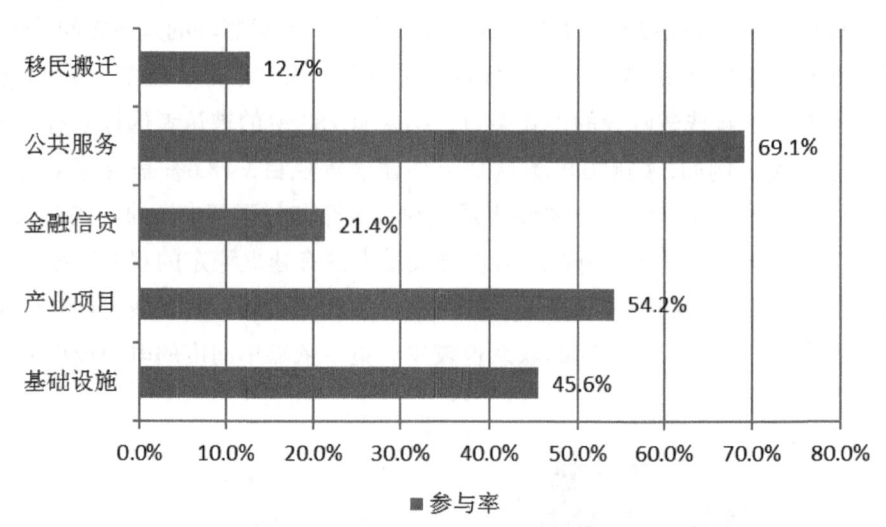

图9-3 贫困村民在精准扶贫工作领域的参与率

- 移民搬迁：12.7%
- 公共服务：69.1%
- 金融信贷：21.4%
- 产业项目：54.2%
- 基础设施：45.6%

资料来源：课题组的问卷调查（2014）。

2. 村级事务社会参与不足

对村级事务的参与不仅对个体有影响，对所处的群体也有很大益处。一般而言，积极关心村级事务的农户，其社会资本普遍较高，在一定程度上，村干部承担信息传递者的作用，拥有较多的信息资源，这对原本封闭的贫困地区无疑是重要的社会资本。本研究对石漠化片区的某一贫困村进行调研，通过选择参加村民大会"参加村干部选举"观看村务公开栏"等村级事务活动指标进行测量，结果表明，参与村民大会、村干部选举事务中，35.1%和29.2%的贫困农户不是很感兴趣，有超过1/2的农户对村务公开不感兴趣。这类贫困村的社会关系网络有着很深的封闭性，社会资本比较匮乏（见表9-2）。

表9-2 贫困农户村级事务参与比例(%)

项目	经常参加（看）	有时候参加（看）	没兴趣
参加村民大会	20.6	44.3	35.1
参加村干部选举	40.7	30.1	29.2
观看村务公开栏	10.8	30.3	58.9

资料来源：课题组的问卷调查（2014）。

第三节 片区县社会资本参与精准扶贫的实践创新

提升石漠化片区贫困农户社会资本是减缓贫困的重要举措。对于贫困农户而言，社会资本是嵌入其日常生活和生产中所形成的社会关系、网络、信任等要素中的。由于片区贫困农户社会资本普遍存在匮乏现象，因此单靠贫困农户自身能力提高社会资本存量显然不现实。帕特南认为，"明智的政策能够鼓励社会资本的形成，而且社会资本也会提高政府行为的效力"，因此在政府主导型的贫困治理中，"国家不仅能够做一些积极的事情来创造社会资本，而且能够通过阻止一些事情来减少社会资本储备的消耗"[①]。在扶贫实践中，片区县对社会资本参与精准扶贫进行了积极探索和有益尝试，并且创造出不少成功范例。按照布朗将社会资本划分为微观、中观、宏观三个分析层面，本节将社会资本参与精准扶贫的实践创新从这三个层面进行阐述。

一、提升个人能力，增加社会资本存量

能力与社会资本具有互动作用，培养能力提升社会资本基础的同时，又会受到社会资本的影响。贫困人口的基本能力主要表现为其所具有的文化素质、就业水平和身体素质。社会资本参与精准扶贫，从能力视角上看，政府在贫困治理中应该加大教育培训、就业保障和医疗卫生方面工作的力度。

（一）教育扶贫

习近平总书记指出："治贫先治愚要把下一代的教育工作做好，特别是要注重

---

① [美]弗朗西斯·福山：《信任：社会美德与创造经济繁荣》，彭志华译，海南出版社2001年版。

山区贫困地区下一代的成长把贫困地区的孩子培养出来,是扶贫的根本之策。"① 从社会资本视角来看,贫困人口通过接受教育所获取的知识和技能可以使贫困农户开阔社会视野、拓展人际交往,能够使贫困者在就业中占有优势,从而增加贫困农户的发展能力。因此,政府在扶贫中既要加大农村教育投入,还应改革教育体制,保证贫困者受教育机会公平。在此以个案为例展开分析。

1. 忻城县因情施策推进教育扶贫

近年来,忻城县通过创新教育扶贫保障机制,帮助家庭经济困难学生增智增才、全面发展,保障教育公平,努力隔断贫困代际传递。一是全方位控辍保学。实施全方位监测控辍,在每个学期开学两三周内,组织各乡(镇)、各学校对各行政村适龄儿童(特别是建档立卡贫困户)接受义务教育情况进行摸底排查,精准掌握每个儿童入学、失学及辍学情况,并通过上门劝返、行政督促、司法督促等措施及时开展劝返工作,按照"人籍一致、一校一册、一生一案"的要求,建立辍学动态监测、辍学学生登记、书面报告等台账精准控辍;实施送教上门助学,通过普通学校随班就读、特殊教育学校就读为主、送教上门为辅的方式解决适龄残疾儿童的入学问题,对于不能到学校就读的各类重度适龄残疾儿童少年合理安排教师"送教上门"服务;探索建立农村初中普职教育融合机制,针对厌学、大龄辍学儿童等,在县职业学校开办兴趣班,促进农村初中普职教育融合,确保初中学生完成义务教育。二是全面落实教育扶贫政策。做好全县建档立卡贫困学生摸底统计工作,健全完善建档立卡贫困学生台账,确保全县建档立卡贫困家庭在校生资助不遗不漏、应助尽助。对在县外就读、符合资助条件但不主动申请的学生,组织各乡(镇)人民政府、各帮扶责任人排查统计,并主动指导学生申请。对前一年度符合资助条件但未享受资助的学生,以及当年度动态调整新增加的贫困户符合条件的学生,由县财政给予兜底补助。三是实施"雨露计划"差异化补助。出台 2019 年"雨露计划"扶贫政策,对脱贫户、退出户、未脱贫户实施差异化补助。并加强摸底排查,明确脱贫户、退出户中符合补助条件的对象,精准落实"雨露计划"补助。

2. 天等县以"互联网+"创新教育扶贫方式

在偏远山区里让每个贫困家庭的适龄儿童获得平等的教育机会和优质的教学环境比登天还难,然而在天等县,当地政府依托互联网开展教育扶贫工作,并且取得了良好的成效。自 2018 年以来,天等县利用互联网建立了特殊困难儿童信息

---

① 中共中央党史和文献研究院:《习近平扶贫论述摘编》,中央文献出版社 2018 年版,第 131—132 页。

台账，采取线上开展助学金、生活学习用品众筹和线下进行心理健康教育、自信教育相结合的方式对贫困学生实施帮扶，在辖区各个中小学校建立"亲情之家"，安排相关专业的教师在"亲情之家"候诊，对贫困学生因类施策，进行有针对性的教育，让贫困学生找回自信，同时开通亲情电话和QQ、微信视频聊天平台，让贫困学生在"亲情之家"与远在外地务工的父母通过"亲情专线""亲情专网"联系沟通、交流疏导情感，排解、克服当前学习生活上的烦恼和难题，以更好的精神面貌投入到学习之中。

（二）就业服务

1. 隆安县采取"四举措"实现稳岗就业

2018年以来，隆安县把贫困劳动力稳岗就业工作摆在更加突出的位置，多措并举，切实把贫困劳动力就业稳岗工作抓实抓细抓出成效，助力脱贫攻坚。第一，发展劳动密集型加工业和公益性岗位就业模式。隆安县积极培育发展劳动密集型加工业和服务业，通过政策驱动、项目带动、利益联结，积极引导企业将适合分散加工的初级产品车间建在农村，优先在贫困村设立初级产品、附属品加工点。2018年，全县共引进22家劳动密集型企业进驻县内工业园区和农民工创业园，发展劳动密集型加工产业，带动就业约1200人，其中，贫困劳动力361人。大力开发和鼓励公益性岗位向脱贫攻坚倾斜，并且优先吸纳年龄大、文化低、无技能、难以转移就业的贫困户劳动力就业。全县共安置818名建档立卡贫困劳动力在村级保洁员、护路员等岗位就业。第二，积极推进扶贫车间建设，扩大就业模式。实施《隆安县就业扶贫车间（工厂）建设扶持方案》政策，创建就业扶贫车间，采取集中加工与分散加工相结合的方式，工时灵活，计件取酬，极大方便了贫困群众就近就业，灵活就业，增加收入。全县及各村屯建设符合政策认定的扶贫车间有58个，落实扶持资金527万元，实现就业2858人，其中，贫困人口就业650人，就业人员实现月增收300元~4000元，涉及服装加工、玩具加工、手工编织等企业及个体工商户。第三，落实就业创业扶持政策创新就业模式。完成为民办事实项目——创业工位建设任务，认定隆安那城为县级创业孵化基地，创建创业工位52个，支付创业工位补贴4万元。加大农民工创业就业补贴发放工作。每个市场主体将有机会获得最高创业奖补5000元，创业带动就业奖励3000元~3万元。开展密集型企业吸纳农村劳动力稳定就业奖励工作，落实企业吸纳贫困劳动力就业稳岗奖励政策。

2. 南丹县多措并举推动劳动力转移就业

2017年，南丹县成为河池首个成功"脱贫摘帽"的县份。为巩固脱贫成果，提高脱贫质量，该县切实把"就业扶贫"摆在更加突出的位置，以促进就业、稳定就业、帮扶就业的模式，多措并举落实各项就业惠民措施，助推全县各类群体多渠道就业。第一，以搭建双向供需平台促进就业。为让更多求职群众就业有门路、求职有信息，南丹县切实搭建好就业供需平台，结合"春风行动""民营企业招聘会"等主题，举办用工现场招聘会，帮助更多农民工群体实现就近就地和外出转移就业。各招聘会上设立就业创业政策咨询台、宣传点，不仅让求职者有岗位可供选择，更让他们有政策可了解、有问题能解决，实现就业指导服务一条龙。第二，以全面开展"送技下乡"稳定就业。加快农村劳动力实现转移就业，确保稳定就业，提高农民的就业技能是关键。近年来，南丹县联合县内4家定点培训机构强化培训实施力度，确保"送技下乡"常态化、持续化全面开展。在开展技能培训过程中，以市场为导向，合理开设培训课程，主要培训课程有电工、焊工、育婴员、中式烹调师等，提高技能培训的针对性，使培训与就业实现良好衔接。第三，以抓好重点精准落实帮扶就业。稳定全县就业形势，就要做好易地扶贫搬迁安置点的后续就业工作。针对建档立卡贫困劳动力群体，借助各乡镇人民政府、各驻村第一书记、各帮扶干部的力量，开展"一对一""多对一"的帮扶就业，两年来，全县农村劳动力实现新增转移就业5万余人。2019年，该县就业形势出现了新的亮点，由往年的"劳务输出"为主，转变为"劳务输出+劳务输入"齐头并进的新模式。尤其是八圩扶贫产业园区的建设完善为该县农村富余劳动力尤其是易地搬迁富余贫困劳动力带来了新的就业岗位。

（三）医疗保障

因病致贫、因病返贫是建档立卡贫困家庭的主要致贫原因，让贫困地区贫困人口"看得起病、看得好病、看得上病、少生病"，保障贫困人口享有基本医疗卫生服务，是农村人口实现脱贫的重要保障。

1. 上林县以健康扶贫惠民心

为破解农村贫困人口"因病致贫、因病返贫"难题，上林县以"创建国家健康扶贫工程示范县"为契机，深入推进医疗卫生服务县乡一体化改革，进一步加强统筹协调和资源整合，全力做好健康扶贫各项工作。第一，深化医改惠民生。上林县通过推行"基层首诊、分级诊疗、急慢分治、双向转诊、优势互补、资源共享"的协作诊疗机制，整合县、乡、村三级医疗卫生资源，实现了医改新局面。据统计，仅2016年，新农合县外住院人次同比2015年减少26.25%，县内门诊人次增加19.82%，县内住院人次增加21.11%。村级卫生室诊疗157170人次，同比2015年增长27.89%，群众满意度和信任度明显上升。上林县每年安排不低于

1000万元，用于乡镇卫生院的基础设施建设、医疗设备更新、人员业务培训等，并先后投资1300多万元建设标准化村卫生室115个。从2016年起，从财政划拨200万元用于解决乡村医生的待遇问题，激发乡村医生服务百姓的工作积极性。第二，签约服务暖人心。上林县从全县医疗机构遴选医疗专家、业务骨干、村医组成县、乡、村三级家庭医生签约服务团队共79个316人，在全县115个行政村开展家庭医生签约服务，为特殊人群和重点人群开展上门服务，使村民可以享受到近乎零距离安心周全的医疗卫生服务，解决他们看病"最后一公里"问题。同时，利用微信群、QQ群、微信公众号、手机短信等新媒体互动平台，与传统服务形式相结合，实现线上线下有机融合、随时问诊、多元服务。第三，分类救治显精准。在上林全县范围内开展建档立卡农村贫困、人口因病致贫因病返贫调查工作。同时，出台上林县医疗扶贫救助活动实施方案，从县级医院抽出专家组成7个工作组下派到各乡镇对因病致贫的贫困户进行分类诊查，为贫困户患者制定具体治疗方案，有效解决因病致贫、因病返贫人口的健康状况及生产生活能力。第四，先诊疗、后付费解民忧。实行县域内住院就医"先诊疗、后付费"业务，推行对参加新农合的建档立卡贫困人口住院不收押金，出院只需缴纳个人应承担的医疗费用，如果实在无法付清，还可以向医院申请分期付款，极大地解决了农村地区贫困人群"住院难""就医难"问题。

2. 荔波县实施"党建引领·健康荔波"计划。

2018年以来，荔波县积极实施"党建引领·健康荔波"计划，不断提升党员干部服务意识，提高医疗卫生服务水平，扎实推进健康扶贫助力脱贫攻坚。第一，强化组织领导。成立健康扶贫攻坚指挥部、医疗扶贫工作领导小组，加强工作调度。制定《荔波县2018年健康扶贫春风行动方案》《荔波县2018年健康扶贫夏秋攻势行动方案》，将健康扶贫工作任务细化分解到各医疗单位、科室，层层落实责任，层层传递压力，确保各项工作有序有力推进。第二，发挥先锋作用。组建县、乡两级党员医疗卫生服务队，深入开展"三入三送"活动①。第三，创新工作机制。在县域内公立医院推行"先诊疗、后付费""一站式"结报、"一单清"政策等措施，确保贫困人口实际补偿比达90%。第四，破解医疗难题。建立"三级网式化管理""三级联动服务""三按月考核"工作机制，有效破解重点慢性病"排查难、对象不清，管理难、病情不清，服务难、群众满意度不高"等"三难三不"问题。

---

① "三入三送"活动：入村、入组、入户为贫困家庭送医、送药、送健康。

二、推进产业化经营，实现组织化增权

农业产业化经营作为生产经营方式的一种创新，对农户产生了前所未有的影响。从社会资本角度分析，贫困农户通过龙头企业、农民经济合作组织或专业协会等产业化经营主体，与外部风险市场联系起来，解决了交易成本高、市场风险导致的收益低或不确定问题，提高贫困农户的福利水平。

（一）德保县多喜村创新"三个模式"，助力农户增收

在德保县巴头乡多喜村，当地政府打破传统种养殖业瓶颈，积极探索农户稳定增收发展新模式，创建"示范基地+包片入社"种植产业发展模式、"公司+基地+合作社+农户"养殖产业发展新模式和"便民服务公司+贫困户"模式，为农户稳定增收保驾护航，逐步形成以黑猪生态养殖为核心，联动发展猫豆、桑树等种植业、便民劳务输出为一体的新格局。

1. "示范基地+包片入社"模式

2017年以来，多喜村转变农户散种传统农作物的种植方式，逐步在沙味、登者等4个村屯建成猫豆、种桑养蚕生态示范基地，实现抱团共赢的致富之道。为了破解农户土地分散、难以扩宽连片种植的困境，多喜村创新产业基地建设形式，鼓励农户在自家地上包片入社，形成农户负责种植、基地统一管护和销售的模式。据统计，2017年，该村共6个村屯186户农户参加包片入社，累计新增500亩散种面积加入示范基地建设。

2. "公司+基地+合作社+农户"模式

养殖业具有见效慢、风险大等特点，合作社和贫困户单独养殖面临很多不确定性因素，针对风险因素，多喜村依托广西红谷农业投资有限公司带动，建立"公司+基地+合作社+农户"的养殖产业发展模式，通过公司链接合作社、合作社带动农户的连接机制，提高特色养殖产业对农户增收的贡献率。主要做法是多喜村投资建造黑猪养殖小区，然后出租给养殖公司（百色红谷集团）经营黑猪养殖，每年上缴村集体经济资金5万元（租金）。养殖基地由多喜村村民合作社管理，按照统一供苗、饲料配方及防疫、保底价回收等模式发动贫困户在家散养黑猪，2017年，多喜村共有108户参与散养黑猪，黑猪产业覆盖贫困户达到85%。

3. "便民服务公司+贫困户"模式

为了进一步优化村集体经济结构，促进贫困户增收，该村探索"便民服务公司+贫困户"模式，即由村"两委"牵头成立便民服务公司，面向本村贫困户招聘短期工，负责实施本村基础设施项目建设。2017年来，便民服务公司共实施5

个屯内硬化项目,项目总投资60万元,在实施项目过程中,通过聘请贫困户务工并支付劳务费18万元,项目竣工结算盈利并上缴村集体1万元,实现村集体经济和贫困户双增收效益。

(二)靖西以引入龙头企业为抓手,让脱贫摘帽提效增速

近年来,靖西围绕脱贫攻坚目标任务,以引进龙头企业为抓手,确立了"引企业、建基地、育能人、带农户"的发展路子,重点培育水果、桑蚕、烤烟和养猪"三种一养"产业,进一步加快脱贫摘帽的步伐。

1. "果"字文章作基础

2015年11月,海升集团正式进驻靖西市,并在化峒镇五权村投资建设海升现代柑橘产业(核心)示范区。该项目总投资1.2亿元,建有柑橘生产示范园和无毒柑橘苗木繁育中心。海升集团充分发挥了龙头企业的带动作用,用三年的时间建成"产加销、农工贸"一体化的现代柑橘全产业链,通过"龙头企业+职业农民"合作模式,引领当地农民学习现代化柑橘种植技术,实现五权村600多户农民增产增收。海升集团还投资8000万元在该市新靖镇隆江村建成1000亩全国最大单体高架栽培草莓园,通过政府的保障与企业的引领,越来越多的贫困户参与到种植水果的队伍中来,凭借辛勤双手发展产业,致富奔小康。2018年,该市果园总面积达16.5万亩,产量4.7万吨,产值2.1亿元。

2. 桑蚕产业作保障

种桑养蚕作为"短平快"的优势产业之一,近年来,靖西市一直注重该产业的培育力度,推出了多项优惠政策。为打开蚕农销售渠道,引进了靖西鑫晟茧丝绸科技有限公司实行"公司+村集体经济+农户"的模式,带动贫困户脱贫致富。作为专业从事桑蚕茧丝绸种植加工生产的企业,目前已建成可安装48组自动缫生产线和60台剑杆织布机的厂房和配套设备,投产16组自动缫生产线和16台剑杆织布机,形成年产1000吨白厂丝和300万米白坯绸的能力。在公司的政策保障下,各个乡镇积极发展桑蚕产业,并充分发挥产业致富能人的带动效应,每年带动新增桑园面积3万亩以上。

3. 养猪产业作重要着力点

为带动全县贫困村发展生猪养殖业,壮大村集体经济,靖西市人民政府于2017年与广西扬翔股份有限公司签订了《靖西市万头母猪繁育产业扶贫基地项目合作协议书》,按照"党委政府主导、龙头企业带动、示范基地辐射"原则,采取"公司+基地+村集体+贫困户"养殖模式,大力发展母猪繁育产业。2018年10月,该项目正式投入使用,项目引进了最先进的技术进行科学饲养、繁育,成为

百色市建设规模最大、养殖设备最先进的母猪繁育基地。企业还与该市政府合作，建成了龙临镇念浩村、果乐乡大有村及渠洋镇安隆村3个养殖小区，努力实现合作共赢、共同致富目标。

> **专栏9-1　2019年广西扶贫龙头企业名单**
>
> （共39家，排名不分先后）
>
> 广西扬翔股份有限公司
> 广西丹泉酒业有限公司
> 广西四野牧业有限公司
> 广西富牛牧业有限公司
> 桂林广东温氏家禽有限公司
> 平乐宏源农业发展有限公司
> 广西贵港市覃塘富伟茶业有限公司
> 广西百乐德农业投资有限公司
> 广西融水天源生态农业综合开发有限公司
> 广西志丰粮油食品有限公司
> 广西嘉联丝绸股份有限公司
> 广西桂平市食品有限责任公司
> 广西靖西梁鹏食品有限公司
> 中粮屯河崇左糖业有限公司
> 广西融水县融乐农林综合开发有限责任公司
> 广西金秀瑶族自治县大瑶山天然植物开发有限公司
> 广西田东隆祥兔业有限公司
> 苍梧六堡茶业有限公司
> 梧州市康明农业发展中心
> 广西禾美生态农业股份有限公司
> 广西江缘茧丝绸有限公司
> 忻城县莫老爷丝绸有限公司
> 广西金陵农牧集团有限公司
> 广西天峨金桂元食品有限公司
> 广西博华食品有限公司

第九章 帮扶到户：社会资本匮乏型贫困农户的可持续生计策略优化

广西贵港市港丰农牧有限公司
广西融水县山源生态农业综合开发有限公司
桂林爱明生态农业开发有限公司
柳州隆泰竹业有限公司
桂林市灌阳县黄关镇顺溪玉芳养殖有限公司
桂林日盛食品有限责任公司
广西三椿生物科技有限公司
融水县老根畜牧业有限公司
广西武宣县广鑫丝绸有限责任公司
广西崇左东亚糖业有限公司
贵港市鸿丰米业有限公司
桂林永福福寿米业有限公司
广西博庆食品有限公司

（资料来源：广西壮族自治区扶贫开发办公室网站）

三、加强社会帮扶，延伸支持网络

美国社会学家格兰诺维特曾指出："弱连带较之于强连带有更好的信息传播效果。"[1]在推进中国特色的扶贫开发中，除了公共资源的投入外，来自行政资源的介入使村庄基层组织外部化，由同质性向异质性转变，是一种正式的"弱连带"。片区县地方政府通过整合行政资源，加强帮扶力度，进一步延伸了贫困农户支持网络，增加社会资本存量。

（一）对口帮扶

自1996年开展东西部对口帮扶，经过二十二年，粤桂扶贫协作，极大地改善了贫困地区的发展面貌和贫困群众的生产生活条件，成为推进贫困地区脱贫攻坚和加快经济发展步伐的有效途径。

1. "天蓬合作"，凸显粤桂扶贫成效

天等县与蓬江区在深化粤桂扶贫协作中，就加大资金投入力度，在扶贫车间建设、人才交流学习、易地搬迁配套学校建设等方面开展了一系列富有成效的活动。第一，产业协作成果丰硕。2018年，蓬江区充分发挥企业、商协会、工商

---

[1] 格兰诺维特：《镶嵌：社会网络与经济行动》，罗家德译，社会科学文献出版社2007年版，第12-13页。

联等资源优势，与天等县联合举办招商活动，积极向企业推介天等县。通过蓬江区的引荐，共有2家广东省江门市蓬江区的企业顺利入驻天等县返乡创业园。天等县安排粤桂帮扶资金建设加工、养殖类扶贫车间23个，帮助400多名贫困人口受益增收，吸引31名在东部省份务工人员返乡创建扶贫车间35个，解决近500名贫困劳动力就业，引导广东企业与天等县本地扶贫车间如东莲内衣厂、豪辉皮具厂等建立加工合作关系，确保扶贫车间有充足的加工订单，提高扶贫车间的经济效益，保障贫困劳动力的收入。第二，教育扶贫斩断穷根。2018年，天等县与蓬江区强化教育扶贫力度，投入粤桂扶贫资金840万元用于建设思源实验学校的配套基础设施。同时，还积极开展扶困助学活动，给该校407名建档立卡贫困户子女每人400元的补助。目前，该校已开设14个教学班，在校学生605人，其中，贫困户子女417人。在蓬江区的牵线搭桥下，天等县高中与蓬江区棠下中学、台山市华侨中学结对帮扶，天等县职业技术学校与江门市新会机电职业技术学校结对帮扶，在师资队伍、教学模式、文化交流等方面取长补短，并选派16名优秀青年教师互相挂职交流。第三，劳务协作续写新篇。2018年，通过粤桂劳务协作，天等县423名贫困人口实现就业，其中，转移到广东省就业161人，就近就业262人，帮助374名贫困人口实现就业脱贫。开展"万企帮万村"活动，引导蓬江区5家企业与天等县7个贫困村签订劳务输出帮扶协议，累计转移130多名贫困群众就业。两地举办招聘会4场，70多家东部企业为天等县提供超过1万个就业岗位，组织贫困户就业培训15期，培训250名贫困劳动力。针对贫困残疾人"就业难"问题，成功举办残疾人就业现场招聘会2场，共吸纳32名残疾人就业，其中，贫困户28人。第四，社会各界倾注真情。2018年12月，蓬江区3家爱心企业及蓬江区总商会到天等县开展爱心捐赠活动，为天等县爱心超市捐款12万元，并给天等镇30余名贫困户赠送了价值3万余元的爱心物资。

2. 完善"三机制"，深化东西部扶贫协作

2017年以来，贵州省从江县积极主动与杭州市萧山区加强对接，搭建"产业共兴""平台共建""人才互培""三合作机制"，助力脱贫攻坚。第一，建立"平台共建"合作机制。通过签订对口帮扶协议，建立党政领导定期互访沟通协商机制，搭建三大平台，深化招商引资、旅游推介和教育医疗合作。一是搭建对口帮扶招商平台。两县区签订对口帮扶协议，建立党政领导定期互访沟通协商机制，研究协商当年对口帮扶，深化东西部交流协作合作。二是搭建旅游宣传推介平台。萧山区每年协助从江县到萧山开展旅游推介活动，推广特色旅游产品。适时组织萧山区旅行社赴从江踏勘旅游线路，开发旅游产品，构建互利共赢的合作关系。三是搭建教育医疗合作平台。考察萧山学校、医院，寻求搭建对口支援和协作关系。目前已开展多项援助活动，并完成县人民医院、县中医院和各乡镇卫生院远程医疗设施建设。第二，建立"产业共兴"合作机制。突出文化旅游和农业产业合作，推进两地资源开发，助推"从货出山"。深化旅游合作，联合开发跨越两地的精品旅游线路，共同开拓两地客源市场，共同打造发挥本地资源优势的旅游品牌。实施产业帮扶，编制对口帮扶从江县项目库17个，总投资达1500余万元，其中，小黄牛养殖和金银草、朝天椒、花椒种植等产业项目5个。助推"从货出山"，支持开展绿色优质农产品"泉涌"行动杭州招商推介展示会，现场签订金额为3190.8万元的香猪订单销售合同，拉动香猪外销。第三，建立"人才互培"合作机制。重点在教育医疗、干部培训上深化交流合作，通过挂职锻炼、支医支教，促进人才互培。积极采取"三替"模式，与杭州三替集团有限公司合作，在杭州师范大学三替家政学院举办"从江班"，开设工商企业管理、老年服务管理2个专业，推行"政府+企业+学校"的模式，政府补助学杂费和路费，企业负责优先安置就业或推荐就业。目前，2014级学生已毕业并实现就业。

（二）结对帮扶

2016年，广西壮族自治区扶贫开发领导小组印发《关于开展帮扶贫困户联系贫困生活动的通知》和《关于进一步加强和完善精准帮扶基础工作的通知》，明确在全区开展"一帮一联"工作。各地市纷纷开展工作，积极培育贫困农户的"联络员"和"架桥者"，不少地方涌现出好的经验和做法。

1. 以"四个一"推进"一帮一联"工作

融水苗族自治县在总结工作实践的基础上，探索开展以大数据平台服务为核心的"一帮一联""一户一册一卡"工作新模式，以"四个一"工作模式积极推进"一帮一联""一户一册一卡"工作。第一，一个平台服务，即建立以服务开展"一帮一联"工作，以大数据信息为支撑的微信（QQ群、公共邮箱）工作和服务平台。填报手册所需要的信息数据，凡是能够通过财政、民政、扶贫、农业等部门提供的，例如，扶贫补贴、农业补贴、民政补贴、残疾人补贴、医疗卫生补贴、教育培训补贴、扶贫贷款补贴和住房信息、耕地信息、人口信息等，均可通过该平台提供给帮扶人共享，由帮扶人入户核对经贫困户确认无误后，对应抄录入帮扶手册。第二，一个团队指导，即以村为单位组建领导、咨询、服务团队，统筹协调和全程服务本村"一帮一联"工作。团队成员由乡镇联系包村干部、驻村工作队员（含第一书记）、乡镇扶贫站工作人员、村"两委"干部和后援帮扶单位联络员组成，主要工作是研究、组织、指导、服务、督查本村"一帮一联"工作，为帮扶人提供业务培训、政策咨询、信息核对、数据服务、入户协助等方便，有效解决帮联政策业务不懂问谁、贫困户信息数据不清问谁、进村入户情况不明问谁等问题。第三，统一工作流程，即在严格执行上级关于年初抓培训、春节抓走访、开春做计划、年中抓帮联、及时记收支、定期双认定、年终算总账等工作步骤的基础上，进一步细化、规范"一帮一联"工作环节，严格工作要求。在对贫困户的家庭情况摸准后，帮扶人与贫困户共商年度帮扶及收入计划。第四，统一工作要求，即以"两不愁三保障""八有一超""十一有一低于"和"两率一满意"以及自治区相关文件精神作为推进"一帮一联"的工作要求，作为衡量帮联质量的标准，统一要求既要出工出力，按照走访次数要求进行走访，更要出成效、见成果，抓住指标缺项逐项解决落实。

2. 创新党员结对帮扶"双选"模式

为推进"党建促脱贫"工作进度，西林县创新农村党员结对帮扶贫困户"双选"模式，以西平乡为试点，通过党员与贫困户"一对一""一对多"结对帮扶模式促进精准扶贫与精准脱贫。第一，坚持双向选择结对扶贫原则。坚持党员"本组帮扶优先、自愿帮扶为主、技术帮扶为主"和贫困户"自愿参与优先、预脱贫户优先、迫切需要优先"的双向选择结对扶贫原则，通过党员与贫困户"一对一""一对多"的结对帮扶形式，以技术指导、物质帮扶与精神关爱相结合的原则，以解决困难群众在生产生活中遇到的实际困难为重点，通过政策宣传、教育引导等方式，把困困难众的思想从"要我脱贫"切实转变为"我要脱贫"。第二，主动作为落实帮扶措施。按照"一户一法"帮扶办法，帮扶党员坚持"输血、造血、活血"并重的原则，对症下药，主动作为，切实当好脱贫路上的"领路员"。针对贫困户实际需求和困难，结合帮扶党员自身资源优势，通过提供种植、养殖技术，或介绍就业岗位，提供市场信息和致富信息，或进行日常沟通，提供心理慰问与精神鼓励等措施，帮助贫困户激发脱贫的内生动力。第三，建立健全保障激励机制。党员帮扶人每月不少于两次到联系的贫困户家中，通过走访的方式了解结对贫困户家庭实际情况，并填写党员结对帮扶贫困户情况一览表和帮扶情况记录卡，及时记录走访帮扶情况，使帮扶工作制度化、规范化。年终时由驻村工作队根据脱贫标准和脱贫实际情况，对贫困户帮扶工作进行考核，考核分为优秀、良好、一般、差四个等次，考核结果作为村党员干部年度评优、推优的重要依据。

（三）定点帮扶

1. 以项目带动做实定点帮扶

近年来，广西旅游发展集团（以下简称"旅发集团"）不断加大扶贫攻坚力度，积极推动集团履行社会责任，通过投资建设旅游重大项目，带动地方旅游产业发展，促进当地群众脱贫致富。第一，加快旅游扶贫项目建设，推动地方经济发展。旅发集团大力推进旅游产业扶贫，主动参与国家级贫困县巴马瑶族自治县和三江侗族自治县的旅游项目开发建设。在巴马投资开发巴马赐福湖国际长寿养生度假小镇和巴马入城大道项目，极大地推动巴马国际旅游区建设和当地旅游产业发展。在三江投资开发程阳八寨景区、"百家同盛宴、千户赛芦笙、万人观竞技"特色文化旅游产业项目，项目投资约12.6亿元。第二，构建旅游全产业链，助推旅游产业扶贫。旅发集团充分发挥旅游产业链优势，以"吃住行游购娱"产业要素带动巴马、三江旅游业的发展。统筹集团下属4家旅行社力量，充分调度资源向三江、巴马引入更多客源，促进地方旅游经济发展；统筹旗下广西工艺美术研究所、广西美术馆、传媒公司开发旅游产品，参与当地旅游商品的深度开发。借助广西全域旅游直通车项目，在巴马、三江积极引进绿色智能汽车租赁平台，开辟旅游新市场，丰富新的旅游出行方式。大力推进农旅结合，开发体验式农业观光旅游项目，引入专业化农业公司合作，保护景区景点生态环境。第三，加强培训就业帮扶，帮助贫困户依托项目建设实现脱贫。旅发集团加大贫困户用工力度，注重在旅游扶贫项目中吸收贫困户就业，让村民实现在家门口就业的目标，促进旅游项目与贫困户增收共同发展。在集团各项目中拿出一定比例岗位面向建档立卡贫困户定向招聘，提供更多就业岗位。加大培训力度，提升贫困村从业人员素质，实现"造血式"扶贫。在三江，通过开发民俗活动，组织贫困户在农闲时间参加原生态民俗风情演出和侗族文化展示活动，免费为贫困户演员提供侗族琵琶演奏、景区讲解、百家宴厨艺等课程培训，进一步提升贫困户就业技能。

2. 消费扶贫促脱贫

文山州通过发展多元化销售扶贫产品的形式，让贫困户解决了农畜产品的销路问题，实现了企业、单位（食堂）、合作社农户多方共赢的局面。第一，抓实食堂配送，用好现有市场。通过有效整合食品配送公司，将农产品需求作为组织生产的前提，及时将"食堂食品配送所需求的农产品清单"供应任务细化分解到各县（市）、乡（镇）、到村、到户，迅速组织发动贫困群众开展种植、养殖和农产品供应，扩大贫困户覆盖面，保证产品质量、数量均能满足食堂食品需求。同时，每月、每季跟进了解和掌握"食堂食品配送清单"农产品消费情况，做到产品消费心中有底、抓实产业心中有数。目前，全州8县（市）已相继启动公司配送扶贫产品进食堂工作。第二，依靠新型经营主体，提高扶贫产业产品活力。实施"合作社+企业+档卡户+食堂"的运作模式，选好、选准能承接食堂食品配送企业和建档立卡贫困户的新型经营主体，采取签订收购协议、订单供应合同等方式协调各方建立良好的产品供销关系和操作性强的利益联结机制，打通了一条产业扶贫新渠道。如丘北县扶贫产品进食堂共覆盖全县164户档卡户，成功引进4家企业参与收购，收购总价共计114.75万元，实现户均增收8000元以上；西畴县营养改善计划共覆盖义务教育学校97所，受益学生23 891人，带动160余户贫困户增收脱贫，为农户增加收入582.3万元。目前，订单生产和价格杠杆带动效果逐步显现，激发了贫困群众发展的内生动力，一批新型农业经营主体发展产业的积极性空前高涨。第三，多种方式共存，拓宽销售渠道。一是扶贫产品进超市。各县（市）因地制宜，结合自身实际，把各类扶贫产品送入各大超市。二是扶贫产品入企业。进一步加强与挂钩单位、帮扶企业的扶贫协作，拓展当地农特产品的流通和销售渠道，开辟贫困群众增收脱贫致富新途径，各县（市）通过以帮扶签订订单的形式，将扶贫产品售出山区，有力推进产业发展。

第四节　片区县社会资本精准扶贫促进贫困农户生计改善的案例分析

社会资本作为一种贫困治理范式，可以用来促进贫困农户的生计改善。课题组通过选取石漠化片区典型经验事实，从理论与实践视角进行典型案例分析，以期实现理论研究与实践研究的整合性创新。

一、马甲书记——"结构洞"中的"联络员"与"经纪人"

伯特的"结构洞"理论指出，"结构洞"中的角色可以带来信息和资源，是建立跨越型社会资本的重要前提。"结构洞"理论为微观和宏观之间建立联结机制，认为"结构洞"中"联络员"与"经纪人"既能增加自身社会资本，也能增加"结构洞"中的社会资本，"结构洞"越多的个人，获得利益回报的机会越多。在精准扶贫的实践过程中，由于贫困农户社会网络的封闭性和同质性，使其获得资源的途径较为狭窄。从推动力来看，政府是扩大贫困人口社会资本的最大来源之一，政府的合法性和可信度对于社会资本的形成和增加至关重要。政府的角色在于构建农村社会资本宏观框架，第一书记选派作为政府创造社会资本的重要举措，自上而下发挥对社会资本建构的推动作用。

(一)"结构洞"视角下"马甲书记"的扶贫实践

脱贫攻坚工作开展在基层,服务在基层,成效也在基层。广西许多驻村第一书记穿起印有名字和职务的马甲,亮明身份,走村串户,办实事、解民忧,主动融入基层,拉近党群干群的关系,他们被老百姓亲切地称为"马甲书记"。

1. 亮明身份接地气

由于籍贯和民族差异,不少驻村第一书记、扶贫工作队员不会讲当地方言,而年龄较大或文化水平较低的群众又不会说普通话,双方存在语言沟通障碍。为了让群众熟识驻村第一书记和驻村扶贫工作队员,提高脱贫攻坚的成效,由龙州县率先实施并在广西全面推广"马甲书记"的经验做法得到老百姓的认可。即从细微处入手,为驻村第一书记和扶贫工作队员统一定制一件黄色马甲衫,其上印有"驻村第一书记(或驻村工作队员)+姓名",并将驻村第一书记的照片及职务、姓名、手机号码贴在农户门口的墙壁上,亮明身份,方便群众随时向他们"找事"。随着精准扶贫的不断深入,"马甲书记""马甲队员"活跃在群众家里户外、田间地头,对群众嘘寒问暖、关怀备至,已成为广西脱贫攻坚一道亮丽的人文风景线。

2. 办好实事解民忧

按照"核心是精准,关键在落实,确保可持续"的要求,"马甲书记""马甲队员"紧紧围绕国家"两不愁三保障""两率一度"和广西脱贫摘帽标准,切实履行脱贫攻坚主体责任。一是夯实基层组织基础,规范党组织生活,壮大村集体经济,带领村"两委"班子和屯级党员干部投身扶贫事业。二是狠抓产业、促农增收,以特色扶贫产业为基础,坚持"一村一品"产业发展思路,引导成立农民专业合作社。三是着力提升贫困群众保障水平,深入开展农户全覆盖、大走访,收集住房、医疗、教育保障缺项农户信息并逐户解决。四是加强舆论宣传,大力宣讲党的十九大精神和扶贫惠民政策,加强扶心、扶志和扶智,激发群众脱贫内生动力,提高群众认可度和满意度。

3. 建强队伍树形象

为充分发挥驻村第一书记和扶贫工作队员脱贫攻坚的主力军作用,作为率先创新这一举措的龙州县严格执行驻村干部管理考核办法。一是注重教育培训,定期举办驻村第一书记、扶贫工作队员培训班,提高队伍的法律法规、政策理论水平和实践能力等综合素质。二是加强作风建设,注重信念培养,大力弘扬"百折不挠、奉献拼搏、团结务实、争先创新"的龙州起义精神和"从胜利走向胜利"

的红八军精神,坚持用干部的辛苦指数换取群众的幸福指数。三是健全正向激励机制,开展"一月一评先"活动,对优秀的驻村第一书记和扶贫工作队员进行表彰奖励。四是严肃督查问责,紧盯和严查驻村第一书记、扶贫工作队员在脱贫攻坚中的腐败和作风问题,加强巡查督查,严格使用四种执纪形态,坚决杜绝虚假扶贫、数字脱贫。

(二)"马甲书记"促进贫困农户生计改善的效果

1. 村集体经济成效明显

发展村级集体经济是脱贫奔康奋斗目标的重要任务。作为第一书记,从实际出发,因地制宜,积极调整产业结构,帮助所驻村引进种养新品种、发展新模式,瞄准市场需求,拓宽致富路子,取得了积极成效。调研中发现,不少第一书记到位后,与村"两委"班子、驻村工作队员分头入户,多方了解,谈心沟通,掌握村情,并与村"两委"干部就了解到的情况,多次召开研讨会,制定本村脱贫发展规划以及脱贫攻坚实施方案,落实工作任务。经过多方考察、会议讨论,征求群众意见,第一书记都充分发挥村"两委"班子带头发展作用,立足本村实际,厘清产业扶贫思路,突出重点抓项目发展村集体经济,促进贫困群众实现持续稳定增收脱贫。第一书记还充分运用自身掌握的社会资源,依托派出单位,为村级集体经济发展争项目、跑资金,增加集体经济薄弱村的原始积累,为加快发展打好基础。

2. 自我发展能力增强

习近平同志指出,"贫困群众既是脱贫攻坚的对象,更是脱贫致富的主体。要注重扶贫同扶志、扶智相结合,激发贫困群众积极性和主动性,激励和引导他们靠自己的努力改变命运,使脱贫具有可持续的内在动力"[1]。第一书记通过引进帮扶项目,使得贫困农户在参与中获得了知识和收益,提升了自我管理、自我组织、自我发展的能力,主动谋发展的意识明显增强。在实施帮扶项目中,贫困农户通过第一书记增加与外界的交流,改变了以往"等、靠、要"的思想,成为积极主动脱贫主体,从而激发内在脱贫主动性。在发展项目上,第一书记以贫困农户共同利益为纽带,唤醒了村民的整体意识、公共事务意识和合作精神,使得贫困农户之间成为利益相关的共同体,增强了凝聚力。

3. 农村基层党组织得以强化

"农村要发展,农民要致富,关键靠支部"[2],对一个村庄而言,干好干坏在很

---

[1] 中共中央党史和文献研究院:《习近平扶贫论述摘编》,中央文献出版社2018年版,第143页。
[2] 中共中央党史和文献研究院:《习近平扶贫论述摘编》,中央文献出版社2018年版,第31页。

大程度取决于村里的党组织，因此基层党组织建设是农村工作的核心。通过"马甲书记"的帮扶，农村基层党组织能力得到较大加强，凝聚力明显提升。村民参与村级事务的积极性也在不断提高。

专栏 9-2 一个村庄的变化
——龙州县上降乡梓丛村基层党组织发展纪实

梓丛村位于龙州县上降乡西部，2017 年以来，梓丛村先后获得龙州县基层党建红旗村、崇左市脱贫攻坚红旗村、龙州县脱贫攻坚红旗村、龙州县美丽村庄红旗村等荣誉。但在 2014 年之前，梓丛村是上降乡软弱涣散的党组织之一，村委班子，责任心不强，严重影响梓丛村的发展。意识到这个问题后，上级党委决定以换届选举为契机，以第一书记为载体，加强梓丛村"两委"班子建设。

为切实完成脱贫摘帽各项任务，第一书记与村"两委"创新"三个一"党建促脱贫工作法，通过抓一个党建带头人、一个村委班子、一支党员服务队伍，充分发挥党建带头人的核心作用，发挥基层组织的战斗堡垒作用，发挥党员的先锋模范作用。为了把"三个一"党建促脱贫工作法落到实处，第一书记又积极把它与脱贫攻坚的各项工作结合起来，把村"两委"班子打造成村团结务实高效的班子，以党员志愿服务为核心，把全村党员锻炼成一支服务脱贫攻坚和乡村振兴的党员志愿服务队伍。同时，充分挖掘和创新村屯文化，通过歌坡节、"五好家庭"评比、"卫生清洁户"评比、"敬老孝亲"活动不断提升村民的文明素养，为梓丛村的发展和村级集体经济发展筑牢了群众基础。

2016 年，梓丛村开始成功创建"三星级党组织"，2017 年又成功升级为"四星级党组织"。通过创建活动，团结了干群民心，增强了队伍的凝聚力和战斗力，而改变最大的是，村"两委"班子成为远近闻名的"特团结"的村"两委"班子，为脱贫摘帽提供了组织保障。这离不开第一书记的指导，更离不开第一书记的创新参与。

（资料来源：上降乡梓丛村"两委"）

二、"双培育模式"——贫困地区社会资本内生性增长动力

乡村精英在中国村庄权力结构中处于承上启下的重要地位，是国内外"三

农"问题研究者关注的焦点。乡贤大多是在社区里拥有一定地位、具有特殊能力,在某一领域获得成就的社区成员,他们往往是在权力、声望和财富方面占有较大优势的个体或群体。[①]本研究所指的,主要是以贫困地区创业致富带头人为代表的社会群体,相对于其他村民而言,他们拥有更多的资源优势和人脉关系,并且通过自身权威和能力为乡村发展作出贡献,进而产生一定影响力的成员。

(一)乡贤的培育与壮大

贫困地区社会资本构建是一个相当长期的、艰巨的过程,根本问题在于贫困地区社会内部的自我增值和自我发展,特别是要注重发挥贫困村创业致富带头人在社会资本构建中的作用。通过调研发现,创业致富带头人在个体、社会网络及互动过程中起到关键连接和推动作用。如何发挥创业致富带头人的带头引领作用,广西上林县启动了扶贫新模式:贫困村创业致富带头人带动村民脱贫致富,打造一支"不走的扶贫工作队"。自国务院扶贫办2015年确定上林县作为粤桂两省(区)贫困村创业致富带头人培育工程试点县以来,上林县大力实施"两培两带两促"[②]行动,并且取得了显著成效。2016—2017年,全县共培育致富带头人303人,其中,216人创业成功,带动6100户贫困户参与特色产业项目,占全县贫困户总数的30%,5087户通过发展产业实现脱贫,占全县脱贫总户数的58%,户均增收3406元;67名村干成为致富带头人,35名致富带头人光荣加入党组织,32名返乡致富带头人被选为村"两委"干部,6名优秀创业致富带头人担任贫困村党支部书记,走出了一条具有上林特色的致富带头人减贫带贫路子。

1. 加大扶持力度

上林县通过实施培育创业致富带头人提升行动,构建"1+N+400"创业致富带头人培育体系,即以1个创业指导服务中心、N个产业孵化实训基地,至2020年共培养扶贫创业致富带头人400人为核心内容的创业致富带头人培育体系。上林县以贫困村创业致富带头人指导服务中心为阵地,聘请专家、导师50人,技术服务团队11个,为上林县提供创业指导、跟踪管理等服务。通过建立"创业致富带头人产业培育发展基金"和"政融保"贷款风险分担机制,向致富带头人发放免担保融资贷款,扶持他们创业。目前人保公司已放贷款给5家致富带头人公司

---

① 项辉、周俊麟:《乡村精英格局的历史演变与现状》,《中共浙江省委校学报》2001年第5期,第90页。
② "两培两带两促":是指培育创业致富带头人,培育扶贫产业;带动贫困户增收脱贫,带动贫困村提升发展;促进本土人才回引创业,促进农村基层党建。

（合作社），贷款金额 2850 万元。

2. 突出培训实效

上林县通过建立贫困村创业致富带头人培训教学点，采取广东基地集中培训和上林本地再培训相结合，突出培训实效。2016 年以来，上林县实行两地培训，采用1+11 培、基地培、示范培、专家培多种培训模式，先后组织 319 名学员分 4 期赴广东九江河清基地进行培训，组织 207 名致富带头人学员到广西华侨学校进行培训；上林县 5 个实训孵化基地①开展培训 15 期，培训 1050 人次。此外，借助广东教育资源有针对性，通过邀请粤桂两省区知名企业家和致富带头人定期对全县主要合作社致富带头人进行远程教学、跟踪服务，精心培育创业致富带头人。

3. 深化粤桂扶贫协作

依托国务院扶贫办粤桂两省（区）贫困村创业致富带头人广东九江河清培训基地，在上林县成立广西澳益公司，带动贫困户大力发展高值渔、山水牛、生态鸡、乡村旅游、光伏发电等"5+X"扶贫产业，解决资金、技术、种苗、市场等问题。充分利用广东省提供的 2000 万元帮扶资金建设粤桂扶贫协作高值渔产业示范园，孵化带动了全县 17 个合作社发展高值渔养殖，已带动全县发展虾藕、虾稻、渔稻等水产养殖面积约 3000 亩，1000 万元帮扶资金注入已建成并网的 40 兆瓦集中式光伏扶贫项目，每年获得的资产性收益作为特殊贫困户的扶贫公益收入，持续 20 年。

4. 完善制度保障

为带动贫困户脱贫，上林县首创"两自"扶贫机制：组建贫困村"自立发展扶贫协会"和贫困户"自立发展账户"资产积累扶贫机制。在巴独、云姚、云里 3 个贫困村，通过试点组建贫困村"自立发展扶贫协会"，把全村有劳动能力的贫困户组织起来，吸纳产业化龙头企业、专业合作社、家庭农场、种养大户等市场主体参与，搭建贫困户与创业致富带头人对接的桥梁。建立起贫困户"自立发展账户"资产积累扶贫机制，激励贫困户在致富带头人的带动下参与产业项目和生产劳动，进行收益储蓄和资产建设，克服扶贫小额信贷"户贷企用"可能导致的"政策养懒汉"的问题，为巩固其脱贫成果、促进自我长效发展奠定基础。

---

① 5 个实训孵化基地：高值渔、山水牛、生态循环农业、林果业、特色养殖等实训孵化基地。

5. 强化致富带头人带贫责任

乡村精英的根在农村社区，他们具有的特定乡土文化意识注定了他们对贫困地区担负更多的责任。据统计，2016—2018 年，上林县共培育并认定致富带头人 398 人，带动约 8100 户贫困户参与特色产业项目，占全县贫困户总数的 39%，全县 65 个贫困村中已有 44 个贫困村培育了 3 名以上创业致富带头人。仅 2016 年，上林县致富带头人在贫困村带动发展规模特色产业项目 175 个，新建旅游扶贫村 7 个、乡村旅游区 2 个、农家乐 27 家，共带动贫困户 3268 户，全县扶贫工作达到了"产业逐渐壮大，收入趋向稳固，脱贫效果明显"的目标。

（二）创业致富带头人在贫困农户社会资本构建中的作用

正如梅塞尔用"3C"理论阐述精英的核心要素那样，绝大多数乡村精英有着统一的特征：一是共识（Conseiousness），乡村精英始终意识到领袖的存在及其自身在成员中扮演的角色与资格；二是凝聚力（Cobeernce），即个体成员行动必须与集体利益诉求相一致；三是共谋（Conspiracy），即通过信息资源的交换，共同采取行动增进群体利益。[①] 一般来说，体制外的精英往往是强势代表，他们拥有丰富的资源，个人能力突出，接触世面广，并具有一定影响力，其中不乏担任过村干部或者有一定家族背景，等等。随着农村社会的变迁，传统农村村落社会结构正在快速分化，具有内生动力的乡村精英在农村社区，尤其是贫困地区社会资本构建中的作用逐步显现。

1. 创业致富带头人是贫困农户组织化增权的推动者

组织化增权是提高贫困群体社会资本的重要途径。处在弱势地位的贫困农户往往没有能力或没有意识建立和维持自己的组织，这就需要通过特殊群体的力量支持和保护农民利益诉求，解决相关矛盾。创业致富带头人作为乡村精英的代表，在农民组织化增权上担当重任，以创业致富带头人组织起来的网络是贫困农户社会资本提升的有力保障。一是有需求。很多创业致富带头人来源于本土人才，土生土长的生活环境使其带有深厚的乡土情怀，对贫困农户利益诉求感同身受。作为社区精英，他们通过自身努力和奋斗取得了一定社会经济地位，对于组织化增权所带来的资本有着更强烈的需求和愿望。如上林县不断促进本土人才回引创业，其中，苏达谋就是成功返乡创业的本县籍人员的代表，其于 2015 年回乡创业，在上林县澄泰乡注册成立达谋生态种养专业合作社。二是有能力。创业致富带头人都拥有一定技能水平，在场域中有着一定的声望和权威，因此在他们身边集聚着

---

① 蔡和、张应祥等：《城市社会学理论与视野》中山大学出版社 2003 年版。

一批利益相关的农民。由于经验丰富、视野开阔、号召力强，因此对村庄事务处理有着较强的能力。

专栏9-3　返乡创业，带领乡亲奔小康

苏达谋是土生土长的上林人，大学毕业后在广东创办自己的公司，主要经营多媒体及直饮水系统，年营业收入超过150万元。2016年1月，他参加创业致富带头人九江河清培训基地第一期培训后，萌发了搞种养产业带领村民共同创业致富的念头，之后便投入了家乡如火如荼的脱贫攻坚事业中。

一、建立农牧业示范基地，推进循环生态产业发展

2016年3月，在当地党委、政府的引导下，苏达谋在大坡村拉邑庄注册成立达谋生态种养专业合作社，投资2000万元流转土地800多亩，发展种植沃柑、养殖山水牛、高值鱼、有机肥生产、生态农业观光等集多项业务功能于一体的生态农业示范基地，分为种植区、养殖区和林下作物种植区三大主功能区。该示范区种植的甜玉米三个月收一次，一年可以种四季，玉米秆用来发酵喂牛，牛产生的粪便用于发酵养殖蚯蚓，蚯蚓喂鸡喂鸭和养鱼，蚯蚓粪便种植有机菜、甜玉米，禽畜养殖等污水经过有机肥加工厂和沼气池发酵，通过抽排灌溉系统用于甜玉米和牧草种植，牧草用于禽畜养殖，形成了种养一体化循环有机生物链。

二、搭建合作社与贫困户的桥梁，带动贫困户入股投资

针对贫困户资金困难问题，苏达谋自己出钱垫资，帮助贫困户统一购买种牛，再通过合作社进行统一管理、统一运营。他的诚信举措让当地贫困户吃了"定心丸"，大家都乐意加入合作社来。2018年初，合作社已流转土地800亩，建成牛棚7个，在建牛棚10个，总建设面积7000平方米，可容纳山水牛600头以上。合作社计划带动100户贫困户加入山水牛饲养，目前澄泰乡党委、政府协助达谋生态种养专业合作社吸收第一批贫困户71户，贫困人口285人。加入合作社的每户贫困户需要养殖广西山水牛3头，政府给予补贴，公司也进行扶持，贫困户还可以享受贴息贷款。贫困户凭牛入股，苏达谋把养牛的利润全部让给贫困户，自己依靠养牛的生态链赚钱，合作社保证卖牛后，贫困户获得每头牛每年至少1000元的利润分成。

三、加大合作社产业规模建设，增加贫困人口就业

达谋生态种养专业合作社作为澄泰乡现代农业特色示范区建设项目的主体，集种植、养殖、有机肥生产、生态农业观光等多项业务于一体，规模不断扩大，需要的劳动力逐步增多。该合作社现在每天用工不少于20人，主要是有种养殖经验的农户以及加入该合作社的贫困户，目前达谋合作社直接带动贫困人口就业50人以上，贫困户在合作社工作，每天有不少于70元的收入。达谋合作社的运营和发展在一定程度上增加了贫困人口的就业途径，贫困户在合作社干活，确保有了收入来源，再加上工作地点离家近、容易适应工作环境等，更加方便贫困户通过转移就业实现脱贫致富。

（资料来源：《广西精准脱贫攻坚简报》2018年第11期）

---

2. 创业致富带头人是贫困农户互惠社会规范的维护者

农村社会约定的乡规民约、道德风俗及人文习惯等社会规范在乡村治理中发挥着重要作用，而互惠的社会规范是社会资本的重要组成部分。美国学者罗伯特·C.埃里克森认为，一个关系紧密之群体的成员为了使该群体成员之客观福利得以最大化，人们经常选择的是非正式习惯，而不是选择法律。[1]创业致富带头人作为大家共同的熟人，是互惠社会规范的重建者和维护者。随着现代社会的结构转型，不少农村地区内部规范失去认同，传统差序格局逐渐式微，但是新的社会规范没有建立，形成规范断裂格局。最典型的表现是道德规范的多元化使得农民出现价值取向的混乱。因此，创业致富带头人作为社区的公共人物，出于对家乡的热爱和利益的保护，必然积极倡导互惠社会规范以促进村庄的和谐稳定。他们以传统为根基，注入现代社会的积极要素，通过自身的权威和声望重建并维护互惠的社会规范，约束和调节社会成员行为，促进社会信任与合作，是现代社会与传统社会的网络联结者。

3. 创业致富带头人是贫困农户内外部资源的拓展者

社会资本具有可建构性，个人在社会网络中占据的位置越高，网络异质性越大，他对整个社会结构了解越多，"结构洞"中所起的作用越明显，汲取社会资源的能力越强。由于创业致富带头人有着特殊的社会地位，使其拥有获取并利用资源的优势，并通过网络提升自身社会资本，期望和义务也促使他们提升整个农

---

[1] 刘上洋、邓辉、豆星星等：《读精品 品经典 法学卷》，江西人民出版社2011年版，第177页。

村地区中社会资本存量。如专业大户可发挥能人带动效应，以点带面对其他农户形成辐射和带动作用。从社会关系视角来看，创业致富带头人一般都在村外务工、学习或培训过，因此他们有与外界互动的能力和途径，在村庄外具有良好的社会关系。同时，他们的根在农村，是血缘、地缘关系的中心群体。他们一方面作为村庄内社会网络的联结者，拓展村庄内的传统社会资本；另一方面，以经纪人的角色联结不同网络的社会资本，增加村庄的异质性，拓展村庄的外部社会资本。创业致富带头人扮演的双重角色拓展社会网络层次结构，使片区的关系资源和社会资本更加丰富。

三、爱心公益超市——物质资本范式向社会资本范式的转变

随着精准扶贫的深入推进，以政府为主导对基本公共服务重新整合将有利于社会资本的强化。2018年4月以来，百色市以"政府主导，企业捐赠，社会参与，群众受益"为原则，推进爱心公益超市（以下简称"超市"）建设。"超市"是指由政府主导，社会各界捐款捐物，以激励广大人民群众积极参与脱贫攻坚和乡村治理为目的而开设的非营利性商店。据统计，截至2018年6月，全市12个县（市、区）共试点建设96个"超市"，实现了试点全覆盖。

（一）爱心公益超市的资本演化路径

1. 物质资本范式阶段——单向度的帮扶

20世纪80年代，中国启动"三西"专项扶贫计划，拉开了有计划、有组织、大规模扶贫开发的序幕。20世纪90年代，随着"八七"扶贫攻坚计划的开始，开展大规模的区域扶贫，并取得一定效果。但是由于我国政府贫困治理中存在的问题没能得到很好的解决，结果出现不少贫困地区"年年贫困年年扶，年年扶贫年年贫"，其根源之一就是过度依赖物质救济，忽略贫困农户自身发展动力。传统的物质救济的典型做法就是捐钱捐物，尽管短期内能够迅速改善贫苦农户物质上的极度匮乏，但长远来看，由于扶贫农户难以真正参与扶贫实践，贫困者的主体性没有充分发挥，反而让贫困农户形成了对制度和与资源的依赖，滋生"等要靠"思想，一旦外部力量终止帮扶，贫困者又陷入"越扶越贫"的制度陷阱。物质资本范式阶段往往还出现了一些怪象，即贫困户需要的是"鸡"，帮扶单位却送来了"鸭"，因为供需信息不对称，帮扶遇到的尴尬不时发生。

2. 社会资本范式阶段——社会资本网络的形成

"超市"扶贫一改过去贫困户坐等扶贫物资上门的情况，贫困群众通过参与相关事项获取相应积分、通过表现换积分、以积分换物品等自助式帮扶做法，实现

社会爱心捐赠与贫困群众个性化需求的精准对接。在具体操作层面，各县（市、区）制定了符合当地特点的《爱心公益超市积分管理办法》及相应管理制度，明确积分兑换的范围、内容、标准和程序等，积分兑换的范围细化到自力更生不等不靠、勤劳致富发展生产、讲究环境卫生、遵纪守法、遵守社会公德、移风易俗、尊老爱幼等方面，加大贫困农户社会资本存量。各县（市、区）注重做好宣传工作，提高社会各界对"超市"的了解，积极发动帮扶单位、帮扶责任人、爱心企业及社会慈善人士捐款捐物，拓宽爱心款物筹集的渠道，营造全社会共同参与脱贫攻坚的良好氛围。

（二）爱心公益超市社会资本扶贫成效

1. 物质资本向社会资本转变

"超市"对范围覆盖的农户均安排一定的基础分值，并向建档立卡贫困户倾斜。农户劳动能够让附近群众受益的或行为行动能成为表率的予加分，如参加公益劳动、参与扶贫工作、宣讲国家政策等。农户所拥有的积分可用于兑换"超市"内的物品。西林县自创建"爱心公益超市"以来，通过电子商务服务网络平台实现扶贫超市线上公开信息，线下认领帮扶任务的"双线"并行运行模式，为群众提供实实在在的服务。"超市"实现双线并行，除了具有为群众代购、代卖、金融兑现、包装当地农产品上架销售等现代化电商服务功能外，还依托网络平台向群众提供发展产业扶持服务、劳务供求信息服务、捐资助学工作服务、爱心积分换购服务四大方面的服务，同时，贫困户自家的土特产也可以通过扶贫爱心超市在网上销售，极大扩展了贫困农户社会资本网络。

2. "输血"扶贫向"造血"扶贫转变

百色市采用"爱心积分"的方式，对群众的正向行为赋予积分，群众可根据积分到"超市"换领物资，一改过去贫困户坐等扶贫物资上门的状况，将现实表现与积分兑换相挂钩，有效地把思想引导和物质奖励结合起来，积极探索出"积分改变习惯，勤劳改变生活，环境提振精神，全民共建美丽乡村"的扶贫助困新模式。建设中还积极探索将"爱心积分"与走访慰问、年度奖励、评优活动等结合在一起，年度总积分靠前者，在走访慰问等活动中优先安排，这将有效激发贫困群众"比着干"的内生动力，引导广大贫困群众树立自力更生的意识和观念，主动发展生产、传承优秀家风、建设美好家园，实现物质、精神"双脱贫"。

四、"电视夜校"——弱关系的信息桥力量

在传统社会，每个人接触最频繁的是自己的亲朋好友，这样的社会关系构

成了一种十分稳定的但传播范围有限的社会认知，即"强关系"（Strong Ties）现象；与此同时，人类社会中还存在另外一类更为广泛亦更为肤浅的社会认知，例如，电视上看到或收音机听到的信息、案例，把这种关系定义为"弱关系"（Weak Ties）。当前现代社会，"弱关系"的概念比使用"强关系"的概念来得重要，尤其是与贫困农户信息获取最密切的社会关系往往不是"强关系"，而是"弱关系"，这就是"弱关系的力量"。2017年10月以来，龙州县探索创办了"脱贫致富奔小康电视夜校"，将电视夜校与扶贫政策宣传解读、实用技术培训、感恩教育和村屯议事内容相结合，全方位提供扶贫政策、科学种养、产销信息、就业需求等各种培训内容，进一步提高贫困户对扶贫政策的知晓率，提升贫困户脱贫致富的意愿和能力，发挥了"弱关系"信息桥的作用。

（一）"电视夜校"社会资本运行模式

1. 组织保障——以政府推动为主导

为了使"脱贫致富奔小康电视夜校"平台切实起到助推脱贫攻坚的成效，龙州县成立了"脱贫致富奔小康电视夜校"工作领导小组，组长由县委书记、县长担任，副组长由县委副书记、宣传部部长、组织部部长等4位县委常委担任，19个部门主要负责人和12个乡镇党委书记为夜校工作领导小组成员。进一步细化领导机构成员单位的工作职责，由县委组织部负责抓总，协调各方参与节目拍摄、节目审核、节目播放组织管理等工作。县文新广局与县远程办负责节目录制、剪辑播出等工作，县委党校选派骨干教师解读党的十九大精神，县扶贫办、农业局、财政局、民政局、畜牧水产局等涉及扶贫政策的部门负责做好每一期政策解答等，形成各司其职、群策群力、齐抓推进的良好局面。

2. 栏目内容——以群众需求为中心

一是从内容上明确。按照"3+3"节目录制模式，每期均设置"学习贯彻党的十九大精神专题、扶贫政策主讲、现场解答"3个固定栏目，制作3部本地扶贫典型经验、励志人物，把发生在群众身边的感人事例、带富致富的典型事例、看得见摸得着的扶贫成效，实现"脱贫致富奔小康电视夜校"与扶心、扶智、扶志相融合。二是在语言上贴近。针对部分群众文化水平和普通话水平较低等问题，栏目主持人身着本地民族特色服饰，用本地壮语录播，方便群众学习理解，便于群众记忆和口耳相传，让群众听得舒心、看得欢心、入得人心。三是在事例上精推。选择在扶贫工作一线工作成效突出、群众认可满意的驻村第一书记、驻村工作队员、村"两委"干部、帮扶责任人作为扶贫工作典型，选择通过扶贫政策摆脱贫困面貌的贫困户或带领贫困户致富的农村党员作为致富典型。通过生动案例和当事人现身说法,为群众展现驻村干部、致富能手携手打赢脱贫攻坚战的坚定信心。

3. 运行机制——以丰富形式为载体

开办"电视夜校"以来,龙州县坚持每个星期固定周五晚8:20在龙州电视台首播,周一、周三重播。没有接通广西有线电视网络的村屯,通过农村党员远程教育站点或由村干部用移动介质U盘进行播放,确保群众想看的都能看得到。建立了以屯为单位,由乡镇干部、驻村帮扶责任人、驻村工作队员(第一书记)、村屯干部四级干部联合发动各家各户代表参与"电视夜校"活动,活动结束后,通过召开座谈会,由观看人员谈体会、谈感想、谈建议、谈希望,把"电视夜校"活动做成聚焦学习党的十九大精神的研讨会、打赢脱贫攻坚战的恳谈会、了解党的路线方针政策和提高农民素质的培训会。活动提高了群众对驻村工作队、帮扶责任人、帮扶效果、帮扶工作成效的满意度。举办"电视夜校"以来,12个乡镇累计收集群众建议意见达3000多条,推动扶贫工作良好开展。

4. 推动方式——以制度化建设为抓手

一是领导驻村夜访推动"电视夜校"。龙州坚持由县四大班子领导、县直单位主要领导带头,拿出90%的精力深入挂点乡镇、村屯,特别是每周要到挂点联系村住一个晚上以上,着力攻坚贫困户缺项,宣传脱贫攻坚政策,推进重难点工作,提升群众满意度。领导干部驻村夜访的一个主要内容就是组织群众观看"电视夜校",与群众一起观看"电视夜校",这样就能够确保夜校如期举行。二是实行网格化管理推动"电视夜校"。为确保干部群众观看及交流活动顺利开展,在全县12个乡镇130个村(社区)全部执行干部组织观看分片分区网格化管理,明确每个村、每个屯的固定责任人,全面负责组织群众观看。创新使用钉钉软件管理平台,利用大数据云管理的方式对乡镇干部、驻村工作队员的动态管理,进一步压实乡镇干部、驻村干部组织"电视夜校"的主体责任。

从2018年9月起,在全面总结原"脱贫致富奔小康电视夜校"的基础上,继续举办"新时代讲习电视夜校",对栏目设置、活动组织形式进行改版升级,除宣传习近平新时代中国特色社会主义思想等原有内容外,还增加了思想教育类(如感恩教育、扫黑除恶案例等)、乡村振兴类(村民自治优秀案例、生态环保、文化旅游)、法制电视栏目、就业信息和产销信息等内容,满足群众需求。

(二)"电视夜校"改善贫困农户生计资本的减贫逻辑

习近平同志指出:"必须坚持依靠人民群众,充分调动贫困群众的积极性、主动性、创造性,……培养贫困群众发展生产和务工经商的技能,组织、引导、支持贫困群众用自己辛勤劳动实现脱贫致富，用人民群众的内生动力支撑脱贫攻坚。"[1] 内生动力的增强重在扩展贫困农户的社会关系网络，增加贫困地区社会资本存量，政府在反贫困治理中除了给予物质帮助之外，更要动员社会力量为贫困户建立社会支持网络，创造出更多社会流动的机会。

1. 从"弱关系"中可以获得更丰富的信息

"电视夜校"作为政府主导的结构型社会资本，通过弱关系充当跨越社会结构界限去获得信息和其他资源的桥梁，是贫困人口的重要社会资本。虽然贫困农户原生的社会环境产生紧密型的强关系，但是由于网络内成员的同质性强，所产生的信息通常是重复的，高度的互动频率通常会强化原本认知的观点，从而降低与其他观点的融合，阻碍了新思想和新技术的引进。通过"电视夜校"栏目，利用媒体快捷、直观、群众喜闻乐见、教育面广等传播优势，全方位为贫困农户提供扶贫政策、种养技术、产销信息等各种培训内容，弥补贫困农户获取信息不对等的缺陷。

2. 从"弱关系"中可以获得更稳定的信任

信任是研究关系尤其是中国人际关系的重要维度，作为社会资本的重要内容，信任与关系是互相嵌合在一起的。"电视夜校"之所以能够得到贫困农户的欢迎，是因为这些典型案例背后的当事人是"内部人"，与他们有着类似的社会地位和资源情况，是值得信任的。通过一个个生动案例和当事人的现身说法，让贫困农户增强脱贫致富的信心和动力，这就会使得引入异质性资源的成本大大降低，而且扶贫的效率会大大提高。在实践中，大量在农村中关于"洋专家不如土专家"的报道便是非常有力的证明。

3. 从"弱关系"中可以获得更广泛的支持

"电视夜校"通过制度化的运作方式提供了让原本素不相识、地理距离和社会距离都很遥远的陌生人互相结识的机会，在反贫困实践中，通过"内部人"引入异质性资源非常适合"弱联系"的建立和增长。正是依靠"内部人"引入异质性资源的方式来打破贫困人口社会资本的封闭状态，达到消除贫困的目的。因此，除了通过"电视夜校"这类"内部人"引入异质性资源的方式，也可以支持和鼓励外出务工返乡人口在家乡创业，支持和鼓励贫困人口加入新群体等方式得到更多发展的支持。

---

[1] 中共中央党史和文献研究院：《习近平扶贫论述摘编》，中央文献出版社2018年版，第143页。

第十章

金融支持：
金融资本匮乏型贫困农户的
可持续生计策略优化

金融资本是农户实现生计可持续目标的资金资源。金融资本的匮乏限制了农村产业的发展和农户生计的选择。国内外学者都提出了相类似的观点，促进农村金融健康发展是提高农村和贫困人口金融资本的有效途径。这是因为农村金融发展可以通过提高贫困人口对金融服务的可获得性，帮助贫困人口建立金融资产，缓解资金流动性制约，提高生产能力和预期收入，从而对贫困的减缓产生直接影响。同时，农村金融发展还可以促进农村经济增长和缓解收入分配的不平等，通过"涓滴效应"对贫困产生的间接影响。[①] 本章首先对金融资本促进贫困农户生计可持续的作用机理进行简要阐述；其次，基于本课题2014年的问卷调查，对片区县金融资本匮乏型贫困农户的基本特征进行分析；再次，通过案例对片区县金融精准扶贫的创新实践及其成效展开分析。

---

① 丁志国、谭伶俐、赵 晶：《农村金融对减少贫困的作用研究》，《农业经济问题》2011年第11期，第72—77页。

第一节　金融资本促进贫困农户生计可持续的作用机理

一、贫困农户的金融资本——小额信贷

（一）贫困农户与小额信贷

贫困农户的金融资本主要包括收入、贷款、储蓄收入、生产保险等。贫困农户的收入普遍很低，收入是贫困农户金融资本的主要组成部分，解决贫困问题就是要提高农民收入。但是，贫困农户资本存量较低，依靠其提高收入增速是很困难的。由于贫困农户的收入很低，很难有多少剩余用于储蓄，因此储蓄收入在贫困农户收入中所占的比重很低，甚至可以基本忽略不计。而生产保险是作为贫困农户生产的保障因素，无论是保险支出的数额，还是保额，都很小，并不是金融资本的主要组成部分。在所有金融资本中，贷款是贫困农户快速获得金融资本存量增加收入的最主要方式。

贫困农户所需求的贷款主要是小额信贷。作为信贷的一种类型，简而言之，小额信贷是由金融机构提供给有信贷要求的低收入客户。小额信贷包括两个基本层次的含义：第一，为大量中低收入人口提供金融服务；第二，保证小额信贷机构自身的生存与发展。这两个既相互联系又相互矛盾的要素构成了小额信贷的完整要素，二者缺一不可。[①] 可以看出，小额信贷和一般的信贷相比存在明显区别：

小额信贷的目标客户主要是低收入者，相当大的部分还是贫困户，这就注定了小额信贷的资金额度通常很小，而且必须以信贷为主要方式。这是因为低收入者的收入很少，还款能力弱，资产数量少，贷款抵押物缺乏，在能力范围内只能承担小额信贷，而且这几乎是他们获得贷款的唯一方式。因此，在现有条件下，贫困农户获得金融资本的能力绝大部分取决于获得小额信贷的能力。

（二）现代小额信贷的发展

世界上金融机构发放小额信用贷款的历史是非常悠久的，但是本研究无意追

---

① 何广文等：《农村金融学》，中国金融出版社2008年版，第120页。

溯其历史源头，仅就现代意义的小额信贷进行探讨。现代意义的小额信贷开端于孟加拉国的乡村银行，其目的非常明确，就是为传统上无法获得金融服务的低收入者提供发展生产所需的小额信贷。

20世纪70年代，孟加拉国吉大港大学经济系教授尤努斯创立了格莱珉银行（即乡村银行）模式，专门为低收入者提供小额信贷。孟加拉乡村银行模式取得了极大的成功，开创了专门为穷人提供金融服务的先河。从此以后，这种模式先后嫁接到了世界各地，很多第三世界国家都取得了很好的效果。为了表彰尤努斯教授"从社会底层推动经济与社会发展"的努力，他被授予2006年度诺贝尔和平奖。

和传统的由政府主导的小额信贷不同，孟加拉国乡村银行模式在向低收入者发放贷款的同时，更加注重金融机构在商业上的可持续性。这既是这种模式的成功之处，也是其有争议之处。作为金融机构，只有实现商业上的可持续性，才能保证其具有积极性，从而继续发放小额信贷。但是管理这些小额分散的账户必然成本较高，同时，由于客户主要是低收入者，很容易出现违约的状况，因此为了弥补小额信贷管理上的高成本和高风险，经营小额信贷的金融机构通常执行较高的利率。而高利率在一定程度上抵消金融机构的较高成本的同时，也加大了低收入者的还款压力，使他们有可能陷入更深的贫困。因此，如何解决商业上的可持续性和高风险、高利率的矛盾是实现小额信贷消减贫困的目标所必须解决的问题。当前，世界各地对小额信贷的发展普遍持肯定态度，认为其在帮助低收入者摆脱贫困方面具有不可替代的作用；但同时也认为小额信贷的发展需要完善的制度框架以约束金融机构的机会主义行为，从而平衡其和低收入贷款者的利益。

在我国，传统的小额信用贷款的历史同样十分悠久，中华人民共和国成立以前，那种为贫困人口提供的小额信用贷款由于缺乏商业上的可持续性，因此一直没有发展起来。改革开放以后，随着我国农村金融改革的深化和不断探索，逐渐形成了一套行之有效的制度，兼顾了小额信贷在商业上的可持续性和小额信贷的扶贫功能，极大地推动了小额信贷的发展。

目前，我国农村金融机构主要包括农商行以及未改制的农村信用社、各大商业银行、政策性银行、邮政储蓄银行和新型农村金融机构等，可谓门类齐全、数量众多，其中，农商行和未改制的农村信用社是主要的农村金融机构。迄今为止，我国已经初步建立起包含商业性金融、政策性金融和合作性金融的农村金融体系。

我国在解决小额信贷在商业上的可持续性和高风险、高利率的矛盾上比较

第十章　金融支持：金融资本匮乏型贫困农户的可持续生计策略优化

成功。

首先，政府在金融体系中发挥了十分重要的作用。一是政府强化机制建设，保证小额信贷的健康发展。中国政府始终将防范金融体系的风险放在首位，为加强小额信贷的管理出台了一系列制度，如中国人民银行1999年印发的《农村信用社农户小额信用贷款管理暂行办法》、2001年公布的《农村信用合作社农户小额信用贷款管理指导意见》，中国银监会2012年公布的《农户贷款管理办法》等，对农户贷款的条件、流程、管理等都做了详细规定，使小额信贷始终都在规范的程序下进行，有效避免了风险的发生。除完善制度之外，我国还进行了信用体系建设，2004年2月，人民银行启动了个人征信系统建设，同年4月，成立银行信贷征信服务中心。2006年1月，全国集中统一的个人信用信息基础数据库建成并正式运行。信用体系建设为小额信贷的进一步发展奠定了基础。二是政府对小额信贷机构的监管十分严格，极大地避免了其违法行为。一直以来，我国十分重视对金融机构的监管，在监管法律法规、监管机构和监管行动上都较为完善。而监管的首要方面是防控金融风险。在法律法规方面，有颁布的《中华人民共商业银行法》《中华人民共和国银行业监督管理法》，以及中国人民银行《贷款通则》、银监会《小额贷款公司管理办法》等部门规章对商业银行和小额贷款公司的行为进行了详细规定。在监管机构方面，中国人民银行在各地，一直到县级行政区域，均设有分支机构，负责维护金融稳定；同时，还从中央到地方设有银监会和保监局，负责对商业银行和小额贷款公司的经营行为进行监管。由于监管严格，我国金融机构也都把防控风险放在首位，几乎不会为了追求高收益而甘冒高风险。三是财政资金的运用在金融机构和用户之间起到了关键的稳定作用。信贷活动在本质上是一种市场行为，但是由于小额信贷的特殊性，市场很难调和商业上的可持续性和高风险、高利率之间的矛盾。我国各级政府从一开始就介入了小额贷款的发展，中央政府提供宏观政策保障，并统筹全国助力，为部分财政较困难地区提供转移支付。地方政府以财政资金为锚，推动和金融机构合作，通过设立风险担保基金，为贫困户提供贴息政策等方式，在保证金融机构商业可持续的基础上，减轻贫困户的利息负担，减少信贷违约风险。

其次，传统诚信思想在避免信贷违约方面发挥了十分重要的作用。自古以来，诚信就是中国传统文化中的优秀思想，源远流长。能否做到诚实守信是一个人能否立身社会的关键。[1] 受诚信思想的影响，绝大多数农户在申请小额信贷时都会认

---

[1] 樊鹤平：《中国传统诚信思想探析》，《伦理学研究》2015年第3期，第61页。

真思考能否按期还本付息，从而决定是否申请小额信贷，如果申请，申请的最高额度是多少。所以，即使是低收入农民，在我国也很少发生小额信贷违约的现象。

二、金融资本对贫困农户生计策略的影响

作为可持续生计资本之一的金融资本，对于贫困人口生计的可持续性具有极其重要的作用，具体分析如下：

（一）对贫困农户参与当地产业开发的影响

贫困农户参与当地产业开发有两种形式：一种是贫困农户独立开展某产业的生产经营；另一种是贫困农户作为参与者参与当地集体或者企业主导的产业开发。无论是哪种开发形式，金融资本都会对贫困农户的参与情况产生很大影响。

假定市场单位价格是 P，产量是 Q，单位可变成本为 C_v，固定成本为 C_f，则农户的收益 $I=PQ-C_vQ-C_f$。我们假设农户收益为负时不会进行生产，所以不讨论 $I<0$ 时的情况，此时总有 $P>C_v$。

如果农户手中可用于投入生产的资金总额为 M，则农户的最大产量为 $Q_1=\dfrac{M-C_f}{P}$，此时农户的收益 C_1 如图 10-1 所示。

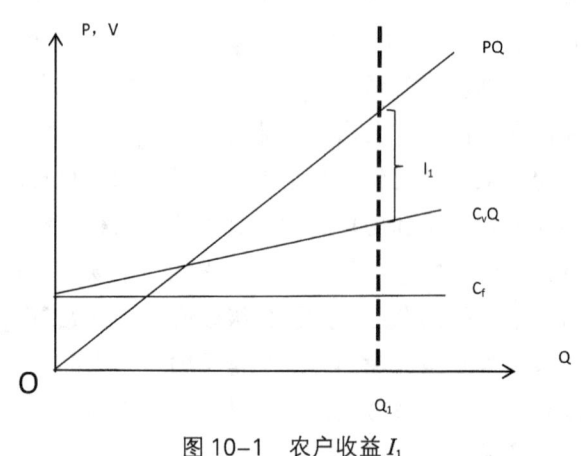

图 10-1 农户收益 I_1

假定农户通过小额信贷获得资金 L 投入生产，利息为 R，则固定成本为 C_f+R，农户的最大产量为 $Q_2=\dfrac{M+L-C_f-R}{P}$，农户收益状况 L_2 如图 10-2 所示。

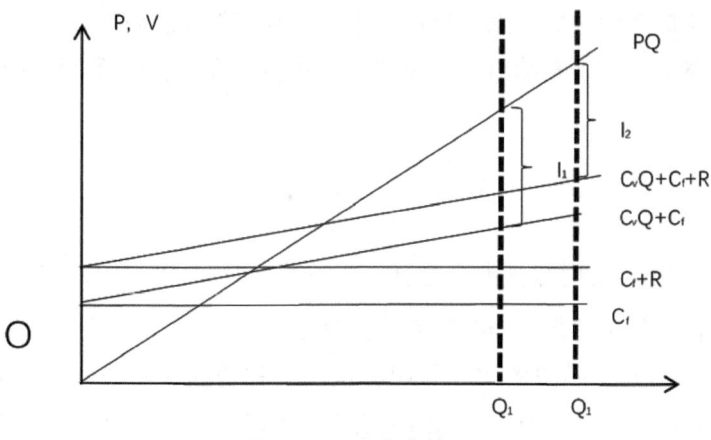

第十章 金融支持：金融资本匮乏型贫困农户的可持续生计策略优化

图 10-2 农户收益 I_2

农户是否参与小额信贷的收益差值为：

$$\Delta I = I_2 - I_1$$

$$= PQ_2 - C_v Q_2 - C_f - R - (PQ_1 - C_v Q_1 - C_f)$$

$$= (P - C_v)(Q_2 - Q_1) - R$$

$$= \frac{P - C_v}{P}(L - R) - R$$

假定小额贷款的利率为 r（$0 < r < 1$），则 $R = L \cdot r$。

因为只有 $\Delta I > 0$ 时，农户贷款才是可行的，因此：

$$\frac{P - C_v}{P}(L - L \cdot r) - L \cdot r > 0$$

化简可得：

$$r < \frac{P - C_v}{2P - C_v} \tag{1}$$

（1）式即为农户参与小额信贷的条件，只有当利率低于特定值的时候，农户才愿意申请小额信贷，即取决于 r、P 和 C_v 三者之间的关系。现在假定 C_v 保持不变，很明显，$\frac{P - C_v}{2P - C_v}$ 是单调递增的，这就意味着 $\frac{-C_v}{2P - C_v}$ 产品单价越高，与单位可变成本的差值越大，农户所能够承受的利率越高。假定 P 保持不变，很明显是单调递减的，这就意味着产品单位可变成本越高，农户所能够承受的利率越低。又：

$$\Delta I = \frac{P-C_v}{P}(1-2r)\cdot L \qquad (2)$$

当（1）式成立的时候，由于总有 $\frac{P-C_v}{P}(1-2r)>0$，所以（2）式是单调递增的，即贷款 L 数量越多，会有更多的收益 ΔI。

现在我们回到贫困户的实际状况，从利率和贷款数额来分析小额信贷的影响。首先探讨农户独立开展某产业生产经营的情况。由于贫困户从事的产业通常都是低端产业，不仅成本不高，而且单价也不高，所以根据（1）式可知，贫困户实际能够承受的利率是比较低的。然而金融机构的利率是不可能随意降低的，因此，很多贫困农户因为利率的原因而难以向金融机构申请小额信贷。为了解决这个矛盾，我国各地政府都推出了贴息政策，对满足条件的贫困户在申请小额信贷时，由财政出资承担一定比例的利息。这样等于金融机构的小额信贷利益由贫困农户和政府共同分担，等于直接降低了农户的利息水平。所以，贴息政策对降低贷款成本、促进更多贫困农户申请小额信贷、扩大生产规模起到非常重要的作用。

在能够承受利率的前提下，从（2）式可以看出，贫困农户申请小额信贷有利于增加收益。但是，这个结论的前提是在单位可变成本 C_v 不变，一旦单位可变成本发生变化，如生产规模扩大之后，在达到规模经济之前，由于管理和人工成本的增加，单位可变成本可能是上升的，这势必影响贫困户对利率的承受程度。同时，作为金融机构，出于对风险控制的考虑，也不可能授予单个贫困户太高的信贷额度。因此，贫困户申请贷款并非越多越好，而是应保持在一定额度之内，这对提高贫困户的生产能力，从而早日摆脱贫困具有十分重要的意义。

从贫困农户参与产业开发情况来分析，即农户参与"企业＋农户"或"企业＋合作社＋农户"等模式。这些模式的共同特点是农户与企业或合作社签订购销协议，农户按照订单生产农产品，然后由企业或合作社包销。这样对贫困农户最大的好处是不需要为市场销路发愁，最大限度地避免了市场风险，并能够享受企业或合作社规模经济的好处。同时，由于企业和合作社提供的管理和技术等方面的协助，贫困农户的单位可变成本 C_v 可能较大幅度地下降。这样有利于贫困农户申请更多数额的小额贷款，从而能够获得更多收益。因此，相对于独立开展生产经营，贫困农户参与产业开发，并通过小额贷款扩大生产经营的规模，在难度和风险上要小一些，收益也可能更高，这样，申请小额信贷的额度就有条件更多一些。

（二）对贫困农民务工的影响

务工分为本地务工和外地务工，两种情况具有一定区别。要探讨金融资本对农户务工的影响，需要比较农户参与本地务工、外地务工和参与产业开发三者的收益。一般来说，哪种生产活动收益高，农户就会从事哪种生产活动。

首先，从农户外出务工的情况来看，通常农户选择到外地务工是出于两个方面的因素：一是外地务工能够得到稳定的工作岗位；二是外地务工的收入要远高于留在本地的所有收入。一般来说，如果四口之家的农户有1—2人能够外出务工，这户农户在收入上基本能够实现脱贫。其次，从农户在本地务工的情况来看，这还可以进一步划分为两种：第一种是在本地具有稳定的工作岗位；第二种是在本地打零工。第一种本地务工和到外地务工相比，在本质上并无不同，都是全职岗位，获得工资性收入，而且，对农民工来说，在本地更具有吸引力。因为离家近，可以照顾到家庭，且生活成本较低，所以，即使本地务工的工资略低于外地务工工资，农民也愿意选择本地务工。同样，通常当农户家庭中有成员能够在本地获得稳定的工资性收入时，这户农户也基本能够实现脱贫。第二种务工的情况就要差得多。打零工的收入通常较低，而且不稳定，只能作为务农收入的补充。在多数情况下，贫困人口从事的是在本地打零工。具有劳动能力的贫困人口只能在本地打零工的原因，或者是无法在本地和外地找到稳定的工作，或者是家庭的原因无法从事全职工作。这样，贫困人口在从事农业生产和打零工的收入都很低的情况下是难以摆脱贫困的。

当金融资本充足的时候，农户有条件从农业生产经营中获得更多收入，很多贫困农户因此摆脱贫困的时候，还会对农户务工的生计策略产生影响。如果在本地从事农业生产经营也能够获得更多收入，一些外出务工收入相对不高的农民工可能选择回乡，对他们来说，在家从事生产不会陷入贫困，而且能够照顾到家庭，因此，回乡创业就业当然是更好的选择。

金融资本对贫困农户打零工的影响在于，由于在产业上的生产经营活动增加，且获得的收入能够有所增加，能够摆脱贫困的时候，一些原本贫困、经常参与打零工的农户可能会减少打零工的活动。当然，仍然会有农户在农忙之余打零工来增加收入，这更加有利于长期可持续性脱贫。

（三）金融资本对贫困农户长期生计策略的影响

1. 金融资本对农户易地扶贫搬迁的影响

易地扶贫搬迁是党和政府为了从根本上解决生活在"一方水土养活不了一方人"、生存条件恶劣地区的贫困人口脱贫问题所采取的扶贫策略。贫困农户易地扶贫搬迁之后，将会在条件更好的地区开始新的生活。易地搬迁方式是在靠近城镇或者交通便利的中心村附近为搬迁农户统一修建新的住房，配备基本的装修和家具、生活用具，一般来说，农户基本可以拎包入住。为了帮助农户尽快开始新生活，党委政府还会为参加易地扶贫搬迁的农户提供补贴和每户一个就业岗位。但是，对贫困农户来说，易地扶贫搬迁仅仅是搬出来，还要解决生计问题。从长远来看，还必须能够获得持续稳定的收入。虽然每户一个就业岗位能够解决一部分生计问题，但是对很多家庭来说，这个岗位的工资水平不高，还不足以靠其摆脱贫困，必须进行其他生产经营。易地扶贫搬迁后的生产经营和从事农业生产的生产经营有所不同，由于相当多农户搬迁之后的住处与自己承包的土地距离较远，已经不可能再从事原来的农业生产。但是，搬迁后的住所都处于相对的人口稠密区，且搬迁安置点都设有商业网点设施，这为搬迁户从事微型工商业创造了便利条件。相比农业，金融资本对微型工商业的支撑可能更具力度，因为微型工商业更加需要资金的周转，所以便捷的小额贷款是目前解决微型工商业资金周转问题最为有效的手段。金融资本对贫困农户的易地搬迁具有十分重要的促进意义，能够更加迅速地帮助他们改变原有的生活方式，实现"搬得出、留得住、能致富"，从而达到可持续脱贫的目标。

2. 金融资本对教育的影响

目前，我国义务教育已经得到基本普及。党和政府为义务教育阶段的贫困家庭子女提供了很多帮扶措施，使他们不会因为贫困而失学。加上当前群众意识的提高，即使是贫困人口的子女，也能够完成义务教育阶段的教育。但是对贫困家庭来说，让子女在义务教育阶段之后继续接受教育就是一个沉重的负担，不得不支付学杂费、生活费等费用，致使很多人不得不因此结束接受教育而去谋生。因为义务教育只是提供基本的教育，教育水平较低，而且并没有提供职业方面的训练，所以这些仅有义务教育水平的贫困家庭子女绝大多数开始都无法获得一般收入的工作岗位，甚至找不到工作，不得不继续在家使用传统方式务农或者打零工，致使贫困在代际间传递。

要解决这种贫困的代际间传递问题，就必须提高贫困人口子女的受教育水平。而要提高他们的受教育水平，就必须解决非义务教育阶段的教育经费问题。从目前的情况来看，虽然各级政府为贫困家庭子女继续接受教育提供了很多优惠条件，但是，这些优惠条件也仅是解决基本的学杂费，他们受教育所支出的所有生活经费不可能全部由财政负担。那么，解决这些教育经费的有效方式就是金融资本的支持。目前，在为贫困农户提供的小额贷款的种类当中，有专门的助学贷款，而且相对于一般的小额信贷，助学贷款的还款期限长、负担轻，这为贫困家庭子女接受更多的教育提供了帮助。通过助学贷款的方式解决贫困家庭子女的非义务教育资金问题，对政府和贫困家庭都有好处。

首先，助学贷款减轻了财政负担。我国贫困地区的财政状况都不理想，而且要用于脱贫攻坚的项目多，支出量大，在用于助学方面的资金只能为贫困户子女提供一些基本补贴，不可能全部解决他们上学的花费。所以，当贫困户子女主要通过助学贷款的方式解决学费、生活费时，等于减少了财政支出，这事实上减轻了财政负担。其次，助学贷款提高了贫困户子女学习工作的积极性。虽然助学贷款的政策很优惠，尽量减轻了贫困家庭的负担，但是贷款是贷款，需要还本付息，这对贫困家庭子女来说也是一种压力和动力，要求他们在上学期间努力学习提高自己的能力，在毕业以后努力工作获得更高收入，尽快还清助学贷款。因此，金融资本对贫困农户子女提高受教育水平、从根本上阻断贫困的代际间传递具有非常重要的作用。

3. 金融资本对贫困农户改善住房的影响

住房是人民群众的基本生活需求，必须得到应有的保障。一般来说，贫困农户的住房条件不佳，房屋的质量较差，人均住房面积较小，生活用具也不齐全。即使是非常贫困的农户，同样有改善居住条件的意愿。改善住房条件需要一定资金，而贫困户最缺乏的就是资金，使他们难以对住房进行改善。由于地方政府的财政无法负担所有住房改造资金，因此国务院出台政策，由政策性银行为地方政府农村住房改造提供优惠利率、较长还款期限的贷款，从而减少财政负担。同时，由小额信贷为农户提供专门用于建房的贷款。这些措施的出台从金融资本上为农村居民，特别是贫困农户住房条件的改善提供了极大帮助，对提高人民生活水平、实现"两不愁三保障"的脱贫目标起到了极为关键的作用。

第二节　片区县金融资本匮乏型贫困农户的基本特征

为了解石漠化片区县农户金融资本的情况，在 2014 年本课题开展的问卷调查中，我们设计了相关的问卷内容。主要包括农户由收入转化的自有资金或储蓄、通过正规金融机构或民间借贷获得的贷款以及政府的转移支付等方面。

一、人均现金收入水平低

农户的金融资本最主要的来源是农户得到现金收入。通过调查可以发现，石漠化片区不同县份之间的农户在收入结构上的差异并不明显，主要收入来源都是种植业收入、养殖业收入和劳务收入。

在省级层面，调查数据显示（表10-1），各省片区农户在人均现金收入额度上的差异尤为明显。结合表10-2来分析，从最高人均现金收入的分布来看，农户人均现金收入区间的差别主要表现在5000元及以下的人均现金收入上。

表10-1 人均现金收入分布情况

省份	0~2500元 户数	0~2500元 比例/%	2501~5000元 户数	2501~5000元 比例/%	5001~7500元 户数	5001~7500元 比例/%	7501~10000元 户数	7501~10000元 比例/%	10001元以上 户数	10001元以上 比例/%
云南	142	38.1	112	30.0	45	12.1	6	6.2	32	8.6
广西	161	46.8	90	26.2	44	12.8	24	7.0	17	4.9
贵州	98	29.5	63	19.0	52	15.7	34	10.2	50	15.1

片区县数据显示（表10-2），在人均现金收入情况表中，绝大多数县份农户的人均现金收入普遍分布在0元~5000元的额度范围内，占到了很大比重，其次为人均现金收入额度分布在5001元~10000元的农户，也是占到了比较明显的比重；各片区县人均现金收入额度达到10 001元以上的农户的频数最少，占的比重普遍也是相对较低的。但也有少数县级农户的人均现金收入额度主要分布在万元以上，如晴隆县，有21户农户的人均现金收入额度在10 001元以上，占到了该县调查样本总数的44.7%，人均现金收入额度分布在5001元—10000元的农户有16户，占到了该县样本总数的34%，而额度为0元—5000元的人均现金收入的农户分布的频率最少。但多数县份主要呈现的人均现金收入额度的分布规律是0元—5000元的农户频数最多、比重最大，其次为额度为5001元—10000元的农户频数，占的比重也很明显，最后是额度为10001元以上的农户，频数最少，占的比重也是较少。调查数据显示，片区县总体人均现金收入水平仍然偏低。

表 10-2 人均现金收入情况表

县域	0~2500 元 频率	比例/%	2501~5000 元 频率	比例/%	5001~7500 元 频率	比例/%	7501~10000 元 频率	比例/%	10 001 元及其他 频率	比例/%
丘北县	16	34.0	16	34.1	7	14.9	4	8.5	4	8.5
广南县	21	44.7	12	25.5	7	14.9	3	6.4	4	8.5
西畴县	15	34.9	19	44.2	7	16.3	2	4.6	—	—
马关县	20	57.1	12	34.3	3	8.6	—	—	—	—
砚山县	15	31.3	12	25.0	5	10.4	7	14.6	9	18.7
富宁县	28	60.9	7	15.2	3	6.5	4	8.7	4	8.7
屏边县	22	46.8	14	29.8	8	17.0	1	2.1	2	4.3
罗平县	5	12.2	20	48.8	5	12.2	2	4.8	9	22.0
隆安县	27	51.9	18	34.6	5	9.7	1	1.9	1	1.9
天等县	19	36.5	10	19.3	10	19.2	7	13.5	6	11.5
靖西县	14	37.8	12	26.6	7	15.6	5	11.1	4	8.9
德保县	25	64.1	8	20.5	3	10.2	1	2.6	1	2.6
乐业县	24	50.0	12	25.0	5	10.4	4	8.4	3	6.2
隆林县	21	42.9	17	34.7	7	14.2	3	6.2	1	2.0
凌云县	28	54.9	13	25.5	6	11.8	3	5.8	1	2.0
晴隆县	2	4.3	8	17.0	10	21.3	6	12.7	21	44.7
平塘县	15	37.5	14	35.0	3	7.5	3	7.5	5	12.5
荔波县	40	69.0	9	15.5	3	5.2	1	1.7	5	8.6
册亨县	30	27.0	22	19.8	26	23.5	19	17.1	14	12.6
贞丰县	11	26.8	10	24.4	10	24.4	5	12.2	5	12.2

二、借贷行为较为普遍

农户获得贷款的主要途径是通过向当地信用社的商业贷款或者是和亲朋好

友之间的互助性借贷。根据调查数据显示，石漠化片区农户的借贷行为比较普遍，在表10-3中，云南片区有254户农户有过借贷行为，占云南片区总户比重的68.1%；广西片区有244户农户有过借贷行为，占广西总户比重的70.9%；贵州片区有242户农户有过借贷行为，占贵州总户比重的72.9%。从贷款行为的比例来看，贵州片区的贷款行为比例相对较高于广西和云南，同时广西片区的贷款行为比例又较高于云南。这在一定程度上表明贵州省的农户获得借贷性金融资本要更加容易。

表10-3 各省农户是否有过借贷情况

项目	云南		广西		贵州	
	户数	比例/%	户数	比例/%	户数	比例/%
是	254	68.1	244	70.9	242	72.9
否	119	31.9	100	29.1	90	27.1

县片区数据显示（表10-4），片区县之间在是否有过贷款的指标上差异较为显著，丘北县、广南县、西畴县、隆安县、乐业县、隆林县、晴隆县、平塘县、荔波县和册亨县等10个县的农户表示有过借贷行为的比例均在70%以上，占调查样本县级的一半，而马关县、砚山县、屏边县、罗平县、靖西县、德保县和凌云县等7个县的农户表示有过借贷行为的比重较低，在60%—70%之间，占了全部调查样本县的30%；富宁县、天等县和贞丰县等3个县的农户表示有过借贷行为的比重最低，只有50%左右。从各个片区县的内部来看，有过借贷行为的农户比没有借贷行为的农户要明显多，占到的比重也相对明显较高。由此可见，虽然县与县之间对于借贷行为的需求各不相同，但各个片区县农户在借贷行为上是较为普遍的，大多数农户在生产生活中还是大量存在资金需求，需要从外部获得资金的支持来提高金融资本的拥有程度。此外，有过借贷行为比例的高低在一定程度上也从侧面反映了各县农户在获取外部资金支持和借贷性金融资本的难易程度。

表10-4 是否有过贷款情况

县级	没有过贷款		有过贷款	
	频率	比例/%	频率	比例/%
丘北县	13	26.5	36	73.5
广南县	12	24.0	38	76.0

续表

县级	没有过贷款 频率	没有过贷款 比例 /%	有过贷款 频率	有过贷款 比例 /%
西畴县	6	12.8	41	87.2
马关县	14	38.9	22	61.1
砚山县	19	39.6	29	60.4
富宁县	26	50.0	26	50.0
屏边县	16	32.7	33	67.3
罗平县	13	31.0	29	69.0
隆安县	9	16.7	45	83.3
天等县	27	50.9	26	49.1
靖西县	15	31.9	32	68.1
德保县	14	35.9	25	64.1
乐业县	5	10.0	45	90.0
隆林县	10	20.0	40	80.0
凌云县	20	39.2	31	60.8
晴隆县	13	26.5	36	73.5
平塘县	7	15.9	37	84.1
荔波县	13	18.3	58	81.7
册亨县	35	29.4	84	70.6
贞丰县	22	45.8	26	54.2

三、民间借贷（高利贷）偶有发生

对于民间借贷的行为，问卷调查设计了以下几个问题（见表10-5）。

表10-5 关于民间借贷的统计量

	是否有高利贷	高利贷利息	是否借过	没借的原因	借的原因	还贷方式
有效	967	163	752	636	160	135
缺失	82	886	297	413	889	914

在有效回答是否有高利贷的问题中,明确回答"有"的55人占5.7%,明确回答"没有"的751人占77.7%,另有161人回答"不清楚",占11.6%。由此可以判断,民间借贷在片区县的贫困乡村中偶有发生,这也可以从表10-6中得到佐证。

表10-6 是否借过高利贷

		频率	百分比	有效百分比	累积百分比
有效	没有	707	67.4	94.0	94.0
	有	45	4.3	6.0	100.0
	合计	752	71.7	100.0	
缺失	合计	297	28.3		
合计		1049	100.0		

至于为什么有一部分人没有借过高利贷,表10-7给出了答案。

表10-7 没借高利贷的原因

		频率	百分比	有效百分比	累积百分比
有效	不必要	332	31.6	52.2	52.2
	有时很紧急时也想借,但担心还不起	216	20.6	34.0	86.2
	有人借高利贷弄得家破人亡	50	4.8	7.9	94.0
	其他	38	3.6	6.0	100.0
	合计	636	60.6	100.0	
缺失		413	39.4		
合计		1049	100.0		

从表10-7来看,认为"没有必要"的占52.2%,而"有时很紧急时也想借,但担心还不起"的占34.0%,看到高利贷带来的"恶果"(家破人亡)的占7.9%,而其他的占6.0%。可见,贫困山区的村民对于高利贷是有理性的判断的,他们不到万不得已,不轻易去借高利贷。这与一些工商业较发达的乡(镇)村中较为普遍存在的民间借贷行为还是有区别的。

四、政府转移支付收入水平较低

数据分析表明，调查样本家庭所获得政府转移支付收入最高的为7500元，平均值为989.8元。其中，没有获得政府转移支付的有214个家庭，占样本量的20.4%，50%的家庭获得的转移支付为600元以下，75%的家庭为1200元以下，由此可见，片区县农户获得的政府转移支付收入处在较低水平。

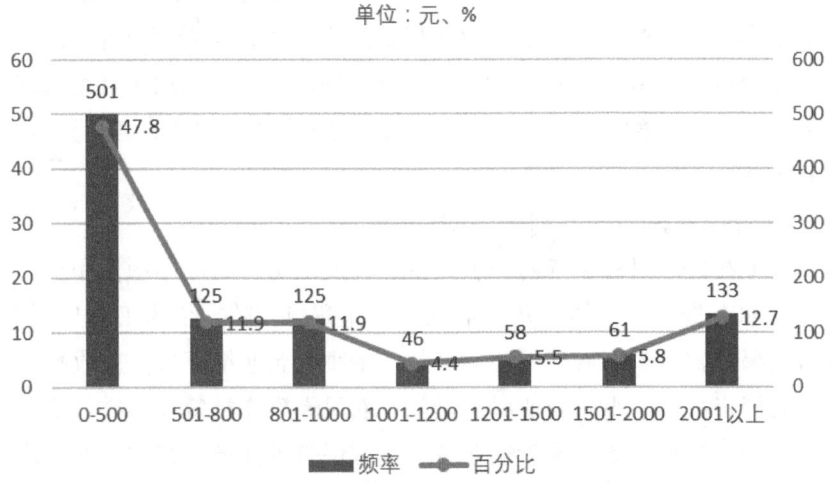

图 10-1 调查样本家庭获得的政府转移支付数量比较

第三节 片区县农村金融供给状况的个案调查

2014年7—9月，本课题组选取位于滇桂黔片区的黔西南布依族苗族自治州茂兰镇、克度镇共9个乡镇进行了调研，目的是掌握贫困农户的金融供给与需求情况。

一、乡镇金融供给的基本情况

（一）金融机构网点基本实现全覆盖

各个乡镇中均设有一些金融机构的网点，每个网点的工作人员为5—10个不等，各村均实现了助农终端POS机覆盖。

黔西南州龙广镇设有农村信用社、农业银行、邮储银行各1网点，镇上设有5台ATM机，各村设有23台助农终端POS机。郑屯镇设有农商行和邮储银行各

1家网点,镇上设有2台ATM机,各村设有7台助农终端POS机。新桥镇设有农村信用社和邮储银行各1家网点,镇上设有1台ATM机,各村设有14台助农终端POS机。德卧镇设有农村信用社和邮储银行各1家网点,镇上设有2台ATM机,各村设有11台助农终端POS机。鲁屯镇设有1家农商行网点,各村设有8台助农终端POS机。万屯镇设有1家农商行网点,镇上设有1台ATM机,各村设有10台助农终端POS机。雨樟镇设有1家农村信用社网点,镇上设有2台ATM机,各村设有13台助农终端POS机。黔南州荔波县茂兰镇有农行、邮政、信用社三家金融企业6个网点,设有3台ATM机,各村设有31台助农终端POS机。黔南州平塘县克度镇有信合、邮政两家金融企业6个网点,各村设有25台助农终端POS机。

(二)金融服务和产品种类日趋丰富

农商行(农村信用社)普遍开展储蓄、代发工资、农户小额信用贷款、行政企事业单位职工贷款、个体经营户借款、个体商户贷款、个体工商户联保贷款、个人住房按揭贷款、致富通联保互助贷款、中小微企业结算贷、应收账款质押贷款、仓单质押贷款、中小微企业联保贷款、农民专事作社贷款、委托贷款、银行承兑汇票业务、贴现业务、保管箱业务、代理保险等业务。其中,农户小额信用贷款为最主要的业务。

邮储银行和其他商业银行的业务相对单纯,主要开展个人储蓄、理财投资、代理保险、国债销售、汇兑、电子银行等业务。

(三)农户贷款抵押物种类逐步扩大

农商行(农村信用社)办理农民个人房屋抵押、国有土地使用权抵押、林权抵押、仓单质押、定期存款质押、营收账款质押等贷款。其中,农民个人房屋抵押、国有土地使用权抵押为最主要的方式,其他抵押贷款业务很少。

(四)农户信用贷款额度有所提高

调研发现,农户贷款业务主要由农商行(农村信用社)经营,贷款方式以农户信用贷款为主。按照贵州省信用联社规定,根据农户小额信用贷款评级授信,单户最高为50万元,其中,信用授信最高为30万元,建档立卡贫困户每户最高为5万元。农商行(农村信用社)调查农户基本情况,根据农户信誉,评定农户信用等级,统一发放贷款证,农民只需拿贷款证和身份证就可按照"一次核定、随用随贷、余额控制、周转使用"方式办理信用额度内贷款业务,无须任何实物抵押。从开展情况来说,农户信用状况良好,不良贷款率很低,如某镇仅为1.15%。

黔西南州鲁屯镇、新桥镇、龙广镇、德卧镇、雨樟镇、黔南州平塘县克度镇的农商行（农村信用社）已完成本镇农户信用评级工作，并被省信用联社授予"信用乡镇"，万屯镇和郑屯镇正在开展"信用乡镇"的建设，万屯镇已经完善辖区农户的信用评级建档，将被授予"信用乡镇"。成为"信用乡镇"将使本镇农户享受更低的贷款利率，如鲁屯镇于2009年创建了"信用镇"，截至2013年末，全镇农户总数5965户，应建档农户5183户（除去65岁以上、长期外出务工、低保户等不符合建档农户），实际已建档5183户，建档农户占总农户的86.89%，占应建档农户的100%，已评级农户5174户，农户评级面99.83%，每年让全镇农户享受近100余万元的利息优惠。

（五）农村保险业务渐次铺开

各乡镇基本覆盖了农村新型医疗合作保险、农村养老保险等社保类保险。各保险公司均未在乡镇设立分支机构，农商行（农村信用社）、邮储银行有少量代理商业保险险种。在农业险中，仅开展能繁母猪保险和烤烟种植业保险，由于这些险种都属于政策保险，且给予补贴：能繁母猪保险金额为每头1000元，保费为每头60元，其中，财政补贴48元，投保户自付12元；烤烟种植业保险每亩保费24元，其中，烟草部门投入保险费12元，财政投入保险费7.20元，烟农自行投入保险费4.80元，烟农可得到每亩400元的赔偿。因为农户两项保险实际缴费很少，所以参保比例高，基本实现全覆盖，但其他农业险种均未开展。

（六）小微企业和个体工商户贷款难问题仍较为普遍

被调研的乡镇均处于贵州省欠发达区域，各镇的小微企业数量少，规模小，发展水平低。乡镇农商行、邮储银行网点均不审批发放针对小微企业经营的贷款，小微企业贷款需向乡镇所在的兴义市、安龙县、荔波县、平塘县、松桃县的农商行（农村信用社）、邮储银行支行或其他商业银行申请。各乡镇普遍反映，小微企业贷款困难：一是申请条件限制多，手续复杂；二是申请成功率不能满足要求。乡镇个体工商户贷款多是通过农户信用贷款的渠道解决。

（七）民间借贷普遍存在

调研中，各镇反映存在民间资金相互借贷，尤其是工商业相对发达的镇比较普遍，小微企业主常通过这种短期借贷筹措周转资金。由于这些借贷都在"地下"进行，难以收集准确的数据，所有民间借贷也会较为普遍。

（八）乡镇建设资金来源渠道较窄

各镇反映建设资金缺口较大，向上级争取的一些项目资金不能满足要求，如一些通村通组路建设按期完工难度较大。解决资金缺口的措施主要是积极向上级争取项目支持，争取上级融资平台支持以及采取 BT 模式融资等。

二、乡镇对加强农村金融工作的主要诉求

在调研中，各镇有关领导和金融机构的工作人员对加强农村金融工作提出了他们的诉求，具体如下。

（一）加大金融基础设施建设力度

基层反映，目前各镇银行网点少，每个网点工作人员少，服务窗口不足，不能满足群众需求，柜台前排队等候办理业务的人很多。为此，他们希望能加大金融基础设施建设，尽可能增加金融网点和服务窗口数量。

（二）加大对农户贷款可获得性的支持力度

首先，更加广泛地推广农户小额信用贷款和农户联保贷款。小额信用贷款、农户联保贷款是当下农村获取贷款的主要金融产品，是支持农户尤其是贫困户发展生产的主要举措。其次，拓展农户贷款的可担保抵押物渠道，当前主要是房屋和国有土地使用权，其他方式很少，希望金融机构能进一步创新，扩大可担保抵押物范围。最后，优化审贷程序，简化审批手续。推广金融"一站式"服务和农贷信贷员包村服务。

（三）改进和完善农村金融服务方式

加强银行卡服务，改善用卡环境。银行卡是农民使用金融服务最重要的工具，金融机构采取了一些便民措施，大大方便了农民取现。但是目前银行卡的功能比较单一，各种惠农政策和银行卡的配合程度还有待提高。尤其是一些补贴补偿款的发放所通过的银行，往往在农村地区没有网点，银行卡跨行要支付手续费，存折则只能到县城里该行网点取现，农民领取补贴希望这类款项能通过银行卡发放，农村地区各行的跨行取现手续费能实现优惠。

（四）加强金融宣传，普及金融知识

农村金融部门要充分发挥点多面广的资源优势，发动广大员工走街串户，积极开展"送金融知识下乡"活动，广泛宣传存贷款、支付结算、银行卡、投资理财、抵制非法集资等方面的金融知识，帮助广大农民知晓、运用各类农村金融服务与产品。

（五）进一步加强信用社会建设

创造"守信光荣，失信可耻，人人争当信用户"的社会氛围，加大对信用违约的惩罚力度，"让守信者处处受益，让失信者寸步难行"，把不良贷款降到最低限度。

（六）增强乡镇融资能力

目前各个乡镇也承担了许多基础设施建设任务，乡镇能够使用的资金有限，一些项目需要融资建设。但是乡镇经济实力弱，缺少融资平台，融资能力有限，希望能够出台相应措施，为乡镇建设提供金融服务。

（七）增强乡镇小微企业融资能力

相比农户信用贷款的便捷，小微企业贷款难度较大，各银行敞口较小。除此之外，上级一些扶持小微企业的优惠措施在具体落实上还有差距，乡镇的小微企业想普遍受益并不容易。

第四节　片区县推进金融精准扶贫的典型案例

金融精准扶贫是增进农村贫困户金融资本、助力金融资本匮乏型农户实现可持续脱贫的有效途径。在推进脱贫攻坚实践中，滇桂黔石漠化片区县从各自县情实际出发，探索各具特色的金融精准扶贫新路子，扎扎实实把精准脱贫引向深入，取得显著成效。

一、广西田东县：打造农村金融改革升级版

（一）农村金融改革的"田东模式"

田东县位于广西西部，地处右江盆地腹地，辖9镇1乡167个行政村（街道、社区），总面积2816平方公里，耕地面积约97万亩，总人口43万人，属滇桂黔石漠化片区县，也是全国扶贫开发工作重点县。

2008年，田东县成为时任全国人大常委会委员长吴邦国学习实践科学发展观活动的联系点。针对田东县当时的实际情况，站在破解"三农"问题的大局上，吴邦国同志作出了"金融是发展农村经济的瓶颈，建议以田东为试点，在中央金融部门的支持下，破解这一难题，这也是三中全会提出的课题"的批示。由此，田东县拉开了全国农村金融改革试点的帷幕。

田东县农村金融改革历经了试点探索（2008—2010年）、整体突破（2011—2013年）、深化推进（2014—2015年）等阶段，以破解"农民贷款难，银行放贷难，农村支付结算难"等农村金融服务难题，以实现城乡金融服务"均等化"为目标，探索以"农金村办"为核心，建立农村金融组织体系、信用体系、支付结算体系、保证保险体系、抵押担保体系、村级服务体系六大体系，形成可复制、易推广、能持续的农村金融普惠机制，取得了显著成效。在2015年11月27日中

央扶贫开发工作会议上，习近平同志指出："要做好金融扶贫这篇文章。解决这个问题，根本上要靠改革。广西田东县通过建设机构、信用、支付、保险、担保、村级服务组织等六大金融服务体系，有效缓解了贫困户资金缺、贷款难问题，农户贷款覆盖率达到百分之九十。要加快农村金融改革创新步伐，提高贫困地区和贫困人口金融服务水平。"[1] 其改革的主要措施如下：

1. 构建广覆盖的农村金融机构体系

金融机构是金融服务供给的主体。20世纪90年代以后，我国工商银行等国有大型商业银行的业务呈现出向城市尤其是大城市集中的趋势，其分支机构（县级支行）基本上也只在县城或一些大城镇设置，面向"三农"提供服务的金融机构在乡村几乎是空白。为解决农村金融服务供给主体缺失的问题，试点中田东县通过成立新银行——北部湾村镇银行和2家农村资金互助合作社、2家小额贷款公司、1家政策性融资担保公司，推动农村信用社改组为农村商业银行，引进广西金融投资集团在田东成立金融综合服务中心，引进北部湾财产保险公司等，使县域金融体系逐步完善起来。截至2015年末，全县拥有银行金融机构9家、非银行金融机构18家、银行网点48个，覆盖10个乡镇和部分村屯。

2. 构建全方位、多层级的农村信用体系

完善的社会信用体系是现代金融发展的前提基础。传统的农村社会恰恰以"熟人社会"为其赖以维系社会运行的根基，因而现代信用体系处于"真空地带"，这也是阻碍农村金融发展的主要因素之一。为此，在试点工作起步之初，田东县就紧紧抓住这一事关农村金融改革的基础性工程，推动"农户+农民专业合作社+小微企业"三位一体和"信用户+信用村+信用镇"三级联创的信用共同体建设，着力优化金融生态，为农村金融发展创造了有利条件。

3. 构建便利的现代支付结算体系

重点推动"两个完善"：一是支付网点完善，推进"乡镇级金融网点跨行资金汇划乡乡通"和转账支付电话"村村通"，增加非现金结算工具的布放等，扩大支付系统的覆盖面。二是支付环境完善，以村为单位，在农村公共服务场所或小商店等安装专用POS机，便于农民利用"惠农卡"等办理新型农村合作医疗及各种财政惠农资金领取等业务，为村民提供"不出村、无风险、零成本"的金融服务。

4. 构建全覆盖的"农金村办"服务体系

以满足农户需求为主的农村金融服务具有成本高、风险大、周期长、收益低

---

[1] 中共中央党史和文献研究院：《习近平扶贫论述摘编》，中央文献出版社2018年版，第91页。

等特点，较高的单位服务成本成为涉农金融部门难以承受之重。田东县创造性地在辖区内所有行政村设立"农村金融服务室"，赋予其开展金融知识宣传、信用信息采集、贷款调查、还款催收、保险业务办理等职责，有效破解了因服务成本高而导致工作难以开展的困局。

5. 构建现代农业保险体系

农业的产业特质决定了其必然面临着市场风险与自然风险的双重冲击，这是制约信贷资金向农业投入的首要因素。因此，逐步建立和完善与现代农业发展相适应的农业保险体系是推进农村金融改革绕不开的一道坎。田东县立足促进本县特色优势农业发展，创新设立甘蔗、香蕉、竹子、水稻、芒果等13种涉农险种。同时出台财政补贴保费支出等支持政策，鼓励广大农民积极投保，最大限度降低了农业风险冲击，为信贷资金投向农业设立了一道防火墙。

6. 构建农村信用担保体系

如果说，涉农保险体系是信贷支农的第一道防火墙，一定程度上可以降低自然灾害等风险对信贷资金的冲击，那么农村信用担保体系则是阻断涉农信贷风险的隔离带，重点防范的是市场风险和社会风险带来的冲击。田东县在推进改革试点初期就成立了资本金1000万元（后来增加到3000万元）的助农融资担保公司，为县内涉农中小企业提供融资担保。同时，探索推进涉农中小企业互保、农户联保和"信用户互助组织"等担保模式，增强中小企业和农户的贷款能力。此外，还设立信用贷款风险救助基金，对信用户因死亡、丧失劳动能力等意外情况造成的信贷资金损失，按一定比例对涉农金融机构给予补偿。

（二）农村金融改革"田东模式"的完善提升

进入"十三五"，在农村金融改革试点取得预期成效和精准扶贫的背景下，田东县加大推进金融精准扶贫力度，进一步深化改革，着力打造农村金融改革的升级版。

1. 推动农村金融改革与精准扶贫"联姻"

重点是完善信用体系建设，把贫困村创建为信用村、贫困户转化为信用户，实现1.23万户贫困户信用信息采集和信用评级的全覆盖，促进金融精准扶贫到村到户到人。截至2017年末，全县182家农民专业合作社、1251家中小微企业被纳入征信体系。全县评定A级以上信用户5.7万户、信用村139个、信用镇7个。其中，贫困信用村53个，实现贫困信用村全覆盖。

2. 创新金融精准扶贫贷款产品

为满足不同农户的信贷需求，田东县加大金融扶贫产品的创新力度。例如，田东农商行就推出了"幸福·香芒贷"信用贷款、"幸福·家居贷"个人消费贷款等12种幸福系列的特色信贷产品贷款，对不同的客户开展精细化服务，以满足辖区各层次的信贷需求。截至2018年6月末，田东农商行累计发放"幸福·香芒贷"信用贷款4443笔，金额2.95亿元，有效支持了田东特色产业——芒果产业的发展。

3. 创新推动资产收益扶贫新模式

在农村金融体制改革试点和土地规模化经营加快的背景下，田东县积极探索资产收益扶贫新模式。这一模式实际上是为一些地处大石山区的贫困村因当地缺乏必要的资源，无法就地进行产业开发，而量身定制的一套环环相扣的金融精准扶贫"组合拳"。首先，由县财政出资设立"资产性收益扶贫引导基金"，政府成立了田东现代农业投资公司，并以财政来担保向农业发展银行贷款1.06亿元，为全县53个贫困村每村提供200万元贷款，期限为15年，利率在基准利率4.75%基础上向下浮动10%。这一举措通过政府与金融机构的合作，解决了贫困村产业发展缺资金的问题。其次，创新土地流转的信托模式。具体做法是，成立国有控股的田东国泰投资公司，以土地流转信托的形式对河谷地区农户土地进行收储，并利用农业发展银行贷款进行土地整理，再通过田东县农村产权交易中心流转给有意向从事农业生产经营的企业。这一举措为那些当地缺乏产业开发条件的贫困村发展产业提供了"土地要素"。再次，在贫困村成立"村级扶贫帮扶协会"。针对贫困户文化程度低、生产技能差、经营能力弱等问题，在村"两委"的组织下，成立"村级扶贫帮扶协会"，吸纳全体贫困户加入，统一承接"资产性收益扶贫引导基金"贷款，发展农业特色产业。这一举措解决了贫困村单家独户难以发展产业的问题。最后，由贫困村扶贫帮扶协会将"资产性收益扶贫引导基金"的200万元贷款入股投资河谷地区农业特色产业项目，在获得稳定的入股分红收益的同时，还组织有劳动能力的贫困户到入股的企业经营的项目基地参与劳动，获得工资性收入。

（三）农村金融改革"田东模式"的红利

农村金融改革的"田东模式"释放出的巨大改革红利有效推动了田东的脱贫攻坚和经济社会发展，显示出其强大的生命力。其具体成效如表10-8所示。

表10-8 农村金融改革后田东县经济社会发展各项指标

指标	2008年	2018年	增长	年均增长
地区生产总值	39.54亿元	125.35亿元	217.02%	12.22%
财政收入	6.37亿元	14.1亿元	121.35%	8.27%

第十章　金融支持：金融资本匮乏型贫困农户的可持续生计策略优化

续表

指标	2008 年	2018 年	增长	年均增长
农业总产值	21.08 亿元	48.05 亿元	127.94%	8.59%
农民人均可支配收入	4244 元	14665 元	245.5%	13.2%
涉农贷款余额	15.38 亿元	82.4 亿元	435.76%	18.2%
涉农贷款占比	66.67%	75.15%	8.48 个百分点	0.848 个百分点
信用评级覆盖率	0.92%	69.12%	68.2 个百分点	6.82 个百分点
农户贷款覆盖率	7.88%	89.3%	81.42 个百分点	8.142 个百分点
农户贷款满足率	85%	98.86%	13.86 个百分点	1.386 个百分点
农业保险综合覆盖率	30%	78%	48 个百分点	4.8 个百分点
电子机具（ATMPOS机、转账电话）数量	170 台	2333 台	1272.35%	29.94%
银行卡发卡量	19 万张	112 万张	489.47%	19.41%
扶贫小额信贷余额	1.6 亿元*	1.89 亿元	18.13%	8.69%
贫困人口	52000 人*	7966 人	-44034 人	-86.89%
贫困发生率	13.89%*	2.16%	-11.73 个百分点	-3.91 个百分点

注：1.*扶贫小额信贷为 2016 年的数据，贫困人口和贫困发生率为 2015 年的数据。
2.资料来源：除扶贫小额信贷余额由田东农商行提供外，其余为田东县政府办公室提供。

表 10-8 反映出农村金融改革的深化提升给田东县经济社会发展带来的深刻变化，尤其是其中有关金融行业的发展是十分明显的。2018 年，全县涉农贷款增加到 82.4 亿元，年均增幅达到 18.2%，涉农贷款占比达到 75.15%，这表明田东全县贷款余额在不断增长的同时，涉农贷款占比也在不断得到提高。尤其应该肯定的是，全县农户的信用评级覆盖率为 69.12%，其中，贫困户信用档案的建立和评级授信已经实现了两个"全覆盖"的目标，正是由于贫困户信用评级实现了全覆盖，因此，田东县贫困户的小额信贷发放均为扶持贫困户自主经营的扶贫小额贷款，有效缓解了贫困农户发展生产"缺资金"的难题。据统计，截至 2019 年 5 月末，田东县累计发放扶贫小额贷款 7303 户，贷款金额 35794 万元；扶贫小额信贷尚有贷款户数 3924 户，贷款余额 18557 万元。其中，1030 户贫困户总计贷款 4811 万元用于发展芒果种植，种植芒果约 1.3 万亩；325 户贫困户贷款 1467 万元用于

发展各类林木、蔬菜、山茶油、中药材等特色种植项目；2026 户贫困户贷款 9468 万元发展生猪、牛、羊、土鸡、竹鼠等特色养殖项目等。这些自主经营的项目不仅对贫困户的增收脱贫发挥了积极的推动作用，同时还有效地遏制了一些地方发放的小额信贷因过度采取以委托经营为主，导致贫困户因坐享"分红"而产生的"等靠要"现象。

专栏 10-1　田东县作登瑶族乡平略村"扶贫产业协会＋资产性收益扶贫引导基金＋新型农业经营主体"的案例

作登瑶族乡平略村位于田东县南部的大石山区。截至 2016 年，全村人口 3496 人，人均耕地 0.6 亩，劳动力 1780 人，农民年人均可支配收入 6000 元，贫困户 354 户 1594 人，贫困发生率 45.59%，无村集体经济收入。

在实施"扶贫产业协会＋资产性收益扶贫引导基金＋新型农业经营主体"项目过程中，该村对 200 万元资产性收益扶贫引导基金贷款的使用采取了审慎的态度，项目的选择经相关金融机构、投资公司详细评估论证和村民的广泛协商，具有良好的发展前景。具体投资项目是，100 万元投到林逢镇香蕉标准园项目，30 万元投到思林镇火龙果种植项目，70 万元投到田东隆祥兔业专业合作社养兔项目。项目投资收益采取折股量化分享的办法与企业签订相应的合同予以明确。以投资林逢镇香蕉标准园项目为例，100 万元投资入股的年分红收益可折算为 15 亩香蕉销售收入。贫困户享受收益的期限为 2016 年至 2030 年。前五年，收益的 90% 量化到扶贫帮扶协会全体会员，10% 归村集体所有，主要用于村级公益事业。从第六年开始，村集体收益分享比例提高到 30%，其余 70% 由全体村民分享。

项目实施后的第三年即 2018 年，全村农民年人均可支配收入提高到 8000 元，贫困户降至 127 户 520 人，贫困发生率下降到 14.87%，村集体经济收入也实现了零的突破，达到 21 万元。

专栏 10-2　田东县小额信贷扶持贫困户自主经营的案例

LXL，女，现年 34 岁，田东县林逢镇坛河村那旺屯村民，家庭人口 6 人，劳动力 2 人，家婆残疾丧失劳动能力。因家庭人口多、劳动力少、收入低，一家人挤在不到 80 平方米的房子里，2015 年精准识别时被纳入建档立卡贫困户。家里虽有 20 多亩的开荒地，几年前也种下了 600 多棵芒果，但由于缺乏资金、技术，无法进行精细化管护，芒果种植收益不高，每年一直都入不敷出。

在开展金融精准扶贫过程中，田东农商行信贷员深入到户进行实地调查，了解了该贫困户的真实情况。在此基础上，信贷员还与帮扶联系人、户主进行积极的沟通，进一步增强了彼此之间的信任，并帮助改贫困户制订了发展多种经营计划。在综合了该户信用评级为 AAA 级等因素的基础上，农商行于 2016 年 5 月 17 日发放给该贫困户创业贷款 8 万元，期限为 2 年，用于种植芒果及养猪等经营项目。

2019 年初，田东农商行信贷员通过入户调查了解到，2018 年，LXL 家年总收入超过了 10 万元，其中，芒果收入约达 4 万元，养殖母猪 6 头，年收入 4 万元，鱼塘 3 亩，养鱼年收入 3 万元，家庭经济收入大大好转，脱贫致富指日可待。

二、省级金融精准扶贫示范县的创建——贵州省望谟县

（一）望谟县的基本县情

望谟县的基本县情可以用"三个县"来概括，即：

1. 边远山区县

望谟县隶属贵州省黔西南布依族苗族自治州，位于贵州南部的黔西南东部，与广西乐业县隔江相望。距省会贵阳市 270 公里、州府所在地兴义市 160 公里。全县辖区面积 3018 平方公里，其中，山地占 76.76%，丘陵占 20.38%，全县面积超过 500 亩以上的盆地（当地俗称为"平坝"）仅有 7 个，占总面积的 2.86%。

2. 少数民族县

全县辖 12 个乡镇、3 个街道办事处，161 个行政村 5 个社区，1109 个村民组，总人口 32.6 万人（2017 年末），居住着布依族、苗族、瑶族等 19 个少数民族，少数民族人口占全县总人口的 80.2%，是典型的少数民族聚居县，其中，布依族占全县总人口的 64%，是全国布依族人口最多的一个县。

3. 深度贫困县

望谟县与册亨县毗邻，是贵州相对发展滞后的县域之一。在贵州流传着这样一句话："册望册望，贵州'西藏'"，这是望谟发展滞后的真实写照。2017 年，

全县地区生产总值仅为 46.55 亿元，按常住人均计算，人均地区生产总值仅为 19023 元，只相当于全国的 31.88%，相当于贵州省的 50.11%，相当于黔西南州的 50.76%。截至 2017 年末，全县还有贫困人口 6.44 万人，占贵州省的 1%，占黔西南州的 10.98%；贫困发生率 21.5%，比贵州省高 3.7 个百分点，比黔西南州高 13.84 个百分点；全县共有贫困乡镇 7 个（按原 17 个乡镇统计），贫困村 91 个，分别占全省的 0.7%、1%，占黔西南州的 14%、14.5%。

（二）望谟县金融精准扶贫示范县的创建措施

2017 年，为更好发挥金融在支持贵州脱贫攻坚中的积极作用，中国人民银行贵阳中心支行决定开展金融精准扶贫示范县创建工作，并将望谟县纳入其中。望谟县抓住这一机遇，扎实开展金融精准扶贫各项工作，有力地促进了脱贫攻坚的顺利推进。

1. 立足县情实际，精心设计方案

在推进金融精准扶贫中，望谟县立足产业基础薄弱、贫困面广、贫困程度深的县情，紧紧围绕"改善发展条件，增加贫困人口收入和提高贫困对象自我发展能力，消除绝对贫困，实现同步小康"的目标，制定《望谟县金融精准扶贫示范县创建方案》。该方案明确了金融精准扶贫示范县创建的总体思路、基本原则、重点任务以及支持政策、保障措施等。其中，关于创建的重点任务，该方案提出了九个方面的具体要求，包括开展货币政策工具使用精准扶贫、产业精准扶贫、特色信贷精准扶贫、易地扶贫搬迁精准扶贫、重点项目金融精准扶贫、特色保险精准扶贫、支付服务精准扶贫、农村信用体系建设和金融知识宣传教育普及等，旨在通过这些重点任务的落实，全方位提高金融服务精准扶贫水平。

2. 推动机制建设，凝聚创建合力

一是建立州县人民银行纵向联动机制，通过建立上下级人民银行之间的政策、信息双向快速反馈体系，加强系统内部上级对下级的政策支持和工作指导，形成"黔西南人民银行中支指导、望谟县支行组织、辖内各金融机构落实"的工作格局，从而使系统合力得以有效发挥，促进金融扶贫各项政策得到有效落实。二是建立部门横向整合机制。在县金融精准扶贫领导小组的统一指挥下，金融主管部门与县内各有关政府部门建立起常态化的金融精准扶贫联席会议制度，畅通金融主管部门与金融办、扶贫办、农业农村局等部门之间的信息通报、政策传导、问题沟通的渠道，形成部门联动的合力，共同推动金融扶贫各项政策的落实。三是建立行业内部整合机制。建立金融系统内部联席会议制度，定期或不定期地组织银行、保险、证券机构协商解决各机构推进金融扶贫工作中存在的

问题，创新扶贫贷款担保机制，完善金融机构机理与约束政策，加强各金融机构内部考核体系建设，形成银、证、保步调一致，全行业合力推动金融扶贫的格局。

3. 用好政策工具，撬动金融资源

积极运用扶贫再贷款政策，以低成本再贷款资金引导金融机构提高放贷积极性，加大对金融扶贫贷款的投放力度。截至2018年末，望谟县扶贫再贷款额度达到7.67亿元，较2016年末增加了3.74倍。低成本再贷款的投入一方面为辖区内涉农贷款主体减轻了贷款成本，使建档立卡贫困户享受到免抵押、免担保、财政全额贴息、基准利率优惠等多方面的政策扶持；另一方面，撬动了金融机构自有资金的投放，放大了金融扶贫效应。

4. 改善软硬环境，优化金融服务

一是开展"蒲公英"金融志愿专项行动，推动金融服务进村入户行动，大力宣传普及金融知识，提高少数民族群众金融素养。如县农信社通过设立"助农脱贫流动服务站"，将金融服务"送货上门"，为老百姓节约出行成本，增加农户对信用社的黏性。二是大力推广"金融夜校"。通过建立微信群、制作PPT、播放微电影、成立讲师团队、开展"金融夜校"劳动竞赛等丰富多样的形式，定期或不定期地向群众宣传金融知识，让老百姓懂金融、会金融、用金融。三是持续推进信用工程建设，改善望谟县金融生态环境。截至2019年6月末，全县农户61680户中已全部建档，其中，评级授信56741户，授信总额278923万元，户均授信达49000万元，发放贷款证48215本，创建信用组693个、信用村114个、信用乡镇7个，为扎实推进金融精准扶贫奠定了信用基础。四是加大贫困地区基础金融服务投入。增加对基层网点基础设施的投入，进一步优化贫困地区网点布局，改善网点营业场所，拓展乡镇及村级服务网络；持续拓展"信合村村通"功能，进一步满足农民群众基础金融服务的需求。截至2019年6月末，已累计办理村级金融业务54万余笔3.5亿余元，为农户节约出行成本约280万元。

5. 创新帮扶模式，推动项目建设

以"扶贫再贷款+"为抓手，开发"特惠贷""诚信惠农贷""诚信果蔬贷""诚信畜禽贷""深扶贷"等特色信贷产品，加强"121"（企业+合作社+农信社+贫困户）、"151"（精准扶贫户+五人小组[①]+信用社）、能人带动等信贷模式创新，推动贵州脱贫攻坚基金产业扶贫子基金项目落地，吸引更多金融资金和社会资金投

---

① "五人小组"包括驻村第一书记、驻村工作队员、乡镇包村干部、村党组织负责人、组干。

资望谟县,重点支持木材加工业和板栗、油桐、火龙果、芒果等种植和加工基地项目建设,集中金融力量精准对接全县重大项目、"极贫乡镇"郊纳镇建设项目、通村通组道路等基础设施建设项目、易地扶贫搬迁项目和医疗卫生扶贫、教育扶贫等,全方位开展金融精准扶贫。

（三）望谟县金融精准扶贫的突出成效

金融精准扶贫的深入推进有效促进了望谟县扶贫、金融、财政和产业等政策的有机融合,扶贫效果逐步显现,取得了突出成效。2018年末,望谟县金融机构增加到13家,比2016年增加了4家,各项存款余额达109.65亿元,同比增加5.75亿元,增长5.53%,各项贷款余额为71.05亿元,同比增加13.64亿元,同比增速23.76%,两项指标的同比增速均在全州排名第一。截至2019年3月末,望谟县金融精准扶贫贷款余额达42.52亿元,较2015年末增长4.06倍。其中,个人精准扶贫贷款余额为7.24亿元,较2015年末增加5.58倍;项目精准扶贫贷款余额33.46亿元,较2015年末增加5.52倍。此外,还有2家企业成功申报省产业扶贫子基金项目,获批利用基金贷款1.24亿元,实际利用7400万元。其中,贵州森林木业有限公司获批2400万元,实际利用基金贷款2400万元,并于2018年10月19日按期偿还基金300万元;望谟天旺农业科技有限公司获批10000万元,首期实际利用基金贷款5000万元。贵州光秀生态食品有限责任公司向贵阳银行望谟支行申请绿色产业扶贫投资基金,项目已通过省基金办前置预审推送金融机构,贵阳银行望谟支行正在开展前期相关调查工作。金融精准扶贫示范县的创建,激活了望谟县的金融活水,为推动脱贫攻坚提供了有力的资金保障。

三、多方共赢的金融精准扶贫"文山模式"

（一）立足实际的创新举措

文山壮族苗族自治州（以下简称文山州）是一个集边疆、民族、贫困、山区、于一体的特殊地区,全州8个县（市）均属于石漠化片区。截至"十二五"末的2015年底,全州共有9.38万户建档立卡贫困户,贫困人口497470人（系2016年动态调整后的数据,下同）、819个贫困村总量,贫困发生率13.27%,脱贫攻坚任务艰巨。

文山州的贫困具有其自身的特殊性,主要表现为三个方面:一是贫困程度深。2015年底,全州农村还有危房户22万户,其中,建档立卡户危房5万户,有生存在环境恶劣的7.19万户30.94万人需要实施易地扶贫搬迁,其中,有急需搬迁农户1.75万户7.67万人。特别是较为集中的彝族支系花倮共3200人，苗族支系偏苗1.9万多人仍然处于整体贫困状态。自然条件差，基础设施薄弱，公共服务水平较低，减贫边际效应不断下降，增收难度不断加大，贫困代际传递趋势明显，是"贫中之贫"。二是贫困人口普遍受教育程度低、健康水平低、自我发展能力弱，建档立卡贫困村近90%没有集体经济，内生发展能力严重不足。三是贫困地区区域性贫困、发展基础差的状况还没有得到根本性改变。全州16118个村（组）中，还有7183个村（组）不通等级公路；全州农村缺生产用水问题普遍存在；公共服务水平偏低，市场主体发育不足，市场体系建设滞后，产业发展处于价值链低端。

　　在上述背景下，一方面，推进脱贫攻坚需要注入更多的资金支持当地特色产业发展；另一方面，由于产业发展的低端化导致金融有效需求存在先天性不足。如何从文山州的实际出发，更好地发挥金融精准扶贫的作用，助推脱贫攻坚取得实效，这是脱贫攻坚战中人民银行文山州中心支行（以下简称"州人行"）亟须破解的难题。针对这一特殊州情，在文山州委、州政府的领导下，州人行通过深入调查研究，于2016年6月制定出台了《人民银行文山中支金融精准扶贫模式实施方案》，创新推出"扶贫再贷款+扶贫企业+建档立卡贫困户"的金融精准扶贫运作模式。

　　文山州创新推进的金融精准扶贫模式主要是通过充分利用扶贫再贷款政策的引导作用，有效降低贫困地区的融资成本，加大对地方法人金融机构支持精准扶贫的信贷投放，引导地方中小企业以签订长期就业劳动合同的方式，对建档立卡贫困户实施精准化、个性化帮扶，形成"人民银行→地方法人金融机构→扶贫企业→建档立卡贫困户"的精准扶贫链，稳固贫困户的收入来源渠道，变"输血"为"造血"，变"授人以鱼"为"授人以渔"，从根本上提升建档立卡贫困户自我发展能力，有效破解因贫困户支配贷款能力弱而导致金融扶贫工作成效不足的困局，从而实现金融机构增益、贫困户增收、企业增效的多赢目的。

（二）多方协力的运作方式

　　"扶贫再贷款+扶贫企业+建档立卡贫困户"金融精准扶贫模式按照以下流程来运作：文山州人行充分利用国家相关金融扶贫政策为地方金融机构提供扶贫再贷款并履行相关管理职能，并给予利率优惠和贷款期限的"双优惠"政策；政府扶贫部门负责摸清有劳动能力且有就业意愿的建档立卡贫困户情况，建立转移就业信息库提供给扶贫企业挑选；地方法人金融机构选取一批具有市场竞争力并已接纳建档立卡贫困户就业、有贷款意愿、有一定还款能力和信用良好的企业提供信贷支持；扶贫企业为贫困户提供就业机会，帮助贫困户实现稳定增收脱贫，形成金融机构支持企业发展、企业带动贫困户稳定增收、贫困户参与企业创造价值、企业反哺金融机构，合力推动区域特色产业发展的多方共赢扶贫模式。

为确保这一模式得以有效运行，文山州人行提出了实施中必须坚持的四条基本原则：一是精准扶持原则。金融精准扶贫下的扶贫再贷款扶持对象必须是经过当地政府扶贫部门认定，且招用建档立卡贫困户达到一定比例要求的扶贫企业，原则上每贷款100万元，须招聘建档立卡贫困户劳动力1人以上，并需签订一年以上的劳务合同。二是企业带动原则。项目实施坚持以产业发展为引领，培育一批具有市场竞争力的扶贫企业，实现以企业带动产业、产业带动农民就业增收的目标，充分发挥扶贫企业带动贫困户就业，增加收入，提升自我发展能力等方面的作用。三是降低成本原则。通过扶贫再贷款杠杆化运作，减轻扶贫企业融资成本，实现提高扶贫企业经营效益和促进区域产业发展的双赢目标。四是社会责任原则。以这一模式为载体，增强金融部门的担当意识，履行社会责任，充分发挥金融在扶贫工作中的杠杆作用，推动当地经济发展和贫困人口的增收脱贫。

加强监督管理是有效推进金融精准扶贫模式的重要保障。文山州人行制定并实施了相关监管制度，明确各相关主体的责任与义务。明确要求州、县人行根据《中国人民银行关于开办扶贫再贷款业务的办法》，切实加强对扶贫再贷款贷后的管理、监测和检查，确保扶贫再贷款用途合规，并负责到期收回。承贷银行要设立扶贫再贷款台账及使用明细台账，并在信贷系统中设立扶贫再贷款明显标识，按照合同约定事项使用再贷款，并对贷款实施全过程的风险管理，在贷后跟踪管理、逾期催收、损失追偿等各个环节中进行风险管控。此外，州县人行还要对扶贫企业招收贫困户比例、签订劳动合同、按时合规发放工资等进行定期或不定期的监督核实，对未按照要求扶持贫困户的企业，督促承贷行酌情处理。

（三）多方共赢的实施成效

在文山州、县两级党委和政府的大力支持下，在州县各有关部门的通力协作以及地方法人金融机构的共同努力下，文山州"扶贫再贷款+扶贫企业+建档立卡贫困户"的金融精准扶贫运作模式得以顺利推进实施，并取得了显著成效。截至2018年末，全州共扶持各县市扶贫企业216家，累计发放扶贫再贷款324950万元，扶贫再贷款余额为159550万元，共有1588户建档立卡贫困户与企业签订劳动合同实现就地转移就业，累计获得工资性收入3393.966万元。此外，还通过这些企业招收季节性临时用工，辐射带动其他农户发展种植养殖业等方式，精准带动1.2万户贫困户实现稳定增收脱贫。

> **专栏10-3　文山州金融精准扶贫成效的案例**
>
> 　　我叫DGH，女，汉族，高中文化，砚山县盘龙乡腻姐村人。我家有4个人，我和我的丈夫，一个小孩已经4岁，还有家公已经50多岁了，是建档立卡贫困户。我们家还是易地移民搬迁户，原来所在的村子距离现在的安置点约4公里。我们村自然条件很不好，虽然人均耕地有1亩多，但没有一分水田。由于缺水，加上交通不便，也种不了什么东西，只能种一点辣椒、玉米等，各家各户顶多也就是养一两头猪、几只鸡，过年过节时宰杀了吃而已。我家有6亩山坡地，每年收入也就是2000~3000块钱。由于贫穷，房子住的是木栅房。收入就这么一点点，生活有多艰苦就不用说了。
>
> 　　2017年，政府实施易地移民搬迁工程，我家也被纳入了搬迁对象。搬迁到交通比较便利的现在这个安置点。不仅解决了住房问题，孩子也可以在乡里的幼儿园上学。老人家身体不好，到乡里看病也更方便了。我先生因为要照顾小孩和老人，就在当地找些短工来做，每个月收入2000多块吧。
>
> 　　2017年11月，文山市苗乡三七实业有限公司实施"金融精准扶贫项目"，到我们乡里举办招收建档立卡贫困户劳动力培训班，乡政府动员我参加培训。2018年1月，我正式进厂工作，我们村一起在这里工作的就有3人。进厂后，公司又对我们继续进行培训，安排师傅来带我们，现在我已经是一个技术骨干了。我的工作主要是三七筛选，虽然看起来很简单，但也需要一定技术，要对三七进行精心挑选，哪些好、哪些不合格，其实也不容易。不过只要勤奋一点、努力一点，还是可以做好的。进场初期，我的工资只是每个月2000多元，后来升到3000多元，今年（2019年）5月开始已经领到4000元了。我自己一个月的收入就顶得上过去的一年了。和过去相比，真是一个天、一个地，这些都是党的好政策给我们带来的。感谢党和政府，也感谢公司给我提供在家门口就业的机会。这是我的肺腑之言！

第十一章

脱贫成效:
片区县贫困农户精准脱贫质量的综合评价

进入"十三五"时期，在以习近平同志为核心的党中央坚强领导下，滇桂黔石漠化片区各县以习近平总书记关于扶贫工作的重要论述为引领，贯彻落实党中央以及所在省（区）党委关于打赢脱贫攻坚战的重大决策部署，不断压实"县抓落实"的主体责任，扎实推进精准扶贫、精准脱贫，推动脱贫攻坚战取得了决定性的胜利。本章以课题组2017年7月至8月组织开展的对云南和广西两省区26个片区县的问卷调查为分析样本，对片区县农户精准脱贫的质量进行综合分析评价。

第一节 问卷调查设计及其实施情况概述

一、问卷调查的目的及设计思路

本次问卷调查的目的在于检验片区县农户精准脱贫的质量问题。2015年6月，习近平总书记在贵州主持召开部分省区市扶贫攻坚与"十三五"时期经济社会发展座谈会上的讲话中就明确提出了"脱贫成效精准"[1]的要求。那么，"脱贫成效精准"的具体要求又是什么？笔者认为，至少要具备以下几个要素。第一，脱贫的对象必须是真正的贫困人口，这是推进精准扶贫开始时"精准识别"首先要解决的问题，也就是习近平总书记反复强调的"扶真贫"的问题。第二，脱贫对象必须是在精准扶贫过程中，享受到政策扶持的对象，而不是把一些贫困人口纳入扶贫对象之后，没有得到任何实惠就宣布其脱贫，这是精准扶贫过程中"真扶贫"的要义所在。第三，脱贫对象必须是符合贫困户退出标准要求，根据现行扶贫标准，那就是符合"两不愁、三保障，一高于、一接近"的标准，这就是"真脱贫"的具体标准要求。三者之间具有紧密的内在逻辑联系，"扶真贫"是前提，如果这一步搞错了，将会导致"步步错"的后果；"真扶贫"的关键，没有做到按照不同的贫困家庭、不同的贫困人口及其致贫因素、致贫类型等来精准施策，精准脱贫的目标就很难实现；"真脱贫"是精准扶贫的必然结果，要真实反映脱贫质量，必须按照脱贫标准要求设计出包括吃、穿、住、行以及教育、医疗、社保等方面的评价体系来衡量贫困人口脱贫的实现程度，这是确保"脱贫成效精准"的客观要求。

二、问卷调查的主要内容

根据上述对精准脱贫的理解，为了全面了解和掌握农户脱贫情况以及他们对脱贫攻坚的诉求，课题组设计了以下调查问卷。

调查问卷的内容主要围绕"两不愁、三保障，一高于、一接近"的脱贫标准

---

[1] 中共中央党史和文献研究院：《习近平扶贫论述摘编》，中央文献出版社2018年版，第58页。

来展开，分为两大部分。第一部分是结构化的访谈，包括问卷对象家庭成员的基本信息、家庭的基本情况和家庭的自然资本、物质资本、人力资本、社会资本、金融资本等生计资本以及近几年来获得的扶贫项目支持情况等。第二部分是半结构化的访谈，主要内容包括了今后提高生活水平（针对的是非贫困户，如果是贫困户，则是如何实现脱贫）的主要打算，所在村屯致贫的主要因素，对政府开展脱贫攻坚工作的评价及评分，对农村中一些人不愿意脱贫问题的看法及解决问题的建议，对政府进一步搞好脱贫攻坚的建议等。

三、问卷调查的实施情况

本次问卷调查采取主观随机抽样法，课题组分别在百色学院、西南林业大学聘请片区县范围内的在校生作为问卷调查的实施者，但这些学生必须是家住农村的，通过对他们进行问卷调查方法的必要培训后，让他们回到所在村按要求进行问卷调查。

调查的样本范围涵盖云南片区、广西片区26个县，占滇桂黔石漠化片区县总数的28.57%。本次调研安排在2017年暑假期间（即7月至8月）进行。其中，广西片区中共覆盖19个县6个市，分别是百色市的靖西县、德保县、乐业县、凌云县、田林县、隆林县、那坡县、田阳县8个县，崇左市的天等县、大新县、宁明县3个县，河池市的东兰县、巴马县、凤山县、都安县4个县，来宾市的忻城县；柳州市的融安县、融水县，南宁市的上林县。云南片区覆盖西明1市7个县，分别是红河州的泸西县、屏边县，曲靖市的师宗县、罗平县，文山州的富宁县、麻栗坡县和西畴县。除麻栗坡县选了2个村来进行问卷外，其余各县均选取1个村来进行，共27个村。

每个村计划安排发放问卷20份，共发放问卷540份，回收率100%，将一些因数据不全或明显不合乎逻辑的问卷剔除之后，有效问卷为512份，占94.81%。

第二节 问卷调查对象及家庭基本情况的分析

一、问卷对象的人口学特征分析

(一) 问卷对象的性别结构

表 11-1 问卷对象的性别结构

		频率	百分比	有效百分比	累积百分比
有效	男	478	93.4	93.4	93.4
	女	34	6.6	6.6	100.0
	合计	512	100.0	100.0	

资料来源：课题组问卷调查（2017）。

表 11-1 显示，问卷对象为男性的 478 人，占 93.4%，女性的仅为 34 人，占 6.6%，显然男女比例有所失衡。因为问卷中我们要求尽可能采访户主，这或许跟石漠化片区县的农村中男性在家庭中仍占主导地位有关。

(二) 问卷对象的年龄结构

从图 11-1 来看，问卷对象 18—30 岁的仅占 3%，这或许与村里的年轻人一般外出务工有较大关系，31—50 岁的占到 54%，51—65 岁的占 29%，66 以上的占 14%。从这个年龄结构来看，呈现出"两头小、中间大"的特征，这与农村的实际相符合。在农村中处于壮年阶段的男性一般在家庭中起到"挑大梁"的作用。

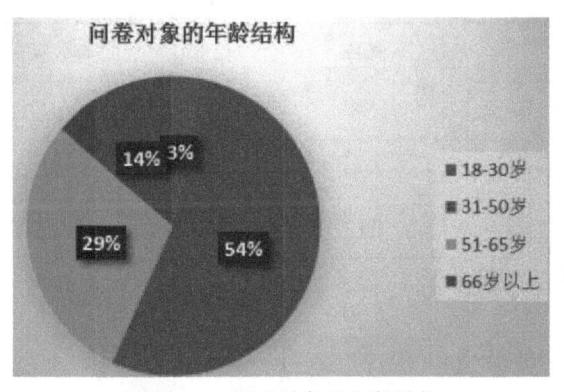

图 11-1 问卷对象的年龄结构

（三）问卷对象的民族结构

从表 11-2 来看，问卷对象的民族结构是少数民族占的比重大（63.7%），其中，汉族占 36.3%，壮族占 56.1%，瑶族占 7.4%，苗族占 0.2%。但具体到县来看，与少数民族人口占石漠化片区总人口的比例（62.13%）大体相当。可见，从民族构成来看，所抽取的样本具有一定客观性，基本符合滇桂黔石漠化片区的实际。

表 11-2　问卷对象的民族结构

		频率	百分比	有效百分比	累积百分比
有效	汉族	186	36.3	36.3	36.3
	壮族	287	56.1	56.1	92.4
	瑶族	38	7.4	7.4	99.8
	苗族	1	0.2	0.2	100.0
	合计	512	100.0	100.0	

资料来源：课题组问卷调查（2017）。

（四）问卷对象的婚姻状况

问卷对象的婚姻状况也反映了片区县农村的基本情况，因为在这一区域农村中，一般而言，未婚者当家的属于少数，特殊情况例外，表 11-3 显示，问卷对象中只有 7% 为未婚者。

表 11-3　问卷对象的婚姻状况

		频率	百分比	有效百分比	累积百分比
有效	否	36	7.0	7.0	7.0
	是	476	93.0	93.0	100.0
	合计	512	100.0	100.0	

资料来源：课题组问卷调查（2017）。

（五）问卷对象的文化程度

从图 11-2 来看，问卷对象的文化程度依然是小学以下文化程度的比例最高，达到 61.1%。其中，小学文化程度为 53.1%，未上学和幼儿园的合计为 0.8%。相反，初中及以上的文化程度仅为 38.9%，其中，高中为 4.9%，大专及以上仅为 0.8%。这表明问卷对象所受的教育程度还是比较低的。

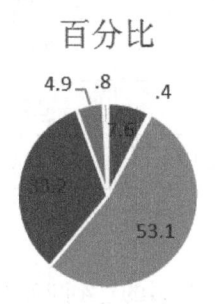

图 11-2　问卷对象的文化程度占比

（六）问卷对象是否参与劳动、是否是在校生及健康状况

表 11-4 表明，问卷对象是劳动力的 434 人，占比为 84.8%，这表明问卷对象主要还是以家庭中的劳动力为主。但也有 15.2% 的为非劳动力，这种现象不难理解，在石漠化片区农村中，一般家中有老人，即便他已经是非劳动力，但因为是家中的长老，所以仍承担着家长的责任，这在一定程度上反映了这个区域对老年人的尊重。

表 11-4　问卷对象是否是劳动力情况

		频率	百分比	有效百分比	累积百分比
有效	否	78	15.2	15.2	15.2
	是	434	84.8	84.8	100.0
	合计	512	100.0	100.0	

资料来源：课题组问卷调查（2017）。

表 11-5 表明，问卷对象中有 1 人属于在校生，占 0.2%。这应该可以断定是一种特殊的情况，也就是说，这个家庭或许已经失去了双亲，也没有爷爷奶奶或者外公外婆。因此，即便他还是在校学生，也得承担家长的义务，当然，前提是他应该在 18 周岁以上。

表 11-5　问卷对象是否是在校生

		频率	百分比	有效百分比	累积百分比
有效	否	511	99.8	99.8	99.8
	是	1	0.2	0.2	100.0
	合计	512	100.0	100.0	

资料来源：课题组问卷调查（2017）。

表 11-6 表明，问卷对象身体健康的达到 89.5%，处于比较高的水平，其中有 10.5% 的不太健康，应该也属于比较正常的状态。结合问卷对象的年龄来看，66 岁以上的老年人已占到总数的 14%，他们当中有部分人不太健康应该也是一种自然现象。

表 11-6　问卷对象身体是否健康

		频率	百分比	有效百分比	累积百分比
有效	不太健康	54	10.5	10.5	10.5
	健康	458	89.5	89.5	100.0
	合计	512	100.0	100.0	

资料来源：课题组问卷调查（2017）。

二、调查样本家庭基本情况的分析

（一）调查样本家庭成员的性别和年龄结构

样本数据的统计分析显示（表 11-7），在 512 个家庭中，共有人口 2114 人，其中，男性为 1109 人，占 52.5%，女性为 1005 人，占 47.5%。

表 11-7　调查样本家庭人口的性别结构

		频率	百分比	有效百分比	累积百分比
有效	男	1109	52.5	52.5	52.5
	女	1005	47.5	47.5	100.0
	合计	2114	100.0	100.0	

资料来源：课题组问卷调查（2017）。

从调查样本家庭成员的年龄结构来看（表11-8），6周岁以下的儿童为110人，占5.3%，6—12周岁即小学阶段的为161人，占7.7%，12—18周岁中学阶段的有231人，占11.1%，18—22周岁大学阶段的有173人，占8.3%，22—64周岁即劳动年龄阶段的为1166人，占55.9%，65岁以上的老年人有245人，占11.7%。

表11-8 调查样本家庭成员的年龄结构

		频率	百分比	有效百分比	累积百分比
有效	1	110	5.2	5.3	5.3
	2	161	7.6	7.7	13.0
	3	231	10.9	11.1	24.1
	4	173	8.2	8.3	32.4
	5	1166	55.2	55.9	88.3
	6	245	11.6	11.7	100.0
	合计	2086	98.7	100.0	
缺失	系统	28	1.3		
合计		2114	100.0		

资料来源：课题组问卷调查（2017）。

注："1"为6周岁以下；"2"为6—12周岁；"3"为12—18周岁；"4"为18—22周岁；"5"为22—64周岁；"6"为65周岁以上。

（二）调查样本家庭的劳动力及其外出务工情况

为了更好地把握调查样本家庭的劳动力情况，笔者对样本数据中的家庭人口，按照15周岁及以下、16—64周岁和65周岁及以上进行重新分类，其结果如表11-9所示。与此同时，将劳动力与是否外出务工做交叉分析，结果如表11-10所示。

从表11-9来看，调查样本的劳动力总数为1389人，劳动参与率为66.59%。其中，各年龄段分别为15周岁及以下的26人，占该年龄段人数的6.8%，16—64周岁的为1332人，占该年龄段人数的91.29%，由此可以推断，其中的8.7%极有可能是因病或因残而丧失了劳动能力；另外，65周岁以上的有31人，占该年龄段人数的12.65%，农村中一些65周岁以上的老年人因为身体还健康，他们会从事一些农活，这应属于正常现象。

表 11-9 是否劳动力交叉分析

新年龄分段		是否劳动力 否	是否劳动力 是	合计
新年龄分段	1	356	26	382
	2	127	1332	1459
	3	214	31	245
合计		697	1389	2086

资料来源：课题组问卷调查（2017）。

注："1"为15周岁及以下的人口，即非劳动年龄人口；"2"为15—64周岁的人口，即劳动力年龄人口；"3"为65周岁及以上的人口。（表11-10中同此）。

表11-10表明，调查样本的劳动力中有557人外出务工，占到劳动力总数的40.1%，其中，15周岁及以下的有2人，占0.36%，65周岁以上的有4人（这不一定是外出务工，或许是在外帮忙照顾小孩等），占0.72%，98.92%为16—64周岁劳动年龄的劳动力。

表 11-10 是否外出务工交叉分析

新年龄分段		是否外出务工 否	是否外出务工 是	合计
新年龄分段	1	380	2	382
	2	908	551	1459
	3	241	4	245
合计		1529	557	2086

资料来源：课题组问卷调查（2017）。

（三）调查样本家庭中贫困户的比例

在512个调查样本中，贫困户为392户，占总户数的76.6%，非贫困户为120户，占总户数的23.4%（表11-11）。

第十一章 脱贫成效：片区县贫困农户精准脱贫质量的综合评价

表 11-11 是否是贫困户占比分析表

		频率	百分比	有效百分比	累积百分比
有效	贫困户	392	76.6	76.6	76.6
	非贫困户	120	23.4	23.4	100.0
	合计	512	100.0	100.0	

资料来源：课题组问卷调查（2017）。

需要指出的是，这并非是在调查的村庄中，贫困户的比例有76.6%，而是在抽样中规定每个村至少要抽取5户左右的非贫困户，以便将贫困户与非贫困户的状况作对比分析。

（四）调查样本的家庭经营类别

为考察调查样本家庭经营的类别，在此将是否是贫困户与家庭经营类别作交叉分析。其结果如表12：

表 11-12 案例处理摘要表

	案例					
	有效的		缺失		合计	
	N	百分比	N	百分比	N	百分比
是否贫困户家庭经营类型	504	98.4%	8	1.6%	512	100.0%

表 11-13 反映了调查样本农户中贫困户与非贫困户经营类型的差异。就纯农经营户而言，贫困户所占比例达到71.9%，比非贫困户高了19个百分点；反之，混合型（即既从事农业生产，又从事二三产业的农户）则是非贫困户所占比例都高于贫困户，分别高了2.9个和16.2个百分点。一般而言，农村中纯农经营型农户的收入水平要比非农型和混合型经营的农户低一些，因为非农型经营不仅需要资金、技术等要素的支撑，更需要有市场信息和市场开拓能力等方面的支撑，相对来说，在这一方面，贫困户与非贫困户有一定差距。

表 11-13　是否贫困户家庭经营类型交叉制表

是否贫困户			家庭经营类型			合计
			纯农户	非农户	混合型	
是否贫困户	贫困户	计数	277	44	64	385
		是否贫困户中的 %	71.9%	11.4%	16.6%	100.0%
		家庭经营类型中的 %	81.5%	72.1%	62.1%	76.4%
		总数的 %	55.0%	8.7%	12.7%	76.4%
	非贫困户	计数	63	17	39	119
		是否贫困户中的 %	52.9%	14.3%	32.8%	100.0%
		家庭经营类型中的 %	18.5%	27.9%	37.9%	23.6%
		总数的 %	12.5%	3.4%	7.7%	23.6%
合计		计数	340	61	103	504
		是否贫困户中的 %	67.5%	12.1%	20.4%	100.0%
		家庭经营类型中的 %	100.0%	100.0%	100.0%	100.0%
		总数的 %	67.5%	12.1%	20.4%	100.0%

资料来源：课题组问卷调查（2017）。

第三节　调查样本农户脱贫质量的描述性统计分析

提高脱贫质量是精准脱贫的内在要求。本节通过对农户可持续生计资本的描述性统计分析来评价农户的脱贫质量。

一、农户自然资本及利用情况

调查样本家庭可利用的自然资本主要有承包田、承包地和承包山林三类。

（一）农户拥有的自然资本状况

表 11-14 显示，调查样本家庭承包田的均值为 2.45 亩，承包地的均值为 2.27 亩，山林为 7.3 亩。但从其百分位数来分析，25% 点位的家庭承包田为 0（这意味着这些家庭没有承包田，经对该系列数据的分析，实际上没有承包田的农户家庭

占 28.8%），50% 点位的家庭承包田在 1.1 亩以下，75% 点位的家庭承包田在 2.2 亩以下；25% 点位的家庭承包地为 0.7 亩以下（其中，没有承包地的家庭占 16%），50% 点位的家庭承包地在 1.5 亩以下，75% 点位的家庭承包田在 3.0 亩以下；25% 点位的家庭承包山林为 0（调查样本家庭没有承包山林的占到 56.2%），75% 点位的家庭承包山林在 5.6 亩以下。可见，无论是承包田、承包地，还是承包的山林，调查样本家庭的拥有量都还是比较少的，这表明其自然资本依然是比较匮乏的。

表 11-14 调查样本承包田、承包地、承包山林统计量

		家庭承包田	家庭承包地	家庭承包山林
N	有效	507	507	507
	缺失	5	5	5
均值		2.45	2.27	7.3
中值		1.1000	1.5000	.0000
和		1243.17	1154.94	3751.51
百分位数	25	0	0.7	0
	50	1.1	1.5	0
	75	2.2	3.0	5.6

资料来源：课题组问卷调查（2017）。

（二）农户对自然资本的利用

利用拥有的田、地和山林种植粮食或经济作物依然是当下农村中主要的生计模式。

从表 11-15 可知，有 206 户没有种植任何作物，占 40.8%，这并非他们就这样子丢荒，而是因为外出务工等原因转包给了他人。种植水稻的有 246 户（占 48.7%），种植玉米的有 27 户（占 5.3%），种植烤烟的有 19 户（占 3.8），此外，有零星的几户人家种植蔬菜、桑树、淮山等作物，合计占比仅为 1.4%。

表 11-15 调查样本农户对承包田的利用（种植作物）情况

		频率	百分比	有效百分比	累积百分比
有效	无种植	206	40.2	40.8	40.8
	水稻	246	48.0	48.7	89.5
	玉米	27	5.3	5.3	94.9
	烤烟	19	3.7	3.8	98.6
	蔬菜	3	0.6	0.6	99.2
	桑树	1	0.2	0.2	99.4
	淮山	3	0.6	0.6	100.0
	合计	505	98.6	100.0	
缺失	系统	7	1.4		
合计		512	100.0		

资料来源：课题组问卷调查（2017）。

表 11-16 显示的调查样本农户对承包地的利用（即种植作物）情况，其中，有 150 户（29.7%）没有种植作物，种植玉米的有 273 户（占 54.1%），种植甘蔗的有 44 户（8.7%），种植蔬菜的有 13 户（占 2.6%），其余零星种植一些经济作物，如烤烟、花生、淮山等，约占 5%。

表 11-16 调查样本农户对承包地的利用（种植作物）情况

		频率	百分比	有效百分比	累积百分比
有效	无种植	150	29.3	29.7	29.7
	水稻	1	0.2	0.2	29.9
	玉米	273	53.3	54.1	84.0
	烤烟	4	0.8	0.8	84.8
	杉木	1	0.2	0.2	85.0
	茶果	1	0.2	0.2	85.1
	蔬菜	13	2.5	2.6	87.7
	桑树	2	0.4	0.4	88.1

续表

		频率	百分比	有效百分比	累积百分比
	甘蔗	44	8.6	8.7	96.8
	花生	8	1.6	1.6	98.4
	牧草	1	0.2	0.2	98.6
	淮山	5	1.0	1.0	99.6
	黄豆	2	0.4	0.4	100.0
	合计	505	98.6	100.0	
缺失	系统	7	1.4		
合计		512	100.0		

资料来源：课题组问卷调查（2017）。

调查样本家庭承包山林的不多，利用水平也不是太高，有 360 户（占 71.4%）没有种植任何作物，种植杉木的有 65 户（占 12.9%），种植松树的有 34 户（占 6.8%），种植八角的有 19 户（占 3.8%），三类合计仅为 23.5%。

综上所述，可以得出如下三点结论：第一，调查样本家庭的基本口粮得到了满足。从承包田的利用情况来看，占 48.7% 的农户种植水稻，占 5.3% 的农户种植玉米。可见，这些农户的基本口粮已经得到保障。其他农户不种植粮食，他们或者是把承包地转包给他人，或者用来种植其他经济作物，这应该是这些家庭在保障了基本口粮的基础上才作出的生计选择。第二，经济作物种植面积不大，大宗经济作物主要是利用承包地来种植甘蔗，占比仅为 8.7%，其次是烤烟种植，占比仅为 4.6%。可见，调查样本家庭通过利用田地发展多种经营的处于较低水平。第三，山林利用也处于较低水平。这主要是家庭平均拥有的山林面积不多。统计数据表明，调查样本家庭承包山林的总面积仅为 3751.5 亩，平均为 7.39 亩，但 75% 的家庭在 5.6 亩以下，其中大多数为生态公益林。

二、农户物质资本改善状况

（一）农户住房条件的改善状况

从表 11-17 显示的调查样本家庭拥有的住房种类来看，砖混结构的楼房超过了一半以上（占 53.2%），砖混结构的平房占 30.9%，加上木质结构的瓦顶楼房（占 7.2%）和平房（占 5.5%），四项合计为 96.9%。

表11-17 调查样本家庭的住房种类结构

		频率	百分比	有效百分比	累积百分比
有效	砖混结构的楼房	272	53.1	53.2	53.2
	砖混结构的平房	158	30.9	30.9	84.1
	木质结构的瓦顶楼房	37	7.2	7.2	91.4
	木质结构的瓦顶平房	28	5.5	5.5	96.9
	简易搭盖的房子	3	0.6	0.6	97.5
	危房	13	2.5	2.5	100.0
	合计	511	99.8	100.0	
缺失	系统	1	0.2		
合计		512	100.0		

资料来源：课题组问卷调查（2017）。

从表11-18可知，调查样本家庭房屋装修的占到30.7%，这表明装修房屋的农户占比还不到1/3，这符合当下石漠化地区农村家庭的实际情况，因为农户对房屋的需求首先考虑的还是有没有住房，随着经济收入的增长，手头有了余钱之后，才会考虑进一步来改善住房条件。

表11-18 调查样本家庭住房的装修情况

		频率	百分比	有效百分比	累积百分比
有效	否	354	69.1	69.3	69.3
	是	157	30.7	30.7	100.0
	合计	511	99.8	100.0	
缺失	系统	1	0.2		
合计		512	100.0		

资料来源：课题组问卷调查（2017）。

再来看调查样本家庭的住房面积情况：

图11-3显示，调查样本家庭平均住房面积达标率为94.34%，其中，13—40平方米的占64.26%，40—60平方米的占20.12%，60—100平方米的占6.84%，

100 平方米以上的占 2.93%。

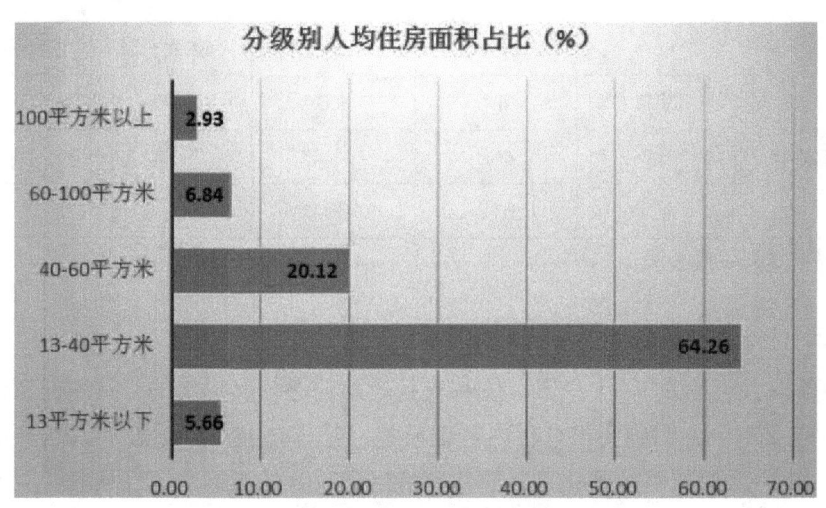

图 11-3 调查样本家庭人均住房面积占比情况

以上分析表明，调查样本家庭的住房安全得到了有效保障，同时从其住房类型、装修情况和人均住房面积的分析中还可以看到，农户的住房条件也有了极大改善。需要指出的是，从对住房类型的分析中看到，简易搭盖房子的有 3 户（占 0.6%），危房的有 13 户（占 2.5%），合计为 3.1%；再从人均住房面积来看，也有 5.66% 未达到人均 13 平方米的要求。本项调查是在 2017 年 7 月至 8 月进行的，一些地方存在未达标现象不足为怪。正如第七章所分析的案例那样，文山州的麻栗坡县推进农村危房改造采取了诸多创新举措，危房率已经清零。我们有理由相信，其他各片区县也会按照党中央的部署，把解决安全住房问题作为精准扶贫的重要内容，确保贫困农户的安全住房问题得到解决。

（二）调查样本家庭卫生条件的改善状况

根据表 11-19，调查样本家庭中拥有卫生厕所的达到 468 户，占 91.4%，这表明片区县农村中家庭卫生条件有了较大改善。当然，8.6% 还没有卫生厕所，但正如上文所述，本问卷调查是在 2017 年进行的，两年来，随着农村改水改厕改厨推进力度的加大，这种状况将会得到进一步的改善。

表 11-19 调查样本家庭有卫生厕所

		频率	百分比	有效百分比	累积百分比
有效	没有	44	8.6	8.6	8.6
	有	468	91.4	91.4	100.0
	合计	512	100.0	100.0	

资料来源：课题组问卷调查（2017）。

（三）农户家庭入户道路硬化情况

国务院关于印发《"十三五"脱贫攻坚规划的通知》提出的"贫困村实现脱贫摘帽的标准"中，明确要求"村内基础设施、基本公共服务设施和人居环境明显改善"。农户入户道路的硬化是其居住环境得到改善的指标之一。从表 11-20 中可知，调查样本中有 82.2% 的家庭入户路已经硬化。

表 11-20 调查样本家庭入户路硬化情况

		频率	百分比	有效百分比	累积百分比
有效	没有	91	17.8	17.8	17.8
	有	421	82.2	82.2	100.0
	合计	512	100.0	100.0	

资料来源：课题组问卷调查（2017）。

（四）农户家庭拥有的交通工具情况

综合表 11-21、表 11-22、表 11-23 和表 11-24，调查样本家庭拥有摩托车的占 56%，拥有电动车的占 18.2%，两项合计达到 74.2%。当然，拥有摩托车和拥有电动车二者或许有交叉现象，但从对农村中农户行为的观察来看，舒尔茨曾提出的"理性小农"理论假设同样适用于此。一般而言，如果道路状况良好，农户将会倾向购买电动车，因为它不用加油，只需充电，使用电动车要比摩托车节省开支。因此，把拥有摩托车和拥有电动车二者相加应该是可以成立的。实际上，在当下农村，凡是通了乡村道路的村屯，农户中拥有摩托车和电动车的是比较普遍的。此外，拥有小汽车的家庭为 12.9%，拥有农用车的也达到 11.5%。其中，通过把拥有小汽车和农用车分别与是否贫困户进行交叉分析发现，在拥有小汽车和农用车的家庭中，非贫困户所占比例比贫困户分别高了 33.3、1.2 个百分点，非贫困更倾向购买小汽车，而贫困户更倾向购买农用车，因为农用车更多用于生产，而小汽车更多用于提升生活品位。这里需要说明的是，贫困户中有部分购买了小汽车和农用车，这并不意味着精准识别时不精准，而是本次调查问卷为了更真实反映 2015 年以来开展的精准脱贫情况，把那些 2014 年和 2015 年已经退出的贫困户也视为贫困户所致，这恰恰反映出一些贫困户不仅脱贫，而且已经开始迈向了小康生活。

表 11-21 调查样本家庭拥有摩托车情况

		频率	百分比	有效百分比	累积百分比
有效	没有	225	43.9	44.0	44.0
	有	286	55.9	56.0	100.0
	合计	511	99.8	100.0	
缺失	系统	1	0.2		
合计		512	100.0		

资料来源：课题组问卷调查（2017）。

表 11-22 调查样本家庭拥有电动车情况

		频率	百分比	有效百分比	累积百分比
有效	没有	418	81.6	81.8	81.8
	有	93	18.2	18.2	100.0
	合计	511	99.8	100.0	
缺失	系统	1	0.2		
合计		512	100.0		

资料来源：课题组问卷调查（2017）。

表 11-23 调查样本家庭拥有小汽车情况

		频率	百分比	有效百分比	累积百分比
有效	没有	445	86.9	87.1	87.1
	有	66	12.9	12.9	100.0
	合计	511	99.8	100.0	

续表

		频率	百分比	有效百分比	累积百分比
缺失	系统	1	0.2		
合计		512	100.0		

资料来源：课题组问卷调查（2017）。

表 11-24　调查样本家庭拥有农用车情况

		频率	百分比	有效百分比	累积百分比
有效	没有	452	88.3	88.5	88.5
	有	59	11.5	11.5	100.0
	合计	511	99.8	100.0	
缺失	系统	1	0.2		
合计		512	100.0		

资料来源：课题组问卷调查（2017）。

上述情况还表明，通过推进脱贫攻坚战，片区县也和其他地区贫困县一样，农村基础设施状况得到了极大改善。课题组调研的广西龙州县、田东县、上林县和贵州省的望谟县、册亨县、关岭县、晴隆县以及云南省的西畴县、砚山县等通村通屯的道路都基本实现了硬化，大大改善了当地群众的出行条件。

（五）农户家庭拥有的家用电器情况

表 11-25 到表 11-30 反映出调查样本家庭拥有的各类家用电器情况，其中，电视机拥有率为 93.3%，电冰箱为 63.5%，洗衣机为 47.8%，饮水机 30.6%，电磁炉为 62.2%，电饭锅为 77.8%，除了饮水机占比较低和洗衣机低于 50% 之外，电视机、电冰箱、电磁炉和电饭锅的普及率都在 60% 以上。家用电器普及率的提高，虽不能说明片区县农户的生活已经富裕，但其生活便利度的提高可以从一侧面反映出农户物质资本存量在不断提升，折射出精准扶贫、精准脱贫的高质量，更反映出改革开放四十年来尤其是党的十八大以来农村所发生的巨大变化。

表 11-25 调查样本家庭拥有电视机情况

		频率	百分比	有效百分比	累积百分比
有效	没有	34	6.6	6.7	6.7
	有	476	93.0	93.3	100.0
	合计	510	99.6	100.0	
缺失	系统	2	0.4		
合计		512	100.0		

资料来源：课题组问卷调查（2017）。

表 11-26 调查样本家庭拥有电冰箱情况

		频率	百分比	有效百分比	累积百分比
有效	没有	186	36.3	36.5	36.5
	有	324	63.3	63.5	100.0
	合计	510	99.6	100.0	
缺失	系统	2	0.4		
合计		512	100.0		

资料来源：课题组问卷调查（2017）。

表 11-27 调查样本家庭拥有洗衣机情况

		频率	百分比	有效百分比	累积百分比
有效	没有	266	52.0	52.2	52.2
	有	244	47.7	47.8	100.0
	合计	510	99.6	100.0	
缺失	系统	2	0.4		
合计		512	100.0		

资料来源：课题组问卷调查（2017）。

表 11-28　调查样本家庭拥有饮水机情况

		频率	百分比	有效百分比	累积百分比
有效	没有	354	69.1	69.4	69.4
	有	156	30.5	30.6	100.0
	合计	510	99.6	100.0	
缺失	系统	2	0.4		
合计		512	100.0		

资料来源：课题组问卷调查（2017）。

表 11-29　调查样本家庭拥有电磁炉情况

		频率	百分比	有效百分比	累积百分比
有效	没有	193	37.7	37.8	37.8
	有	317	61.9	62.2	100.0
	合计	510	99.6	100.0	
缺失	系统	2	0.4		
合计		512	100.0		

资料来源：课题组问卷调查（2017）。

表 11-30　调查样本家庭拥有电饭锅情况

		频率	百分比	有效百分比	累积百分比
有效	没有	113	22.1	22.2	22.2
	有	397	77.5	77.8	100.0
	合计	510	99.6	100.0	
缺失	系统	2	0.4		
合计		512	100.0		

资料来源：课题组问卷调查（2017）。

（六）农户拥有的移动通信工具及电脑情况

移动通信工具（手机）和电脑的拥有状况反映出农户获取信息的便利度。本次问卷调查从农户拥有的手机、固定电话、电脑以及宽带光纤入户、无线网络入户等指标来了解这些情况（表11-31至表11-35）。

表11-31 调查样本家庭拥有手机情况

		频率	百分比	有效百分比	累积百分比
有效	没有	25	4.9	4.9	4.9
	有	487	95.1	95.1	100.0
	合计	512	100.0	100.0	

资料来源：课题组问卷调查（2017）。

表11-32 调查样本家庭拥有固定电话情况

		频率	百分比	有效百分比	累积百分比
有效	没有	491	95.9	95.9	95.9
	有	21	4.1	4.1	100.0
	合计	512	100.0	100.0	

资料来源：课题组问卷调查（2017）。

表11-33 调查样本家庭拥有电脑情况

		频率	百分比	有效百分比	累积百分比
有效	没有	481	93.9	93.9	93.9
	有	31	6.1	6.1	100.0
	合计	512	100.0	100.0	

资料来源：课题组问卷调查（2017）。

表11-34 调查样本家庭宽带光纤入户情况

		频率	百分比	有效百分比	累积百分比
有效	没有	421	82.2	82.2	82.2
	有	91	17.8	17.8	100.0
	合计	512	100.0	100.0	

资料来源：课题组问卷调查（2017）。

表 11-35 调查样本家庭无线网络入户情况

		频率	百分比	有效百分比	累积百分比
有效	没有	369	72.1	72.1	72.1
	有	143	27.9	27.9	100.0
	合计	512	100.0	100.0	

资料来源：课题组问卷调查（2017）。

从表 11-31 至表 11-35 来看，调查样本家庭拥有通信工具及设备情况可归纳如图 11-4 所示。

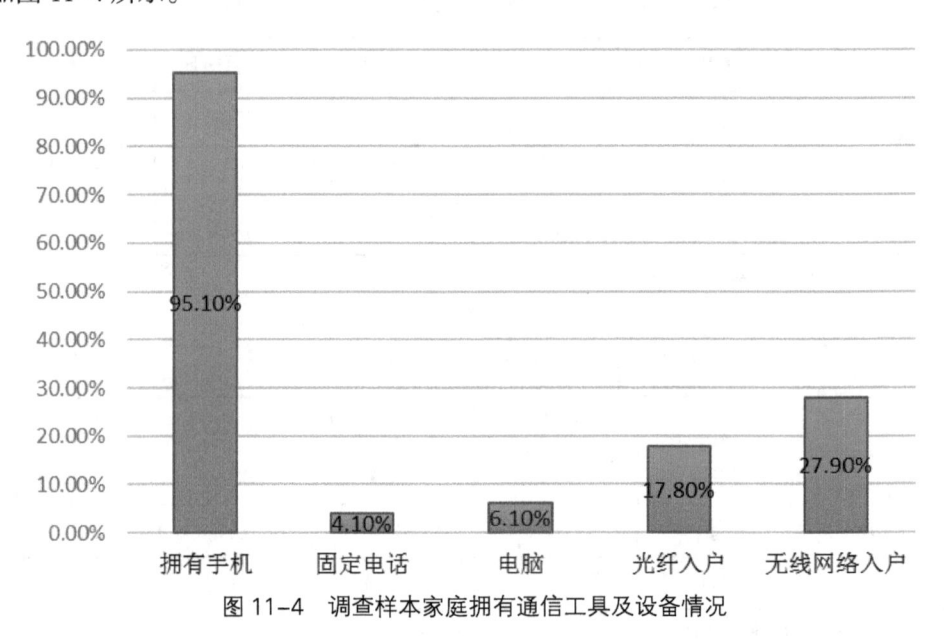

图 11-4 调查样本家庭拥有通信工具及设备情况

由图 11-4 可知，调查样本家庭移动电话（手机）的拥有率达到 95.10%，基本实现了全覆盖。当下农村中的成年人几乎达到人手一部手机的水平，与城市大体相当。而固定电话则仅有 4.10%，这主要是固定电话已经基本不使用所致。更可喜的是，有 6.10% 的家庭拥有了电脑，宽带光纤入户率也达到了 17.80%，无线网络入户率为 27.90%。这大大拓宽了农村居民获取信息的渠道，提高了他们信息获取的便利度，促进了村民与外部的信息交流。

三、农户人力资本提升状况

关于农户人力资本的提升，本次问卷调查设置了"问卷调查家庭成员受教育情况""健康状况"和"参加短期技术培训情况"等指标。

（一）调查样本家庭成员受教育程度的分析

通过对表 11-36 的分析，可以得出如下几点结论。

表 11-36 调查样本家庭成员不同年龄段受教育程度情况

		文化程度						合计
		未上过学	幼儿园	小学	初中	高中（含中专、技校）	大专以上	
年龄分段	1	59	42	9	0	0	0	110
	2	2	4	153	2	0	0	161
	3	1	0	31	125	74	0	231
	4	1	1	9	48	31	83	173
	5	90	3	576	385	58	54	1166
	6	117	0	110	16	2	0	245
合计		270	50	888	576	165	137	2086

资料来源：课题组问卷调查（2017）。

注：年龄分段与表 11-8 相同。

第一，幼儿阶段的幼儿园入学率超过了50%。调查样本家庭中，6岁以下年龄段有42人幼儿园在读，而3—6岁儿童总数为81人（从本课题问卷调查不分年龄段的统计数据中得到），由此可以推断，调查样本家庭幼儿的入园率为51.9%。

第二，小学、初中、高中年龄段的失学、辍学人数比例较低。从小学年龄段的就学情况来看，小学在读的有153人，提前进入初中的有2人，未上学的有2人，占该年龄段人数的1.24%。再从中学年龄段的就学情况来看，仍在小学就读的有31人（在偏远山区，一些学龄儿童入学比较晚，故即便年龄到了中学阶段，但有的还在小学就读），在初中就读的有125人，在高中（中专、技校）就读的有74人，未上学的仅有1人，占该年龄段的0.4%。由此来看，在小学到中学学龄阶段的人数中，仅有3人未上学，占两个学龄阶段总人数（392人）的0.76%。可见，通过几年来的精准扶贫，片区县农村教育得到了较好的发展，保障贫困家庭子女的义务教育得到了较好的落实。

第三，劳动年龄阶段人口的文盲率稍有偏高。在18—22岁大学学龄阶段中，有1人未上过学，1人只上过幼儿园；而在22—64岁劳动年龄阶段中，有90人未上过学，有3人只上过幼儿园（在这里可以把它们视为不识字，即统计意义上的文盲人口）。两个年龄段相加共有95人为文盲人口，占该年龄段人口总数的7%，比第六次全国人口普查时（2010年进行）全国平均文盲率4.08%高出了2.92个百分点。

第四，65岁以上的老年人口文盲率接近50%。这一年龄段中有117人未上过学，占总人数的47.75%。

第五，在调查样本的家庭人口中，年龄越大，文盲率越高。为进一步分析调查样本家庭人口文盲率的分布特征，笔者通过利用年龄系列数据与文化程度进行交叉统计分析。分析结果表明，在调查样本的家庭成员中，随着年龄的增大，文盲率越来越高。如图11-5显示，在调查样本的家庭人口中，19—40岁这一年龄段中仅有7人为文盲，占其年龄段人口总数的1.07%；41—50岁中有38人为文盲，占其年龄段人口总数的8.89%；51—64岁中，文盲人数为50人，占其年龄段人口总数的19.23%；而65岁以上的老年人口中，文盲人数为117人，占其年龄段人口总数的47.75%。由此可见，片区县中50岁以下中青年一代劳动者的文化素质正在得到提高。

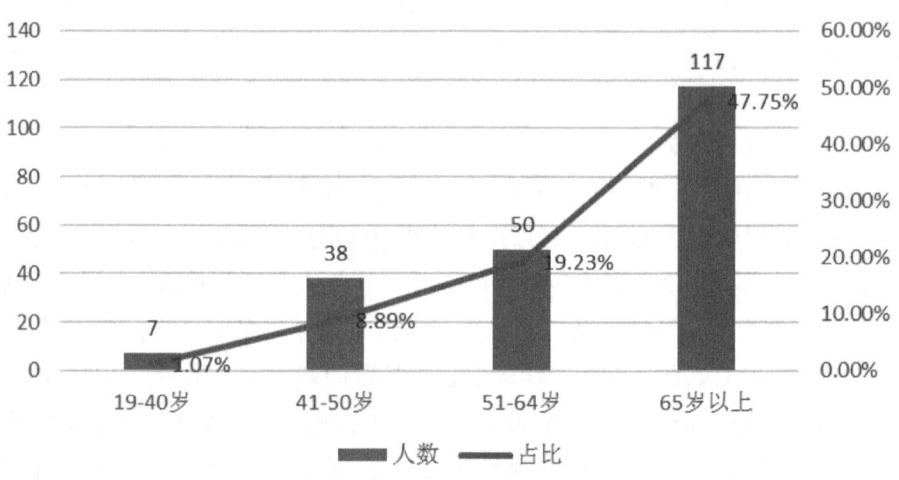

图11-5 不同年龄段文盲人数及占比情况

（二）调查样本家庭成员的健康状况

表 11-37　调查样本家庭成员的健康状况

		是否健康		合计
		不健康	健康	
新年龄分段	1	7	374	381
	2	88	1370	1458
	3	70	175	245
合计		165	1919	2084

资料来源：课题组问卷调查（2017）。

注："1"为 15 岁及以下年龄段；"2"为 15—64 岁年龄段；"3"为 65 岁以上年龄段。

在"不健康"的人数中，各年龄段所占的比例如图 11-6 所示。

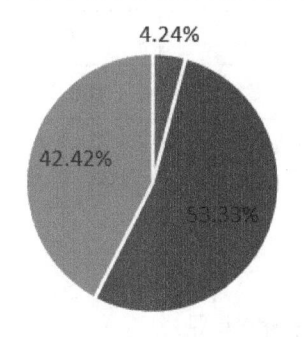

图 11-6　各年龄段"不健康"人数占比情况

综合表 11-37 和图 11-6 可得出如下几点结论：

第一，15 岁及以下"不健康"所占比例是较低的，占同龄人的比例仅为 1.83%，占"不健康"人数的比例也仅为 4.24%，这表明近年来农村医疗卫生的改善极大提高了青少年一代的健康水平。

第二，15—64 岁年龄段"不健康"的占该年龄段人数的 6.03%，这一比例也不是很高，但占"不健康"总人数的比例却高达 42.42%。

第三，65 岁以上的老年人中"不健康"的人数有 70 人，占该年龄段总人数的 28.57%，占"不健康"总人数的比例为 53.33%。可见，在不健康的人群中，65

岁以上的老年人超过50%，高度重视老年人的健康问题，为他们提供更加优质的健康服务，是提高农村老年人获得感、幸福感的重要举措。

由表11-38可知，调查样本百分之百都不同程度获得了政府的医疗补贴，补贴的额度为500元以下居多，占到了86.9%。这表明通过精准扶贫，城乡医疗保障体制正在得到不断完善，其覆盖面越来越广，贫困人口（也包括非贫困人口）的"基本医疗"已经得到了有效保障。

表11-38 调查样本家庭获得的医疗补贴

		频率	百分比	有效百分比	累积百分比
	缺失	1	0.2	0.2	0.2
有效	1	445	86.9	86.9	87.1
	2	30	5.9	5.9	93.0
	3	28	5.5	5.5	98.4
	4	8	1.6	1.6	100.0
	合计	512	100.0	100.0	

资料来源：课题组问卷调查（2017）。
注：表中对所获得的医疗补助分类："1"为获得的医疗补贴为500元以下；"2"为501—1000元；"3"为1001—3000元；"4"为3000元以上。

四、农户的金融资本增值状况

金融资本是农户进行扩大再生产投资的必要条件。一般而言，其来源主要是农户通过参与社会生产所获得的可支配收入减去其消费后的余额，以及其利用自身拥有的物质资本、社会资本从外部所获得的借贷资金转化为投资所形成的资产存量。由于信息的不对称，农户消费之后的储蓄信息往往很难获取，以往的研究一般都用收入流量来替代。本研究设立了农户家庭总收入、总支出和收支结余来大致估算。我们认为，本调查问卷是在排除外界信息干扰的情况下对农户进行的"一对一"询问，可以较好地排除农户担忧信息对外泄露之嫌，能够基本反映出农户收入、支出和结余的大体情况。此外，还考察了农户的借贷行为综合分析调查样本家庭的金融资本增值情况。

（一）调查样本家庭年总收入的分析

1. 家庭年总收入的概况

表11-39是对问卷调查样本家庭年总收入的综合统计分析。从中可以看出，家庭年总收入的平均值为35229元，但其中位数（中值）低于均值为27345元，众数为30000元（存在多个众数，统计数据给出的最小值的）。最高的年总收入达到220200元，这是由于问卷对象中包含了非贫困户，一些家庭经商或从事加工业等收入较高所致。但年家庭总收入最低的仅为1080元，这是由于调查样本中存在一些家庭由于缺乏劳动力，特别是个别孤寡老人的贫困户导致的。统计数据还显示，25%点位上的家庭年总收入在14769元以下，50%点位上的家庭年总收入（即前述的中位数）为27345元，75%点位上的家庭年总收入在44681元。调查样本家庭年总收入合计为17 966 873元，由此可知，其年人均现金收入为8498元。

表11-39 调查样本家庭年总收入的统计量

N	有效	510
	缺失	2
均值		35 229.1645
均值的标准误		1419.3915
中值		27 345.0000
众数		30000.00
标准差		32 054.37321
方差		1 027 482 841.775
极小值		1080.0000
极大值		220 200.00
和		17 966 873.890
百分位数	25	14 769.0000
	50	27 345.0000
	75	44 681.2500
存在多个众数，显示最小值		

资料来源：课题组问卷调查（2017）。

2. 家庭年总收入层次的分布情况

为了深入分析调查样本家庭年总收入的情况，本研究将连续变量的家庭年总收入数据分为10组，考察其总收入的层次分布情况。分组情况如下："1"为5000元以下，"2"为＞5000~10 000元，"3"为＞10000~15 000元，"4"为＞15 000~20 000元，"5"为＞20 000~25 000元，"6"为＞25 000~30 000元，"7"为＞30 000~40 000元，"8"为＞40 000~50 000元，"9"为＞50 000~60 000元，"10"为＞60 000元以上。统计分析结果如图11-7所示。

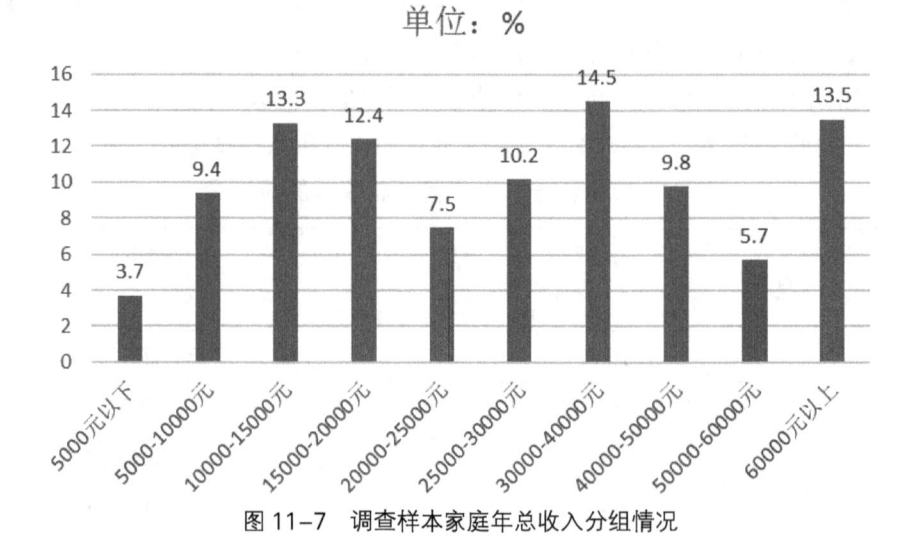

单位：%

区间	比例(%)
5000元以下	3.7
5000-10000元	9.4
10000-15000元	13.3
15000-20000元	12.4
20000-25000元	7.5
25000-30000元	10.2
30000-40000元	14.5
40000-50000元	9.8
50000-60000元	5.7
60000元以上	13.5

图11-7 调查样本家庭年总收入分组情况

资料来源：课题组问卷调查（2017）。

图11-7直观地显示出调查样本家庭年总收入的分组情况，其中，所占比例最高的是＞30 000~40 000元为14.5%，其次是＞60 000元以上为13.5%，再次是＞10 000~15 000元为13.3%。以上数据分析还表明，调查样本家庭年收入20 000元以上的占到61.2%，而调查样本家庭人口平均为4.1人，由此可以推断大部分的家庭年人均收入至少应该在4000元以上。

值得注意的是，家庭年人均收入5000元以下的占比为3.7%。另据对连续变量的家庭年总收入数据进行统计分析表明，在年总收入为5000元以下的家庭中，2500元以下的有8户，占比为1.6%，显然即便是单人户，其收入水平也是不达标的（2016年，国家扶贫标准线已提高到3000元）。所幸的是，在脱贫攻坚中，各片区县对这些家庭都采取了"低保兜底"的帮扶措施来解决他们的"两不愁"问题。这可以从对调查样本农户享受最低生活保障情况的分析中得到佐证，统计数据显示，有176户占45%的贫困户被纳入低保对象。由此可以判断，调查样本中所有农户的"两不愁"问题是完全有保障的。

3. 家庭年总收入的主要来源

从表11-40中，可以归纳出以下主要信息：

第一，务工收入成为农户收入的主要来源。首先从其家庭年主要收入来源平均值的比较来看（见图11-8），务工收入年平均为20 672元，位居第一位；其次是种植收入，其平均值为5164元；再次是经商收入，其平均值为3368元；最后是养殖收入，其平均值仅为2949元。

表11-40 调查样本家庭主要收入来源统计量

（单位：户，元）

		种植收入	养殖收入	务工收入	经商收入
N	有效	512	512	512	512
	缺失	0	0	0	0
均值		5163.51	2949.25	20671.51	3367.73
均值的标准误		500.72	426.58	1098.58	745.09
标准差		11330.19	9652.49	24858.23	16859.64
方差		128373245.82	93170673.56	617931975.59	284247728.62
极小值		0.00	0.00	0.00	0.00
极大值		110000.00	130000.00	180000.00	220000.00
和		2643721.00	1510017.00	10583818.00	1724278.00
百分位数	25	500.00	0.00	4000.00	0.00
	50	2000.00	0.00	13850.00	0.00
	75	4000.00	2000.00	29500.00	0.00

资料来源：课题组问卷调查（2017）。

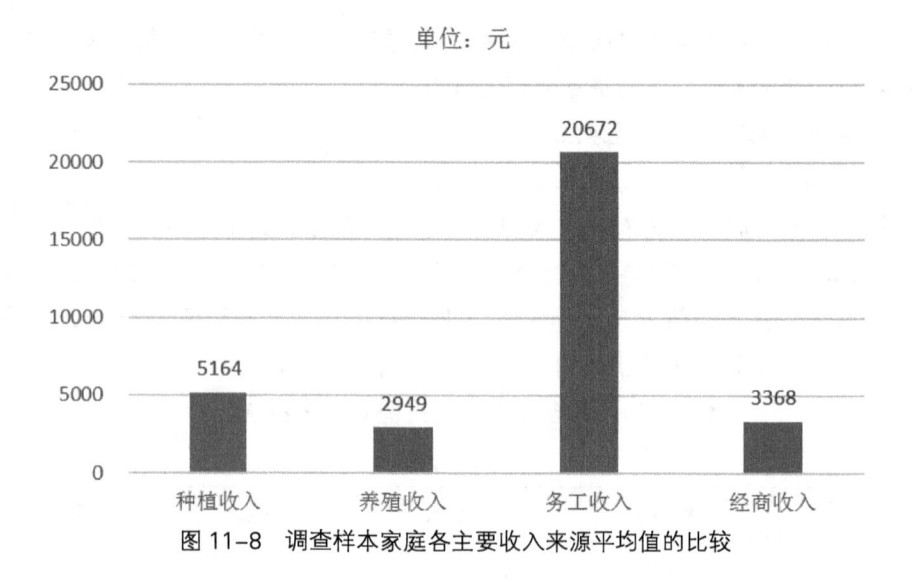

单位：元

图 11-8　调查样本家庭各主要收入来源平均值的比较

再从调查样本各类主要收入来源总计来看（见图 11-9），种植收入、养殖收入和经商收入都还是百万元的级别，而务工收入则达到千万元的级别。可见，务工收入已经成为农户收入的主要来源。

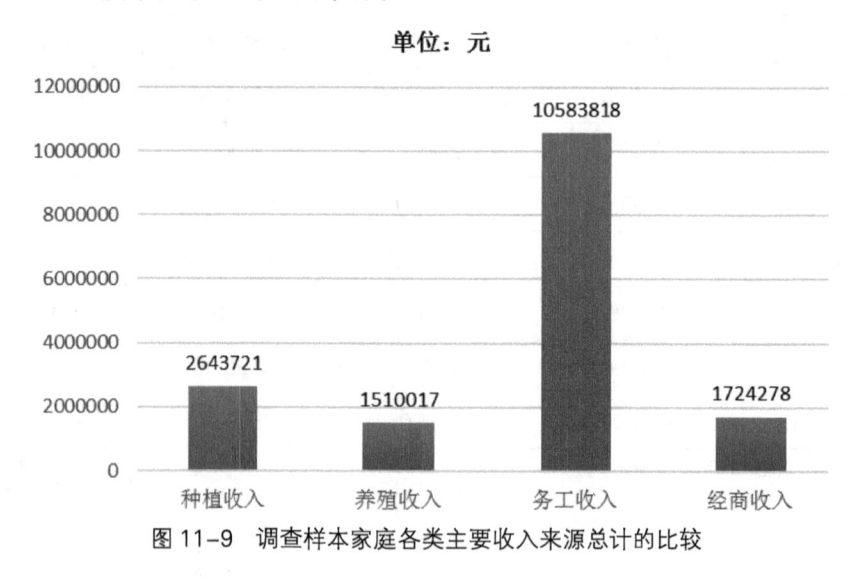

单位：元

图 11-9　调查样本家庭各类主要收入来源总计的比较

各类收入来源的最小值都为 0，表明调查样本中有的家庭主动放弃某种行业而专门从事更有潜力的行业，这是农户基于，自身拥有的生计资本情况作出的生计策略优化选择。比如，有的家庭成员整体文化素质较高，身体条件也好，往往选择全家外出务工；有的本来就有一定资本积累，加上有市场信息渠道，这类家庭有可能选择经商；而有的掌握了养殖的技术，也有一定资本投入，可以从事养殖业等。结合对连续变量数据的分析，没有从事种植业的有 95 户，占 18.6%；没有从事养殖业的有 263 户，占 51.4%；没有务工收入的有 93 户，占 18.2%；没有从事商业的有 469 户，占 91.6%，表明经商的占极少数。

第二，从家庭年总收入来源的最大值来看，种植、养殖、务工和经商四类都超过 10 万元（见图 11-10）。这表明在调查样本中已出现了一些从事种植、养殖或商业的经营大户，他们的金融资本增值较快，规模也越来越大，已逐步成为农村中的致富带头人。有的家庭依靠外出务工，其年收入达到 10 万元以上，这也是可能的。这类家庭一般人力资本比较充足，文化水平比较高，所以外出务工收入也相对高。当下农村中已经出现一些家庭先通过外出务工来完成资本积累，然后返乡创业，实现由务工收入向创业致富的转变。

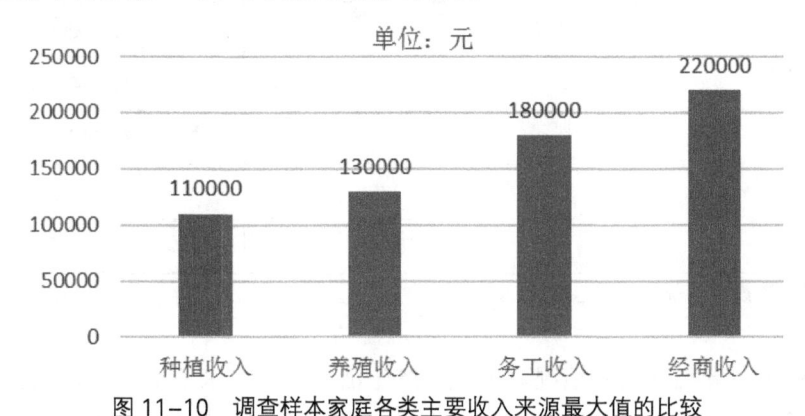

图 11-10 调查样本家庭各类主要收入来源最大值的比较

（二）调查样本家庭年总支出的分析

首先来观察调查样本年总支出的整体水平。表 11-39 给出了调查样本家庭年现金总支出的概况，其现金总支出的平均值为 23699 元，众数为 20 000 元，也就是说年现金总支出为 20 000 元的占大多数，最小值仅为 1700 元，而最大值为 234000 元，家庭总支出合计为 12 134 184 元，由此可以计算得出年人均总支出为 5740 元。此外，25% 点位上的家庭年总支出水平在 10 525 元以下，50% 点位上的家庭年总支出水平在 17 425 元以下，75% 点位上的家庭年总支出水平在 28 981 元以下。

表 11-41 调查样本家庭年总支出统计量

N	有效	512
	缺失	0
均值		23699.57
均值的标准误		1002.11
中值		17425
众数		20000
标准差		22675.21
方差		514165492.03
极小值		1700
极大值		234000
和		12134184
百分位数	25	10525
	50	17425
	75	28981.25

资料来源：课题组问卷调查（2017）。

再看家庭分类支出的情况。现代生产生活方式下，家庭支出应包括生产性支出和生活性支出两大类。鉴于调查样本中相当一部分家庭外出务工，他们的生产性支出一般较少，甚至没有。考虑到数据的一致性，本次问卷调查重点考察调查样本家庭的以下几种类别：生活支出、交通支出、通信支出、教育支出、医疗支出、人情支出等。

从图 11-11 来看，调查样本家庭年均生活支出位居第一位（10 154 元），第二位为教育支出（4702 元），第三位是人情支出（2973 元），第四位是医疗支出（2161 元），第五位是交通支出（2105 元），第六位是通信支出（1585 元）。

另据该统计量给出的调查样本家庭生活支出的总和为 5198660 元，据此得出年人均生活支出为 2459 元。在农村中，一般家庭都会自己种植一些粮食、蔬菜等来自产自销，农民眼中的生活支出一般都只是计算日常购买肉类和过年过节等方面的现金支出，所以这一支出水平也不算低。

单位：元

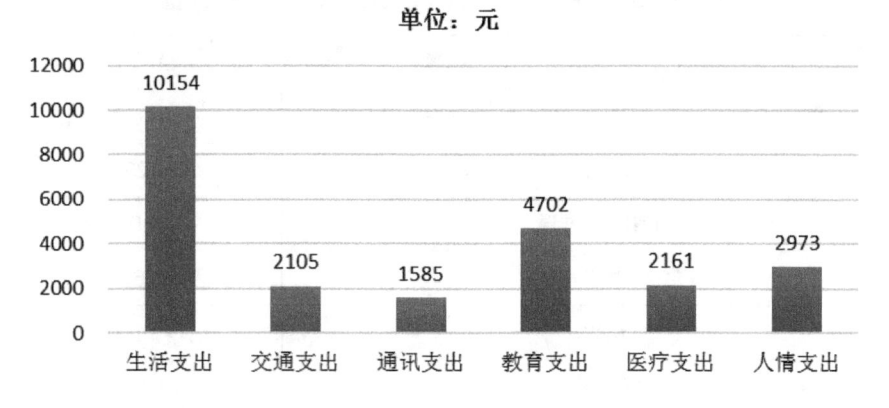

图 11-11　调查样本家庭年均支出的分类比较

教育支出位居第二位，这表明片区县农村对教育的重视。在课题调研中我们发现，农村的教育支出主要有幼儿教育、中小学在校生的生活费支出、大学教育的学费和生活费等。由于农村中的公办幼儿园比较少，多数村民都将孩子送到私立幼儿园就读，少的年两三千元，多的达到四五千元。而现在中小学生一般至少集中在乡镇学校就读，生活费支出每个月少的四五百元，多的上千元，在大学就读，有的一年两三万元，多的达到四五万元。所以，教育支出跃升第二位，而家庭年均支出 4700 多元，属于正常现象。医疗支出位居第四位，主要原因是村民参加了合作医疗，住院得大部分费用都可以报销了，否则这也是比较大的开支。

在现代生活中，交通和通信的支出也属于必要刚性的支出。交通支出与医疗支出水平相当，这表明村民追求现代生活的快捷度和便利度，是他们融入现代生活所必需的。随着移动互联网的普及，通信支出是村民获取资讯、扩大社会交往的需要。

（三）调查样本现金收支结余情况

从表 11-42 可以看出，调查样本年现金收支结余的均值为 12 886 元，众数是 1000 元，最小值是 80 元，这实际上可以理解为基本上没有多少结余，而最大值为 174200 元，说明个别家庭已经开始富裕起来。另外，在 25% 点位上的家庭，其收支余额为 2163 元，50% 点位上的家庭为 6215 元，75% 点位上的家庭为 16520 元。调查样本家庭现金收支结余总计 6 597 786 元，人均为 3120 元，应该是比较符合调查样本的实际的。

表 11-42 调查样本家庭现金收支结余的统计量

N	有效	512
	缺失	0
均值		12886.3
均值的标准误		807.62
中值		6215
众数		1000
标准差		18274.47
方差		333956506.85
偏度		3.16
偏度的标准误		0.1
峰度		15.55
峰度的标准误		0.21
极小值		80
极大值		174200
和		6597786.29
百分位数	25	2163.75
	50	6215
	75	16520

资料来源：课题组问卷调查（2017）。

为进一步深入了解贫困户与非贫困户现金收支结余的差异情况，本研究先将调查样本家庭现金结余连续变量的数据划分为九个等级，即 0~1000 元为第一个等级，>10 00~5000 元为第二个等级，>5000~10 000 元为第三个等级，>10 000~20 000 元为第四个等级，>20 000~30 000 元为第五个等级，>30 000~40 000 元为第六个等级，>40 000~50 000 元为第七个等级，>50 000~60 000 元为第八个等级，60 000 元以上为第九个等级。在此基础上，用贫困户与非贫困户进行交叉分析，结果如表 11-43 所示。

第十一章　脱贫成效：片区县贫困农户精准脱贫质量的综合评价

表 11-43　调查样本贫困户与非贫困户收支结余比较

等级	是否贫困户 贫困户	是否贫困户 非贫困户	合计	是否贫困户 贫困户占比	是否贫困户 非贫困户占比
第一等级	67	16	83	80.72%	19.28%
第二等级	135	18	153	88.24%	11.76%
第三等级	68	24	92	73.91%	26.09%
第四等级	59	21	80	73.75%	26.25%
第五等级	32	12	44	72.73%	27.27%
第六等级	12	7	19	63.16%	36.84%
第七等级	11	4	15	73.33%	26.67%
第八等级	5	5	10	50.00%	50.00%
第九等级	3	13	16	18.75%	81.25%
合计	392	120	512	76.56%	23.44%

再将收支结余中，贫困户和非贫困户在相应等级中所占的比例作如下对比。

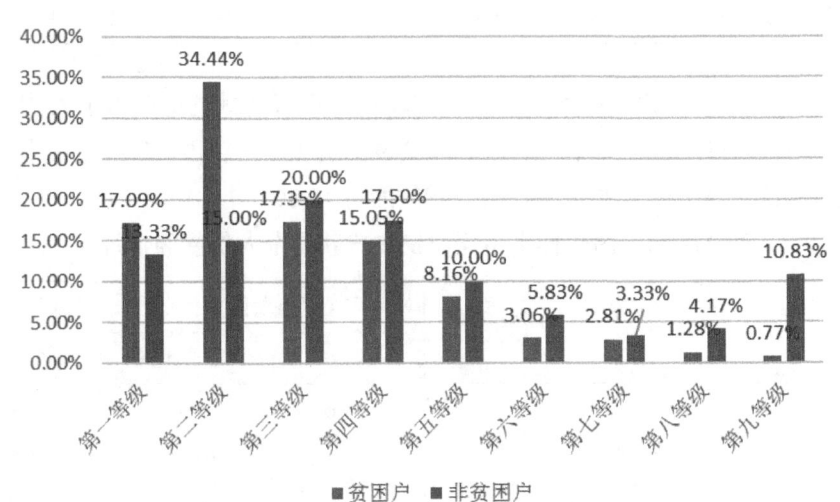

图 11-12　贫困户与非贫困户自身占收支结余相应等级的比较

综合表 11-43 和图 11-12 可以看出一个很鲜明的特征，即在第一、第二等级里，贫困户的占比大大高于非贫困户，在收支结余10000元以下的水平里，贫困户占到51.53%，而非贫困户仅占28.33%，贫困户比非贫困户高出了23.2个百分点。在第三个等级以上中,非贫困户每个等级都高于非贫困户,尤其是在第五等级以上中,非贫困户合计为 34.16%,而贫困户仅占 16.08%,非贫困户比贫困户高出了 18.08 个百分点,在最高的第九等级(60000 元以上)中,非贫困户占比是贫困户的 14 倍。这不仅符合常理,也与实际相吻合,虽然贫困户的"两不愁三保障"已经稳定解决,但是除小部分外,大多数家庭收入水平还是不高的。当然,也应该看到,已经脱贫的贫困户中也有一些开始走上富裕之路,表明这几年的脱贫攻坚成效是显著的。

(四)调查样本获得的个人贷款和私人借贷情况

贷款是农户通过金融机构或私人借贷方式融通资金,弥补自身金融资本不足的一种经济行为。本研究从这两个方面对调查样本进行问卷和分析。

1. 农户获得金融机构个人贷款的情况

表 11-44 案例处理摘要

	案例					
	有效的		缺失		合计	
	N	百分比	N	百分比	N	百分比
有无贷款 * 是否贫困户	511	99.8%	1	0.2%	512	100%

表 11-45 显示了调查样本中贫困户与非贫困户从金融机构获得个人贷款的情况,没有贷款的有 380 户,占 74.4%,有贷款的有 131 户,占 25.6%。其中,贫困户获得贷款的占 80.2%,非贫困户获得贷款的占 19.8%。

表 11-45 调查样本不同类别农户获得个人贷款额情况

			是否贫困户		合计
			贫困户	非贫困户	
有无贷款	没有	计数	286	94	380
		有无贷款中的 %	75.3%	24.7%	100%
		是否贫困户中的 %	73.1%	78.3%	74.4%
		总数的 %	56.0%	18.4%	74.4%
	有	计数	105	26	131
		有无贷款中的 %	80.2%	19.8%	100.0%
		是否贫困户中的 %	26.9%	21.7%	25.6%

续表

		是否贫困户		合计
		贫困户	非贫困户	
	总数的 %	20.5%	5.1%	25.6%
合计	计数	391	120	511
	有无贷款中的 %	76.5%	23.5%	100.0%
	是否贫困户中的 %	100%	100%	100%
	总数的 %	76.5%	23.5%	100%

资料来源：课题组问卷调查（2017）。

农户获得的个人贷款金额如下：

表 11-46 和图 11-13 表明，农户获得的个人贷款金额中，3 万元以下的占 65.64%，但贷款额度在 4 万元至 5 万元区间这一组也占到 21.37%，高居各组的第二位。而 6 万元以上的也达到 6.11%。另据统计量给出的数据来计算，户均贷款金额达到 3.32 万元。

表 11-46 农户个人贷款金额分组情况

		频率	百分比	有效百分比	累积百分比
有效	4800 万元—10000 万元	27	5.3	20.6	20.6
	10001 万元—20000 万元	37	7.2	28.2	48.9
	20001 万元—30000 万元	22	4.3	16.8	65.6
	30001 万元—40000 万元	5	1	3.8	69.5
	40001 万元—50000 万元	28	5.5	21.4	90.8
	50001 万元—60000 万元	4	.8	3.1	93.9
	60000 元以上	8	1.6	6.1	100
	合计	131	25.6	100	
缺失	系统	381	74.4		
合计		512	100		

资料来源：课题组问卷调查（2017）。

(%)

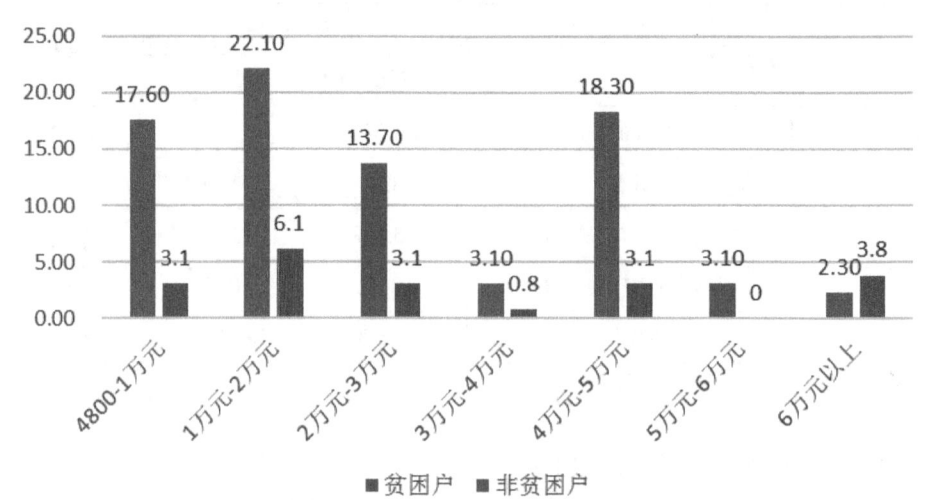

图 11-13　贫困户与非贫困户获得贷款金额分组情况

柱状图数据：
- 4800-1万元：贫困户 17.60，非贫困户 3.1
- 1万元-2万元：贫困户 22.10，非贫困户 6.1
- 2万元-3万元：贫困户 13.70，非贫困户 3.1
- 3万元-4万元：贫困户 3.10，非贫困户 0.8
- 4万元-5万元：贫困户 18.30，非贫困户 3.1
- 5万元-6万元：贫困户 3.10，非贫困户 0
- 6万元以上：贫困户 2.30，非贫困户 3.8

2. 农户私人借贷的情况

由表 11-47 可知，调查样本家庭中有私人借贷行为的占 19.9%，其中，贫困户有私人借贷行为的占贫困户总数的 15.2%，非贫困户占 4.7%。在私人借贷中，贫困户占 76.5%，非贫困户占 23.5%。农村中的私人借贷行为主要是利用"熟人社会"的社会关系在亲戚或朋友中进行的。非贫困户私人借贷比例大大低于贫困户，这可能与非贫困户更容易从金融机构中获得贷款有关，他们更倾向向正规金融机构贷款。

表 11-47　调查样本贫困户与非贫困户的私人借贷情况

			是否贫困户		合计
			贫困户	非贫困户	
有无私人借贷	没有	计数	314	96	410
		有无私人借贷中的 %	76.6%	23.4%	100%
		是否贫困户中的 %	80.1%	80%	80.1%
		总数的 %	61.3%	18.8%	80.1%
	有	计数	78	24	102
		有无私人借贷中的 %	76.5%	23.5%	100%

续表

		是否贫困户		合计
		贫困户	非贫困户	
	是否贫困户中的 %	19.9%	20.0%	19.9%
	总数的 %	15.2%	4.7%	19.9%
合计	计数	392	120	512
	有无私人借贷中的 %	76.6%	23.4%	100%
	是否贫困户中的 %	100%	100%	100%
	总数的 %	76.6%	23.4%	100%

资料来源：课题组问卷调查（2017）。

私人借贷的金额如表11-48所示，借贷金额为500元—5000元的有8户（占6.1%），5001—10000元的有33户（占25.2%），两项合计为31.3%；10001~20000万元和30000~40000万元两个组别合计也占到34.4%，这意味着私人借贷在30000元以下的占到65.7%。而借贷金额在60000元以上的有9户（占6.9%）。另据统计数据显示，私人借贷总额为517万元，户均达到39500元。

表11-48　调查样本农户私人借贷分组情况

		频率	百分比	有效百分比	累积百分比
有效	500~5000 元	8	1.6	6.1	6.1
	5001~10 000 元	33	6.4	25.2	31.3
	10 001~20 000 元	23	4.5	17.6	48.9
	20 001~30 000 元	22	4.3	16.8	65.6
	30 001~40 000 元	5	1	3.8	69.5
	40 001~50 000 元	28	5.5	21.4	90.8
	50 001~60 000 元	3	0.6	2.3	93.1
	60 000 元以上	9	1.8	6.9	100
	合计	131	25.6	100	
缺失	系统	381	74.4		
	合计	512	100		

资料来源：课题组问卷调查（2017）。

3. 扶贫小额信贷的扶持

从表 11-49 来看,农户小额信贷占农户总数的 14.5%,覆盖率并不太高,但综合农户个人贷款和私人借贷来看,农户信贷、借贷的比例合计达到了 60%。

表 11-49 调查样本家庭获得小额信贷的扶持情况

		频率	百分比	有效百分比	累积百分比
有效	没有	434	84.8	85.4	85.4
	有	74	14.5	14.6	100
	合计	508	99.2	100	
缺失	系统	4	0.8		
合计		512	100		

资料来源:课题组问卷调查(2017)。

(五)调查样本家庭金融资本增值的综合评价

1. 调查样本家庭年均现金收支余额比较符合客观实际

在问卷调查中,现金总收入、现金总支出、现金收支结余是三个独立的系列数据,是根据问卷对象的估算获取的信息,并非要求其严格计算之后填报的数据。从上述分析中可以看出,调查样本家庭户均年现金总收入为 35229 元,户均年现金总支出为 23699 元,由此可以计算出户均年现金收支余额为 11530 元,而根据问卷系列数据计算的户均年现金收支结余为 12886 元,二者相差仅为 1356 元。可见,调查样本家庭户均现金收支余额达到 10 000 元以上,人均现金收支余额为 3120 元,这可以把它理解为农户家庭的金融资本增值。

2. 调查样本家庭金融借贷的覆盖面约为 60%。

其中,个人借贷为 25.6%,私人借贷为 19.9%,小额信贷为 14.5%。当然,不可否认的是,仅就某一单项来说,其获得的比例并不太高。这或许是与农户收入中劳务收入所占比例较高(反过来可以理解为农业产业化仍不够发达)有关,同时也与农户借款多数用于盖房子、教育等非生产性开支,用于生产性支出较少,金融有效需求不足等原因不无关系。

五、农户的社会资本扩张状况

在问卷调查中,用"家庭成员中有没有共产党员""家庭成员中有没有人担任村干或组干""是否参加农民专业合作社"等指标对农户的社会资本情况进行考察。

从表 11-50 和图 11-14 来看，调查样本家庭中有党员的仅 38 户，比例为 7.4%。用"是否贫困户"与"是否有党员"作交叉分析表明，非贫困户中有党员的为 25 户，占 65.8%，贫困户仅为 13 户，占 34.2%，贫困户家庭有党员的占其总户数的比例仅为 3.3%，非贫困户则占 21%，二者比例都比较低，但贫困户更低。

表 11-50　家庭成员中有没有共产党员

		频率	百分比	有效百分比	累积百分比
有效	没有	473	92.4	92.6	92.6
	有	38	7.4	7.4	100
	合计	511	99.8	100	
缺失	系统	1	0.2		
合计		512	100		

资料来源：课题组问卷调查（2017）。

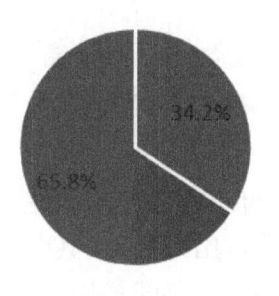

图 11-14　调查样本家庭中有党员的分类比较

综合表 11-51 和图 11-15，调查样本家庭中，有人担任过村干或组干的占总户数的比例为 8.4%，其中，贫困户有 22 户（占 51.2%），非贫困户有 21 户（占 48.8%）。但从分类来看，贫困户占其总户数的比例仅为 5.6%，非贫困户占到 17.6%，比贫困户高了 12 个百分点。

表 11-51　家庭成员中有无担任过村干或者组干

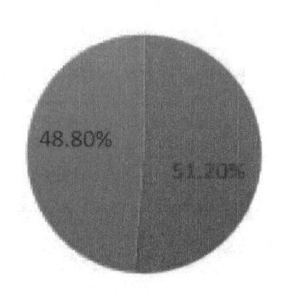

		频率	百分比	有效百分比	累积百分比
有效	没有	468	91.4	91.6	91.6
	有	43	8.4	8.4	100
	合计	511	99.8	100	
缺失	系统	1	.2		
合计		512	100		

资料来源：课题组问卷调查（2017）。

图 11-15　调查样本家庭中有无担任过村干或组干的分类比较

从表 11-52 和图 11-16 可知，调查样本家庭参加合作社的总数为 38 户，占总户数的 7.4%，总体来看，所占比例很低。其中，贫困户为 32 户，占参加户数的 84.2%，占贫困户总户数的 8.2%；而非贫困户仅为 6 户，占参加户数的 15.8%，占非贫困户总数的 5%。这表明在脱贫攻坚中，贫困农户参加合作社的积极性还是比较高的。

表 11-52　是否参加农民专业合作社

		频率	百分比	有效百分比	累积百分比
有效	没有	473	92.4	92.6	92.6
	有	38	7.4	7.4	100
	合计	511	99.8	100	

续表

		频率	百分比	有效百分比	累积百分比
缺失	系统	1	0.2		
合计		512	100		

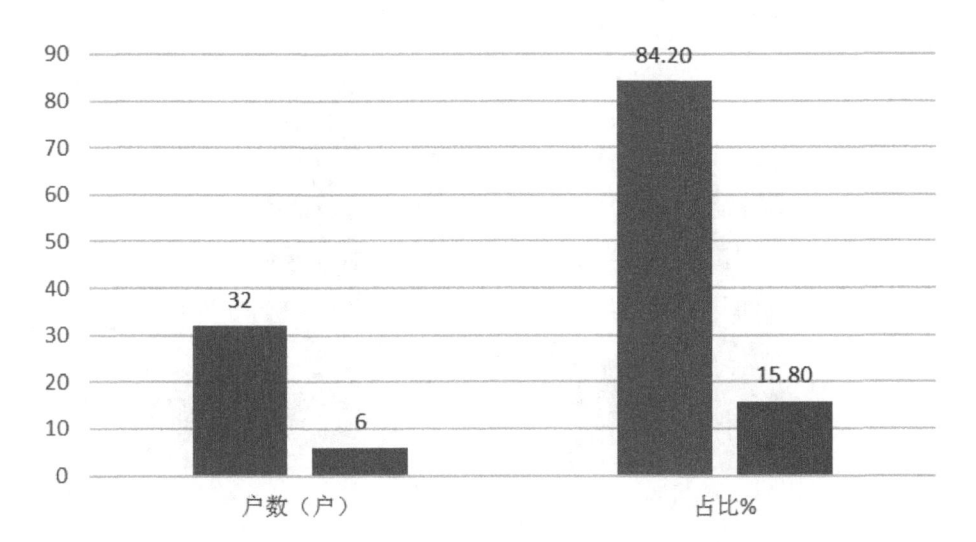

资料来源：课题组问卷调查（2017）。

图 11-16 调查样本家庭中是否参加合作社的分类比较

从表 11-53 和图 11-17 来看，调查样本家庭中有 80 户"亲戚中有国家公职人员"，占总户数的 15.7%，其中，贫困户为 59 户，占总量的 73.8%，占贫困户总数的 15.1%；而非贫困户为 21 户，占总量的 26.2%，占非贫困户总数的 17.6%。从绝对数来看，贫困户的该项指标高于非贫困户，但从相对比例而言，还是非贫困户比非贫困户高了 2.5 个百分点。

表 11-53 调查样本家庭亲戚中有无国家公职人员

		频率	百分比	有效百分比	累积百分比
有效	没有	431	84.2	84.3	84.3
	有	80	15.6	15.7	100
	合计	511	99.8	100	

续表

		频率	百分比	有效百分比	累积百分比
缺失	系统	1	0.2		
合计		512	100		

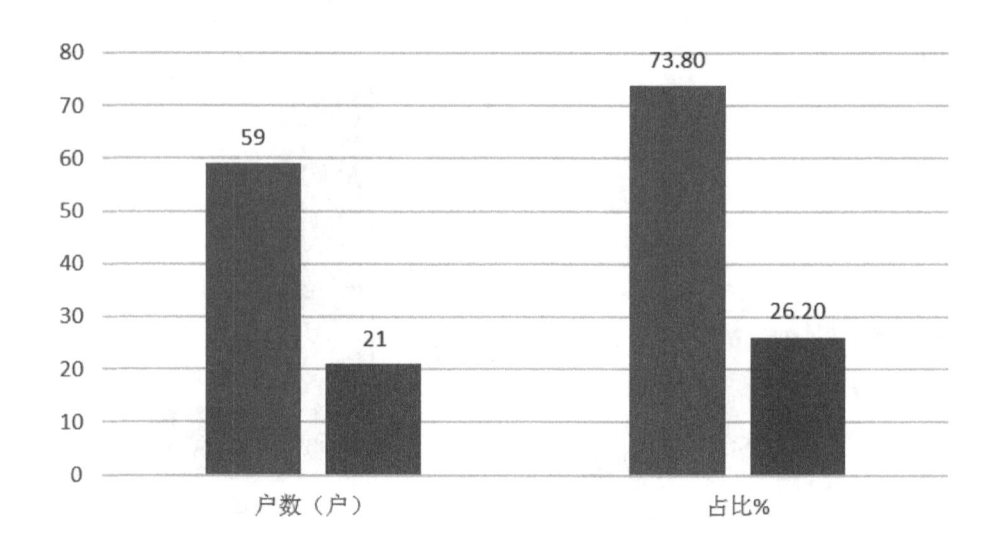

资料来源：课题组问卷调查（2017）。

图 11-17 调查样本家庭亲戚中有无国家公职人员的分类比较

六、农户对政府精准扶贫成效的评价

为了解调查样本群众对政府实施脱贫攻坚的评价，在问卷调查中，我们设计了群众对政府脱贫攻坚满意度的调查。设计的问题是："你对当前政府开展的脱贫攻坚是否满意？如果 10 分为最满意，6 分为合格，你给其打多少分？"

统计分析的结果如下所示。

第十一章　脱贫成效：片区县贫困农户精准脱贫质量的综合评价

表 11-54　调查样本对象对政府扶贫效果的评分

		频率	百分比	有效百分比	累积百分比
有效	2	1	0.2	0.2	0.2
	3	3	0.6	0.6	0.8
	4	15	2.9	2.9	3.7
	5	33	6.4	6.5	10.2
	6	130	25.4	25.5	35.8
	7	132	25.8	25.9	61.7
	8	147	28.7	28.9	90.6
	9	39	7.6	7.7	98.2
	10	9	1.8	1.8	100.0
	合计	509	99.4	100.0	
缺失	系统	3	0.6		
合计		512	100.0		

资料来源：课题组问卷调查（2017）。

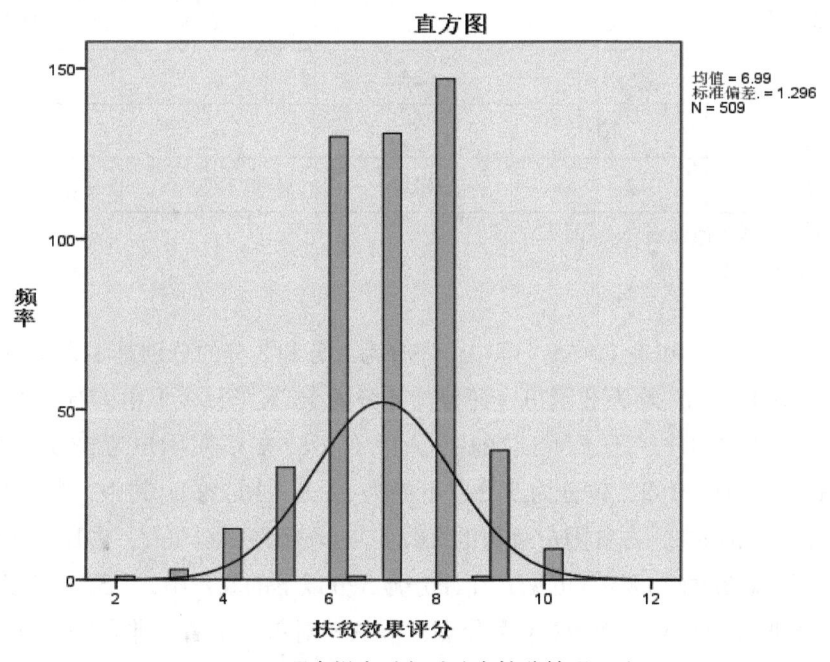

图 11-18　调查样本对象对政府扶贫效果评分图

从图 11-18 来看，调查样本对政府扶贫效果的评分呈标准的正态分布，均值为 6.98 分。最高分为 10 分，最低分为 2 分。6 分以上的占 89.8%，评分为 8 分的 147 人，占 28.9%，其次是 7 分的 132 人，占 25.9%，而评分为 10 分的也有 9 人，占 1.8%。总体来看，满意度是很高的。

为进一步了解贫困户与非贫困户对政府扶贫效果评价的差异，课题组对扶贫效果评分与是否贫困户进行交叉分析，结果如表 11-55 所示．

表 11-55 扶贫效果评分

		是否贫困户		合计
		贫困户	非贫困户	
扶贫效果评分	2	1	0	1
	3	3	0	3
	4	6	9	15
	5	23	10	33
	6	92	38	130
	7	104	28	132
	8	121	26	147
	9	34	5	39
	10	5	4	9
合计		389	120	509

资料来源：课题组问卷调查（2017）。
＊按是否贫困户交叉制表

综合表 11-54 和表 11-55，可知，评分为 2 分和 3 分的分别是 1 人（占 0.2%）和 3 人（占 0.6%），均为贫困户。评分为 4 分的 15 人（2.9%）中，有 6 人为贫困户，9 人为非贫困户；评分为 5 分的 33 人中（占 6.5%），贫困户为 23 人，非贫困户为 10 人。由此可知，评分为 5 分以下的为 52 人（10.2%），其中，贫困户为 33 人，占比为 63.46%，占贫困户总数的 8.48%；非贫困户为 19 人，占比为 36.53%，占非贫困户总数的 15.8%。可见，在评分为 5 分以下的农户中，从绝对占比来看，贫困户比非贫困户高出 26.93 个百分点，但从相对占比来看，非贫困户比贫困户高出 7.32 个百分点。

第四节 基于 Logistic 回归分析的片区县贫困农户脱贫成效检验

上一节通过对调查样本的各项指标进行描述性统计分析，旨在反映片区县脱贫攻坚的成效。分析结果表明，通过实施精准扶贫，片区县的脱贫攻坚成效是显著的。为了检验这一结果的真实性，本节采用两项 Logistic 回归分析法，探析五种生计资本要素与脱贫成效之间的因果关系。

一、变量的选取

本研究拟把 B1（是否为贫困户）作为被解释变量，在调查问卷指标体系中，选取其中具有代表性的 11 项指标作为解释变量进行两项 Logistic 回归分析。在人力资本方面，选取 A7R1（户主文化程度）、A11R1（户主是否健康）2 项指标，自然资本选取 C4（家庭承包田、承包地、承包山林总面积）1 项指标，物质资本选取 D2（房子是否装修）、D3（房子总面积）2 项指标，金融资本选取 E1（家庭年现金总收入）、E4（家庭务工收入）、F2（生活支出）、G1（家庭借贷总计）4 项指标，社会资本则选取 H1（家庭中有没有共产党员）、J1（小额信贷支持）2 项指标。其中，在解释变量中，A7R1（户主文化程度）、A11R1（户主是否健康）、D2（房子是否装修）、H1（家庭中有没有共产党员）、J1（小额信贷支持）5 个变量为分类型变量，其余变量为数值型变量。

二、变量的处理

因为分类型变量中各个类别之间是非等距的，故需将其转化成虚拟变量后，再进行回归分析。本研究拟分别将 5 个分类型变量中的第一个分类指示符作为参照类别，经 SPSS 软件 Logistic 回归分析操作，分类变量编码后生成的虚拟变量如表 11-56 所示。

把分类变量编码后生成的虚拟变量和其他数值型变量作为解释变量，将 B1（是否为贫困户）作为被解释变量，采用基于极大似然估计的逐步筛选策略（向前：LR）进行二项 Logistic 回归分析，经 SPSS 18.0 操作后，分析结果显示。

从表 11-53 中可以看出，经过 9 个步骤的逐步筛选，得出了最终的 Logistic 回归模型。由于各步骤的概率 $P-$ 值均小于显著性水平 α（0.05），因此进入模型中的解释变量全体与 Lofit P 的线性关系显著，模型合理。

表 11-56　Logistic 回归分类变量编码生成的虚拟变量表

		频率	参数编码				
			(1)	(2)	(3)	(4)	(5)
文化程度	未上过学	37	0.000	0.000	0.000	0.000	0.000
	幼儿园	2	1.000	0.000	0.000	0.000	0.000
	小学	267	0.000	1.000	0.000	0.000	0.000
	初中	164	0.000	0.000	1.000	0.000	0.000
	高中（含中专、技校）	22	0.000	0.000	0.000	1.000	0.000
	大专以上	4	0.000	0.000	0.000	0.000	1.000
是否健康	不健康	51	0.000				
	健康	445	1.000				
小额信贷支持	没有	423	0.000				
	有	73	1.000				
家庭成员有没有是共产党员	没有	459	0.000				
	有	37	1.000				
是否装修	否	347	0.000				
	是	149	1.000				

表 11-57　模型系数的综合检验

		卡方	df	Sig.
步骤 1	步骤	71.573	1	0.000
	块	71.573	1	0.000
	模型	71.573	1	0.000
步骤 2	步骤	19.504	1	0.000
	块	91.076	2	0.000
	模型	91.076	2	0.000

续表

		卡方	df	Sig.
步骤3	步骤	11.820	1	0.001
	块	102.897	3	0.000
	模型	102.897	3	0.000
步骤4	步骤	19.622	1	0.000
	块	122.518	4	0.000
	模型	122.518	4	0.000
步骤5	步骤	9.041	1	0.003
	块	131.559	5	0.000
	模型	131.559	5	0.000
步骤6	步骤	7.809	1	0.005
	块	139.368	6	0.000
	模型	139.368	6	0.000
步骤7	步骤	5.268	1	0.022
	块	144.636	7	0.000
	模型	144.636	7	0.000
步骤8	步骤	4.003	1	0.045
	块	148.638	8	0.000
	模型	148.638	8	0.000
步骤9	步骤	4.004	1	0.045
	块	152.643	9	0.000
	模型	152.643	9	0.000

表11–58显示了模型拟合优度方面的测度指标。最终，模型–2倍的对数似然函数值为377.243，Nagelkerke R方为0.404，数值较高，说明模型的拟合优度较好。

表 11-58　模型汇总

步骤	-2 对数似然值	Cox & Snell R 方	Nagelkerke R 方
1	458.313a	0.134	0.205
2	438.810a	0.168	0.256
3	426.989a	0.187	0.285
4	407.368b	0.219	0.333
5	398.327b	0.233	0.355
6	390.518b	0.245	0.373
7	385.250b	0.253	0.385
8	381.248b	0.259	0.394
9	377.243b	0.265	0.404

a. 因为参数估计的更改范围小于 0.001，所以估计在迭代次数 5 处终止。
b. 因为参数估计的更改范围小于 0.001，所以估计在迭代次数 7 处终止。

表 11-59 显示是 Hosmer 和 Lemeshow 检验的结果。在最终模型中，Hosmer 和 Lemeshow 统计量的观测值为 1.867，概率 P-值为 0.985，大于显著性水平 α（0.05），因此不应拒绝原假设，认为被解释变量实际类别值分布与预测类别值得分布无显著差异，模型拟合优度良好。

表 11-59　Hosmer 和 Lemeshow 检验结果

步骤	卡方	df	Sig.
1	0.000	0	0.0
2	13.800	8	0.087
3	16.254	8	0.039
4	5.483	8	0.705
5	12.500	8	0.130
6	6.821	8	0.556
7	4.094	8	0.849
8	3.203	8	0.921
9	1.867	8	0.985

表 11-60 显示了各模型的混淆矩阵。第一个模型的总体正确率为 77.4%，对贫困户预测的准确率极高，但对非贫困户预测的准确率极低。最终模型的总体正确率为 82.9%，对贫困户预测的准确率略有下降，但对非贫困户预测的准确率有所提高。可以看出，与其他 8 个模型相比，最终模型的总体正确率和非贫困户预测的准确率均为最高，故最终模型的应用性较好。

表 11-60　贫困户非贫困户预测分类表 a

	已观测		已预测		百分比校正
			是否贫困户		
			贫困户	非贫困户	
步骤 1	是否贫困户	贫困户	384	0	100.0
		非贫困户	112	0	0
	总计百分比				77.4
步骤 2	是否贫困户	贫困户	366	18	95.3
		非贫困户	82	30	26.8
	总计百分比				79.8
步骤 3	是否贫困户	贫困户	371	13	96.6
		非贫困户	77	35	31.3
	总计百分比				81.9
步骤 4	是否贫困户	贫困户	371	13	96.6
		非贫困户	75	37	33.0
	总计百分比				82.3
步骤 5	是否贫困户	贫困户	364	20	94.8
		非贫困户	72	40	35.7
	总计百分比				81.5
步骤 6	是否贫困户	贫困户	365	19	95.1
		非贫困户	70	42	37.5
	总计百分比				82.1
步骤 7	是否贫困户	贫困户	368	16	95.8
		非贫困户	71	41	36.6
	总计百分比				82.5

续表

已观测		已预测		
		是否贫困户		百分比校正
		贫困户	非贫困户	
步骤 8	是否贫困户 贫困户	367	17	95.6
	是否贫困户 非贫碧户	68	44	39.3
	总计百分比			82.9
步骤 9	是否贫困户 贫困户	364	20	94.8
	是否贫困户 非贫困户	65	47	42.0
	总计百分比			82.9
a. 切割值为 0.50				

表 11-61 显示了解释变量筛选的过程和各解释变量的回归系数检验结果。从该表可以看出，最终模型中除了 A7R1（户主文化程度）和 E4（家庭务工收入）这两个变量外，其他变量的回归系数显著性检验的 Wals 观测值所对应的概率 $P-$值均小于显著性水平 α（0.05），因此均拒绝原假设，意味着它们与 Logit P 的线性关系显著，应保留在方程中。

表 11-61 方程中的变量

		B	S.E,	Wals	df	Sig.	Exp（B）	EXP（B）的 95% C.I.	
								下限	上限
步骤 1a	D2（1）	1.916	0.234	67.280	1	0.000	6.794	4.298	10.738
	常量	−2.010	0.166	146.074	1	0.000	0.134		
步骤 2b	D2（1）	1.471	0.256	32.974	1	0.000	4.354	2.635	7.193
	E1	0.000	0.000	16.485	1	0.000	1.000	1.000	1.000
	常量	−2.479	0.209	141.028	1	0.000	0.084		
步骤 3c	D2（1）	1.357	0.262	26.767	1	0.000	3.884	2.323	6.493
	E1	0.000	0.000	13.304	1	0.000	1.000	1.000	1.000
	H1（1）	1.392	0.409	11.561	1	0.001	4.023	1.803	8.973
	常量	−2.504	0.210	141.490	1	0.000	0.082		

续表

		B	S.E.	Wals	df	Sig.	Exp（B）	EXP（B）的 95% C.I. 下限	上限
步骤 4d	A11R1（1）	3.263	1.109	8.662	1	0.003	26.121	2.974	229.424
	D2（1）	1.372	0.267	26.384	1	0.000	3.944	2.336	6.657
	E1	0.000	0.000	12.720	1	0.000	1.000	1.000	1.000
	H1（1）	1.565	0.427	13.455	1	0.000	4.782	2.072	11.033
	常量	-5.663	1.137	24.804	1	0.000	0.003		
步骤 5e	A11R1（1）	3.363	1.122	8.981	1	0.003	28.875	3.201	260.454
	D2（1）	1.355	0.270	25.096	1	0.000	3.877	2.282	6.588
	E1	0.000	0.000	13.505	1	0.000	1.000	1.000	1.000
	H1（1）	1.578	0.429	13.516	1	0.000	4.845	2.089	11.236
	J1（1）	-1.319	0.491	7.206	1	0.007	0.268	0.102	0.701
	常量	-5.645	1.151	24.049	1	0.000	0.004		
步骤 6f	A11R1（1）	3.554	1.176	9.131	1	0.003	34.945	3.486	350.294
	D2（1）	1.385	0.274	25.479	1	0.000	3.996	2.334	6.844
	D3	0.004	0.002	7.387	1	0.007	1.004	1.001	1.007
	E1	0.000	0.000	9.537	1	0.002	1.000	1.000	1.000
	H1（1）	1.493	0.437	11.650	1	0.001	4.450	1.888	10.488
	J1（1）	-1.369	0.501	7.466	1	0.006	0.254	0.095	0.679
	常量	-6.334	1.242	25.994	1	0.000	0.002		
步骤 7g	A11R1（1）	3.401	1.155	8.663	1	0.003	29.991	3.115	288.748
	D2（1）	1.439	0.278	26.791	1	0.000	4.215	2.445	7.268
	D3	0.004	0.002	7.931	1	0.005	1.004	1.001	1.007
	E1	0.000	0.000	5.878	1	0.015	1.000	1.000	1.000
	G1	0.000	0.000	4.909	1	0.027	1.000	1.000	1.000
	H1（1）	1.438	0.445	10.442	1	0.001	4.214	1.761	10.082
	J1（1）	-1.902	0.597	10.150	1	0.001	0.149	0.046	0.481
	常量	-6.222	1.219	26.037	1	0.000	0.002		

续表

		B	S.E.	Wals	df	Sig.	Exp（B）	EXP（B）的95% C.I.	
								下限	上限
步骤8h	A11R1（1）	3.437	1.162	8.747	1	0.003	31.079	3.187	303.064
	C4	0.012	0.007	2.785	1	0.095	1.012	0.998	1.026
	D2（1）	1.358	0.282	23.224	1	0.000	3.890	2.239	6.760
	D3	0.004	0.002	7.939	1	0.005	1.004	1.001	1.008
	E1	0.000	0.000	4.885	1	0.027	1.000	1.000	1.000
	G1	0.000	0.000	4.844	1	0.028	1.000	1.000	1.000
	H1（1）	1.450	0.447	10.525	1	0.001	4.262	1.775	10.231
	J1（1）	−2.116	0.654	10.474	1	0.001	0.121	0.033	0.434
	常量	−6.350	1.233	26.526	1	0.000	0.002		
步骤9i	A11R1（1）	3.682	1.220	9.110	1	0.003	39.731	3.637	434.065
	C4	0.015	0.008	3.736	1	0.053	1.016	1.000	1.032
	D2（1）	1.305	0.283	21.222	1	0.000	3.687	2.116	6.423
	D3	0.005	0.002	8.172	1	0.004	1.005	1.001	1.008
	E1	0.00002	0.000	8.291	1	0.004	1.000	1.000	1.000
	F2	0.00004	0.000	3.803	1	0.051	1.000	1.000	1.000
	G1	0.00001	0.000	5.104	1	0.024	1.000	1.000	1.000
	H1（1）	1.477	0.453	10.633	1	0.001	4.378	1.802	10.634
	J1（1）	−2.212	0.664	11.103	1	0.001	0.110	0.030	0.402
	常量	−6.582	1.300	25.641	1	0.000	0.001		

a. 在步骤 1 中输入的变量：D2。
b. 在步骤 2 中输入的变量：E1。
c. 在步骤 3 中输入的变量：H1。
d. 在步骤 4 中输入的变量：A11R1。
e. 在步骤 5 中输入的变量：J1。
f. 在步骤 6 中输入的变量：D3。

g. 在步骤 7 中输入的变量：G1。
h. 在步骤 8 中输入的变量：C4。
i. 在步骤 9 中输入的变量：F2。

三、回归结果的分析

根据表 11-57 给出的最终模型，可得出如下 Logistic 回归方程式：

Logit P ＝－ 6.582 ＋ 3.682 A11R1（1）（方程式 1）

方程式 1 反映了农户不同健康状况对于是否发生贫困的差异。从方程式 1 中可以看出，A11R1 变量所对应的概率 P- 值（0.003）小于显著性水平 α（0.05）。并且由于 A11R1 变量的参照水平为"不健康"，因此方程式 1 表示，健康农户相对于不健康农户使 Logit P 平均增长 3.682 个单位。结合优势分析可知，健康农户的优势是不健康农户的 39.731 倍，两者的优势比为 39.731，说明健康这一要素对于摆脱贫困状态显著有效。从现实来看，作为人力资本中重要因素之一的健康状况，其对贫困的影响是显而易见的。群众中流传的一句顺口溜"辛辛苦苦奔小康，一场大病全泡汤"正是这种情况的真实反映。可见，脱贫攻坚中切实保障贫困人口"病有所医"，对于抑制致贫返贫将起到关键性作用的。

Logit P ＝－ 6.582 ＋ 3.682 A11R1（1）＋ 0.015C4（方程式 2）

方程式 2 反映出在相同健康状况下，代表自然资本要素之一的 C4（家庭承包田、承包地、承包山林总面积）对贫困状态的影响。从方程式 2 中可以看出，C4 变量所对应的概率 P- 值为 0.053，尽管略大于显著性水平 α（0.05），但从表 11-53 中模型系数的综合检验结果分析可知，进入模型中的解释变量全体均与 Lofit P 的线性关系显著，模型合理，故仍可以将 C4 变量作为解释变量纳入模型中。方程式 2 的结果表明，农户家庭承包田、承包地、承包山林总面积的大小对于摆脱贫困状态具有较明显的作用。这应该比较符合石漠化片区农村的实际情况，拥有一定量的耕地（包括水田、旱地和山林）面积，农户就可以种植些玉米、稻谷等粮食，从而使"两不愁"中的"不愁吃"得到保障，但是由于石漠化片区大多数地方都干旱缺水，只耕种粮食虽能解决基本生存需求，但要真正实现脱贫还是远远不够的。

Logit P ＝－ 6.582 ＋ 3.682 A11R1（1）＋ 0.015C4 ＋ 1.305 D2（1）（方程式 3）

方程式3反映了房屋装修情况对贫困状态的影响。从方程式3中可以看出，D2变量所对应的概率P-值（0.000）小于显著性水平α（0.05）。由于D2变量的参照水平为"不装修"，因此方程式3表示"房屋装修户"相对于"房屋未装修户"使Logit P平均增长1.305个单位。结合优势分析可知，装修房屋户的优势是不装修房屋户的3.687倍，两者的优势比为3.687。

Logit P ＝－6.582＋3.682 A11R1（1）＋0.015C4＋1.305 D2（1）＋0.005D3（方程式4）

方程式4反映了D3（房子总面积）对贫困状态的影响。从方程式4中可以看出，D3变量所对应的概率P-值（0.004）小于显著性水平α（0.05），说明房子总面积的大小对于摆脱贫困状态具有显著作用。

房屋作为物质资本的要素之一，是农户贫困与否的重要衡量指标。从石漠化片区农村的实际情况来看，农户一旦解决了温饱问题，手头略微宽裕之后，他们首先考虑的就是改善自身的住房条件。但房子建多大、是否装修，与农户的经济状况有密切关系。一般来说，农户都是先把房子建起来，等过了几年，经济状况得到进一步改善之后，才考虑到房屋的装修，这是石漠化片区农村的常态。可见，上述方程式3和方程式4较好地揭示了石漠化片区农户物质资本与贫困状况之间具有的内在关系。

Logit P ＝－6.582＋3.682 A11R1（1）＋0.015C4＋1.305 D2（1）＋0.005D3＋0.00002E1（方程式5）

方程式5反映了E1（家庭年现金总收入）对贫困状态的影响。从方程式5中可以看出，E1变量所对应的概率P-值（0.004）小于显著性水平α（0.05），说明农户家庭年现金总收入的大小对于摆脱贫困状态具有显著作用。在脱贫攻坚中，贫困户脱贫的标准之一就是其可支配收入要高于国家扶贫标准线。只有农户具有稳定的收入来源，其脱贫才具有稳定性和可持续性。正是在这个意义上，习近平同志反复强调"产业扶贫是稳定脱贫的根本之策"[①]。

Logit P ＝－6.582＋3.682 A11R1（1）＋0.015C4＋1.305 D2（1）＋0.005D3＋0.00002E1＋0.00004F2（方程式6）

方程式6反映了F2（生活支出）对贫困状态的影响。从方程式6中可以看

[①] 中共中央党史和文献研究院：《习近平扶贫论述摘编》，中央文献出版社2018年版，第83页。

出，F2 变量所对应的概率 P- 值为 0.051，尽管略大于显著性水平 α（0.05），但从模型系数的综合检验结果分析可知，进入模型中的解释变量全体均与 LofitP 的线性关系显著，模型合理，故仍将 F2 变量作为解释变量纳入模型中。方程式 6 的结果说明，生活支出的大小对于摆脱贫困状态具有显著作用。

收入和支出直接影响农户金融资本的积累。一般而言，在摆脱了绝对贫困（简而言之就是解决了温饱）之后，收入水平越高，生活支出就会越高。相反，在没有解决温饱之前，一个家庭的生活支出（尤其是食品支出）越大，则意味着越贫困，这就是恩格尔系数所揭示的客观规律。对调查问卷数据的分析中表明，调查样本家庭的生活支出占总支出的比例为 42.59%，虽然看起来大大超过了 2017 年全国农村的恩格尔系数 29.3%，但本研究中所指的"生活支出"并不仅仅局限于食品支出，还包括购买衣物等日常开支，再加上石漠化片区经济社会发展水平相对滞后，生活支出比例大一些也是正常的。由此来看，方程式 5 和方程式 6 是对石漠化片区脱贫质量的真实反映，表明其脱贫有较稳定的支撑条件。

$$\text{Logit } P = -6.582 + 3.682 A11R1(1) + 0.015C4 + 1.305 D2(1) + 0.005D3 + 0.00002E1 + 0.00004F2 + 0.00001G1 \text{（方程式 7）}$$

方程式 7 反映了 G1（家庭借贷总计，指的是农户从金融机构获得的贷款）对贫困状态的影响。从方程式 7 中可以看出，G1 变量所对应的概率 P- 值（0.024）小于显著性水平 α（0.05），说明家庭借贷总计的大小对于摆脱贫困状态具有显著作用。获得金融机构贷款之所以对脱贫有显著效应，是因为农户扩大生产规模需要外部资金的支持。这在石漠化片区显得尤为重要，因为这一区域是全国集中连片特困地区之一，产业发展仍处于较低水平，一般来说，作为基本生产单位之一的农户的原始积累不是很雄厚。在脱贫攻坚中，借助金融机构的贷款支持，就可以降低其融资成本，提高特色产业发展的竞争力。

$$\text{Logit } P = -6.582 + 3.682 A11R1(1) + 0.015C4 + 1.305 D2(1) + 0.005D3 + 0.00002E1 + 0.00004F2 + 0.00001G1 + 1.477 H1(1)\text{（方程式 8）}$$

方程式 8 反映了 H1（家庭中有没有共产党员）对贫困状态的影响。从方程式 8 中可以看出，H1 变量所对应的概率 P- 值（0.001）小于显著性水平 α（0.05）。并且由于 H1 变量的参照水平为"家庭中有没有共产党员"，因此方程式 8 表示"有共产党员"的家庭相对"没有共产党员"的家庭可以使 Logit P 平均增长 1.477 个单位。结合优势分析可知，有共产党员家庭的优势是没有共产党员家庭的 4.378

倍，两者的优势比为 4.378，说明家庭中有共产党员有助于摆脱贫困。在脱贫攻坚中，我们从中央到地方都高度重视抓党建/促脱贫，这本身就要求共产党员要发挥先锋模范作用。所以，作为社会资本的要素之一的"家庭里有共产党员"，对脱贫效应产生显著影响是合乎情理的。

Logit P $=-6.582+3.682$ A11R1（1）$+0.015$C4 $+1.305$ D2（1）$+0.005$D3 $+0.00002$E1 $+0.00004$F2 $+0.00001$G1 $+1.477$ H1（1）-2.212 J1（1）（方程式 9）

方程式 9 反映了 J1（小额信贷支持）对贫困状态的影响。从方程式 9 中可以看出，J1 变量所对应的概率 P-值（0.001）小于显著性水平 α（0.05）。并且由于 J1 变量的参照水平为"没有小额信贷支持"，因此方程式 9 表示有小额信贷支持的家庭相对于没有小额信贷支持的家庭会使 Logit P 平均降低 2.212 个单位。本研究把"小额信贷的支持"纳入社会资本范畴，意指通过帮扶责任人等帮助，使贫困户获得"三免"（免担保、免抵押、免利息）的小额贷款，其本身理应是属于金融资本范畴，从常识上来看，对脱贫理应具有正向的作用。但模型运行的结果与研究设计的初衷相背离，这可能是因为在实践中，各地在执行这一支持政策中产生偏差所致。比如说，一些地方为了防止农户拿了贷款不用于生产，或者即便用于生产，由于其能力不足等问题而会产生呆账、坏账，所以往往采取"户贷企用""委托经营"等方式，让贫困户"坐等吃利息"，本可以产生"造血"效应的小额信贷支持政策成为变相的"输血型"政策，助长贫困户"等靠要"的"懒汉思想"产生，因此，模型运行结果对脱贫具有负向作用。这是值得注意改进的。

综上所述，基于两项 Logistic 回归分析模型的 9 个方程式中，有 8 个对贫困户脱贫具有显著的或者较为显著的正向作用。在脱贫攻坚中，在基于精准扶贫的可持续脱贫分析框架下，自然资本、物质资本、人力资本、金融资本和社会资本协同发力，共同推动脱贫攻坚取得显著成效，同时表明，石漠化片区县在脱贫攻坚中采取的精准扶贫措施效果是明显的，其脱贫成效是经得起实践和历史检验的。

第十二章

问题诊断：
片区县贫困农户可持续脱贫的制约因素分析

可持续脱贫是一个长期的过程，巩固脱贫攻坚的成果仍是长期而艰巨的任务。本章拟利用 2017 年对 26 个片区县农户的问卷调查资料，结合本课题几年来开展的其他调查研究，对片区县贫困农户可持续脱贫的制约因素展开分析。

第一节 自然资本匮乏仍较突出

可持续生计分析框架下的自然资本主要是指满足人类生存需求的自然条件，包括耕地、林地、水、气候等，是支撑可持续脱贫的自然资本。只有自然资本满足生计可持续的要求，可持续脱贫才有基本的前提条件。反之，可持续脱贫就会失去其"根基"。这也可以从本课题2017年对500多个农户开展的访谈中得到佐证。

一、村民的自然资本认知

大多数受访者认为，自然条件恶劣是导致所在村屯贫困的主要因素，这表明自然资本匮乏仍是片区县的一个突出问题。归纳起来，主要有以下几种情况。

（一）地理位置偏远，自然条件差

有的受访者（LY县JT村村民H）认为："地理条件不好，太多山太偏远。"有的（FS县BL村村民L）认为："（地处）偏远地区，主要地形为山地，难以开展规模化生产。"有的（XC县HP村村民X）说："地理位置偏僻，住在山旮旯里，自然条件不太好。"还有的（DL县TD村村民）说："地理条件限制吧，山太多、地太少，离县城又太远！"这种情况在石漠化片区中是相当普遍的。2016年7月，笔者曾到广西大化瑶族自治县（2018年，大化瑶族自治县、都安瑶族自治县、隆林各族自治县和那坡县被广西确定为全区4个极度贫困县）板升乡调研，该乡距离大化瑶族自治县的县城有118公里，地处四县交界，东与都安瑶族自治县的下坳、弄福乡接壤，东北部与河池市金城江区相接，西北部与东兰县的大同乡交界，西南与本县的板兰乡隔河相望，南邻本县的七百弄乡。板升乡是典型的大石山区，大多数村屯散落在千山万弄当中，居住极为分散，距离乡政府最远的村屯甚至有30多公里。地理位置偏远是石漠化片区的一个普遍特征。

（二）干旱缺水仍未根本解决

访谈中，有的群众（LY县TJ村村民W）说："缺水，种植环境（条件）不好，没有收成。"在大石山区里，"吃水难"成为农户的一块心病。据笔者2016年7月对大化瑶族自治县板升乡的调查，2016年，该乡有141户652人未解决安全

饮水问题，占贫困户总数的 7.2%，占贫困人口总数的 7.5%。另据 2016 年 7 月对都安瑶族自治县三只羊乡龙防村的调查，全村没有地表河流或小溪，村民喝水只能靠建水柜来储蓄雨水，家家户户必须建水柜。又如，2016 年 8 月，笔者在对云南省文山壮族苗族自治州广南县旧莫乡里卡村的调研中了解到，该村的情况也和龙防村相似，截至调查之时，还有 9 个自然屯 414 户 2468 人没有解决安全饮水问题，占全村总人口的 58.6%。

（三）土地资源缺乏，稀有的土地极为贫瘠

土地资源匮乏是片区县农村的又一特征，也是制约其发展的一大难题。有的群众（FN 县 NH 村村民 L）说："从自然资源来看，我们村属于（居住在）山上的村子，水资源较少，还有就是这个地方的土地资源少。"有的（DL 县 DT 村村民 Z）直言："那么山的地方能做什么，想种东西也没地方（耕地）给种的。"有的（FS 县 BL 村村民 H）说："在大山里面都是山地，没有致富路（途）径。"……

二、自然资本匮乏的个案

自然资本缺乏是石漠化片区农村的普遍现象。在课题组开展的实地调研中，收集到不少这方面的案例，在此，以 2016 年调研的两个个案加以分析。

专栏 12-1　G 省 DAYZ 自治县 SZY 乡 LF 村党支部书记的访谈

时间：2016 年 7 月 17 日下午　　地点：村部办公室

我今年 57 岁了，家里 5 口人。我从 1990 年 8 月就开始担任村干部，当了 20 多年副主任，2014 年换届时才"双肩挑"，既是村支部书记，也是村委会主任，也算是村里面的老干部了！我的文化程度是高中，但是在"文化大革命"中读的高中，那时候基本没有学到多少东西。我们村人均耕地面积仅 0.6 亩。很少啊！我们乡大多数村屯都一样！因为我们居住在大石山区，耕地面积都以播撒多少玉米种子来计算，锅一块、瓢一块的，所以无法具体丈量。我们大石山区流传着一个笑话：有一个人去种玉米，原来自家的地一共有 25 块，可怎么数了半天还是少一块？最后发现原来是草帽盖住了一块。这个嘛，其实是一个真实的"冷笑话"！用这个来形容我们村是最合适不过的了。

2014 年下半年，县里就开始搞精准识别，2015 年 10 月至 2016 年 2 月统一搞精准识别"回头看"，我们村识别的结果是贫困户 144 户 584 人，

第十二章　问题诊断：片区县贫困农户可持续脱贫的制约因素分析

贫困发生率达到35%。这些贫困户的致贫因素主要有：第一，因病而缺劳动力。如巴伦队Y某某，全家6口人，夫妇两个，4个小孩。户主生病，女儿也生病，所以很困难。精准识别得分才16分，家里连房子也没有办法建。第二，生产生活条件比较恶劣。上面说过，我们村人均耕地仅有0.6亩。第三，靠天"吃水"。主要通过建水柜来解决饮水问题。虽然有一半的家庭建有20多立方米以上的水柜，但还是很难解决问题的。群众的经济收入来源最主要是外出务工。全村一共有350人左右常年在外务工。每年每人平均收入1.5万~2.5万元不等。这些人基本上是青壮年，50岁以下。再就是养殖，主要是养羊，养殖规模在20只以上的有60多户；也养些鸡，但不上规模。这里是大石山区，修1公里的路要花50万元都不止。农房改造任务还有120户，涉及553人。要建60平方米的一层钢混结构房至少需要5万~7万元。还有就是群众"增收难"是最突出的难题，我们这里人均耕地少，主要靠外出务工，收入不稳定，也不是长久之计。最难脱贫的是那些因病、因残、因老而无劳动力的家庭。这样的家庭不是很多，大约15户。

按照精准脱贫标准要求，我们要到2019年才能实现全部脱贫。脱贫攻坚最难的是屯级道路建设和农房改造。全村共有5个自然屯未通屯级道路。这些屯离村部最远的是2公里，近的是1公里，总共是9公里左右。

对LF村支部书记的访谈佐证了片区县贫困乡村缺水缺土的基本状况，且他们的人均耕地（实际上就是石窝地）仅有0.6亩。为此，全村大部分青壮年不得不外出务工。由于自然条件差，尤其是缺乏土地资源和水资源，产业发展不起来，传统农作物（如玉米、黄豆等）的产量又极其低下，因此，外出务工就是他们谋求生计可持续的不二选择。

从发展的视角来看，一个地方的可持续发展必须有区域特色的产业来支撑。大多数受访者都认为，当地"没有可以发展的产业"，所以，绝大多数农户为生计所迫，不得不外出务工。LY县TJ村村民W认为："自然条件不太好，也没有外来的扶持，所以没有什么就业岗位，很多人都选择出去打工。"有的（DL县DJ村村民W）说："反正现在能出去打工的都出去了，像我们在家的能有什么钱啊！"有的则更具体地描述了这一现象，LY县TJ村村民W认为："一是自然条件比较恶劣，养殖或是种植都比较难；二是没技术和资金，如果像华润小镇——百色市右江区打造的一个特色小镇——那样得到技术资金的支持，相信还是有很多人愿意留在家里的。现在很多人都选择出去打工了,因为在家没有那么多的工作岗位提供给我们。"可见,由于自然条件恶劣,自然资本满足不了产业发展和就业的要求,因而外出务工就成为当下贫困人口脱贫的主要途径。

三、有待完成的艰巨任务

现行的扶贫易地搬迁安置工作满足不了实际需求,并非上述个案,在滇桂黔石漠化片区中应当为数不少。但彻底解决"一方水土养不起一方人"的问题也并非易事,不仅需要有庞大的资金支持,也需要转变搬迁安置人口自身的思想观念,还需要统筹谋划搬迁方式,等等,因而它是一项长期而又艰巨的系统工程,要完成这一庞大工程,尚需假以时日。正如习近平总书记所指出的,"对目前不具备搬迁安置条件的的贫困人口,要先解决他们'两不愁三保障'问题,今后可结合实施乡村振兴战略,压茬推进,通过实施生态搬迁和有助于稳定脱贫、逐步致富的其他搬迁,继续稳步推进"[①]。

第二节 物质资本支撑尚待加强

作为生计资本构成要素之一的物质资本包括了交通基础设施、水利设施、住房、生产和生活工具以及信息网络设施等,其中,交通基础设施是关键要素,它既影响到生产活动,也影响到生活条件的改善及生活质量的提高。因此,本节以交通基础设施建设为例加以分析。

一、改善交通基础设施:群众的期盼

作为联系区域经济与社会活动的纽带,完善的交通基础设施有利于生产要素在区域间的流动,进而加快区域经济一体化的形成,是一个区域发展的重要物质资本。有学者对交通基础设施与经济增长的关系进行了计量分析,得出的结论是,每百万人口拥有的公路里程数每提高一个百分点,人均 GDP 增长率就可提高 0.82 个百分点。[②] 另有学者认为,进入 21 世纪,交通基础设施与经济增长的弹性系数

[①] 中共中央党史和文献研究院:《习近平扶贫论述摘编》,中央文献出版社 2018 年版,第 84 页。
[②] 白永秀、严汉平:《西部地区基础设施滞后的现状及建设思路》,《福建论坛(经济社会版)》2002 年第 7 期,第 2 页。

提高到 0.07，交通基础设施存量对我国经济增长发挥着重要作用。①由此可见，作为物质资本中最重要的要素之一，完善的交通基础设施对于促进滇桂黔石漠化片区县贫困农户可持续脱贫至关重要。

习近平总书记对加快贫困地区交通基础设施建设问题一向高度重视。在 2017 年中央经济工作会议上，他指出："要向深度贫困地区聚焦发力，以解决突出制约问题为重点，以重大扶贫工程和到村到户帮扶为抓手，强化支持保障体系，加大政策倾斜和扶贫资金整合力度，因地制宜，着力解决这些地区公共服务、基础设施欠缺等问题，改善其发展条件。"②

在访谈中我们发现，访谈对象无论是非贫困人口，还是贫困人口，对改善交通基础设施都表现出十分迫切的要求。在对什么是影响本村贫困的主要因素这一问题的回答中，大多数人都把交通基础设施依然落后作为主要因素之一。比如，有的（TY 县 AD 村村民）说："地形闭塞，交通不便，远离县城，资源匮乏。"RS 县 CD 村村民 L 某直率地说："路！都说'要想富，先修路'，但是我们村距离县城 135 公里，道路坑坑洼洼的，车子要开一整天能才到，出行非常难。"有的（DA 县 DJ 村村民）很中肯地说："我们队（屯）真的是太偏远了，水泥路都还没有通，出行非常不方便！"RS 县 CD 村村民 H 说："路没修好，农产品没能销售出去，与外界联系不紧密。"从这些朴实的话语中可以看出，老百姓对改善交通基础设施的那种渴望和极其迫切的心情。

俗话说得好："路通财才通。"2016 年 7 月，笔者在 G 省某个大石山区一个瑶族村子里调研，曾对一位年轻小伙子 LRP 进行访谈（见专栏 12-2），在访谈中，这位小伙子以其切身感受道出了这一基本规律，话语中透露出了他对改善本村道路现状的迫切心情。所幸的是，后来笔者欣喜地了解到当时陪同调研的乡政府工作人员说，通往 LRP 所在的，那个屯的路已经修通了。

专栏 12-2　DHYZZ 县××乡××村××屯村民 LRP 访谈

时间：2016 年 7 月 19 日下午　　地点：LRP 家

我今年 27 岁。家里有 6 口人，我的母亲（48 岁），老婆（25 岁）；小孩三个，第一个是男的，5 岁；第二个是女的，3 岁；第三个是男的，刚

---

① 张学良：《中国交通基础设施促进了经济增长吗——兼论交通基础设施的空间溢出效应》，《中国社会科学》2012 年第 3 期，第 61—77 页。
② 中共中央党史和文献研究院：《习近平扶贫论述摘编》，中央文献出版社 2018 年版，第 81—82 页。

出生两个月。家里有 4.2 亩旱地，但平地不到一半，都是山坡地（石山坡），只能种黄豆、玉米。玉米每亩产三四百斤，一年下来，最多可收玉米 1000 斤、黄豆 200 斤左右。我家虽有 3 个劳动力，但一个要带小孩，只有我出去广东打工，现在东莞一家工厂里干活。目前，家里的收入来源一是种地（玉米、黄豆），但光种地，连基本生活也难维持的；二是打工，主要依靠我出去（打工）了；三是养猪，但主要是过节日时自己杀了吃的。现在住的这间房子什么时候建的我不知道，但我小时候就住在这里了，可能有 30 年了吧，房子很不好啊！但目前还没有建新房的打算，等我们屯通了公路再讲了。我们村有 20 多户人家，只有 1 户盖了砖混结构的房子，那是因为路不通，材料没办法运进来。刚才你们到我们屯这里来的路上也看到了吧！根本就没有路可走啊！你们要问我最大的愿望是什么？那就是帮我们修好通到我们屯的路吧。只要修好这条路，过两年你们再来时，一定会看到我们这个村的变化！

二、完善交通基础设施：任重而道远

通过脱贫攻坚，虽然贫困地区尤其是片区县中那些深度贫困地区的交通基础设施有了较大改善，但与促进贫困农户可持续脱贫的要求仍有较大差距。主要表现如下：

一是部分片区县与外部联系的主干交通网络尚未形成。以县通高速公路为例，在广西 35 个片区县中，仍有融水苗族自治县、环江毛南族自治县、罗城仫佬族自治县、天峨县、乐业县、凌云县、西林县、天等县、凤山县等 9 个县未通高速公路，占广西石漠化片区县的 25.7%。

二是部分县城通往乡镇的公路等级低、路况差，导致物流成本高企。2018 年 5 月，笔者再次到 G 省某边境极度贫困县调研时发现，该县与外界联系的主动脉已经通了高速公路，昔日从首府到该县需要花整整一天的时间，如今只需要 4 个小时左右，这是历史性的巨变。但从该县县城到其所辖的某边境乡镇，仅 50 多公里的路足足要用 3 个小时。因为这条路虽然是三级公路，但不仅坡度和弯度都比较大，而且沿路大大小小的滑坡、塌方等共有 124 处，平均每公里就有 2 处大小不等的损毁。据当地乡政府官员介绍，2017 年的一次大塌方冲断了该乡通往县城的交通，群众要从乡政府到县城只能绕道邻县，多走上百公里的路。几个月后，这条路才得以修复。由于交通不便，运输成本极高。据村民反映，拉一车建筑材料从县城运到该乡，材料费仅600元，但运输费高达1000元。反之，当地农产品也因物流成本高企而缺乏市场竞争力。

三是部分片区县村屯道路建设任务繁重。以G省为例，从20世纪八九十年代以来，该省把"村村通公路"作为扶贫开发的重要任务，但由于财力不济，对村屯道路建设的投入长期不足，所修建的村屯道路大多数都是砂石路，加之道路建成后极少有维护资金来维护。因此，作为连通乡村内部的"毛细血管"——村屯道路建设，大多数只能满足基本的通行，在不少地方村屯道路畅通尚难以得到根本性解决。表12-1反映出来的村屯道路基础设施建设滞后状况可以说是石漠化片区村屯道路的一个缩影。

表12-1　G省DH县BS乡交通基础设施需求表

序号	村名	未通路自然屯（个）	居住户数（户）	居住人口（人）	建档立卡贫困户数（户）	建档立卡贫困人数（人）	未通路里程（公里）
1	A村委会	24	184	704	101	419	35.5
2	B村委会	14	132	570	71	379	23
3	C村委会	10	98	444	84	386	22.5
4	D村委会	9	37	115	26	89	19
5	E村委会	14	137	497	53	189	26.5
6	F村委会	8	110	485	54	279	22.5
7	G村委会	11	103	386	58	226	25.5
8	H村委会	7	63	240	40	183	18.5
9	I村委会	11	115	498	91	419	23.5
10	J村委会	4	13	38	7	11	10
	全乡合计	112	992	3977	585	2580	227

资料来源：课题组调研中所在乡镇提供的统计材料（2016年7月）。

从表12-1可知，该乡需要建设的屯级道路有227公里，以每公里30万元计，需要投入资金6810万元。但在石漠化片区开展公路交通基础设施建设，其成本要大大超出其他地区。在调研中，基层反映最强烈的就是屯级道路建设资金补助的"一刀切"现象。乡村干部认为，在石山地区修建屯级道路，每公里至少要花费60万元，而国家实行的补助标准无论是哪个地区，都一律是30万元/公里，这还不包括护栏等安全措施的投入。如果以60万元/公里计算，该乡的投入就达到13620万元，而片区县财政基本上是"吃饭"财政，往往是捉襟见肘的。2016年8月，笔者在G省某自治县调研，该县交通运输部门领导反映，如果要全部解决全县村屯道路建设问题，所要投入的资金将达到21亿元。该县也是G省4个极度贫困县之一，财力十分有限，2017年公共财政预算收入为33 047万元，人均一般公共财政预算收入是768元，仅及G省平均水平的26.64%。解决村屯道路建设如此巨大的投资，对于该县而言，简直就是天文数字。投资需求与投入供给的严重失衡是石漠化片区县农村道路建设滞后的症结所在。

四是村屯产业路建设尚难提到议事日程。2018年5月，笔者在对某片区县基层的调研中，曾就这个问题与村干部作了深度交流。专栏12-3反映出片区县农村产业路建设的重要性。因为只有解决了这一基本支撑条件，该村才有规模化经营这些产业的物质基础，才能引来外部投资者来开发当地优势资源，才有可能把当地群众组织起来发展这些特色优势产业，可持续发展产业的培育才有坚实的基础。在调研中，当地基层干部反映，这个问题尚未纳入当地政府决策者的议事日程。笔者分析，一来该县是G省的4个极度贫困县之一，财力非常有限，2017年公共财政预算收入为2.26亿元，人均财政收入为1039元，仅为全G省平均水平的36%，拿不出更多的资金支持产业路的建设；二来八角等特色产业的培育是前几届党委、政府提出的发展思路，当时该县曾提出过"八角玉桂立县"的口号，如今的产业扶贫并没有沿着原有思路来推进，所以相关产业路没有列入政策扶持范畴也就不难理解了。

专栏12-3　对G省NP县BS乡GM村干部的访谈

时间：2018年5月6日下午

地点：GM村党支部书记、村委会主任家

我们村地处土山地区，全村10个自然屯486户2144人（2017年末数据）。开展精准识别时，全村贫困户有204户871人，贫困发生率为40.6%。全村耕地652亩，其中，水田370亩、旱地281亩，人均耕地仅0.3亩，但山坡地较多，有6000亩的经济林，分别为八角3000亩、油茶

2000亩、杉木1000亩，平均每户有10~15亩的经济林，而且已进入盛产期。通过两年多来的精准扶贫，对照贫困户"两不愁三保障"脱贫标准，义务教育、医疗保障都已经达标，大约还有8户贫困户的住房问题需要解决，但公共基础设施问题没有完全解决，比如安全饮用水问题，还有5个自然屯没有解决，涉及1500人左右，其中有300多贫困人口。这已经有了规划，2018年就可以完成。

我们村未来的持续发展最大的难题还是产业路。从连接外部的交通条件来看，我们村刚好处在县城与乡政府的中间，距离县城和乡政府都是28公里，距离通乡的三级公路也只有7公里，交通还算是可以的。我们村最大的优势是经济林多，按理说，以我们这样的自然条件，不应该贫穷！就拿山茶油和八角来说吧，去年（2017年），一斤干的茶油果可以卖11元，我们平均每亩可以产干茶油果300斤左右，全村仅这一项就可以增收660万元；如果村里的八角能够实施低产改造，每亩收入至少也是2000元，全村可以增收600万元，单是这两项人均增收就可以达到5800元左右。但由于产业路没有修，护理措施也就跟不上，再加上采摘、运输等都需要肩挑马驮，目前只能各家各户分散地来做经营，基本没有太多效益。我们村的产业路至少要修50公里，每公里以30万元计算，就需要投入1500万元，完全靠政府投入是不现实的。建议多方投入，比如说采取政府＋群众＋企业多方投资来解决。

第三节　人力资本提升空间较大

在可持续生计分析框架下，人力资本作为可持续生计资本的核心要素，是促进可持续脱贫的重要支撑。李晓嘉、蒋承新近的实证研究表明，人力资本对贫困户收入提高的作用十分显著，且有利于缩小农户之间的收入差距。[①] 马文武、刘虔的研究则表明，农村个体人力资本的积累对农村贫困下降的贡献达到15%~23%，但在城乡二元结构显著和城乡人口自由流动的条件下，农村个体人力资本积累的

---

① 李晓嘉、蒋承：《农村减贫：应该更关注人力资本还是社会资本？》，《经济科学》2018年第5期，第68-80页。

减贫作用主要是实现增加非农收入。[1] 此外，有的则认为，人力资本投资是教育、技能、健康以及迁移的综合体，其各个部分都与收入有着密切关系，并以增加收入为桥梁，作用到农村贫困的治理上。[2] 从上述研究文献中可以看出，尽管不同学者因研究的出发点和方法各有所异，得出的结论未必完全相同，但对于人力资本在贫困人口脱贫中具有重要的推动作用的观点却有高度的共识。

一、"阻断贫困代际传递"尚需假以时日

在推进精准扶贫过程中，与提升贫困人口人力资本相关的到户到人帮扶举措受到了高度重视。从顶层设计来看，在中央提出的精准扶贫"五个一批"基本途径中，把"发展教育解决一批"作为"阻断贫困代际传递"的重要途径。同时，健康扶贫也被列为重要的帮扶举措。需要特别指出的是，贯穿精准扶贫过程始终的是习近平总书记关于"治贫先治愚""扶贫先扶志""扶贫与扶志、扶智相结合"等方面的根本要求。这些顶层政策设计为提升贫困人口人力资本奠定了坚实的制度基础。从实践层面来看，各地通过优化教育资源配置，促进城乡教育均衡发展，强化义务教育阶段"控辍保学"，推进职业教育与义务教育无缝衔接，贫困家庭劳动力转移就业或就地就业技术培训等，促进教育精准扶贫政策落地生根；通过推进城乡基本医疗保障全覆盖，提高贫困人口住院医疗费报销比例，推广大病保险、实施医疗救助等，这些举措有效地缓解了贫困人口"看病难""看病贵"等难题，有效提高了贫困人口的健康水平。上述两个方面政策举措的落实有力地提升了贫困人口的人力资本，形成了助推贫困人口可持续脱贫的有力支撑。

然而，片区县人力资本的提升尚有较大空间。首先，在现有农村贫困人口中，接受教育的水平还是比较低的。在本课题组 2017 年开展的农户问卷调查及访谈中，相当一部分受访者认为文化水平不高是该村屯贫困的主要原因之一。在访谈中，FS 县 BL 村村民 W 说："应该是村民文化水平不高，因为老一辈（小）的时候山村比较落后，很穷，所以很少（有）人读书，搞得现在村民都没有文化，工作只能卖苦力，又累又穷。"LL 县 BY 村村民 B 则认为："（村民）没有文化，好工作找不到。"DL 县 TD 村村民 L 则说，"（村民）文化程度都比较低"。有的认为（LY 县 TJ 村村民 W）："有文化的人太少，思想还是太落后。"RS 县 CD 村村民 Z

---

[1] 马文武、刘虔：《异质性收入视角下人力资本对农民减贫的作用效应研究》，《中国人口·资源与环境》2019年第3期，第137-147页。
[2] 李龙：《农村贫困地区的人力资本与贫困研究》，济南大学2015年版，第18页。

说,"文化水平低,没有技术,没有知识"……

在2017年本课题开展的调研中,受访者对"导致村屯贫困的主要因素"的回答都强调片区县贫困人口文化水平比较低这一事实。这可以从本课题组对问卷调查样本的分析中得到佐证。在调查样本中,16岁以上未上过学(含只上过幼儿园)的有222人,占调查样本中16岁以上劳动人口的14.17%,小学文化的有704人占,44.92%,初中文化的有494人,占31.53%,高中文化(含中专、技校)的仅有91人,占5.8%,大专以上的仅有56人,占3.57%。进一步分析表明,调查样本劳动人口平均受教育年限仅为6.8年,比全国劳动年龄人口平均受教育年限10.5年[1]低了3.7年。

笔者2016年7月的相关典型调查也证明了片区县贫困人口文化程度低的结论。G省DH县某乡提供的资料表明,该乡2015年8651个贫困人口中,文盲半文盲占比为18.48%,小学文化程度占47.65%,初中文化程度占17.32%,高中以上文化程度仅占4.27%。值得注意的是,该乡的贫困人口文盲半文盲和小学文化程度占到贫困人口总数的66.04%,而初中以上文化程度仅占21.59%。可见,文化程度低是其贫困的主要原因。

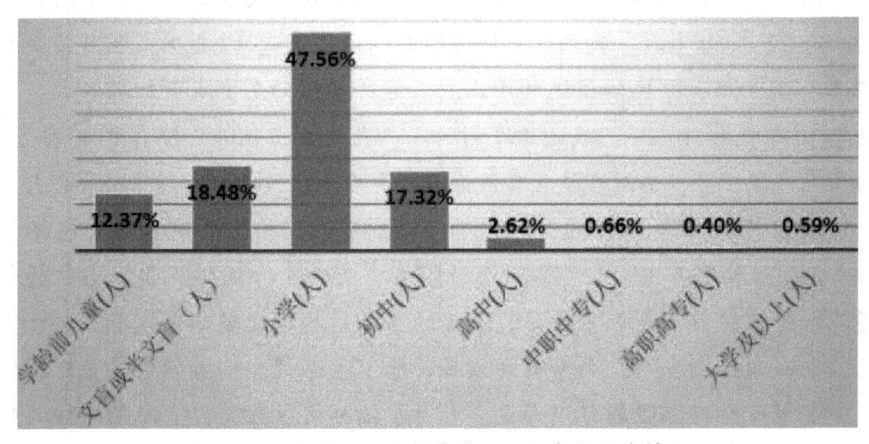

图12-4 G省DH县某乡贫困人口文化程度情况

二、城乡教育"剪刀差"现象依然突出

更令人忧虑的是,当前在片区县特别是一些远离中心城市的片区县中,城乡

---

[1] 柴葳、刘博智、刘晓蕾:《李克强总理:劳动年龄人口平均受教育年限提高到10.5年》,http://www.jyb.cn/zcg/xwy/wzxw/201803/t20180305_1010484.html。

教育资源的不平衡仍未得到根本解决，甚至有的还在进一步恶化。2018年5月，笔者调研的G省某个边境县所属的一个边境乡6个村，其人口最少的村有1300人，最多的村有2200人，这6个村都只设一个一、二年级合班的复式教学点，学生人数最多的一个教学点有25个学生，最少的一个教学点仅有8个学生，每个教学点仅配1位教师，这些教师普遍年纪较大，都在50~60岁之间，他们的文化水平大多数是初中或者"文化大革命"中就读的高中，知识结构老化不说，他们还要承担教学以外的其他工作，既当教师，又要当工友（负责给学生买菜、煮饭）；既要当保安（负责学校的安全工作），又要当保姆（这些学生大多数是寄宿制，要负责他们的起居），等等，教学质量堪忧。这种状况可以说是部分偏远山区农村教育的缩影。

专栏12-4 对G省某乡村小学张老师的访谈

时间：2018年5月6日　地点：G省某乡村小学

我们这个村有12个自然屯，人口有1600多人。最大的自然屯就是村部所在地的屯，有40多户人口200多人，因此学校也设在这里，最小的自然屯才有12户60多人。我们这里距离乡政府所在地有12公里，距离县城有60多公里，是一个比较偏远的小山村。这所学校的历史也是比较长的，20世纪50年代初就办了。我是这个村的人，在这里当教师已经有近40年了，1982年我高中毕业后就在这里当民办教师，后来通过考试，转为公办教师。

我记得学校最鼎盛的时期是20世纪90年代中期，有教师（包括校长）7人，学生有150人左右，当时是一个有六个年级的完小。当时的教师多数是外村甚至是外乡来的，教师的年龄结构也比较合理，有二三十岁的，也有四五十岁的。由于教师较多，除了主课语文、数学外，音乐、体育、美术等所有课程都可以开设，当时学校办得红红火火，我们学校的教学质量在全乡里起码也算是中上游，学生在语文、数学以及文艺体育竞赛中也经常获奖，大家都很开心！可是，大概从21世纪初开始吧，由于我们村比较贫穷，不少年轻人都选择外出务工，当一部分人的收入逐渐增加后，有的把孩子一起带出去读书，有的选择让小孩到县城、到乡中心小学就读，学生也就慢慢地减少了，大概到2010年左右，也就剩下不到60人。这个时候，我们县开始进行第一次教学布局调整，学校由完全小学变为只有一至三年级的初级小学了，学生人数就只剩下30多人，教师也只配 2 个了。慢慢地，学生越来越少。2015 年，就只剩下我 1 个老师、10 多个学生了，一直维持到现在，今年只剩下 12 个学生。这些学生基本上家庭比较困难，父母亲大多数是外出务工，但由于没有文化，所以干的都是体力活，收入不高，无法带小孩出去读书。有的是因为家庭变故，变成单亲家庭，或者由祖父母（或外祖父母）养的小孩，无法去别的地方读书，不得已才在村里读的。

其实，造成我们学校现在的这样子，客观上主要是学生数量的减少、流失。这是一个"两难"的选择，学生数量少，如果也能够配齐六个年级的教师，教学质量才能有保障，但师生比低，效益就低了；教师配不齐，教学质量肯定低下，反过来又加剧了学生的流失。

现在只剩下我一个老师，年纪又大了，明年就退休了。我很担心我退休后，外村的老师不愿意到这里来教书，年纪这么小的学生到乡中心校就读，那里的寄宿学生大量增加，也一时难以承受。现在有能力的家庭就让老人到乡政府所在地租房来照顾小孩，但不是个个都可以这么做。要早晚接送孩子嘛，有的家庭又没有这条件。我真的担心一些学生可能会失学啊！

三、农村劳动者实用技术培训亟待加强

人力资本的积累除了受教育程度的影响之外，还有劳动者接受技术培训这一因素。从问卷调查来看，农户家庭成员参加技术培训的情况不是太理想。

综合表 12-2、表 12-3、表 12-4 的相关信息可知，调查样本家庭中，家人有参加技术培训的仅为 9.6%，参加培训率不足 10%。同时，当中仅有 20.8% 是经常参加的，75% 是偶尔参加。再从培训内容来看，主要有六个方面，其参与率从高到低依次为养殖培训（占 41.3%）、技工培训（占 39.1%）和种植培训（10.9%），其余都是比较分散的。由此可见，调查样本家庭成员参与技术培训的人数不多、频率不高，而且培训内容较单一。这与当下农村中年轻的劳动力基本外出，留在农村的基本是年纪较大的劳动力，加上在石漠化片区农村，农业产业化发展总体上仍然相对滞后等因素有关，所以技术培训还不够正常。可见，在组织村民开展实用技术培训方面，仍有很大的提升空间。

表 12-2　调查样本家庭家人参加技术培训情况

		频率	百分比	有效百分比	累积百分比
有效	没有	460	89.8	90.6	90.6
	有	48	9.4	9.4	100
	合计	508	99.2	100	
缺失	系统	4	0.8		
合计		512	100		

资料来源：课题组问卷调查（2017）。

表 12-3　偶尔参加还是经常参加

		频率	百分比	有效百分比	累积百分比
有效	缺失	2	0.4	4.2	4.2
	经常	10	2.0	20.8	25
	偶尔	36	7.0	75.0	100
	合计	48	9.4	100	
缺失	系统	464	90.6		
合计		512	100		

资料来源：课题组问卷调查（2017）。

表 12-4　参加培训内容

		频率	百分比	有效百分比	累积百分比
有效	兽医培训	2	0.4	4.3	4.3
	化妆培训	1	0.2	2.2	6.5
	养殖培训	19	3.7	41.3	47.8
	种植培训	5	1.0	10.9	58.7
	技工培训	18	3.5	39.1	97.8
	生物制药培训	1	0.2	2.2	100
	合计	46	9.0	100	

续表

		频率	百分比	有效百分比	累积百分比
缺失	系统	466	91		
合计		512	100		

资料来源：课题组问卷调查（2017）。

第四节　社会资本扩充尚待改善

在精准扶贫中，针对农户社会资本普遍匮乏的实际情况，片区县和全国其他县区一样，重点通过建立派驻贫困村第一书记和工作队员、党政机关定点帮扶、东西部扶贫协作等制度，尤其是建立健全"一帮一联"（即一个干部或企事业单位职工联系一个贫困户）制度等，来帮助解决贫困户获取脱贫致富所需的社会资源。从第九章的典型案例分析和第十一章的问卷调查分析来看，这些社会资本参与精准扶贫的帮扶举措，对社会资本匮乏型贫困户的脱贫无疑起到了积极作用，其效果也是较明显的。

一、问题呈现："五个不到位"

不可否认的是，在精准扶贫中，"社会帮扶"仍需进一步完善，贫困人口社会资本扩张方面仍有较大的改善空间。在本课题2017年开展的问卷调查中，尤其是在对农户的个别访谈中，发现在加强和提高社会资本参与精准扶贫方面还存在一些突出的问题。归纳起来，可以用"五个不到位"来概括：

（一）"一帮一联"制度实施不够到位

在访谈中，M县P村村民H提出，一家一户的帮扶责任人总在不停地变换，好多集体设施得不到保护和维修，我们村饮水管道全部老化了，经常断水。对帮助贫困户脱贫所起的作用实际效益不明显。村民X则认为，帮扶责任人有的时候会帮助到我们，但是有的时候工作不到位。帮扶人对贫困群众关心不够，工作只是为了应付上级领导的检查。

（二）调查研究不够到位

R县村民Y认为，对贫困户的实际问题要深入调查，不能让村委和组干自己根据人际关系做决定。在村民Y来看，由于调查研究不够深入，对贫困户的实际困难了解得不够到位,所以导致在做事关群众利益的决策时,村干、组干往往根据"人际关系"来决定,存在人们常说的"优亲厚友"等不公平不公正的问题。正如村民Z所提出的,(帮扶干部)应该深入了解贫困户和一般群众的实际情况,避免群众中出现一些不合理的现象。

（三）解决实际问题做得不够到位

R县村民L认为,帮扶联系人没有实际了解情况,也没有给出相应建议。村民F也认为,帮扶人没有对村民的情况提出具体解决措施。而B县村民H则更直截了当地指出,帮扶人员每隔几天就来填一下表,填完表就走了,也没有什么实际行动。

（四）政策宣传不够到位

T县村民W提出了两点希望:第一,加强服务意识,积极向贫困户宣传党和国家的扶贫政策,让贫困户真正受惠;第二,政府(帮扶)人员要耐心细致地宣传和引导贫困户,帮助他们走上脱贫致富的道路。而村民J提出,要加大宣传力度,跟贫困户沟通交流好。村民K则希望,要认真细致地向贫困户解释党和政府的扶贫政策,耐心跟贫困户做好沟通交流,让他们体会到政府对他们的关心和帮助。上述村民的意见从不同角度反映出精准扶贫工作中存在的对群众宣传教育做得不够到位的问题。

（五）政策落实不够到位

对此,群众反映比较突出。比如,N县村民S认为,有些政策没有真正落实到位。有的列举出了一些实例,说明政策没有真正落实,如T县村民D说,精准扶贫政策没有落到实处,导致贫困的家庭依然贫困,而不贫困的家庭却成了贫困户。再如,村民L说,精准扶贫工作没有做到求真务实,扶贫效果不大,没有真正解决贫困户的问题。这也可以从部分群众提出的建议中进一步得到佐证,村民G提出,既然做出了精准扶贫这一项工作(决策),就应该做好一点。希望政府帮扶人员要用点心,而不是做表面上的功夫,辜负了党和政府的希望。村民Y提出,希望政府帮扶人员把群众的脱贫放在心上,真正帮助贫困农户解决实际困难和问题。村民R则认为,要多与贫困户加强联系,了解其最新的实际情况,改进帮扶手段、方式,提高帮扶效果,等等。

二、直接影响:精准帮扶难落地

从社会资本参与精准扶贫的角度来分析,由于贫困户缺乏获取脱贫资源的社会网络,因此,帮扶责任人,包括驻村第一书记、驻村工作队员以及联系贫困户的"一帮一联"干部等的主要职责就是按照精准扶贫的要求,因地制宜,分类施策，从不同的贫困村、贫困户的实际出发，通过向贫困群众宣传党的扶贫政策，把各项扶贫政策精准"滴灌"到村，落实到户、落实到人，才能真正做到"扶真贫、真扶贫"，最终实现脱贫成效精准，实现"真脱贫"的目标。

但在实践中，由于存在上述"一帮一联"制度落实不够到位、对问题的调查研究不够深入、解决实际问题不够到位和政策宣传教育不够到位等问题，最终导致政策落实不够到位，也就是说在推进精准扶贫工作中，在一些地方的某些方面的工作中还一定程度上存在着"帮扶措施精准"做得不够到位的问题。

当然，上述调查是在 2017 年夏季进行的，随着精准扶贫、精准脱贫实践的不断深入推进，尤其是党的十九大提出了"打赢脱贫攻坚战"之后，各地都在加大各项工作的力度，精准帮扶的政策措施也在不断地完善，帮扶措施不够精准的问题也在不断地得到改进和提升。

专栏 12-5　政策落实问题透视

——对 DL 县 SN 瑶族乡村民 L 的访谈

时间：2016 年 8 月 12 日　地点：村民 L 的家

我今年 41 岁，我夫人比我小两岁。我家五口人。我有两个小孩，今年，女儿初中刚毕业，儿子还在读小学五年级，还有我的父亲，今年已经 83 岁了。小时候，我们这里很贫穷，我初中没有毕业就不读书了，我爱人连初中都没有上，之前我们都去过广东打工，后来为了照顾家庭就回来了。现在，主要是在家里种地，我爱人种一点地，主要是种玉米，我们这里是石山区，没有水田。粮食是够吃的，但经济来源少、收入也不高。农闲时我也在本地打点零工，干活都在县城里找，可是我们这里经济不发达，零活也比较少，有时候有活干，有时候没有活干，收入不稳定。一年下来，1 万多块钱是有的，但是大女儿在县城读初中，花费也不少，一个月吃的、住的，怎么也得花 500 元左右，这是很低的了。女儿很争气，今年她考上了市一中，是全市最好的学校，我们都为她高兴！老父亲年纪大了，有时会生病，一般的病在门诊看，每次花个百八十块的，再加上家里的生活开支，很难有剩余的钱，所以我家一直到去年才盖起了房子，目前只盖了一层，够住就行了！这就是我家的基本情况了。

其实，像我家这个样子的，村里不少，所以我们贫困户还是比较多的。政府搞精准扶贫是好事，我家也有帮扶责任人，他是县政法委的干部。父亲的养老金是有的，每个月90元，都打到卡里去的。至于说我们对扶贫有什么希望嘛，现在通屯的路是修通了，但还是砂石路，出行不太方便。我们这里有20多户人吧，把屯里的路修好了，这是我们最大的愿望！另外，对我们这样的石山地区，应该有针对性更加强一点的产业扶贫政策，要不然虽然脱了贫，但也是不稳定的啊！

另外，村民 L 所希望得到的产业扶持政策应该是一个村，至少一个屯来谋划。现行的政策中，为了激励贫困户的自我发展能力，制订产业奖补政策。比如，有的县养一头牛补助 4000~6000 元不等，虽然这对调动群众的积极性是起作用的，但一家一户分散经营，存在一定的市场风险。

第五节　金融资本积累依然薄弱

可持续生计分析框架下的金融资本是推动贫困农户实现脱贫摘帽的要素保障之一。换言之，贫困户脱贫摘帽离不开金融资本的支持，巩固脱贫成果、促进可持续脱贫更需要金融资本的有力支撑。这是已经被理论与实践证明了的一个客观规律。在推进脱贫攻坚中，中央财政加大了对扶贫的财政资金投入，金融部门也加大了贷款的投放。2013 年—2017 年，国家有关金融部门累计发放扶贫小额贷款就达到 2833 亿元，其中，仅 2016 年就新增了 1706 亿元。石漠化片区各县通过建立健全普惠金融体系，完善对贫困农户的金融支持，尤其是加大小额信贷的投放等措施，加大对产业扶贫的投入，推动扶贫产业发展以促进贫困户增收，进而增加贫困农户金融资本的积累。总体来看，其效果是显著的。在第十一章第四节关于片区县贫困农户脱贫成效的检验中，方程式 5 的分析结果也证实了金融资本对农户脱贫发挥的显著性作用。

一、调查样本家庭金融资本积累仍较薄弱

我们应该看到，石漠化片区县农户尤其是贫困农户的金融资本积累依然相对薄弱。其表现有以下几个方面：

首先，人均可支配收入水平低。本研究的问卷调查数据分析表明，调查样本家庭人均现金收入（现金收入不等于可支配收入，但因问卷调查中的问卷对象很难区分收入与可支配收入的概念，故只能以此来替代）水平为 8498 元，2016 年，全国农村居民人均可支配收入为 12363 元，农村居民人均可支配收入的中位数为

11 149 元。① 据此计算可知，调查样本人均现金收入仅为全国农村居民人均可支配收入的 68.73%，为其中位数的 76.22%。

其次，大多数家庭户均现金收支余额水平低。据对调查问卷系列数据的统计分析，调查样本家庭户均年现金收支结余为 12 886 元，但 25% 的最低收入组家庭户均现金收支余额仅为 643 元，50% 的低收入组家庭户均现金收支余额仅为 1788 元，75% 的家庭户均现金收支余额仅为 4379 元，不足 5000 元。由此可见，从调查样本来看，其家庭金融资本的储蓄处于较低水平的状态，单靠自身金融资本的积累是很难扩大再生产的。

最后，调查样本家庭贷款可获得性也较低。其中，个人从金融机构获得贷款的比例只占农户总数的 25.6%，私人借贷的比例为 19.9%，小额信贷的获得率也只有 14.5%。

二、调查样本家庭人均可支配收入的实证分析

调查样本家庭人均可支配收入低是导致金融资本积累薄弱的主要因素。那么，调查样本家庭人均可支配收入低的原因何在？从根本上来说，在于石漠化片区县农村产业发展相对滞后，农业产业化程度低。这可以通过对调查样本家庭总收入与各类别收入进行多元回归线性分析中得到佐证。

本研究将调查样本家庭总收入作为被预测变量，将种植收入、养殖收入、务工收入、经商收入（这些数据均为连续变量的系列数据）作为预测变量，借助 SPSS.21 版软件，采用逐步多元回归法对其进行线性回归分析。分析结果如表 12–5 所示。

表 12–5　描述性统计量

	均值	标准 偏差	N
家庭收入合计	35229.1645	32054.37321	510
种植收入	5182.7863	11348.22359	510
养殖收入	2960.8176	9669.66677	510
务工收入	20752.5843	24873.16607	510
经商收入	3380.9373	16891.41428	510

---

① 国家统计局：《中华人民共和国 2016 年国民经济和社会发展统计公报》，http://www.stats.gov.cn/tjsj/zxfb/201702/t20170228_1467424.html，2017–02–28。

从表12-5可知，调查样本家庭年户均现金总收入为35229元，其中，按收入类别从高到低排列，依次为务工收入（20752元）＞种植收入（5182元）＞经商收入（3380元）＞养殖收入（2960元）。

表12-6给出了四个模型。在模型1中，进入回归方程式的自变量是"务工收入"，其解释量为49.6%。在模型2中，进入回归方程式的自变量是"务工收入""经商收入"，两者的联合解释量（R2）为76.6%，其中，"经商收入"自变量的解释量（△R2）为27%，其增加变异量显著性检验的F值为586.672，△R2的显著性概率值$p=0.000 < 0.05$。在模型3中，进入方程式的自变量是"务工收入""经商收入"和"种植收入"，三者的联合解释量（R2）为88.3%，而"种植收入"自变量的解释量△R2为11.7%，其增加变异量显著性检验的F值为508.245，△R2的显著性概率值$p=0.000 < 0.05$。在模型4中，进入方程式的自变量为"务工收入""经商收入""种植收入"和"养殖收入"，四个预测变量的联合解释量（R2）为94.9%，其增加变异量显著性检验的F值为660.419，而"养殖收入"自变量的解释量△R2则为6.6%，△R2的显著性概率值$p=0.000 < 0.05$。此外，模型中Durbin-Watson的检验统计量为1.880，接近2，表明误差项之间的相关为正相关。

表12-6　模型汇总e

模型	R	R方	调整R方	标准估计的误差	R方更改	F更改	df1	df2	Sig. F更改	Durbin-Watson
1	0.705a	0.497	0.496	22764.09187	0.497	501.234	1	508	0.000	
2	0.876b	0.767	0.766	15514.52913	0.270	586.672	1	507	0.000	
3	0.940c	0.884	0.883	10969.10261	0.117	508.245	1	506	0.000	
4	0.974d	0.950	0.949	7227.78712	0.066	660.419	1	505	0.000	1.880

a. 预测变量：（常量），务工收入。
b. 预测变量：（常量），务工收入，经商收入。
c. 预测变量：（常量），务工收入，经商收入，种植收入。
d. 预测变量：（常量），务工收入，经商收入，种植收入，养殖收入。
e. 因变量：家庭收入。

上述分析表明，在本回归模型中，投入的四个预测变量对"家庭总收入"具有显著的预测力，解释变异量的大小依次为"务工收入""经商收入""种植收入"和"养殖收入",其显著性改变的 F 值分别为 501.234、586.672、508.245、660.419,且均达到 0.05 显著性水平,每个自变量进入模型后所增加的个别解释量也都达到显著水平($p < 0.05$)。四个自变量对"家庭总收入"的预测力分别为 49.7%、27%、11.7% 和 6.6%,共同解释了变异量的 94.9%。

表 12-7 是对四个回归模型的整体显著性检验。该表显示,回归模型整体检验的 F 统计量均达到显著性水平($p < 0.05$),这表明在每个回归模型中,进入回归方程式的预测变量对"家庭总收入"的解释力都全部达到显著,即进入回归方程式的所有自变量,其回归系数均不等于 0。四个回归分析模型的整体性检验的 F 值分别为 501.234、832.889、1280.202、2376.524,均达到显著水平。

表 12-7 方差分析(Anovaa)

模型		平方和	df	均方	F	Sig.
1	回归	259 741 196 009.252	1	259 741 196 009.252	501.234	0.000b
	残差	263 247 570 454.302	508	518 203 878.847		
	总计	522 988 766 463.554	509			
2	回归	400 953 555 048.238	2	200 476 777 524.119	832.889	0.000c
	残差	122 035 211 415.316	507	240 700 614.231		
	总计	522 988 766 463.554	509			
3	回归	462 106 233 120.281	3	154 035 411 040.094	1280.202	0.000d
	残差	608 825 333 43.273	506	120 321 212.141		
	总计	522 988 766 463.554	509			
4	回归	496 607 108569.010	4	124 151 777 142.253	2376.524	0.000e
	残差	263 816 578 94.544	505	522 409 06.722		
	总计	522 988 766 463.554	509			

a. 因变量:家庭总收入
b. 预测变量:(常量),务工收入。
c. 预测变量:(常量),务工收入,经商收入。
d. 预测变量:(常量),务工收入,经商收入,种植收入。
e. 预测变量:(常量),务工收入,经商收入,种植收入,养殖收入。

表 12-8 是对回归模型的回归系数(包括非标准化系数 B 和标准化系数 β)的

显著性检验和模型共线性诊断的统计量。标准化回归系数 β 的绝对值越大，表示该预测变量对效标变量（家庭总收入）的影响越大。

表 12-8 系数 a

模型		非标准化系数 B	标准 误差	标准系数 试用版	t	Sig.	B 的 95.0% 置信区间 下限	上限	共线性统计量 容差	VIF
1	（常量）	16 381.713	1313.313		12.474	.000	13 801.520	18 961.906		
	务工收入	0.908	0.041	0.705	22.388	0.000	0.829	0.988	1.000	1.000
2	（常量）	12 466.286	909.549		13.706	0.000	10 679.337	14 253.236		
	务工收入	0.936	0.028	0.726	33.829	0.000	0.882	0.990	0.998	1.002
	经商收入	0.987	0.041	0.520	24.221	0.000	0.907	1.067	0.998	1.002
3	（常量）	6807.081	690.329		9.861	0.000	5450.817	8163.345		
	务工收入	0.972	0.020	0.754	49.533	0.000	0.934	1.011	0.992	1.009
	经商收入	0.950	0.029	0.501	32.922	0.000	0.893	1.007	0.995	1.005
	种植收入	0.971	0.043	0.344	22.544	0.000	0.886	1.055	0.990	1.010
4	（常量）	4312.534	465.115		9.272	0.000	3398.736	5226.333		
	务工收入	0.983	0.013	0.763	75.971	0.000	0.958	1.009	0.991	1.010
	经商收入	0.944	0.019	0.497	49.629	0.000	0.906	0.981	0.995	1.005
	种植收入	0.925	0.028	0.328	32.535	0.000	0.869	0.981	0.986	1.014
	养殖收入	0.854	0.033	0.258	25.699	0.000	0.789	0.919	0.994	1.006

a. 因变量：家庭总收入。

从表 12-9 中可知，回归模型标准化系数的大小依次为"务工收入"（0.763）>"经商收入"（0.497）>"种植收入"（0.328）>"养殖收入"（0.258），且这四项回归系数值均为正值，表明其对因变量的影响都是正向的。同时，回归模型中这四项系数的 t 值分别是"务工收入"为 75.971、"经商收入"为 49.629、"种植收入"为 32.535、"养殖收入"为 25.699，且其显著性检验值也都达到显著水平（$p < 0.05$）。此外，回归模型各个自变量的容忍度（TOL 值）均大于 0.1，而其方差膨胀因素 VIF 值都小于 10，表明预测变量间不存在多元共线性问题，结合以下表 12-10 共线性诊断可以进一步得到证实。

表 12-9　共线性诊断 a

模型	维数	特征值	条件索引	方差比例				
				（常量）	务工收入	经商收入	种植收入	养殖收入
1	1	1.641	1.000	0.18	0.18			
	2	.359	2.138	0.82	0.82			
2	1	1.702	1.000	0.16	0.15	0.05		
	2	0.948	1.340	0.01	0.05	0.92		
	3	0.351	2.203	0.83	0.80	0.04		
3	1	1.935	1.000	0.11	0.10	0.03	0.09	
	2	0.950	1.427	0.01	0.07	0.86	0.01	
	3	0.801	1.554	0.01	0.14	0.09	0.74	
	4	0.314	2.481	0.88	0.69	0.02	0.17	
4	1	2.069	1.000	0.09	0.08	0.03	0.07	0.05
	2	0.951	1.475	0.01	0.05	0.88	0.01	0.01
	3	0.885	1.529	0.02	0.12	0.01	0.02	0.78
	4	0.789	1.619	0.00	0.07	0.07	0.76	0.12
	5	0.306	2.599	0.89	0.67	0.02	0.14	0.04

a. 因变量：家庭收入合计。

从表 12-9 来看，回归模型中的五个特征值（eigenvalue）处在 0.306~2.069 之间，均大于 0.01；条件索引（condition index；CI 值）为 1~2.599 之间，全部小于

30；方差比中有"养殖收入"为 0.78，接近 0.80，"经商收入"为 0.88，常数项为 0.89，这两项大于 0.80，表明该预测变量有轻微的共线性问题，但结合上述容忍度（TOL 值）和方差膨胀因素 VIF 值进行分析，说明其自变量间的线性重合不是很严重。

上述预测型多元逐步回归的结果如表 12-10 所示。

表 12-10　务工收入、经商收入、种植收入、养殖收入对家庭总收入的逐步回归分析结果摘要表

投入变量顺序	多元相关系数	决定系数 R2	增加量 △R2	F 值	净 F 值 △F	B	β
截距 4312.534							
1. 务工收入	0.705	0.496	0.497	501.234*	501.234*	0.983	0.763
2. 经商收入	0.876	0.766	0.270	586.672*	832.889*	0.944	0.497
3. 种植收入	0.940	0.833	0.117	508.245*	1280.202*	0.952	0.328
4. 养殖收入	0.974	0.949	0.066	660.419*	2376.524*	0.854	0.258

$p < 0.05$。

从表 12-11 发现，四个预测变量对"家庭总收入"都有显著的预测力，其与"家庭总收入"的多元相关系数为 0.974，决定系数 R2 为 0.949，最后回归模型整体性检验的 F 值为 660.419（$p=0.000 < 0.05$），因而四个预测变量可有效解释"家庭总收入"94.9% 的变异量。从每个预测变量的高低来看，对"家庭总收入"最具有预测力的是"劳务收入"自变量，其解释变异量为 49.7%，其余三个自变量的预测力分别为 27.0%、11.7%、6.6%。再从标准化回归系数来看，回归模型中四个预测变量的 β 值分别为 0.763、0.497、0.328 和 0.258，均为正数，表示其对"家庭总收入"的影响都是正向的。

非标准化回归方程式如下：

家庭总收入 =4312.534+0.983× 务工收入 +0.944× 经商收入 +0.952× 种植收入 +0.854× 养殖收入。

标准化回归方程式如下：

家庭总收入 =0.763× 务工收入 +0.497× 经商收入 +0.328× 种植收入 +0.258× 养殖收入。

三、调查样本家庭金融资本积累薄弱的诱因

通过上述对务工收入、经商收入、种植收入和养殖收入与家庭总收入影响的逐步多元回归的分析，可以得出以下几点结论：

第一，务工收入是石漠化片区农户的主要收入来源。这与当下片区县农村的客观实际相吻合，从课题组对石漠化片区县 100 多个村的调研走访中观察到，石漠化片区县农村的青壮年劳动力基本上外出务工，这是因为当地的产业没有发展起来，农户要增加收入，就必然会选择外出务工。

第二，务工收入与种养业收入的差距表明石漠化片区农村产业的"空心化"。对样本数据的统计分析表明，务工收入与种养业收入形成了巨大反差，户均务工收入（20752 元）是种植收入（5182 元）的 4 倍，是当地经商收入（3380 元）的 6.13 倍，是养殖收入（2960 元）的 7.01 倍。因此，村民放弃从事农业，而选择外出务工，这是作为理性小农的村民为实现生计可持续而做出的理性选择。这使得当地产业发展陷入了恶性循环的怪圈：务工与从事农业收入的差距—农村留不住劳动力—当地缺乏发展产业的劳动力—当地产业难以发展—加剧劳动力外出。

第三，农村产业发展滞后抑制了对金融的有效需求。理论与实践证明，金融作为资本的一种，如果其投入不能产生合理回报，那这种投入是很难可持续的。在现实中，金融机构在项目选择时往往苦于没有合适的项目，其根本原因就是所投入项目的未来收益率低于市场利率，这也是脱贫攻坚中一些地方出现宁可使资金"躺在账上"也不敢冒险投资的根本所在。

第四，外出务工收入与在当地从事农业收入的差距容易使村民降低储蓄意愿。易行健、张波、杨碧云（2014）实证分析的结果表明，"外出务工收入占家庭纯收入的比重对其储蓄率具有显著的负向影响"[①]。也就是说，外出务工收入占家庭纯收入的比重越高，其储蓄意愿反而越低。这是因为农户外出务工比在当地从事农业有更可靠的、更高的收入，所以一旦遇到急需用钱时，能够及时拿出钱来解决燃眉之需，他们反而不愿意存钱。

以上各种因素的综合作用导致石漠化片区农村金融资本积累仍处于较薄弱的状态。

---

① 易行健、张波、杨碧云：《外出务工收入与农户储蓄行为：居于中国农村居民的实证检验》，《中国农村经济》2014 年第 6 期，第 41-55、65 页。

第十三章

治理转型：
2020年后促进石漠化片区贫困人口可持续脱贫的创新举措[1]

---
[1] 本章的主要内容曾以阶段性成果之一，刊载于《中央民族大学学报：哲学社会科学版》2019年第3期，发表时略有删减。

进入"十三五"以来，通过贯彻落实党中央坚决打赢脱贫攻坚战的重大决策部署，深入实施精准扶贫、精准脱贫方略，脱贫攻坚战取得了全面胜利，到2020年脱贫攻坚将全面"收官"。2020年后，在实施乡村振兴战略背景下，如何巩固脱贫攻坚成果，促进贫困农户可持续脱贫，缓解相对贫困，使刚刚摆脱了绝对贫困的贫困人口在迈向全面建设社会主义现代化征程中"不落伍""不掉队"，这将是一个全新的时代课题。

本章首先分析2020年后石漠化片区相对贫困的基本趋势；其次，分析乡村振兴背景下石漠化片区贫困治理转型的战略目标；再次，提出乡村振兴背景下促进贫困农户石漠化片区可持续脱贫的路径选择以及相关政策建议。

第一节　缓解相对贫困：
乡村振兴背景下石漠化片区贫困治理的转型方向

2018年9月，在中共中央、国务院印发的《乡村振兴战略规划（2018—2022年）》中，首次提出了到2035年，"相对贫困进一步缓解，共同富裕迈出坚实步伐"①的目标要求。由此看来，2020年后，我国农村贫困治理已从解决绝对贫困问题向缓解相对贫困转变。推进2020年后石漠化片区农村的相对贫困治理，首先必须了解和掌握乡村振兴背景下该片区相对贫困的发展趋势。

一、相对贫困的内涵及其主要特征

（一）相对贫困的基本内涵

学界公认，相对贫困的理论起源可以追溯到英国著名贫困学者彼得·汤森。早在20世纪50年代，汤森就开始关注贫困问题。1962年，汤森对当时英国社会中占主流地位的"贫困已完全消失"观点提出了质疑，他提出："'生活水平'这个模糊的概念被用来衡量贫困是一个不足的、误导性的标准，很大程度上是因为生活水平有时没有需要的科学目标，但也因为它本质上是一个静态的概念。随着时间的流逝，它如钱一样变得没有价值了。通过继续使用这个标准我们让自己相信英国几乎没有贫困了。事实上，根据任何其他的合理标准测量，就会发现贫困的大量存在，比我们所承认的还要多。"②由此展开了他对相对贫困问题的深入研究。1979年，汤森在其著作《英国的贫困：一项基于家庭资源和生活水平的调查》中，首次系统地阐述了相对贫困的理论。他认为，贫困问题的解决不能停留在基本需要的满足上，一个社会性的人和他们的家庭没有资源，不能参加一般人认为正常的社会活动，便是相对贫困。被社会排斥的弱势群体，如低收入家庭、老人、少数民族、单亲家庭、伤残人士、长期患病者，都生活在贫困中。③汤森尤

---

① 《乡村振兴战略规划（2018—2022年）》，《人民日报》，2018年9月27日，第1版。
② Townsend, Peter. 1962, "The Meaning of Poverty". *British Journal of Sociology*, VO1. XIII, No. 1 (March), pp. 210—227.
③ 关信平：《社会政策概论》，高等教育出版社2004年版，第393页。

其强调，被剥夺了参加正常社会生活的权利是相对贫困群体一个十分重要的特征。显而易见，所谓的相对贫困是通过与参照群体相比较而体现出来的一种"被剥夺"的社会现象，实质上反映的是社会公平问题。汤森提出的相对贫困理论是对"贫困"概念的一次重新阐释，拓展了学界对贫困问题研究的深度和广度，是对绝对贫困理论的深化与提升，它使学术界和政界对贫困问题的认识从关注人类生存需要层面转移到收入分配的不平等以及社会剥夺之上，至今仍有极其重要的理论启迪和方法借鉴作用。此后，阿玛蒂亚·森（1981）首次从权利方法来分析贫困与饥荒的产生，并在1999年发表的《以自由看待发展》著作中提出了"能力贫困"的概念，其中所提出的贫困指数对相对贫困的内涵进行了深刻揭示。

随着中国扶贫开发的深入推进，我国学者早在20世纪90年代就开始关注相对贫困问题。学者们围绕"相对贫困"的概念、制度贫困、相对贫困群体划分和区域划分、社会比较下的相对贫困、相对贫困的动态性、权利贫困、多维贫困概念以及相对贫困的测度方法等展开了多角度的广泛而又较为深入的研究。[①]

进入"十三五"时期，与中西部地区仍处在摆脱绝对贫困问题阶段不同，东部沿海地区按照现行标准已经不存在绝对贫困问题，从而各地着手开展了对缓解相对贫困问题的尝试和探索。胥爱贵（2017）在回顾总结江苏省建立缓解相对贫困长效机制的实践探索后，提出新形势下完善这一长效机制的对策措施[②]；黄磊（2018）以无锡市为例，对苏南地区对相对贫困群体开展的精准帮扶进行系统总结[③]。

国内外既有的相关研究从理论上回答了相对贫困是什么、如何看待、怎样治理等问题，为我们深化对乡村振兴背景下相对贫困的认识提供了比较坚实的理论基础。近年来，国内学者基于2020年后中国减贫战略的理论探索（谷树忠、张琦、左停，2016；李小云、许汉泽，2018；雷明，2019；等），以及部分发达地区对相对贫困治理实践经验的总结提炼，为进一步探讨乡村振兴背景下贫困治理战略转型问题提供了方法论基础和可资借鉴的宝贵经验。然而，由于国情不同、发展阶段不同，不可以照搬照套国外的相对贫困理论。同时，实施乡村振兴战略在客观上必然对我国的相对贫困治理提出新的更高的要求，国内现有研究成果虽进行了不少探讨并取得了一定成果，但这些研究尚存在不够全面、不够系统、不够

[①] 同春芬、张浩：《关于相对贫困的研究综述》，《绥化学院学报》2015年第8期，第14-19页。
[②] 胥爱贵：《探索建立缓解相对贫困的长效机制》，《江苏农村经济》2017年第11期，第4-6页。
[③] 黄磊：《苏南地区相对贫困群体精准帮扶研究——基于无锡市的探索与实践》，《江南论坛》2018年第4期，第7-9页。

具体等问题，亟待在理论与实践的结合上进一步深入研究。

本研究在借鉴国内外既有研究成果的基础上认为，与绝对贫困（也叫作生存型贫困）不同，相对贫困是一种发展型贫困，它是指在一定社会发展过程中，一部分家庭（个体）或因收入（财富）分配差距的客观存在，或因基本公共服务获得上的不平等因素等，导致其所享受的福利水平处在社会平均水准之下。当然，此时这部分家庭（个体）所面临的已经不是基本生存方面的困境，但与社会发展的平均水平相比，其所能维持的必然只是一种低于主流社会阶层的生活水平，陷入这种较低生活状态的往往是社会上以低收入为主要特征的弱势群体，故被称为相对贫困群体。因为随着社会经济的不断发展，社会发展的平均水平会不断提高，所以相对贫困也被称为发展型贫困。有学者认为，我国的相对贫困主要体现在生计贫困、权益贫困和幸福贫困三个层面。①

（二）相对贫困的主要特征

在乡村振兴语境下，我国农村的贫困主要是相对贫困问题，并具有长期性、艰巨性、复杂性等鲜明特征。

首先，就其长期性而言，相对贫困治理将贯穿乡村振兴的全过程。正如国务院扶贫办主任刘永富所指出的："不是说到2020年中国就没有贫困了，而是到2020年，中国消除了绝对贫困，相对贫困还会长期存在。"②可见，相对贫困治理是一个长期的过程。如上所述，收入（财富）差异的存在是相对贫困产生并长期存在的主要原因。那么，究竟是什么导致收入（财富）分配差异的存在？马克思、恩格斯在论及解决民生问题的途径时，总是把高度发达的生产力作为首要条件。恩格斯曾在其《共产主义原理》中指出："把生产发展到能够满足所有人的需要的规模；结束牺牲一些人的利益来满足另一些人的需要的状况；彻底消灭阶级和阶级对立；通过消除旧的分工，通过产业教育、变换工种、所有人共同享受大家创造出来的福利，通过城乡的融合，使社会全体成员的才能得到全面发展。"③从理论上讲，随着科技水平的提高和社会生产力的发展，我国的社会财富将会越来越丰富，理应可以满足全体人民享受到与一定生产力水平相适应的更高水准的生活。从实践来看，自中华人民共和国成立以来，我国经济社会发展取得了前所未有的成就，人民生活达到了全面小康水平，人民福祉得到前所未有的提高。但我国仍

---

① 赵伦：《相对贫困：从个体归因到社会剥夺》，《商业时代》2014年第18期，第37页。
② 新京报快讯（记者倪伟）《2018全国两会｜国务院扶贫办：2020年中国消除绝对贫困，相对贫困还会长期存在》，http://news.sina.com.cn/c/2018-03-07/doc-ifxyqikt7063424.shtml，2018-03-01。
③ 马克思、恩格斯：《马克思恩格斯选集：第1卷》，人民出版社1995年版，第243页。

处于并将长期处于社会主义初级阶段，传统的社会分工还不可能完全消除，社会分化也在所难免，收入分配和社会财富分配的不合理、不公平现象也就不可避免，这就是当今乃至今后较长一段时期里社会成员收入（财富）差异存在的客观因素。因此，相对贫困问题长期存在也就不难理解了。

其次，就其艰巨性而言，主要体现在解决相对贫困问题的难度上。绝对贫困是"生存型贫困"，是指在一定的社会生产方式和生活方式下，个人或家庭依靠其劳动所得和其他合法收入不足维持其衣、食、住等基本的生存需要，这样的个人或家庭就称为贫困人口或贫困户。这意味着绝对贫困具有相对的衡量标准（如当下脱贫攻坚的标准就是"两不愁三保障"）。相对而言，只要消除了导致其陷入绝对贫困的条件（或者因素），问题就能得以解决。当然，这并不是说解决绝对贫困问题"轻轻松松、敲锣打鼓"就可以实现，仍需我们付出艰苦的努力。所以，在实现全面建成小康社会的关键时期（即"十三五"时期），党中央才把解决"两不愁、三保障"作为实现全面建成小康社会的"标志性指标、底线性要求"。与绝对贫困相比，相对贫困属于"发展型贫困"。相对贫困的产生既与社会生产力的提高，以及社会财富的充盈密切相关，也与完善社会收入分配制度，以及缩小收入分配差距密切相关，同时，还与不断改善民生、提升人民群众福祉，尤其是与社会弱势群体的民生改善和福祉提升水平密切相关。这里涉及进一步提高社会生产力发展水平、完善收入分配制度和改善民生三个方面。第一，在新时代，我国经济发展进入了新常态，如何实现欠发达地区高质量发展上还存在不少矛盾和问题，面临着许多新挑战。第二，进一步完善收入分配制度将面临许多深层次的矛盾和问题，不仅涉及初次分配和再分配，还涉及第三次分配。第三，在民生改善上，既要不断加大力度来提升人民群众的福祉，以适应人民群众日益增长的对美好生活的追求，又要理性地引导人民群众对美好生活的合理预期，避免追求超越一定社会发展水平的要求，进而导致"福利陷阱"的产生，等等。

最后，其复杂性是指相对贫困产生的成因具有多元共存的特征。除了受到以上分析的因素影响外，导致相对贫困产生的还有社会、文化和生态等方面的因素，而且这些因素往往相互交织、相互作用、互为因果。从社会因素来看，经过多年的努力，我国农村社会事业已取得长足发展，基本公共服务供给能力在不断提高。但是，我国城乡社会事业发展的不平衡也是不争的事实，尤其是基本公共服务均等化水平还不够高。以教育为例，在当下城市（乃至一些县城）里，适龄中小学生不仅享受着优质的公共教育资源，而且越来越多的家长为了不让孩子输在起跑线上，不遗余力地把他们送到各种类别的课外培训班、素质提高班等机构接受各类培训，这已成为一种常态。相反，农村的基础教育状况实在令人堪忧。有关调研资料表明，目前城市的高中毛入学率已达到93%，而农村仅为37%[①]，这在一定程度上导致了城乡人口素质的"剪刀差"现象，将极大影响农村相对贫困的产生。从文化因素来看，习近平总书记反复强调："治贫先治愚，扶贫先扶智"，"脱贫致富贵在立志，只要有志气、有信心，就没有迈不过去的坎"。这些重要论述深刻阐述了扶志和扶智对于促进脱贫致富的极端重要性。近年来，在推进脱贫攻坚中，各地都十分重视激发贫困主体的内生动力，大力营造"脱贫光荣，我要脱贫"的浓厚社会氛围。然而，当下在贫困地区尤其是一些深度贫困地区中，由于深受长期以来形成的贫困文化的影响，不少地方的部分贫困群众依然存在一味"等靠要""靠着墙根晒太阳，等着别人送小康"等现象。笔者调研中发现，更有甚者，个别地方由于受恶劣生存条件和一些传统陋习的影响，个别贫困群众还沿袭着"越穷越生、越生越穷"的生活方式，有的至今生了12个孩子（当然，这是一个极端的个案）。这些愚昧的贫困文化无疑仍然是今后相对贫困治理的绊脚石。从生态方面的因素来看，有两种决然不同的情形：一种是生态环境恶劣，生存条件差，有的甚至是失去了基本的生存条件，本应最大限度地对这些地区的贫困人口实行易地移民搬迁安置，但由于在脱贫攻坚中存在着习近平总书记指出的"政策举措不落实、帮扶工作走形式，……急功近利、形式主义"等因素干扰，导致易地扶贫搬迁中该搬的没有搬，这些地方的贫困人口仍将生活在条件极为艰苦的环境中；另一种地处水源林等重点生态功能区的群众，他们原本世世代代都是"靠山吃山"的，没有划定生态功能区之前，政府发动这些地方的群众利用荒山荒坡种植各种经济林，发展林业经济，但划定了重点生态功能区之后，他们辛辛苦苦十几年二十年种出来的经济林木自然就不能够随便砍伐。而国家所给的补助又很低，原本每亩山林的收入多的几千元、上万元，少的也有七八百元，但被划入生态功能区后，其所得到的生态公益林补助每亩才15元，相差悬殊，这导致生活在重点生态功能区的部分群众遭遇了"政策性贫困"。总之，在贫困地区尤其是深度贫困地区，其致贫因素是极其复杂和多样的。即便是如期实现了现行标准下的脱贫，其特殊的致贫因素在可预见的相当长时期内，仍将难以消除，因此这些贫困人口因返贫而重新陷入"贫困陷阱"的概率依然较高。

应该指出的是，上述三者之间还存在着内在的逻辑联系。简而言之，相对贫困成因的复杂性决定了解决这一问题的艰巨性，而解决问题的艰巨性又决定着它

---

① 罗斯高：《为什么农民工的还是农民工？》，《世界华人周刊》，2017年10月30日。

的长期性。因此，乡村振兴背景下相对贫困治理任重而道远。

二、缓解相对贫困：乡村振兴战略的内在要求

2018年9月21日，在主持十九届中央政治局第八次集体学习的讲话中，习近平总书记强调指出："乡村振兴战略是党的十九大提出的一项重大战略，是关系全面建设社会主义现代化国家的全局性、历史性任务，是新时代'三农'工作总抓手"，"打好脱贫攻坚战是实施乡村振兴战略的优先任务"[1]。由此笔者认为，2020年后，在开启全面建设现代化国家的进程中，缓解相对贫困理应是实施乡村振兴战略的内在要求。实施乡村振兴战略，必须把缓解相对贫困作为其"优先任务"。

习近平总书记反复强调"农业农村现代化是实施乡村振兴战略的总目标"[2]，这是由农业农村现代化在我国全面建设社会主义现代化中的特殊地位决定的。马克思在《哲学的贫困》中指出："城乡关系一改变，整个社会面貌也跟着改变。"[3]我国是一个发展中的人口大国，2017年，乡村人口为57 661万人，占全国总人口的41.48%。[4]即便将来我国城镇化率达到了70%的峰值，仍将有几亿人生活在农村。基于这一最基本的国情，习近平总书记指出："没有农业农村现代化，就没有整个国家现代化。在现代化进程中，如何处理好工农关系、城乡关系，在一定程度上决定着现代化的成败。"[5]由此可见，加快推进农业农村现代化，从本质上来看，就是要处理好工农关系、城乡关系，促进城乡的融合发展，有效避免我国社会主义现代化进程中"城进村衰"、农村"空心化"和日趋严峻的"乡村病"等问题[6]，"促进农业全面升级、农村全面进步、农民全面发展"[7]理所当然是实施乡村振兴战略的出发点和落脚点。其内在的逻辑是，农业的全面升级是农村全面进步的前提条件，农村的全面进步则是农业全面升级的有力支撑，二者成为农民全面发展的

---

[1]《习近平在中共中央政治局第八次集体学习时强调 把乡村振兴战略作为新时代"三农"工作总抓手 促进农业全面升级农村全面进步农民全面发展》，《人民日报》2018年9月23日，第1版。

[2]《习近平在中共中央政治局第八次集体学习时强调 把乡村振兴战略作为新时代"三农"工作总抓手 促进农业全面升级农村全面进步农民全面发展》，《人民日报》2018年9月23日，第1版。

[3] 马克思、恩格斯：《马克思恩格斯选集（第1卷）》，人民出版社1995年版，第157页。

[4] 国家统计局：《中华人民共和国2017年国民经济和社会发展统计公报》，http://www.stats.gov.cn/tjsj/zxfb/201802/t20180228_1585631.html。

[5]《习近平在中共中央政治局第八次集体学习时强调 把乡村振兴战略作为新时代"三农"工作总抓手 促进农业全面升级农村全面进步农民全面发展》，《人民日报》2018年9月23日，第1版。

[6] 刘彦随：《中国新时代城乡融合与乡村振兴》，《地理学报》2018年第4期，637页。

[7]《习近平在中共中央政治局第八次集体学习时强调 把乡村振兴战略作为新时代"三农"工作总抓手 促进农业全面升级农村全面进步农民全面发展》，《人民日报》2018年9月23日，第1版。

充分和必要条件。同时,农民全面发展的内涵也是极为丰富的,物质生活的极大改善、现代化素质的提升、自我发展能力的增强等都是其重要内容。显然,农村中相对贫困的缓解是农民全面发展的前提和基础。

从城乡关系来看,城乡发展的不平衡、城乡收入差距巨大,迫切要求把缓解相对贫困作为乡村振兴战略的"优先任务"。改革开放40年来,我国经济社会发展取得了一系列历史性成就,城乡关系也发生了一系列历史性巨变。但由于受到我国城乡二元结构体制尚未得到根本改变的影响,城乡发展得不平衡、农村发展得不充分已成为制约我国现代化的主要瓶颈。统计资料表明,1978—2016年,我国人均GDP由385元增至53 980元,年均增长13.9%;同期,城镇居民人均可支配收入从343元增至33 616元,年均增长12.8%;农民人均可支配收入从133.6元增至12 363元,年均增长12.6%,农民人均可支配收入增长率均低于前二者;此外,我国城乡收入差距也从1978年的209.8元扩大到2016年的23 724元,收入比则从2.57倍扩大到2.72倍。[1]Ravallion和Chen的有关研究表明,基尼系数与贫困发生率具有较强的正相关性,其弹性系数达到3.5,且在统计上极为显著,这意味着基尼系数每增加1%,贫困发生率将上升3.5%。[2]可见,收入分配差距对相对贫困的引致作用是显著的,如任由这一趋势发展下去,我国农村的相对贫困问题将极为严峻。因此,在实施乡村振兴战略过程中,必须把缩小城乡收入差距、缓解相对贫困作为实施乡村振兴战略的"优先任务"。

从区域关系来看,西部地区、民族地区、革命老区、边远山区与东部发达地区农村的差距也凸显出缓解相对贫困的重要性和紧迫性。2016年,广东省农村常住居民可支配收入最高的是东莞市,达到26 526元,最低的揭阳市为12 250元。而笔者调研的西部民族地区G省某个深度贫困县,2016年,该县农民人均可支配收入为7527元,仅为东莞市的28.4%、揭阳市的61.5%;该县一个贫困程度较深的乡,农民人均可支配收入为1452元,仅为东莞市的5.5%、揭阳市的11.9%。另外,"十三五"期间,江苏省组织实施脱贫致富奔小康工程,决定到2020年使全省农村低收入人口人均年收入达到6000元,比中央提出的4000元标准高出了50%。西部民族地区与沿海发达地区的发展差距之大可见一斑。由此可见,在实施乡村振兴战略过程中,地处西部欠发达的民族地区仍须以缓解相对贫困为突破

---

[1] 刘彦随:《中国新时代城乡融合与乡村振兴》,《地理学报》2018年第4期,第641页。
[2] Ravallion M, Chen S. "China's (uneven) Progressagainst Poverty", Journal of development economics, 2007 (1).

口，把它放在"优先任务"的重要位置来解决。

三、2020年后石漠化片区相对贫困的基本趋势

2020年后，哪些人会成为相对贫困人口？根据以上对相对贫困内涵的分析，本研究认为，主要有以下五类：一是需要兜底保障的特殊贫困人口；二是遭遇风险冲击而陷入相对贫困的人口；三是脱贫攻坚中从乡村搬迁至城镇的转移人口；四是区域发展不平衡而导致的相对低收入人口；五是城市化中的新市民。

基于上述认识，在此以L县为个案，对2020年后石漠化片区相对贫困的总体趋势作如下分析：

L县位于广西西南地区的石漠化片区县，"老少边山穷"是其县域的基本特征。截至2017年年末，全县辖12个乡镇127个行政村（社区），总人口27.15万人，其中，壮族人口占95%，是一个以壮族为主的少数民族地区。同时，L地处边境，与越南接壤的边境线184公里。2018年，经国务院扶贫办批准，该县成为广西第一个脱贫摘帽的国家扶贫开发重点工作县，按现行标准，该县的贫困发生率已降到1.91%，实现了"摆脱绝对贫困"的脱贫攻坚目标。

通过调查分析，本研究认为，2020年后，L县的相对贫困将呈现出以下基本趋势：

（一）经济欠发达的县情特征依然突出

总体来看，L县经济发展水平与广西发达地区和全国的差距仍然较大。2017年，L县人均地区生产总值达到44 872元，虽超过广西平均水平，但仅为全国平均水平的75.2%。财政收入为47 661万元，但人均财政收入不足1800元，财政自给率较低。城乡居民人均可支配收入分别为26 902元和9799元，分别为广西平均水平的88.19%和94.09%，虽与广西平均水平差距不大，但与全国平均水平相比，差距则十分明显，仅为全国平均水平的73.91%和72.95%。尤为重要的是，在产业发展过程中，传统产业仍占主导地位，新兴产业不多，产业结构单一（主要是以制糖业为主），全县耕地面积约为75万亩，其中，原料蔗种植就达到55万亩，占到耕地面积的73.33%，2016、2017年，榨季入厂原料蔗195.06万吨，产糖23.16万吨，产值9.75亿元。占用了全县四分之三左右的耕地面积来种植糖料蔗，其总产值还不到10亿元，可见L县的蔗糖产业大而不强，效益不高。此外，L县服务业仍处在较低起步发展阶段，三产融合发展度不高，2017年三次产业结构为22.8∶40.5∶36.7，很显然，第一产业比重过高，第三产业发展相当滞后，第二产业大而不强，产业发展的后劲尤为不足。县域经济发展的相对滞后将会直

接影响全县相对贫困的程度。

（二）收入分配差距导致的低收入贫困人口占比较大

上述简要的理论分析表明，收入（财富）的分配差距是产生相对贫困的重要因素之一。调研发现，即便是在一个县域之内，收入分配差距也是相当明显的。

表12-12反映了L县农村居民可支配收入的差距。根据2018年12月本课题组对L县开展的抽样调查，在10个调查样村中，只有ZC村的人均可支配收入达到了L县的平均水平（9799元），相当于全县平均水平90%~95%的有LJ村（9306元，94.97%）、MQ村（9120元，93.07%），而最低的是DS村仅为3500元，分别相当于全县、全广西、全国平均水平的35.72%、30.91%和26.06%。若按照人均可支配收入占全国平均水平的60%为标准来划定相对贫困线，则有DS、AZ、LW、QH4个村应被列为相对贫困村。

表12-12　L县抽样调查村2017年农民人均可支配收入　（单位：元，%）

所在乡镇	行政村名	识别标准	农民人均可支配收入（元）	相当于全县平均水平	相当于广西平均水平	相当于全国平均水平
NQ镇	BM	非贫困村	—	—	—	—
BJ乡	LJ	省级贫困村	9306	94.97%	82.17%	69.28%
SL乡	MQ	非贫困村	9120	93.07%	80.53%	67.90%
SK镇	DS	国定贫困村	3500	35.72%	30.91%	26.06%
LZ镇	ZX	省级贫困村	8360	85.31%	73.82%	62.24%
SJ乡	ZC	国定贫困村	9800	100.01%	86.53%	72.96%
BQ镇	AZ	国定贫困村	5312	54.21%	46.91%	39.55%
SK镇	LW	省级贫困村	5600	57.15%	49.45%	41.69%
WD乡	QH	国定贫困村	7500	76.54%	66.23%	55.84%
SJ乡	XW	国定贫困村	8700	88.78%	76.82%	64.77%

资料来源：课题组的抽样调查（2018）。

（三）需要"低保兜底"特殊贫困人口比重较大

在当下推进的脱贫攻坚中，"低保兜底"是精准扶贫"五个一批"的重要措施之一。为充分发挥最低生活保障制度在脱贫攻坚工作中的兜底保障作用，2017年初，L县对全县建档立卡贫困户进行分类施保，把特别困难户纳入A类，每人每月补助230元；比较困难户纳入B类，每人每月补助190元；一般困难户纳入

C 类，每人每月补助 160 元。截至 2018 年年末，纳入低保的建档立卡贫困人口占全县享受农村低保对象的 94.74%，较好发挥了"低保兜底脱贫一批"的作用。通过对 L 县提供的相关资料分析可知，L 县享受最低生活保障对象占到其贫困人口的比重，最高年份的 2016 年达到 39.78%，2017 年达到 34.13%，2018 年达到 31.37%，即需要"兜底保障脱贫"的贫困人口在 31%~39% 中间。由此可见，该县现有脱贫人口中，至少有 30%~40% 左右的贫困家庭是处在相当不稳定的状态。即便是"低保兜底"政策不退出，这些家庭的生活状态也是明显低于 L 县农村一般生活水准的。

更应该值得注意的是，在 L 县享受"低保兜底保障"政策中，尚有一些未脱贫人口，虽然所占比重不大，但必须长期予以"兜底"保障，否则其"两不愁"都将难以解决。课题组调研的 JL 镇 SM 村，2015 年精准识别时有贫困户 262 户 962 人，截至 2018 年年末，仍有 10 户 25 人未脱贫，这 10 户全部是或者因病、或者因残、或者因老（孤寡老人）致贫的，对于他们而言，如果不能享受最低生活保障政策，基本生存需求就得不到满足。

（四）贫困人口可持续脱贫能力不强

2015 年精准识别时，L 县的贫困发生率为 23.92%，但是具体到村一级就不一样了。从课题组抽样调查的 10 个村来看，2 个非贫困村的贫困发生率都不到 1%，其余 8 个贫困村的贫困发生率在 24.39%~46.35% 之间，平均为 29.8%。

表 12-13　L 县抽样调查村 2015 年贫困发生率

所在乡镇	行政村名	识别类型	总人口数	贫困人口数	贫困发生率
NQ 镇	BM	非贫困村	1461	12	0.82%
BJ 乡	LJ	省级贫困村	1730	449	25.95%
SL 乡	MQ	非贫困村	2447	10	0.41%
SK 镇	DS	国定贫困村	2306	944	40.94%
LZ 镇	ZX	省级贫困村	1721	693	40.27%
SJ 乡	ZC	国定贫困村	1398	341	24.39%
BQ 镇	AZ	国定贫困村	1366	347	25.40%
SK 镇	LW	省级贫困村	3861	1361	35.25%
WD 乡	QH	国定贫困村	1929	894	46.35%
SJ 乡	XW	国定贫困村	2415	1098	45.47%

第十三章　治理转型：2020年后促进石漠化片区贫困人口可持续脱贫的创新举措

续表

所在乡镇	行政村名	识别类型	总人口数	贫困人口数	贫困发生率
合计			20 634	6149	29.80%

资料来源：课题组的抽样调查（2018）。

　　这些贫困村可持续脱贫能力不强的主要表现为：首先，一些贫困村的生产条件仍然没有得到根本改善。比如LZ镇ZX村距县城仅5公里左右，2015年精准识别时，贫困发生率之所以这么高，主要是基础设施很差，全村没有一条硬化路，"行路难"问题突出，安全饮水也没有解决，尽管原来接通了县城水厂，但因水管老化等导致损耗很大，每吨水费高达6~8元。通过脱贫攻坚，上述问题已经得到解决，但生产用水还是一大难题。该村有耕地4171亩，原料蔗种植达到3700亩，人均种原料蔗2.4亩，因缺乏灌溉用水，甘蔗产量不高（每亩平均不到3吨），效益很低。其次，有的村土地资源匮乏。总体来看，L县土地资源比较丰富，但因地处滇桂黔石漠化片区，耕地资源分布不均衡，一些山区村屯土地资源比较匮乏。从表12-14来看，人均耕地最少的SJ乡ZC村仅为0.62亩，基本是旱地，没有水田。正是因为缺乏土地资源，该村外出务工劳动力占比达到60%以上。虽然目前该村人均可支配收入在抽样调查村中还是最高的，但随着沿海地区用工成本奇高，企业"机器换人"的趋势不断增强，加上这些外出务工人员的文化水平本来就不高，难以适应新技术发展的需要，回到家乡又遭遇资源匮乏的瓶颈制约，因此，他们收入的持续性堪忧。特别需要指出的是，L县是边境县，一些缺乏耕地资源的村往往多分布在0~3公里的边境线上，出于守边护边的需要，又不可以采取易地移民搬迁的帮扶措施，这对L县相对贫困的缓解将是一个比较严峻的挑战。最后，金融资本匮乏也制约着贫困村的产业发展。在抽样调查的10个村中，只有ZC村和XW村有过从银行中获得商业性贷款（政府行为的小额信贷除外），分别是153万元、368万元，其余村都没有。由此可见，虽然全县贫困人口已经实现现行标准下的脱贫，但乡村产业发展的后劲不足，这是2020年后缓解相对贫困必须破解的一大难题。

表12-14　L县抽样调查村人均耕地面积

所在乡镇	行政村名	耕地面积（亩）	总人口数（人）	人均耕地面积（亩）
NQ镇	BM	6202	1461	4.25
BJ乡	LJ	3013	1730	1.74

续表

所在乡镇	行政村名	耕地面积（亩）	总人口数（人）	人均耕地面积（亩）
SL 乡	MQ	9291	2447	3.80
SK 镇	DS	3250	2306	1.41
LZ 镇	ZX	4171	1721	2.42
SJ 乡	ZC	872	1398	0.62
BQ 镇	AZ	1385	1366	1.01
SK 镇	LW	6421	3861	1.66
WD 乡	QH	3350	1929	1.74
SJ 乡	XW	9000	2415	3.73
		46955	20634	2.28

资料来源：课题组问卷调查（2018）。

（五）村级集体经济依然薄弱

发展壮大村级集体经济是脱贫攻坚中的一项重要任务。L县积极探索多元化发展模式，形成了提供服务、合作入股、参股分红、资产经营等多模式，破解了"空壳村"的"破壳"难题。截至2018年12月，全县127个行政村的村级集体经济收入在2万元以上的84个，其中，47个贫困村村集体经济收入已全部达到4万元以上，实现了村级集体经济从无到有的突破。课题组在调研中发现，L县村级集体经济收入的来源主要有三条渠道：一是由县政府为贫困村注资50万元入股县域内的大型企业，如南华糖业公司等，企业每年以8%（即每个村4万元）作为使用这笔资金的回报付给村集体，时限为2018年至2020年。二是政府协调制糖企业与各村专业合作社签订《甘蔗生产管理合作协议》，由村"两委"组织提供甘蔗生产管理服务，企业按照0.5元/吨的标准支付管理服务费。这个项目涉及全县119个行政村（社区），占村（社区）的93.7%，一般的村原料蔗1万~2万吨，多的4万~5万吨，集体经济收入2万元~2.5万元不等。三是个别村通过建立合作社，利用对口帮扶单位所支持的资金来发展产业项目，合作社给予村集体经济一定比例的分红，等等。从L县目前的村级集体经济来看，一是收入规模不大，除极个别的达到10万元以上之外，其余的贫困村基本上就是4万元~5万元左右，有的甚至仅有2万元~3万元；二是收入来源渠道单一，除了入股企业、甘蔗管理费之外，少数村有依托经营大户、村民合作社的经营取得收入，总体看还是比较薄弱的。

第二节 可持续脱贫：石漠化片区相对贫困治理的战略目标[①]

在实施乡村振兴战略背景下，相对贫困治理的战略目标应是什么？目前学术界对于这个问题尚未达成共识。本研究认为，应以可持续脱贫为其目标导向。

一、可持续脱贫：2020年后相对贫困治理的目标导向

本研究认为，习近平总书记关于可持续脱贫的重要论断强调了可持续脱贫对于实现精准脱贫的重要性，不仅是当下推进脱贫攻坚的行动指南，也应该是2020年后我国相对贫困治理基本遵循的原则。乡村振兴战略背景下的中国相对贫困治理，应确立以可持续脱贫为目标导向的战略。

结合上述对于2020年后石漠化片区相对贫困人口的类型分析，可持续脱贫无论对于任何一类相对贫困人口来说都是十分重要的。对于第一类贫困人口，重要的是要建立健全可持续的"低保兜底"制度体系，不断强化社会保障的"兜底"功能。如果在2020年后"低保兜底"的政策"一刀切"地退出，这些贫困人口就会重新陷入绝对贫困的状态。对于第二类相对贫困人口，他们不会因为现有扶贫政策的退出而陷入绝对贫困，但如何与时俱进制定符合各地实际、具有可持续性的"开发式扶贫"政策，使他们能够通过自身发展能力的增强实现产业振兴来持续地增加收入，也是一个全新的课题。由此来看，当前一些专家学者认为脱贫攻坚战后"开发式扶贫"就没有必要的说法是站不住脚的，它将不利于缓解区域发展不平衡而导致相对贫困人口产生的问题。对于第三类相对贫困人口，则需要通过整合城乡贫困治理的政策体系，使他们能够真正享受到所在城市的基本公共服务，提升其稳定融入城市的能力，尤其要十分注重防止他们沦为新的城市贫困者，真正实现由农民向市民的转变。

由此可见，推进乡村振兴战略实施背景下的相对贫困治理需要在总结当下实施精准扶贫、精准脱贫的基本经验基础上，站在走向全面建设社会主义现代化的战略高度，在认真研判新历史条件下中国相对贫困治理规律的前提下，制定出一

[①] 作为本课题的阶段性研究成果，本节的内容以《可持续脱贫：新时代中国 农村贫困治理的一个分析框架》为题，发表于《广西师范学院（哲学社会科学版）》2018年第2期，第97-111页。

套具有中国特色相对贫困治理的战略，包含相对贫困治理的战略重点、相互衔接配套的治理政策以及完善的体制机制，确保相对贫困人口脱贫的可持续性，从而实现有效缓解相对贫困的战略目标。

二、实现第二次质的飞跃：相对贫困治理的战略目标

根据既有的研究成果，本研究认为，可持续脱贫是指贫困人口持续稳定地脱离贫困生活状态的一个过程。只有这种状态（过程）能够在较长一段时期内持续不断地得以延续，并最终实现贫困人口由贫困状态到非贫困状态，再到富裕状态的转变，贫困治理的目标才得以实现。如上所述，通过"十三五"的脱贫攻坚，我国即将消除千百年来遗留在我国社会的绝对贫困，实现贫困人口第一次质的飞跃——从绝对贫困向相对贫困的转变。2020年后，推进乡村振兴战略实施背景下的相对贫困治理，其目标导向就是以促进相对贫困人口可持续脱贫为重点，持续稳定地提高相对贫困人口的收入，使之达到甚至超过全国平均水平；持续扩张其生计资本，使之不断充裕，促进其自我发展能力不断增强；扎实推进基本公共服务均等化水平，并使之实现与全国完全同步的均等化；持续不断地改善其生计环境，使环境的脆弱性完全得以消除，使大部分贫困人口实现第二次"质的飞跃"——由贫困人口向非贫困人口的转变，最终才能实现真正意义上的共同富裕。

当然，这一战略目标的实现是一个循序渐进的过程，大体可以划分为三个阶段，也可以叫作"三步走"的战略部署。第一阶段（第一步：2020—2025年），即巩固脱贫攻坚成果阶段，其主要目标是帮助摆脱了绝对贫困的相对贫困人口持续稳定实现"两不愁三保障"，防止返贫现象的发生，使可持续脱贫的基础更加稳固。第二阶段（第二步：2025—2035年），主要目标是持续扩大脱贫攻坚成果，全面对接乡村振兴的目标要求，使石漠化片区与全国同步基本实现乡村振兴目标，使相对贫困人口开始走向富裕之路。第三阶段（第三步：2035—2050年），主要目标是在大力巩固基本实现乡村振兴成果的基础上，持续推进石漠化片区的乡村振兴，实现相对贫困人口向非贫困人口转变的第二次质的飞跃，与全国同步实现全面现代化，走向共同富裕之路。

三、相对贫困治理战略的主要特征

以可持续脱贫为目标导向的相对贫困治理战略具有综合性、长期性、动态性、系统性和精准性等特征。

第十三章　治理转型：2020年后促进石漠化片区贫困人口可持续脱贫的创新举措

（一）综合性

从目标导向来看，可持续脱贫的重点应放在提高贫困人口的自我发展能力之上，使他们实现持续稳定脱贫，并为他们逐步走向富裕之路创造条件。从贫困治理措施来看，既要致力于改善贫困人口所处的脆弱性环境，更要致力于持续不断地增加贫困人口的脱贫资本，尤其要注重培育可持续发展的产业。从贫困治理的主体来看，既要强调各级政府的主导地位，也要注重发挥企业、各类社会组织的作用，更要突出贫困人口自身的主体地位作用，构建多元化的贫困治理结构体系。

（二）长期性

这是由解决相对贫困问题的任务的艰巨性所决定的。在我国解决了绝对贫困问题，所有贫困人口进入相对贫困阶段之后，可持续脱贫要解决的是贫困人口在巩固脱贫成果的基础上进一步发展提高的问题，这一阶段属于贫困人口从实现初步脱贫向彻底摆脱贫困转变的过程，是实现由"贫困人口"向"非贫困人口"转变的又一次"质的飞跃"，从时间维度来看，将会伴随着中国整个全面建设社会主义现代化强国的始终。

（三）动态性

由于相对贫困问题的解决是一个长期的历史过程，在这个过程中，影响相对贫困人口持续脱贫的发展环境等因素总是处在不断变化之中的。因此，只有顺应国内外经济社会发展变化的趋势，与时俱进地调整贫困治理的政策措施，才能做到趋利避害，实现可持续脱贫的战略目标。

（四）系统性

实现相对贫困人口可持续脱贫是一项系统工程，涵盖了经济、政治、社会、文化和生态等诸多子系统。必须认真贯彻落实习近平新时代中国特色社会主义思想，尤其是要认真贯彻习近平总书记关于扶贫工作的重要论述，结合欠发达地区实际，把新时代农村相对贫困治理同加强经济建设、民主法治建设、社会建设、文化建设和生态文明建设紧密结合起来，这样才能更好地实现相对贫困人口的可持续脱贫。

（五）精准性

精准扶贫、精准脱贫是"十三五""打赢脱贫攻坚战"的基本方略，其核心要义是找准病根、对症下药、靶向治疗，因人因地制宜，"一把钥匙开一把锁"，实践证明，这是符合中国实际、具有中国特色的贫困治理方略。在推进相对贫困治理过程中，仍需坚持"精准扶贫"这一基本方略，这是由中国幅员辽阔、各地发展不平衡以及在相对贫困阶段不同类型贫困人口的不同诉求所决定的。只有坚持精准施策，才能进一步提高贫困治理的效率，使得不同地区、不同类型的相对贫困人口发展能力都能得到持续提升，进而实现持续稳定脱贫。

第三节 石漠化片区相对贫困人口可持续脱贫的路径选择

根据上述相对贫困治理的战略目标，结合石漠化片区相对贫困的基本态势以及影响贫困农户可持续脱贫的制约因素，本研究认为，在实施乡村振兴战略背景下，推进石漠化片区相对贫困人口的可持续脱贫应选择如下治理路径：

一、完善总体设计：推进相对贫困治理与乡村振兴的有效衔接

2020年打赢脱贫攻坚战后，推进石漠化片区相对贫困治理的重要前提是把它纳入实施乡村振兴战略的总体谋划中来一体推进，推动二者的有机结合、互促共进。

（一）治理目标的有机衔接

中共中央、国务院印发的《乡村振兴战略规划（2018—2022年）》中也明确指出"推动脱贫攻坚与乡村振兴有机结合相互促进"。中央的这些决策部署表明，脱贫攻坚与乡村振兴既相互独立，又具有内在的、必然的、紧密的逻辑联系。二者在目标上具有一致性，即其终极目标都是解决好我国的"三农"问题，实现农业农村现代化；在阶段上具有递进性，脱贫攻坚是乡村振兴的基础和前提，乡村振兴是脱贫攻坚的巩固和深化。即脱贫攻坚在2020年前必须全面完成，其根本任务是消除绝对贫困问题，让贫困人口与全国人民一道同步迈向全面小康社会；乡村振兴则是在脱贫攻坚的基础上，全面推进乡村的产业振兴、生态振兴、文化振兴、人才振兴、组织振兴，实现农业的全面升级、农村的全面进步、农民的全面发展。可见，脱贫攻坚与乡村振兴战略的总目标是一致的，但在党的十九大到2020年这一交汇期，二者在工作重点、目标任务、路径方法等方面是有所区别的。

在2020年完成了"脱贫攻坚"这一"优先任务"后，石漠化片区将面临着相对贫困治理的艰巨任务。这是因为：其一，脱贫攻坚解决的只是绝对贫困问题，总体而言，贫困人口实现了由绝对贫困向相对贫困的转变，但在推进乡村振兴过程中，相对贫困问题将会凸显。其二，脱贫攻坚的成果（即绝对贫困问题的解决）需要采取更有针对性的措施加以不断巩固和提升。其三，石漠化片区实施乡村振兴战略有其特殊性。总体而言，石漠化片区仍属欠发达地区，如何在坚持高质量发展的前提下，不断壮大综合经济实力，提高区域整体发展水平，最大限度缩小

与发达地区的发展差距，从根本上减少因发展相对滞后而产生的过多相对贫困人口，这是石漠化片区面临的新的时代课题。由此可见，相对贫困治理应是石漠化片区推进乡村振兴战略实施的题中之义，既是巩固脱贫攻坚成果、促进相对贫困人口的可持续脱贫的现实需要，也是顺利实施乡村振兴战略的前提条件。其目标应与促进片区农业农村现代化，实现农业强、农村美、农民富的总目标相契合。为此，必须把石漠化片区相对贫困治理纳入乡村振兴战略实施的总体框架下一体安排、统筹推进。

（二）工作重心的有机衔接

实施乡村振兴战略的总要求是"产业兴旺、生态宜居、乡风文明、治理有效、生活富裕"[①]。其中，推动乡村产业的兴旺发达、实现产业振兴是重点，打造生态宜居的环境、促进生态振兴（包括乡村绿水青山的生态空间、绿色发展的生产空间和优美舒适的生活空间）是前提条件，以社会主义核心价值观为引领的乡村文化振兴是关键，建立健全乡村自治、法治和德治相结合的治理体系，促进乡村社会的和谐有序、充满活力是保障，最终实现我国农民生活的富裕（包括物质文明、精神文明更加丰裕和全体人民群众共同富裕）是出发点和归宿。可见，乡村振兴战略是新时代解决"三农"问题的总抓手，是一个大战略，是中国特色社会主义事业"五位一体"总体布局在"三农"领域的具体体现，同时也是一项涉及面广、相互联系的系统工程。其中，产业振兴在乡村振兴中将起到牵一发而动全身的核心作用。可以说，没有产业的振兴，就没有乡村振兴。因此，促进产业振兴是乡村振兴的重中之重。在这样的大背景下来推进相对贫困治理，同样需要把促进产业发展放在重要地位，这是由相对贫困治理的性质所决定的。在未来的相对贫困治理中，虽然需要对因病因残以及其他因素导致的缺乏劳动能力、无稳定收入来源的相对贫困群体予以特殊关注，通过提高社会保障水平来减缓其相对贫困，但从导致相对贫困的主要因素来分析，更多的相对贫困人口是因经济发展水平低，加之收入分配体制刚性约束导致收入分配差距的拉大而产生的。解决问题的出路首先在于把"蛋糕"做大，在此基础上进一步理顺收入分配政策，最大限度缩小城乡、区域和行业收入分配差距。由此来看，尽管相对贫困治理同样是涉及面广的系统工程，但最重要的还是把产业作为重点任务，实现由低层次的产业扶贫向高层次、高质量的产业振兴转变，这是促进相对贫困人口可持续脱贫的关键所在。

---

① 习近平：《决胜全面建成小康社会夺取新时代中国特色社会主义伟大胜利》，人民出版社2017年版，第3页。

从这个意义上讲，产业振兴是相对贫困治理与乡村振兴的重点任务、工作重心，只有抓好这一重中之重，才能实现预期目标。

（三）推进路径的有机衔接

有了明确的目标和工作重点，还需要有可行的路径，才能有效推进可持续脱贫与乡村振兴的有效衔接。二者衔接的推进路径是多方面的，在此仅从重要的方面分述如下：

一是坚持规划引领。首先，应以乡村振兴战略为统领，制定出符合各片区县实际的相对贫困治理过渡性规划（2021—2025年），重点是巩固和提升脱贫攻坚成果，尤其是要根据乡村振兴的目标要求，对深度贫困村、深度贫困乡的基础设施、基本公共服务、产业发展等方面做好查缺补漏工作，全面提升这些乡村的发展水平，突出做好社会保障兜底的贫困人口脱贫质量的提升，确保刚刚越过绝对贫困线的贫困人口实现可持续的、稳定的脱贫，为深入实施乡村振兴战略打好坚实基础。其次，遵循乡村建设规律，统筹谋划石漠化片区可持续脱贫与乡村振兴蓝图。按照科学布局、体现特色、注重质量、循序渐进、从容建设等基本原则，高质量编制好市县总体规划、镇村发展总体规划、土地利用总体规划。总体规划的编制要避免"为规划而规划"的现象，必须贯彻科学决策、民主决策的原则，把规划编制的过程作为集中民智、汇集民意、统一思想、凝聚共识的过程。最后，突出分类推进。在一个县区内，必须根据不同发展水平、不同类型的村庄而提出不同的振兴发展目标、方向、重点，确定好规划建设的先后秩序以及不同阶段的工作重点，切实加强分类指导，梯次推进。特别是对那些"一方水土养不起一方人"的村庄，要结合生态治理，有序地推进移民搬迁。

二是坚持市场化推动。当下推进的脱贫攻坚由于时间紧迫、任务繁重，"短板"点多、涉及面广，为在短期内取得预期效果，主要是依靠政府的政策支持以及大量的人力与资金投入等强大外生动力来推动。在未来的相对贫困治理和乡村振兴战略实施过程中，政府这只"看得见的手"仍将更好地发挥其作用，但从根本上看，需要通过深入推进"放管服"以及农村经济体制改革，切实转变按政府职能，建构更加完善的市场机制，使市场在资源配置中起决定性作用，使资金、技术、人才等各种要素向乡村流动，形成更多依靠市场力量推动的长效机制。

三是坚持精准方略。"精准扶贫、精准脱贫"是推进脱贫攻坚的基本方略，是对以往扶贫方式的变革、创新与发展，其核心要义是实事求是、因地制宜、分类施策、靶向治疗，通过对扶贫过程中人、财、物、事各种要素、各个环节、各个领域的精准化管理，提高脱贫成效的精准性、实效性。实践证明，精准方略是打赢脱贫攻坚战的科学方法、"锐利武器"、制胜法宝。在推进相对贫困治理和乡村振兴过程中，要将"精准"原则贯穿各个方面和始终，坚持以习近平总书记关于扶贫和乡村振兴战略的重要论述为引领，以精准方略推动相对贫困人口的可持续脱贫，推动乡村全面振兴。

四是突出农民主体地位。坚持农民主体地位是贯彻落实党的群众路线的题中之义，在推进相对贫困治理、促进乡村振兴的过程中，必须在贯彻落实好"五级书记"一起抓，不断强化各级党组织和政府的责任及作用，以及广泛动员组织社会力量参与的同时，把突出农民主体地位摆到更加重要的位置。须知，农民是相对贫困治理、乡村振兴不可或缺的主要参与者，也是最终受益者，只有顺应亿万农民对美好生活的向往，广泛动员广大农民群众参与相对贫困人口治理、推动乡村振兴的积极性、主动性，让广大农民在参与乡村振兴中有更多获得感、幸福感、安全感，乡村振兴的目标才能真正得以实现。

二、推动产业振兴：筑牢可持续脱贫与乡村振兴的厚实根基

乡村产业是立足县域，以农业农村资源为依托，以农民就业为主体，包括种养业、农产品流通业、农产品加工业及乡村休闲旅游业等在内的复合型产业。[①]2018年3月8日，习近平总书记在参加全国"两会"山东代表团审议时强调，要推动乡村产业振兴，紧紧围绕发展现代农业，围绕农村一、二、三产业融合发展，构建乡村产业体系，实现产业兴旺，把产业发展落到促进农民增收上来，全力以赴消除农村贫困，推动乡村生活富裕。[②]由此可见，产业振兴在推进相对贫困治理与促进乡村振兴中的重要性，需要多措并举、多管齐下来推进。

在我国经济进入新常态，全球正在孕育新一轮产业革命的背景下，必须立足石漠化片区实际，探索具有自身特色的产业振兴之路。在这方面，贵州省以农村产业革命"八要素"推动乡村产业振兴的做法值得借鉴。

农村产业革命"八要素"是2018年2月9日贵州省委书记、省人大常委会主任孙志刚在省委农村工作会议上提出的。孙志刚提出，各级党委要切实履行"施工队长"职责，牢牢把握好贵州农业产业革命"八要素"，推动产业扶贫和农村产业结构调整取得重大突破，"来一场振兴农村经济的深刻的产业革命"。

---

① 刘振伟：《产业振兴是乡村振兴的基础》，《农村工作通讯》2019年第13期，第21页。
② 《习近平在山东代表团参加审议时强调 实施乡村振兴战略是一篇大文章 要统筹谋划科学推进》，http://difang.gmw.cn/cq/2018-03/09/content_27935745.htm，2018-03-09。

贵州省产业革命"八要素"是指推动乡村产业振兴过程中，必须牢牢抓好的八个具有内在逻辑联系的环节，即选择产业、培训农民、技术服务、筹措资金、组织方式、产销对接、利益联结、基层党建。这"八要素"是基于近年来贵州省推动农村产业扶贫开发实践经验的科学总结，八个方面不可或缺，是一条环环相扣、前后承接的完整闭合链。它既是目标任务，也是方法措施，是推进产业革命向纵深发展的具体实践过程和实现形式。

（一）做好产业选择

产业选择是推进乡村产业革命的首要一环，要解决的是"种什么""养什么"的问题，是推动产业发展、实现产业振兴的前提条件。习近平总书记曾指出："推进扶贫开发、推进经济社会发展，首先要有一个好思路、好路子。要坚持从实际出发，因地制宜，理清思路、完善规划、找准突破口。……要做到宜农则农、宜林则林、宜牧则牧、宜开发生态旅游则搞生态旅游，真正把自身比较优势发挥好，使贫困地区发展建立在自身有利条件的基础之上。"[①] 在市场经济条件下，贫困地区要提升自身产业的竞争力，必须做到以市场为导向，扬长避短，充分发挥自身的比较优势。

（二）加强农民培训

农民培训实现产业革命的基础环节。农民培训要解决的不仅仅是乡村产业发展中科学技术的支撑问题，比这更重要的是培育农民的市场竞争意识，更好地发挥出农民主体地位的作用。因此，贵州省依托新时代农民讲习所，通过开展大规模的农民培训，激发广大农民的内生动力，调动他们参与产业发展的强烈意识，使他们的产业发展有思路、有举措、有干劲，解决好不敢想、不敢干、不愿干以及不会种、不会养、不会卖等问题。

（三）强化技术服务

与自给自足的自然经济决然不同，发展现代农业、推动农业产业变革，需要农业科技的有力支撑，没有现代科学技术的支撑，"农村产业革命"就会变成一句空话。因此，建立健全技术服务体系，加强技术服务支撑，推动科技兴农、智慧兴农，实现技术服务，对每个扶贫产业、每个合作社、每家每户全覆盖，是推进乡村产业革命的必要一环。

（四）突出资金筹措

资金筹措是农村产业革命的一个关键环节。贵州优化乡村产业发展的政策设

---

① 中共中央党史和文献研究院：《习近平扶贫论述摘编》，中央文献出版社2018年版，第57页。

计，加大金融对现代农业的支持力度。以政府财政投入为引导，吸纳金融部门和社会资金的共同投入，壮大脱贫攻坚产业基金规模，简化产业基金运作流程，降低门槛、做出示范、全面推开，提高基金使用效率。同时发挥好农业产业资金的示范引导作用，充分激发市场的力量，引导更多社会资金流向现代高效农业。

（五）完善组织体系

针对贫困地区产业组织小、散、弱的现实，贵州以培育各类合作社、专业大户等新型市场主体为抓手，不断优化乡村产业组织结构，创新生产经营方式，重点推广"公司＋合作社＋农户"模式，通过"强龙头、创品牌、带农户"，推进农业规模化生产、集约化经营、品牌化提升，把大量分散经营的小农户引入大市场。

（六）促进产销对接

产销对接是推动乡村产业革命的重要一环，如果农民生产出来的农产品卖不出去，受伤害的是农民本身。正如马克思所说的那样："商品价值从商品体跳到金体上，像我在别处说过的，是商品的惊险的跳跃。如果这个跳跃不成功，摔坏的不是商品，但一定是商品所有者。"[①]贵州创新产销对接机制，发挥东西部扶贫协作平台作用，推动"黔货出山"，组织开展"农超对接""农校对接""农社对接"，实现农产品、市场、商家、消费者的网络无缝对接。

（七）构建利益联结机制

利益是连接各市场主体的纽带，只有各自的利益得以保障，彼此之间的合作才能够得以顺利进行。由此可见，建立完善的利益联结机制是石漠化片区产业发展的必由之路、重要环节。在推进农村产业革命过程中，贵州着眼于让农民得到实惠、持续增收，以推进资源变资产、资金变股金、农民变股东"三变"改革为抓手，完善村集体、企业、合作社、农民利益联结机制，充分激活农村资源要素，帮助农民稳定获得订单生产、就地务工、反租倒包、政策红利、资产扶贫、入股分红等收益，助推农业增效、农村繁荣、农民增收。

（八）建强基层支部

乡村产业强不强，关键是看基层党建。贵州注重发挥农村基层党组织在农村产业革命中的战斗堡垒作用，依靠基层组织推动农村综合改革，大力推广"塘约经验"，把基层党组织建在产业链上、建在合作社上、建在生产小组上，推广"村社合一"，把农户组织起来对接龙头企业、对接合作社、对接市场，唤醒产业革命

---

① 中共中央马克思恩格斯列宁斯大林著作编译局：《马克思恩格斯全集：第23卷》，人民出版社1972年版，第124页

的内生动力。

总结贵州推动农村产业革命的做法，可以把它概括为以下四个方面[①]：

一是完善产业组织模式，提高产业组织化程度，解决好"由谁来做（换言之，也可以叫作谁是产业发展主体）"的问题。贵州主要是完善"公司（经营大户）+专业合作社（村民合作社）+农户"经营模式中各个主体之间的利益联结机制，推动产业组织化程度的提升。实践已经证明并将继续证明，在现代市场经济条件下，单家独户的分散经营模式无法使农户与大市场有机对接起来。因此，提高产业组织化程度的模式选择是绕不开的，是必由之路。问题的关键在于必须建立健全农户与专业合作社（村民合作社）、公司三者之间的利益联结机制，其奥妙就在这个"+"，从成功的农村产业发展案例来看，其几乎都采取了股份合作等方式。2018年中央一号文件对如何发展新型农村集体经济的实现形式和运行机制提出了新要求，为发展农村股份合作经济指明了方向。农户可以用土地或劳动来入股，专业合作社（村民合作社）可以财政扶持资金项目折价入股，也可以用集体资产折价入股等。但无论如何"+"，必须坚守一条底线，那就是贫困农户的利益不能受损，至于具体如何"+"，可交由合作各方通过协商来决定。

二是探索建立"资源禀赋+市场导向"的产业选择模式，解决好"发展什么产业"的问题。贫困乡村远离市场中心，物流成本高是其劣势，但其优势在于没有工业污染，气候条件、土壤等适宜于生产具有特色优势的有机农产品，其独特的自然山水、秀丽的风光、多姿多彩的民族文化等可以发展特色乡村旅游，等等。这是贵州的特色和优势所在，也是石漠化片区的共同特点。因此，抓住我国推进农业供给侧结构性改革，走质量兴农、绿色兴农道路的契机来谋划贫困乡村产业发展，其前景是广阔的。问题的关键在于对自身的资源禀赋必须有足够的认识，一个地方的资源是否具有开发的价值，关键在于这个地方的资源禀赋在多大的程度、多广范围具有比较优势，依托自身的比较优势来培育形成区域产业的竞争优势，这是贫困乡村产业发展的不二选择。

三是探索建立"全产业链+互联网"的产业推进模式，解决好"如何来做产业"的问题。在现代市场经济下，农业的发展已经不是单纯的种植或者养殖这么简单，一、二、三业产融合发展已成必然趋势。同时，这里的互联网不仅仅就是电子商务，而且是包括互联网、物联网等现代信息技术在农业领域的广泛应用，

---

① 这四个方面的内容参考本研究的阶段性成果之一——"论民族地区深度贫困脱贫攻坚的路径创新"，见《改革与战略》2018年第2期，第52-53页。

强调的是借助互联网等信息技术,将产前、产中、产后各个环节贯通起来,比如,建立有机产品可溯源体系等。

四是探索形成政府如何"扶"的新模式。贵州省的做法是政府在提供农民培训、资金融通、产销对接、加强基层组织建设等方面提供基础性也是关键性的服务,但发展什么、如何发展等交由市场主体来自主决定。换言之,政府这只"看得见的手"是该出手时才出手,在不该出手的领域,则交由市场主体(包括农户)自己来决定。唯有如此,贫困乡村的可持续发展产业才能发展起来。

三、壮大集体经济:助力可持续脱贫与迈向共同富裕的压舱之石

（一）发展新型集体经济是带领广大农民走共同富裕道路的必由之路

在主持十九届中央政治局第八次集体学习时,习近平总书记指出:"要把好乡村振兴的政治方向,坚持农村土地集体所有制性质,发展新型集体经济,走共同富裕道路。"[1]习近平总书记这一重要论述,为我们指明了乡村振兴的正确方向,传递出极其重要的信息,即在推进乡村振兴的过程中,必须在坚持农村土地集体所有制性质的前提下,进一步发展壮大新型集体经济,这是事关广大农民群众能否走向共同富裕道路的重大政治问题。

发展新型集体经济符合中国改革开放总设计师邓小平晚年对中国发展道路的思考。1993年9月,邓小平在与其胞弟邓肯的谈话中告诫我们:"十二亿人口怎样实现共同富裕,富裕起来以后财富怎样分配,这都是大问题。题目已经出来,解决这个问题比解决富裕起来的问题还困难。分配的问题大得很。我们讲要防止两极分化,实际上两极分化自然出现。要利用各种手段、各种方法、各种方案来解决这些问题。"[2]他还指出:"中国人能干,但是问题也会越来越多,越来越复杂,随时都会出现新问题。比如刚才讲的分配问题。少部分人获得那么多财富,大多数人没有,这样发展下去总有一天会出问题。分配不公,会导致两极分化,到一定时候问题就会出来。这个问题要解决。过去我们讲先发展起来。现在看,发展起来以后的问题不比不发展时少。"[3]邓小平的这一重要思想,为我们观察和处理未来农村中可能出现的两极分化问题指明了方向。

从根本上来说,中国特色社会主义在广袤的农村能否得到巩固,农村新型集

---

[1] 《习近平主持中共中央政治局第八次集体学习》,http://www.xinhuanet.com/politics/leaders/2018-09/22/c_1123470956.htm。

[2] 中共中央文献研究室:《邓小平年谱(1975—1997)》,中央文献出版社2004年版,第1364页。

[3] 中共中央文献研究室:《邓小平年谱(1975—1997)》,中央文献出版社2004年版,第1364页。

体经济能否有大的发展、农民是否实现了共同富裕是关键所在。在坚持高质量发展的前提下，贯彻落实共享发展理念，不仅需要注重解决缩小城乡、区域和行业之间的收入差距问题，更需要在不断增加农民收入，特别是增加低收入人口收入的同时，加大缩小农村地区内部的收入差距问题。这是我们必须一以贯之地坚持的政治方向，也是走共同富裕道路的总抓手。可以预见，随着乡村振兴战略的实施，将来，农村中会不断涌现出一大批越来越富裕的农民群体，而农村中的一小部分人则因为先天的主客观因素或后天的风险冲击所致（比如说因病、因残，或突发性的自然或社会性风险冲击，导致家庭中无劳动人口而导致无收入或收入低下等），从而产生邓小平所说的"两极分化自然出现"的现象。随着我国经济实力的不断壮大，政府将会通过不断完善最低生活保障等制度来解决这些弱势群体的生计问题。但须知，我国是一个拥有十几亿人口的大国，提高弱势群体生计保障水平只能与我国一定的经济社会发展水平相适应，如果超越了相应发展水平而实行过高的社会保障，将会陷入"福利陷阱"。因此，不断发展壮大村集体经济，通过村集体内部收入分配的调节，就可以在一定程度上缓解农村内部的收入分配差距问题。这是未来相对贫困治理中，确保部分相对贫困人口可持续脱贫的可行路径，也是乡村振兴过程中必须予以高度重视并切实解决好的重大问题。发展农村新型集体经济不仅是当下实现脱贫攻坚目标的迫切需要，更是乡村振兴的必然要求。当代文学家、著名学者王宏甲所说的"一个村庄最伟大的成就，不是出多少富翁，而是没有贫困户。只有在不忘初心的党的领导下，聚全体村民共同发展，举全村之力直至帮助最后一个贫困者脱贫，才是最大的政绩"[1]这句话就是对这个问题最好的诠释。所以，要注意克服对发展新型村级集体经济的狭义理解，一定要从坚持乡村振兴政治方向的高度来提高认识、转变观念，把发展新型集体经济与乡村产业振兴有机结合起来。

（二）探索石漠化片区发展新型集体经济的可行路径

在《摆脱贫困》中，习近平总书记指出："乡村集体经济实力薄弱是基层工作活力不足的症结所在。"[2]总体而言，当下石漠化片区村级集体经济整体实力不强是一个不争的事实。坚持因地制宜、市场导向、积极扶持的原则，通过加大对发展新型集体经济的政策扶持，增强经济薄弱村集体经济的"造血"功能，是石漠化片区亟待解决的问题。

---

[1] 王宏甲：《塘约道路》，人民出版社2016年版，第87页。
[2] 习近平：《摆脱贫困》，福建人民出版社2014年版，第195页。

第十三章 治理转型：2020年后促进石漠化片区贫困人口可持续脱贫的创新举措

1. 在推动乡村产业振兴中探索发展新型集体经济的新路子

新型集体经济是在坚持公有制和现行农村基本经济制度的前提下，通过培育农村村级合作社、家庭农场等新型经营主体，做好农村集体土地确权颁证，积极稳妥推进农村土地"三权分置改革"，建立完善农户与新型经营主体的利益联结机制，以"合作社＋农户或经营大户＋农户"等模式，将分散经营的农户组织起来，提高农村产业组织化程度，把农民带入现代市场经济体系，实现发展壮大农村集体经济实力，带动农民增收致富目标的一种新的农村合作经济组织。

从上述关于新型集体经济的定义中可知，新型集体经济之所以"新"，其关键是在坚持农村家庭联产承包责任制这一农村基本经营制度的前提下，通过优化产业组织形式，创新农村经济发展模式，兼顾了产业发展过程中多方（合作社或经营大户与集体、与农户）的利益，在推动产业振兴中实现"多赢"，可以说，发展新型集体经济是推动乡村产业振兴的题中之义。因此，实践中应在坚持"三不"底线原则，即不改变农村土地集体所有性质、农民利益不受损、耕地面积不减少的基础上，全面深化农村改革，做活农村土地流转这篇大文章，以此作为发展新型集体经济的重要抓手；突出优化配置集体建设用地，促进农村内部土地流转与用途间的转换，增加集体建设用地入市路径，最大限度提高其经济效益和社会效益；积极探索农村空闲农房及宅基地使用模式，鼓励和引导农村集体经济组织以有偿回购、集中改造、受托经营等形式来发展新产业、新业态。

2. 以"三变"改革为抓手推动新型集体经济的发展

结合石漠化片区各地农村的实际，大力推广贵州"唐约模式"等先进经验，加大推动农村"资源变资产、资金变股金、农民变股东"的改革力度。

一是摸清底数，扎实推进"七权同确"。借鉴塘约村的成功经验，在做好群众工作的基础上，积极稳妥地推动农村集体土地和集体财产的确权。所谓的"七权"，除了土地承包权外，还有农民宅基地使用权、林权、集体土地所有权（荒山荒坡等）、集体建设用地使用权、集体财产权、小水利工程权等。[1] 通过对上述集体土地和财产的确权，明细产权归属，为发展村集体经济奠定资源基础。

二是科学规划，找准村集体经济产业的发展方向。由驻村第一书记、扶贫工作队员和村"两委"干部组成专门的调研组，通过召开村"两委"联席会议、返乡创业成功人士座谈会、走访致富带头人、广泛入户调研等方式，对所在村进行全面深入调研，摸清制约村集体经济发展的难题，充分利用财政资金和后盾单位

---

[1] 王宏甲：《塘约道路》，人民出版社2016年版，第57—58页。

帮扶资金，选择好、培育好、发展好村集体经济产业，制定集体产业发展规划，坚持把发展村集体产业作为村民创业就业的平台，鼓励他们参与管理，通过以土地等入股分红，解决部分群众就业和收入问题。

三是盘活存量资产，增加集体收入。通过盘活闲置或低效使用的各类集体存量资产，采取村级自主经营、租赁等方式实现资源利用效益最大化，增加集体收入。

四是统筹兼顾，合理分配发展收益。发展村集体经济要紧紧抓住收入分配制度完善这一关键，创新形成科学合理的收入分配机制，通过广泛协商，合理确定村集体经济、合作企业、合作社、经营大户、村集体经济成员以及贫困农户等多主体的分红比例，确保一般农户利益不受损失；同时适当照顾特殊贫困户，在全面征求村民意见的基础上，完善对没有资金入股和缺乏劳动力等的特殊困难农户给予特殊照顾机制等，最大限度缩小农村内部收入差距，确保个别特殊困难贫困人口实现可持续脱贫。

3. 多措并举发展偏远山区的村级集体经济

一是研究出台切实可行的、操作性强的鼓励社会资本进入贫困村的优惠政策。如通过整合财政涉农资金，以财政资金的投入来吸进企业特别是有实力的国有企业到偏远山区农村开发利用其优势资源，发展具有当地资源禀赋的特色优势产业，带动其产业发展并壮大村级集体经济。二是加大特色产业发展的扶持力度。坚持长短结合，鼓励地方从实际出发，利用财政扶持资金发展短期难见效、未来能够持续发挥效益的产业。三是组织以劳务经营为主的村级专业合作社，通过承包经营农村基础设施建设工程、参与大宗农产品基地的劳动等，实现农民增收和集体经济发展的"双赢"。

四、推进生态振兴：消除脆弱性环境与打造美丽乡村的双赢之举

乡村生态振兴既是乡村振兴的重要内容，是建设美丽中国的重要组成部分，也是建设生态文明的"底线性"要求，其目标是打造宜居宜业、山清水秀的美丽乡村。从石漠化片区的实际来看，促进贫困人口可持续脱贫，改造其脆弱性环境是重要的前提条件，而脆弱性环境的改善又是乡村生态振兴的重要内容之一。石漠化片区的生态振兴，重点要抓好如下两个方面工作：

（一）继续对部分"一方水土养不起一方人"的地方农村人口实施移民搬迁安置

从课题组开展的实地调研中发现，当前在石漠化片区中有部分乡村的石漠化

尚未得到有效治理，导致一部分贫困人口仍生活在生态环境脆弱，自然资本匮乏较严重，人与地、人与环境矛盾突出的区域。如果这一问题得不到及时有效的解决，将会加剧区域生态环境的恶化，既不利于区域的可持续发展，也会使部分人口的相对贫困问题凸显出来。解决问题的出路在于，对这些区域的人口有序地实施以城镇化安置为主的生态移民搬迁。这是一项涉及面广、政策性强的重大工程，需要科学谋划、精心实施。

1. 确定好需要整体搬迁的区域

可由政府委托有资质的相关部门利用卫星遥感等先进技术对石漠化片区进行全方位、全覆盖的观测，收集包括人口、资源、产业、生态等翔实数据，为确定搬迁区域提供科学依据，结合主体功能区规划实施以及多年来石漠化区域生态修复情况，科学确定出"一方水土养不起一方人"的区域。

2. 对移民搬迁安置超前谋划

在上述前提之下，结合区域乡村振兴总体的需要，确定好需要实施移民搬迁安置的村屯。这方面可以借鉴贵州省在脱贫攻坚中实施易地扶贫搬迁的经验，即精准选定搬迁的村屯，规定50户以下的自然村寨、贫困发生率50%以上、全村50%以上的户有搬迁意愿，原则上实施整体搬迁。在实施过程中，做好群众的宣传教育工作。充分尊重群众的意愿是成功的关键所在。

3. 结合区域城镇化的推进，确定好搬迁安置地

原则上应以搬迁到县城以上城市为主，有的则可以搬到处于距离交通干线之上、规模较大、产业发展基础较好的中心城镇。

4. 合理分担搬迁安置成本

解决好搬迁安置成本是有效推进这项工作的关键环节，为此应建立一个科学合理的搬迁成本分担机制，即政府、企业、搬迁户共同分担：政府负担搬迁地的征地、基础设施建设等方面的费用；由政府组建平台公司负责安置房及其附属设施建设，把成本控制在合理范围之内；搬迁群众出资购买搬迁房，对于需要按揭贷款的给予一定利率优惠，其利率优惠部分由政府补贴给金融机构。同时，政府还要建立完善就业医疗教育等基本公共服务体系建设，加强新型社区管理，确保搬迁出来的人口能够安居乐业。

（二）务实推进美丽乡村建设

美丽乡村建设也是一项系统工程，其主要内容是打造好三大空间，即山清水秀的生态空间、绿色发展的生产空间和优美舒适的生活空间，要紧密结合石漠化片区的实际来统筹推进。

1. 保护好生态空间

加强生态空间保护，从根本上来说，就是要教育广大农民群众牢固树立"保护好生态环境就是保护生产力"的观念，把保护乡村生态环境摆在突出位置，以建好"绿水青山"来换取"金山银山"。严格实施主体功能区规划，通过制定并实施村规民约，对水源林、天然林实施最严格的保护，继续实施石漠化综合治理，加大生态修复的力度，对 25°以上的陡坡一律实行退耕还林（还草），最大限度地减少对自然生态的人为破坏行为。

2. 优化生产空间

就生产空间而言，要教育广大农民群众坚守"绿色发展"的底线，结合供给侧结构性改革推进绿色生产方式，实现乡村产业发展的转型升级。通过引进和推广生物等新的生产技术，提高有机肥、生物肥和生物杀虫剂等的使用量，最大限度减少毒性大、残留多的化肥农药的使用，杜绝塑料薄膜等白色污染。同时，结合农产品结构调整，推广休耕、轮耕制度，降低土地的重金属污染及有害化肥农药的残留量，不断提高耕地质量。与此同时，要通过充分利用石漠化地区自然风貌奇特、民族特色鲜明等优势，大力发展生态旅游、文化创意、健康养生等新业态，培育形成乡村绿色发展的新动能。

3. 美化生活空间

就生活空间而言，要以提升生活品质为核心，以留住乡愁为抓手，大力推进环境优美、生活舒适、富有乡村文化特色的美丽乡村建设。在尊重群众意愿的基础上，引导村民推进生活空间的有机整合和适度集聚，重点引导分散居住在深山区、半山腰的小村庄向位于交通要道的坝村庄、规模较大的中心村乃至集镇适度集中。加大补齐农村基础设施短板力度，重点完善村内道路、生活污水管网、垃圾处理等设施，加大农村垃圾分类的工作力度，建立完善生活垃圾"村收集、镇储运、县处理"体系，引导和鼓励乡村居民从传统生活方式向绿色化、低碳化的方向转变，从源头上减少生活垃圾对环境的污染。与此同时，建立和完善符合农村实际的相关激励制度，形成长效机制，引导、鼓励、支持村民因地制宜开展常态化的村庄绿化美化，依靠自己的双手扮靓村民共同生活的美丽家园。

五、扩张生计资本：提升贫困人口自我发展能力的治本之策

生计资本是贫困人口赖以生存和发展的微观基础，也是提升其自我发展能力的有效载体。处于相对贫困状态的贫困人口与其处在绝对贫困状态时相比，生计资本状况虽有一定程度的改善，但还处于较低水平。促进相对贫困人口的可持续

脱贫，应以其生计资本的持续稳定扩张作为着力点，深入实施精准扶贫的基本方略，对不同致贫因素开展分类施策，推动"五大生计资本"的持续扩张和整体水平的提升，为实现由贫困人口向非贫困人口"质的飞跃"奠定坚实基础。[①] 具体而言，石漠化片区各级党委政府仍需在以下几个方面下功夫。

（一）盘活自然资本存量

在自然资本方面，由于耕地等自然资源具有天然属性，在一定区域范围内可以说是一个常量。比如，在一般情况下，一个村子里可利用的耕地面积总量是不会增加的，只会随着耕地利用方式的改变而逐渐较少，这也是国家在耕地利用方面强调要坚守18亿亩耕地红线不能突破的原因所在。当然，在局部领域，如果人口超载而导致人均耕地面积少，可以通过迁出部分人口来提高其人均耕地占有量，这就是前述中提出的随着乡村振兴战略的深入实施，应有序地对一些生活在"一方水土养不起一方人"地方的人口实施易地搬迁安置的原因所在。但是，可以搬迁的毕竟是少数，对大多数农村人口而言，要扩张其自然资本，关键还是在于通过实施土地综合整治来实现。从石漠化片区各县的实际来看，可行的路径一是要借鉴云南省文山州西畴县"六子登科"石漠化改造的成功经验，对荒山荒坡进行"坡改梯"的改造；二是可以借鉴广西龙州县"小块变大块"的土地整治，来增加耕地利用面积；三是加大对低产农田的改造力度，提高耕地的质量。

（二）改善提升物质资本

在物质资本方面，要在石漠化片区统筹谋划实施"四大提升工程"：一是人居环境提升工程，要在巩固脱贫攻坚中解决农户安全住房的基础上，加大农村人居改造力度，进一步改善农村居住条件。二是要实施农村基础设施提升工程，尤其是要突出水电路网的提质上档，为农村居民提供更加便利的生产生活条件。三是要实施农田水利设施提升工程，尤其是要在巩固脱贫攻坚中解决群众安全饮用水的基础上，着力解决生产用水设施、生产道路建设等问题。四是基本公共服务提升工程，要按照规范化、标准化要求，切实增强基本公共服务供给，真正做到城乡、区域基本公共服务的均等化。

（三）加大人力资本投资

在人力资本方面，一是要切实提高普通教育质量。在这方面需要在全面贯彻党的教育方针、落实促进教育发展重大决策部署的基础上，突出解决好以下几个

---

① 凌经球：《乡村振兴战略背景下中国贫困治理战略转型探析》，《中央民族大学学报（哲学社会科学版）》2019年第3期，第11—12页。

关键性问题：其一，以促进优质师资向乡村流动为抓手，促进城乡教育均衡发展。要从省级层面定向培养片区县乡村中小学教师，严格执行边远山区教师津补贴政策，落实片区县学校教师绩效奖励机制，从源头上稳定乡村教师队伍；建立城区学校与农村薄弱学校结对帮扶制度，每年派出优秀城区教师到乡村中小学开展支教，同时选派乡村教师到城区学校跟班学习，以此尽快提升乡村教师的教育教学水平；借助"互联网＋教育"，全面加强乡村教师培训，务实提高乡村教师的队伍素质。其二，全面开展"农村教育烛光行动"，借鉴广西百色市的做法，设立教育基金会，广泛接受企业、事业单位以及社会各界的捐资助学，建立健全教育资助体系，实现对困难家庭子女就学的全覆盖。其三，加强学生的扶志教育。关注乡村学生"精神贫困"问题，加强社会主义核心价值观教育，通过融入传统优秀文化的内容，教育学生热爱家乡，强化学生的奋进精神，激发其知恩图报的行动。

二是切实加强县域职业技术教育。充分利用好各县职业技术学校，做好"两后生"（初中、高中毕业未继续升学的学生）的职业技术教育，设置与当地产业发展密切相关的技术教育专业课程，为乡村产业振兴输送大批技术人才。

三是加强新型职业农民的培养。要围绕当地主导产业来抓培训，重点培育种养大户、家庭农场、农民专业合作组织等从业人员，把爱农、懂农、务农的从业者培育成具有引领作用和示范作用的致富带头人，充分发挥其辐射带动作用。

四是完善覆盖城乡的医疗救助、大病保险、临时救助等医疗保障体系，加强农村常见病、传染病的防治，从源头上减少疾病的发生，为片区县农村居民提供优质的健康服务。

（四）促进金融资本增值

在金融资本方面，农户金融资本的扩张有赖于其可支配收入的提高。影响可支配收入提高的因素有多个方面，但首要的是通过发展产业、扩大就业，拓宽收入来源渠道，而产业发展反过来需要金融资本给予有力的支撑。因此，加大对石漠化片区产业发展的金融支持，通过打造全产业链的"金融供给模式"，促进石漠化片区农村产业链的整体升级，加快从量大到质优、从大路货向特色精品的转变，把地方小批量的土特产品做成特色大品牌产业，进而实现农民脱贫致富与金融可持续发展的"双赢"，这是持续扩张农户金融资本的有效路径。[①] 其一，加强对特色优势农产品品牌升级的金融支持。要系统谋划产品品牌升级的重点方向，从石

---

① 参见赵禹骅、凌经球、黄增镇合著的《以金融供给模式破解产业扶贫困局的对策建议》一文，刊载于中共广西区委党校、广西行政学院的《党校要报》2017年第 ** 期。收入本成果时作了修改、删减。

漠化片区各地比较优势出发，在加强"三品一标"和国际有机农产品认证的基础上，以建设现代特色产业示范园、科技园、创业园等为抓手，打造农业研发、育种、生产、加工、物流、服务等产业链。与此同时，要聚焦品牌升级中各个环节的突出短板，按照产业链金融供给模式，打造"金融＋科技＋生产＋供销"的"四位一体"特色产业孵化器，形成对石漠化片区农村特色产业品牌升级的有力金融支持。其二，加强产业组织优化的金融支持。加强对龙头企业建设的金融支持，提高龙头企业整合资本、科技、商务等资源能力，促进产业升级、农民受益、企业发展。创新诚信管理制度，在现有信用评级的基础上，对产业链内部各农业新型经营主体，建立信用积分管理办法，履约者加分，毁约者扣分，并将信用积分情况公之于众，形成有效的社会监督机制。其三，加强农产品市场渠道升级的金融支持。重点是加强对石漠化片区农村电商市场建设、农产品物流体系建设和农产品商品市场的诚信体系建设的金融支持。

（五）加大社会帮扶力度

在社会资本方面，社会资本匮乏是制约农户自我发展能力提升的主要因素之一。在实施"精准扶贫、精准脱贫"方略中，各地通过派驻贫困村第一书记、驻村工作队员以及建立"一帮一联"制度等，有效扩大了农户（尤其是贫困农户）的社会资本。其中，还涌现出了像黄文秀那样夙夜在公、勤勉为民，为帮助群众脱贫摘帽作出卓越贡献，英勇献身的时代楷模。但是，在政策实施过程中，由于各地都不同程度地受到各式各样形式主义的干扰，导致这些社会帮扶政策的落实在一定程度上存在"打折扣"的现象，没有充分发挥出其应有的积极作用。为此，未来在推进相对贫困治理中，需要在总结经验的基础上深化实施。其中最为关键的是进一步规范包括精准派人、派出人员的工作职责、工作机制及其与村"两委"的工作分工等制度，使这一制度安排发挥最大化的社会效应。与此同时，还要加大社会力量参与相对贫困治理的力度，特别是通过制定出台关于社会组织以及社会各界人士参与贫困治理的规范性政策，充分发挥社会组织的专业优势，调动他们参与相对贫困治理的积极性。此外，还要加大农村内部各类自组织的培育，通过发挥这些组织的作用，拓宽农户获取社会资源的渠道。

六、引领乡风文明：激活可持续脱贫内生动力的关键之策

乡风文明既是乡村振兴"五位一体"总体要求的重要内容之一，也是推动贫困人口可持续脱贫，实现乡村振兴目标的内生动力。习近平总书记一再反复强调："要加强扶贫同扶志、扶智相结合，激发贫困群众积极性和主动性，激励和引导他

们依靠自己的努力改变命运,使脱贫具有可持续的内生动力。"[①] 从这一重要论述中可以看出,激发贫困人口的内生动力是实现精准脱贫的根本性标志,是促进其实现可持续脱贫的关键之举,也是习近平总书记扶贫重要论述的核心精神。

不可否认,当下在石漠化片区的农村中,一些贫困人口由于受其自身恶劣生存环境、长期以来"输血式扶贫"以及一些传统陋习的影响,在一定程度上还存在着"援助依赖症",形成了一种被牢牢锁定的"等靠要"路径依赖。在推进脱贫攻坚中,各级地方党委、虽然政府也在不断加大"扶贫扶志、扶贫扶智"的力度,在帮助贫困人口实现脱贫目标的同时,在一定程度上消减了"等靠要"现象。但既然"等靠要"是一种消极文化现象,那么当产生这种文化的主客观条件尚未得到根本消除时,这一现象就不可能在短期内得到彻底改变。这就需要在推进乡村振兴战略的深入实施中,通过推动乡村文化振兴,改善农民精神风貌,提高乡村社会文明程度,焕发乡村文明新气象,才能从根本上解决问题。可见,这是一个长期的过程,也是一项十分艰巨复杂的任务。

引领乡风文明,同样需要打好一套"组合拳",其着力点主要有如下几个方面:

(一)突出思想引领

这里强调的思想引领就是要切实加强对农民群众进行习近平新时代中国特色社会主义思想的教育。党的十九大把习近平新时代中国特色社会主义思想确立为我们党必须长期坚持的指导思想,这是我们走向社会主义现代化的行动指南。在迈向全面建设社会主义现代化征程中,乡村振兴如何干?如何在稳定农村基本经营制度的基础上,全面深化改革?在新形势下,集体经济如何发展壮大?贫困地区摆脱了绝对贫困之后,如何走向共同富裕?这些都是关乎农村改革发展的重大问题,也是农民群众普遍关心的实践问题、现实问题。所有的这些问题归结到一点,就是在农村如何坚持和发展中国特色社会主义的问题。毛泽东早就在《论人民民主专政》一文中指出:"严重的问题是教育农民。农民的经济是分散的,……需要很长的时间和细心的工作,才能做到农业社会化。没有农业社会化,就没有全部的巩固的社会主义。"[②] 因此,要紧紧围绕乡村振兴的总目标,以各地创新建立起来的"新时代农民讲习所""电视讲习夜校"等平台为主要载体,用农民听得懂、易理解的话语体系,加强对广大农民群众开展党的"三农"政策的宣传教育,

---

① 中共中央党史和文献研究院:《习近平扶贫论述摘编》,中央文献出版社 2018 年版,第 143 页。
② 毛泽东:《毛泽东选集:第 4 卷》,人民出版社 1447 年版。

讲清楚农村基本经营制度应该怎样巩固和完善、农村土地制度如何深化改革、承包地"三权"分置制度怎样稳妥推进等一系列重大政策,使广大农民明确未来的发展方向。尤其是要广泛深入地宣传保持土地承包关系稳定并长久不变、第二轮土地承包到期后再延长30年等重大举措,给农民吃上"定心丸",凝聚广大农村干部群众的共识,真正唤醒广大农民的主体性意识,最大限度地调动农民群众参与乡村振兴实践的积极性、主动性、自觉性,形成推动乡村振兴强大的内生动力。

(二)重塑农民自强不息的精神

中国自古以来就有"天行健,君子以自强不息"的精神,这无论是对一个国家、一个民族,还是对一个村庄、一个家庭,抑或是对一个个体而言,都是战胜一切困难的法宝。正因为如此,习近平总书记强调:"贫穷不是不可改变的宿命,人穷不能志短,扶贫必先扶志。没有比人更高的山,没有比脚更长的路。要做好对贫困地区干部群众的宣传、教育、培训、组织工作,让他们的心热起来、行动起来,引导他们,引导他们树立'宁愿苦干、不愿苦熬'的观念,自力更生、艰苦奋斗,靠辛勤劳动改变贫穷落后面貌。"[①]在石漠化片区中就有许多不向任何困难低头、敢于战胜一切困难的先进典型。如本成果第八章中曾提到的西畴精神——等不是办法、干才有希望,又比如,2014年,贵州省塘约村因一场洪灾淹没了整个村庄。在灾难面前,塘约村人不再苦熬、苦等、苦靠,而是组织起来自己救自己,其中发挥着极其重要作用的就是自力更生的可贵精神。正是这种可贵精神造就了塘约村今天翻天覆地的变化。因此,各地在未来推进乡村振兴过程中,应把重塑农民自强不息的奋斗精神摆到重要位置。通过树正气、压邪气,大力营造良好氛围,培育形成农村昂扬向上的正能量。只有农村社会中的这种正能量越来越强大时,"等靠要"这类"援助依赖"文化的生存空间就会被大大压缩。

抓好这项工作,其关键点有三:一是要持之以恒,因为从本质上讲,这项工作是人的精神重建,不可能一蹴而就,而是需长期坚持不懈地努力下去,浅尝辄止就会虎头蛇尾。从某种意义上讲,精神文明建设比经济发展还要艰难,只有长期坚持,绵绵用力、久久为功,才能产生"从量变到质变"的功效。二是要坚持全覆盖和全员参与,精神文明建设理应覆盖到每个村庄、每个家庭和每一类人,只有全员参与,形成一种浓厚氛围,才会事半功倍。三是要注重工作方法。应注重改变那种空洞说教的方式,特别是要改变过去那种"干部讲、群众听"等僵化死板的教育方式,善于利用群众身边看得见、摸得着、鲜活的典型案例来宣传群

[①] 中共中央党史和文献研究院:《习近平扶贫论述摘编》,中央文献出版社2018年版,第135页。

众,充分利用榜样的力量来教育群众。唯其如此,才能真正唤起广大农民群众的自信心、进取心,帮助他们树立起敢于战胜困难的奋斗精神。

(三)用制度引领新风尚

农村中的一些不良习气往往根深蒂固,比如,因过度消费的婚丧娶嫁而导致"人情债"的债台高筑等。对这种现象采取一般性的说服教育往往是难以奏效的,解决问题的出路在于制度重构。

中国有句俗话叫作"无规矩难以成方圆",这句话道出了制度约束功能的奥秘。新制度经济学家认为,制度可分为正规制度和非正规制度,前者指的是国家或政府出台的法律法规,后者指的是一个区域共同体(如一个村庄或社区)内其成员所达成的行为规范或约定俗成的一种习惯。从村级事务治理的角度来看,经过广泛协商后制定出来的"村规民约",对村民而言,是具有刚性约束力的"红线",是不可逾越的"底线",从而成为村民自治的制度基础。

前面提到的塘约村也曾一度被各种不良习气所笼罩着,尤其是愈演愈烈的"吃酒风"更是令全体村民不堪重负。办酒席的理由可谓五花八门,如生日酒、满月酒、剃毛头酒、升学酒、订婚酒、结婚酒、上寿酒、丧葬酒、迁坟酒,甚至赌博输了也要办"落难消灾酒"[①],不一而足。一般家庭一年花费1万元~1.5万元都已算是较低水平了。由此全村陷入了"越吃越穷,越穷越吃"的恶性循环之中。在推进脱贫攻坚中,塘约村下定决心重拳治理,与这种不良风气作斗争。他们发动群众认真梳理影响新家园建设、促进新文明风尚形成的种种现象,通过反复协商,制定出了"红九条"。

塘约村的"红九条"明确规定:(1)凡不参加公共事业建设者;(2)不交卫生管理费者;(3)乱办酒席铺张浪费者;(4)贷款不守信用者;(5)房屋乱建不按规划者;(6)配合组委会(村民小组的管理机构)工作不积极者;(7)不执行村"两委"重大决策者;(8)不孝敬、奉养父母者;(9)不管教未成年子女者,以户为单位,一律列入黑名单管理,暂停其享受相关政策服务,考察期为三个月,考察合格,退出黑名单。

民风是维系一个国家和社会正常秩序的道德基础。"塘约的'红九条',每一条都是维护道德的底线,掉到底线以下,就是缺德,这是村民的共识。"[②]在塘约村,因"红九条"的出台和严格实施,村风、民风为之一变,正气压倒了邪气。塘约村

---

① 王宏甲:《塘约道路》,人民出版社2016年版,第67页。
② 王宏甲:《塘约道路》,人民出版社2016年版,第77页。

的实践是在中国社会最底层开展的乡村规范重构和良好民风的重建,从本质上讲,就是以制度引领社会主义核心价值观在农村基层的落实,关乎人的精神建设。

在实施乡村振兴战略,推进贫困人口可持续脱贫中,石漠化片区各地应借鉴塘约经验,探索符合各地实际的精神文明建设之路。其中,要注意抓好以下几个关键点:一是坚持问题导向。"十里不同风"是中国农村社会的基本特征,在同一发展阶段,即便是在同一个县、同一个乡镇,各个村屯所面临的问题都是不一样的,因此,村规民约的制定应坚持以问题为导向,聚焦重点和难点来切入,这样才能找到突破口。二是坚持民主协商。何谓民主?简而言之,就是有事好商量,大家商量着办,这就是民主。村规民约要发挥其规范村民行为的功能作用,只有在大家协商一致的前提下,目标才能得以实现。可见,无论是制定环节,还是实施环节,都必须充分尊重民意,用塘约村村支书左文学的话来说,就是"我说了不算,村民代表大会说了算",这就是村民自治,其实质就是村民的共治共享,维护的是一个村的公共秩序。三是严格实施。村规民约作为约束村民行为的规范,一旦制定出来,必须要人人遵守。如果在实施过程中搞"亲亲疏疏",尤其是对村干部和村中的能人实施"例外",将会有损公平正义,践踏民主原则。其结果是不仅村规民约起不到应有的作用,严重的还将影响基层党组织的威信,动摇到基层的执政基础。因此,只有坚持规则面前人人平等,严格执行,才能收到预期效果。

(四)强化正向激励

正向激励是对人的良好行为进行正面强化。强化正面激励对于弘扬正气、引领文明新风尚具有重要作用。正向激励主要以精神奖励为主,辅之以少量的物质奖励来褒奖大家公认的先进典型。这些先进典型人物一般具有积极向上、奋发有为的奋斗精神,以及乐于助人、甘于奉献等高尚的品格特征。通过对这些先进典型的表彰奖励,在群众中树立起向上、向善、向美的鲜明导向,引导人们自觉践行社会主义核心价值观,促进乡风文明的形成。

近年来,在脱贫攻坚中,从中央到地方都对脱贫攻坚中涌现出来的先进典型给予表彰,尤其是国家设立的脱贫攻坚突出贡献奖、脱贫攻坚奋进奖、脱贫攻坚创新奖等,这些先进典型的树立,对鼓励全国各地广大干部群众积极投身脱贫攻坚无疑具有巨大的激励作用。

党的十九大之后,各地农村基层都在探索乡风文明建设的有效路径,通过开展各种形式的评比和表彰,发挥正向激励对促进良好风尚的促进作用。比如,为了促进家庭关系、邻里关系的和谐,有的在村屯内开展"好婆婆""好媳妇""好邻居"的评比等。在这方面,贵州塘约村开展的寻找"最美塘约人(包括最美乡村教师、最美中小学生）"的经验最具有借鉴意义。塘约村以"四爱"（爱党、爱国、爱村、爱家）和"四美"（环境美、行为美、语言美、心灵美）为评比条件，并把这些评比条件细化为若干可以量化的标准，每年常态化地在全村范围内开展评比表彰。具体做法是，先由各个村民小组对照评比条件，通过群众投票的方式提出候选人名单，然后由村委会组织人员对候选人的先进材料进行核查，再由村民代表大会投票确定。最后，定期每年"五一节"举行大会对评选出来的"最美塘约人"进行表彰。塘约村这一做法对于培育良好的村风、家风、民风无疑具有重要的正向激励作用。

在推进乡村战略实施过程中，石漠化片区各地农村基层应结合实际创新开展多种形式的正向激励活动。其中要注意的问题有：一是形式多样化。可以把评比表彰对象划分为各种类别，比如说优秀干部、优秀家长、优秀青年、优秀少年等。为了激励后进，还可以设立进步奖等。二是活动常态化。此类评比表彰活动最忌昙花一现，搞一两次就坚持不下去，这样就很难达到激励作用，因此必须长期坚持。三是条件规范化。此类评比表彰要达到预期目的，最关键的是评比的条件要切合农村实际，不宜太高，也不宜过低，但一定要具有规范性和连续性。随着活动的深入开展，可以根据形势需要逐步提高标准，但不宜完全推倒重来，这不利于引导村民的行为，形成村民的良好习惯。四是参与广泛化。开展评比表彰的目的在于树立先进典型，让广大村民学有榜样、赶有目标，调动广大村民积极地、广泛地参与，是其成功的重要前提。因此，在活动内容与形式的设计上，必须做到确保每个家庭、每个人参与，使整个评比表彰的每个环节成为发动群众、调动群众参与积极性的过程。

七、重塑基层组织：实现乡村治理体系和治理能力现代化的必由之路

党的十九大提出："必须坚持和完善中国特色社会主义制度，不断推进国家治理体系和治理能力的现代化。"[①] 中共中央办公厅、国务院办公厅在《关于加强和改进乡村治理的指导意见》中提出了到2035年"乡村治理体系和治理能力基本实现现代化"的目标要求。乡村治理是国家治理的末梢和基石，推进乡村治理体系和治理能力现代化建设既是乡村振兴的重要内容，也是实现乡村振兴的重要保障。推进乡村治理体系和治理能力现代化的建设是一项复杂的系统工程，涉及领域广、

---

① 习近平：《决胜全面建成小康社会 夺取新时代中国特色社会主义伟大胜利》，人民出版社2017年版，第21页。

范围大、内容多，需要在治理组织体系的再造、治理目标的优化、治理理念的更新、治理方式和治理手段的创新等方面下功夫，其中，治理组织体系的再造居于重要地位。这是因为乡村治理的主体首先是人，即必须而且应当把广大农民群众作为治理的"当事人"，让农民真正成为乡村治理的参与者和受益主体。因此，在乡村振兴背景下，必须以乡村基层组织的再造作为实现乡村治理体系和治理能力现代化的重要抓手。

乡村治理组织体系的再造目标就是要建立和完善以农民为主体的基层多元治理组织体系。这一治理组织体系应以基层党的组织为核心，以村民委员会为骨干以农村各类自组织为重要补充以农村经济组织为主要依托以新乡贤为链接纽带以广大农民群众为基础，形成一个同心圆的多元治理主体共治格局。

在这个多元治理主体结构体系中，基层党组织居于核心地位（也就是说，这个同心圆的多元主体共治格局里，须以基层党组织为核心层，以此为原点逐层向外展开）。这就要求必须强化基层党组织在农村各类组织中的领导核心地位，突出发挥其引领各方力量的组织力，提升其战斗堡垒作用，把坚持党对农村的领导放到首位，贯彻到农村治理事务的各个方面，贯穿每一项治理事务的全过程，任何人、任何组织、任何事都不能游离于基层党组织的领导之外。用贵州省安顺市平坝区乐平镇塘约村党总支部书记左文学的话来说，这叫作"党支部管全村"[①]。塘约村党总支部是如何做到"管全村"的？该村的党总支部下设四个支部、九个党小组，村内有村委会、合作社、老年协会、妇女创业联合会、产权改革办、红白酒席理事会六个机构和建筑公司、农业公司等六家经济组织。他们明确规定，这些机构（公司）必须在党总支的领导下开展工作，并且其一把手都必须由党总支委来担任，这从制度上保证了"党管全村"的全面实现。制度安排固然重要，然而比制度更重要的是村党组织（包括每一位党员）要真正做到"自身硬"。为此，塘约村党总支雷打不动地坚持"三会一课"，党总支每周必开例会一次，组织学习一次，由此，作为村核心地位的党总支（含支部）每周的会议实际是两次；党小组会议每个月至少两次；党员大会每个月至少一次。而"一课"则融在"三会"之中。最难能可贵的是，每次召开党员大会，党员必须自带《中国共产党章程》，党员的权利和义务是每次学习的重要内容之一。左文学认为，即便是《党章》学过一百遍，仍需集体学习，这是一种庄严的仪式，必须始终坚持。党的原则、党的性质对每一位党员来说是常识，而且是非常重要的常识，"如果党员不知道，如果

---

① 王宏甲：《塘约道路》，人民出版社2016年版，第78页。

丢了、忘了，就没有戏唱了"[1]。塘约村就是用这样非常细微但又十分管用的办法来做实基层党的建设，其目的是要求做到"每一位党员就是一面旗帜"。如何来检验党员是否成为"一面旗帜"？这不能由党组织自身来说了算。左文学说："党建不只是党组织的工作，也要群众参与，党员合格不合格，要群众认可。"[2]基于这这一理念，塘约村党总支创造了"驾照式"扣分的土办法来管理党员，他们管这叫作"村民管党员"。具体是由党总支制定每一位党员的"党员积分表"（领导班子成员也不能例外），并把这个"积分表"发到每家每户，由农户对每一个党员的日常行为（包括违反纪律等负面行为和发挥先进性——为群众办实事、做好事的行为）一一进行翔实记录，违反纪律的要扣分，做好事的得分，无论是得分，还是扣分，都必须写清楚理由，每个月定期交给村民议事会评议一次。评议不合格的给予党内警告，三次不合格的劝其退党。《老子》里有一句名言："天下大事必做于细"，塘约村党组织正是从这些细微处入手，切实基层党组织的战斗力，从而真正实现"党管全村"的目标。

此外，村民委员会作为村民参与农村事务治理的代表，在这个同心圆治理体系中则应在党组织的领导下成为村务治理的骨干力量，通过充分发挥其自治作用，提高村民的参与意识和能力，夯实乡村治理的坚实基础。农村中的各类自组织（比如村务监督委员会、各类村务理事会等）是其重要补充，通过发挥其自组织功能，提高村民参与乡村治理的能力和水平。农村中的经济组织（如包括村集体经济组织、农民专业合作社在内的各类新型经济主体）是其主要依托，因为在未来推进乡村产业振兴过程中，要依托这些新型经济主体把分散经营的农民组织起来，并把他们带入现代市场体系中去，以提高农村产业发展的组织化程度。新乡贤（如退休老干部、老教师以及返乡创业人员等）在这一治理体系中可以起到桥梁和纽带的作用，这些人有知识、有文化，见识广、能力强，通过为他们搭建发挥作用的平台，可以将各类组织有机地连接起来。广大农民群众是这一治理体系的坚实基础，通过上述不同组织各自功能的有效发挥，最大限度地调动起广大农民群众广泛参与乡村治理的积极性和主动性，形成乡村共商、共治、共享的治理格局，实现乡村社会既充满活力又和谐有序的有效治理格局。

---

[1] 王宏甲：《塘约道路》，人民出版社2016年版，第79页。
[2] 王宏甲：《塘约道路》，人民出版社2016年版，第85页。

八、完善支持体系：促进可持续脱贫与乡村振兴的重要保障[①]

促进石漠化片区相对贫困人口的可持续脱贫，实现乡村振兴，需要片区农村基层（包括县乡村）党组织不忘初心、牢记使命，继续坚持不懈，团结和带领群众不断努力，以自强不息的精神，依靠自己的双手来改变面貌。同时，也需要中央和省级党委、政府进一步深化体制机制改革，继续在政策上给予大力支持。

（一）完善相对贫困治理政策

促进石漠化片区贫困人口的可持续脱贫，须完善相对贫困治理政策，形成一套互为支撑、协同作用的政策体系。

1. 相对贫困瞄准政策

解决好谁是相对贫困人口、哪些区域是相对贫困区域问题是开展相对贫困治理的逻辑起点。做好相对贫困人口和相对贫困区域的识别，首要前提是建立起科学合理的识别体系。鉴于相对贫困致贫因素具有多元性、复杂性等特征，故这一识别体系也应是多维度的，且宜粗不宜细，但必须科学合理。可考虑以"相对贫困线 + 刚性致贫因素"相结合的方式来构建。

从识别标准来看，相对贫困人口的识别建议采取人均可支配收入 + 刚性支出因素相结合来衡量。相对贫困的收入标准——相对贫困线，建议借鉴国际经验，采用人均可支配收入的中位数，因为相对而言，中位数更能反映一个家庭所处的相对位置。同时，我国区域发展不平衡在将来一段相当长的时期内仍将存在，而在不同区域内总会有相对贫困人口存在，因此，不同区域和城乡的相对贫困线应有所区别。至于刚性支出，则应考虑与民生福祉密切相关的因素。比如，教育的刚性支持（例如，有的家庭有孩子上大学，有的没有，这些因素应该加以考虑）；另外，医疗的支出也是一个重要因素，尽管将来我国城乡医疗保障水平将会进一步提高，但总有一些医疗支出不能完全由政府包揽，这就可能会有一些家庭因家中有人身患重疾，医疗费用激增而导致陷入相对贫困。

相对贫困区域的识别应把重点放在中西部欠发达地区农村，而东部发达地区和中西部大城市群、城市带周边则不宜再划定相对贫困区域，因为尽管东部发达地区和大城市周边区域也会存在相对贫困群体，但区域内部发展条件应差别不大，且与中西部地区农村尤其是现有的 14 个集中连片特困地区相比，应该要好得多。至于中西部农村相对贫困区域的识别，建议以乡镇为单位，因为以往以片区

[①] 本部分内容曾作为本项目研究的阶段性成果，以"乡村振兴战略背景下中国贫困治理战略转型探析"为题，发表于《中央民族大学学报：哲学社会科学版》2019 年第 3 期，收入本成果时，略有删改。

或县为瞄准单位,其管理幅度太大,政策的针对性不强,而以村为单位,在同一乡镇中往往资源禀赋等差距不大,容易造成"轮流当贫困村"现象。以乡镇为单位来识别,恰好可以避免这些弊端,也更加符合实际。以广西百色市为例,地处右江河谷的乡镇,要比南部和北部山区的乡镇要发达得多,把南部和北部山区的一些乡镇识别为相对贫困区域有利于促进区域的协调发展。

要特别指出的是,相对贫困识别体系的制定应反复论证,广泛听取基层群众、不同地区、不同领域的相关专家学者以及各方面的意见,广泛集中民意,集思广益,以使识别方案更加科学合理。此外,无论是区域识别,还是到人到户的识别,均应采取自下而上、上下结合,公平公正公开的原则来开展,以提高其识别精准度。

2. 鼓励社会资本投资的政策

相对贫困治理是政府的职责,因此以政府财政投入作为主渠道自不待言。从未来相对贫困的对象来看,主要可以分为以下几大类:一是因各种主客观因素导致家庭缺乏劳动力,从而没有稳定的收入来源,这类人无疑应是相对贫困的人口;第二类就是上文提到的因刚性支出过大而导致的相对贫困;第三类是人均可支配收入水平低于相对贫困线的人口,这一类应该是在相对人口中占大多数的。由此来看,政府的财政投入应该将重点放在对前两类的扶持上。当然,区域基础设施的完善、基本公共服务供给能力的提升也应是政府的职责范围。在基础设施建设和基本公共服务领域,政府也应当完善投资支持政策,鼓励社会资本来参与投资;至于对于第三类,则应主要通过加大对区域产业发展的支持力度,提高区域产业的竞争力,进一步发展经济以持续增加这些相对贫困人口的收入来解决问题。因此,政府应该创新财政、税收、金融等方面的支持政策,广泛吸纳社会资本进入生产性投资领域,助推相对贫困区域的产业发展。

3. 差别化的支持政策

中华人民共和国成立70年,尤其是改革开放40年以来,我国各地纵向相比都有历史性的变化,取得了历史性的成就。但区域发展仍不平衡,这也是客观事实。更重要的是,这种不平衡已成为我国社会主要矛盾的集中体现。我国现有的贫困县主要分布于西藏、新疆南疆三地州、四省藏区、六盘山区、乌蒙山区、滇桂黔石漠化片区、滇西边境山区等集中连片特困地区。可以预见,按现行脱贫标准,这些贫困县将在2020年全部实现"脱贫摘帽",但其脆弱性环境的改善仍将是一个漫长而又艰巨的过程。因此,在推进相对贫困治理中,对不同类别的地区实行差别化的支持政策仍是现实的选择。当前,在实施精准扶贫、精准脱贫中,国务院相关部门已经出台了类似政策，这些政策的实施在一定程度上对缓解这些地区的突出矛盾和问题发挥了重要作用。但当下突出的问题表现在如下两个方面：首先，我国生态脆弱区域分布广，客观上解决这些问题有较大难度；其次，相关部门在制定和出台这些政策过程中，调查研究还不够扎实，因而这些政策在一定程度上还存在着"不接地气"等问题，导致实践中政策实施效果被打折扣。因此，根据新形势的需要对相关政策加以完善是当务之急。其中最为重要的是要结合实施乡村振兴战略，研究制定符合实际的、切合可行的生态移民搬迁、生态综合治理和横向生态补偿等政策。

4. 社会保护政策

"社会保护"（Social Protection）一词于20世纪90年代末开始在国际社会上出现。作为有别于传统社会政策的一个全新概念，社会保护政策是指政府对社会弱势群体提供的社会保障政策目标，由事后干预的生存型向事前干预的发展型转变，政策干预手段也从单纯的国民经济再分配扩展到社会关系（权利和地位）的分配。其主旨是力求通过构建集预防性、保护性、投资性和变革性策略为一体的综合性贫困治理政策框架，为社会弱势群体提供包含收入支持、风险预防、能力提升和权利保护四位一体的社会保护。[①]

进入21世纪以来，我国已逐步建立起社会救助体系。但正如有的学者所指出的那样，中国的社会救助体系总体上属于一种简单保护型的救助。虽然以最低生活保障为核心的农村社会救助体系在缓解贫困方面发挥了重要作用，但也存在导致救助对象容易产生"救助依赖"，并由此产生影响社区内部救助对象与非救助对象之间的公平性等弊端。[②]因此，借鉴国际相关经验，构建本土化的、城乡一体的社会保护政策，对有效推进乡村振兴背景下相对贫困治理无疑具有积极的意义。

具体来说，可以从四个方面发力[③]：第一是实施预防性策略，对那些处于相对贫困边缘的群体实施积极的事前干预，避免他们落入"贫困陷阱"。实施这一政策的前提是要做好相对贫困人口的识别，界定哪些是处于相对贫困的边缘群体。应当说，这对于我国来说是一个新课题，应结合我国实际做好扎实的调查研究，精心设计相对贫困人口识别方案，通过试点之后逐步完善，再全面推广。第二是实

---

① 赵会、陈旭清：《社会保护政策：新时期贫困问题治理的新视角》，《安徽师范大学（人文社会科学版）》2017年第5期，第653—659页。
② 左停：《反贫困的政策重点与发展型社会救助》，《改革》2016年第8期，第81页。
③ 赵会、陈旭清：《社会保护政策：新时期贫困问题治理的新视角》，《安徽师范大学（人文社会科学版）》2017年第5期，第659页。

施保护性策略，构筑常态化的、稳定的、城乡一体的社会保护底线，尤其是对于那些因病因残等原因导致落入相对贫困的低收入（甚至无收入）人口，确保所有相对贫困群体都能过上体面生活。第三是实施投资性策略，加大人力资本投资，提升相对贫困人口的可行能力。第四是实施变革型策略，构建有利于消除因社会不公、社会排斥和社会歧视等导致结构性贫困的治理政策，提升贫困群体的社会地位。这方面主要是要完善基本公共服务政策的实施细则，避免政策实施过程的偏差而产生的"悬崖效应"。

（二）创新贫困治理模式

贫困治理内涵的变化在客观上需要治理方式等方面也应随之发生变革。由是观之，贫困治理模式的创新是有效推进相对贫困治理的重要一环。具体而言，需要创新以下几种模式：

1. 常态化治理模式

在绝对贫困区域分布广、贫困人口众多的特殊背景下，过去几十年来，我国的贫困治理更多的是采取集中式、突击式的治理模式，这既是特定历史条件下解决突出矛盾问题之所需，也是发挥社会主义"集中力量办大事"制度优势的体现。但在贫困治理由绝对贫困向相对贫困转型之下，推动集中式、突击式治理模式向常态化治理模式转变不仅具有客观必然性，也是国家治理体系和治理能力现代化的必然要求。所谓的常态化治理模式，是指通过建立健全包括治理目标、治理方针、治理对象、治理主体、治理内容、治理手段、治理程序、治理机制、治理过程监督、治理效益评估等在内的一整套规范化治理体系，依法依规对相对贫困开展有序治理，进而达到提高治理效益的治理范式。可见，常态化治理模式的建构既是贫困治理体系的不断完善，也是治理能力不断提高的过程，需要我们持之以恒地不断进行实践探索。

2. 社区营造模式

"社区营造"起源于日本，是一项旨在改造落后乡村的社会活动。其核心要义是指由共同居住在一定范围内的居民所组成的社区，为解决其面临的共同问题，通过动员广大居民的共同参与，促进社区生产和生活条件的改善，来提升社区居民的福祉水平，进而改善社区内的人际关系，建设具有社区文化认同的命运共同体。"社区营造"的具体措施主要包括：通过加强社区建设来提升社区的社会资本，以满足居民的发展诉求；通过挖掘利用传统和历史文化，以打造文化共同体；通过发挥自然环境和地域优势，以优化配置发展资源；通过实施社区共同项目，以促进产业结构优化升级和经济发展；通过营造社区公共空间、良好的生活环境，以促进社区认同①。在未来相对贫困治理中，无论是乡村，还是城镇社区，都可借鉴这一治理理念和方法，探索符合我国国情的社区发展模式。尤其是在相对贫困乡村，更应根据自身实际，积极探索依靠和培育村民自我发展能力，整合和利用乡土资源，推动乡村产业、生态、文化、组织、人才全面振兴新路子。

3. 社工参与的专业化治理模式

从理论上讲，贫困治理应该是政府—市场—社会—社区的协同治理，其中的"社会"不仅是鼓励社会力量参与治理，更应提倡专业化治理。在实践中，虽有些地方开展了有益的尝试，但总体而言，贫困治理主体往往由政府主导演变为政府大包大揽，甚至是唱"独角戏"，科层制治理体制的弊端比较突出。适应未来贫困治理转型的需要，引入社会工作深度参与来开展专业化的贫困治理势在必行。这种模式的优势在于，通过主体系统、服务对象、工作过程、实施效果四大系统的联通互动，真正实现贫困治理的内在性政策目标，并为探索国家治理体系与治理能力现代化在农村的实现提供有力支撑。②

（三）完善贫困治理机制

1. 加快建立和完善依法治理机制

推进贫困治理的法治化不仅是落实全面依法治国基本方略的迫切需要，也是推进国家治理体系和治理能力现代化的内在要求。对于开展扶贫开发的立法问题，国内学术界已经早有呼声，但在绝对贫困人口仍大量存在之下，立法的条件或许还不够成熟，所以多年来国家层面的立法还没有提到议事议程。2018年，在《中共中央、国务院关于打赢脱贫攻坚战三年行动的指导意见》中已明确提出了"研究推进扶贫开发立法"③的要求。立足于推动相对贫困人口的可持续脱贫，加快出台符合我国国情的相对贫困治理法规，是适应新形势下贫困治理的新要求，也是缓解相对贫困的客观需要。应在认真总结我国40年多来扶贫开发，尤其是十八大以来推进精准扶贫、精准脱贫的成功经验基础上，抓紧研究制定中国相对贫困治理的相关法规，为走中国特色减贫道路奠定法治基础。该法规的制定应紧紧围绕相对贫困治理的目标任务，明确规定治理的总体思路和基本原则，治理的主体构成以及各级政府的法定职责，治理的重点任务、治理的方式和途径、治理的政策

---

① 黄建：《社区营造：一种农村精准扶贫的新视角》，《宏观经济管理》2018年第7期，第48页。
② 金昱彤：《社会工作参与精准扶贫：从救助个案到改变系统》，《甘肃社会科学》2017年第6期，第65—70页。
③ 中共中央、国务院：《中共中央 国务院关于打赢脱贫攻坚战三年行动的指导意见》，《人民日报》2018年8月20日，第1版。

保障体系，治理的监督评价和考核奖惩等内容。

2. 完善需求导向的项目建设机制

促进贫困人口的可持续脱贫，项目建设是其有效载体。由于我国行政体制条块分割这一固有矛盾的客观存在，上级有关部门安排的一些项目不一定与下级尤其是乡村的需求相符合，但为了争取到项目资金支持又不得不根据上级部门年度项目安排来申报，其结果申报得到的项目并非基层所需。这是笔者几年来的调研中，基层反映比较强烈的问题之一。解决这一问题的办法就是要将现有的项目建设生成机制改革为"需求导向的项目建设机制"，即根据相对贫困治理的目标要求，以县为单位，采取自下而上、上下结合的方法对项目建设进行全面规划，并与各县的国民经济和社会发展五年规划同步进行，并将项目需求逐级汇总到省级政府相关部门，省级部门将汇总的项目和中央下达的项目资金安排以及省级财力的配套情况，来作出项目建设安排，并将项目下达到县级，最后由县级政府有关部门统筹安排、分步实施。

3. 完善贫困治理责任机制

在脱贫攻坚中，为了压实各级党委政府的职责，中央提出了"省负总责、市县抓落实""五级书记一起抓"的脱贫攻坚责任机制，实践证明，这一机制是压实各级党委政府责任最管用的办法，推动脱贫攻坚"一级抓一级、层层抓落实"良好局面的形成，确保脱贫攻坚责任落到实处。在实施乡村振兴战略中，中央已经明确继续实行"中央统筹、省负总责、市县抓落实"的工作机制和"五级书记一起抓"的责任机制，应从讲政治的高度不折不扣地贯彻落实。但在贫困治理转入常规化治理，尤其是治理对象由绝对贫困转为相对贫困之后，如何更加切实有效地推进各级党委、政府相对贫困治理责任的落实，是一个迫切需要解决的新问题，核心在于既要进一步"压实责任"，但又要避免基层党委政府因急功近利而导致各种形式主义的发生。解决问题的可行办法就是，明确一届党委、政府任期内缓解相对贫困的目标任务，将年度目标导向改变为一个任期的结果导向，坚守"底线"目标任务，淡化推进工作实施过程的短期目标。但为了防止一些地方工作推进不力、工作不扎实等现象发生，应开展定期不定期的督查巡查，发现问题及时处理。这一改革举措有利于最大限度地给基层"松绑"，把基层干部从穷于应付自上而下各种短期目标考核中解脱出来，切实做到"扑下身子抓落实"，做实宣传发动群众参与，突出补齐相对贫困治理中的各种短板，重点做好抓基础、管长远的关键性问题，扎扎实实推进相对贫困缓解工作，进一步提高工作实效。

4. 完善贫困治理的成效考评机制

在当前推进的脱贫攻坚中，通过引入第三方进行脱贫攻坚成效考核评价的机制，大大增强了成效考核评价的规范性和权威性。但在具体实践中也存在一些突出问题，主要是考核评价的内容还不够科学合理、第三方机构遴选的范围过于狭窄、遴选的方法还过于简单，等等。应在总结这一实践经验的基础上加以改进。从第三方机构遴选来看，应进一步拓宽第三方遴选的范围，进一步规范第三方遴选的方法和程序，尤其是在第三方机构人选方面，建议吸收当地熟悉情况的专家学者、相关部门工作人员参与其中，以便使第三方考核评估工作更加扎实有效。从检查评估的内容来看，重点应突出以缓解相对贫困治理的实绩评价为导向，减少一些比较虚的指标，尤其是要避免出现一些地方在评估中以材料检查为主的现象，引导各地扎扎实实开展群众得实惠的贫困治理工作。

5. 完善贫困治理的监督机制

探索建立健全全方位、多渠道的监督机制是确保相对贫困治理取得实效的可靠保障。为此，必须在总结脱贫攻坚中业已形成的监督机制的基础上，进一步完善包括相对贫困治理的监督主体、监督客体、监督方式方法等，以充分发挥相对贫困监督机制的积极作用，助推相对贫困治理的有效推进。具体来说，一是建立健全省级相对贫困治理督查专业队伍，以省级党委、政府直管的督查队伍为骨干，吸收各部门熟悉扶贫工作的人员参与，同时还可聘请部分专家充实督查队伍。在此基础上，加强对督查人员的培训，提高其理论、政策和专业水平。二是规范督查巡查内容。坚持以缓解相对贫困目标要求为准绳，以问题为导向，以解决问题为目的，对各地相对贫困治理开展督查巡查。重点是检查各级党委、政府主体责任的落实情况。督查巡查中应注重"抓大放小"，抓住关键环节。三是创新督查巡查方式。做到"四个结合"：定期督查与临时督查相结合、明察与暗访相结合、普遍巡查与随机抽样督查相结合、自我督查与交叉督查相结合。四是完善督查反馈整改制度。督查巡查结果应原封不动报送省级党委、政府，以内部形式通报为主。还应视整改的难易程度，合理确定整改时限，开展整改工作"回头看"督查。

第十四章

余论：
研究结论与未来展望

本章主要是对本研究成果作一个总结，归纳提炼出研究的主要结论，指出研究中存在的主要问题，并对该领域的未来研究作一个简要展望。

第一节 研究主要结论

本研究以滇桂黔石漠化片区为研究对象，围绕贫困农户在现行标准下实现精准脱贫这一目标，通过构建基于精准扶贫的可持续脱贫理论分析框架，从贫困农户可持续生计策略优化的视角，对石漠化片区贫困农户的精准脱贫展开研究。研究的主要发现和主要结论如下。

一、作为我国14个集中连片特困地区之一的滇桂黔石漠化片区，区域整体性贫困特征十分突出

滇桂黔石漠化片区是我国14个集中连片特困地区之一，区域整体性贫困的特征主要表现如下：

（一）集"老少边山穷"等区域特征于一体，是我国石漠化重灾区，新一轮扶贫开发的主战场之一。该区域岩溶地貌占总面积的48.8%，石漠化占总面积21.49%，不少自然村寨是"一方水土养不起一方人"的地方。区域少数民族人口占总人口的62.12%，贫困发生率31.5%（2011年），比全国高了18.8个百分点。

（二）经济社会发展水平低。2012年，地区生产总值占全国比重仅为0.93%，比其区域面积和人口占全国比重分别低了1.44和1.61个百分点。人均GDP仅为全国平均水平的36.51%，有70个县人均GDP不到全国的50%。农民人均纯收入的中位数为4742元，仅相当于全国平均水平的59.89%，低了40个百分点。

（三）贫困分布面广，贫困程度深。在91个县区中，有国家扶贫开发重点县59个，占片区县总数的64.83%，占全国贫困县总数的9.97%。2012年，除云南省罗平县外，其余各县贫困发生率均高于全国平均水平，贫困发生率在40%以上的县有27个。

二、精准扶贫与可持续生计具有内在契合的机理，可以整合为可持续脱贫的理论分析框架

（一）精准扶贫、精准脱贫是扶贫方式的革命性变革

作为扶贫方式的一种革命性变革，精准扶贫是针对全面建成小康社会下我国

扶贫开发面临的新形势、新任务而提出的扶贫方略，其内涵十分丰富，意义极其深远。"两不愁、三保障""一高于、一接近"是其目标要求，其指向是彻底解决千百年来存在于我国社会的绝对贫困问题；"实事求是、因地制宜、分类施策、对症下药"是其核心要义，"六个精准"是其基本要求，"五个一批"是其基本途径，"中央统筹、省负总责、市县抓落实"是保障其有效实施的工作机制，"五级书记一起抓"则是其责任机制。精准扶贫与精准脱贫，前者是方法手段，后者是目标任务，二者之间既是方法手段与目标任务的统一，也是推进过程与结果演化的内在必然，二者统一于脱贫攻坚的实践之中。作为基本方略，内在地蕴含着推动脱贫攻坚必须解决的"扶持谁""谁来扶""如何扶""如何退"，这四个是前后承接、环环相扣、紧密联系、内在关联的关键性问题。

（二）精准扶贫与可持续生计具有内在契合的机理

精准扶贫与可持续生计在治理目标、对象瞄准、治理理念、治理途径四个方面具有内在的契合。从治理目标来看，精准扶贫的最终目的在于通过采取精准帮扶措施，实现贫困人口达到稳定脱贫、持久脱贫；可持续生计作为国际上普遍认可的一种综合性治贫模式，通过理解和分析贫困人口的生计，改进与生计相关的发展援助效率，将研究视角由收入提高转变到生计可持续性增强，实现"可持续生计发展的最终目标"。可见，二者在治理目标上都聚焦贫困人口的可持续脱贫。从对象瞄准来看，精准扶贫的逻辑起点是"对象识别精准""扣好第一颗纽扣"，为分类施策开展帮扶奠定了基础；可持续生计关注的是贫困家庭（个体）如何在外部环境和自身拥有的资产条件的约束下，通过外部政策干预来优化生计策略，实现生计的持续改善，二者都立足于瞄准对象的精准之上。从治理理念来看，精准扶贫突出强调因地制宜、精准施策、对症下药、靶向治疗，可持续生计也强调针对贫困家庭（或个体）所遭遇的风险冲击和其生计资本状况而采取不同的生计扶持策略，二者的契合点是追求贫困治理的针对性和有效性。从治理途径来看，可持续生计要求根据贫困家庭（或个体）自然资本、物质资本、人力资本、社会资本和金融资本的状况而采取不同的治理措施，精准脱贫强调的"五个一批"实质上是"项目安排精准"的具体体现，也是对可持续生计治理途径的深化、拓展和升华。

（三）可持续脱贫的内在要求是稳定脱贫、持续脱贫

可持续脱贫是一个连续不断的过程（或状态），这一过程可划分为三个阶段五个层次：第一阶段属于绝对贫困状态，可划分为未解决温饱和解决温饱两个层次。贫困人口只有稳步跨越这一阶段，实现彻底摆脱"绝对贫困"，才可以称之为实现

了可持续脱贫的第一次"质的飞跃"。第二个阶段属于相对贫困状态，同样可划分为初步脱贫和稳定脱贫两个层次。贫困人口只有稳定地跨越相对贫困阶段，进入了第三个阶段，才能实现由贫困阶层向富裕阶层转变的第二次"质的飞跃"。可见，在贫困人口实现第二次"质的飞跃"之前，促进脱贫的持续性、稳定性是可持续脱贫的基本要求，将贯穿相对贫困治理的始终。

（四）可持续生计与精准扶贫可以整合为可持续脱贫分析框架

可持续生计与精准扶贫的内在契合聚焦于促进贫困农户的可持续脱贫，二者可以在可持续脱贫分析框架下进行整合。这一分析框架包含了四个前后承接、环环相扣的环节：第一个环节，扶贫对象的精准识别，这是可持续脱贫的逻辑起点；第二个环节，精准帮扶的政策制定，这是可持续脱贫的中介环节；第三个环节，精准帮扶的政策实施这是可持续脱贫的关键环节；第四个环节，可持续脱贫终极目标的实现，这是可持续脱贫的必然结果。

三、通过推进脱贫攻坚，石漠化片区摆脱绝对贫困的目标可期，实现可持续脱贫第一次质的飞跃

在脱贫攻坚中，片区县党委、政府不断压实"县抓落实"的主体责任，扎实推进精准扶贫、精准脱贫，推动脱贫攻坚战取得决定性的胜利。截至2018年年末，已有31个县（市、区）实现"脱贫摘帽"，占石漠化片区县总数的34.06%。通过对问卷调查样本的分析，发现片区县的脱贫质量是比较过硬的。

（一）"两不愁"得到可靠保障

从农户对承包田、承包地利用的分析发现，分别有48.7%和54.1%的农户种植水稻和玉米，其他不种粮食的主要是因举家或主要劳动力外出务工所致。结合对农户实地调研的观察还发现，目前石漠化片区也和其他地区农村一样，作为基本生存保障要求的"吃和穿"问题已得到有力保障。孤寡老人户、年幼孤儿户、残疾人户等都享受到最低生活保障。

（二）住房保障水平较高

从农户房屋结构来看，片区县农户建有砖混结构楼房、砖混结构平房、木质结构瓦顶楼房等合计占到农户总数的96.9%，卫生厕所拥有率也达到91%，农户住房条件得到较大改善。

（三）义务教育得到充分保障

调查样本数据显示，在小学到中学的学龄青少年中，仅有3人未上学，占两个学龄段总人数（392人）的0.76%，义务教育保障率达到极高水平。

（四）人口健康水平高

调查样本数据显示，家庭人口中健康人数占比达到92.08%，且不健康的主要集中在65岁以上的人口中，占50%以上。

（五）物质资本有较大提升

调查样本数据显示，农户家庭手机拥有率达95.1%，电视机拥有率为93.3%，电冰箱拥有率为63.5%，洗衣机拥有率为47.8%，电磁炉拥有率为62.2%，电饭锅为77.8%，摩托车、电动车拥有率接近80%，农户物质资本状况得到极大改善。

（六）人均现金收入较高

数据分析表明，调查样本数据显示，年人均现金收入为8498元，是当年国家贫困标准线3400元的2.4倍。脱贫标准中的"一高于"要求得到稳定实现。

（七）基础设施和基本公共服务有较大改善

从基础设施来看，调查样本中，有82.2%的家庭入户路已经硬化，水电路网大部分已经实现全覆盖，这可以从家庭拥有电视机等家用电器和摩托车、电动车、小轿车、农用车等得到佐证。从基本公共服务来看，基本医疗保障覆盖率达到98.4%，养老保障率实现全覆盖。

以上各项指标涵盖"两不愁、三保障""一高于、一接近"等脱贫标准，反映出农户自然资本、物质资本、人力资本、金融资本和社会资本状况有了较大改善。为了检验这些指标对脱贫质量的影响，本研究利用问卷调查样本数据，采用二项Logistic回归分析法，探析五种生计资本要素与脱贫成效之间的因果关系。回归结果表明，上述指标对脱贫的影响是显著的，说明调查样本所反映的片区县农户脱贫质量是过得硬的。这还可以从群众对政府扶贫成效的评价中进一步得到验证，调查样本数据显示，农户对政府扶贫效果的评分呈标准的正态分布，均值为6.98分（满分为10分），评分6分以上的占89.8%。

四、实施乡村振兴战略下，石漠化片区相对贫困治理应以促进贫困农户实现可持续脱贫第二次质的飞跃为目标

到2020年实现脱贫攻坚目标，这意味着石漠化片区贫困人口可以实现从绝对贫困向相对贫困转变的飞跃。随着乡村振兴战略的深入实施，我国贫困治理将向缓解相对贫困转变。巩固脱贫攻坚成果，促进贫困人口可持续脱贫，让石漠化片区相对贫困人口在迈向全面建设富强、民主、和谐、文明、美丽的社会主义现代化强国中"不掉队""不落伍"，应是乡村振兴背景下石漠化片区贫困治理的重点，其目标就是促进贫困人口由相对贫困向非贫困人口转变，最终实现可持续脱贫第

二次"质的飞跃"——走上共同富裕之路。实现这一目标,可以考虑分"三步走":第一步,2021—2025年,以巩固脱贫攻坚成果为主要任务,进一步提高贫困人口脱贫的稳定性;第二步,2025—2035年,全面对接乡村振兴的目标要求,让石漠化片区与全国同步基本实现乡村振兴目标,相对贫困人口开始走向富裕之路;第三步,2035—2050年,主要目标是大力巩固基本实现乡村振兴成果,实现石漠化片区乡村全面振兴,促进相对贫困人口向非贫困人口转变的第二次"质的飞跃",与全国同步迈向全面现代化,实现共同富裕。

五、实现乡村振兴下相对贫困治理的目标需采取综合性的贫困治理策略

在实施乡村振兴战略背景下,推进石漠化片区相对贫困人口的可持续脱贫需多措并举、多管齐下、综合施策。一是完善总体设计,推进相对贫困治理与乡村振兴的有效衔接,重点抓好治理目标、工作重心、推进路径三个方面的有机衔接接。二是推动产业振兴,筑牢可持续脱贫与乡村振兴的厚实根基,借鉴贵州推进农村产业革命"八要素"的经验,紧紧抓住产业选择、农民培训、技术服务、组织方式、资金筹措、产销对接、利益联结、基层党建八个方面的工作,发展壮大具有石漠化片区特色优势的乡村产业。三是壮大集体经济,夯实可持续脱贫与迈向共同富裕的压仓之石,从把好乡村振兴政治方向的高度重视村集体经济发展,以推进农村"三变改革"为抓手,探索发展新型集体经济路子,不断壮大村级集体经济,为消除农村内部两极分化奠定坚实的物质基础。四是推进生态振兴,探索消除脆弱性环境与打造美丽乡村的"双赢"之举,继续对部分"一方水土养不起一方人的"农村人口实施移民搬迁安置,保护好乡村生态空间,优化生产空间,美化生活空间,务实推进美丽乡村建设。五是扩张生计资本,抓住贫困人口自我发展能力的治本之策,盘活自然资本存量,改善提升物质资本,加大人力资本投资,促进金融资本增值,加大社会帮扶力度。六是引领乡风文明,扭住激活可持续脱贫内生动力的关键之策,突出思想引领,重塑农民自强不息的精神,用制度引领新风尚,强化正向激励,促进乡村形成文明新风尚。七是重塑基层组织,扎实推进乡村治理体系和治理能力现代化建设,以基层党的组织为核心,以村民委员会为骨干,以农村各类自组织为重要补充,以农村经济组织为主要依托,以新乡贤为链接纽带,以广大农民群众为基础,形成一个同心圆的多元治理主体共治格局,建立和完善以农民为主体的基层多元治理组织体系。八是完善支持体系,强化可持续脱贫与乡村振兴的政策与体制保障。重点完善相对贫困瞄准、鼓励社

会资本投资、区域差别化的支持、强化社会保护等政策；创新包括常态化治理、社区营造和社工专业化治理等贫困治理模式；加快建立和完善依法治理机制、需求导向的项目建设机制以及贫困治理的责任强化、成效考评、监督等机制。

第二节 研究未来展望

本项目以滇桂黔石漠化片区为研究对象，以贫困农户可持续生计策略优化为切入点，聚焦石漠化片区的精准脱贫。研究历时五载有余，主要是为了对当下开展的脱贫攻坚开展跟踪研究，以期用可持续生计分析框架对精准扶贫理论进行创造性转换，构建基于精准扶贫的可持续脱贫分析框架。一方面，将这一理论分析框架用于指导脱贫攻坚实践；另一方面，尝试构建可与国际减贫话语体系有效衔接的"中国方案"，服务于"讲好中国脱贫攻坚故事"，为世界减贫事业贡献中国智慧。但受主客观因素的制约，本研究仍存在诸多不足，有待下一步深入研究。概而言之，主要有如下几个方面：

一是理论框架有待深化。基于精准扶贫的可持续脱贫分析框架仍需完善。本研究建构的可持续脱贫分析框架，是对精准扶贫与可持续生计的整合，具有一定创新性。但在核心概念、适用原则、基本内容、基本路径、操作方法等方面的论述仍有诸多需要完善之处。尤其是在把精准扶贫理论转化为可持续生计的话语体系方面，仍需在提升其学术性上下功夫。上述问题有待在今后的研究中进一步加以完善提升。

二是研究方法有待改进。本研究运用基于精准扶贫的可持续脱贫分析框架，构建石漠化片区农户可持续生计资本评价体系，通过对农户生计资本状况进行类型识别，提出对农户进行精准帮扶的政策措施。从研究方法来看，遵循从微观（家庭或个体）入手寻找解决问题的突破点，再从宏观上归纳提炼出解决问题政策措施的路径，这样的研究方法符合学术研究规律。但在具体研究实践中，科学合理评价体系的构建、问卷调查样本的确定、评价方法的选择等都存在诸多不足，这是今后研究中需要进一步改进之处。

三是实践应用有待创新。2020年后，相对贫困治理将成为我国贫困治理的重点。虽然缓解相对贫困与解决绝对贫困都属于贫困治理的范畴，但是二者也有诸多差异。本研究基于精准扶贫的可持续脱贫分析框架，同时也基于对石漠化片区农村贫困实地调查的分析思考，提出了2020年后石漠化片区相对贫困治理的前瞻性对策思路。但随着2020年后相对贫困治理的深入开展，将会产生许多新问题、新矛盾。为此，本研究所提出的对策需要在实践中接受检验，尤其是要结合石漠化片区相对贫困治理实际不断推进实践创新，以实践创新来推动理论创新，从而构建起具有中国特色的相对贫困治理的理论体系。

参考文献

［1］习近平:《摆脱贫困》,福建人民出版社1992年版。

［2］习近平:《决胜全面建成小康社会,夺取新时代中国特色社会主义伟大胜利——在中国共产党第十九次全国代表大会上的报告》,人民出版社2017年版。

［3］习近平:《习近平谈治国理政》,外文出版社2014年版。

［4］习近平:《习近平谈治国理政》(第二卷),外文出版社2016年版。

［5］中共中央宣传部:《习近平总书记系列重要讲话读本》,学习出版社,人民出版社2016年版。

［6］中共中央党史和文献研究院:《习近平扶贫论述摘编》,中央文献出版社2018年版。

［7］《资本论》(第1卷),中共中央马克思、恩格斯、列宁、斯大林著作编译局译,人民出版社1975年版。

［8］《马克思恩格斯选集》(第1卷),中共中央马克思、恩格斯、列宁、斯大林著作编译局译,人民出版社1995年版。

［9］《马克思恩格斯选集》(第3卷),中共中央马克思、恩格斯、列宁、斯大林著作编译局译,人民出版社1995年版。

［10］《马克思恩格斯选集》(第4卷),中共中央马克思、恩格斯、列宁、斯大林著作编译局译,人民出版社1995年版。

［11］《马克思恩格斯全集(第一版)》(第42卷),中共中央马克思、恩格斯、列宁、斯大林著作编译局译,人民出版社1979年版。

［12］《马克思恩格斯全集》(第23卷),中共中央马克思、恩格斯、列宁、斯大林著作编译局编,人民出版社1972年版。

［13］邓小平:《邓小平文选》(第3卷),人民出版社1993年版。

［14］阿马蒂亚·森:《贫困与饥荒——论权利与剥夺》,王宇、王文玉译,商务印书馆2009

年版。

[15] 阿马蒂亚·森：《以自由看待发展》，任赜、于真译，中国人民大学出版社 2002 年版。

[16] 安格斯·迪顿：《逃离不平等：健康、财富及不平等的起源》，崔传刚译，中信出版社 2014 年版。

[17] 李惠斌、杨冬雪：《社会资本与社会发展》，社会科学文献出版社 2000 年版。

[18] 尹青山、时元第等：《中国改革开放政策大典》，中国建材工业出版社 1993 年版。

[19] 李培林、魏后凯：《中国扶贫开发报告（2016）》，社会科学文献出版社 2016 年版。

[20] 保罗·萨缪尔森、威廉·诺德豪斯：《萨缪尔森谈效率、公平与混合经济》，萧琛译，商务印书馆 2012 年版。

[21] 劳埃德·雷诺兹：《微观经济学》，商务印书馆 1993 年版。

[22] 安东尼·哈尔、詹姆斯·梅志里：《发展型社会政策》，罗敏、范酉庆等译，社会科学文献出版社 2006 年版。

[23] 吉斯登：《第三条道路与民主社会主义的复兴》，郑戈等译，北京大学出版社 2000 年版。

[24] 迪帕·纳拉扬：《谁倾听我们的呼声》，付岩梅等译，中国人民大学出版社 2001 年版。

[25] 西奥多·W·舒尔茨：《改造传统农业》，梁小民译，商务印书馆 2006 年版。

[26] 肖建彬：《中国教育问题分析——基于政策与实践的思考》，广东人民出版社 2015 年版。

[27] 张宏成：《怎样开发家庭健身活动》，苏州大学出版社 1997 年版。

[28] 邹小钢：《国土资源与房屋管理工作研究（上）》，经济日报出版社 2015 年版。

[29] 赵强社：《城乡基本公共服务均等化制度创新研究》，中国农业出版社 2015 年版。

[30] 伊利（R.T. Ely）、莫尔豪斯（E.W. Morehouse）：《土地经济学原理》，滕维澡译，商务印书馆 19829 年版。

[31] 罗伯茨：《自由放任资本主义的失败：写给全世界的新经济学》，秦伟译，生活·读书·新知三联书店 2014 年版。

[32] 世界银行环境局、迪克逊等：《扩展衡量财富的手段—环境可持续发展指标》，中国环境科学出版社 1998 年版。

[33] Paul Hawken, Amory Lovins, L.HunterLovins：《自然资本论：关于下一次工业革命》，王乃粒、诸大建、龚义台译，上海科学普及出版社 2002 年版。

[34] 西奥多·W·舒尔茨：《人力资本投资——教育和研究的作用》，商务印书馆 1990 年版。

[35] 燕继荣：《投资社会资本》，北京大学出版社 2006 年版。

[36] 林南：《社会资本——关于社会结构与行动理论》，张磊译，上海人民出版社 2005 年版。

[37] 罗伯特·普特南：《使民主运转起来——现代意大利的公民传统》，王列等译，江西人民出版社 2001 年版。

[38]曹胜亮：《社会转型期我国经济法价值目标实现理路研究——以马克思主义利益理论为视角》，武汉大学出版社2015年版。

[39]詹姆斯·S·科尔曼：《社会理论的基础》，邓方译，社会科学文献出版社1990年版。

[40]蔡和、张应祥等：《城市社会学理论与视野》，中山大学出版社2003年版。

[41]张其仔：《社会资本论——社会资本与经济增长》，社会科学文献出版社1997年版。

[42]亚历山德罗·波茨：《社会资本：在现代社会学中的缘起与应用》，李惠斌、杨雪冬：《社会资本与社会发展》，社会科学文献出版社2000年版。

[43]林南：《社会资本：关于社会结构与社会行动的理论》，上海人民出版社2006年版。

[44]格奥尔格·齐美尔：《货币哲学》，于沛沛译，中国社会科学出版社2007年版。

[45]弗朗西斯·福山：《信任：社会美德与创造经济繁荣》，彭志华译，海南出版社2001年版。

[46]埃里克森：《无需法律的秩序：相邻者如何解决纠纷》，苏力译，中国政法大学出版社2016年版。

[47]何广文等：《农村金融学》，中国金融出版社2008年版。

[48]王宏甲：《塘约道路》，人民初级版社2016年版。

[49]黄承伟：《中国扶贫开发道路研究：评述与展望》，《中国农业大学学报（社会科学版）》，2016年第5期。

[50]阿马蒂亚·森：《论社会排斥》，王燕燕译，《经济社会体制比较》，2005年第3期。

[51]宋洪远：《中国农村改革三十年历程和主要成就》，《农业经济导刊》，2008年第5期。

[52]凌经球：《可持续脱贫：新时代中国农村贫困治理的一个分析框架》，《广西师范学院学报（哲学社会科学版）》，2018年第2期。

[53]韩嘉玲、孙若梅、普红雁、邱爱军：《社会发展视角下的中国农村扶贫政策改革30年》，《贵州社会科学》2009年第2期。

[54]张伟宾、汪三贵：《扶贫政策、收入分配与中国农村减贫》，《农业经济问题》2013年第2期。

[55]王三秀：《国外可持续生计观念的演进、理论逻辑及其启示》，《毛泽东邓小平理论研究》2010年第9期。

[56]汤青：《可持续生计的研究现状及未来重点趋向》，《地球科学进展》，2015年第7期。

[57]李雪萍、王蒙：《多维贫困"行动—结构"分析框架的建构——基于可持续生计、脆弱性、社会排斥三种分析框架的融合》，《江汉大学学报（社会科学版）》2015年第3期。

[58]左停、杨雨鑫、钟玲：《精准扶贫：技术靶向、理论解析和现实挑战》，《贵州社会科学》2015年第8期。

[59]唐丽霞、李小云、左停：《社会排斥、脆弱性和可持续生计：贫困的三种分析框架及比

较》,《贵州社会科学》,2010年第12期。

[60] 张俊豪、何家军：《能力再造：可持续生计的能力范式及其理论建构》,《湖北社会科学》2014年第9期。

[61] 凌经球：《推进滇桂黔石漠化片区扶贫开发的路径研究——基于新型城镇化的视角》,《广西民族研究》,2015年第2期。

[62] 苏芳、蒲欣冬、徐中民、王立安：《生计资本与生计策略关系研究——以张掖市甘州区为例》,《中国人口·资源与环境》2009年第6期。

[63] 纳列什·辛格和乔纳森·吉尔曼：《让生计可持续》,祝东力译,《国际社会科学杂志（中文版）》2000年第4期。

[64] 田雨、丁建军：《贫困研究的多学科差异、融合与集成创新——兼论综合贫困分析框架再建》,《财经问题研究》2016年第12期。

[65] 向德平、陈艾：《连结生计方式与可行能力：连片特困地区减贫路径研究——以四川省甘孜藏族自治州的两个牧区村庄为个案》,《江汉论坛》2013年第3期。

[66] 代富强：《农户生计可持续性评价理论解析及指标体系构建》,《湖北农业科学》2015第2期。

[67] 徐莉：《反贫困的性别分析：基于少数民族山区贫困女性生计资源的调查》,《广西师范大学学报（哲学社会科学版）》2016年第06期。

[68] 梁军、何丽萍：《可持续生计视角下的贫困大学生能力发展——精准扶贫与贫困大学生"双创"能力发展系列研究之二》,《高教论坛》2017年第04期。

[69] 李博、左停：《遭遇搬迁：精准扶贫视角下扶贫移民搬迁政策执行逻辑的探讨——以陕南王村为例》,《中国农业大学学报（社会科学版）》2016年第2期。

[70] 何仁伟、李光勤、刘运伟、李立娜、方方：《基于可持续生计的精准扶贫分析方法及应用研究——以四川凉山彝族自治州为例》,《地理科学进展》2017年第2期。

[71] 宁泽逵：《信息化对集中连片特困区农户可持续生计的影响》,《西北农林科技大学学报（社会科版）》2017年第02期。

[72] 汪继章：《精准扶贫：扶贫方式的革命性变革》,《中国扶贫》2015年第11期。

[73] 张孝德、梁洁：《论作为生态经济学价值内核的自然资本》,《南京社会科学》2014年第10期。

[74] 储建国：《基层党组织建设是可持续脱贫的重中之重》,《人民论坛》2018年第7期。

[75] 闫磊、朱雨婷：《可持续稳固脱贫的实现路径研究——基于森可行能力的理论》,《甘肃行政学院学报》2018年第4期。

[76] 马志雄、张银银等：《可持续生计方法及其对中国扶贫开发实践的启示》,《农村经济与科

技》2012 年第 11 期。

［77］江辰、秦首武、王邦虎：《优化治理精准扶贫与防止返贫长效机制研究》，《成都行政学院学报》，2018 年第 5 期。

［78］卢辰宇、上官铁梁、侯博：《自然资本的新探索——ENC 大循环》，《中国人口·资源与环境》2014 年第 1 期。

［79］诸大建：《重构城市可持续发展理论模型——自然资本新经济与中国发展 C 模式》，《探索与争明》2015 年第 6 期。

［80］郭文松、张敏文、吴凡、胡洋子、彭翔：《〈世界银行发布国民财富的变化：2018〉报告》，《中国财政（半月刊）》2018 年第 13 期，第 66-67 页。

［81］郝栋：《基于自然资本的技术范式生态化演进研究》，《自然辩证法》2017 年第 11 期。

［82］高和然：《国际自然资本核算的理论和实践启示》，《中国生态文明》2016 年第 6 期。

［83］刘高慧、胡理乐、高晓奇、杜乐山、李俊生、肖能文：《自然资本的内涵及其核算研究》，《生态经济》2018 年第 4 期。

［84］刘洋、王爱国：《自然资本核算研究的理论与方法综述》，《会计之友》2019 年第 3 期。

［85］胡文龙、史丹：《中国自然资源资产负债表框架体系研究——以 SEEA2012、SNA2008 和国家资产负债表为基础的一种思路》，《中国人口·资源与环境》2015 年第 8 期。

［86］马永欢、陈丽萍、沈镭、黄宝荣、谷树忠、莫建雷：《自然资源资产管理的国际进展及主要建议》，《国土资源情报》，2014 年第 12 期。

［87］曹宝、王秀波、罗宏：《自然资本：概念、内涵及其分类探讨》，《辽宁经济》2009 年第 8 期。

［88］严立冬、李平衡、邓远建、屈志光：《自然资源资本化价值诠释——基于自然资源经济学文献的思考》，《干旱区资源与环境》2018 年第 10 期。

［89］冷淑莲：《自然资源价值补偿问题研究》，《价格月刊》2007 年第 5 期。

［90］刘云慧、龙俐、谷晓平、于飞：《贵州省黔西南地区石漠化空间分布特征分析》，《贵州气象》2008 年第 1 期。

［91］李华玲、赵斌、张林、刘琼：《基于黔西南州连片特困地区农民贫困情况的调查报告》，《兴义民族师范学院学报》，2018 年第 1 期。

［92］郭志仪、曹建云：《人力资本和物质资本对我国东、西部经济增长及其波动影响的比较分析》，《中国人口·资源与环境》2008 年第 1 期。

［93］秦博、潘昆峰：《人力资本对贫穷的阻断效应——基于深度贫困家庭大数据的实证研究》，《教育科学研究》2018 年第 08 期。

［94］马红旗、黄桂田、王韧：《物质资本的积累对我国城乡收入差距的影响——基于资本-技

能互补视角》,《管理世界》2017年第4期。

[95] 中共黔西南州委"四方五共"调研组:《运用"四方五共"推动精准扶贫——黔西南州易地扶贫搬迁"四方五共"的探索与思考》,《黔西南党校论坛》2017年第2期。

[96] 丁志国、谭伶俐、赵晶:《农村金融对减少贫困的作用研究》,《农业经济问题》2011年第11期。

[97] 方鹏骞、苏敏:《论我国健康扶贫的关键问题与体系构建》,《中国卫生政策研究》2017年第6期。

[98] 付晓光.健康扶贫兜底医疗保障的主要模式及思考》,《中国农村卫生事业管理》2017年第10期。

[99] 赵泉民:《转型期农民专业合作社现实困境与对策思考——基于乡村社会信任的视角》,《兰州学刊》2013年第1期。

[100] 樊鹤平:《中国传统诚信思想探析》,《伦理学研究》2015年第3期。

[101] 白永秀、严汉平:《西部地区基础设施滞后的现状及建设思路》,《福建论坛(经济社会版)》2002年第7期。

[102] 张学良:《中国交通基础设施促进了经济增长吗——兼论交通基础设施的空间溢出效应》,《中国社会科学》2012年第3期。

[103] 李晓嘉、蒋承:《农村减贫:应该更关注人力资本还是社会资本?》,《经济科学:2018年》第5期。

[104] 马文武、刘虔:《异质性收入视角下人力资本对农民减贫的作用效应研究》,《中国人口·资源与环境》2019年第3期。

[105] 何光辉等:《印度小额信贷危机的深层原因及教训》,《经济科学》2011年第4期。

[106] 李龙:《农村贫困地区的人力资本与贫困研究》济南大学2015年版。

[107] 习近平:《在首个"扶贫日"之际作出的重要批示(2014年10月)》,《党建》2015年第12期。

[108] 全国人大财经委、国家发改委:《建国以来国民经济和社会发展五年计划重要文件汇编》,中国民主法制出版社2008年版。

[109] 世界银行:《1981年世界发展报告》,中国财政经济出版社1981年版。

[110] 世界银行:《2000/2001年世界发展报告:与贫困作斗争》,中国财政经济出版社2001年版。

[111] 新华社授权发布:《中共中央、国务院关于打赢脱贫攻坚战的决定》,《人民日报》2015年12月8日。

[112] 中华人民共和国国务院新闻办公室:《中国的农村扶贫开发》,《人民日报》2001年10月

16日。

[113] 习近平：《携手消除贫困 促进共同发展——在2015减贫与发展高层论坛的主旨演讲》，《人民日报》2015年10月18日。

[114] 李实：《中国扶贫的成就与挑战》，《中国日报（英文版）》2011年12-月10日。

[115] 温家宝：《在中央扶贫开发工作会议上的讲话》，《人民日报》2001年09月21日。

[116] 何平：《连片特困地区成扶贫主战场涉及14片区680个县》，《光明日报》2013年1月14日。

[117] 秦廷华：《"四方五共"：党的群众路线的实践创新》，《黔西南日报》2017年1月5日。

[118] 彭高琴：《只要勤快，搬到城市日子会更好》，《黔西南日报》，2016年5月16日。

[119] 习近平：《给"国培计划（二〇一四）"北师大贵州研修班参训教师的回信》，《人民日报》，2015年9月10日。

[120] 杨云鑫：《易地扶贫搬迁的"贞丰样本"："乡音乡味"无处不在》参考消息，2016年12月16日

[121] 国家统计局：《改革开放以来我国农村贫困人口减少7亿》，新华网，http://www.xinhuanet.com/politics/2015-10/16/c_1116848645.htm.

[122] 中共中央办公厅 国务院办公厅印发《关于创新机制扎实推进农村扶贫开发工作的意见》，http://www.gov.cn/gongbao/content/2014/content_2580976.htm.

[123]《中共中央、国务院关于帮助贫困地区尽快改变面貌的通知》，http://www.seac.gov.cn/art/2011/1/19/art_59_108310.html.

[124]《习近平赴湘西调研扶贫攻坚》，http://news.china.com.cn/2013-11/03/content_30484693.htm，2013-11-03。

[125]《习近平召开部分省区市党委主要负责同志座谈会》，http://news.cntv.cn/2015/06/19/VIDE1434712857321948.shtml，2015-06-19。

[126]：《李克强主持2030年可持续发展议程主题座谈会并发布〈中国落实2030年可持续发展议程国别方案〉》，http://news.xinhuanet.com/world/2016-09/20/c_1119595197.htm，2016-09-20。

[127] 国务院扶贫开发领导小组办公室，国家发展和改革委员会：《滇桂黔石漠化片区区域发展与扶贫攻坚规划（2011-2020年）[EB/OL]．http://vdisk.weibo.com/s/u5j0MYO4z-1_j.

[128]《"十三五"脱贫攻坚规划》，http://politics.people.com.cn/n1/2016/1202/c1001-28921752.html，2016-12-02。

[129] 中共中央、国务院：《中国农村扶贫开发纲要（2011－2020年）》，http://www.gov.cn/gongbao/content/2011/content_2020905.htm.

511

[130] 联合国：《哥本哈根社会发展问题宣言》，http：//www.docin.com/p-22494877.html。

[131] 李长吉、金丹萍：《个案研究法研究述评》，http：//www.360doc.com/content/15/1128/23/25875037_516607720.shtml。

[132] 贵州省人民政府：《关于深入推进新时期易地扶贫搬迁工作的意见》（黔府发〔2016〕22号），http：//www.qxn.gov.cn/ViewGovPublic/notice.5/175566.html。

[133] 中共黔西南州委、黔西南州人民政府：《黔西南州2018年脱贫攻坚工作总结》，http：//www.qxn.gov.cn/ViewGovPublic/ZTFL.TPGJ.2/241114.html。

[134]《联合国发展峰会开幕 通过2015年后可持续发展议程》，中国新闻网，http：//www.chinanews.com/gj/2015/09-26/7545628.shtml，2015-09-26。

[135] 冯怡琳、邱建亮：《对中国多维贫困状况的初步测算——基于全球多维贫困指数方法》，http：//www.stats.gov.cn/tjzs/tjsj/tjcb/dysj/201803/t20180312_1587450.html，2018-03-120。

[136] 董志成、于璧嘉：《这些年习总书记去过的贫困村》，http：//finance.chinanews.com/gn/2016/07-22/7948933.shtml，2016-07-22。

[137]《习近平春节前夕赴河北张家口看望慰问基层干部群众》，新华网，http：//www.xinhuanet.com//politics/2017-01/24/c_1120377384.htm，2017-01-24。

[138] 谷树忠、李维明：《从自然资源核算到自然资源资产负债表》，http：//opinion.hexun.com/201511-20/180695743.htm。

[139] 国家发展和改革委员会：《中国的易地扶贫搬迁政策白皮书》，http：//www.ndrc.gov.cn/fzgggz/dqjj/zhdt/201804/t20180404_881724.html。

[140] 黔西南州政府：《走进金州》，http：//www.qxn.gov.cn/View/Article.1.1/110291.html。

[141] 中共黔西南州委、黔西南州人民政府：《黔西南州2018年脱贫攻坚工作总结》，http：//www.qxn.gov.cn/ViewGovPublic/ZTFL.TPGJ.2/241114.html。

[142] 蒋俊：《打造"五个示范"推进西畴跨越发展》，http：//news.hexun.com/2016-01-30/182103428.htm，2016-01-30。

[143] Adato, M., Lund, F. and Mhlongo, P., Methodological Innovations in Research on the Dynamics of Poverty: A Longitudinal Study in KwaZulu-Natal, South Africa.

[144] Amekawa, Yuichiro. Agroecology and Sustainable Livelihoods: Towards an Integrated Approach to Rural Development, Journal of Sustainable Agriculture. 2011, Vol. 35 Issue 2: 118-162.

[145] Addinsall, Cherise; Glencross, Kevin; Scherrer, Pascal, Weiler Betty, Nichols Doland. Agroecology and Sustainable Rural Livelihoods: A Conceptual Framework to Guide Development Projects in the Pacific Islands, Agroecology & Sustainable Food Systems. 2015, Vol. 39 Issue 6: 691-723.

［146］Benjamin Seebohm Rowntree. Poverty: A Study of Town Life[M]. London: Macmillan, 1901: 103.

［147］Chanmbers, R.and Conway, G.Sustainable rural livelihoods practical concepts for the 21st century, IDS Discussion Paper296. Brighton, England: Institute of Developmer ent Studies, 1992.

［148］Costanza R, Daly H E, Bartholomew J A.Goals. agenda, and policy recommendations for ecological economics.

［149］Daskon, Chandima;McGregor, Andrew.Cultural Capital and Sustainable Livelihoods in Sri Lanka's Rural Villages: Towards Culturally Aware Development, Journal of Development Studies. 2012, Vol. 48 Issue 4: 549-563.

［150］Daskon, Chandima; Binns, Tony. Culture, tradition and sustainable rural livelihoods: exploring the culture - development interface in Kandy, Sri Lanka, Community Development Journal. 2010, Vol. 45 Issue 4: 494-517.

［151］Daly H E.Beyond. Growth: The Economics of Sustainable Development, Beacon Press. 1996, 22.

［152］Grootaert, C. Social capital, household welfare, And poverty in Indonesia, Working Paper No 6, World Bank, 1999.

［153］Hota, Padmanabha; Behera, Bhagirath. Opencast coal mining and sustainable local livelihoods in Odisha, India, Mineral Economics: Raw Materials Report.2016, Vol. 29 Issue 1: 1-13.

［154］Hanifan, J., The Rural School Community Center, Annals of the American Academy of Political and Social Science.1916 .Vol.67.

［155］Narayan, D. Bonding and Bridges: social capital and Poverty, Working Paper, World Bank, 1999.

［156］Pearce D, Turner R .Economics of Natural Resources and the Environment[M]. Baltimore: Johns Hopkins University Press, 1990.

［157］Janine Nahapiet, Sumantra Ghoshal, 1998, Social capital, Intellectual capital, and the organizational advantage , Academy of Management Review, 23: 242—266.

［158］Towmend .Poerty in the kingdon: a Survey of the House—hold Resource and Living Standard[M]. Lodon: Alfen Laneand Penguin book, 1979.

［159］John Pierson, Tackling Social Exclusion, New York: Roufledge, 2001: 4.

［160］UNDPHuman. Development Report[M]Oxford: Oxford University Press, 1997.

［161］Saxena, Alark; Guneralp, Burak; Bailis, Robert, Yohe, Gary; Oliver, Chadwick. Evaluating the resilience of forest dependent communities in Central India by combining the sustainable livelihoods framework and the cross scale resilience analysis, Current Science, 2016, Vol.110 Issue7: 1195-1207.

[162] See tania Burchardt. Julian k Grand and David Piaehaud, Social Exclusion in Britian 1991—1995, Social Policy&Administration, Issn 0144—5596, v01, 33. No, 3. September, 1999: 227—244.

[163] Vogt, W. Road to Survival. New York William Sloan, 1948.

[164] Winters, P. and Davis, B. Assets, activities and income generation in rural Mexico: factoring in social and public capital. Agricultural Economic, 2002, 27 (2).

后 记

本书系2014年国家社会科学基金重点项目（项目批准号：14AMZ008）的结项成果。本项目立项于2014年6月，2019年11月免于鉴定获得结项（结项证书号：20194668）。课题组多数成员是来自广西、云南和贵州省（区）委及部分市委党校的教师，分别是：中共广西区委党校经济学教研部主任赵禹骅教授、博士，文史教研部农辉锋副教授、博士；百色市委党校黄启学教授，南宁市委党校王造兰副教授；云南省扶贫开发办公室王思泽副主任，中共云南省委党校省情和资政研究院副院长韩斌教授、博士；中共贵州省委党校贵州发展研究院院长刘旭友教授、博士，刘涛教授、博士；广西机电职业技术学院黄远辉副教授，广西社会科学院数量经济研究所邵雷鹏副研究员。课题组成员及具体分工如下：课题主持人凌经球，负责全书整体框架思路的设计，撰写第1章至第3章和第11章至14章，并对全书进行统稿定稿；邵雷鹏负责第4章第1节，黄远辉负责第4章第2至3节；黄启学负责第5章、第6章；韩斌负责第7章；农辉锋负责第8章；王造兰负责第9章；刘涛负责第10章。

在五年多的研究过程中，研究团队的各位同人始终坚守党校人科研工作的"四为"[1]初心，秉持"把论文写在祖国大地上"的理念，积极投身于史无前例的脱贫攻坚伟大实践，不仅走遍了滇桂黔石漠化片区三省区，还深入到西北的青海、宁夏，西南地区的重庆、四川，以及中部地区的湖南、山西等省区市60多个县、130多个村，用眼观察偏远山村的历史巨变，用心感受飞速前行的时代脉搏，用情倾听基层干部群众的质朴心声。在贵州省荔波县"千户瑶寨"，我们与白裤瑶青

---

[1] 《中国共产党党校工作条例》第三十二条规定，党校科研工作，要密切关注国内外形势的发展变化，加强对中国特色社会主义重大现实问题的研究，深化对马克思主义基本理论特别是中国特色社会主义理论体系的研究，为推进党的理论创新服务，为提高党校教学质量服务，为党委和政府决策服务，为社会主义经济建设、政治建设、文化建设、社会建设和党的建设服务。

年男女跳起了瑶族"迎宾舞";在云南省文山州马关县的苗寨,我们端起大碗畅饮苗家自酿的迎宾酒;在云南红河州的屏边县,我们与乡镇干部共进"烛光"晚餐;在广西罗城仫佬族自治县,课题主持人巧遇了一位同年同月同日生的贫困"老乡"……可以说,本书是研究团队集体智慧的结晶,凝结着各位同人的辛勤付出,与其说是研究出来的一项成果,不如说是用脚"写"出来的散发着浓浓乡土气息的"无字之书"。

在项目研究过程中,我们坚持把深入基层调查研究与理论思考相结合,把学术研究与决策咨询、理论宣传相结合。其间,共发表了23篇学术论文(其中,CSSCI篇或中文核心期刊10篇),截至提交课题研究成果的2019年10月末,《推进集中连片特困地区精准扶贫初析:以滇黔桂石漠化片区为例》(韩斌,载于中文核心期刊《学术探索》2015第6期)已被引用103次,《产业扶贫到户——新阶段扶贫攻坚的重中之重》(凌经球、赵禹骅,发表于《桂海论丛》2014年第6期)已被引用45次。向中央和地方党委政府提交决策咨询报告20篇(含合著),其中有9篇获得省部级以上领导的肯定性批示,有1篇被中共中央办公厅单篇采用,报送中央政治局(书记处书记)。同时,还在时政类报刊上发表理论宣传文章6篇。正是因为有这些厚实研究成果的支撑,2018年年初在上海社科院发布的全国智库影响力评价中,本校被评为2017年度"全面小康与精准扶贫"研究议题"最具有影响力的智库第1~10名"之一(第1名为国务院发展研究中心,第2名为农村部农村经济研究中心,第3名中国社会科学院社会发展研究院,第4名中国宏观经济研究院,第5名为中国人民大学中国扶贫研究院,第6名为浙江大学中国农村发展研究院,第7名为北京师范大学中国扶贫研究院,第8名为河南省社会科学院,第9名为云南宏观经济研究院,第10名为中共广西区委党校)。

这些年,我们还多次组织大家参加以"脱贫攻坚、全面小康"为主题的全国性学术会议,借助这些平台同国内外扶贫领域著名的专家学者开展广泛深入的学术交流。2020年12月14—15日,由中央宣传部、国务院扶贫办主办,中央广电总台、中国社会科学院、国家开发银行、中国国际扶贫中心承办的"人类减贫经验国际论坛"在北京通过线上线下参会的方式举行,课题主持人受邀以线上方式参加开幕式并在"国际减贫理论与实践"分论坛上作了发言,与来自国际上的数

后 记

十位著名专家分享中国脱贫攻坚的实践。

值得高兴的是，项目研究推进的过程也是我们这个团队成员快速成长的过程。本项目立项之后，课题组成员共获得了4项国家级和2项省部级以"扶贫"为主题的课题立项。分别是：2015年赵禹骅《互联网背景下西南特困山区扶贫产业发展的路径与机制创新研究》（项目批准号：15XMZ071）、刘涛《普惠金融视角下乌蒙山集中连片特困区状况与精准扶贫对策研究》（项目批准号：15XMZ049）、韩斌《基于可持续生计分析的云南贫困农户精准脱贫对策研究》（2015年云南省哲学社会科学规划重点项目，项目批准号：ZD201501）；2016年农辉锋的《共享发展视域下西南地区人口较少民族精准脱贫难点与对策研究》（项目批准号：16XMZ056）；2017年韩斌的《完善西部民族地区贫困户精准退出评估体系及退出机制的实证研究》（项目批准号：17BSH078）；2017年王造兰的《完善广西精准扶贫成效第三方评估研究》（广西哲学社会科学规划一般项目，项目批准号：17CSH002）。更可喜的是，这些项目除王造兰的尚未结项外，其余都在2020年前顺利结项。此外，团队成员也得到快速成长，韩斌博士先后于2015年、2018年被破格评为副教授、教授，刘涛和王造兰分别晋升教授、副教授，成为各单位的教学科研骨干。尤其是韩斌教授，几年来连续获得享受云南省政府特殊津贴专家、有突出贡献专家、云南省高层次人才计划"文化名家"等荣誉称号。课题主持人也被评为二级教授，并被聘任为中共广西区委党校（广西行政学院）唯一一位A类名师。

本书得以顺利付梓出版，有赖于各个方面的大力支持，在此要对他们表示诚挚的谢意！首先，我要衷心感谢我所在单位——中共广西区委党校（广西行政学院）常务副校（院）长胡建华教授，副（校）院长李彦明、韦日平、马宁、吕勇江同志，原副（校）院长、现任百色干部学院常务副院长唐秀玲教授，以及校委委员、二级巡视员、组织人事处处长周敏同志，校委委员、二级巡视员、公务员培训处处长李波同志，没有他们多年来的鼎力相助，以及提供的机会和条件，就没有我在学术道路上的进步！其次，我要衷心感谢中共云南省委党校、贵州省委党校、四川省委党校、重庆市委党校和广西、云南、贵州三省区扶贫开发办公室的各位领导，中共云南省文山州委党校、贵州省六盘水市和安顺市委党校的各位领导和教师，以及调研所涉及几十个县的县委党校和县扶贫办等有关部门的领导、各乡镇及各村委干部，等等。他们提供的便利、辛勤的付出、无私的奉献，才使得课题调研得以顺利进行。再次，本校（院）研究室主任、宣传处处长、我的忘年之交陆鹏副研究员长达几年的倾情相助、相互切磋，公共管理教研部刘蓓教授在数据建模中的默默付出，以及科研处原处长申华林教授、李建良副教授，财务处处长王林，科研处原负责课题管理的刘丽华同志，财务处负责课题经费管理的李建平同志，等等，也都为课题研究的顺利开展作出了他们的奉献，在此我要对他们一并致以崇高的敬意！我还要特别感谢广西财经学院夏艳玲博士为问卷调查数据处理作出的重要贡献！我的夫人长期以来独自承担全部家务，对我的工作和生活给予了默默的关心、理解、支持，这是我得以安心放心潜心治学的重要前提和条件，在此要深情地道一声：谢谢您！北京师范大学中国扶贫开发研究院院长、博士生导师，原国务院扶贫开发领导小组办公室专家咨询委员会委员张琦教授在百忙中还为本书作了序，在此我要表示最真挚的感谢！此外，还要对中国出版集团研究出版社的领导和具体负责本书出版编辑工作的寇颖丹女士表示衷心的感谢！

  本书从滇桂黔石漠化片区贫困农户可持续生计优化的视角，对精准脱贫实践作一个理论总结和未来展望。但因作为课题主持人的我水平有限，错漏在所难免。敬请读者给予批评指正。或许正是由于这些遗憾，才会激发我们今后的进一步努力。俗话说得好："最满意的作品永远是下一部。"在党中央的坚强领导下，通过全国上下的共同努力，脱贫攻坚战已取得全面性胜利。今年恰逢中国共产党百年华诞，古老的中国正意气风发地踏上全面建设社会主义现代化强国的新征程。我们这个团队下一步的任务也已转向对难度更大、挑战性更强的巩固拓展脱贫攻坚成果同乡村振兴的有效衔接的研究，重点聚焦中国特色社会主义语境下相对贫困问题的解决，实现共同富裕等议题。真诚亟待大家继续坚守党校人的初心使命，继往开来、不懈奋斗，为建设富强、民主、文明、和谐、美丽的社会主义现代化强国添砖加瓦，做出我们的新贡献！

凌经球
2021 年 3 月 13 日于柳心湖畔